陕西

SHAANXI
STATISTICAL YEARBOOK

统计年鉴

2014

陕西省统计局
国家统计局陕西调查总队
编

中国统计出版社
China Statistics Press

图书在版编目（CIP）数据

陕西统计年鉴. 2014 = Shanxi statistical yearbook-2014 : 汉英对照 / 陕西省统计局，国家统计局陕西调查总队编. -- 北京 : 中国统计出版社，2014.8
ISBN 978-7-5037-7182-8

Ⅰ. ①陕… Ⅱ. ①陕… ②国… Ⅲ. ①统计资料－陕西省－2014－年鉴－汉、英 Ⅳ. ①C832.41-54

中国版本图书馆 CIP 数据核字（2014）第 174406 号

陕西统计年鉴—2014

作　　者 / 陕西省统计局　国家统计局陕西调查总队
责任编辑 / 郭　栋
封面设计 / 翟　竞
出版发行 / 中国统计出版社
通信地址 / 北京市丰台区西三环南路甲 6 号　邮政编码 /100073
电　　话 / 邮购（010）63376909　书店（010）68783171
网　　址 /http://csp.stats.gov.cn
印　　刷 / 河北天普润印刷厂
经　　销 / 新华书店
开　　本 /880mm×1230mm　1/16
字　　数 /1190 千字
印　　张 /35.75　彩页 1.25 印张
版　　别 /2014 年 7 月第 1 版
版　　次 /2014 年 7 月第 1 次印刷
定　　价 /398.00 元

本书附同版本 CD-ROM 一张，光盘内容以书面文字为准。
如有印装差错，由本社发行部调换。

陕西一日

82314 财政收入（万元）

173 离婚（对）

1085 结婚（对）

633 死亡（人）

1031 出生（人）

3.33 粮食产量（万吨）

335599 个人储蓄额（万元）

1631 油料产量（吨）

9646 入境旅游人数（人）

40750 水果产量（吨）

2713 进口总额（万美元）

44640 蔬菜产量（吨）

2802 出口总额（万美元）

3083 肉类产量（吨）

324 客运量（万人次）

生产总值（亿元）	第一产业	第二产业	第三产业
43.96	4.18	24.42	15.36

101042 原油产量（吨）

418 货运量（万吨）

10182 天然气（万立方米）

40922 发电量（万千瓦小时）

1163 汽车产量（辆）

31.16 能源消费量（万吨标煤）

136974 社会消费品零售额（万元）

生产总值（亿元）

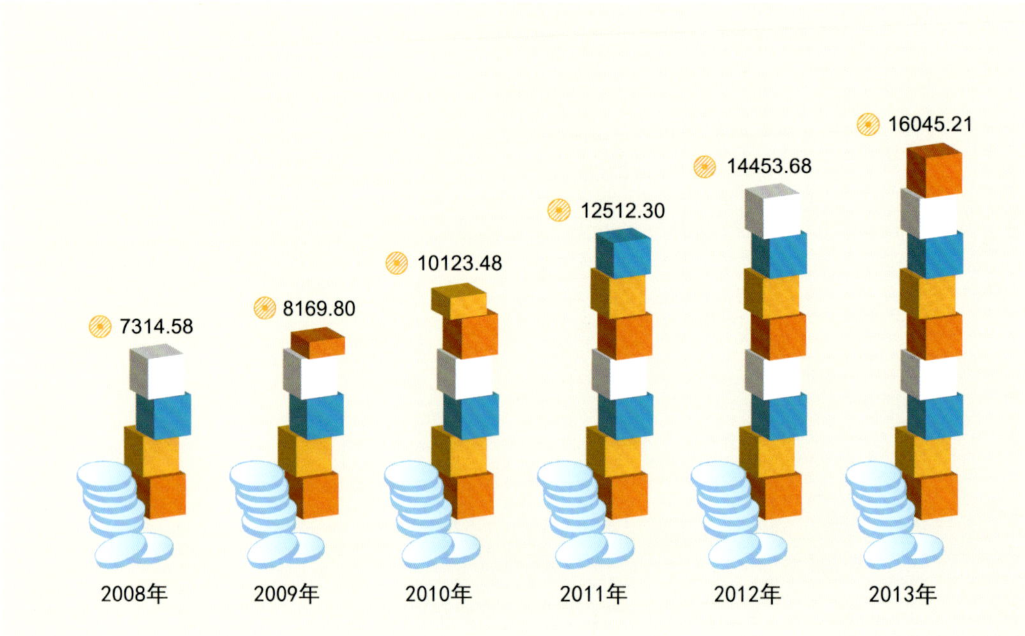

人均生产总值（元）

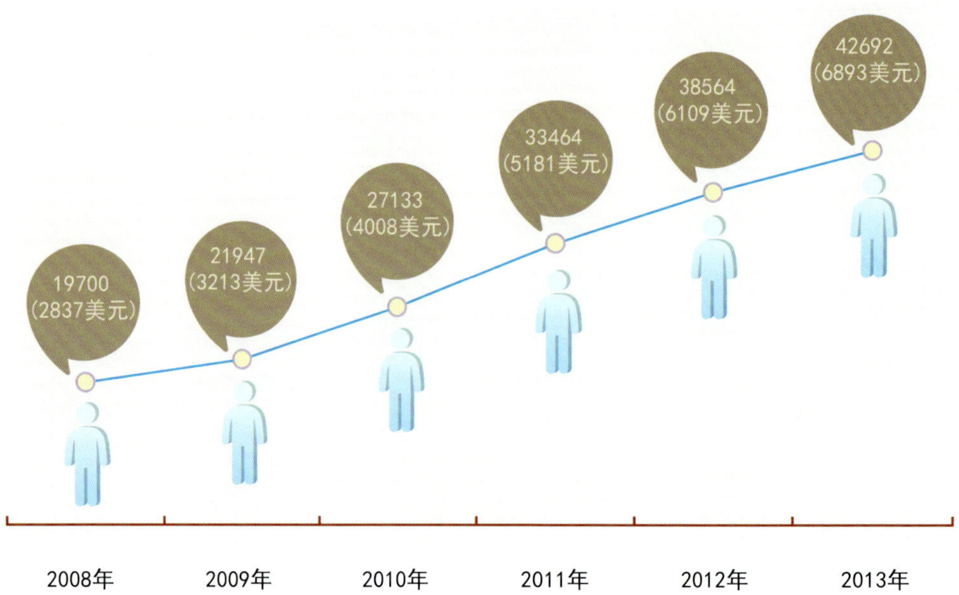

年底常住人口（万人）

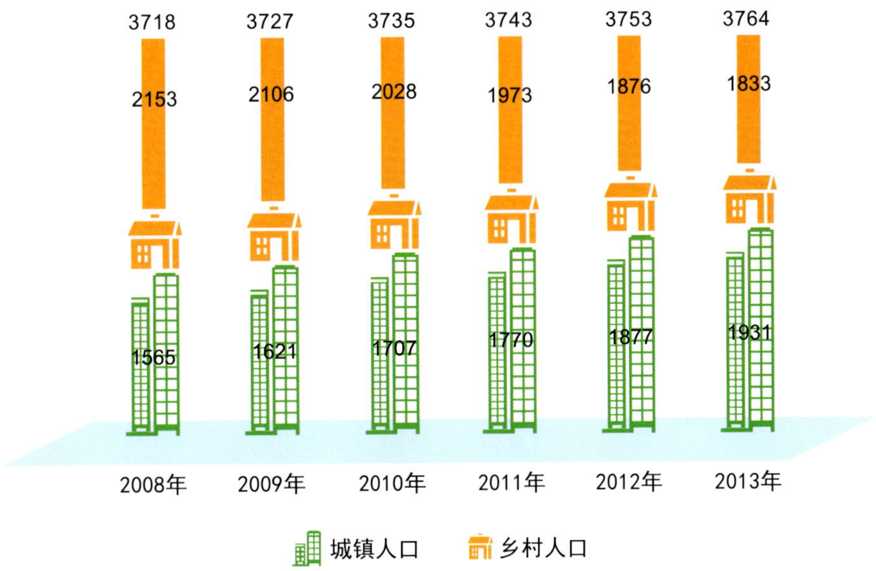

城镇人口比重（%）

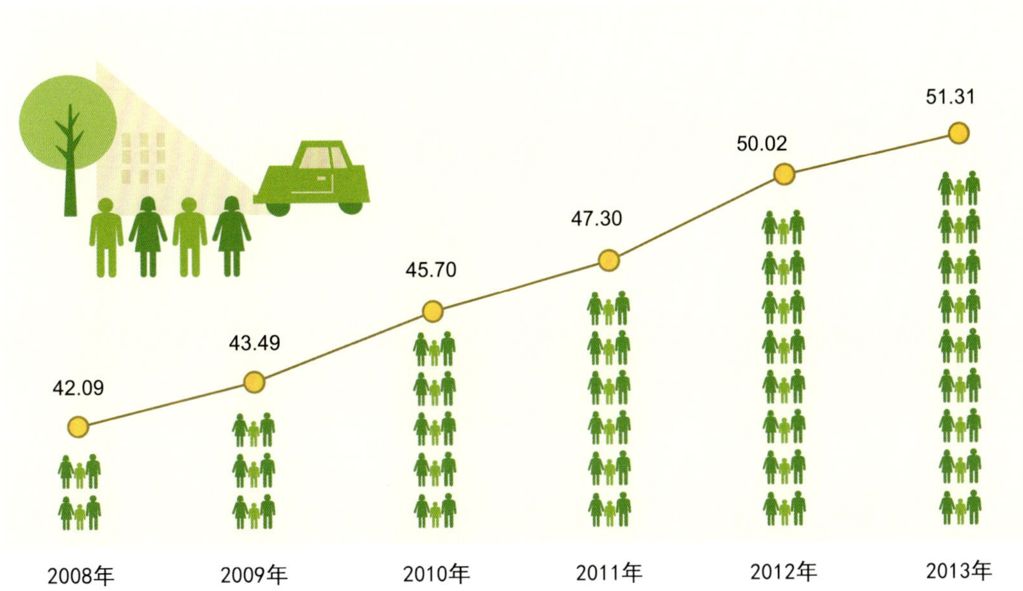

全社会固定资产投资

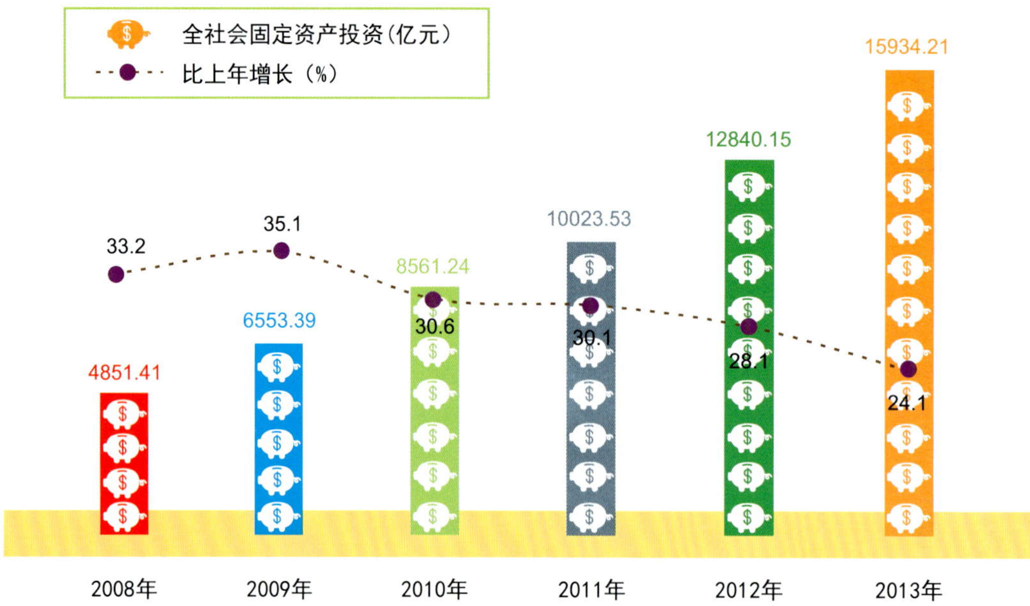

财政收支（亿元）

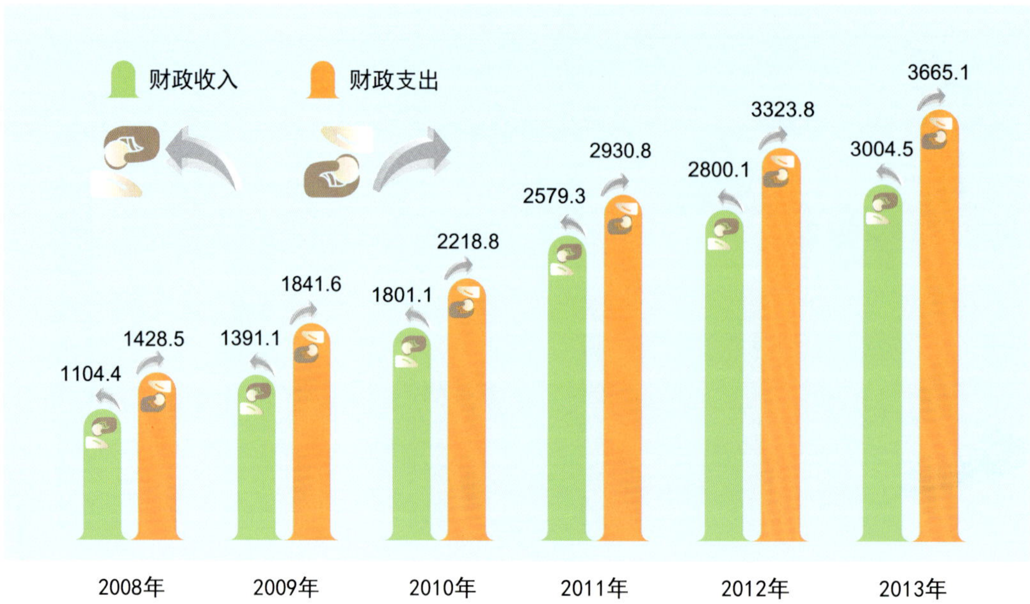

能源生产总量 （万吨标准煤）

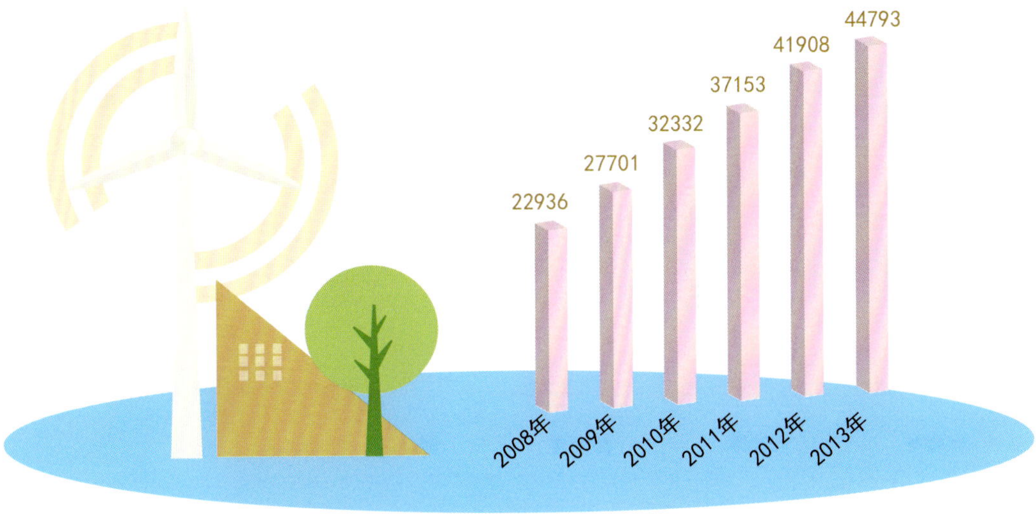

能源消费总量 （万吨标准煤）

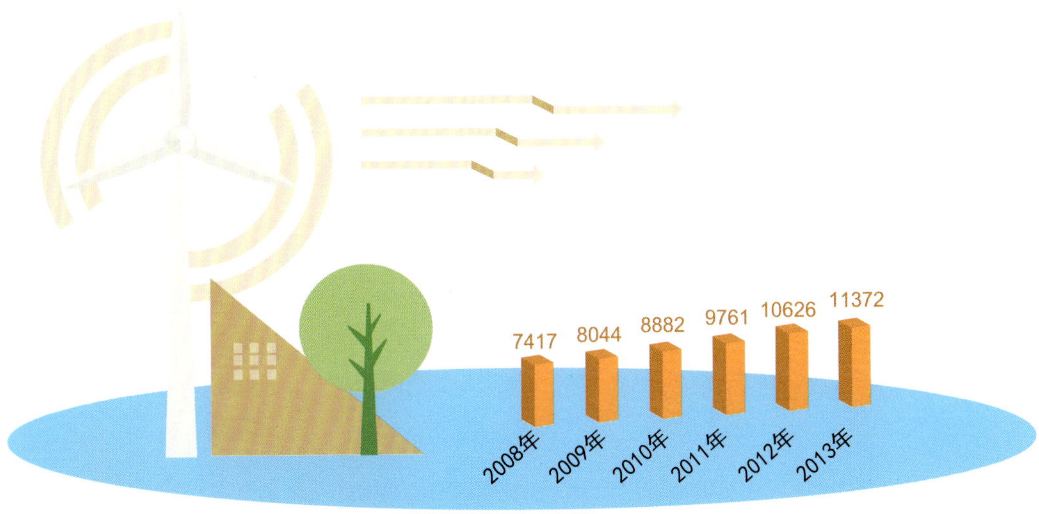

农村居民人均纯收入（元）

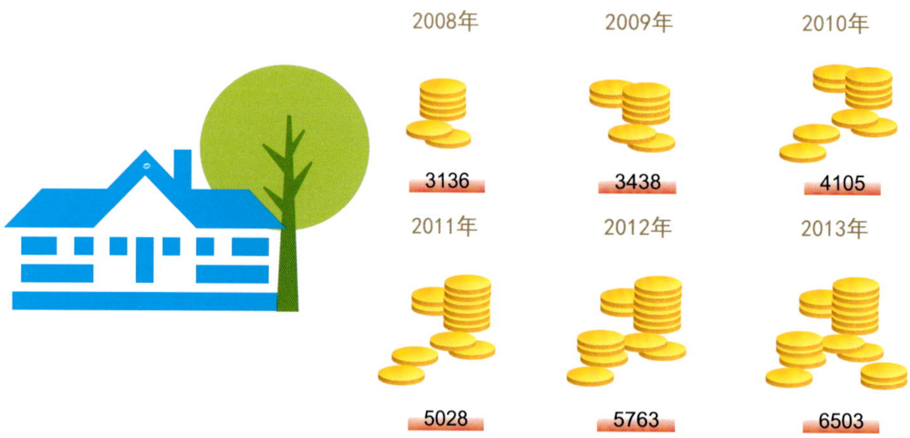

城镇居民人均可支配收入（元）

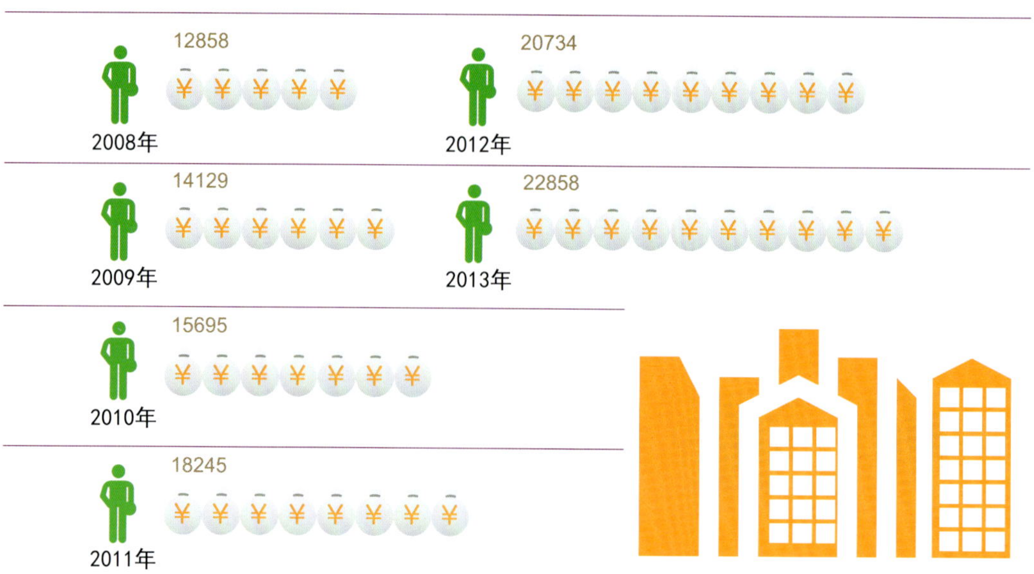

城乡居民收入增长速度（%）

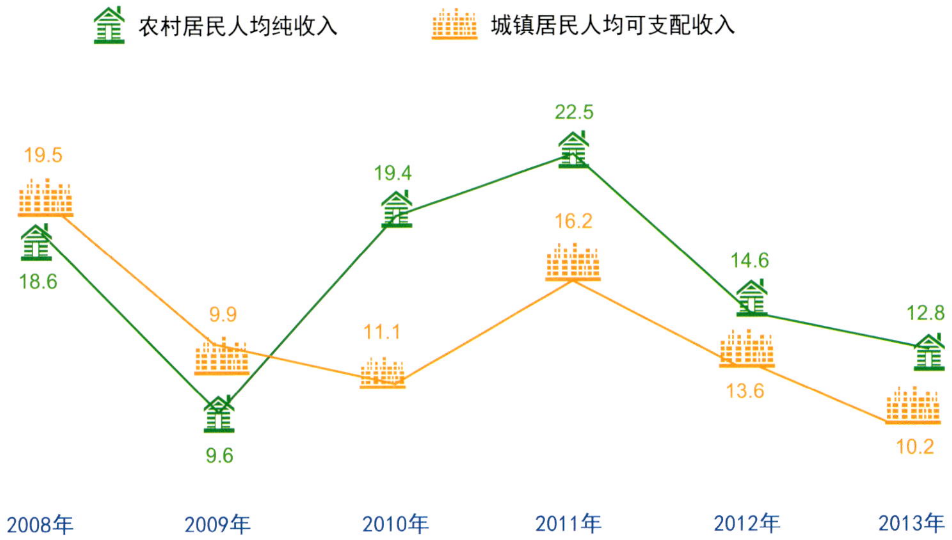

城乡居民年末人民币储蓄存款余额

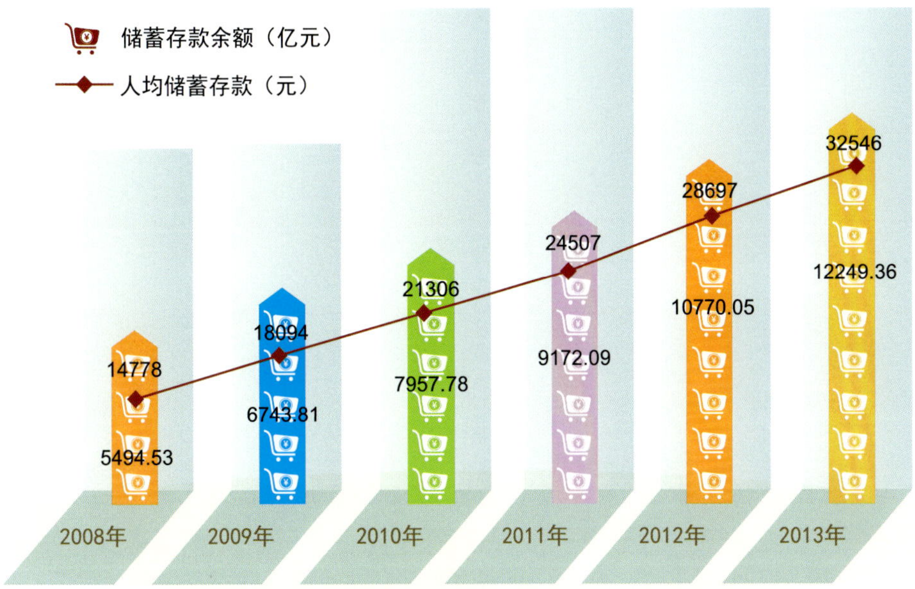

高速公路里程（公里）

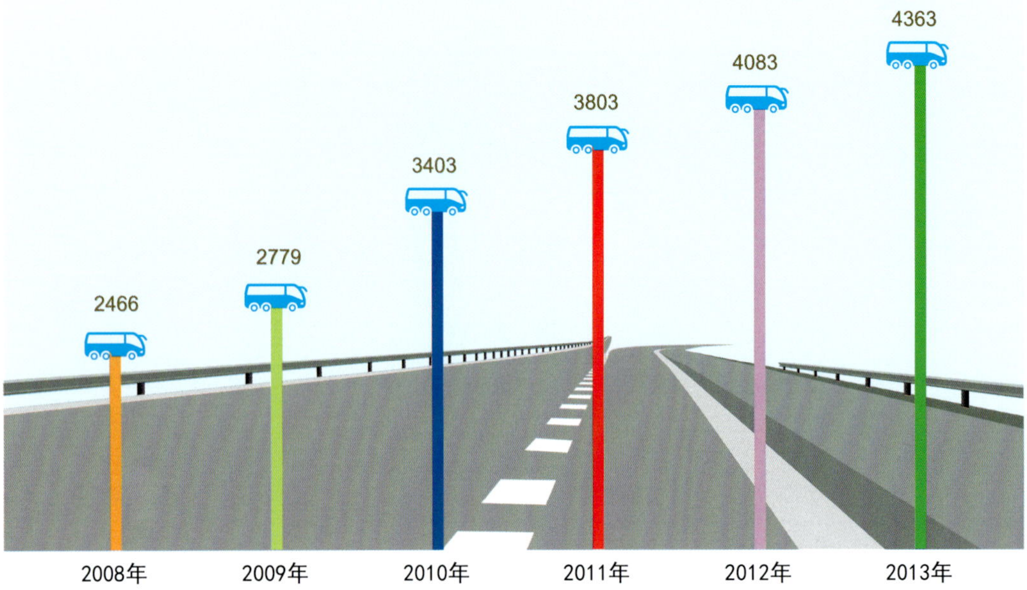

私人汽车拥有量（万辆）

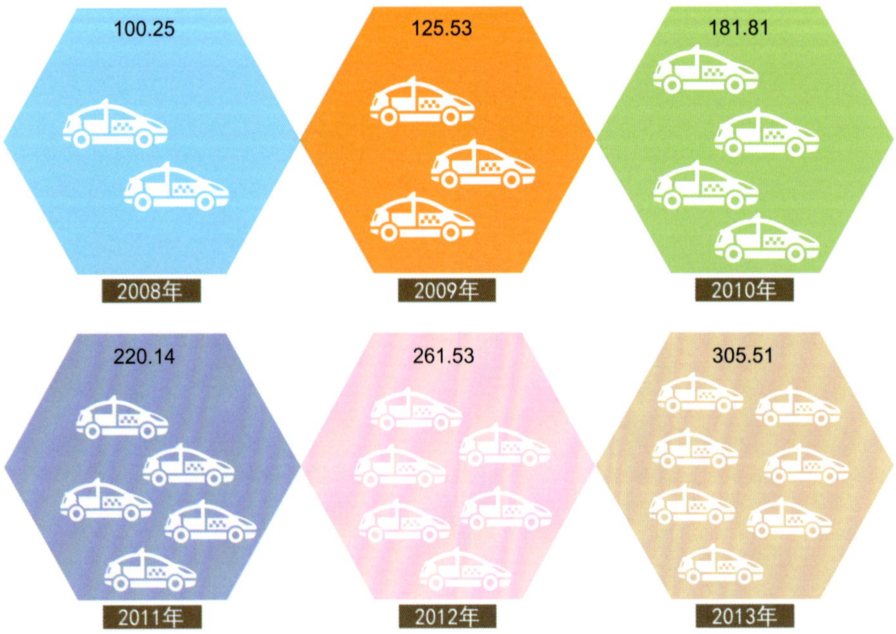

粮食产量（万吨）

苹果产量（万吨）

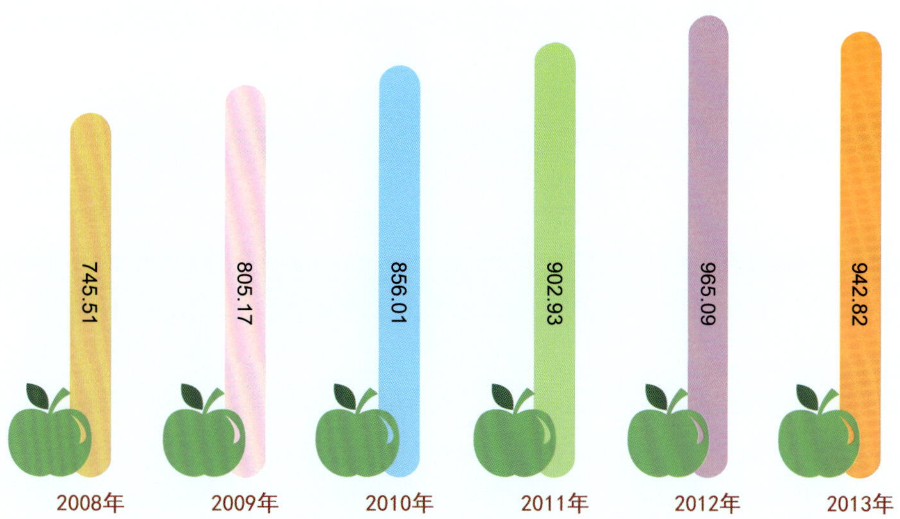

发电量（亿千瓦小时）

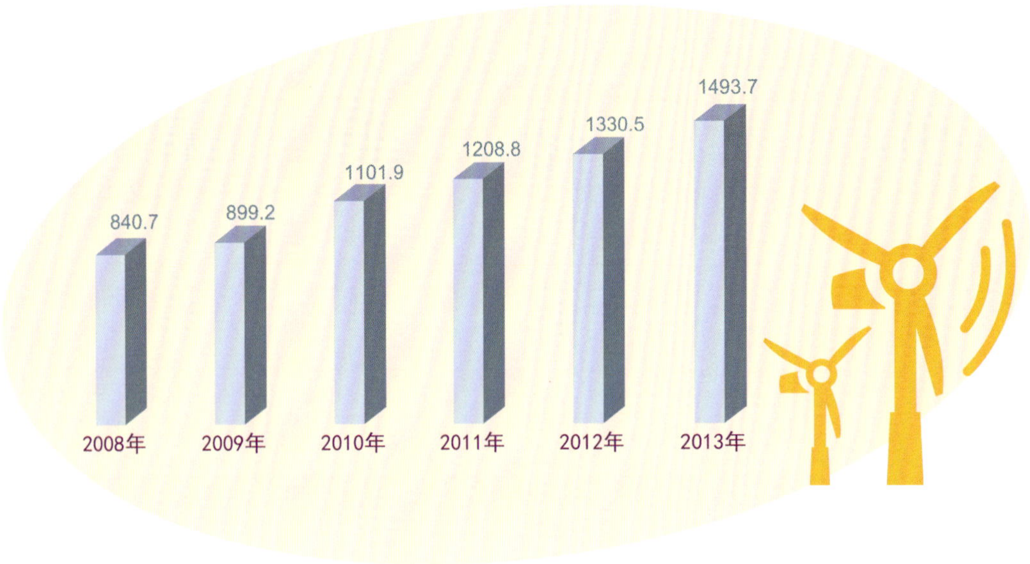

原油产量（万吨）

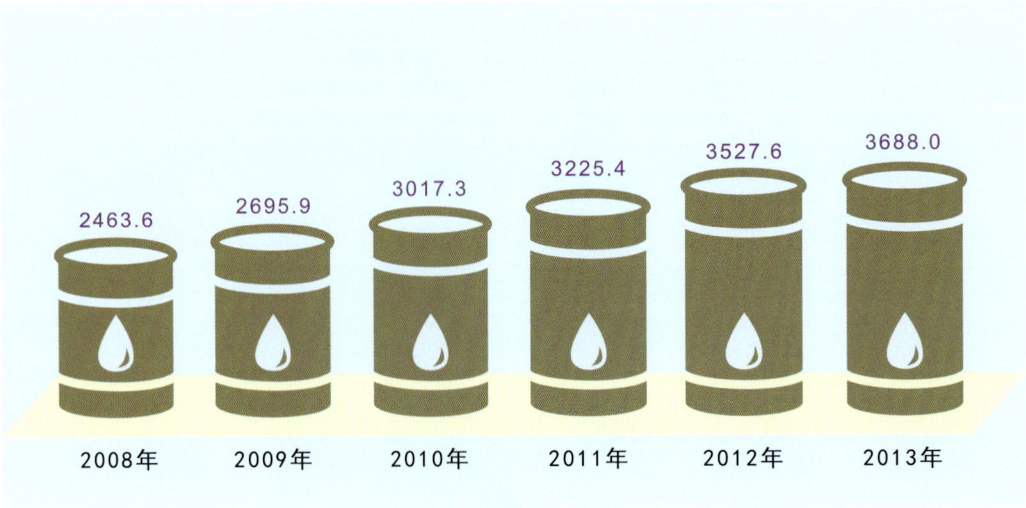

天然气产量（亿立方米）

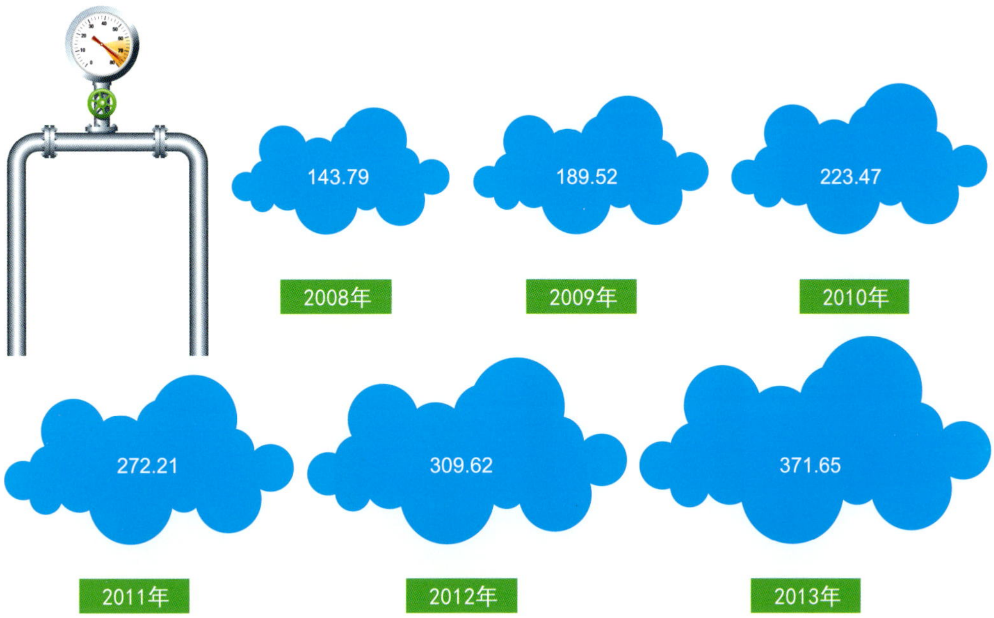

汽车产量（万辆）

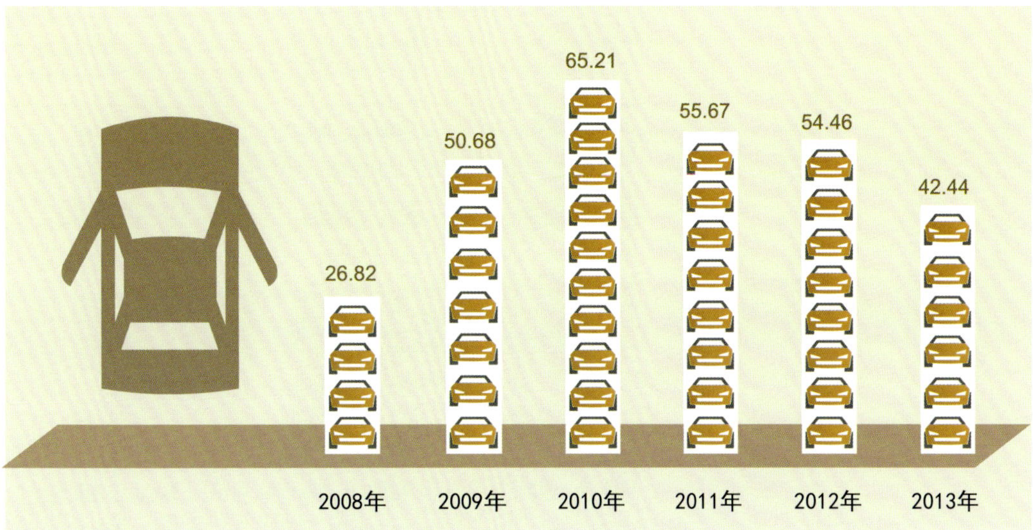

移动电话年末用户（万户）

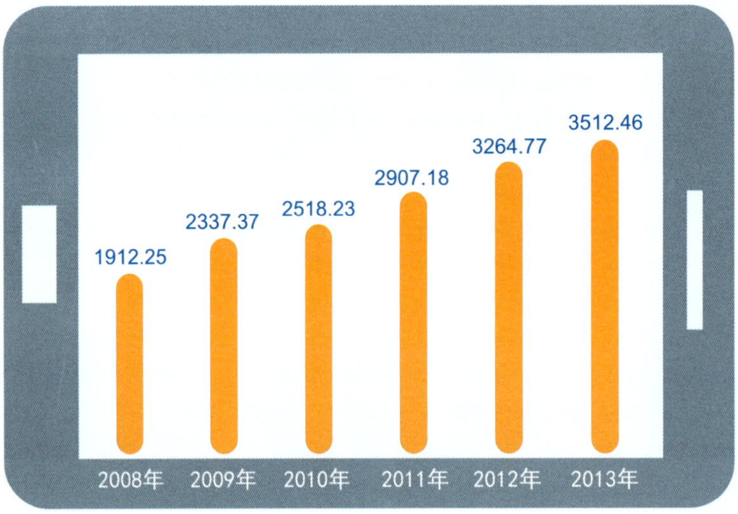

社会消费品零售总额

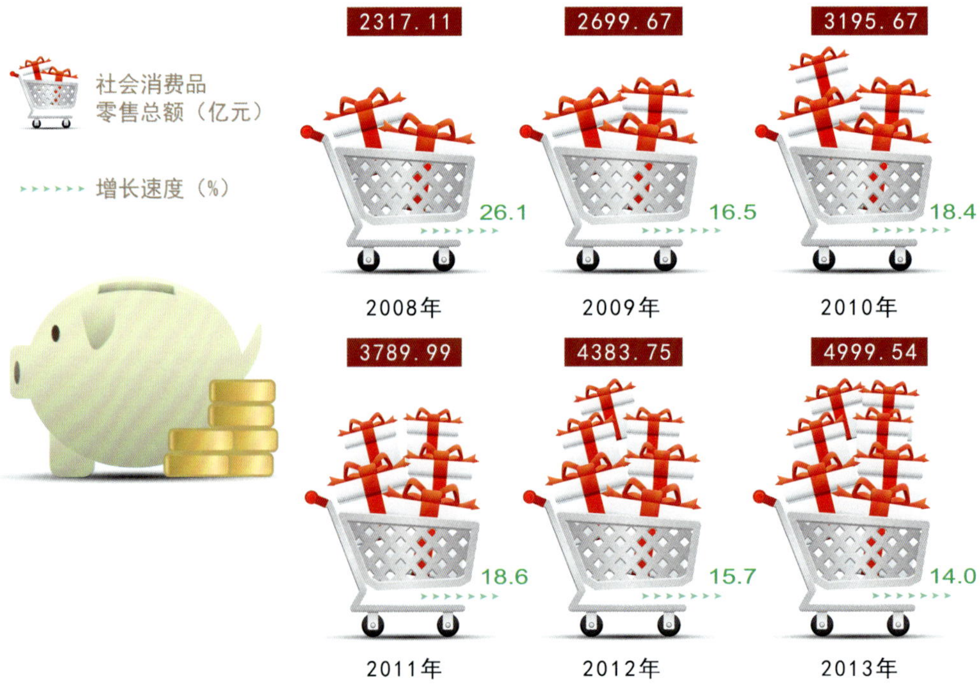

进出口总额（亿美元）

进口总额

2008年——29.48
2009年——44.17
2010年——58.75
2011年——76.13
2012年——61.47
2013年——99.03

出口总额

2008年——53.81
2009年——39.88
2010年——62.08
2011年——70.11
2012年——86.52
2013年——102.26

实际利用外资额

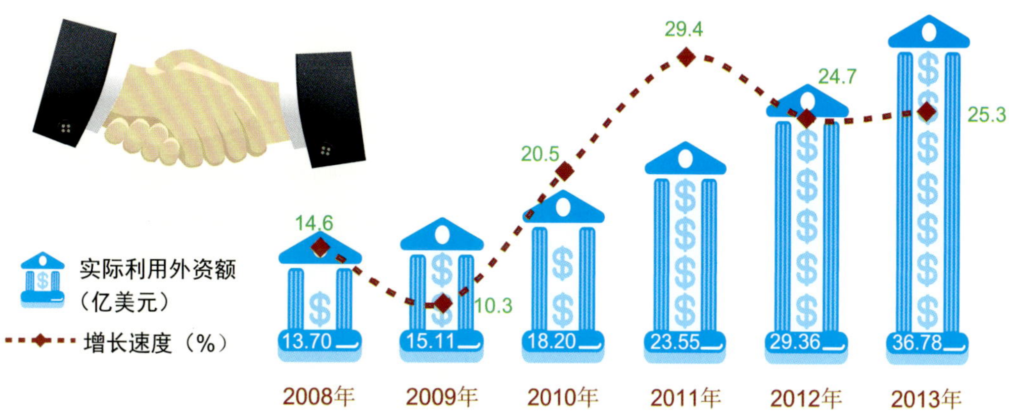

国际旅游

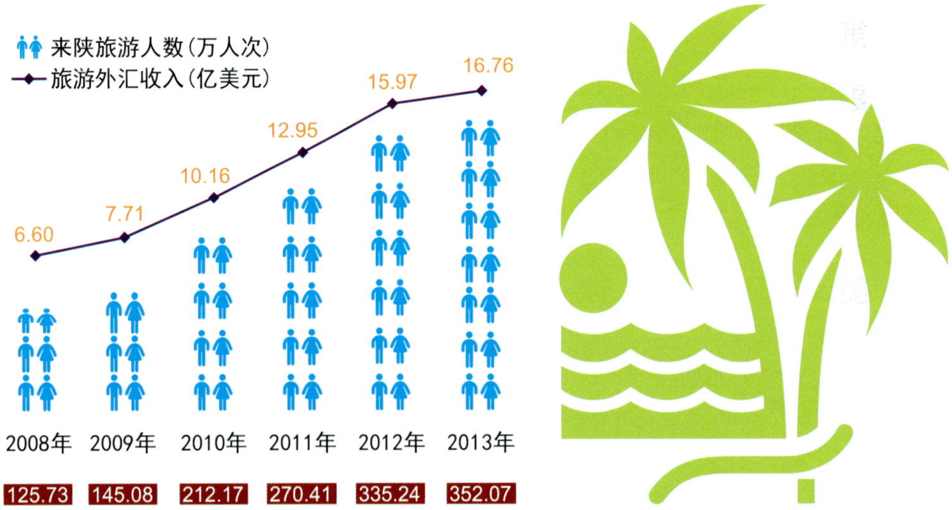

普通高等学校在校学生数 （万人）

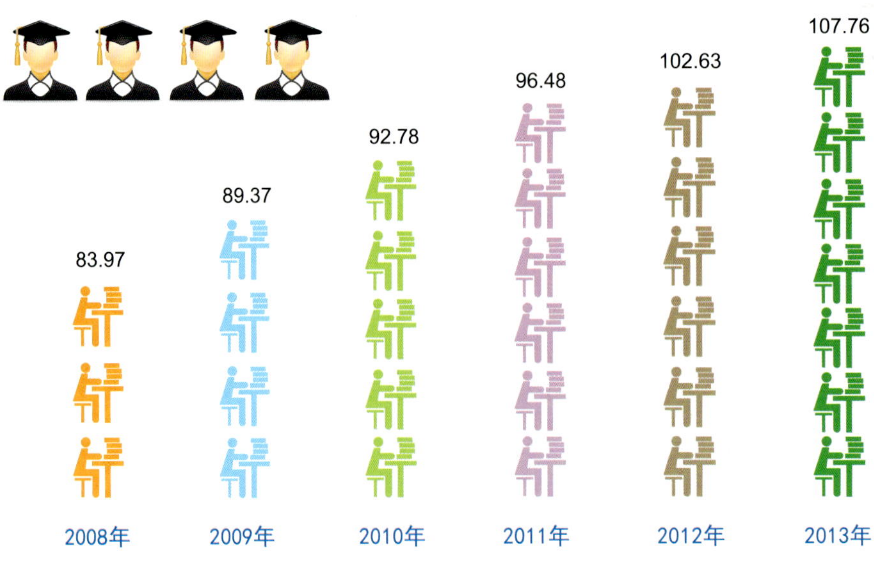

《陕西统计年鉴－2014》

编委会和编辑工作人员名单

Shaanxi Statistical Yearbook - 2014

EDITORIAL BOARD AND EDITORIAL STAFF

编 者 说 明

一、《陕西统计年鉴－2014》是一部全面系统反映陕西省经济、社会、科技发展状况的资料性年刊。书中资料根据全省各专业统计年报加工而成，并收录了各市、县及省级有关部门的统计数据。

二、全书内容分为22部分：1. 行政区划和自然资源；2. 综合；3. 国民经济核算；4. 人口；5. 就业人员和职工工资；6. 固定资产投资；7. 能源：8. 财政；9. 价格指数；10. 人民生活；11. 环境和城市；12. 农业；13. 工业；14. 建筑业；15. 运输和邮电；16. 国内贸易；17. 对外经济贸易和旅游；18. 金融和保险；19. 教育、科技和文化；20. 体育、卫生和其他；21. 水利；22. 全国各省、市、自治区主要指标。附录为2013年陕西省统计局大事记、2013年陕西调查总队大事记、陕西省统计局机构一览表、陕西调查总队机构一览表。为方便读者使用，各篇章前设有简要说明，列示主要统计指标提要和统计图，后面附主要统计指标解释。

三、本年鉴数据以2013年为主，主要指标列示改革开放以来重点年份的资料。

四、2012年韩城市试点设立省内计划单列市，本年鉴在各市（区）主要指标中增加了韩城市的数据。

五、本年鉴全国及各省、市、自治区主要指标资料来源于《中国统计摘要－2014》，部分数据为初步统计数，正式数据以《中国统计年鉴－2014》为准。

六、本年鉴表中的符号使用说明："..."表示数据不足本表最小单位；"空格"表示该项统计指标数据不详或无该项数据；"#"表示其中项。

EDITOR'S NOTES

Ⅰ. *Shaanxi Statistical Yearbook-2014* is an annual statistical publication, which reflects various aspects of province's economic, social science and technology development.

The major data sources of the publication are statistical annual report of different sectors. Also some other statistical data of city, county, and relevant departments are filled.

Ⅱ. The yearbook contains the following twenty-two chapters:

1. Divisions of Administrative Areas and Natural Resources;
2. General Survey;
3. National Accounts;
4. Population;
5. Employment and Wages;
6. Investment in Fixed Assets;
7. Energy;
8. Government Finance;
9. Price Indices;
10. People's Livelihood;
11. Environment and Cities;
12. Agriculture;
13. Industry;
14. Construction;
15. Transport, Post and Telecommunication Services;
16. Domestic Trade;
17. Foreign Trade and Tourism;
18. Banking and Insurance;
19. Education, Science, Technology and Culture;
20. Sports, Public Health and Others;
21. Irrigation;
22. Main Indicators of National Economy by Countrywide, Province, Municipality and Autonomous Region.

The addenda include chronicle of events of Shaanxi Provincial Bureau of Statistics in 2013, chronicle of events of NBS Survey Office in Shaanxi in 2013, list of institutions of Shaanxi Provincial Bureau of Statistics and list of institutions of NBS Survey Office in Shaanxi.

As a matter of convenience for readers, We make Brief Introduction, abstract of major indicators and statistical charts at the beginning of each chapter and explanatory notes on main statistical indicators at the end of each chapter.

Ⅲ. The yearbook is based on data of 2013. Each part includes statistical materials for historically important years, especially from 1978.Since then we have been implementing the reform and opening policy.

Ⅳ. The Hancheng city has established the city specifically designated in the province plan in 2012. So, the main index by city(district) has added the data of Hancheng city in the yearbook-2014.

Ⅴ. The rough data of the nation and other provinces are taken from *China Statistical Digest-2014*. The official data should refer to *China Statistical Yearbook-2014* later.

Ⅵ.Explanatory symbol for notations used in this yearbook:

"..." indicates that the figure is not large enough to be measured with the smallest unit in the table;

" " (blank) indicates that the data not available;

"#" indicates that the major items of the total.

目 录

CONTENTS

一、行政区划和自然资源

Divisions of Administrative Areas and Natural Resources

二、综合
General Survey

三、国民经济核算
National Accounts

四、人口
Population

五、就业人员和职工工资
Employment and Wages

六、固定资产投资
Investment in Fixed Assets

七、能源
Energy

八、财政
Government Finance

九、价格指数
Price Indices

十、人民生活
People's Livelihood

十一、环境和城市
Environment and Cities

十二、农业
Agriculture

十三、工业
Industry

十四、建筑业
Construction

十五、运输和邮电
Transport, Post and Telecommunication Services

十六、国内贸易
Domestic Trade

十七、对外经济贸易和旅游
Foreign Trade and Tourism

十八、金融和保险
Banking and Insurance

十九、教育、科技和文化
Education, Science, Technology and Culture

二十、体育、卫生和其他

Sports, Public Health and Others

二十一、水利
Irrigation

二十二、全国各省、市、自治区主要指标
Main Indicators of National Economy by Countrywide, Province, Municipality and Autonomous Region

一、行政区划和自然资源

Divisions of Administrative Areas and Natural Resources

资料整理：李 斌　潘英杰

简要说明

一、本篇资料反映陕西行政区划、自然资源的开发和利用等情况。自然资源包括土地、气候、森林、水利、矿产资源情况。

二、本篇资料来源：行政区划、矿产资源、森林资源、水利、气象资料分别由省民政厅、省国土资源厅、省林业厅、省水利厅、省气象局提供，土地资源资料取自省国土资源厅《陕西省国土资源公报（2012年度）》。

Brief Introduction

Ⅰ.This chapter reflects the data on administrative divisions areas and the exploitation and utilization of the natural resources of Shaanxi Province. Natural resources cover land, climate, forest, water conservancy and mineral resources.

Ⅱ.Data resources: the data on administrative divisions, mineral resources, forest resources, water conservancy and meteorology are provided by Shaanxi Province Department of Civil Affairs, Shaanxi Province Department of Land and Resources, Shaanxi Province Forestry Department, Shaanxi Province Water Department of Resources and Shaanxi Province Meteorological Bureau. The data on land resources are obtained from "Shaanxi Territorial Resources communique(2012)".

1.行政区划和自然资源

陕西位于东经105° 29′ –111° 15′ 和北纬3 1° 4 2′ – 3 9° 3 5′ 之间，东隔黄河与山西相望，西连甘肃、宁夏，北临内蒙古，南连四川、重庆，东南与河南、湖北接壤。2013年全省设西安、铜川、宝鸡、咸阳、渭南、延安、汉中、榆林、安康、商洛10个省辖市和杨凌农业高新技术产业示范区，有3个县级市，80个县和24个市辖区，1142个镇，74个乡，204个街道办事处。

全省面积为20.56万平方公里。地势南北高、中间低，西部高、东部低，地形复杂多样，北部为陕北黄土高原，中部为号称“八百里秦川”的关中平原，南部为陕南秦巴山地。

全省以秦岭为界南北河流分属长江水系和黄河水系。主要有渭河、泾河、洛河、无定河和汉江、丹江、嘉陵江等。陕西属大陆性季风气候，年平均气温14.1摄氏度，年降水量618.1毫米，南北差异明显。

全省自然资源丰富，矿产多，储量大，探明矿产居全国前十位的矿种60多种。

主要城市平均气温（摄氏度）

（2013年）

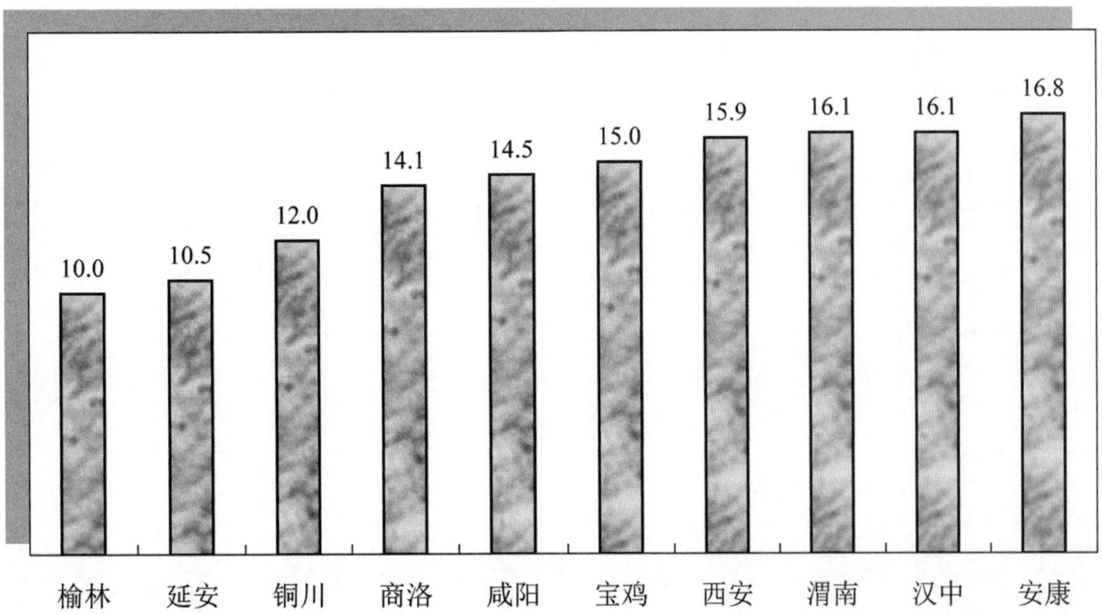

1-1 陕西省行政区划(2013年)

Divisions of Administrative Areas in Shaanxi (2013)

单位：个 (unit)

地 区	Region	地级市 Cities at Prefecture Level	县级市 Cities at County Level	县 Counties	市辖区 Districts under the Jurisdiction of Cities	镇 Towns	乡 Townships	街道办事处 Street Communities
全 省	**Shaanxi**	**11**	**3**	**80**	**24**	**1142**	**74**	**204**
西 安 市	Xi'an	1		4	9	67		111
铜 川 市	Tongchuan	1		1	3	23	5	13
宝 鸡 市	Baoji	1		9	3	105		15
咸 阳 市	Xianyang	1	1	10	2	126		25
渭 南 市	Weinan	1	2	8	1	130		12
延 安 市	Yan'an	1		12	1	91	31	3
汉 中 市	Hanzhong	1		10	1	180		8
榆 林 市	Yulin	1		11	1	138	38	7
安 康 市	Ankang	1		9	1	157		4
商 洛 市	Shangluo	1		6	1	122		4
杨凌示范区	Yangling	1			1	3		2

1-2 陕西省行政区划一览(2013年)
Divisions List of Administrative Areas in Shaanxi (2013)

单位：个 (unit)

地　区	Region	镇 Towns	乡 Townships	街道办事处 Street Communities	村民委员会 Village Committees	居民委员会 Neighbourhood Committees
全　省	**Shaanxi**	**1142**	**74**	**204**	**26706**	**2098**
西安市	**Xi'an**	**67**		**111**	**2984**	**779**
新城区	Xincheng			9		101
碑林区	Beilin			8		100
莲湖区	Lianhu			9	5	129
灞桥区	Baqiao			9	220	40
未央区	Weiyang			12	148	117
雁塔区	Yanta			8	87	125
阎良区	Yanliang	2		5	80	23
临潼区	Lintong			23	284	38
长安区	Chang'an			25	659	53
蓝田县	Lantian	22			519	9
周至县	Zhouzhi	22			376	14
户　县	Huxian	16			518	21
高陵县	Gaoling	5		3	88	9
铜川市	**Tongchuan**	**23**	**5**	**13**	**543**	**66**
王益区	Wangyi	1	1	5	39	20
印台区	Yintai	7		3	107	24
耀州区	Yaozhou	9	1	5	219	20
宜君县	Yijun	6	3		178	2
宝鸡市	**Baoji**	**105**		**15**	**1729**	**164**
渭滨区	Weibin	5		5	104	55
金台区	Jintai	4		7	102	51
陈仓区	Chencang	15		3	332	15
凤翔县	Fengxiang	12			233	4
岐山县	Qishan	10			144	14
扶风县	Fufeng	8			169	5
眉　县	Meixian	8			123	7
陇　县	Longxian	12			158	3
千阳县	Qianyang	8			98	2
麟游县	Linyou	7			100	2
凤　县	Fengxian	9			100	4
太白县	Taibai	7			66	2
咸阳市	**Xianyang**	**126**		**25**	**2766**	**214**
秦都区	Qindu	1		11	146	100
渭城区	Weicheng	1		9	130	41
三原县	Sanyuan	11			208	9
泾阳县	Jingyang	13			231	8
乾　县	Qianxian	16			256	8

1-2 续表 1 continued

单位：个 (unit)

地　　区	Region	镇 Towns	乡 Townships	街道办事处 Street Communities	村民委员会 Village Committees	居民委员会 Neighbourhood Committees
礼 泉 县	Liquan	12			317	13
永 寿 县	Yongshou	11			249	5
彬　　县	Binxian	13			247	4
长 武 县	Changwu	9			160	1
旬 邑 县	Xunyi	11			187	2
淳 化 县	Chunhua	12			204	2
武 功 县	Wugong	8			212	6
兴 平 市	Xingping	8		5	219	15
渭 南 市	**Weinan**	**130**		**12**	**3201**	**191**
临 渭 区	Linwei	16		8	508	54
华　　县	Huaxian	10			239	16
潼 关 县	Tongguan	6			83	10
大 荔 县	Dali	18			400	26
合 阳 县	Heyang	12			353	5
澄 城 县	Chengcheng	10			266	14
蒲 城 县	Pucheng	17			360	7
白 水 县	Baishui	10			194	11
富 平 县	Fuping	17			337	9
韩 城 市	Hancheng	10		2	275	23
华 阴 市	Huayin	4		2	186	16
延 安 市	**Yan'an**	**91**	**31**	**3**	**3386**	**92**
宝 塔 区	Baota	11	5	3	611	31
延 长 县	Yanchang	7	2		288	6
延 川 县	Yanchuan	8	2		346	7
子 长 县	Zichang	9	1		358	8
安 塞 县	Ansai	8	1		211	6
志 丹 县	Zhidan	7	1		200	5
吴 起 县	Wuqi	6	3		164	3
甘 泉 县	Ganquan	3	3		117	4
富　　县	Fuxian	9	1		240	5
洛 川 县	Luochuan	7	5		371	2
宜 川 县	Yichuan	6	3		202	4
黄 龙 县	Huanglong	4	3		87	3
黄 陵 县	Huangling	6	1		191	8
汉 中 市	**Hanzhong**	**180**		**8**	**2651**	**172**
汉 台 区	Hantai	7		8	195	59
南 郑 县	Nanzheng	22			397	17
城 固 县	Chenggu	18			392	9
洋　　县	Yangxian	20			362	6
西 乡 县	Xixiang	18			261	18
勉　　县	Mianxian	19			233	10
宁 强 县	Ningqiang	21			269	8
略 阳 县	Lueyang	18			183	20
镇 巴 县	Zhenba	21			202	23
留 坝 县	Liuba	8			98	1
佛 坪 县	Foping	8			59	1

1-2 续表 2 continued

单位：个 (unit)

地　　区	Region	镇 Towns	乡 Townships	街道办事处 Street Communities	村民委员会 Village Committees	居民委员会 Neighbourhood Committees
榆 林 市	**Yulin**	**138**	**38**	**7**	**5380**	**124**
榆 阳 区	Yuyang	14	7	7	488	45
神 木 县	Shenmu	15			631	8
府 谷 县	Fugu	15			232	10
横 山 县	Hengshan	12	2		361	6
靖 边 县	Jingbian	11	6		213	10
定 边 县	Dingbian	15	5		335	6
绥 德 县	Suide	12	4		661	8
米 脂 县	Mizhi	8	2		396	4
佳　 县	Jiaxian	11	5		653	7
吴 堡 县	Wubu	6			221	5
清 涧 县	Qingjian	8	4		639	4
子 洲 县	Zizhou	11	3		550	11
安 康 市	**Ankang**	**157**		**4**	**2272**	**179**
汉 滨 区	Hanbin	30		4	746	52
汉 阴 县	Hanyin	14			179	8
石 泉 县	Shiquan	11			193	18
宁 陕 县	Ningshan	12			98	9
紫 阳 县	Ziyang	21			210	20
岚 皋 县	Langao	15			188	6
平 利 县	Pingli	11			190	6
镇 坪 县	Zhenping	9			78	4
旬 阳 县	Xunyang	22			266	52
白 河 县	Baihe	12			124	4
商 洛 市	**Shangluo**	**122**		**4**	**1726**	**99**
商 州 区	Shangzhou	19		4	390	28
洛 南 县	Luonan	19			351	30
丹 凤 县	Danfeng	16			183	25
商 南 县	Shangnan	13			164	3
山 阳 县	Shanyang	23			316	6
镇 安 县	Zhen'an	19			202	6
柞 水 县	Zhashui	13			120	1
杨凌示范区	**Yangling**	**3**		**2**	**68**	**18**
杨 陵 区	Yangling	3		2	68	18

1-3 自然状况及资源
Natural Conditions and Resources

指　　标		Item		2013
一、自然状况		**Natural Conditions**		
1.土　地		Land		
土地总面积	(万平方公里)	Land Area	(10 000 sq.km)	20.56
2.气　候		Climate		
全省年平均降水量	(毫米)	Annual Average Precipitation in the Whole Province	(mm)	618.1
全省年平均气温	(摄氏度)	Annual Average Temperature in the Whole Province	(℃)	14.1
全省年平均日照时数	(小时)	Annual Average Sunshine Hours in the Whole Province	(hour)	2197.1
全省年平均风速	(米/秒)	Annual Average Wind Speed in the Whole Province	(m/s)	1.7
全省年平均无霜期	(天)	Annual Average Frost-free Period in the Whole Province	(day)	246.9
二、自然资源		**Natural Resources**		
1.土地资源		Land Resources		
耕地面积	(万公顷)	Area of Cultivated Land	(10 000 hectares)	398.5
园地面积	(万公顷)	Area of Plantation Land	(10 000 hectares)	83.3
林地面积	(万公顷)	Area of Forestland	(10 000 hectares)	1121.1
草地面积	(万公顷)	Area of Grassland	(10 000 hectares)	287.8
居民点及工矿用地	(万公顷)	Residential Purpose, Manufacturing and Mining Land	(10 000 hectares)	76.6
交通用地	(万公顷)	Transportation Land	(10 000 hectares)	24.4
水利设施用地	(万公顷)	Water-conservancy Projects Land	(10 000 hectares)	31.0
其他土地面积	(万公顷)	Area of Unused Land	(10 000 hectares)	33.5
2.林木资源		Forest Resources		
森林面积	(万公顷)	Forest Area	(10 000 hectares)	853.24
森林覆盖率	(%)	Forest-coverage Rate	(%)	41.42
林木蓄积量	(亿立方米)	Stock Volume of the Forest	(100 million cu.m)	4.24
3.水利资源		Water Resources		
全年自产河川年径流总量	(亿立方米)	Natural Annual Flow	(100 million cu.m)	575.51
黄河流域		Yellow River (Huanghe River) Drainage Area		114.42
长江流域		Yangtze River (Changjiang River)Drainage Area		461.09
平原区浅层地下水资源总量	(亿立方米)	Total Ground Water Volume of Plain	(100 million cu.m)	63.65
水力资源理论蕴藏量	(万千瓦)	Theoretical Hydropower Resources	(10 000 kw)	1438.46
黄河流域		Yellow River (Huanghe River)Drainage Area		580.37
长江流域		Yangtze River(Changjiang River)Drainage Area		858.09
水力资源的可开发量	(万千瓦)	Developable Hydropower Resources	(10 000 kw)	666.66
黄河流域		Yellow River (Huanghe River) Drainage Area		234.06
长江流域		Yangtze River (Changjiang River)Drainage Area		432.60

注：本表土地资源数据为2012年数。

a) The data of land resources in this table are 2012.

1-4 主要山脉
Main Mountain Ranges

名 称	Mountain Range	海拔高度(米) Altitude above Sea Level (m)
太白山	Taibai Mountains	3767
化龙山	Hualong Mountains	2917
首阳山	Shouyang Mountains	2719
终南山	Zhongnan Mountains	2604
华 山	Huashan Mountains	2160
白于山	Baiyu Mountains	1823
巴 山	Bashan Mountains	1500～2000
子午岭	Ziwuling Mountains	1400～1600

1-5 主要河流
Major Rivers

名 称	River	流域面积(平方公里) Drainage Area (sq.km)	河 长(公里) Length (km)
无定河	Wudinghe River	30261	491.2
延 河	Yanhe River	7687	284.3
泾 河	Jinghe River	45421	455.1
渭 河	Weihe River	62440	818.0
北洛河	Beiluohe River	26905	680.3
嘉陵江	Jialingjiang River	9930	244.0
汉 江	Hanjiang River	61959	652.0
丹 江	Danjiang River	7551	244.0

1-6 主要矿产保有储量(2013年)
Ensured Reserves of Major Mineral (2013)

矿 种		Item		保有储量 Ensured Reserves
钠 盐	(亿吨)	Sodium Salt NaCl	(100 million tons)	8855.33
煤	(亿吨)	Coal	(100 million tons)	1639.68
石油(剩余可采储量)	(万吨)	Petroleum(Surplus Developable Resources)	(10 000 tons)	33713.00
天然气(剩余可采储量)	(亿立方米)	Natural Gas(Surplus Developable Resources)	(100 million cu.m)	6231.14
岩 金	(金属吨)	Rock Gold	(Metal,ton)	328.91
砂 金	(金属吨)	Placer Gold	(Metal,ton)	14.82
伴生金	(金属吨)	Associated Gold	(Metal,ton)	6.68
钼	(金属万吨)	Molybdenum	(Metal, 10 000 tons)	101.51
铅	(金属万吨)	Lead	(Metal, 10 000 tons)	159.48
锌	(金属万吨)	Zinc	(Metal, 10 000 tons)	350.62
汞	(金属吨)	Mercury	(Metal, 10 000 tons)	1499.19
锑	(金属吨)	Antimony	(Metal, 10 000 tons)	27547.48
水泥用石灰岩	(矿石亿吨)	Cement Limestone	(Ore, 100 million tons)	76.84
玻璃用石英岩	(矿石亿吨)	Glass Quartzite	(Ore, 100 million tons)	1.87
铁	(矿石亿吨)	Iron	(Ore, 100 million tons)	7.82

1-7 陕西重要矿产保有储量在全国和西部的位次(2013年)
Precedence of Shaanxi Major Mineral Ensured Reserves in China and Western China(2013)

矿种	Item	位次 Precedence 全国 National Total	位次 Precedence 西部 West	矿种	Item	位次 Precedence 全国 National Total	位次 Precedence 西部 West
煤	Coal	4	3	钼矿	Molybdenum	7	3
石油	Petroleum	5	2	金矿	Gold	9	5
天然气	Natural Gas	4	4	银矿	Silver	23	9
铁矿	Iron	19	7	硫铁矿	Pyrite Ore	17	8
铜矿	Copper	18	8	磷矿	Phosphorus Ore	6	4
铅矿	Lead	14	9	盐矿	Sodium Salt NaCl	1	1
锌矿	Zinc	14	10	水泥用灰岩	Cement Limestone	3	1
铝土矿	Bauxite	12	5				

1-8 陕西矿产保有储量居全国前十位的矿种(2013年)
Mineral Kinds of Shaanxi Mineral Ensured Reserves Within the Top Ten Places in China (2013)

位次 Precedence	矿种 Item	矿种数 Types
1	盐矿(NaCl亿吨)、水泥配料用黄土、片麻岩、透辉石 Salt (NaCl million tons), Cement batching with loess, Gneiss, Diopside	4
2	煤层气、铼矿、毒重石、石榴子石(矿物)、透闪石、制碱用灰岩、饰面用板岩 CBM, Rhenium ore, Witherite, Garnet(mineral), Tremolite, Soda limestone, Finishes with slate	7
3	钛矿(金红石TiO_2)、锶矿、镁盐($MgCl_2$)、镁盐($MgSO_4$)、碲矿、高岭土、蓝石棉、蛭石、水泥用灰岩、海泡石粘土、陶粒用粘土 Titanium ores(rutile TiO_2), Strontium, Magnesium($MgCl_2$), Magnesium($MgSO_4$), Tellurium ore, Kaolin Ore, Blue asbestos, Vermiculite, Cement with limestone,Sepiolite clay,Ceramsite clay	11
4	煤炭、天然气、矽线石、重晶石、长石、玻璃用石英岩 Coal, Natural Gas, Sillmanite, Barite, Feldspar, Glass with quartz,	6
5	石油、岩金、化肥用蛇纹岩、石墨(隐晶质)、陶粒页岩、钒矿、锗矿、伴生硫、电石用灰岩 Petroleum, Rock gold, Fertilizer with serpentinite, Graphite(aphanitic), Haydite shale,Vanadium, Germanium, Associated with sulfur,Calcium carbide with limestone	9
6	油页岩、铌矿、石榴子石(矿石)、石棉、饰面用大理岩 Oil shale, Niobium, Garnet (mineral), Asbestin, Marble	5
7	汞矿、钼矿、磷矿、镍矿、钛矿(原生钛[磁]铁矿)、石煤、富铬矿(Cr_2O_3>32%) Mercury,Molybdenum ore, Phosphate, Nickel, Titanium (Ti-native [magnetic] iron ore), Stone coal, Chromium ore (Cr_2O_3> 32%)	7
8	砂金、铍矿(绿柱石矿物)、云母(片云母)、冶金用石英岩、石墨(晶质) Gold dust, Berylliume(Beryl mineral), Mica (mica),Metallurgical quartzite, Graphite (crystalline)	5
9	冶金用白云岩、冶金用脉石英、钛矿(钛铁砂矿矿物)、 Metallurgical dolomite, Metallurgical vein quartz, Titanium (ilmenite placer minerals)	3
10	红柱石、玻璃用白云岩、滑石、自然硫、 Andalusite, Glass with dolomite,Talc, Natural sulfur	4

1-9 主要城市气候基本情况(2013年)

Basic Statistics on Climate of Major Cities (2013)

城市 City	平均气温(摄氏度) Average Temperature (℃)	日照时数(小时) Sunshine Hours (hour)	平均风速(米/秒) Average Wind Speed (m/s)	相对湿度(%) Relative Humidity (%)	无霜期(天) Frost-free Period (day)	气压(百帕) Pressure (hPa)	降水量(毫米) Precipitation (mm)
西安市 Xi'an	15.9	2005.9	1.1	61	259	969	497.5
铜川市 Tongchuan	12.0	2332.3	2.3	63	266	904.7	516.2
宝鸡市 Baoji	15.0	2054.1	1.2	59	264	945	590.1
咸阳市 Xianyang	14.5	2052.6	1.9	63	218	960.3	387
渭南市 Weinan	16.1	1857.2	1.2	59	268	974	385.2
延安市 Yan'an	10.5	2757.0	2.2	55	196	883.0	959.1
汉中市 Hanzhong	16.1	1618.2	1.1	74	263	956	1052.5
榆林市 Yulin	10.0	3005.5	2.7	49	260	884.8	562.5
安康市 Ankang	16.8	2033.5	1.2	72	266	981.1	655.1
商洛市 Shangluo	14.1	2254.3	2.1	66	209	930.6	575.8

1-10 主要城市平均气温(2013年)

Monthly Average Temperature of Major Cities(2013)

单位：摄氏度 (℃)

月份 Month	西安市 Xi'an	铜川市 Tongchuan	宝鸡市 Baoji	咸阳市 Xianyang	渭南市 Weinan	延安市 Yan'an	汉中市 Hanzhong	榆林市 Yulin	安康市 Ankang	商洛市 Shangluo
一月 Jan.	1.2	-2.2	1.3	-0.8	1.0	-4.4	3.6	-6.4	3.7	1.0
二月 Feb.	5.0	1.8	5.2	3.6	4.9	0.1	6.5	-1.6	6.9	4.4
三月 Mar.	13.3	9.8	13.4	11.8	13.6	9.3	13.9	7.3	13.0	10.9
四月 Apr.	16.6	12.4	16.0	15.2	16.8	11.8	17.3	11.0	17.4	14.6
五月 May	21.9	18.0	20.5	20.6	22.4	17.8	21.0	18.7	21.2	19.0
六月 June	27.4	22.6	25.0	26.3	27.7	21.7	24.7	22.5	25.8	23.4
七月 July	27.8	23.7	25.4	26.5	27.6	21.4	26.2	22.1	28.7	25.7
八月 Aug.	28.6	23.9	26.7	27.3	28.3	22.1	27.1	21.8	28.0	25.3
九月 Sept.	22.6	18.2	20.5	21.6	22.9	15.6	21.6	16.4	23.0	20.4
十月 Oct.	16.4	12.7	15.6	15.2	16.8	11.2	17.6	10.9	18.0	15.6
十一月 Nov.	8.0	4.5	7.6	6.2	8.7	2.7	9.4	1.8	10.4	7.4
十二月 Dec.	2.1	-1.6	2.2	0.1	2.2	-3.8	4.2	-5.1	5.5	2.0
极端最高 Highest	39.9	34.5	38.5	39.0	40.3	34.5	35.5	33.6	38.8	3.7
极端最低 Lowest	-7.7	-14.0	-8.7	-11.4	-8.8	-20.4	-4.8	-25.5	-5.2	-10.2
年平均 Annual Average	15.9	12.0	15.0	14.5	16.1	10.5	16.1	10.0	16.8	14.1

1-11　主要城市降水量(2013年)
Monthly Precipitation of Major Cities(2013)

单位：毫米　　(millimeters)

月　份　Month	西安市 Xi'an	铜川市 Tongchuan	宝鸡市 Baoji	咸阳市 Xianyang	渭南市 Weinan	延安市 Yan'an	汉中市 Hanzhong	榆林市 Yulin	安康市 Ankang	商洛市 Shangluo
一　月 Jan.	0.6	3.4		0.3	2	2.1	2.9	4.6	2.50	2.6
二　月 Feb.	18.2	2.4	8.0	15.8	11.6	5.5	18.9	0.2	6.1	18.0
三　月 Mar.	1.4	1.7	3.1	3.4	1.6	10.4	7.0		18.7	9.2
四　月 Apr.	15.7	29.3	23.5	15.7	19.6	19.8	68.0	16.9	84.4	42.4
五　月 May	148.4	81.4	126.3	116.0	113.7	45.4	192.6	23.8	103.5	188.2
六　月 June	35.9	50.7	54.2	31.0	33.4	61.5	163.3	55.3	121.2	8.5
七　月 July	130.8	198.8	178.2	80.7	96.6	568.0	240.0	196.2	140.2	202.2
八　月 Aug.	47.8	27.8	48.8	38.0	42.0	103.1	138.0	153.5	71.1	9.9
九　月 Sept.	46.0	82.1	102.1	41.0	17.4	90.2	165.5	96.2	16.7	30.5
十　月 Oct.	19.3	22.0	28.8	18.1	12.1	41.7	31.2	10.1	50.9	27.0
十一月 Nov.	33.4	16.6	17.1	27.0	35.2	11.4	24.4	5.7	39.3	37.3
十二月 Dec.							0.7		0.5	
全　年 Annual Total	497.5	516.2	590.1	387.0	385.2	959.1	1052.5	562.5	655.1	575.8

1-12　主要城市日照时数(2013年)
Monthly Sunshine Hours of Major Cities(2013)

单位：小时　　(hours)

月　份　Month	西安市 Xi'an	铜川市 Tongchuan	宝鸡市 Baoji	咸阳市 Xianyang	渭南市 Weinan	延安市 Yan'an	汉中市 Hanzhong	榆林市 Yulin	安康市 Ankang	商洛市 Shangluo
一　月 Jan.	145.6	209.5	180.0	192.8	137.8	250.1	106.3	243.0	135.6	211.8
二　月 Feb.	63.7	144.7	106.2	108.8	69.0	212.5	23.6	202.6	81.7	106.7
三　月 Mar.	189.0	238.7	217.1	212.3	182.5	278.6	172.3	272.1	173.1	195.5
四　月 Apr.	213.2	228.9	210.4	214.8	220.6	280.9	182.6	308.0	232.0	235.5
五　月 May	158.8	186.3	159.4	154.7	157.5	232.8	152.5	293.6	156.7	168.1
六　月 June	242.1	222.5	196.6	219.4	239.1	259.7	162.4	284.1	212.4	228.4
七　月 July	156.1	97.9	130.8	107.3	125.3	158.8	138.2	203.8	183.5	149.9
八　月 Aug.	220.3	270.3	253.1	229.0	225.7	254.0	206.7	257.2	240.5	237.3
九　月 Sept.	155.4	151.0	129.7	136.7	119.5	166.9	111.0	202.1	149.9	165.0
十　月 Oct.	176.3	207.1	193.0	181.3	153.1	246.9	162.8	266.6	185.2	203.5
十一月 Nov.	141.3	168.1	127.3	131.2	94.6	190.6	88.3	231.7	120.7	163.7
十二月 Dec.	144.1	207.3	150.5	164.3	132.5	225.2	111.5	240.7	162.2	188.9
全　年 Annual Total	2005.9	2332.3	2054.1	2052.6	1857.2	2757.0	1618.2	3005.5	2033.5	2254.3

1-13 历届陕西省人民代表大会代表人数
Number of Deputies to All the Previous Shaanxi Province People's Congresses

单位：人 (person)

届次 Congress		年份 Year	代表人数 Number of Deputies	#女代表 Female Deputies		#少数民族代表 Ethnic Minority Deputies	
				人数 Number	占代表总数% As Percentage to Total Deputies (%)	人数 Number	占代表总数% As Percentage to Total Deputies (%)
第一届	First Congress	1954	386	51	13.2	9	2.3
第二届	Second Congress	1959	400	67	16.8	12	3.0
第三届	Third Congress	1964	520	84	16.0	15	2.9
第四届	Fourth Congress	1975					
第五届	Fifth Congress	1978	1186	234	19.7	26	2.2
第六届	Sixth Congress	1983	727	168	23.1	29	4.0
第七届	Seventh Congress	1988	600	117	19.3	19	3.2
第八届	Eighth Congress	1993	602	118	19.6	22	3.7
第九届	Ninth Congress	1998	566	129	22.8	19	3.4
第十届	Tenth Congress	2003	565	117	20.7	18	3.2
第十一届	Eleventh Congress	2008	574	142	24.9	19	3.3
第十二届	Twelfth Congress	2013	578	132	22.8	18	3.1

1-14 历届陕西省政治协商会议委员人数
Number of Deputies to All the Previous Shaanxi Province People's Political Consultative Conferences

单位：人 (person)

届次 Congress		年份 Year	委员人数 Number of Deputies	中国共产党党员代表 Deputies from the Communist Party of China		民主党派和无党派爱国人士代表 Deputies from Democratic Parties and Non-partisan Patriot	
				人数 Number	占代表总数% As Percentage to Total Deputies (%)	人数 Number	占代表总数% As Percentage to Total Deputies (%)
第一届	First Congress	1955	165	42	25.5	123	74.5
第二届	Second Congress	1958	262	85	32.4	177	67.6
第三届	Third Congress	1963	275	91	33.1	184	66.9
第四届	Fourth Congress	1977	420	205	48.8	215	51.2
第五届	Fifth Congress	1983	428	162	37.9	266	62.1
第六届	Sixth Congress	1988	502	191	38.0	311	62.0
第七届	Seventh Congress	1993	506	244	48.2	262	51.8
第八届	Eighth Congress	1998	539	216	40.1	323	59.9
第九届	Ninth Congress	2003	590	235	39.8	355	60.2
第十届	Tenth Congress	2008	627	248	39.6	379	60.4
第十一届	Eleventh Congress	2013	648	258	39.8	390	60.2

主要统计指标解释

行政区划 指国家对行政区域的划分。根据有关法规规定，我国的行政区域划分如下：(1)全国分为省、自治区、直辖市；(2)省、自治区分为自治州、县、自治县、市；(3)自治州分为县、自治县、市；(4)县、自治县分为乡、民族乡、镇； (5)直辖市和较大的市分为区、县；(6)国家在必要时设立的特别行政区。

气候 指地球与大气之间长期能量交换与质量交换所形成的一种自然环境状态，它是多种因素综合作用的结果。气候既是人类生活和生产的环境要素之一，又是供给人类生活和生产的重要资源。气温、降水、湿度等气象要素的多年平均值是用来描述一个地区气候状况的主要参数，而各种气象要素某年、某月的平均值(或总量)则可以反映出该时期天气气候状况的重要特征。

自然资源 指人类可以直接从自然界获得，并用于生产和生活的物质资源。自然资源一般可以分成可再生资源和非再生资源两大类。可再生资源指在较短时间内可以再生、可以循环利用的资源，包括土地资源、水资源、气候资源、生物资源和海洋资源等。非再生资源指在使用后不能再生的资源，包括矿产资源和地热能源。

土地资源 土地指陆地的表层部分，它主要由岩石、岩石的风化物和土壤构成。土地资源按利用类型可以分为农用地、建筑用地和未利用地。农用地包括耕地、园地、林地、牧草地和水面。建筑用地包括居民点及工矿用地、交通用地和水利设施用地。未利用地指农用地和建筑用地以外的土地，包括滩涂、荒漠、戈壁、冰川和石山等。

森林面积 指由乔木树种构成，郁闭度0.2以上(含0.2)的林地或冠幅宽度10米以上的林带的面积，即有林地面积。森林面积包括天然起源和人工起源的针叶林面积、阔叶林面积、针阔混交林面积和竹林面积，不包括灌木林地面积和疏林地面积。

森林蓄积量 指一定森林面积上存在着的林木树干部分的总材积。它是反映一个国家或地区森林资源总规模和水平的基本指标之一，也是反映森林资源的丰富程度、衡量森林生态环境优劣的重要依据。

森林覆盖率 指一个国家或地区森林面积占土地总面积的百分比。森林覆盖率是反映森林资源的丰富程度和生态平衡状况的重要指标。在计算森林覆盖率时，森林面积包括郁闭度0.2以上的乔木林地面积和竹林地面积，国家特别规定的灌木林地面积、农田林网以及四旁(村旁、路旁、水旁、宅旁)林木的覆盖面积。计算公式为：

$$森林覆盖率(\%)=\frac{森林面积}{土地总面积}\times 100\%$$

径流 指陆地上接受降水后扣除损耗外，从地表和地下向流域出口断面汇集的水流。径流可分为地表径流、地下径流和壤中流。地表径流指沿地表向河流、湖泊、沼泽、海洋等汇集的水流；地下径流指沿潜水层或隔水层间的含水层，向河流、湖泊、沼泽、海洋等汇集的地下水水流。

径流量 指在一定时段内通过河流某一过水断面的水量，用以反映一个国家或地区水资源的丰歉程度。计算公式为：

径流量=降水量-蒸发量

矿产资源 矿产资源指由地质作用形成的，具有利用价值的，呈固态、液态、气态的自然资源，是社会生产发展的重要物质基础。目前我国已发现矿种有170多种，按其特点和用途，可分为能源矿产(如煤炭、石油、天然气、地热)、金属矿产(如铁矿、锰矿、铜矿、铅矿、铝土矿)、非金属矿产(如金刚石、石灰岩、粘土)和水气矿产(如地下水、矿泉水、二氧化碳气)四大类。其中：金属矿产按其物质成份和性质又可分为：黑色金属矿产、有色金属矿产、贵金属矿产、稀有金属矿产、稀土金属矿产、分散元素金属矿产六类。

气温 指空气的温度，我国一般以摄氏度(℃)为单位表示。气象观测的温度表是放在离地面约1.5米处通风良好的百叶箱里测量的，因此，通常说的气温指的是离地面1.5米处百叶箱中的温度。其统计计算方法为：

月平均气温是将全月各日的平均气温相加，除以该月的天数而得。

年平均气温是将12个月的月平均气温累加后除以12而得。

降水量 指从天空降落到地面的液态或固态(经融化后)水，未经蒸发、渗透、流失而在地面上积聚的深度。其统计计算方法为：

月降水量是将全月各日的降水量累加而得。

年降水量是将12个月的月降水量累加而得。

日照时数 指太阳实际照射地面的时间。其统计方法与降水量相同。

Explanatory Notes on Main Statistical Indicators

Divisions of Administrative Areas refers to the division of administrative areas by the State. The relative laws stipulate that 1) the whole country is divided into provinces, autonomous regions and municipalities directly under the Central Government; 2) provinces and autonomous regions are further divided into autonomous prefectures, counties, autonomous counties and cities; 3) autonomous prefectures are further divided into counties, autonomous counties and cities; 4) counties and autonomous counties are further divided into townships, ethnic townships and towns; 5) municipalities directly under the Central Government and large cities are divided into districts and counties, 6) the State shall, when necessary, establish special administrative regions.

Climate refers to the natural environmental status formed by the long-term exchange of energy and mass between the earth and the atmosphere, and is the result of interaction of many factors. Climate is both one of the environment factors and also the important resources for living and production activities of the human being. The average values across several years of meteorological factors such as temperature, rainfall and humidity are used as important parameters to describe the climate of a region, while the average values (or total values) of a given year or month of meteorological factors reflect the key characteristics of climate for that period of time.

Natural Resources refer to material resources that could be obtained from the nature by human being and used for production and living. Natural resources in general can be classified as renewable resources and non-renewable resources. Renewable resources refer to resources that could be renewed and recycled during a relatively short period of time, including land resource, water resource, climate resource, biology resource and marine resource. Non-renewable resources include resources that could not be renewed, such as minerals and geothermal resource.

Land Resource Land refers to the surface of the earth, consisting of mainly rocks and its weathering and earth. Land resource can be classified, by its utilization, as land for agriculture, land for construction and unused land. Land for agriculture includes cultivated land, plantation land, forestland, grassland and waters. Land for construction includes land for residential purpose, for manufacturing and mining, for transportation and for water-conservancy projects. Unused land refers to land other than land for agriculture and construction, including beaches, deserts, Gobi, glaciers and rock mountains

Forest Area refers to the area of forest where trees and bamboo grow with canopy density above 0.2, including land of natural woods and planted woods, but excluding bush land and thin forest land. It reflects the total areas of afforestation.

Stock Volume of Forest refers to total stock volume of wood growing in forest area, which shows the total size and level of forest resources of a country or a region. It is also an important indicator illustrating the richness of forest resource and the status of forest ecological environment.

Forest Coverage Rate refers to the ratio of area of afforested land to total land area. It is a very important indicator that reflects the status of abundance of forest resource and balance of the ecosystem. Forest area includes the area of trees and bamboo grow with canopy density above 0.2, the area of shrubby tree according to regulations of the government, the area of forest land inside farm land and the area of trees planted by the side of villages, farm houses and along roads and rivers. The formula for calculating forest coverage rate is as follows:

$$\text{Forestry coverage rate (\%)} = \frac{\text{Area of Afforested Land}}{\text{Area of Total Land}} \times 100\%$$

Runoff refers to the water gathered at the way out of the cross section of drainage area either from the surface or underground after deducting the wastage of the precipitation on the land. Runoff can be divided into surface runoff, underground runoff and within soil runoff. Surface runoff refers to water flowing to the rivers, lakes, swamps, and seas on the surface of the earth. Underground runoff refers to water flow to rivers, lakes, swamps, and seas through the water-bearing stratum of confined layer or unconfined layer.

Volume of Runoff refers to the total volume of water running through a certain cross section of a river during a certain period of time, reflecting the water resource condition in a country or a region. The formula for calculating volume of runoff is as follows:

Runoff =Precipitation-Evaporation

Mineral Resources refer to useful minerals, with solid state, liquid state, gaseity, due to the geological process. Minerals are important natural resources, and important material base for social development. At present, there are more than 170 types of minerals discovered in China. They can be categorized into four groups: energy producing minerals (including coal, petroleum, natural gas and terrestrial heat), metallic minerals (including iron, manganese, copper, lead and bauxite), non metallic minerals (including diamond, limestone and clay), and water/gas related minerals (including ground water, mineral water and carbon dioxide). Metallic minerals can be further classified as ferrous, non-ferrous, noble metal, rare metal, rare earth metal and dispersed metals.

Temperature refers to the air temperature. China uses centigrade as the unit. The thermometry used for weather observation is put in a breezy shutter, which is 1.5 meters high from the ground. Therefore, the commonly used temperature refers to the temperature in the breezy shutter 1.5 meters away from the ground. The calculation method is as follows:

Monthly average temperature is the summation of average daily temperature of one month divided by the actual days of that particular month.

Annual average temperature is the summation of monthly average of a year divided by 12 months.

Volume of Precipitation refers to the deepness of liquid state or solid state (thawed) water falling from the sky to the ground that has not been evaporated, infiltrated or run off. The calculation method is as follows:

Monthly precipitation is the summation of daily precipitation of a month.

Annual precipitation is the summation of 12 months precipitation of a year.

Sunshine Hours refer to the actual hours of sun irradiating the earth. The calculation method is the same as that of the precipitation.

二、综　合

General Survey

资料整理：马　靖

简 要 说 明

一、本篇资料反映陕西经济、科技、社会等方面的规模、水平、速度、结构、比例、效益情况，并收录了基本单位统计情况。

二、国民经济综合资料是抽取全书的精华，通过对各篇章主要统计指标及其速度、结构、比例和效益等的加工计算，来反映国民经济和社会发展的总体情况。

三、本篇资料根据各专业统计年报资料以及国家统计局、省级有关部门提供的统计资料加工整理而成。

Brief Introduction

Ⅰ.This chapter reflects the scale, level, speed, structure, proportion and efficiency of the national economy, science and technology and the social development of Shaanxi Province.

Ⅱ. The summary data on the national economy reflect the overall situation of the economic and social development by presenting further processed statistics including growth, structure, ratio, and efficiency data derived from other chapters.

Ⅲ.The summary data are processed and prepared on the basis of the annual reports of various specialized fields provided by Statistics Bureau of Shaanxi Province and the statistics provided by the National Bureau of Statistics and some related departments of Shaanxi Province.

2. 综 合

2013年全省				
生产总值	16045.21	亿元	比1978年增长	37.9倍
全社会固定资产投资	15934.21	亿元	比1978年增长	781.8倍
财政收入	3004.47	亿元	比1978年增长	150.0倍
社会消费品零售总额	4999.54	亿元	比1978年增长	148.8倍
出口总额	102.26	亿美元	比1978年增长	858.3倍
城镇居民人均可支配收入	22858	元	比1978年增长	10.2倍
农村居民人均纯收入	6503	元	比1978年增长	6.2倍

生产总值增长速度

(比上年增长%)

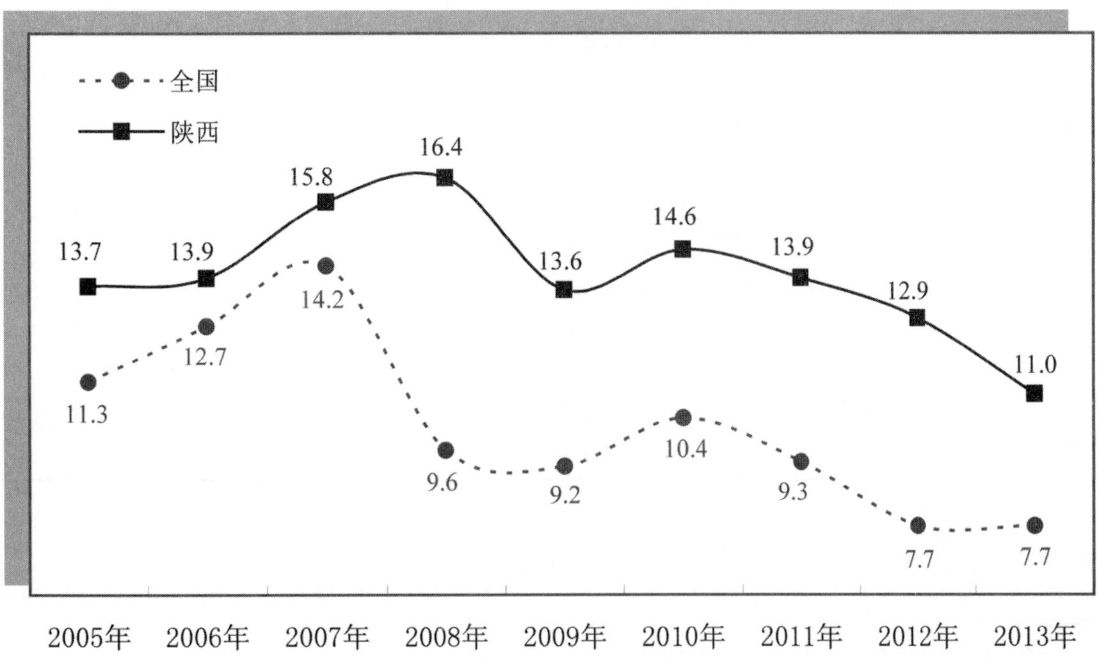

2-1 陕 西 一 日
Selected Indicators on Average Daily Social and Economic Activities

指 标	Item	2000	2005	2010	2012	2013
每天创造的财富	**Daily Production**					
生产总值 (万元)	Gross Domestic Product (10 000 yuan)	49425	107773	277356	395991	439595
第一产业	Primary Industry	7075	11939	27081	37539	41810
第二产业	Secondary Industry	21441	53462	149208	221202	244155
第三产业	Tertiary Industry	20910	42372	101067	137251	153631
财政收入 (万元)	Government Revenue (10 000 yuan)	5123	14494	49345	76715	82314
粮 食 (万吨)	Grain (10 000 tons)	2.98	3.12	3.19	3.41	3.33
棉 花 (吨)	Cotton (ton)	75	213	190	184	159
油 料 (吨)	Oil-bearing Crops (ton)	1062	1242	1536	1653	1631
肉 类 (吨)	Meat (ton)	2524	3674	2812	2934	3083
布 (万米)	Cloth (10 000 m)	196.71	217.26	206.16	178.10	157.26
发 电 量 (万千瓦小时)	Electricity (10 000 kwh)	7460	13834	30189	36452	40922
原 油 (吨)	Crude Oil (ton)	20450	48717	82665	96645	101042
粗 钢 (吨)	Crude Steel (ton)	1470	8419	16570	22704	26852
每天消费量	**Daily National Consumption**					
能源消费量 (万吨标煤)	Energy Consumption (10 000 tons of SCE)		15.26	24.33	29.11	31.16
社会消费品零售额(万元)	Total Retail Sales of Consumer Goods (10 000 yuan)	19880	36475	87553	120103	136974
每天其他经济活动	**Other Daily Economic Activities**					
货 运 量 (万吨)	Freight Traffic (10 000 tons)	82.12	125.27	286.09	374.61	418.39
客 运 量 (万人次)	Passenger Traffic (10 000 persons)	78.61	107.16	257.41	308.41	324.14
邮电业务总量 (万元)	Business Volume of Postal and Telecommunication Services(10 000 yuan)	2329.84	9072.12	24735.62	10562.65	11438.33
进出口总额 (万美元)	Total Value of Imports and Exports (USD 10 000)	586.33	1253.93	3310.36	4054.39	5514.74
# 出口总额	Total Exports	358.91	842.69	1700.75	2370.35	2801.69
入境旅游人数 (万人)	Number of Overseas Visitor Arrivals (10 000 person-times)	0.20	0.25	0.58	0.92	0.96
个人储蓄额 (万元)	Outstanding Amount of Savings Deposit (10 000 yuan)	41713	96821	218021	295070	335599
每天人口变动和婚姻	**Daily Population Changes and Marriages**					
出 生 (人)	Births (person)	1244	1013	994	1041	1031
死 亡 (人)	Deaths (person)		608	613	642	633
结 婚 (对)	Marriages (couples)	557	571	950	1025	1085
离 婚 (对)	Divorces (couples)	71	64	122	151	173

注：1.本表价值量指标中，除邮电业务总量按不变价格计算，其余均按当年价格计算。
2.工业产品产量为规模以上企业数据。
3.能源消费量按等价值计算。

a) Figures in value terms in this table are at current prices, except that on the business volume of postal and telecommunication services which is at constant prices.
b) Output of industrial products are obtained from above designated size enterprises.
c) Energy consumption are calculated at equivalent value.

2-2 陕西省主要国民经济指标占全国比重(2013年)

Percentage of Shaanxi Main Indicators on National Economic to National Total(2013)

指　标	Item	陕 西 Shaanxi	全 国 National Total	陕西占全国% Shaanxi as Percentage of National Total (%)
年底总人口 (万人)	Population at Year-end (10 000 persons)	3764	136072	2.8
就业人员 (万人)	Number of Employed Persons (10 000 persons)	2058	76977	2.7
生产总值 (亿元)	Gross Domestic Product (100 million yuan)	16045.21	568845	2.8
第一产业	Primary Industry	1526.05	56957	2.7
第二产业	Secondary Industry	8911.64	249684	3.6
# 工 业	Industry	7507.34	210689	3.6
第三产业	Tertiary Industry	5607.52	262204	2.1
全社会固定资产投资总额(亿元)	Total Investment in Fixed Assets (100 million yuan)	15934.21	447074	3.6
地方一般预算收入 (亿元)	Local General Bugetary Revenue (100 million yuan)	1748.33	68969	2.5
主要产品产量	Output of Major Products			
粮 食 (万吨)	Grain (10 000 tons)	1216	60193.8	2.0
棉 花 (万吨)	Cotton (10 000 tons)	5.79	629.9	0.9
油 料 (万吨)	Oil-bearing Crops (10 000 tons)	59.52	3517.0	1.7
水 果 (万吨)	Fruits (10 000 tons)	1487.38	25093.0	5.9
原 油 (万吨)	Crude Oil (10 000 tons)	3688.04	20946.9	17.6
天 然 气 (亿立方米)	Natural Gas (100 million cu.m)	371.65	1170.5	31.8
发 电 量 (亿千瓦小时)	Electricity (100 million kwh)	1493.66	53975.9	2.8
粗 钢 (万吨)	Crude Steel (10 000 tons)	980.08	77904.1	1.3
水 泥 (万吨)	Cement (10 000 tons)	8545.52	241613.6	3.5
化 肥 (万吨)	Fertilizers (10 000 tons)	103.04	7037.0	1.5
纱 (万吨)	Yarn (10 000 tons)	35.55	3200	1.1
布 (亿米)	Cloth (100 million m)	5.74	882.7	0.7
汽 车 (万辆)	Motor Vehicles (10 000 units)	42.44	2211.7	1.9
货物周转量 (亿吨公里)	Total Freight Ton-kilometers (100 million ton-km)	3472.92	168164.8	2.1
邮电业务总量 (亿元)	Business Volume of Postal and Telecommunication Services (100 million yuan)	417.50	16679.1	2.5
社会消费品零售总额 (亿元)	Total Retail Sales of Consumer Goods (100 million yuan)	4999.54	237809.9	2.1
进出口总额 (亿美元)	Total Value of Imports and Exports (USD 100 million)	201.29	41596.9	0.5
# 出口额	Exports	102.26	22093.7	0.5
国际旅游外汇收入 (亿美元)	Foreign Exchange Earnings from International Tourism (USD 100 million)	16.76	516.6	3.2
大学生在校学生数 (万人)	Students Enrollment of College and University (10 000 persons)	107.76	2468.1	4.4
图书出版量 (亿册)	Number of Books Published (100 million copies)	1.93	83	2.3
杂志出版量 (亿册)	Number of Magazines Published (100 million copies)	0.55	34	1.6
报纸出版量 (亿份)	Number of Newspapers Published (100 million copies)	6.83	478	1.4

2-3 国民经济和社会发展总量与速度指标

指 标	Item	1978	2000
人口与就业	**Population and Employment**		
人 口	Population		
年底总人口 (万人)	Population at Year-end (10 000 persons)	2779	3644
城镇人口	Urban	454	1176
乡村人口	Rural	2325	2468
男性人口	Male	1444	1896
女性人口	Female	1335	1748
就 业	Employment		
就业人员 (万人)	Number of Employed Persons (10 000 persons)	1078	1813
# 职工人数	Number of Staff and Workers	257	328
城镇登记失业人数 (万人)	Registered Unemployment in Urban Areas (10 000 persons)		11.39
宏观经济	**Macro Economy**		
国民经济核算	National Accounting		
生产总值 (亿元)	Gross Domestic Product (100 million yuan)	81.07	1804.00
第一产业	Primary Industry	24.70	258.22
第二产业	Secondary Industry	42.13	782.58
第三产业	Tertiary Industry	14.24	763.20
固定资产投资	Investment in Fixed Assets		
全社会固定资产投资总额 (亿元)	Total Investment in Fixed Assets (100 million yuan)	20.35	745.85
# 固定资产投资	Investment in Fixed Assets		
# 房地产开发投资	Investment in Real Estate Development		78.89
财 政	Government Finance		
财政收入 (亿元)	Government Revenue (100 million yuan)	19.76	187.00
# 地方一般预算收入 (亿元)	Local General Bugetary Revenue (100 million yuan)		114.97
财政支出 (亿元)	Government Expenditures (100 million yuan)	18.30	271.76
物价指数 (上年＝100)	Price Indices (preceding year=100)		
商品零售价格指数	Retail Price Index	100.5	98.3
居民消费价格指数	Consumer Price Index	100.6	99.5
利用外资	Utilization of Foreign Capital		
签订利用客商直接投资协议额 (万美元)	Contracted Value of Direct Investments (USD 10 000)		49931
实际利用客商直接投资额 (万美元)	Actually Utilized Value of Direct Investments (USD 10 000)		28842
能源生产与消费(等价值)	Production and Consumption of Energy (Equivalent Value)		
能源生产总量 (万吨标准煤)	Total Energy Production (10 000 tons of SCE)		
能源消费总量 (万吨标准煤)	Total Energy Consumption (10 000 tons of SCE)		

注：1.本表价值量指标中，除邮电业务总量按不变价格计算，其余指标均按当年价格计算。

2.2000年及以后工业产品产量、财务指标为规模以上企业数据。
3.1998年及以后职工人数、职工工资总额、职工平均工资为在岗职工数据。
4.本表速度指标中，生产总值及三次产业增加值、物价指数、农林牧渔业增加值、工业增加值、城乡居民收入和职工平均工资指标均按不变价格计算。固定资产投资平均增长速度按累计法计算。
5.2013年财政收入增长速度为同口径增长速度。

Principal Aggregate Indicators on National Economic and Social Development and Growth Rates

2005	2010	2012	2013	2013年为下列年份% 2013 as Percentage of the Following Years(%)					1979-2013 平均增长% Average Annual Growth Rate(%)
				1978	2000	2005	2010	2012	
3690	3735	3753	3764	135.4	103.3	102.0	100.8	100.3	0.9
1374	1707	1877	1931	425.3	164.2	140.5	113.1	102.9	4.2
2316	2028	1876	1833	78.8	74.3	79.1	90.4	97.7	-0.7
1899	1930	1938	1944	134.6	102.5	102.4	100.7	100.3	0.9
1791	1805	1815	1820	136.3	104.1	101.6	100.8	100.3	0.9
1976	2074	2061	2058	190.9	113.5	104.1	99.2	99.9	1.9
323	343	386	471	183.3	143.6	145.8	137.4	121.9	1.7
21.54	21.42	19.48	21.06		185.0	97.8	98.3	108.1	
3933.72	10123.48	14453.68	16045.21	3889.1	499.4	285.3	142.7	111.0	11.0
435.77	988.45	1370.16	1526.05	597.0	203.3	158.3	117.5	104.7	5.2
1951.36	5446.10	8073.87	8911.64	5792.0	637.8	322.4	150.5	112.6	12.3
1546.59	3688.93	5009.65	5607.52	7128.6	462.4	276.5	138.0	109.9	13.0
1982.04	8561.24	12840.15	15934.21	78282.3	2136.4	803.9	186.1	124.1	20.2
		12501.43	15583.58					124.7	
298.95	1159.47	1835.93	2240.17		2839.6	749.3	193.2	122.0	
529.02	1801.11	2800.09	3004.47					111.5	15.4
275.32	958.21	1600.69	1748.33					116.9	
638.96	2218.83	3323.80	3665.07	20024.8	1348.6	573.6	165.2	110.3	16.3
100.1	103.6	102.3	101.8	512.8	130.0	129.1	109.1	101.8	4.8
101.2	104.0	102.8	103.0	628.6	140.7	132.8	111.9	103.0	5.4
158237	221030	515036	372078		745.2	235.1	168.3	72.2	
62839	182006	293609	367800		1275.2	585.3	202.1	125.3	
14576	32332	41908	44793				138.5	106.9	
5571	8882	10626	11372				128.0	107.0	

a) Figures in value terms in this table are at current prices, except that on the business volume of postal and telecommunication services which is at constant prices.

b) Since 2000, Output of industrial products and financial indicators are obtained from above designated size enterprises.

c) Figures on number of staff and workers ,total wage bill and average wage refer to fully employed staff and workers since 1998 .

d) The indices and growth rates of the follow indicators are calculated at constant prices: gross domestic product, value-added of the three strata of industry,price indices,value-added of agriculture, forestry, animal husbandry and fishery ,value-added of industry, per capita income of urban and rural residents, average wage of staff and workers. The average annual growth rate of total investment in fixed assets is calculated at the accumulate method.

e) The increase rates of government revenue is the same requirements data in 2013.

2-3 续表 1

指 标	Item	1978	2000
产 业	**Industry**		
农 业	Agriculture		
常用耕地面积 (千公顷)	Cultivated Land (1 000 hectares)	3854	3114
农林牧渔业增加值 (亿元)	Value-added of Agriculture, Forestry, Animal Husbandry and Fishery (100 million yuan)	24.70	258.22
主要农产品产量	Output of Major Farm Products		
粮 食 (万吨)	Grain (10 000 tons)	800	1089
棉 花 (万吨)	Cotton (10 000 tons)	10.54	2.74
油 料 (万吨)	Oil-bearing Crops (10 000 tons)	5.65	38.76
烤 烟 (万吨)	Flue-Cured Tobacco (10 000 tons)	1.38	7.36
茶 叶 (吨)	Tea (ton)	1408	6126
水 果 (万吨)	Fruits (10 000 tons)	33.41	493.79
蔬 菜 (万吨)	Vegetables (10 000 tons)		556.53
肉 类 (万吨)	Meat (10 000 tons)	14.20	92.12
工 业	Industry		
工业增加值 (亿元)	Value-added of Industry (100 million yuan)	36.52	629.88
主要工业产品产量	Output of Major Industrial Products		
纱 (万吨)	Yarn (10 000 tons)	13.85	15.68
布 (亿米)	Cloth (100 million m)	5.81	7.18
原 油 (万吨)	Crude Oil (10 000 tons)	6.03	746.44
天然气 (亿立方米)	Natural Gas (100 million cu.m)		21.10
发电量 (亿千瓦小时)	Electricity (100 million kwh)	66.10	272.28
粗 钢 (万吨)	Crude Steel (10 000 tons)	24.29	53.65
钢 材 (万吨)	Rolled Steel (10 000 tons)	17.38	57.70
水 泥 (万吨)	Cement (10 000 tons)	210.66	989.44
化 肥 (万吨)	Fertilizers (10 000 tons)	13.69	93.90
汽 车 (万辆)	Motor Vehicles (10 000 units)		1.93
规模以上工业企业	Industrial Enterprises above Designated Size		
资产总计 (亿元)	Original Value of Fixed Assets (100 million yuan)		2683.07
主营业务收入 (亿元)	Revenue from Principal Business (100 million yuan)		1133.82
利润和税金总额 (亿元)	Total Profits and Tax (100 million yuan)		155.51
交通运输	Transportation		
货物运输量 (万吨)	Freight Traffic (10 000 tons)	7160	29973
# 铁 路	Railways	2400	4697
公 路	Highways	4733	25200
货物周转量 (亿吨公里)	Freight Ton-kilometers (100 million ton-km)	176.11	593.24
# 铁 路	Railways	165.58	448.15
公 路	Highways	10.39	143.64
旅客运输量 (万人)	Passenger Traffic (10 000 persons)	5628	28693
# 铁 路	Railways	2009	2661
公 路	Highways	3605	25600
旅客周转量 (亿人公里)	Passenger-Kilometers (100 million passenger-km)	60.73	376.99
# 铁 路	Railways	47.56	178.89
公 路	Highways	12.95	151.04

continued

2005	2010	2012	2013	2013年为下列年份% 2013 as Percentage of the Following Years(%)					1979-2013 平均增长% Average Annual Growth Rate(%)
				1978	2000	2005	2010	2012	
2788	2861	2864	2871	74.5	92.2	103.0	100.4	100.2	-0.8
435.77	988.45	1370.16	1526.05	597.0	203.3	158.3	117.5	104.7	5.2
1140	1165	1245	1216	152.0	111.6	106.7	104.4	97.6	1.2
7.78	6.92	6.72	5.79	54.9	211.4	74.4	83.7	86.2	-1.7
45.35	56.08	60.33	59.52	1053.4	153.6	131.2	106.1	98.7	7.0
5.88	6.73	9.15	8.54	618.8	116.0	145.2	126.9	93.3	5.3
11382	25052	35195	40656	2887.5	663.7	357.2	162.3	115.5	10.1
765.74	1238.50	1437.74	1487.38	4451.9	301.2	194.2	120.1	103.5	11.5
869.93	1384.02	1525.62	1629.36		292.8	187.3	117.7	106.8	
134.11	102.64	107.09	112.52	792.4	122.1	83.9	109.6	105.1	6.1
1650.63	4558.97	6847.41	7507.34	6464.7	671.3	324.7	152.7	112.7	12.6
19.43	27.12	28.86	35.55	256.7	226.7	183.0	131.1	123.2	2.7
7.93	7.52	6.50	5.74	98.8	79.9	72.4	76.3	88.3	…
1778.16	3017.28	3527.56	3688.04	61161.5	494.1	207.4	122.2	104.5	20.1
80.59	223.47	309.62	371.65		1761.4	461.2	166.3	120.0	
504.94	1101.91	1330.50	1493.66	2259.7	548.6	295.8	135.6	112.3	9.3
307.28	604.82	828.69	980.08	4034.9	1826.8	319.0	162.0	118.3	11.1
337.10	994.89	1283.55	1565.22	9005.9	2712.7	464.3	157.3	121.9	13.7
1972.13	5463.79	7552.71	8545.52	4056.5	863.7	433.3	156.4	113.1	11.2
122.86	82.74	97.89	103.04	752.7	109.7	83.9	124.5	105.3	5.9
4.26	65.21	54.46	42.44			995.8	65.1	77.9	
5085.90	14688.70	20591.16	22443.11			441.3	152.8	109.0	
3302.50	10888.80	16328.25	17763.00			537.9	163.1	108.8	
676.50	2401.96	3457.30	3352.07			495.5	139.6	97.0	
45724	104423	136734	152712	2132.9	509.5	334.0	146.2	111.7	9.1
12123	27121	31942	35804	1491.8	762.3	295.3	132.0	112.1	8.0
33483	77123	104593	116711	2465.9	463.1	348.6	151.3	111.6	9.6
1115.31	2465.99	3193.12	3472.92	1972.0	585.4	311.4	140.8	108.8	8.9
905.76	1267.90	1446.75	1514.69	914.8	338.0	167.2	119.5	104.7	6.5
207.85	1195.91	1744.65	1956.54	18831.0	1362.1	941.3	163.6	112.1	16.1
39137	93954	112570	118312	2102.2	412.3	302.3	125.9	105.1	9.1
3600	5411	5757	6123	304.8	230.1	170.1	113.2	106.4	3.2
34780	87457	105647	110963	3078.0	433.4	319.0	126.9	105.0	10.3
571.60	851.45	1004.53	1051.14	1730.8	278.8	183.9	123.5	104.6	8.5
279.08	362.60	408.84	421.38	886.0	235.6	151.0	116.2	103.1	6.4
206.54	383.99	488.55	514.90	3976.1	340.9	249.3	134.1	105.4	11.1

2-3 续表 2

指 标		Item		1978	2000
邮电通信业		Postal and Telecommunication Services			
邮电业务总量	(亿元)	Business Volume of Postal and Telecommunication Services	(100 million yuan)	0.50	85.04
函 件	(万件)	Number of Letters Delivered	(10 000 pieces)	9188	17444
报刊期发数	(万份)	Number of Newspapers and Magazines Distributed	(10 000 copies)	319	454
固定电话	(万户)	Number of Fixed Telephone Subscribers	(10 000 subscribers)	4.65	345.24
城 市		Urban Telephone Subscribers		3.24	252.86
农 村		Rural Telephone Subscribers		1.41	92.39
移动电话	(万户)	Number of Mobile Telephone Subscribers	(10 000 subscribers)		151.67
互联网宽带用户	(万户)	Number of Internet Subscribers	(10 000 subscribers)		19.87
国内商业		Domestic Trade			
社会消费品零售总额	(亿元)	Total Retail Sales of Consumer Goods	(100 million yuan)	33.37	725.64
对外贸易和旅游		Foreign Trade and Tourism			
进出口总额	(万美元)	Total Value of Imports and Exports	(USD 10 000)		214009
进口额		Imports			83006
出口额		Exports		1190	131003
国际旅游		International Tourism			
入境旅游人数	(万人次)	Number of Overseas Visitor Arrivals	(10 000 persons)	1.37	71.28
旅游外汇收入	(万美元)	Foreign Exchange Earnings from Tourism	(USD 10 000)	177	28025
金 融		Financial Intermediation			
金融机构(含外资)人民币存款	(亿元)	Deposits of National Banking System in RMB (Including Foreign Currency)	(100 million yuan)		
金融机构(含外资)人民币贷款	(亿元)	Loans of National Banking System in RMB (Including Foreign Currency)	(100 million yuan)		
教育 · 科技 · 文化		**Education, Science and Technology and Culture**			
教 育		Education			
专任教师数	(万人)	Full-time Teachers	(10 000 persons)		
普通高等学校		Regular Institutions of Higher Education		1.07	2.07
中等职业学校		Vocational Secondary Schools		0.33	2.17
普通中学		Secondary Schools		9.17	12.23
小 学		Primary Schools		17.30	18.23
在校学生数	(万人)	Students Enrollment	(10 000 persons)		
普通高等学校		Regular Institutions of Higher Education		3.44	24.17
中等职业学校		Vocational Secondary Schools		2.93	36.37
普通中学		Secondary Schools		193.47	230.52
小 学		Primary Schools		450.51	480.93
科 技		Science and Technology			
全省从事科技活动人员数	(万人)	Personnel Engaged in S&T Activities in the Whole Province	(10 000 persons)		15.51
R&D经费内部支出	(亿元)	Internal Expenditure on Research and Development	(100 million yuan)		
文 化		Culture			
出版数量		Number of Publication			
图 书	(万册)	Books	(10 000 copies)	7661	15958
杂 志	(万册)	Magazines	(10 000 copies)	1423	4944
报 纸	(万份)	Newspapers	(10 000 copies)		70389
制作电视节目	(小时)	Time for TV Programs Production	(hour)		16174

continued

2005	2010	2012	2013	2013年为下列年份% 2013 as Percentage of the Following Years(%)					1979-2013 平均增长% Average Annual Growth Rate(%)
				1978	2000	2005	2010	2012	
331.13	902.85	385.54	417.50	83084.4	490.9	126.1	46.2	108.3	21.2
15119	9734	6061	4914	53.5	28.2	32.5	50.5	81.1	-1.8
286	517	337	346	108.5	76.2	121.0	66.9	102.7	0.2
859.32	781.89	772.07	769.29	16559.5	222.8	89.5	98.4	99.6	15.7
561.84	519.55	541.30	555.02	17153.6	219.5	98.8	106.8	102.5	15.8
297.47	262.34	230.76	214.27	15196.1	231.9	72.0	81.7	92.9	15.4
938.10	2518.23	3264.77	3512.46			374.4	139.5	107.6	
236.90	368.83	439.59	506.24			213.7	137.3	115.2	
1331.35	3195.67	4383.75	4999.54	14982.1	689.0	375.5	156.4	114.0	15.4
457684	1208283	1479854	2012881		940.6	439.8	166.6	136.0	
150103	587510	614677	990265		1193.0	659.7	168.6	161.1	
307580.8	620773	865178	1022617	85934.2	780.6	332.5	164.7	118.2	21.3
92.84	212.17	335.24	352.07	25698.3	493.9	379.2	165.9	105.0	17.2
44625	101596	159747	167620	94700.6	598.1	375.6	165.0	104.9	21.6
	16456.05	22657.74	25577.19					112.9	
	10033.12	13865.61	16219.84					117.0	
4.29	5.83	6.15	6.42	599.8	309.7	149.7	110.1	104.3	5.3
2.85	3.46	3.01	1.84	557.1	84.7	64.4	53.1	61.1	5.0
15.91	17.05	16.88	16.75	182.6	136.9	105.2	98.2	99.2	1.7
18.66	17.52	16.68	16.28	94.1	89.3	87.2	93.0	97.6	-0.2
66.69	92.78	102.63	107.76	3132.6	445.8	161.6	116.1	105.0	10.3
55.84	89.93	73.31	60.56	2066.9	166.5	108.5	67.3	82.6	9.0
304.56	259.91	225.70	210.13	108.6	91.2	69.0	80.8	93.1	0.2
340.09	261.04	234.62	227.33	50.5	47.3	66.8	87.1	96.9	-1.9
13.49	20.69	22.03	23.26		150.0	172.4	112.4	105.6	
92.15	217.50	287.20	342.75				157.6	119.3	
17628	19830	19640	19328	252.3	121.1	109.6	97.5	98.4	2.7
6450	7522	6708	5498	386.4	111.2	85.2	73.1	82.0	3.9
68219	62239	70922	68281		97.0	100.1	109.7	96.3	
71983	83275	102136	118154		730.5	164.1	141.9	115.7	

2-3 续表 3

指　　标	Item	1978	2000
家庭·生活·环境	**Family, People's Living Conditions and Environment**		
家　庭	Family		
家庭总户数 (万户)	Total Number of Households (10 000 households)	560.82	948.06
居民家庭平均每户居住人口 (人)	Average Household Size of All Households (person)		
城镇居民平均每户居住人口 (人)	Average Household Size in Urban Areas (person)		
农村居民平均每户居住人口 (人)	Average Household Size in Rural Areas (person)		
婚　姻	Marriages and Divorces		
结婚数 (对)	Number of Marriages (couples)	136230	203598
离婚数 (对)	Number of Divorces (couples)		26031
居　住	Housing		
居民家庭人均住房建筑面积 (平方米)	Per Capita Floor Space of All Households (sq.m)		
城镇居民人均住房建筑面积(平方米)	Per Capita Floor Space of Urban Residents (sq.m)		
农村居民人均住房建筑面积(平方米)	Per Capita Floor Space of Rural Residents (sq.m)		
生　活	People's Living Conditions		
城镇居民人均可支配收入 (元)	Per Capita Annual Disposable Income of Urban Households (yuan)	310	5124
农村居民人均纯收入 (元)	Per Capita Net Income of Rural Residents (yuan)	134	1470
个人储蓄存款余额 (亿元)	Personal Saving Deposits (100 million yuan)	7.79	1522.53
工　资	Wages		
职工工资总额 (亿元)	Total Wages of Staff and Workers (100 million yuan)	16.44	257.28
职工平均工资 (元)	Average Wage of Staff and Workers (yuan)	654	7804
卫　生	Health Care		
医院数 (个)	Number of Hospitals (unit)	3064	2779
医生数 (万人)	Number of Doctors (10 000 persons)	3.43	6.43
医院床位数 (万张)	Number of Hospital Beds (10 000 units)	4.99	9.26
市政建设	Municipal Works		
自来水供应量 (万立方米)	Volume of Tap Water Supply (10 000 cu.m)	21119	67062
排水管道长度 (公里)	Length of Sewer Pipelines (km)	431	1856
城市天然气供应量 (万立方米)	Volume of Natural Gas Supply in Urban Areas (10 000 cu.m)		17770
道路长度 (公里)	Length of Paved Roads (km)	639	2537
园林绿地面积 (公顷)	Area of Green Land (hectare)	488	9079
环境、灾害	Environment and Disaster		
环境污染治理投资总额 (万元)	Total Investment in the Treatment of Environmental Pollution (10 000 yuan)		
火灾发生数 (起)	Number of Fire Disasters (unit)		3818
火灾损失 (万元)	Loss of Fire Disasters (10 000 yuan)		2613
交通事故发生数 (件)	Number of Traffic Accidents (unit)	3979	11846
交通事故损失 (万元)	Loss of Traffic Accidents (10 000 yuan)	165	3978

continued

2005	2010	2012	2013	2013年为下列年份% 2013 as Percentage of the Following Years(%)					1979-2013 平均增长% Average Annual Growth Rate(%)
				1978	2000	2005	2010	2012	
1055.74	1198.37	1244.46	1263.50	225.3	133.3	119.7	105.4	101.5	2.3
			3.28						
			3.00						
			3.46						
208421	346645	374046	396187	290.8	194.6	190.1	114.3	105.9	3.1
23447	44402	55006	63292		243.1	269.9	142.5	115.1	
			35.02						
			29.95						
			39.65						
8272	15695	20734	22858	1122.0	328.8	209.8	130.7	107.2	7.2
2052	4105	5763	6503	716.8	274.7	223.3	139.0	109.4	5.8
3533.97	7957.78	10770.05	12249.36	157153.9	804.5	346.6	153.9	113.7	23.4
477.97	1176.33	1743.47	2311.59	14060.8	898.5	483.6	196.5	132.6	15.2
14796	34299	44330	48853	1134.4	460.5	250.1	127.8	107.2	7.2
2674	2639	2603	2634	86.0	94.8	98.5	99.8	101.2	-0.4
6.03	6.28	6.95	7.44	216.9	115.7	123.4	118.5	107.0	2.2
10.34	13.72	16.31	17.93	359.3	193.6	173.4	130.7	109.9	3.7
71170	81335	84703	88990	421.4	132.7	125.0	109.4	105.1	4.2
3250	5666	6383	6766	1569.9	364.6	208.2	119.4	106.0	8.2
76285	164654	221162	238667			312.9	145.0	107.9	
3191	4810	5422	5802	908.0	228.7	181.8	120.6	107.0	6.5
15003	26063	30990	33853	6937.0	372.9	225.6	129.9	109.2	12.9
		1806752	2216819					122.7	
7490	4620	7857	12127		317.6	161.9	262.5	154.3	
4683	8354	16172	16220		620.7	346.4	194.2	100.3	
12011	6004	5989	5952	149.6	50.2	49.6	99.1	99.4	1.2
6242	3311	4004	3696	2240.0	92.9	59.2	111.6	92.3	9.3

2-4 国民经济主要结构指标
Main Composition Indicators on National Economy

单位：% (%)

指　　标	Item	2000	2005	2010	2012	2013
人口与就业	**Population and Employment**					
人　口	Population					
城乡结构	Urban and Rural Composition					
城　镇	Urban	32.3	37.2	45.7	50.0	51.3
乡　村	Rural	67.7	62.8	54.3	50.0	48.7
性别结构	Sexual Composition					
男	Male	52.0	51.5	51.7	51.6	51.6
女	Female	48.0	48.5	48.3	48.4	48.4
宏观经济	**Macro Economy**					
国民经济核算	National Accounting					
生产总值产业结构	Industrial Composition					
第一产业	Primary Industry	14.3	11.1	9.8	9.5	9.5
第二产业	Secondary Industry	43.4	49.6	53.8	55.8	55.5
第三产业	Tertiary Industry	42.3	39.3	36.4	34.7	35.0
生产总值地区结构	by Region					
关　中	Guanzhong	72.5	66.2	62.8	61.1	61.8
陕　南	Southern Shaanxi	14.2	12.2	11.1	11.6	12.3
陕　北	Northern Shaanxi	13.3	21.6	26.1	27.3	25.9
投　资	Investment					
固定资产投资结构	Composition of Investment in Fixed Assets					
第一产业	Primary Industry	2.7	2.7	5.7	6.1	5.5
第二产业	Secondary Industry	36.2	34.1	35.1	37.6	35.2
第三产业	Tertiary Industry	61.1	63.2	59.2	56.2	59.3
固定资产投资经济类型结构	Compositione of Investment in Fixed Assets by Registration Status					
国有经济	State-Owned Units	63.5	51.3	49.3	43.2	41.4
集体经济	Collective-Owned Units	5.6	3.9	4.8	3.4	3.2
其他经济	Others	18.4	38.1	42.8	50.0	52.6
个　　体	Individuals	12.5	6.7	3.0	3.4	2.8

2-4　续表 1　continued

单位：%　　(%)

指　标	Item	2000	2005	2010	2012	2013
能　源	Energy					
能源生产总量结构	Composition of Total Energy Production					
原　煤	Coal		74.7	76.9	77.8	76.8
原　油	Crude Oil		17.4	13.3	12.0	11.8
天然气	Natural Gas		6.7	8.9	9.5	10.7
水　电	Hydro-power		1.1	0.9	0.6	0.7
能源消费总量结构	Composition of Total Energy Consumption					
煤　品	Coal		75.6	70.6	73.7	72.7
油　品	Petroleum		17.4	17.6	15.9	15.6
天然气	Natural Gas		4.1	8.6	8.0	8.9
水　电	Hydro-power		3.0	3.1	2.4	2.8
产　业	**Industry**					
农　业	Agriculture					
农林牧渔业产值结构	Composition of Gross Output Value of Agriculture, Forestry,Animal Husbandry and Fishery					
农　业	Farming	70.5	64.7	66.5	66.3	66.9
林　业	Forestry	5.9	3.4	2.1	2.5	2.6
牧　业	Animal Husbandry	22.9	27.2	26.1	26.0	25.1
渔　业	Fishery	0.8	0.8	0.5	0.6	0.7
农林牧渔服务业	Services in Support of Agriculture,Forestry,Animal Husbandry and Fishery		3.9	4.8	4.6	4.6
工　业	Industry					
轻重工业产值结构	Composition of Gross Output Value of Light and Heavy Industry					
轻工业	Light Industry	35.1	24.0	18.9	18.9	19.9
重工业	Heavy Industry	64.9	76.0	81.1	81.1	80.1
交通运输业	Transportation					
客运量结构	Composition of Passenger Traffic					
铁　路	Railways	9.3	9.2	5.8	5.1	5.2
公　路	Highways	89.2	88.9	93.1	93.9	93.8
水　运	Waterways	0.8	0.9	0.3	0.3	0.3
民用航空	Civil Aviation	0.8	1.1	0.8	0.7	0.7
货运量结构	Composition of Freight Traffic					
铁　路	Railways	15.7	26.5	26.0	23.4	23.4
公　路	Highways	84.1	73.2	73.9	76.5	76.4
水　运	Waterways	0.2	0.3	0.2	0.1	0.1
民用航空	Civil Aviation	…	…	…	…	…

2-4 续表 2 continued

单位：% (%)

指　　标	Item	2000	2005	2010	2012	2013
国内商业	Domestic Trade					
社会消费品零售总额构成	Composition of Total Retail Sales of Consumer Goods					
城　镇	Urban			86.9	88.1	88.1
乡　村	Rural			13.1	11.9	11.9
国际旅游	International Tourism					
入境旅游人数结构	Composition of Overseas Visitor Arrivals					
外国人	Foreigners	82.0	80.3	73.2	69.7	71.3
港澳台同胞	Hong Kong, Macao and Taiwan Compatriots	18.0	19.7	26.8	30.3	28.7
生活 · 环境	**People's Living Conditions and Environment**					
生　活	People's Living Conditions					
居民可支配收入结构	Annual Per Capita Disposable Income					
工资性收入	Wages Income					56.9
经营净收入	Net Income from Business					15.4
财产净收入	Property Income					6.1
转移净收入	Transfer Income					21.5
居民消费支出结构	Annual Per Capita Consumption Expenditure					
食品、烟酒	Food,Tobacco and Alcohol					27.3
衣　着	Clothing					8.1
居　住	Residence					21.3
生活用品及服务	Living Articles and Services					6.5
交通通信	Transportation and Communications					12.3
教育文化娱乐	Recreation, Education and Culture Services					12.8
医疗保健	Medicine and Medical Services					9.6
其他用品和服务	Others					2.1
环　境	Environment					
工业污染防治投资结构	Consumption of Investment in the Treatment of Industrial Pollution					
治理废水	Waste Water Treatment				41.4	14.5
治理废气	Waste Gas Treatment				41.5	76.9
治理固体废物	Solid Wastes Treatment				4.2	2.4
治理噪音	Noise Abatement				0.2	0.2
其　他	Others				12.8	6.0

2-5　国民经济和社会发展比例与效益指标

Indicators on Proportions and Efficiency in National Economic and Social Development

指　　标	Item	2000	2005	2010	2012	2013
人　口	Population					
出生率 (‰)	Birth Rate (‰)		10.02	9.73	10.12	10.01
死亡率 (‰)	Death Rate (‰)		6.01	6.01	6.24	6.15
自然增长率 (‰)	Natural Growth Rate (‰)		4.01	3.72	3.88	3.86
就　业	Employment					
城镇登记失业率 (%)	Registered Unemployment Rate in Urban Areas(%)	2.7	4.2	3.9	3.2	3.3
国民经济核算	National Accounting					
一、二、三产业增加值比例 (%)	Ratio of Value-added by Type of Industry(%)					
(第一产业＝100)	(Value added in Primary Industry=100)					
第一产业	Primary Industry	100.0	100.0	100.0	100.0	100.0
第二产业	Secondary Industry	303.1	447.8	551.0	589.3	584.0
第三产业	Tertiary Industry	295.6	354.9	373.2	365.6	367.5
人均生产总值 (元)	Per Capita GDP (yuan)	4968	10674	27133	38564	42692
固定资产投资	Investment in Fixed Assets					
全社会固定资产投资相当于生产总值比例 (%)	Proportion of Investment in Fixed Assets to GDP (%)	41.3	50.4	84.6	88.8	99.3
全社会房屋建筑面积竣工率 (%)	Rate of Total Floor Space of Buildings Completed (%)	75.5	49.2	22.9	22.2	22.0
财　政	Government Finance					
财政收入相当于生产总值比例 (%)	Proportion of Government Revenue to GDP (%)	10.4	13.4	17.8	19.4	18.7
财政支出相当于生产总值比例 (%)	Proportion of Government Expenditures to GDP (%)	15.1	16.2	21.9	23.0	22.8
利用外资	Utilization of Foreign Capital					
实际利用外资额相当于签订利用外资额比例 (%)	Proportion of Actually Utilization of Foreign Capital to Signed Utilization of Foreign Capital (%)	57.8	39.7	82.3	57.0	98.9
能　源	Energy					
能源生产弹性系数	Elasticity Ratio of Energy Production (%)		1.14	1.15	0.99	0.63
能源消费弹性系数	Elasticity Ratio of Energy Consumption(%)		0.99	0.72	0.69	0.64
每万元生产总值消耗的能源(吨标煤)	Energy Consumption Per 10 000 yuan of GDP (ton of SCE)		1.416	0.877	0.816	0.787

注：本表能源生产用等价值折算,2005年每万元生产总值消耗的能源GDP按2005年价格计算，2010年及以后GDP按2010年价格计算。

a) Energy production in this table are converted on the basis of equal value.Energy Consumption Per 10 000 yuan of GDP in 2005 is calculated at 2005 constant prices. The Figure are calculated at 2010 constant prices since 2010.

2-5 续表 1 continued

指标	Item	2000	2005	2010	2012	2013
农业	Agriculture					
人均耕地面积 (公顷)	Per Capita Cultivated Land (hectare)	0.09	0.08	0.08	0.08	0.08
每公顷耕地农业机械总动力 (千瓦)	Total Power of Agricultural Machinery per Hectare of Cultivated Land (kw)	3.36	5.04	6.60	7.49	8.10
每公顷耕地化肥施用量 (公斤)	Chemical Fertilizer Consumption per Hectare of Cultivated Land (kg)	421	527	688	837	842
每公顷耕地生产的农业产值 (元)	Agricultural Output Value per Hectare of Cultivated Land (yuan)	14929	26205	58243	80411	89255
每公顷播种面积农产品产量(公斤)	Output of Farm Crops per Hectare of Sown Area (kg)					
粮食	Grain	2850	3300	3687	3981	3915
棉花	Cotton	911	1107	1361	1391	1577
油料	Oil-bearing Crops	1277	1638	1861	1996	1992
工业	Industry					
总资产贡献率 (%)	Ratio of Total Assets to Industrial Output Value (%)	7.8	15.4	17.1	18.0	16.0
资产负债率 (%)	Assets-Liability Ratio (%)	68.2	62.2	56.8	56.9	56.1
流动资产周转次数 (次/年)	Number of Times of Annual of Turnover Circulating Funds (times/year)	1.1	1.7	1.7	1.9	2.0
成本费用利润率 (%)	Ratio of Profits to Industrial Cost (%)	6.1	14.5	16.1	15.0	12.9
产品销售率 (%)	Proportion of Products Sold (%)	96.7	97.7	96.9	96.3	95.2
建筑业	Construction					
技术装备率 (元/人)	Value of Machinery per Laborer (yuan/person)	6108	9505	9227	14484	10393
产值利润率 (%)	Ratio of Per-tax Profits to Gross Output Value (%)	0.6	1.5	1.9	2.9	3.9
全员劳动生产率 (元/人)	Overall Labor Productivity (yuan/person)	59672	135356	269553	466045	331957
运输邮电通信业	Transportation, Postal and Telecommunication Services					
铁路网密度 (公里/平方公里)	Railway Density (km/sq.km)	0.011	0.016	0.019	0.020	0.022
公路网密度 (公里/平方公里)	Highway Density (km/sq.km)	0.214	0.265	0.717	0.785	0.804
铁路客运密度 (万人公里/公里)	Density of Passenger Traffic (10 000 person-	658.0	850.8	1004.4	1118.5	1072.3
铁路货运密度 (万吨公里/公里)	Railway Freight Traffic Density (10 000 ton/km)	1634.6	2686.1	2863.5	3533.6	3386.2
固定电话普及率 (部/百人)	Access to Fixed Telephones (set/100 persons)	9.47	23.28	20.93	20.57	20.44
城市电话普及率 (部/百人)	Access to Urban Telephones(set/100 persons)	21.50	40.89	30.44	28.84	28.74
移动电话普及率 (部/百人)	Access to Mobile Telephones (set/100 persons)	4.16	25.42	67.42	86.99	93.32

2-5 续表 2 continued

指 标	Item	2000	2005	2010	2012	2013
国内商业	Domestic Trade					
人均消费品零售额 (元)	Per Capita Retail Sales of Consumer Goods (yuan)	1998	3612	8565	11697	13302
对外贸易	Foreign Trade					
进出口额相当于生产总值比例(%)	Proportion of Total Value of Imports and Exports to GDP (%)	9.8	9.5	8.1	6.5	7.8
金 融	Financial Intermediation					
金融机构存款相当于生产总值比例 (%)	Deposits of Financial Institutions as Percentage of GDP (%)				156.8	159.4
金融机构贷款相当于生产总值比例 (%)	Loans of Financial Institutions as Percentage of GDP (%)				95.9	101.1
教育、科技	Education，Science and Technology					
每万人大学生数 (人)	Number of College and University Students per 10 000 Population (person)	66	181	248	273	286
R&D经费内部支出相当于生产总值比例 (%)	Internal Expenditure on Research and Development as Percentage of GDP (%)		2.3	2.1	2.0	2.1
文 化	Culture					
每万人有艺术表演团体 (个)	Number of Troupesper 10 000 Population (unit)	0.03	0.03	0.03	0.02	0.02
每万人有公共图书馆 (个)	Number of Public Libraries per 10 000 Population (unit)	0.03	0.03	0.03	0.03	0.03
每万人有博物馆 (个)	Number of Museums per 10 000 Population (unit)	0.02	0.02	0.03	0.06	0.06
生 活	People's Living Conditions					
城镇与农村居民收入增长率比例 (%)	Proportion of Growth Rate of Annual Income of Urban Residents to the Growth Rate of Annual Net Income of Rural Residents (%)	1.50	1.97	1.83	1.70	1.66
(以农村居民收入指数为1，1978年=100)	(Index of Annual Net Income of Rural Residents is 1,1978=100)					
卫 生	Health Care					
每万人医院数 (个)	Number of Hospitals per 10 000 Population (unit)	0.8	0.7	0.7	0.7	0.7
每万人医生数 (人)	Number of Doctors per 10 000 Population (person)	18	16	17	19	20
每万人医院病床数 (张)	Number of Hospital Beds per 10 000 Population (unit)	25	28	37	43	48
市政建设	Municipal Works					
城市用水普及率 (%)	Coverage Rate of Urban Population with Access to Tap Water (%)	96.50	93.20	99.39	96.15	96.52
城市燃气普及率 (%)	Coverage Rate of Urban Population with Access to Gas (%)	74.53	79.80	90.39	94.11	93.75
人均公园绿地面积 (平方米)	Per Capita Public Green Area(hectare)			10.67	11.58	11.77
环境、灾害	Environment and Disasters					
平均每起火灾损失 (元)	Average Loss of per Fire Disaster (yuan)	7028	6253	18082	20583	13375
平均每起交通事故损失 (元)	Average Loss of per Traffic Accident (yuan)	3358	5197	5515	6686	6210

2-6 社会经济主要指标平均每人水平
Per Capita Main Indicators on Society and Economy

单位：元 (yuan)

年 份 Year	生 产 总 值 Gross Domestic Product	工农业总产值 Gross Industrial and Agricultural Output Value	工 业 总产值 Gross Industrial Output Value	农林牧渔业总产值 Gross Output Value of Agriculture, Forestry, Animal Husbandry and Fishery	社会消费品零售总额 Total Retail Sales of Consumer Goods	职 工 平均工资 Average Wage of Staff and Workers
1978	291	480	349	131	121	654
1980	334	539	390	149	154	785
1985	604	910	644	267	268	1122
1990	1241	1881	1359	522	490	2042
1995	2965	4147	3056	1091	1141	4396
1996	3446	4583	3312	1271	1346	4882
1997	3834	4892	3611	1281	1553	5184
1998	4070	5019	3681	1338	1680	6029
1999	4415	5416	4162	1254	1824	6931
2000	4968	6001	4721	1280	1998	7804
2001	5511	6649	5336	1312	2218	9120
2002	6161	7423	6031	1392	2482	10351
2003	7057	8781	7387	1394	2757	11461
2004	8638	10992	9220	1771	3163	13024
2005	10674	13133	11150	1983	3612	14796
2006	12840	16430	14206	2224	4175	16918
2007	15546	20495	17787	2708	4961	21296
2008	19700	25954	22512	3442	6241	25942
2009	21947	29257	25665	3592	7252	30185
2010	27133	37759	33293	4465	8565	34299
2011	33464	47796	42290	5506	10137	39043
2012	38564	55752	49607	6145	11697	44330
2013	42692	62214	55396	6818	13302	48853

2-6 续表 continued

单位：元 (yuan)

年 份 Year	城镇居民人均可支配收入 Per Capita Annual Disposable Income of Urban Households	农村居民人均纯收入 Per Capita Net Income of Rural Residents	人均储蓄存款余额 Per Capita Balance of Saving Deposits	每万人有 Per 10 000 Population		
				大学生(人) College and University Students (person)	医院床位(张) Hospital Beds (unit)	医生数(人) Doctors (unit)
1978	310	134	28	12	18	12
1980	407	142	48	19	19	13
1985	650	295	149	27	22	17
1990	1369	530	617	29	24	18
1995	3310	963	2089	37	26	18
1996	3810	1165	2659	38	26	18
1997	4001	1285	3054	39	25	17
1998	4220	1406	3453	42	25	17
1999	4654	1456	3792	50	25	18
2000	5124	1470	4178	66	25	18
2001	5484	1520	4841	87	26	18
2002	6331	1596	5756	112	26	16
2003	6806	1676	6863	136	27	16
2004	7492	1867	8010	159	27	16
2005	8272	2052	9577	181	28	16
2006	9268	2260	10997	196	29	16
2007	10763	2645	11538	209	31	16
2008	12858	3136	14778	226	33	16
2009	14129	3438	18094	240	35	16
2010	15695	4105	21306	248	37	17
2011	18245	5028	24507	258	39	18
2012	20734	5763	28697	273	43	19
2013	22858	6503	32546	286	48	20

2-7　人均工农业主要产品产量

Per Capita Output of Major Industrial and Agricultural Products

年　份 Year	粮　食 (公斤) Grain (kg)	棉　花 (公斤) Cotton (kg)	油　料 (公斤) Oil-bearing Crops (kg)	蔬　菜 (公斤) Vegetables (kg)	水　果 (公斤) Fruits (kg)	肉　类 (公斤) Meat (kg)	禽　蛋 (公斤) Poultry Eggs (kg)	水产品 (公斤) Aquatic Products (kg)
1978	289.3	3.8	2.0		12.1	5.1	0.9	0.1
1980	268.5	2.9	3.9		9.9	8.2	1.1	0.1
1985	319.0	1.4	10.0	99.6	11.2	10.1	3.8	0.2
1990	328.7	2.4	10.3	112.8	19.0	14.4	5.7	0.6
1995	261.2	1.1	10.9	103.8	81.2	22.7	11.5	1.1
1996	345.0	0.9	10.6	122.1	102.7	19.3	10.2	1.2
1997	293.7	0.6	10.3	110.0	91.8	20.8	11.2	1.3
1998	363.7	0.6	9.9	128.3	120.2	23.8	11.1	1.4
1999	299.9	0.5	8.8	138.6	136.8	23.8	11.1	1.6
2000	299.9	0.8	10.7	153.3	136.0	25.4	11.7	1.7
2001	267.7	1.4	10.3	144.0	146.4	26.4	11.6	1.7
2002	274.9	1.2	11.2	180.6	157.9	28.9	12.7	1.8
2003	264.1	1.4	11.3	193.3	169.4	31.1	13.4	1.8
2004	315.6	2.2	12.5	213.6	200.1	33.3	13.2	1.9
2005	309.2	2.1	12.3	236.0	207.8	36.4	13.2	2.0
2006	282.0	2.4	11.2	229.7	238.7	27.5	11.1	1.3
2007	288.4	2.4	10.6	250.6	253.9	25.9	11.7	1.4
2008	310.0	2.7	13.3	287.4	287.5	30.0	12.9	1.4
2009	303.9	2.3	14.6	337.8	309.1	26.5	12.9	1.5
2010	312.2	1.9	15.0	371.0	331.9	27.5	12.6	1.6
2011	319.5	1.8	15.8	383.1	356.4	26.6	13.5	2.2
2012	332.2	1.8	16.1	407.1	383.6	28.6	13.8	2.8
2013	323.5	1.5	15.8	433.5	395.7	29.9	14.7	3.3

2-7　续表　continued

年　份 Year	纱 (公斤) Yarn (kg)	布 (米) Cloth (m)	机制纸及纸板 (公斤) Machine-made Paper and Paperboard (kg)	原　油 (公斤) Crude Oil (kg)	发电量 (千瓦小时) Electricity (kwh)	粗　钢 (公斤) Crude Steel (kg)	钢　材 (公斤) Rolled Steel (kg)	水　泥 (公斤) Cement (kg)
1978	5.0	21.0	2.4	2.2	239.1	8.8	6.3	76.2
1980	5.3	23.4	3.2	3.0	280.7	8.7	6.6	81.4
1985	5.3	21.5	6.3	7.4	364.5	11.6	8.1	128.6
1990	4.6	22.4	12.9	21.5	459.7	15.0	9.5	162.7
1995	4.0	22.6	24.6	47.8	677.1	15.4	16.9	243.6
1996	3.6	20.8	24.2	62.6	761.6	15.3	13.6	259.6
1997	3.9	22.2	25.5	80.4	758.6	13.5	11.9	327.8
1998	3.9	17.9	6.3	89.6	686.5	14.7	13.7	239.7
1999	4.0	19.1	6.5	178.3	707.1	14.0	17.1	274.4
2000	4.3	19.8	6.6	205.6	749.9	14.8	15.9	272.5
2001	4.3	18.9	7.8	251.0	831.8	19.0	17.6	304.3
2002	4.8	19.9	6.6	290.8	939.2	24.0	22.4	363.2
2003	4.9	20.2	8.7	345.6	1121.4	47.4	36.0	418.4
2004	5.1	20.3	14.2	415.6	1308.2	60.0	54.7	489.7
2005	5.3	21.5	10.9	482.5	1370.1	83.4	91.5	535.1
2006	5.1	21.1	13.8	538.3	1562.6	105.2	135.3	643.0
2007	5.8	22.2	19.2	611.8	1886.8	107.0	151.1	817.1
2008	5.9	19.9	19.8	663.5	2264.3	82.1	134.9	965.0
2009	6.6	20.0	20.0	724.2	2415.6	140.4	238.4	1199.4
2010	7.3	20.2	23.2	808.7	2953.4	162.1	266.7	1464.4
2011	7.3	16.4	24.8	862.7	3233.2	201.0	274.2	1720.0
2012	7.7	17.3	21.4	941.2	3550.0	221.1	342.5	2015.2
2013	9.5	15.3	21.4	981.3	3974.2	260.8	416.5	2273.7

2-8 各市(区)国民经济主要指标(2013年)

指标	Item	关中 Guanzhong	西安市 Xi'an
年底常住人口 (万人)	Number of Usual Residents in the Households Surveyed at Year-end (10 000 persons)	2365.18	858.81
城镇非私营单位就业人员年末人数 (万人)	Number of Fully Employed Staff and Workers in Urban Non-private Units at Year-end (10 000 persons)	355.59	198.42
生产总值 (亿元)	Gross Domestic Product (100 million yuan)	10046.13	4884.13
全社会固定资产投资总额 (亿元)	Total Investment in Fixed Assets (100 million yuan)	10677.86	5134.56
# 固定资产投资	Investment in Fixed Assets	10186.39	4973.22
# 房地产开发投资	Investment in Real Estate Development	1995.33	1595.64
地方一般预算收入 (亿元)	Local General Bugetary Revenue (100 million yuan)	748.53	501.98
财政支出 (亿元)	Government Expenditures (100 million yuan)	1592.50	729.81
城镇非私营单位就业人员工资总额 (亿元)	Total Wages Bill of Fully Employed Staff and Workers in Urban Non-private Units (100 million yuan)	1671.83	1031.46
城镇非私营单位就业人员平均工资 (元)	Average Wage of Fully Employed Staff and Workers in Urban Non-private Units (yuan)		50988
城镇居民人均可支配收入 (元)	Per Capita Annual Disposable Income of Urban Households (yuan)		33100
农村居民人均纯收入 (元)	Per Capita Net Income of Rural Residents (yuan)		12930
农林牧渔业总产值 (亿元)	Gross Output Value of Agriculture, Forestry, Animal Husbandry and Fishery (100 million yuan)	1532.03	342.89
粮食产量 (万吨)	Grain (10 000 tons)	755.54	183.12
棉花产量 (吨)	Cotton (ton)	56304	2467
油料产量 (吨)	Oil-bearing Crops (ton)	141709	9994
规模以上工业总产值 (亿元)	Gross Industrial Output Value above Designated Size (100 million yuan)	11755.59	4497.62
邮电业务总量 (亿元)	Business Volume of Postal and Telecommunication Services (100 million yuan)	289.43	176.21
固定电话 (万户)	Number of Fixed Telephone Subscribers (10 000 subscribers)	551.44	321.32
移动电话 (万户)	Number of Mobile Telephone Subscribers (10 000 subscribers)	2499.39	1511.07
社会消费品零售总额 (亿元)	Total Retail Sales of Consumer Goods (100 million yuan)	3977.98	2580.42
进出口总额 (万美元)	Total Value of Imports and Exports (USD 10 000)	1982153	1798534
# 出口	Exports	994587	847819
实际利用外商直接投资额 (万美元)	Actually Utilized Value of Direct Investments (USD 10 000)	336851	312994
卫生机构数 (个)	Health Care Institutions (unit)	18561	5692
卫生机构床位数 (张)	Number of Beds (unit)	117434	47867
卫生技术人员 (人)	Medical Technical Personnel (person)	161053	71553

注：本表价值量指标中，除邮电业务总量按不变价格计算，其余均按当年价格计算。

Main Indicators on National Economic by City(District)(2013)

						陕 南				陕 北		
铜川市 Tongchuan	宝鸡市 Baoji	咸阳市 Xianyang	渭南市 Weinan	# 韩城市 Hancheng	杨 凌 示范区 Yangling	Southern Shaanxi	汉中市 Hanzhong	安康市 Ankang	商洛市 Shangluo	Northern Shaanxi	延安市 Yan'an	榆林市 Yulin
84.28	374.46	494.22	533.17	39.63	20.24	840.87	342.50	263.76	234.61	557.64	220.61	337.03
12.00	39.07	54.37	47.31		4.43	66.03	30.02	17.16	18.85	72.84	31.79	41.05
321.98	1545.91	1860.39	1349.01	282.06	84.71	1997.16	881.73	604.55	510.88	4200.89	1354.14	2846.75
260.02	1669.78	2054.53	1467.61	200.79	91.37	1657.99	679.27	482.56	496.16	3148.95	1321.04	1827.91
232.50	1581.44	1958.05	1357.95	197.30	83.25	1482.73	590.04	426.99	465.70	2747.52	1153.29	1594.23
22.49	81.27	174.83	101.33	12.63	19.77	136.78	69.09	50.53	17.16	108.06	18.40	89.65
24.10	72.02	79.00	65.06	19.03	6.37	86.85	35.83	25.34	25.68	416.12	155.38	260.73
81.15	220.39	265.19	275.87	28.09	20.09	547.95	214.40	187.21	146.34	716.90	294.68	422.22
52.03	156.79	219.56	191.40		20.58	257.71	126.21	68.77	62.73	395.66	165.28	230.38
43897	40257	40753	40337		46710		42160	41180	34832		51459	55597
24495	28509	28488	24164	27312	33007		22167	22533	22257		27643	26820
8140	8376	8538	7565	10179	12435		7053	6624	6223		8681	8687
38.74	263.99	517.83	357.54	25.83	11.05	617.70	305.07	156.62	156.02	420.55	187.81	232.74
23.98	145.59	189.44	211.17	7.76	2.24	253.96	102.66	86.23	65.07	229.12	74.35	154.77
	95	130	53612	296		36	3	31	2	989	875	114
8174	17736	41580	64097	1036	128	352855	184756	144383	23716	100618	21149	79469
549.66	2258.52	2633.00	1728.47		88.32	1970.85	856.10	634.82	479.93	4733.14	1612.32	3120.82
7.76	30.14	36.77	38.56			56.20	25.96	18.14	12.10	71.87	25.27	46.60
13.75	69.36	62.63	84.39			123.54	55.58	38.73	29.23	94.31	36.81	57.50
62.77	250.24	337.72	337.60			487.59	215.21	159.26	113.12	525.48	201.96	323.53
74.03	473.39	462.68	376.13	33.25	11.32	541.69	248.15	171.72	121.82	479.87	171.46	308.42
1623	88740	60516	24335		8405	16485	7315	2925	6245	14209	9598	4611
1518	69833	47834	20201		7382	14206	6670	2778	4758	13792	9598	4194
3003	7006	7561	5008		1279	13112	3100	3002	7010	3853	802	3051
942	2917	4683	4137		190	10113	3858	3275	2980	8462	3541	4921
4855	19731	24232	19724		1025	39836	18212	11354	10270	27869	11091	16778
6764	21137	35729	24504		1366	44111	19434	13582	11095	33890	13391	20499

a) Figures in value terms in this table are at current prices, except that on the business volume of postal and telecommunication services which is at constant prices.

主要统计指标解释

平均增长速度 平均增长速度表明社会经济现象在一个较长的时期内逐期平均增长变化的程度，它不能根据各个环比增长速度直接求得，但与平均发展速度之间存在着一定的数量关系：平均增长速度＝平均发展速度－1。

平均发展速度是一种根据环比发展速度计算的序时平均数,由于各时期对比的基础不同，所以计算平均发展速度不能采用一般的序时平均数的计算方法，计算方法分为水平法和累计法。水平法，又称几何平均法，即将环比发展速度按连乘法用几何平均数公式计算。累计法，也称方程法，根据一段时期内各年发展水平总和与基期水平的关系，列出方程式计算平均发展速度。水平法着重考虑最后一年所达到的发展水平；累计法着重考虑整个时期累计发展水平的总量。

本《年鉴》内所列的平均增长速度，除固定资产投资用“累计法”计算外，其余均用“水平法”计算。从某年到某年平均增长速度的年份，均不包括基期年在内。如建国六十年以来的平均增长速度是以 1949 年为基期计算的，则写为 1950-2009 年平均增长速度，其余类推。

企业(单位)登记注册类型 是以在工商行政管理机关登记注册的各类企业为划分对象，以工商行政管理部门对企业登记注册的类型为依据，将企业登记注册类型分为内资企业、港澳台商投资企业和外商投资企业三大类。内资企业包括国有企业、集体企业、股份合作企业、联营企业、有限责任公司、股份有限公司、私营公司和其他企业；港澳台商投资企业和外商投资企业分别包括合资经营企业、合作经营企业、独资经营企业和股份有限公司。对不在工商行政管理部门进行登记注册的行政机关、事业单位和社会团体，主要按其经费来源和管理方式进行划分。

国有企业 指企业全部资产归国家所有，并按《中华人民共和国企业法人登记管理条例》规定登记注册的非公司制的经济组织。不包括有限责任公司中的国有独资公司。

集体企业 指企业资产归集体所有，并按《中华人民共和国企业法人登记管理条例》规定登记注册的经济组织。

股份合作企业 指以合作制为基础，由企业职工共同出资入股，吸收一定比例的社会资产投资组建，实行自主经营，自负盈亏，共同劳动，民主管理，按劳分配与按股分红相结合的一种集体经济组织。

联营企业 指两个及两个以上相同或不同所有制性质的企业法人或事业单位法人，按自愿、平等、互利的原则，共同投资组成的经济组织。联营企业包括国有联营企业、集体联营企业、国有与集体联营企业和其他联营企业。

有限责任公司 指根据《中华人民共和国公司登记管理条例》规定登记注册，由两个以上、五十个以下的股东共同出资，每个股东以其所认缴的出资额对公司承担有限责任，公司以其全部资产对其债务承担责任的经济组织。有限责任公司包括国有独资公司以及其他有限责任公司。

股份有限公司 指根据《中华人民共和国公司登记管理条例》规定登记注册，其全部注册资本由等额股份构成并通过发行股票筹集资本，股东以其认购的股份对公司承担有限责任，公司以其全部资产对其债务承担责任的经济组织。

私营企业 指由自然人投资设立或由自然人控股，以雇佣劳动为基础的营利性经济组织。包括按照《公司法》、《合伙企业法》、《私营企业暂行条例》规定登记注册的私营有限责任公司、私营股份有限公司、私营合伙企业和私营独资企业。

其他企业 指上述企业之外的其他内资经济组织。

与港澳台商合资经营企业 指港澳台地区投资者与内地企业依照《中华人民共和国中外合资经营企业法》及有关法律的规定，按合同规定的比例投资设立、分享利润和分担风险的企业。

与港澳台商合作经营企业 指港澳台地区投资者与内地企业依照《中华人民共和国中外合作经营企业法》及有关法律的规定，依照合作合同的约定进行投资或提供条件设立、分配利润和分担风险的企业。

港澳台商独资经营企业 指依照《中华人民共和国外资企业法》及有关法律的规定，在内地由港澳台地区投资者全额投资设立的企业。

港澳台商投资股份有限公司 指根据国家有关规定，经原外经贸部依法批准设立，其中港、澳、台商的股本占公司注册资本的比例达 25% 以上的股份有限公司。凡其中港、澳、台商的股本占公司注册资本的比例小于 25%的，属于内资企业中的股份有限公司。

中外合资经营企业 指外国企业或外国人与中国内地企业依照《中华人民共和国中外合资经营企业法》及有关法律的规定，按合同规定的比例投资设立、分享利润和分担风险的企业。

中外合作经营企业 指外国企业或外国人与中国内地企业依照《中华人民共和国中外合作经营企业法》及有关法律的规定，依照合作合同的约定进行投资或提供条件设立、分配利润和分担风险的企业。

外资企业 指依照《中华人民共和国外资企业法》及有关法律的规定，在中国内地由外国投资者全额投资设立的企业。

外商投资股份有限公司 指根据国家有关规定，经原外经贸部依法批准设立，其中外资的股本占公司注册资本的比例达 25% 以上的股份有限公司。凡其中外资股本占公司注册资本的比例小于 25%的，属于内资企业中的股份有限公司。

行政机关、事业单位和社会团体 参照企业登记注册类型，主要按其经费来源和管理方式划分。具体规定如下：

⑴行政机关：包括国家机关和政党机关，原则上均列为

“国有”。但有特殊规定的，如供销社等，则列为“集体”。

⑵事业单位：包括经国家机构编制部门和有关业务主管部门批准成立的各类事业单位，不包括实行企业化管理的事业单位。事业单位的划分办法如下：

①由国家财政预算拨款或列入财政预算外资金管理以及经费主要来源于国有主管部门或国有上级单位的事业单位，列为“国有”。

②经费主要来源于集体单位的事业单位，列为“集体”。

③公民个人(或个人合伙)开办的事业单位，列为“私营”。

④上述以外的其他事业单位，如果其经费来源不明确，按管理方式进行归类。

⑶社会团体：包括经民政部门批准成立以及未纳入社会团体管理条例范围的工会、妇联等各类社会团体。社会团体的划分办法如下：

①未纳入民政部社会团体管理条例范围的工会、妇联、共青团、青联、工商联、科协、侨联等社会团体，国家拨款设立的基金会或基金管理组织以及经费主要来源于国有业务主管部门或国有上级单位的社会团体，列为“国有”。

②经费主要来源于集体单位的社会团体，列为“集体”。

③公民个人(或个人合伙)开办的社会团体，划为“私营”。

④上述以外的其他社会团体，如果其经费来源不明确，改按管理方式进行归类。

Explanatory Notes on Main Statistical Indicators

Average Annual Growth Rate shows the average growth rate of social and economic development during a longer period. It can not be directly calculated by chain based growth rate. The relation is:

Average Annual Growth Rate = Average Speed of Development – 1

Average speed of development is the time series average of speed which calculated by chain based. Because the reference bases during the different periods are not same, average speed of development can not be calculated by the general method. Level approach and accumulative approach for calculating average speed of development rate are applied. The "level approach", or the method of calculating the geometric average, is derived by the formula of geometric average of the chain-based speeds of development, or comparing the level of the last year of the interval with that of the beginning year; the other is called the "accumulative approach" or the "algebraic average", "equation" method, which is derived by the summation of the actual figure of each year in the interval divided by the figure in the base year. The level approach focuses on the level of the last year, while the accumulative approach emphasizes the aggregate development in the duration.

The average annual growth rates listed in the Yearbook are calculated by the level approach except for the growth rate of investment in fixed assets. The base year is not listed in the duration for which average annual growth rates are computed. For instance, the average annual growth rate of the 60 years since 1949 is shown as the average annual growth rate of 1950-2009 without showing the base year 1949.

Registration Status of Enterprises Enterprises are classified into 3 categories, namely domestic-funded enterprises, enterprises with investment from Hong Kong, Macau and Taiwan, and enterprises with foreign investment, according to the registration status of an enterprise in industrial and commercial administration agencies. Domestic-funded enterprises include State-owned enterprises, collective-owned enterprises, cooperative enterprises, joint ownership enterprises, limited liability corporations, share-holding corporations Ltd., private enterprises and other enterprises. Included in the enterprises with investment from Hong Kong, Macau and Taiwan and enterprises with foreign investment are joint-venture enterprises, cooperative enterprises, sole investment enterprises and share-holding corporations Ltd. For government agencies, institutions and social organizations which are not registered in industrial and commercial administration agencies, they are classified mainly by their sources of funding and manner of management.

State-owned Enterprises refer to non-corporation economic units where the entire assets are owned by the State and which have been registered in accordance with the *Regulation of the People's Republic of China on the Management of Registration of Corporate Enterprises*. Not included from this category are solely State-funded corporations in the limited liability corporations.

Collective-owned Enterprises refer to economic units where the assets are owned collectively and which have been registered in accordance with the *Regulation of the People's Republic of China on the Management of Registration of Corporate Enterprises*.

Cooperative Enterprises refer to a form of collective economic units (enterprises) where capitals come mainly from employees as their shares, with certain proportion of capital from the outside, where production is organized on the basis of independent operation, independent accounting for profits and losses, joint work, democratic management, and a distribution system that integrates remuneration according to work with dividend according to capital share.

Joint Ownership Enterprises refer to economic units established by two or more corporate enterprises or corporate institutions of the same or different ownership, through joint investment on the basis of voluntary participation, equality, and mutual benefits. They include State joint ownership enterprises; collective joint ownership enterprises; joint State-collective enterprises; and other joint ownership enterprises.

Limited Liability Corporations refer to economic units established with investment from 2-50 investors and registered in accordance with the *Regulation of the People's Republic of China on the Management of Registration of Corporations*, each investor bearing limited liability to the corporation depending on its share of investment, and the corporation bearing liability to its debt to the maximum of its total assets. Limited liability corporations include solely State-funded limited liability corporations and other limited liability corporations.

Share-holding Corporations Ltd. refer to economic units registered in accordance with the *Regulation of the People's Republic of China on the Management of Registration of Corporations*, with total registered capital divided into equal shares and raised through issuing stocks. Each investor bears limited liability to the corporation depending on the holding of shares, and the corporation bears liability to its debt to the maximum of its total assets.

Private Enterprises refer to profit-making economic units invested and established by natural persons, or controlled by natural persons using employed labour. Included in this category are private limited liability corporations, private share-holding corporations Ltd., private partnership enterprises and private-funded enterprises registered in accordance with the *Company Law, the Law on Partnership Business* and *Interim Regulations on Private Enterprises* .

Other Domestic-funded Enterprises refer to

domestic-funded economic units other than those mentioned above.

Joint Venture Enterprises with Funds from Hong Kong, Macau and Taiwan are enterprises established by investors from Hong Kong, Macau and Taiwan with enterprises in the mainland of China in accordance with the *Law of the People's Republic of China on Sino-foreign Equity Joint Ventures* and other relevant laws, where the establishment of the investment and the sharing of profits and risks are stipulated under joint venture contracts.

Cooperative Enterprises with Funds from Hong Kong, Macau and Taiwan established by investors from Hong Kong, Macau and Taiwan with enterprises in the mainland of China in accordance with the *Law of the People's Republic of China on Sino-foreign Contractual Joint Venture* and other relevant laws, where the investment or provision of facilities and the sharing of profits and risks are stipulated under cooperative contracts.

Enterprises with Sole (exclusive) Investment from Hong Kong, Macau and Taiwan refer to enterprises established in the mainland of China with exclusive investment from investors from Hong Kong, Macau and Taiwan in accordance with the *Law of the People's Republic of China on Wholly Foreign-owned Enterprises* and other relevant laws.

Share-holding Corporations Ltd. with Investment from Hong Kong, Macau and Taiwan refer to share-holding corporations Ltd. established with the approval from the former Ministry of Foreign Trade and Economic Relations in line with relevant State regulations, where the share of investment from Hong Kong, Macau or Taiwan businessmen exceeds 25% of the total registered capital of the corporation. In case the share of investment from Hong Kong, Macau or Taiwan is less than 25% of the total registered capital, the enterprise is to be classified as domestic-funded share-holding corporation Ltd.

Joint Venture Enterprises with Foreign Investment refer to enterprises jointly established by foreign enterprises or foreigners with enterprises in the mainland of China in accordance with the *Law of the People's Republic of China on Sino-foreign Equity Joint Ventures* and other relevant laws, where the sharing of investment, profits and risks is stipulated under contract.

Cooperative Enterprises with Foreign Investment refer to enterprises jointly established by foreign enterprises or foreigners with enterprises in the mainland of China in accordance with the *Law of the People's Republic of China on Sino-foreign Contractual Joint Venture* and other relevant laws, where the investment or provision of facilities and the sharing of profits and risks are stipulated under cooperative contracts.

Enterprises with Sole (exclusive) Foreign Investment refer to enterprises established in the mainland of China with exclusive investment from foreign investors in accordance with the *Law of the People's Republic of China on Wholly Foreign-owned Enterprises* and other relevant laws.

Share-holding Corporations Ltd. with Foreign Investment refer to share-holding corporations Ltd. established with the approval from the former Ministry of Foreign Trade and Economic Relations in line with relevant State regulations, where the share of investment from foreign investors exceeds 25% of the total registered capital of the corporation. In case the share of foreign investment is less than 25% of the total registered capital, the enterprise is to be classified as domestic-funded share-holding corporation Ltd.

Government Agencies, Institutions and Social Organizations are classified into the following categories by source of funds and manner of management taking reference of the registration status of enterprises:

(1) Government agencies: include State and party agencies, classified in principle as State-owned. There are exceptions, such as supply and marketing cooperatives which are classified as collective-owned.

(2) Institutions: include institutions of various types established with the approval by organization and staffing departments of the government, but exclude institutions where enterprise management system is introduced. Institutions are further classified as follows:

(a) Institutions for which their main budgets are from government budget appropriations or extra-budget funds, or allocated from the budget of their competent government agencies. Such institutions are classified as state-owned.

(b) Institutions for which their budget mainly come from collective units. Such institutions are classified as collective-owned.

(c) Social institutions established by individual or a group of citizens, which are classified as private.

(d) Institutions other than those mentioned above for which their sources of budget are not clear. Such institutions are classified by the manner of management.

(3) Social organizations: include social organizations established with the approval from the Ministry of Civil Affairs, and organizations that are not covered by social organization management regulations such as trade unions, women's federations etc.. Social organizations are further classified as follows:

(a) Social organizations that are not covered by social organization management regulations of the Ministry of Civil Affairs such as trade unions, women federations, communist youth leagues, youth associations, industrial and commerce associations, scientist associations, overseas Chinese associations, etc., foundations and fund management organizations established with funds from the state, and social organizations whose funds mainly come from the budget of their competent government agencies. Such institutions are classified as State-owned.

(b) Social organizations for which their budget mainly come from collective units. Such institutions are classified as collective-owned.

(c) Social organizations established by individual or a group of citizens, which are classified as private.

(d) Social organizations other than those mentioned above for which their sources of budget are not clear. Such organizations are classified by the manner of management.

三、国民经济核算

National Accounts

资料整理：何晓红　孙小芳　张应剑
王阿耕　杨　磊　张　巧

简 要 说 明

一、本篇资料反映陕西国民经济核算情况。

二、国民经济核算资料主要包括生产总值及其有关资料。生产总值是根据不同产业部门、不同支出构成的特点和资料来源情况而采用不同方法计算的。

三、本年鉴公布的国民经济核算资料，如果遇到普查，在能够获得更详细的基础资料情况下，历史数据也会调整。2008年，根据全国第二次经济普查结果，对2005-2008年生产总值进行了调整。本年鉴数据是调整后的数据。

四、国民经济核算数据绝对数按当年价格计算，速度按可比价格计算。

Brief Introduction

Ⅰ. This chapter reflects the national accounts of Shaanxi Province.

Ⅱ. The data on national accounts mainly include gross domestic product (GDP) and related data. Data on GDP are calculated with various approaches in accordance with the features of various industrial sectors, various expenditure structures and the data resources.

III. The data of past years may also be revised on the basis of more detailed basic data obtained during a census year. GDP data from 2005 to 2008 were adjusted in accordance with the result of the second national economic census in 2008. Data published in this yearbook are adjusted data.

IV. The data on national accounts are calculated at current prices, and the growth rates are calculated at constant prices.

3.国民经济核算

2013年全省				
生产总值	16045.21	亿元	比上年增长	11.0%
第一产业	1526.05	亿元	比上年增长	4.7%
第二产业	8911.64	亿元	比上年增长	12.6%
第三产业	5607.52	亿元	比上年增长	9.9%
人均生产总值	42692	元	比上年增长	10.6%

生产总值构成

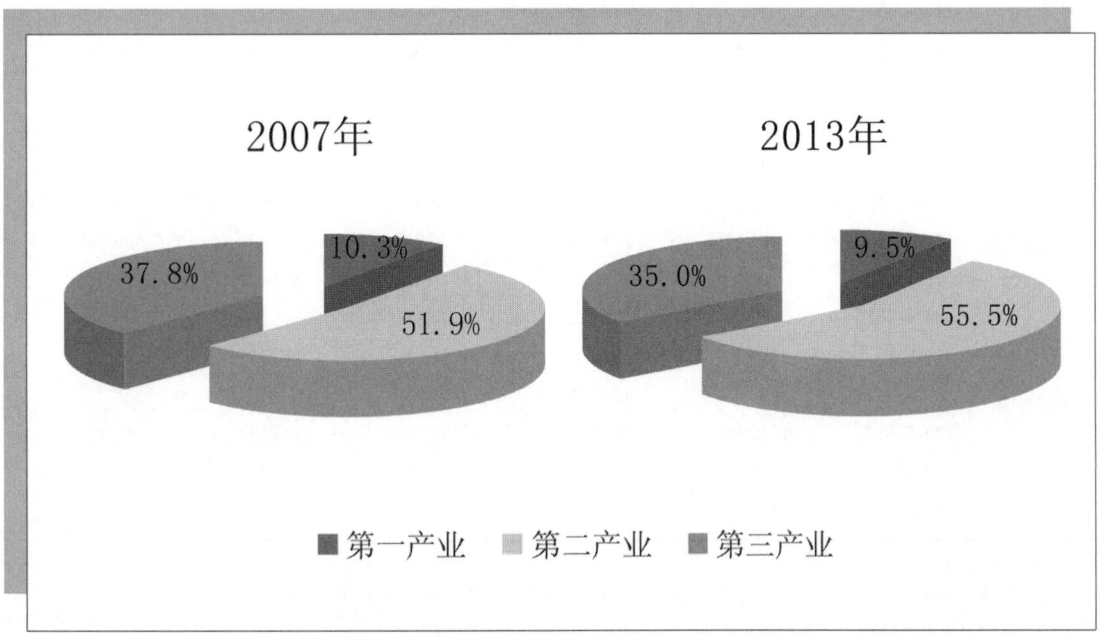

3-1 生 产 总 值
Gross Domestic Product

年 份 Year	生产总值 (亿元) Gross Domestic Product (100 million yuan)	第一产业 Primary Industry	第二产业 Secondary Industry	工 业 Industry	建筑业 Construction	第三产业 Tertiary Industry	人均生产总值 (元) Per Capita GDP (yuan)
1978	81.07	24.70	42.13	36.52	5.61	14.24	291
1979	94.52	32.52	44.67	39.38	5.29	17.33	336
1980	94.91	28.47	47.74	42.22	5.52	18.70	334
1981	102.09	35.40	46.25	40.08	6.17	20.44	356
1982	111.95	37.02	50.36	43.31	7.05	24.57	385
1983	123.39	40.00	55.15	47.48	7.67	28.24	420
1984	149.35	51.05	63.12	53.82	9.30	35.18	504
1985	180.87	53.39	81.96	68.81	13.15	45.52	604
1986	208.31	58.00	93.48	78.81	14.67	56.83	688
1987	244.96	67.84	108.20	90.47	17.73	68.92	794
1988	314.48	82.69	138.58	117.77	20.81	93.21	1004
1989	358.37	91.28	158.50	136.40	22.10	108.59	1124
1990	404.30	105.56	166.95	143.28	23.67	131.79	1241
1991	468.37	116.88	197.54	168.28	29.26	153.95	1402
1992	531.63	116.71	232.07	198.93	33.14	182.85	1571
1993	678.20	148.24	297.49	250.07	47.42	232.47	1981
1994	839.03	171.81	364.40	307.46	56.94	302.82	2424
1995	1036.85	217.27	441.67	377.91	63.76	377.91	2965
1996	1215.84	250.58	514.27	439.66	74.61	450.99	3446
1997	1363.60	255.42	567.25	477.35	89.90	540.93	3834
1998	1458.40	266.92	607.82	500.26	107.56	583.66	4070
1999	1592.64	254.57	681.43	549.01	132.42	656.64	4415
2000	1804.00	258.22	782.58	629.88	152.70	763.20	4968
2001	2010.62	263.63	878.82	706.62	172.20	868.17	5511
2002	2253.39	282.21	1007.56	819.51	188.05	963.62	6161
2003	2587.72	302.66	1221.17	1006.92	214.25	1063.89	7057
2004	3175.58	372.28	1553.10	1306.50	246.60	1250.20	8638
2005	3933.72	435.77	1951.36	1650.63	300.73	1546.59	10674
2006	4743.61	484.81	2452.44	2094.02	358.42	1806.36	12840
2007	5757.29	592.63	2986.46	2544.42	442.04	2178.20	15546
2008	7314.58	753.72	3861.12	3274.57	586.55	2699.74	19700
2009	8169.80	789.64	4236.42	3501.25	735.17	3143.74	21947
2010	10123.48	988.45	5446.10	4558.97	887.13	3688.93	27133
2011	12512.30	1220.90	6935.59	5857.92	1077.67	4355.81	33464
2012	14453.68	1370.16	8073.87	6847.41	1226.46	5009.65	38564
2013	16045.21	1526.05	8911.64	7507.34	1404.30	5607.52	42692

注：1.本表按当年价格计算。

2.人均生产总值1991年及以后按常住人口计算,2001-2009年按2010年人口普查修正的常住人口计算。

a) Data in this table are calculated at current prices.

b) Per Capita GDP are calculated at usual residents since 1991.Per Capita GDP were calculated at usual residents which adjusted according to the national population census in 2010 from 2001-2009.

3-2 生产总值指数

Indices of Gross Domestic Product

(上年=100) (preceding year=100)

年 份 Year	生产总值 Gross Domestic Product	第一产业 Primary Industry	第二产业 Secondary Industry	工 业 Industry	建筑业 Construction	第三产业 Tertiary Industry	人均生产总值 Per Capita GDP
1978	111.0	98.4	114.7	114.7	114.7	122.2	115.5
1979	107.5	109.1	102.7	102.7	102.7	123.7	110.0
1980	107.3	109.0	106.4	106.4	106.4	107.9	98.0
1981	104.5	113.7	96.3	96.2	96.3	108.1	103.5
1982	109.1	106.5	108.5	108.5	108.4	115.3	107.6
1983	107.3	101.5	109.5	109.5	109.6	112.7	106.3
1984	117.8	112.5	120.0	120.0	119.9	121.9	116.9
1985	116.5	99.3	121.9	121.9	122.0	131.0	115.1
1986	108.7	104.6	105.9	105.9	105.0	118.2	107.7
1987	110.0	101.8	110.8	110.8	110.2	116.6	107.8
1988	121.0	105.3	125.0	125.0	121.0	127.9	119.2
1989	103.3	106.5	102.8	104.0	95.4	101.6	101.4
1990	103.4	105.3	101.8	102.2	96.1	104.5	101.3
1991	107.2	106.8	105.2	105.3	104.6	110.2	105.7
1992	108.3	103.0	110.4	111.2	105.7	109.9	106.9
1993	112.1	108.1	115.0	116.1	107.8	111.5	110.8
1994	108.6	97.0	116.4	118.1	104.9	106.9	107.4
1995	110.4	104.0	115.2	116.4	106.2	108.0	109.3
1996	110.9	109.6	112.8	113.8	104.5	108.9	109.9
1997	110.7	99.7	112.6	112.7	111.5	114.8	109.8
1998	111.6	107.3	113.8	113.6	115.4	110.7	110.8
1999	110.3	97.7	112.4	111.6	119.7	113.7	109.6
2000	110.4	104.0	111.1	111.3	109.3	112.1	109.6
2001	109.8	101.9	111.2	111.8	108.6	111.2	109.3
2002	111.1	103.5	113.4	115.2	106.0	111.0	110.9
2003	111.8	104.1	115.8	116.8	111.2	109.8	111.5
2004	112.9	108.6	116.7	118.6	107.7	109.7	112.6
2005	113.7	107.7	116.1	115.9	117.6	112.5	113.5
2006	113.9	107.4	114.6	114.5	115.2	114.9	113.7
2007	115.8	105.0	117.5	118.1	114.0	116.5	115.6
2008	116.4	107.6	118.5	118.7	117.1	115.8	116.1
2009	113.6	104.9	113.8	111.6	126.5	115.3	113.3
2010	114.6	105.8	118.0	118.7	114.6	112.1	114.4
2011	113.9	105.9	116.4	117.1	112.6	112.5	113.7
2012	112.9	106.0	114.8	115.7	110.1	111.6	112.6
2013	111.0	104.7	112.6	112.7	111.9	109.9	110.6

注：本表按不变价格计算。

a) Data in this table are calculated at constant prices.

3-3 生产总值指数

Indices of Gross Domestic Product

(1978年=100) (year of 1978=100)

年 份 Year	生产总值 Gross Domestic Product	第一产业 Primary Industry	第二产业 Secondary Industry	工 业 Industry	建筑业 Construction	第三产业 Tertiary Industry	人 均 生产总值 Per Capita GDP
1979	107.5	109.1	102.7	102.7	102.7	123.7	110.0
1980	115.3	118.9	109.3	109.3	109.3	133.5	107.8
1981	120.5	135.2	105.3	105.1	105.3	144.3	111.6
1982	131.5	144.0	114.3	114.0	114.1	166.4	120.1
1983	141.1	146.2	125.2	124.8	125.1	187.5	127.7
1984	166.2	164.5	150.2	149.8	150.0	228.6	149.3
1985	193.6	163.3	183.1	182.6	183.0	299.5	171.8
1986	210.4	170.8	193.9	193.4	192.2	354.0	185.0
1987	231.4	173.9	214.8	214.3	211.8	412.8	199.4
1988	280.0	183.1	268.5	267.9	256.3	528.0	237.7
1989	289.2	195.0	276.0	278.6	244.5	536.4	241.0
1990	299.0	205.3	281.0	284.7	235.0	560.5	244.1
1991	320.5	219.3	295.6	299.8	245.8	617.7	258.0
1992	347.1	225.9	326.3	333.4	259.8	678.9	275.8
1993	389.1	244.2	375.2	387.1	280.1	757.0	305.6
1994	422.6	236.9	436.7	457.2	293.8	809.2	328.2
1995	466.6	246.4	503.1	532.2	312.0	873.9	358.7
1996	517.5	270.1	567.5	605.6	326.0	951.7	394.2
1997	572.9	269.3	639.0	682.5	363.5	1092.6	432.8
1998	639.4	289.0	727.2	775.3	419.5	1209.5	479.5
1999	705.3	282.4	817.4	865.2	502.1	1375.2	525.5
2000	778.7	293.7	908.1	963.0	548.8	1541.6	575.9
2001	855.0	299.3	1009.8	1076.6	596.0	1714.3	629.5
2002	949.9	309.8	1145.1	1240.2	631.8	1902.9	698.1
2003	1062.0	322.5	1326.0	1448.6	702.6	2089.4	778.4
2004	1199.0	350.2	1547.4	1718.0	756.7	2292.1	876.5
2005	1363.3	377.2	1796.5	1991.2	889.9	2578.6	994.8
2006	1552.8	405.1	2058.8	2279.9	1025.2	2962.8	1131.1
2007	1798.1	425.4	2419.1	2692.6	1168.7	3451.7	1307.6
2008	2093.0	457.7	2866.6	3196.1	1368.5	3997.1	1518.1
2009	2377.6	480.1	3262.2	3566.8	1731.2	4608.7	1720.0
2010	2724.7	507.9	3849.4	4233.8	1984.0	5166.4	1967.7
2011	3103.4	537.9	4480.7	4957.8	2234.0	5812.2	2237.3
2012	3503.7	570.2	5143.8	5736.2	2459.6	6486.4	2519.2
2013	3889.1	597.0	5791.9	6464.7	2752.3	7128.6	2786.2

注：本表按不变价格计算。

a) Data in this table are calculated at constant prices.

3-4 第三产业增加值
Value-added of the Tertiary Industry

单位：亿元 (100 million yuan)

年 份 Year	第三产业 Tertiary Industry	交通运输、仓储和邮政业 Transport, Storage and Post	批发和零售业 Wholesale and Retail Trades	住宿和餐饮业 Hotels and Catering Services	金融业 Financial Intermediation	房地产业 Real Estate	其 他 Others
1978	14.24	3.15	5.46		1.72	0.99	2.92
1979	17.33	3.83	6.00		2.01	1.21	4.28
1980	18.70	3.91	6.52		2.31	1.22	4.74
1981	20.44	3.65	7.02		2.67	1.37	5.73
1982	24.57	4.69	7.91		4.13	1.47	6.37
1983	28.24	5.48	8.53		4.45	1.62	8.16
1984	35.18	7.79	9.33		4.87	1.72	11.47
1985	45.52	9.95	10.58		5.63	2.28	17.08
1986	56.83	11.57	13.26		6.52	3.15	22.33
1987	68.92	15.60	15.03		7.54	4.11	26.64
1988	93.21	21.17	17.46		8.73	5.99	39.86
1989	108.59	25.45	21.83		10.10	5.86	45.35
1990	131.79	33.79	25.50		11.69	6.78	54.03
1991	153.95	35.36	35.70		13.52	6.81	62.56
1992	182.85	42.32	41.79		15.65	8.22	74.87
1993	232.47	59.59	48.30		18.10	11.30	95.18
1994	302.82	77.31	59.90		20.95	16.87	127.79
1995	377.91	90.60	86.71		24.24	19.06	157.30
1996	450.99	99.56	111.91		28.04	22.56	188.92
1997	540.93	111.71	130.64		32.45	33.62	232.51
1998	583.66	115.32	138.05		37.55	41.36	251.38
1999	656.64	127.03	152.28		43.44	47.18	286.71
2000	763.20	151.75	175.62		50.27	59.42	326.14
2001	868.17	182.96	202.17		58.16	68.11	356.77
2002	963.62	203.15	228.35		67.30	77.68	387.14
2003	1063.89	217.50	256.16		77.87	83.90	428.46
2004	1250.20	267.10	311.00		90.10	95.90	486.10
2005	1546.59	246.48	322.13	88.23	127.58	108.62	653.55
2006	1806.36	291.76	391.68	107.03	152.25	125.20	738.44
2007	2178.20	326.99	449.39	132.66	231.03	153.98	884.15
2008	2699.74	378.63	568.68	165.35	287.16	193.27	1106.65
2009	3143.74	423.24	707.39	175.01	336.21	239.92	1261.97
2010	3688.93	474.60	856.65	218.16	384.75	315.95	1438.82
2011	4355.81	552.54	1036.35	266.92	432.11	398.03	1669.86
2012	5009.65	617.39	1166.90	312.27	551.20	450.12	1911.77
2013	5607.52	657.31	1293.77	339.51	674.88	507.72	2134.33

注：本表按当年价格计算。

a) Data in this table are calculated at current prices.

3-5 第三产业增加值指数

Indices of Value-added of the Tertiary Industry

(上年＝100) (preceding year=100)

年 份 Year	第三产业 Tertiary Industry	交通运输、仓储和邮政业 Transport, Storage and Post	批发和零售业 Wholesale and Retail Trades	住宿和餐饮业 Hotels and Catering Services	金融业 Financial Intermediation	房地产业 Real Estate	其 他 Others
1978	122.2	122.2	122.2				
1979	123.7	121.6	121.7		121.3	122.2	119.7
1980	107.9	102.1	77.9		156.1	100.8	122.9
1981	108.1	92.3	113.0		114.3	111.5	107.2
1982	115.3	123.3	92.9		152.3	102.2	109.6
1983	112.7	114.6	100.2		106.4	108.6	110.5
1984	121.9	139.0	125.1		106.2	104.0	106.8
1985	131.0	101.0	140.1		108.1	122.3	111.6
1986	118.2	138.1	119.3		109.2	131.3	108.9
1987	116.6	128.8	103.6		106.5	118.3	112.1
1988	127.9	132.3	138.1		97.1	132.6	114.1
1989	101.6	102.9	68.2		97.8	93.2	109.3
1990	104.5	112.2	116.9		114.3	105.2	101.8
1991	110.2	102.5	119.8		109.1	112.4	110.4
1992	109.9	105.9	116.1		105.6	116.3	109.1
1993	111.5	117.2	115.9		103.4	115.6	107.1
1994	106.9	115.2	99.5		97.1	113.4	107.1
1995	108.0	110.4	107.0		105.2	110.3	107.1
1996	108.9	109.5	107.6		106.3	111.2	109.2
1997	114.8	112.5	117.1		110.2	112.6	116.3
1998	110.7	111.2	110.1		115.8	118.1	108.7
1999	113.7	111.6	110.8		116.4	113.9	116.1
2000	112.1	112.5	113.4		114.1	116.6	110.2
2001	111.2	114.9	113.6		113.8	114.2	107.2
2002	111.0	113.9	111.4		115.6	114.0	107.9
2003	109.8	110.6	112.0		113.8	107.1	108.0
2004	109.7	110.4	112.1		110.2	102.0	109.4
2005	112.5	110.5	111.4	116.8	109.9	108.1	114.5
2006	114.9	110.7	116.7	119.7	117.6	112.5	139.9
2007	116.5	111.2	114.4	117.3	119.6	116.9	118.8
2008	115.8	109.3	115.8	111.7	112.5	110.4	120.2
2009	115.3	109.3	122.0	109.0	117.3	120.3	113.8
2010	112.1	108.5	113.5	115.8	110.3	121.3	111.0
2011	112.5	110.2	115.4	113.9	106.1	118.9	111.6
2012	111.6	107.8	109.9	111.2	122.9	109.9	111.3
2013	109.9	106.4	108.9	103.1	121.0	109.8	109.6

注：本表按不变价计算。

a) Data in this table are calculated at constant prices.

3-6 第三产业增加值指数

Indices of Value-added of the Tertiary Industry

(1978年＝100) (year of 1978=100)

年 份 Year	第三产业 Tertiary Industry	交通运输、仓储和邮政业 Transport, Storage and Post	批发和零售业 Wholesale and Retail Trades	住宿和餐饮业 Hotels and Catering Services	金融业 Financial Intermediation	房地产业 Real Estate	其 他 Others
1978	100.0	100.0	100.0		100.0	100.0	100.0
1979	123.7	121.6	121.7		121.3	122.2	119.7
1980	133.5	124.2	94.8		189.3	123.2	147.1
1981	144.3	114.6	107.1		216.4	137.3	157.7
1982	166.4	141.3	99.5		329.6	140.4	172.8
1983	187.5	161.9	99.7		350.7	152.4	191.0
1984	228.6	225.1	124.8		372.5	158.5	204.0
1985	299.5	227.3	174.8		402.6	193.9	227.6
1986	354.0	313.9	208.5		439.7	254.6	247.9
1987	412.8	404.3	216.0		468.2	301.2	277.9
1988	528.0	535.0	298.3		454.7	399.3	317.1
1989	536.4	550.5	203.5		444.7	372.2	346.6
1990	560.5	617.6	237.8		508.3	391.5	352.8
1991	617.7	633.1	284.9		554.5	440.1	389.5
1992	678.9	670.4	330.8		585.6	511.8	424.9
1993	757.0	785.7	383.4		605.5	591.7	455.1
1994	809.2	905.2	381.5		587.9	670.9	487.4
1995	873.9	999.3	408.2		618.5	740.1	522.0
1996	951.7	1094.2	439.2		657.4	822.9	570.1
1997	1092.6	1231.0	514.3		724.5	926.6	663.0
1998	1209.5	1368.9	566.3		839.0	1094.4	720.7
1999	1375.2	1527.7	627.4		976.6	1246.5	836.7
2000	1541.6	1718.6	711.5		1114.3	1453.4	922.0
2001	1714.3	1974.7	808.2		1268.0	1659.8	988.4
2002	1902.9	2249.2	900.4		1465.8	1892.1	1066.5
2003	2089.4	2487.6	1008.4		1668.1	2026.5	1151.8
2004	2292.1	2746.3	1130.5		1838.3	2067.0	1260.1
2005	2578.6	3034.7	1259.3		2020.3	2234.4	1442.8
2006	2962.8	3359.4	1469.6		2375.8	2513.7	2018.5
2007	3451.7	3735.6	1681.3		2841.5	2938.5	2398.0
2008	3997.1	4083.0	1946.9		3196.7	3244.2	2882.3
2009	4608.7	4462.8	2375.2		3749.7	3902.7	3280.1
2010	5166.4	4842.1	2695.9		4135.9	4734.0	3640.9
2011	5812.2	5336.0	3111.1		4388.2	5628.7	4063.2
2012	6486.4	5752.2	3419.1		5393.1	6185.9	4522.3
2013	7128.6	6120.3	3723.4		6525.7	6792.1	4956.4

注：本表按不变价计算。

a) Data in this table are calculated at constant prices.

3-7 三次产业贡献率

Share of the Contributions of the Three Strata of Industry to the Increase of the GDP

单位：%　　(%)

年 份 Year	生产总值 Gross Domestic Product	第一产业 Primary Industry	第二产业 Secondary Industry	#工 业 Industry	第三产业 Tertiary Industry
2000	100.0	5.9	54.5	49.7	39.6
2001	100.0	2.8	49.1	41.7	48.1
2002	100.0	4.2	53.4	48.8	42.4
2003	100.0	4.3	60.1	52.5	35.6
2004	100.0	7.7	60.4	55.7	31.9
2005	100.0	6.5	56.7	46.9	36.8
2006	100.0	9.1	51.8	44.4	39.1
2007	100.0	3.3	55.2	48.4	41.5
2008	100.0	4.4	57.0	49.1	38.6
2009	100.0	3.1	52.1	37.2	44.8
2010	100.0	3.2	63.4	54.9	33.4
2011	100.0	4.1	63.2	55.2	32.7
2012	100.0	4.2	63.4	56.6	32.4
2013	100.0	3.7	64.1	54.9	32.2

注：三次产业贡献率指各产业增加值增量与GDP增量之比。

a) Share of the contributions of the three strata of industry to the increase of the GDP refers to the proportion of the increment of the value-added of each industry to the increment of GDP.

3-8 三次产业拉动率

Contribution of the Three Strata of Industry to GDP Growth

单位：%　　(%)

年 份 Year	生产总值 Gross Domestic Product	第一产业 Primary Industry	第二产业 Secondary Industry	#工 业 Industry	第三产业 Tertiary Industry
2000	10.4	0.6	5.7	5.2	4.1
2001	9.8	0.3	4.8	4.1	4.7
2002	11.1	0.5	5.9	5.4	4.7
2003	11.8	0.5	7.1	6.2	4.2
2004	12.9	1.0	7.8	7.2	4.1
2005	13.7	0.9	7.8	6.4	5.0
2006	13.9	1.3	7.2	6.2	5.4
2007	15.8	0.5	8.7	7.6	6.6
2008	16.4	0.7	9.4	8.1	6.3
2009	13.6	0.4	7.1	5.1	6.1
2010	14.6	0.5	9.2	8.0	4.9
2011	13.9	0.6	8.8	7.7	4.5
2012	12.9	0.5	8.2	7.3	4.2
2013	11.0	0.4	7.1	6.1	3.5

注：三次产业拉动率指GDP增长速度与各产业贡献率之乘积。

a) Contribution of the three strata of industry to GDP growth refers to the growth rate of GDP multiplied by the contribution share of every industry.

3-9 分行业增加值
Value-added by Sector

行　　业	Sector	增加值(亿元) Value Added (100 million yuan)		构　成(%) Composition (%)		2013年比2012年增长% Growth Rate in 2013 over 2012(%)
		2012	2013	2012	2013	
总　　计	**Total**	**14453.68**	**16045.21**	**100.0**	**100.0**	**11.0**
第一产业(农业)	**Primary Industry(Farming)**	**1370.16**	**1526.05**	**9.5**	**9.5**	**4.7**
第二产业	**Secondary Industry**	**8073.87**	**8911.64**	**55.8**	**55.5**	**12.6**
工　业	Industry	6847.41	7507.34	47.3	46.8	12.7
建筑业	Construction	1226.46	1404.30	8.5	8.7	11.9
第三产业	**Tertiary Industry**	**5009.65**	**5607.52**	**34.7**	**35.0**	**9.9**
交通运输、仓储和邮政业	Traffic, Transport, Storage and Post	617.39	657.31	4.3	4.1	6.4
批发和零售业	Wholesale and Retail Trades	1166.90	1293.77	8.1	8.1	8.9
住宿和餐饮业	Hotels and Catering Services	312.27	339.51	2.2	2.1	3.1
金融业	Financial Intermediation	551.20	674.88	3.8	4.2	21.0
房地产业	Real Estate	450.12	507.72	3.1	3.2	9.8
营利性服务业	Profit Services	526.82	585.77	3.6	3.6	12.4
非营利性服务业	Non-profit Services	1384.95	1548.56	9.6	9.7	8.6

注：本表增加值及构成按当年价格计算,增长速度按不变价格计算。

a) Value added and Compositionin in this table are calculated at current prices.The growth rates are calculated at constant prices.

3-10 非公有制经济增加值
Value-added of Non-public Economy

年　份 Year	非公有制经济增加值(亿元) Value-added of Non-public Economy (100 million yuan)	第一产业 Primary Industry	第二产业 Secondary Industry	第三产业 Tertiary Industry	非公有制经济增加值占生产总值比重(%) Value-added of Non-public Economy as Percentage of GDP(%)	第一产业 Primary Industry	第二产业 Secondary Industry	第三产业 Tertiary Industry
2005	1651.14	129.53	728.34	793.27	43.3	29.7	37.6	54.4
2006	2059.16	144.64	991.70	922.82	44.4	29.8	40.9	53.1
2007	2599.06	177.49	1313.63	1107.94	45.6	30.0	44.3	51.6
2008	3462.21	245.79	1817.01	1399.41	47.3	32.6	47.1	51.8
2009	3971.78	248.74	1998.65	1724.39	48.6	31.5	47.2	54.9
2010	5011.39	294.56	2583.52	2133.31	49.5	29.8	47.4	57.8
2011	6318.20	359.80	3355.98	2602.43	50.5	29.5	48.4	59.8
2012	7398.04	488.74	3955.51	2953.79	51.2	35.7	49.0	59.0
2013	8376.22	491.54	4540.94	3343.74	52.2	32.2	51.0	59.6

注：本表按当年价格计算。

a) Data in this table are calculated at current prices.

3-11 各市(区)生产总值
Gross Domestic Product by City(District)

地区 年份 Region Year	生产总值 (亿元) Gross Domestic Product (100 million yuan)	第一产业 Primary Industry	第二产业 Secondary Industry	工业 Industry	建筑业 Construction	第三产业 Tertiary Industry	人均生产总值 (元) Per Capita GDP (yuan)
西安市 Xi'an							
2000	646.13	44.65	277.13	218.44	58.69	324.35	9484
2001	734.86	45.87	312.90	246.90	66.00	376.09	10628
2002	826.68	47.77	353.58	280.20	73.38	425.33	11831
2003	946.66	50.72	407.38	324.88	82.50	488.56	13341
2004	1102.39	60.21	476.92	383.46	93.46	565.26	15294
2005	1313.93	66.01	540.50	420.00	120.50	707.42	16406
2006	1538.94	70.44	645.65	494.22	151.43	822.85	18890
2007	1856.63	82.51	781.94	594.95	186.99	992.18	22463
2008	2318.14	103.45	981.58	721.40	260.18	1233.11	27794
2009	2724.08	110.38	1144.75	816.92	327.83	1468.95	32411
2010	3241.69	140.06	1406.72	1003.57	403.15	1694.91	38343
2011	3862.58	173.14	1674.31	1189.61	484.70	2015.13	45475
2012	4366.10	195.59	1881.75	1328.71	553.04	2288.76	51166
2013	4884.13	217.76	2117.66	1484.63	633.03	2548.71	56988
铜川市 Tongchuan							
2000	34.55	4.02	15.53	12.96	2.57	15.00	4171
2001	37.08	3.85	16.42	13.86	2.56	16.81	4448
2002	40.90	4.12	18.50	15.58	2.92	18.28	4889
2003	48.69	4.10	23.26	19.89	3.37	21.33	5804
2004	59.49	5.02	30.56	26.54	4.02	23.91	7069
2005	71.84	5.87	38.67	33.66	5.01	27.30	8582
2006	86.41	6.33	49.08	43.29	5.79	31.00	10993
2007	102.81	7.84	58.81	51.99	6.82	36.16	12331
2008	129.87	9.68	77.94	68.91	9.03	42.25	15508
2009	154.40	10.81	93.73	82.94	10.79	49.86	18375
2010	187.73	14.18	116.50	103.99	12.51	57.05	22509
2011	232.63	17.41	147.41	131.91	15.50	67.81	27806
2012	273.31	19.47	176.82	159.29	17.53	77.02	32556
2013	321.98	21.74	215.07	195.37	19.70	85.17	38248

注：1.本表按当年价格计算。
2.人均生产总值2004年以前按户籍人口计算，2005年及以后按常住人口计算。

a) Data in this table are calculated at current prices.

b) Per Capita GDP are calculated at usual residents since 2005，while were were taken from the statistics of household registration before 2004.

3-11 续表 1 continued

地 区 年 份 Region Year	生产总值 (亿元) Gross Domestic Product (100 million yuan)	第一产业 Primary Industry	第二产业 Secondary Industry	工 业 Industry	建筑业 Construction	第三产业 Tertiary Industry	人 均 生产总值 (元) Per Capita GDP (yuan)
宝鸡市 Baoji							
2000	195.34	25.18	98.32	78.89	19.43	71.84	5425
2001	221.88	25.59	114.88	91.60	23.28	81.41	6097
2002	250.37	27.07	132.18	105.22	26.96	91.12	6863
2003	287.35	30.66	154.30	121.56	32.74	102.39	7847
2004	353.24	40.06	196.67	157.47	39.20	116.51	9594
2005	414.52	44.30	240.13	194.72	45.41	130.09	11103
2006	490.31	49.70	293.45	240.15	53.30	147.16	13082
2007	578.78	60.86	345.91	281.43	64.48	172.01	15402
2008	714.07	78.30	434.70	351.59	83.11	201.07	19071
2009	806.54	85.18	491.08	391.92	99.16	230.28	21525
2010	976.09	104.20	614.42	497.40	117.02	257.47	26274
2011	1175.75	128.56	749.25	610.32	138.93	297.94	31579
2012	1374.33	143.26	895.92	735.89	160.03	335.15	36826
2013	1545.91	157.65	1017.45	834.25	183.20	370.81	41327
咸阳市 Xianyang							
2000	234.46	52.45	102.33	86.10	16.23	79.68	4980
2001	257.08	53.62	109.26	90.61	18.65	94.20	5402
2002	281.89	55.36	122.17	100.93	21.24	104.36	5879
2003	316.77	60.43	140.82	116.39	24.44	115.52	6564
2004	374.77	74.82	169.77	140.15	29.62	130.18	7698
2005	432.49	89.10	191.99	157.31	34.68	151.40	8683
2006	483.87	98.34	220.41	179.68	40.73	165.12	9721
2007	588.48	120.39	271.39	223.25	48.14	196.70	11804
2008	764.55	148.97	382.65	321.50	61.15	232.93	15285
2009	873.20	157.41	434.02	356.42	77.60	281.77	17434
2010	1098.68	203.29	573.27	480.70	92.57	322.12	22469
2011	1361.32	252.46	740.40	624.28	116.12	368.46	27751
2012	1573.68	283.10	876.78	743.94	132.84	413.80	31982
2013	1860.39	315.44	1076.17	925.67	150.50	468.78	37695
渭南市 Weinan							
2000	165.47	37.43	60.42	51.82	8.60	67.62	3149
2001	181.44	39.45	64.56	55.80	8.76	77.43	3424
2002	201.53	41.55	73.93	62.61	11.32	86.05	3790
2003	230.39	44.34	91.08	77.45	13.63	94.97	4320
2004	280.71	52.96	119.81	104.40	15.41	107.94	5267
2005	330.17	58.66	148.71	131.28	17.43	122.80	6052
2006	377.40	63.13	171.83	151.31	20.52	142.44	6907
2007	456.95	80.19	206.06	181.10	24.96	170.70	8402
2008	563.09	96.26	256.22	222.49	33.73	210.61	10378
2009	636.96	100.55	294.44	248.78	45.66	241.97	11728
2010	801.42	128.94	394.55	339.71	54.84	277.93	15149
2011	1028.97	160.47	545.19	476.64	68.55	323.31	19424
2012	1153.80	180.00	610.67	533.55	77.12	363.13	21717
2013	1349.01	202.38	743.23	656.83	86.40	403.40	25327

3-11 续表 2 continued

地 区 年 份 Region Year	生产总值 (亿元) Gross Domestic Product (100 million yuan)	第一产业 Primary Industry	第二产业 Secondary Industry	工 业 Industry	建筑业 Construction	第三产业 Tertiary Industry	人 均 生产总值 (元) Per Capita GDP (yuan)
延安市 Yan'an							
2000	130.63	19.13	78.69	74.65	4.04	32.81	6690
2001	158.33	22.68	98.38	93.30	5.08	37.27	8021
2002	179.71	24.94	113.35	107.50	5.85	41.42	9010
2003	218.33	23.03	151.00	143.37	7.63	44.30	10746
2004	275.36	25.86	188.99	180.55	8.44	60.51	13289
2005	394.65	29.47	286.90	277.60	9.30	78.28	18815
2006	541.86	34.52	415.77	404.15	11.62	91.57	25567
2007	647.46	41.32	498.40	484.02	14.38	107.74	30432
2008	760.84	52.15	578.20	562.11	16.09	130.49	35555
2009	728.26	55.07	515.89	497.21	18.68	157.30	33898
2010	885.42	71.19	635.49	614.45	21.04	178.74	40621
2011	1113.35	86.69	815.45	789.45	26.00	211.21	50807
2012	1271.02	97.06	934.85	904.64	30.21	239.11	57876
2013	1354.14	107.44	978.09	944.19	33.90	268.61	61493
汉中市 Hanzhong							
2000	119.23	31.41	38.41	26.77	11.64	49.41	3250
2001	129.32	31.55	42.28	28.79	13.49	55.49	3503
2002	141.31	32.91	47.45	32.48	14.97	60.95	3819
2003	163.44	36.79	56.57	39.02	17.55	70.08	4402
2004	192.94	43.01	75.49	56.45	19.04	74.44	5172
2005	217.72	48.07	85.38	64.72	20.66	84.27	6255
2006	249.83	55.64	99.01	75.67	23.34	95.18	7158
2007	299.71	66.77	115.39	87.82	27.57	117.55	8562
2008	366.19	87.64	135.03	99.22	35.81	143.52	10435
2009	415.64	91.71	152.48	108.58	43.90	171.45	11819
2010	509.70	110.39	199.50	146.32	53.18	199.81	14907
2011	647.48	142.29	267.58	203.17	64.41	237.61	18952
2012	754.57	159.47	320.42	245.7	74.72	274.68	22084
2013	881.73	177.71	397.68	312.88	84.8	306.34	25769
榆林市 Yulin							
2000	105.05	13.98	46.60	40.25	6.35	44.47	3264
2001	129.31	13.03	62.10	56.45	5.65	54.18	3942
2002	162.83	17.68	83.37	77.67	5.70	61.78	4953
2003	204.76	19.31	113.30	106.73	6.57	72.15	6176
2004	278.53	26.24	171.05	164.00	7.05	81.24	8310
2005	447.63	28.34	260.06	249.71	10.35	159.23	13602
2006	592.34	35.33	358.05	345.87	12.18	198.96	17943
2007	795.98	47.47	503.92	489.77	14.15	244.59	24007
2008	1172.76	66.11	796.10	777.58	18.52	310.55	35177
2009	1302.31	70.09	860.78	837.34	23.44	371.44	38950
2010	1756.67	92.16	1205.77	1178.34	27.43	458.74	52436
2011	2292.25	111.91	1629.66	1597.96	31.70	550.68	68358
2012	2669.88	125.88	1928.53	1892.07	36.46	615.47	79587
2013	2846.75	139.68	1985.56	1943.56	42.00	721.51	84634

3-11 续表 3 continued

地区 年份 Region Year	生产总值 (亿元) Gross Domestic Product (100 million yuan)	第一产业 Primary Industry	第二产业 Secondary Industry	工业 Industry	建筑业 Construction	第三产业 Tertiary Industry	人均生产总值 (元) Per Capita GDP (yuan)
安康市 Ankang							
2000	74.80	22.76	20.29	12.41	7.88	31.75	2561
2001	80.74	23.50	21.33	12.72	8.61	35.91	2758
2002	91.08	24.59	24.42	14.97	9.45	42.07	3107
2003	105.03	26.61	28.72	18.25	10.47	49.70	3577
2004	121.97	31.50	35.18	23.14	12.04	55.29	4141
2005	143.76	36.71	42.83	28.23	14.60	64.22	5413
2006	163.57	42.44	49.05	32.26	16.79	72.08	6175
2007	191.37	48.69	60.71	40.03	20.68	81.97	7218
2008	241.24	63.79	79.42	50.40	29.02	98.03	9087
2009	274.95	65.59	96.83	60.36	36.47	112.53	10341
2010	327.06	67.07	130.95	86.15	44.80	129.04	12428
2011	407.17	72.01	183.13	127.13	56.00	152.03	15477
2012	496.91	80.95	243.47	179.91	63.56	172.49	18878
2013	604.55	90.57	321.40	248.37	73.03	192.58	22938
商洛市 Shangluo							
2000	56.35	16.66	20.08	8.22	11.86	19.61	2382
2001	59.52	17.29	17.88	6.94	10.94	24.35	2529
2002	67.10	17.29	21.74	9.36	12.39	28.07	2842
2003	92.43	18.71	32.43	15.13	17.30	41.29	3902
2004	105.03	22.92	35.47	17.15	18.32	46.64	4393
2005	114.43	25.43	37.25	17.87	19.38	51.75	4800
2006	137.77	28.31	46.64	20.98	25.66	62.82	5787
2007	160.40	33.87	55.19	26.69	28.50	71.34	6737
2008	197.45	44.57	71.18	35.58	35.60	81.70	8272
2009	224.47	46.65	83.75	40.09	43.66	94.07	9383
2010	285.90	58.05	117.82	64.49	53.33	110.03	12194
2011	362.95	70.61	163.03	96.38	66.65	129.31	15513
2012	423.31	79.43	195.14	118.96	76.18	148.74	18097
2013	510.88	88.54	256.94	171.44	85.50	165.40	21795
杨凌示范区 Yangling							
2000	6.20	0.83	2.06	0.61	1.45	3.31	4941
2001	7.71	0.89	2.63	1.03	1.59	4.19	5887
2002	9.29	0.94	3.47	1.34	2.13	4.88	6796
2003	12.33	1.06	5.23	3.47	1.76	6.04	8805
2004	15.39	1.31	7.19	5.36	1.83	6.89	10125
2005	17.36	1.42	8.05	5.75	2.30	7.89	11193
2006	20.75	1.83	9.46	7.00	2.46	9.46	13233
2007	26.66	2.21	12.73	9.53	3.20	11.72	16642
2008	33.67	2.78	16.51	12.20	4.31	14.38	20952
2009	40.68	3.01	20.61	14.66	5.95	17.06	20392
2010	47.29	3.75	23.50	16.24	7.26	20.04	23524
2011	60.85	5.31	31.54	22.44	9.10	24.00	30199
2012	67.40	5.99	34.36	23.62	10.74	27.05	33391
2013	84.71	6.72	47.22	35.02	12.20	30.77	41896

3-12 各市(区)生产总值指数
Indices of Gross Domestic Product by City(District)

(上年=100) (preceding year=100)

地 区 年 份 Region Year	生产总值 Gross Domestic Product	第一产业 Primary Industry	第二产业 Secondary Industry	工业 Industry	建筑业 Construction	第三产业 Tertiary Industry	人均生产总值 Per Capita GDP
西安市 Xi'an							
2000	113.0	103.5	115.1	113.8	120.1	111.5	111.4
2001	113.1	102.5	115.3	116.3	111.8	112.6	111.4
2002	113.3	103.1	115.0	116.4	109.3	113.0	112.1
2003	113.5	101.8	117.5	115.7	125.0	111.2	111.7
2004	113.5	106.7	115.9	115.5	117.3	112.0	111.7
2005	114.0	107.5	112.3	110.3	120.0	116.3	112.2
2006	114.0	107.1	113.7	112.3	118.7	114.9	112.9
2007	115.6	104.5	115.7	114.9	118.4	116.4	113.9
2008	116.3	107.6	116.4	115.7	118.9	116.9	115.3
2009	114.5	106.3	114.0	111.7	121.2	115.5	113.7
2010	114.5	106.9	118.0	118.1	117.6	112.5	113.8
2011	113.8	106.7	114.9	116.2	111.7	113.4	113.2
2012	111.8	106.0	111.8	112.4	110.3	112.2	111.3
2013	111.1	104.8	113.9	114.5	112.2	109.3	110.6
铜川市 Tongchuan							
2000	108.3	108.1	108.5	108.8	107.3	108.1	107.7
2001	107.2	98.5	105.8	107.8	99.2	110.9	106.5
2002	110.0	104.8	111.8	111.0	114.6	109.5	109.6
2003	111.5	105.8	113.2	113.5	112.3	111.3	111.2
2004	112.4	116.1	113.9	113.8	114.3	110.3	112.0
2005	112.7	106.9	113.2	112.5	117.5	113.2	113.3
2006	115.0	108.0	119.5	120.4	113.6	110.2	115.8
2007	115.3	104.9	118.5	119.9	108.6	112.7	115.0
2008	117.1	107.8	119.9	121.1	110.8	114.3	116.6
2009	115.2	106.3	114.0	113.1	122.6	118.9	114.9
2010	115.6	107.7	118.1	119.0	111.2	112.8	115.3
2011	116.0	107.3	118.0	118.2	115.7	114.2	115.7
2012	115.8	106.3	119.4	120.6	109.4	110.5	115.4
2013	113.8	104.9	117.2	118.0	109.7	107.8	113.4

注：本表按不变价格计算。

a) Data in this table are calculated at constant prices.

3-12 续表 1 continued

(上年=100) (preceding year=100)

地区 年份 Region Year	生产总值 Gross Domestic Product	第一产业 Primary Industry	第二产业 Secondary Industry	工业 Industry	建筑业 Construction	第三产业 Tertiary Industry	人均生产总值 Per Capita GDP
宝鸡市 Baoji							
2000	110.5	100.6	112.4	112.2	114.1	111.1	109.1
2001	109.7	101.9	110.2	109.4	113.6	111.3	107.0
2002	110.5	103.8	113.0	112.9	113.5	109.0	110.2
2003	112.9	107.2	116.3	115.6	119.3	109.7	112.5
2004	115.1	112.0	119.2	120.6	113.8	109.7	114.4
2005	113.0	110.2	116.1	117.2	111.5	108.9	113.1
2006	113.1	108.0	116.4	117.2	113.0	108.8	112.7
2007	114.8	104.4	117.9	118.7	114.2	112.2	114.5
2008	115.5	107.4	118.3	119.2	114.1	112.3	115.9
2009	115.0	106.2	116.7	116.0	119.8	113.9	115.4
2010	114.4	106.9	117.5	118.6	112.7	109.4	114.0
2011	114.5	106.1	117.5	119.0	110.9	111.0	114.3
2012	115.1	105.7	118.5	120.0	111.9	109.9	114.8
2013	113.0	104.5	115.3	115.7	113.3	109.5	112.7
咸阳市 Xianyang							
2000	111.7	106.5	111.3	110.6	117.6	115.4	107.8
2001	109.0	104.3	105.7	104.8	110.7	116.2	107.8
2002	112.0	102.5	117.9	119.2	111.7	110.6	111.3
2003	113.2	107.6	117.5	117.9	115.0	110.8	112.0
2004	114.9	110.6	119.3	119.5	118.1	111.2	113.5
2005	112.6	108.1	114.1	114.3	113.1	113.2	110.1
2006	111.5	107.1	114.7	114.6	115.1	110.1	111.6
2007	112.3	104.5	115.5	115.6	115.0	112.4	112.1
2008	116.0	107.5	119.3	121.3	110.2	116.1	115.6
2009	114.2	106.3	115.1	112.1	129.9	117.0	114.1
2010	114.5	107.8	118.7	119.9	113.7	111.7	114.3
2011	114.2	107.2	119.6	120.2	116.4	109.1	113.9
2012	114.5	106.1	119.8	121.5	110.7	109.3	114.1
2013	113.1	104.6	116.5	117.5	110.6	110.7	112.7
渭南市 Weinan							
2000	108.2	104.3	107.5	107.6	105.9	112.0	107.2
2001	108.3	104.4	107.2	107.5	105.0	111.4	107.4
2002	110.4	104.1	113.9	113.1	118.6	110.7	110.0
2003	109.5	101.5	116.4	117.1	112.0	107.3	109.2
2004	112.6	106.3	119.1	121.4	105.2	109.2	112.2
2005	112.4	105.5	117.7	119.1	107.1	110.6	111.2
2006	112.9	107.3	114.8	115.0	113.2	113.3	112.7
2007	114.2	104.9	115.5	115.6	115.1	116.8	114.7
2008	116.3	107.6	117.3	117.1	119.3	118.7	116.6
2009	114.3	106.5	116.3	113.7	136.3	114.7	114.2
2010	115.0	107.3	120.7	121.8	114.2	110.6	115.1
2011	115.0	107.0	120.6	121.3	116.4	110.9	114.9
2012	114.5	106.0	119.6	121.2	109.0	110.4	114.1
2013	112.0	104.7	115.3	115.6	112.4	109.6	111.7

3-12 续表 2 continued

(上年=100) (preceding year=100)

地 区 年 份 Region Year	生产总值 Gross Domestic Product	第一产业 Primary Industry	第二产业 Secondary Industry	工业 Industry	建筑业 Construction	第三产业 Tertiary Industry	人均 生产总值 Per Capita GDP
延安市 Yan'an							
2000	109.8	103.1	114.9	115.4	109.0	109.5	108.7
2001	112.4	101.0	116.4	116.2	121.0	109.5	111.2
2002	112.3	104.0	114.9	115.1	111.2	109.9	111.2
2003	115.5	102.0	121.5	121.1	127.9	106.6	113.3
2004	119.8	105.7	126.0	127.4	101.9	107.7	117.5
2005	116.2	110.2	118.8	119.6	101.8	110.0	114.8
2006	116.5	110.6	118.3	118.4	113.2	112.2	115.3
2007	115.1	104.5	115.4	115.5	112.2	117.6	114.6
2008	116.3	107.1	117.0	117.2	108.8	116.6	115.6
2009	112.2	106.3	110.5	110.4	116.7	120.2	111.7
2010	113.6	107.0	114.8	115.0	107.2	111.0	112.7
2011	111.0	107.4	110.9	110.8	115.2	112.8	110.4
2012	110.5	106.1	110.3	110.3	112.6	112.7	110.3
2013	106.5	104.3	105.6	105.5	109.9	110.1	106.2
汉中市 Hanzhong							
2000	108.2	103.8	109.3	106.0	113.8	110.2	107.5
2001	106.6	102.5	108.0	107.6	110.4	109.0	105.9
2002	107.2	101.7	108.7	109.5	107.0	109.2	107.0
2003	109.1	105.9	111.8	113.3	108.4	108.4	108.7
2004	110.9	109.1	115.9	123.0	99.8	107.8	110.4
2005	111.9	109.2	112.0	114.1	105.4	113.0	111.2
2006	112.1	108.1	115.6	118.1	108.0	110.8	111.8
2007	113.9	106.0	114.9	116.3	110.0	117.3	113.6
2008	113.8	107.9	113.8	113.8	113.7	116.8	113.5
2009	114.5	106.4	113.6	111.0	123.0	119.3	114.3
2010	115.1	106.6	119.6	120.6	116.0	114.3	115.2
2011	115.5	106.6	122.2	125.5	113.4	113.7	115.6
2012	115.2	105.8	121.8	124.7	112.7	112.9	115.1
2013	112.7	105.2	118.6	120.7	111.5	109.5	112.5
榆林市 Yulin							
2000	114.3	128.0	113.3	113.8	108.1	109.1	112.5
2001	114.2	92.4	116.3	120.8	87.6	118.9	112.4
2002	112.7	115.9	116.2	117.9	101.1	108.3	112.1
2003	117.5	120.3	121.9	122.6	114.8	112.0	116.6
2004	117.9	104.2	125.3	126.8	107.9	112.9	116.6
2005	120.0	103.1	124.7	124.9	120.2	115.8	119.4
2006	119.3	108.7	122.6	123.1	110.0	115.9	119.0
2007	121.4	106.4	124.3	124.9	108.2	118.9	120.9
2008	125.3	108.3	125.7	125.9	119.4	127.1	124.6
2009	113.3	106.6	111.6	111.2	125.8	117.2	113.0
2010	118.3	107.8	119.1	119.4	109.7	118.2	118.3
2011	115.0	106.0	116.3	116.5	106.2	113.5	114.9
2012	112.0	105.9	113.6	113.6	111.1	108.8	111.9
2013	108.8	104.4	109.6	109.6	112.3	107.1	108.5

3-12 续表 3 continued

(上年=100) (preceding year=100)

地 区 年 份 Region Year	生产总值 Gross Domestic Product	第一产业 Primary Industry	第二产业 Secondary Industry	工业 Industry	建筑业 Construction	第三产业 Tertiary Industry	人均生产总值 Per Capita GDP
安康市 Ankang							
2000	105.8	106.0	102.8	101.4	110.0	108.9	105.6
2001	106.4	104.6	102.9	102.0	104.4	109.9	106.1
2002	108.6	101.3	110.9	114.9	104.9	112.1	108.5
2003	108.6	98.8	113.1	117.9	104.9	112.1	108.4
2004	109.2	109.2	113.2	116.8	106.4	106.7	108.9
2005	109.8	110.4	109.1	108.0	111.3	109.9	109.6
2006	110.4	108.0	112.5	111.1	115.1	110.4	110.7
2007	112.8	106.3	116.5	118.0	113.6	113.9	112.7
2008	115.4	107.7	121.6	119.4	125.8	115.2	115.3
2009	115.0	106.2	120.2	116.4	127.2	115.5	114.8
2010	115.0	106.4	121.5	123.3	118.6	113.9	115.0
2011	115.5	106.5	122.9	126.0	116.8	112.6	115.5
2012	115.2	105.7	123.6	130.2	110.0	110.5	115.1
2013	113.4	105.1	119.8	122.8	112.5	109.5	113.3
商洛市 Shangluo							
2000	111.2	104.5	118.5	115.0	121.0	110.8	110.9
2001	110.5	102.3	114.6	108.9	118.6	113.3	110.4
2002	111.0	104.0	113.6	126.1	105.7	113.6	110.6
2003	109.8	105.4	114.0	115.4	112.9	108.5	109.4
2004	109.4	107.7	108.0	110.2	106.2	111.4	109.2
2005	109.9	107.7	110.4	110.3	110.5	110.6	109.6
2006	110.8	106.5	111.2	112.7	109.8	112.6	110.5
2007	112.8	106.3	114.6	116.3	113.0	114.5	112.5
2008	115.8	107.2	119.9	118.7	121.0	116.6	115.5
2009	114.1	106.4	115.8	107.6	123.6	115.8	113.8
2010	114.9	106.5	119.5	122.6	116.9	114.7	115.3
2011	115.1	106.5	121.2	124.4	117.4	113.1	115.3
2012	114.8	105.9	120.7	128.2	111.1	112.5	114.9
2013	112.6	105.0	118.0	123.2	110.4	109.4	112.3
杨凌示范区 Yangling							
2000	117.7	105.3	110.9	135.8	99.9	125.0	113.4
2001	123.8	105.9	127.3	166.4	110.8	126.2	118.5
2002	117.5	104.2	127.8	128.9	127.0	113.8	112.6
2003	121.0	106.7	131.8	211.0	80.7	116.1	118.1
2004	116.7	115.5	127.0	143.9	98.6	108.6	115.9
2005	115.1	114.2	117.6	116.3	120.9	112.9	112.8
2006	113.4	114.8	108.2	110.3	103.0	118.4	112.1
2007	119.4	106.7	117.9	115.9	123.2	122.9	116.8
2008	117.2	106.9	115.4	114.0	118.8	120.3	116.5
2009	115.0	106.7	118.0	109.1	139.3	113.5	92.6
2010	115.5	108.0	119.1	121.6	115.9	114.0	114.6
2011	116.5	108.1	120.4	122.3	116.2	113.6	116.3
2012	114.7	106.9	119.9	122.3	114.1	109.7	114.5
2013	114.0	105.4	117.4	119.9	111.0	110.8	113.8

3-13 各市(区)非公有制经济增加值

Value-added of Non-public Economy by City(District)

地　区	Region	非公有制经济增加值(亿元) Value-added of Non-public Economy (100 million yuan)				
		2005	2010	2011	2012	2013
全　省	**Shaanxi**	**1651.14**	**5011.39**	**6318.20**	**7398.04**	**8376.22**
西安市	Xi'an	568.45	1611.28	1952.78	2244.25	2548.13
铜川市	Tongchuan	30.27	82.13	107.48	129.00	154.77
宝鸡市	Baoji	183.72	471.30	578.48	681.17	773.27
咸阳市	Xianyang	191.52	532.92	668.87	786.81	944.89
渭南市	Weinan	127.68	350.19	459.62	526.82	623.43
延安市	Yan'an	55.91	151.47	201.55	235.25	266.65
汉中市	Hanzhong	91.83	252.35	327.03	387.88	463.11
榆林市	Yulin	134.13	632.37	828.49	1004.65	1107.42
安康市	Ankang	60.58	156.53	198.52	247.20	307.85
商洛市	Shangluo	44.28	138.93	180.09	211.78	260.13
杨凌示范区	Yangling	7.61	23.05	29.68	32.43	42.81

3-13 续表 continued

地　区	Region	非公有制经济增加值占生产总值比重(%) Value-added of Non-public Economy as Percentage of GDP (%)				
		2005	2010	2011	2012	2013
全　省	**Shaanxi**	**43.3**	**49.5**	**50.5**	**51.2**	**52.2**
西安市	Xi'an	43.3	49.7	50.6	51.4	52.2
铜川市	Tongchuan	42.1	43.8	46.2	47.2	48.1
宝鸡市	Baoji	44.3	48.3	49.2	49.6	50.0
咸阳市	Xianyang	44.6	48.5	49.1	50.0	50.8
渭南市	Weinan	38.7	43.7	44.7	45.7	46.2
延安市	Yan'an	14.2	17.1	18.1	18.5	19.7
汉中市	Hanzhong	42.2	49.5	50.5	51.4	52.5
榆林市	Yulin	30.0	36.0	36.1	37.6	38.9
安康市	Ankang	42.1	47.9	48.8	49.8	50.9
商洛市	Shangluo	44.2	48.6	49.6	50.0	50.9
杨凌示范区	Yangling	43.6	48.7	48.8	48.1	50.5

3-14 各县(市、区)生产总值(2013年)
Gross Domestic Product by County (City and District)(2013)

地　区	Region	生产总值(亿元) Gross Domestic Product (100 million yuan)	生产总值比上年增长(%) Growth Rate of GDP over Preceding Year(%)	地　区	Region	生产总值(亿元) Gross Domestic Product (100 million yuan)	生产总值比上年增长(%) Growth Rate of GDP over Preceding Year(%)
西安市	**Xi'an**			麟游县	Linyou	50.59	21.2
新城区	Xincheng	471.75	9.0	凤　县	Fengxian	130.21	14.5
碑林区	Beilin	525.76	10.3	太白县	Taibai	15.83	13.0
莲湖区	Lianhu	526.68	11.1	**咸阳市**	**Xianyang**		
灞桥区	Baqiao	269.03	14.9	秦都区	Qindu	375.29	14.5
未央区	Weiyang	601.09	11.6	渭城区	Weicheng	305.22	12.3
雁塔区	Yanta	938.75	10.1	三原县	Sanyuan	140.81	14.7
阎良区	Yanliang	168.96	11.5	泾阳县	Jingyang	135.01	13.1
临潼区	Lintong	226.58	11.5	乾　县	Qianxian	127.21	13.2
长安区	Chang'an	369.15	11.2	礼泉县	Liquan	127.86	13.2
蓝田县	Lantian	106.89	8.0	永寿县	Yongshou	41.33	13.2
周至县	Zhouzhi	87.66	9.2	彬　县	Binxian	165.43	17.8
户　县	Huxian	155.24	8.2	长武县	Changwu	52.58	16.8
高陵县	Gaoling	279.94	17.8	旬邑县	Xunyi	102.28	16.2
铜川市	**Tongchuan**			淳化县	Chunhua	50.25	13.0
王益区	Wangyi	73.17	14.6	武功县	Wugong	95.94	13.3
印台区	Yintai	82.26	11.5	兴平市	Xingping	175.22	14.5
耀州区	Yaozhou	140.71	15.6	**渭南市**	**Weinan**		
宜君县	Yijun	25.84	13.5	临渭区	Linwei	273.74	12.1
宝鸡市	**Baoji**			华　县	Huaxian	114.43	8.0
渭滨区	Weibin	427.25	12.1	潼关县	Tongguan	38.75	12.5
金台区	Jintai	275.73	14.7	大荔县	Dali	109.84	11.9
陈仓区	Chencang	162.91	12.3	合阳县	Heyang	67.85	13.0
凤翔县	Fengxiang	161.96	14.6	澄城县	Chengcheng	83.01	13.7
岐山县	Qishan	144.09	12.7	蒲城县	Pucheng	141.87	11.8
扶风县	Fufeng	95.13	14.5	白水县	Baishui	61.21	12.1
眉　县	Meixian	90.57	16.2	富平县	Fuping	120.12	12.7
陇　县	Longxian	49.88	14.6	韩城市	Hancheng	282.06	13.9
千阳县	Qianyang	31.01	17.2	华阴市	Huayin	74.06	13.5

3-14 续表 continued

地 区	Region	生产总值(亿元) Gross Domestic Product (100 million yuan)	生产总值比上年增长(%) Growth Rate of GDP over Preceding Year(%)	地 区	Region	生产总值(亿元) Gross Domestic Product (100 million yuan)	生产总值比上年增长(%) Growth Rate of GDP over Preceding Year(%)
延安市	**Yan'an**			横山县	Hengshan	121.85	12.9
宝塔区	Baota	216.57	6.4	靖边县	Jingbian	352.16	9.5
延长县	Yanchang	37.67	12.1	定边县	Dingbian	310.08	8.3
延川县	Yanchuan	94.56	2.7	绥德县	Suide	53.94	7.4
子长县	Zichang	83.13	15.5	米脂县	Mizhi	46.65	9.4
安塞县	Ansai	104.32	6.7	佳 县	Jiaxian	36.56	8.9
志丹县	Zhidan	167.89	5.6	吴堡县	Wubu	15.99	1.6
吴起县	Wuqi	209.70	5.9	清涧县	Qingjian	35.46	6.4
甘泉县	Ganquan	21.30	6.5	子洲县	Zizhou	48.40	9.2
富 县	Fuxian	32.49	6.9	**安康市**	**Ankang**		
洛川县	Luochuan	247.34	1.5	汉滨区	Hanbin	187.47	12.9
宜川县	Yichuan	20.78	6.5	汉阴县	Hanyin	58.61	14.5
黄龙县	Huanglong	10.16	8.3	石泉县	Shiquan	47.79	14.7
黄陵县	Huangling	108.53	10.2	宁陕县	Ningshan	21.35	11.6
汉中市	**Hanzhong**			紫阳县	Ziyang	54.38	13.4
汉台区	Hantai	177.14	12.1	岚皋县	Langao	30.96	14.0
南郑县	Nanzheng	134.46	13.5	平利县	Pingli	50.50	16.0
城固县	Chenggu	138.29	13.4	镇坪县	Zhenping	12.95	10.2
洋 县	Yangxian	85.05	13.0	旬阳县	Xunyang	100.01	13.5
西乡县	Xixiang	65.20	12.8	白河县	Baihe	41.56	15.0
勉 县	Mianxian	105.44	13.3	**商洛市**	**Shangluo**		
宁强县	Ningqiang	55.85	12.7	商州区	Shangzhou	108.35	12.0
略阳县	Lueyang	65.87	10.0	洛南县	Luonan	82.84	13.0
镇巴县	Zhenba	48.14	13.2	丹凤县	Danfeng	62.23	14.0
留坝县	Liuba	10.07	12.0	商南县	Shangnan	53.92	12.8
佛坪县	Foping	5.79	14.0	山阳县	Shanyang	80.78	14.8
榆林市	**Yulin**			镇安县	Zhen'an	66.19	12.5
榆阳区	Yuyang	461.26	21.6	柞水县	Zhashui	60.95	13.0
神木县	Shenmu	925.54	1.2	**杨凌示范区**	**Yangling**		
府谷县	Fugu	435.38	11.1	杨陵区	Yangling	84.71	14.0

注：本表数据为快报数。

a) Data in this table are from annual statistical reporting forms.

主要统计指标解释

三次产业 三产业的划分是世界上较为常用的产业结构分类，但各国的划分不尽一致。我国的三次产业划分是：

第一产业是指农业、林业、畜牧业、渔业和农林牧渔服务业。

第二产业是指采矿业，制造业，电力、煤气及水的生产和供应业，建筑业。

第三产业是指除第一、二产业以外的其他行业。

国内生产总值(GDP) 指按市场价格计算的一个国家(或地区)所有常住单位在一定时期内生产活动的最终成果。国内生产总值有三种表现形态，即价值形态、收入形态和产品形态。从价值形态看，它是所有常住单位在一定时期内生产的全部货物和服务价值超过同期投入的全部非固定资产货物和服务价值的差额，即所有常住单位的增加值之和；从收入形态看，它是所有常住单位在一定时期内创造并分配给常住单位和非常住单位的初次收入之和；从产品形态看，它是所有常住单位在一定时期内最终使用的货物和服务价值与货物和服务净出口价值之和。在实际核算中，国内生产总值有三种计算方法，即生产法、收入法和支出法。三种方法分别从不同的方面反映国内生产总值及其构成。

对于一个地区来说，称为地区生产总值或地区 GDP。

劳动者报酬 指劳动者因从事生产活动所获得的全部报酬。包括劳动者获得的各种形式的工资、奖金和津贴，既包括货币形式的，也包括实物形式的，还包括劳动者所享受的公费医疗和医药卫生费、上下班交通补贴、单位支付的社会保险费、住房公积金等。

生产税净额 指生产税减生产补贴后的余额。生产税指政府对生产单位从事生产、销售和经营活动以及因从事生产活动使用某些生产要素(如固定资产、土地、劳动力)所征收的各种税、附加费和规费。生产补贴与生产税相反，指政府对生产单位的单方面转移支出，因此视为负生产税，包括政策亏损补贴、价格补贴等。

固定资产折旧 指一定时期内为弥补固定资产损耗按照规定的固定资产折旧率提取的固定资产折旧，或按国民经济核算统一规定的折旧率虚拟计算的固定资产折旧。它反映了固定资产在当期生产中的转移价值。各类企业和企业化管理的事业单位的固定资产折旧是指实际计提的折旧费；不计提折旧的政府机关、非企业化管理的事业单位和居民住房的固定资产折旧是按照统一规定的折旧率和固定资产原值计算的虚拟折旧。原则上，固定资产折旧应按固定资产当期的重置价值计算，但是目前我国尚不具备对全社会固定资产进行重估价的基础，所以暂时只能采用上述办法。

营业盈余 指常住单位创造的增加值扣除劳动者报酬、生产税净额和固定资产折旧后的余额。它相当于企业的营业利润加上生产补贴，但要扣除从利润中开支的工资和福利等。

支出法国内生产总值 是从最终使用的角度反映一个国家(或地区)一定时期内生产活动最终成果的一种方法，包括最终消费支出、资本形成总额及货物和服务净出口三部分。计算公式为：

支出法国内生产总值=最终消费支出+资本形成总额+货物和服务净出口

最终消费支出 指常住单位为满足物质、文化和精神生活的需要，从本国经济领土和国外购买的货物和服务的支出。它不包括非常住单位在本国经济领土内的消费支出。最终消费支出分为居民消费支出和政府消费支出。

居民消费支出 指常住住户在一定时期内对于货物和服务的全部最终消费支出。居民消费支出除了直接以货币形式购买的货物和服务的消费支出外，还包括以其他方式获得的货物和服务的消费支出，即所谓的虚拟消费支出。居民虚拟消费支出包括如下几种类型：单位以实物报酬及实物转移的形式提供给劳动者的货物和服务；住户生产并由本住户消费了的货物和服务，其中的服务仅指住户的自有住房服务和付酬的家庭雇员提供的家庭和个人服务；金融机构提供的金融媒介服务。

政府消费支出 指政府部门为全社会提供的公共服务的消费支出和免费或以较低的价格向居民住户提供的货物和服务的净支出，前者等于政府服务的产出价值减去政府单位所获得的经营收入的价值，后者等于政府部门免费或以较低价格向居民住户提供的货物和服务的市场价值减去向住户收取的价值。

资本形成总额 指常住单位在一定时期内获得减去处置的固定资产和存货的净额，包括固定资本形成总额和存货增加两部分。

固定资本形成总额 指常住单位在一定时期内获得的固定资产减处置的固定资产的价值总额。固定资产是通过生产活动生产出来的，且其使用年限在一年以上、单位价值在规定标准以上的资产，不包括自然资产。可分为有形固定资本形成总额和无形固定资本形成总额。有形固定资本形成总额包括一定时期内完成的建筑工程、安装工程和设备工器具购置(减处置)价值，以及土地改良、新增役、种、奶、毛、娱乐用牲畜和新增经济林木价值。无形固定资本形成总额包括矿藏的勘探、计算机软件等获得减处置。

存货增加 指常住单位在一定时期内存货实物量变动的市场价值，即期末价值减期初价值的差额，再扣除当期由于价格变动而产生的持有收益。存货增加可以是正值，也可以是负值，正值表示存货上升，负值表示存货下降。存货包括生产单位购进的原材料、燃料和储备物资等存货，以及生产单位生产的产成品、在制品和半成品等存货。

货物和服务净出口 指货物和服务出口减货物和服务进口的差额。出口包括常住单位向非常住单位出售或无偿转让的各种货物和服务的价值；进口包括常住单位从非常住单位购买或无偿得到的各种货物和服务的价值。由于服务活动的提供与使用同时发生，一般把常住单位从非常住单位得到的服务作为进口，非常住单位从常住单位得到的服务作为出口。货物的出口和进口都按离岸价格计算。

Explanatory Notes on Main Statistical Indicators

Three Strata of Industry Classification of economic activities into three strata of industry is a common practice in the world, although the grouping varies to some extent from country to country. In China economic activities are categorized into the following three strata of industry:

Primary industry refers to agriculture, forestry, animal husbandry and fishery and services in support of these industries.

Secondary industry refers to mining and quarrying, manufacturing, production and supply of electricity, water and gas, and construction.

Tertiary industry refers to all other economic activities not included in the primary or secondary industries.

Gross Domestic Product (GDP) refers to the final products at market prices produced by all resident units in a country (or a region) during a certain period of time. Gross domestic product is expressed in three different perspectives, namely value, income, and products respectively. GDP in its value perspective refers to the total value of all goods and services produced by all resident units during a certain period of time, minus the total value of input of goods and services of the nature of non-fixed assets; in other words, it is the sum of the value-added of all resident units. GDP from the perspective of income includes the primary income created by all resident units and distributed to resident and non-resident units. GDP from the perspective of products refers to the value of all goods and services for final demand by all resident units plus the net exports of goods and services during a given period of time. In the practice of national accounting, gross domestic product is calculated from three approaches, namely production approach, income approach and expenditure approach, which reflect gross domestic product and its composition from different angles.

For a region, it is called as Gross Regional Product(GRP) or regional GDP.

Compensation of Employees refers to the total payment of various forms to employees for the productive activities they are engaged in. It includes wages, bonuses and allowances, which the employees earn in cash or in kind. It also includes the free medical services provided to the employees and the medicine expenses, transport subsidies and social insurance, and housing fund paid by the employers.

Net Taxes on Production refers to taxes on production less subsidies on production. The taxes on production refers to the various taxes, extra charges and fees levied on the production units on their production, sale and business activities as well as on the use of some factors of production, such as fixed assets, land and labour in the production activities they are engaged in. In contrast to taxes on production, subsidies on production refer to the unilateral government transfer to the production units and are therefore regarded as negative taxes on production. They include subsidies on the loss due to implementation of government policies, price subsidies, etc.

Depreciation of Fixed Assets refers to the depreciation of fixed assets in a given period, drawn in accordance with the stipulated depreciation rate for the purpose of compensating the wear-and-tear loss of the fixed assets or the depreciation of fixed assets imputed in accordance with the stipulated unified depreciation rate in the national economic accounting system. It reflects the value of transfer of the fixed assets in the production of the current period. The depreciation of fixed assets in various enterprises and institutions managed as enterprises refers to the depreciation expenses actually drawn. In government agencies and institutions not managed as enterprises which do not draw the depreciation expenses, as well as for the houses of residents, the depreciation of fixed assets is the imputed depreciation, which is calculated in accordance with the stipulated unified depreciation rate. In principle, the depreciation of fixed assets should be calculated on the basis of the re-purchased value of the fixed assets. However, currently the conditions in China do not facilitate the revaluation of all the fixed assets. Therefore, only the above-mentioned methods can be adopted at present.

Operating Surplus refers to the balance of the value added created by the resident units after deducting the labourers remuneration, net taxes on production and the depreciation of fixed assets. It is equivalent to the business profit of the enterprises plus subsidies to production, but the wages and welfare expenses paid from the profits should be deducted.

GDP by Expenditure Approach refers to the method of measuring the final results of production activities of a country (region) during a given period from the perspective of final uses. It includes final consumption expenditure, gross capital formation and net export of goods and services. The formula for computation is.:

GDP by expenditure approach = final consumption expenditure + gross capital formation + net export of goods and services

Final Consumption Expenditure refers to the total expenditure of resident units for purchases of goods and services from both the domestic economic territory and abroad to meet the needs of material, cultural and spiritual life. It does not include the expenditure of non-resident units on consumption in the economic territory of the country. The final consumption expenditure is broken down into household consumption expenditure and government consumption expenditure.

Household Consumption Expenditure refers to the total expenditure of resident households on the final consumption of goods and services. In addition to the consumption of goods and services bought by the households directly with money, the household consumption expenditure also includes expenditure on goods and services obtained by the households in other ways, i.e. the so-called imputed consumption expenditure, which includes the following: (a) the goods and services provided to households by employers in the form of payment in kind and transfer in kind; (b) goods and services produced and consumed by the households themselves, in which the services refer to the owner-occupied housing and services offered by payed family employees; (c) financial intermediate services provided by financial institution.

Government Consumption Expenditure refers to the consumption expenditure spent for the provision of public services provided by the government to the whole country and the net expenditure on the goods and services provided by the government to households free of charge or at reduced prices. The former equals to the output value of the government services minus the value of operating income obtained by the government departments. The latter equals to the market value of the goods and services provided by the government free of charge or at reduced prices to the households minus the value received by the government from the households.

Gross Capital Formation refers to the fixed assets acquired less disposals and the net value of inventory, thus including gross fixed capital formation and changes in inventories.

Gross Fixed Capital Formation refers to the value of acquisitions less those disposals of fixed assets during a given period. Fixed assets are the assets produced through production activities with unit value above a specified amount and which could be used for over one year. Natural assets are not included. Gross fixed capital formation can be categorized into total tangible fixed capital formation and total intangible fixed capital formation. Total tangible fixed capital formation includes the value of the construction projects and installation projects completed and the equipment, apparatus and instruments purchased (less those disposed) as well as the value of land improved, the value of draught animals, breeding stock and animals for milk, for wool and for recreational purposes and the newly increased forest with economic value. Total intangible fixed capital formation includes the prospecting of minerals and the acquisition of computer software minus the disposal of them.

Changes in Inventories refers to the market value of the change in the physical volume of inventory of resident units during a given period, i.e. the difference between the values at the beginning and at the end of the period minus the gains due to the change in prices. The changes in inventories can have a positive or a negative value. A positive value indicates an increase in inventory while a negative value indicates a decrease in inventory. The inventory includes raw materials, fuels and reserve materials purchased by the production units as well as the inventory of finished products, semi-finished products and work-in-progress.

Net Export of Goods and Services refers to the exports of goods and services subtracting the imports of goods and services. Exports include the value of various goods and services sold or gratuitously transferred by resident units to non-resident units. Imports include the value of various goods and services purchased or gratuitously acquired resident units from non-resident units. Because the provision of services and the use of them happen simultaneously, the acquisition of services by resident units from abroad is usually treated as import while the acquisition of services by non-resident units in this country is usually treated as export. The exports and imports of goods are calculated at FOB.

四、人　口

Population

资料整理：马　瑜

简　要　说　明

一、本篇资料反映陕西人口发展变化基本情况，主要内容和数据来源:

1. 年末常住人口、性别比例、年龄比例、城镇人口比例以及人口出生率、人口死亡率和人口自然增长率等，数据根据人口普查、1%人口抽样调查或年度人口变动情况抽样调查推算所得，2001-2009年年末常住人口根据2010年第六次全国人口普查数据进行了调整。

2. 户籍人口资料数据来源于省公安厅人口统计年报。

二、人口统计调查方法

目前人口统计调查有: 在逢“0”的年份进行全国人口普查;　在逢”5”的年份进行全国1%人口抽样调查;其余年份进行人口变动情况抽样调查。

Brief Introduction

Ⅰ. This chapter reflects the basic conditions of development and changes of population in Shaanxi, including mainly:

1. Permanent population at the year-end, proportion of population by sex, proportion of population by age, proportion of urban population, birth rate, death rate and natural growth rate of population. The data are estimated by Shaanxi Provincial Bureau of Statistics on the basis of population censuses, the one percent sample survey on population, or annual sample surveys on population changes. Permanent Population at the Year-end from 2001 to 2009 have been adjusted in accordance with the flash sums of the 6th National Population Census in 2010.

2. The total population with residence registration are obtained from the annual reports of population of Shaanxi Provincial Department of Public Security.

Ⅱ. Sampling Methodology

The statistical surveys on population are as follows:

The national population census is conducted in the year ending with 0; the national 1 percent population sample survey is conducted in the year ending with 5; sample surveys on population changes are conducted in the rest of the years.

4.人　口

2013 年全省

年底总人口	3764	万人	比上年增长 0.3%
# 城镇人口	1931	万人	占总人口比重为 51.31%
人口自然增长率	3.86	‰	比上年下降 0.02个千分点
男女性别比（以女性为100）	106.78		
人口密度	183	人/平方公里	

人口年龄构成

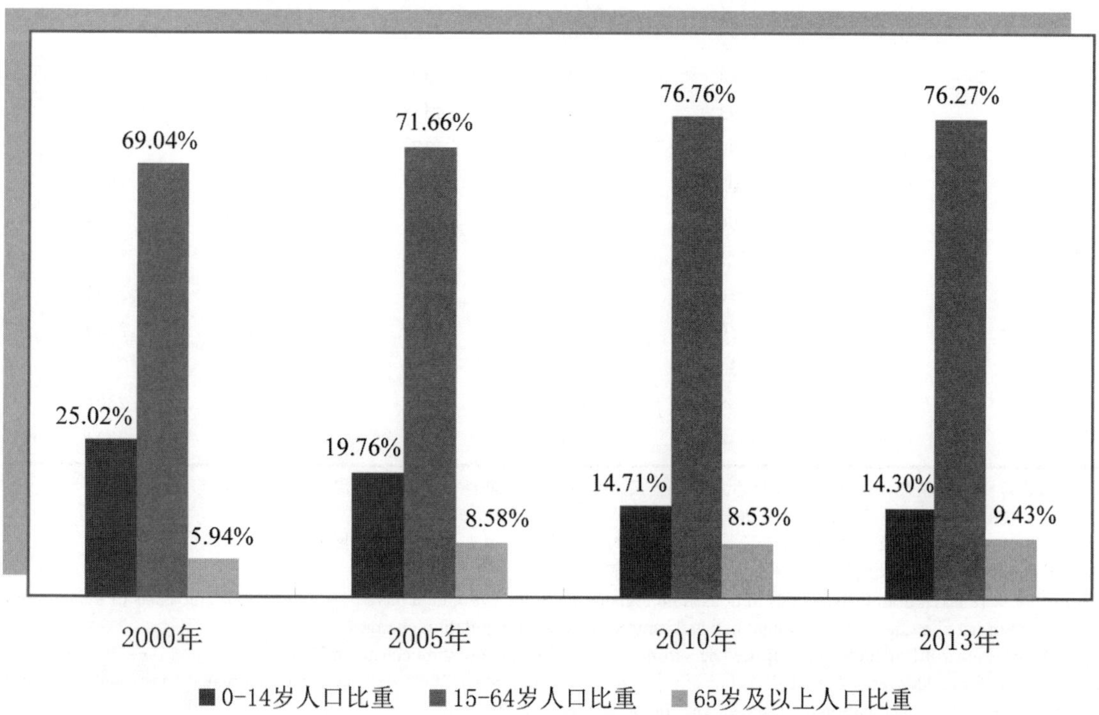

4-1 人口数和构成
Population and Its Composition

单位：万人 (10 000 persons)

年份 Year	年底总人口 Total Population at Year-end	按性别分 By Sex 男 Male	女 Female	按城乡分 By Residence 城镇 Urban	乡村 Rural	按农业、非农业分 By Agriculture and Non-agriculture 农业 Agriculture	非农业 Non-agriculture
1978	2779	1444	1335	454	2325	2371	408
1979	2807	1456	1351	469	2339	2381	426
1980	2831	1468	1363	522	2309	2390	441
1981	2865	1486	1379	535	2329	2405	459
1982	2904	1507	1397	548	2356	2433	471
1983	2931	1525	1406	577	2354	2446	484
1984	2966	1546	1420	1111	1865	2457	509
1985	3002	1566	1436	1167	1834	2462	540
1986	3042	1588	1454	1203	1839	2501	541
1987	3088	1613	1476	1244	1844	2530	558
1988	3140	1640	1500	1405	1735	2565	574
1989	3198	1671	1527	1438	1759	2604	594
1990	3316	1727	1589	1501	1815	2699	617
1991	3363	1754	1609	1539	1824	2730	633
1992	3405	1777	1628	1576	1829	2748	657
1993	3443	1799	1644	1654	1789	2769	674
1994	3481	1819	1662	1668	1813	2784	697
1995	3513	1836	1677	1738	1775	2791	722
1996	3543	1842	1701	1939	1604	2799	744
1997	3570	1866	1704	2279	1291	2803	767
1998	3596	1879	1717	2547	1049	2812	784
1999	3618	1892	1726	2593	1025	2816	802
2000	3644	1896	1748	1176	2468	2812	832
2001	3653	1879	1774	1228	2425	2802	851
2002	3662	1882	1780	1268	2394	2787	875
2003	3672	1883	1789	1305	2367	2772	900
2004	3681	1893	1788	1338	2343	2765	916
2005	3690	1899	1791	1374	2316	2755	935
2006	3699	1902	1797	1447	2252	2699	1000
2007	3708	1906	1802	1506	2202	2686	1022
2008	3718	1911	1807	1565	2153	2677	1041
2009	3727	1916	1811	1621	2106	2603	1124
2010	3735	1930	1805	1707	2028	2460	1275
2011	3743	1931	1812	1770	1973	2411	1332
2012	3753	1938	1815	1877	1876	2361	1392
2013	3764	1944	1820	1931	1833	2333	1431

注：1.1990年以前为公安年报数，1990年及以后为人口普查及人口变动情况抽样调查推算的常住人口数。
2.2001-2009年人口数根据2010年人口普查进行了修正。
3.城乡人口2000年以前按行政区划统计，2000年及以后为人口普查和人口变动抽样调查推算数。
4.农业、非农业人口1990年及以后为按照公安年报推算的常住人口。

a) Data before 1990 were taken from the statistics of household registration.Since 1990, data have been estimated on the basis of the national population census or usual residents of the annual national sample surveys on population changes.
b) Data of population from 2001 to 2009 were adjusted according to the national population census in 2010.
c) Data by residence before 2000 were from the divisions of administrative areas. Since 2000, data have been estimated on the national population census and the basis of the annual national sample surveys on population changes.
d) Since 1990, data by agriculture and non-agriculture have been estimated on the basis of the statistics of household registration.

4-2 人口自然变动情况
Population Natural Changes

年 份 Year	出生人口 (万人) Births (10 000 persons)	死亡人口 (万人) Deaths (10 000 persons)	出生率 (‰) Birth Rate (‰)	死亡率 (‰) Death Rate (‰)	自然增长率 (‰) Natural Growth Rate (‰)
1953	53.4	18.0	34.00		
1964	83.1	33.3	40.00	16.00	24.00
1982	54.9	19.3	19.02	6.70	12.30
1990	77.2	21.4	23.48	6.52	16.96
1991	66.2	21.7	19.82	6.51	13.31
1992	63.8	22.2	18.85	6.57	12.28
1993	60.4	22.4	17.63	6.55	11.08
1994	60.9	22.9	17.59	6.60	10.99
1995	55.7	23.0	15.93	6.57	9.36
1996	52.9	23.0	14.99	6.51	8.48
1997	49.5	22.4	13.91	6.29	7.62
1998	48.6	23.0	13.56	6.43	7.13
1999	45.1	23.0	12.51	6.38	6.13
2000	45.4				
2001	38.4	23.2	10.50	6.34	4.16
2002	38.4	23.3	10.48	6.36	4.12
2003	39.2	23.4	10.67	6.38	4.29
2004	39.0	23.3	10.59	6.33	4.26
2005	37.0	22.2	10.02	6.01	4.01
2006	37.7	22.8	10.19	6.15	4.04
2007	37.9	22.8	10.21	6.16	4.05
2008	38.3	23.1	10.29	6.21	4.08
2009	38.2	23.3	10.24	6.24	4.00
2010	36.3	22.4	9.73	6.01	3.72
2011	36.5	22.7	9.75	6.06	3.69
2012	38.0	23.4	10.12	6.24	3.88
2013	37.6	23.1	10.01	6.15	3.86

注：1.本表为人口普查、人口变动情况抽样调查数。
2.2001–2009年数据根据2010年人口普查进行了修正。

a) Data in this table are obtained from the national population census and the annual national sample surveys on population changes.
b) Data of population from 2001 to 2009 were adjusted according to the national population census in 2010.

4-3 各市(区)常住人口和自然增长率
Usual Residents and Natural Growth Rate by City(District)

地 区	Region	2012 常住人口 (万人) Usual Residents (10 000 persons)	2012 出生率 (‰) Birth Rate (‰)	2012 死亡率 (‰) Death Rate (‰)	2012 自然增长率 (‰) Natural Growth (‰)	2013 常住人口 (万人) Usual Residents (10 000 persons)	2013 出生率 (‰) Birth Rate (‰)	2013 死亡率 (‰) Death Rate (‰)	2013 自然增长率 (‰) Natural Growth (‰)
全 省	**Shaanxi**	**3753.09**	**10.12**	**6.24**	**3.88**	**3763.70**	**10.01**	**6.15**	**3.86**
西安市	Xi'an	855.29	10.13	5.57	4.56	858.81	9.57	5.37	4.20
铜川市	Tongchuan	84.08	9.78	6.16	3.62	84.28	9.72	6.03	3.69
宝鸡市	Baoji	373.67	9.63	6.15	3.48	374.46	9.62	6.01	3.61
咸阳市	Xianyang	492.86	10.22	6.14	4.08	494.22	10.08	6.06	4.02
渭南市	Weinan	532.10	9.62	6.17	3.45	533.17	9.82	6.21	3.61
延安市	Yan'an	219.81	10.45	6.06	4.39	220.61	10.49	6.03	4.46
汉中市	Hanzhong	341.84	9.82	7.27	2.55	342.50	9.82	7.19	2.63
榆林市	Yulin	335.69	11.39	6.09	5.30	337.03	11.48	6.07	5.41
安康市	Ankang	263.36	9.98	7.23	2.75	263.76	10.01	7.16	2.85
商洛市	Shangluo	234.19	10.51	7.16	3.35	234.61	10.49	7.07	3.43
杨凌示范区	Yangling	20.20	8.57	4.23	4.34	20.24	8.33	4.03	4.30

注：本表数据根据人口变动抽样调查结果评估推算。

a) Data in the table are estimated from the annual national sample surveys on population changes.

4-4 人口年龄构成和抚养比
Age Composition and Dependency Ration of Population

单位：% (%)

年份 Year	各年龄段人口比重 Percentage to Tatal Population By Age 0-14岁 Aged 0-14	15-64岁 Aged 15-64	65岁及以上 Aged 65 and Over	总抚养比 Gross Dependency Ratio	少年儿童 Children Dependency Ratio	老年人口 Old Dependency Ratio
1953	36.71	59.25	4.04	68.78	61.96	6.82
1964	41.26	55.23	3.51	81.06	74.71	6.35
1982	33.06	62.40	4.57	60.30	52.98	7.32
1990	28.88	65.98	5.15	51.57	43.77	7.80
1991	30.21	64.07	5.72	56.08	47.15	8.93
1992	30.15	64.19	5.66	55.78	46.96	8.82
1993	29.30	65.09	5.61	53.64	45.02	8.62
1994	28.31	66.43	5.26	50.53	42.62	7.91
1995	28.88	65.40	5.72	52.90	44.16	8.74
1996	28.90	65.11	6.00	53.59	44.38	9.21
1997	27.63	66.52	5.85	50.33	41.54	8.79
1998	27.15	66.15	6.70	51.16	41.04	10.12
1999	26.28	66.58	7.14	50.21	39.48	10.73
2000	25.02	69.04	5.94	44.84	36.24	8.60
2001	24.49	68.78	6.73	45.39	35.61	9.78
2002	22.35	69.64	8.01	43.60	32.09	11.51
2003	20.90	71.35	7.75	40.15	29.29	10.86
2004	19.81	72.54	7.65	37.86	27.31	10.55
2005	19.76	71.66	8.58	39.55	27.57	11.97
2006	18.70	72.70	8.60	37.55	25.72	11.83
2007	18.13	72.91	8.96	37.16	24.87	12.29
2008	17.75	73.28	8.97	36.46	24.22	12.24
2009	17.05	73.84	9.11	35.43	23.09	12.34
2010	14.71	76.76	8.53	30.27	19.16	11.11
2011	14.55	76.74	8.71	30.31	18.96	11.35
2012	14.42	76.61	8.97	30.53	18.82	11.71
2013	14.30	76.27	9.43	31.11	18.75	12.36

注：本表为人口普查、人口变动情况抽样调查数。抚养比指0-14岁、65岁及以上人口占15-64岁人口的比重。

a) Data in this table are obtained from the national population census and the annual national sample surveys on population changes. Dependency ratio refers to the population aged 0-14,65 and over as percentage of the population aged 15-64.

4-5 各市、县(市、区)常住人口
Usual Residents by City and County (City and District)

单位：万人 (10 000 persons)

地 区	Region	2012	2013
全 省	**Shaanxi**	**3753.09**	**3763.70**
西安市	**Xi'an**	**855.29**	**858.81**
新城区	Xincheng	59.44	59.64
碑林区	Beilin	62.08	62.23
莲湖区	Lianhu	70.25	70.43
灞桥区	Baqiao	60.16	60.50
未央区	Weiyang	81.46	81.84
雁塔区	Yanta	118.89	119.29
阎良区	Yanliang	28.23	28.40
临潼区	Lintong	66.45	66.81
长安区	Chang'an	109.54	110.03
蓝田县	Lantian	51.88	52.07
周至县	Zhouzhi	57.00	57.24
户 县	Huxian	56.10	56.32
高陵县	Gaoling	33.81	34.01
铜川市	**Tongchuan**	**84.08**	**84.28**
王益区	Wangyi	20.15	20.21
印台区	Yintai	21.85	21.88
耀州区	Yaozhou	23.91	23.93
新 区	Xinqu	8.95	9.01
宜君县	Yijun	9.22	9.25
宝鸡市	**Baoji**	**373.67**	**374.46**
渭滨区	Weibin	45.06	45.15
金台区	Jintai	39.66	39.75
陈仓区	Chencang	59.83	59.95
凤翔县	Fengxiang	48.61	48.71
岐山县	Qishan	46.15	46.25
扶风县	Fufeng	41.86	41.95
眉 县	Meixian	30.16	30.22
陇 县	Longxian	25.03	25.08
千阳县	Qianyang	12.46	12.49
麟游县	Linyou	9.12	9.14
凤 县	Fengxian	10.61	10.63
太白县	Taibai	5.12	5.13
咸阳市	**Xianyang**	**492.86**	**494.22**
秦都区	Qindu	51.03	51.17
渭城区	Weicheng	44.06	44.14
三原县	Sanyuan	40.66	40.76
泾阳县	Jingyang	49.16	49.33
乾 县	Qianxian	52.98	53.08
礼泉县	Liquan	45.07	45.21
永寿县	Yongshou	18.58	18.62
彬 县	Binxian	32.56	32.66
长武县	Changwu	16.90	16.95
旬邑县	Xunyi	26.38	26.45
淳化县	Chunhua	19.45	19.50
武功县	Wugong	41.47	41.61
兴平市	Xingping	54.56	54.72
渭南市	**Weinan**	**532.10**	**533.17**
临渭区	Linwei	88.78	88.88
华 县	Huaxian	32.43	32.53
潼关县	Tongguan	15.66	15.76
大荔县	Dali	69.65	69.75
合阳县	Heyang	43.83	43.93
澄城县	Chengcheng	38.85	38.95
蒲城县	Pucheng	74.49	74.59
白水县	Baishui	28.17	28.27
富平县	Fuping	74.68	74.78
韩城市	Hancheng	39.53	39.63
华阴市	Huayin	26.03	26.13

4-5 续表 continued

单位：万人 (10 000 persons)

地 区	Region	2012	2013	地 区	Region	2012	2013
延安市	**Yan'an**	**219.81**	**220.61**	横山县	Hengshan	28.95	29.26
宝塔区	Baota	47.69	47.85	靖边县	Jingbian	35.73	35.94
延长县	Yanchang	12.60	12.61	定边县	Dingbian	31.91	32.11
延川县	Yanchuan	16.93	16.97	绥德县	Suide	29.66	29.52
子长县	Zichang	21.80	21.72	米脂县	Mizhi	15.51	15.54
安塞县	Ansai	17.29	17.38	佳 县	Jiaxian	20.42	20.49
志丹县	Zhidan	14.16	14.24	吴堡县	Wubu	7.56	7.47
吴起县	Wuqi	14.56	14.70	清涧县	Qingjian	12.63	12.45
甘泉县	Ganquan	7.78	7.82	子洲县	Zizhou	17.42	17.61
富 县	Fuxian	15.05	15.15	**安康市**	**Ankang**	**263.36**	**263.76**
洛川县	Luochuan	22.19	22.32	汉滨区	Hanbin	87.13	87.26
宜川县	Yichuan	11.79	11.86	汉阴县	Hanyin	24.65	24.68
黄龙县	Huanglong	4.95	4.96	石泉县	Shiquan	17.14	17.17
黄陵县	Huangling	13.01	13.03	宁陕县	Ningshan	7.05	7.06
汉中市	**Hanzhong**	**341.84**	**342.50**	紫阳县	Ziyang	28.42	28.47
汉台区	Hantai	53.62	53.76	岚皋县	Langao	15.44	15.46
南郑县	Nanzheng	47.18	47.31	平利县	Pingli	19.33	19.36
城固县	Chenggu	46.51	46.62	镇坪县	Zhenping	5.11	5.11
洋 县	Yangxian	38.41	38.47	旬阳县	Xunyang	42.73	42.79
西乡县	Xixiang	34.20	34.28	白河县	Baihe	16.36	16.39
勉 县	Mianxian	38.80	38.87	**商洛市**	**Shangluo**	**234.19**	**234.61**
宁强县	Ningqiang	30.85	30.86	商州区	Shangzhou	53.17	53.29
略阳县	Lueyang	20.19	20.19	洛南县	Luonan	44.16	44.24
镇巴县	Zhenba	24.73	24.78	丹凤县	Danfeng	29.53	29.58
留坝县	Liuba	4.34	4.34	商南县	Shangnan	22.18	22.21
佛坪县	Foping	3.01	3.01	山阳县	Shanyang	42.22	42.28
榆林市	**Yulin**	**335.69**	**337.03**	镇安县	Zhen'an	27.59	27.64
榆阳区	Yuyang	64.07	64.42	柞水县	Zhashui	15.34	15.37
神木县	Shenmu	45.65	45.86	**杨凌示范区**	**Yangling**	**20.20**	**20.24**
府谷县	Fugu	26.18	26.36				

注：本表数据根据人口变动抽样调查结果评估推算。

a) Data in the table are estimated from the annual national sample surveys on population changes.

4-6 各市、县(市、区)总户数和户籍人口数(2013年)
Total Households and Population by City and County (City and District)(2013)

单位：人 (person)

地 区	Region	总户数(户) Total Households (household)	户籍总人口 Total Population 合计 Total	男 Male	女 Female	非农业人口 Non-agriculture
全 省	**Shaanxi**	**12635042**	**39600764**	**20477136**	**19123628**	**15053182**
西安市	**Xi'an**	**2455254**	**8069282**	**4087783**	**3981499**	**4098229**
新城区	Xincheng	171461	506955	257112	249843	506955
碑林区	Beilin	211150	713152	365575	347577	713152
莲湖区	Lianhu	223752	650971	328161	322810	650971
灞桥区	Baqiao	176646	532101	262150	269951	249539
未央区	Weiyang	182251	571094	284247	286847	424784
雁塔区	Yanta	254914	818042	408914	409128	718344
阎良区	Yanliang	77882	260091	130839	129252	88795
临潼区	Lintong	203670	713897	360941	352956	119713
长安区	Chang'an	304281	1039721	518470	521251	203524
蓝田县	Lantian	188806	651967	337934	314033	57773
周至县	Zhouzhi	177185	681458	359394	322064	63961
户 县	Huxian	183739	606566	313116	293450	128863
高陵县	Gaoling	99517	323267	160930	162337	171855
铜川市	**Tongchuan**	**281627**	**855651**	**445590**	**410061**	**457105**
王益区	Wangyi	72144	205666	105003	100663	170268
印台区	Yintai	72151	224686	120585	104101	142763
耀州区	Yaozhou	105229	330618	170081	160537	98343
宜君县	Yijun	32103	94681	49921	44760	45731
宝鸡市	**Baoji**	**1153306**	**3856270**	**1994951**	**1861319**	**2028728**
渭滨区	Weibin	149504	441769	222637	219132	374591
金台区	Jintai	131575	384746	195611	189135	324556
陈仓区	Chencang	164536	608167	315275	292892	178069
凤翔县	Fengxiang	158347	526501	269543	256958	247638
岐山县	Qishan	139158	476920	246213	230707	233253
扶风县	Fufeng	119996	449938	235611	214327	209421
眉 县	Meixian	92641	325808	169880	155928	216376
陇 县	Longxian	78314	269332	141150	128182	116450
千阳县	Qianyang	41268	134229	70214	64015	17189
麟游县	Linyou	26654	88660	50029	38631	27336
凤 县	Fengxian	33478	99512	51837	47675	73273
太白县	Taibai	17835	50688	26951	23737	10576
咸阳市	**Xianyang**	**1585422**	**5331983**	**2753117**	**2578866**	**1842701**
秦都区	Qindu	155869	506325	255317	251008	314547
渭城区	Weicheng	126222	415402	209889	205513	244383
三原县	Sanyuan	142687	426944	215586	211358	143772
泾阳县	Jingyang	156547	536917	272340	264577	83516
乾 县	Qianxian	176135	602396	313563	288833	59182
礼泉县	Liquan	161162	502353	260919	241434	62444

4-6 续表 1 continued

单位：人 (person)

地区	Region	总户数(户) Total Households (household)	户籍总人口 Total Population 合计 Total	男 Male	女 Female	非农业人口 Non-agriculture
永寿县	Yongshou	61220	210719	110713	100006	31669
彬 县	Binxian	98801	364573	191708	172865	170050
长武县	Changwu	55471	187473	98314	89159	18811
旬邑县	Xunyi	87450	296102	156192	139910	122233
淳化县	Chunhua	64199	203951	105607	98344	25235
武功县	Wugong	134522	461027	239530	221497	193753
兴平市	Xingping	165137	617801	323439	294362	373106
渭南市	**Weinan**	**1803132**	**5697966**	**2893230**	**2804736**	**2400560**
临渭区	Linwei	333791	993559	501258	492301	418586
华 县	Huaxian	110742	352293	179588	172705	118985
潼关县	Tongguan	57530	166395	84425	81970	83537
大荔县	Dali	209013	732027	370524	361503	183898
合阳县	Heyang	144640	460728	233011	227717	201372
澄城县	Chengcheng	132496	407018	206845	200173	136194
蒲城县	Pucheng	224649	802375	406029	396346	385785
白水县	Baishui	109415	300531	154861	145670	139472
富平县	Fuping	267678	808236	410538	397698	331377
韩城市	Hancheng	127483	404912	208976	195936	255754
华阴市	Huayin	85695	269892	137175	132717	145600
延安市	**Yan'an**	**864572**	**2377760**	**1238808**	**1138952**	**809698**
宝塔区	Baota	179802	469222	237030	232192	237694
延长县	Yanchang	60440	158308	82820	75488	39254
延川县	Yanchuan	72959	197928	102973	94955	46584
子长县	Zichang	91359	273025	140798	132227	54534
安塞县	Ansai	66410	194154	100970	93184	30893
志丹县	Zhidan	63531	160920	87064	73856	78624
吴起县	Wuqi	50140	143097	79486	63611	37308
甘泉县	Ganquan	34545	90397	47820	42577	24618
富 县	Fuxian	53474	158635	83134	75501	43139
洛川县	Luochuan	76864	225687	118102	107585	81161
宜川县	Yichuan	46529	124541	64455	60086	41984
黄龙县	Huanglong	19733	51949	27306	24643	21162
黄陵县	Huangling	48786	129897	66850	63047	72743
汉中市	**Hanzhong**	**1299262**	**3862395**	**2019713**	**1842682**	**896982**
汉台区	Hantai	207022	568223	291737	276486	295254
南郑县	Nanzheng	188454	563083	291572	271511	137430
城固县	Chenggu	184351	539104	278777	260327	96182
洋 县	Yangxian	139542	446935	236656	210279	76462
西乡县	Xixiang	146618	419264	222642	196622	62469
勉 县	Mianxian	142578	428722	222615	206107	73773
宁强县	Ningqiang	111572	333028	172568	160460	33192

4-6　续表 2　continued

单位：人 (person)

地　区	Region	总户数(户) Total Households (household)	户籍总人口 Total Population 合计 Total	男 Male	女 Female	非农业人口 Non-agriculture
略阳县	Lueyang	66039	194472	103782	90690	53783
镇巴县	Zhenba	86378	292318	157918	134400	54115
留坝县	Liuba	15042	43692	23307	20385	7730
佛坪县	Foping	11666	33554	18139	15415	6592
榆林市	**Yulin**	**1308442**	**3769924**	**1967979**	**1801945**	**811636**
榆阳区	Yuyang	214014	554138	283030	271108	197021
神木县	Shenmu	169016	427169	224283	202886	184663
府谷县	Fugu	86132	249112	131049	118063	69440
横山县	Hengshan	107002	372708	194884	177824	36944
靖边县	Jingbian	103037	342625	177028	165597	48302
定边县	Dingbian	93677	337426	175789	161637	71768
绥德县	Suide	136041	365112	190374	174738	61403
米脂县	Mizhi	81059	224419	117239	107180	39674
佳　县	Jiaxian	99807	269415	142537	126878	33008
吴堡县	Wubu	35010	86786	45128	41658	14270
清涧县	Qingjian	65730	219887	117335	102552	29769
子洲县	Zizhou	117917	321127	169303	151824	25374
安康市	**Ankang**	**1050565**	**3082737**	**1653967**	**1428770**	**499694**
汉滨区	Hanbin	338189	1024482	545229	479253	226576
汉阴县	Hanyin	106152	312931	170147	142784	34941
石泉县	Shiquan	67953	182866	98524	84342	29570
宁陕县	Ningshan	26181	74861	40176	34685	15001
紫阳县	Ziyang	109844	344989	186566	158423	41232
岚皋县	Langao	67621	171982	92471	79511	24731
平利县	Pingli	98007	238670	128771	109899	34892
镇坪县	Zhenping	21297	60075	31922	28153	9102
旬阳县	Xunyang	150291	460074	245279	214795	58547
白河县	Baihe	65030	211807	114882	96925	25102
商洛市	**Shangluo**	**782427**	**2506353**	**1324771**	**1181582**	**1091364**
商州区	Shangzhou	159041	553932	291249	262683	210141
洛南县	Luonan	149062	459621	240657	218964	223376
丹凤县	Danfeng	99580	311566	164181	147385	119754
商南县	Shangnan	92500	246236	129274	116962	109417
山阳县	Shanyang	144546	471921	250930	220991	226994
镇安县	Zhen'an	86190	302624	162703	139921	139509
柞水县	Zhashui	51508	160453	85777	74676	62173
杨凌示范区	**Yangling**	**51033**	**190443**	**97227**	**93216**	**116485**

注：本表为公安部门统计数。
a) Data in this table are obtained from the annual reports of the bureau of public secruity.

主要统计指标解释

人口数 指一定时点、一定地区范围内有生命的个人总和。

年度统计的年末人口数指每年 12 月 31 日 24 时的人口数。年度统计的全国人口总数内未包括香港、澳门特别行政区和台湾省以及海外华侨人数。

城镇人口和乡村人口 城镇人口是指居住在城镇范围内的全部常住人口；乡村人口是除上述人口以外的全部人口。

出生率(又称粗出生率) 指在一定时期内(通常为一年)一定地区的出生人数与同期内平均人数(或期中人数)之比，用千分率表示。本资料中的出生率指年出生率，其计算公式为:

$$出生率=\frac{年出生人数}{年平均人数}\times 1000‰$$

式中：出生人数指活产婴儿，即胎儿脱离母体时(不管怀孕月数)，有过呼吸或其他生命现象。年平均人数指年初、年底人口数的平均数，也可用年中人口数代替。

死亡率(又称粗死亡率) 指在一定时期内(通常为一年)一定地区的死亡人数与同期内平均人数(或期中人数)之比，用千分率表示。本资料中的死亡率指年死亡率，其计算公式为:

$$死亡率=\frac{年死亡人数}{年平均人数}\times 1000‰$$

人口自然增长率 指在一定时期内(通常为一年)人口自然增加数(出生人数减死亡人数)与该时期内平均人数(或期中人数)之比，用千分率表示。计算公式为:

$$人口自然增长率=\frac{本年出生人数-本年死亡人数}{年平均人数}\times 1000‰$$

$$=人口出生率-人口死亡率$$

总抚养比 也称总负担系数。指人口总体中非劳动年龄人口数与劳动年龄人口数之比。通常用百分比表示。说明每 100 名劳动年龄人口大致要负担多少名非劳动年龄人口。用于从人口角度反映人口与经济发展的基本关系。计算公式为:

$$GDR=\frac{P_{0\sim14}+P_{65^+}}{P_{15\sim64}}\times 100\%$$

其中：*GDR* 为总抚养比；

$P_{0\sim14}$ 为 0 ~ 14 岁少年儿童人口数；

$P_{65}{}^{+}$ 为 65 岁及 65 岁以上的老年人口数；

$P_{15\sim64}$ 为 15 ~ 64 岁劳动年龄人口数。

老年人口抚养比 也称老年人口抚养系数。指某一人口中老年人口数与劳动年龄人口数之比。通常用百分比表示。用以表明每 100 名劳动年龄人口要负担多少名老年人。老年人口抚养比是从经济角度反映人口老化社会后果的指标之一。计算公式为:

$$ODR=\frac{P_{65^+}}{P_{15\sim64}}\times 100\%$$

其中：*ODR* 为老年人口抚养比；

$P_{65}{}^{+}$ 为 65 岁及 65 岁以上的老年人口数；

$P_{15\sim64}$ 为 15 ~ 64 岁的劳动年龄人口数。

少年儿童抚养比 也称少年儿童抚养系数。指某一人口中少年儿童人口数与劳动年龄人口数之比。通常用百分比表示。以反映每 100 名劳动年龄人口要负担多少名少年儿童。计算公式为:

$$CDR=\frac{P_{0\sim14}}{P_{15\sim64}}\times 100\%$$

其中：*CDR* 为少年儿童抚养比；

$P_{0\sim14}$ 为 0 ~ 14 岁少年儿童人口数；

$P_{15\sim64}$ 为 15 ~ 64 岁劳动年龄人口数。

Explanatory Notes on Main Statistical Indicators

Total Population refers to the total number of people alive at a certain point of time within a given area.

The annual statistics on total population is taken at midnight, the 31st of December, not including residents in Taiwan province, Hong Kong SAR and Macao SAR and Chinese national residing abroad.

Urban Population and Rural Population Urban population refers to all people residing in cities and towns, while rural population refers to population other than urban population.

Birth Rate (or Crude Birth Rate) refers to the ratio of the number of births to the average population (or mid-period population) during a certain period of time (usually a year), expressed in ‰. Birth rate in the chapter refers to annual birth rate. The following formula is used:

$$\text{Birth Rate} = \frac{\text{Number of Births}}{\text{Annual Average Population}} \times 1000‰$$

Number of births in the formula refers to live births, i.e. when a baby has breathed or showed any vital phenomena regardless of the length of pregnancy.

Annual average population is the average of the number of population at the beginning of the year and that at the end of the year. Sometimes it is substituted by the mid-year population.

Death Rate (or Crude Death Rate) refers to the ratio of the number of deaths to the average population (or mid-period population) during a certain period of time (usually a year), expressed in ‰. Death rate in the chapter refers to annual death rate. The following formula is used:

$$\text{Death Rate} = \frac{\text{Number of Deaths}}{\text{Annual Average Population}} \times 1000‰$$

Natural Growth Rate of Population refers to the ratio of natural increase in population (number of births minus number of deaths) in a certain period of time (usually a year) to the average population (or mid-period population) of the same period, expressed in ‰. The following formula is applied:

$$\text{Natural Growth Rate of Population} = \frac{\text{Number of Births - Number of Deaths}}{\text{Annual Average Population}} \times 1000‰$$

Natural Growth Rate of Population = Birth Rate-Death Rate

Gross Dependency Ratio also called gross dependency coefficient, refers to the ratio of non-working-age population to the working-age population, express in %. Describing in general the number of non-working-age population that every 100 people at working ages will take care of, this indicator reflects the basic relation between population and economic development from the demographic perspective. The gross dependency ratio is calculated with the following formula:

$$GDR = \frac{P_{0\sim14} + P_{65^+}}{P_{15\sim64}} \times 100\%$$

Where: GDR is the gross dependency ratio,

$P_{0\text{-}14}$ is the population of children aged 0-14,

P_{65+} is the elderly population aged 65 and over, and

$P_{15\text{-}64}$ is the working-age population aged 15-64.

Old Dependency Ratio also called old dependency coefficient, refers to the ratio of the elderly population to the working-age population, express in %. It describes the number of the elderly population that every 100 people at working ages will take care of. Old dependency ratio is one of the indicators reflecting the social implication of population aging from the economic perspective. The old dependency ratio is calculated with the following formula:

$$ODR = \frac{P_{65^+}}{P_{15\sim64}} \times 100\%$$

Where: ODR is the old dependency ratio,

P_{65+} is the elderly population aged 65 and over, and

$P_{15\text{-}64}$ is the working-age population aged 15-64.

Children Dependency Ratio also called children dependency coefficient, refers to the ratio of the children population to the working-age population, express in %. It describes the number of children population that every 100 people at working ages will take care of. The children dependency ratio is calculated with the following formula:

$$CDR = \frac{P_{0\sim14}}{P_{15\sim64}} \times 100\%$$

Where: CDR is the children dependency ratio,

$P_{0\text{-}14}$ is the children population aged 0-14, and

$P_{15\text{-}64}$ is the working-age population aged 15-64.

五、就业人员和职工工资

Employment and Wages

资料整理：张 峰

简 要 说 明

一、本篇资料反映陕西劳动就业与工资的基本情况。主要内容包括全社会就业人员数、城镇非私营单位就业人员数、城镇私营企业和个体工商业就业人数、城镇非私营单位就业人员工资、城镇私营单位就业人员工资、城镇登记失业率、社会保障情况等。

二、本篇资料中，城镇登记失业人数及失业率、社会保障情况、城镇私营及个体就业人员资料由省人力资源和社会保障厅、省民政厅、省工商行政管理局等部门提供并加工整理。

三、统计范围和调查方法

1. 城镇非私营单位：指城镇地区全部非私营法人单位，具体包括国有单位、城镇集体单位、联营经济、股份制经济、外商投资经济、港澳台投资经济等单位。工资统计是统计单位的就业人员，个体就业人员、自由职业者等非单位就业人员不在工资统计范围内。对城镇非私营单位工资统计采用全面调查的方法。2013年城镇非私营单位全省共调查5.8万家，就业人员505万人。

2. 城镇私营单位：主要是指在内资法人单位中由自然人投资设立或由自然人控股，以雇佣劳动为基础的营利性经济组织，包括按照《公司法》、《合伙企业法》、《私营企业暂行条例》规定登记注册的私营有限责任公司、私营股份有限公司、私营合伙企业和私营独资企业。对城镇私营单位工资统计采用全面调查和抽样调查相结合的方法。2013年私营单位工资统计全省共调查7560家单位，约占全省7.42万家私营单位的10.2%。

Brief Introduction

Ⅰ. This chapter reflects the basic conditions of labor employment and wages of Shaanxi Province, mainly including the number of all employed persons, number of urban non-private units, number of urban private enterprise and private industry and commerce, wages of urban non-private units employed persons, wages of urban private enterprise employed persons, registered urban unemployment rate, the social security situation and etc.

Ⅱ. The data on registered urban unemployment and unemployment rate, social security, number of the persons employed in urban private enterprises and self-employed persons in industry and commerce are processed and prepared from figures provided by Shaanxi Provincial Department of Labor and Social Security, Shaanxi Provincial Department of Civil Affairs, Shaanxi Provincial Administration for Industry and Commerce and etc.

Ⅲ. The Statistical Coverage and Investigation Methods

a) The urban non-private units: are all non-private legal units in urban area, including state-owned units, urban collective-owned units, joint ownership units, cooperative units, foreign funded units and units with funds from Hong Kong, Macao & Taiwan etc. Wage of employed persons in urban non-private units are the persons employed in those units, except self-employed and freelancers. The investigation method of Wage of employed persons in urban non-private units is comprehensive survey. The number of urban non-private units is 58 thousand, and the number of employed persons is 5.05 million.

b) The Urban private units: are established by natural person or controlled by natural person in legal units invested by domestic, are for-profit units based on wage-labour, including private limited liability corporations, private share holding corporations Ltd., partnership corporations and private sole proprietorship corporations registered in accordance with the "company law", "partnership enterprise law" and "Provisional Regulations". The investigation method of Wage of employed persons in urban private units is combined with comprehensive survey and sampling survey. The number of urban private units is 7.56 thousand in province, is percentage of all 74.2 thousand units 10.2%.

5.就业人员和职工工资

2013 年全省		
年底就业人员	2058 万人	比上年下降 0.1%
# 城镇非私营单位在岗职工	471 万人	比上年增长 21.9%
城镇非私营单位就业人员平均工资	47446 元	比上年增长 10.2%
城镇私营单位就业人员平均工资	26454 元	比上年增长 16.3%
城镇登记失业率	3.32 %	

在岗职工年末人数（万人）

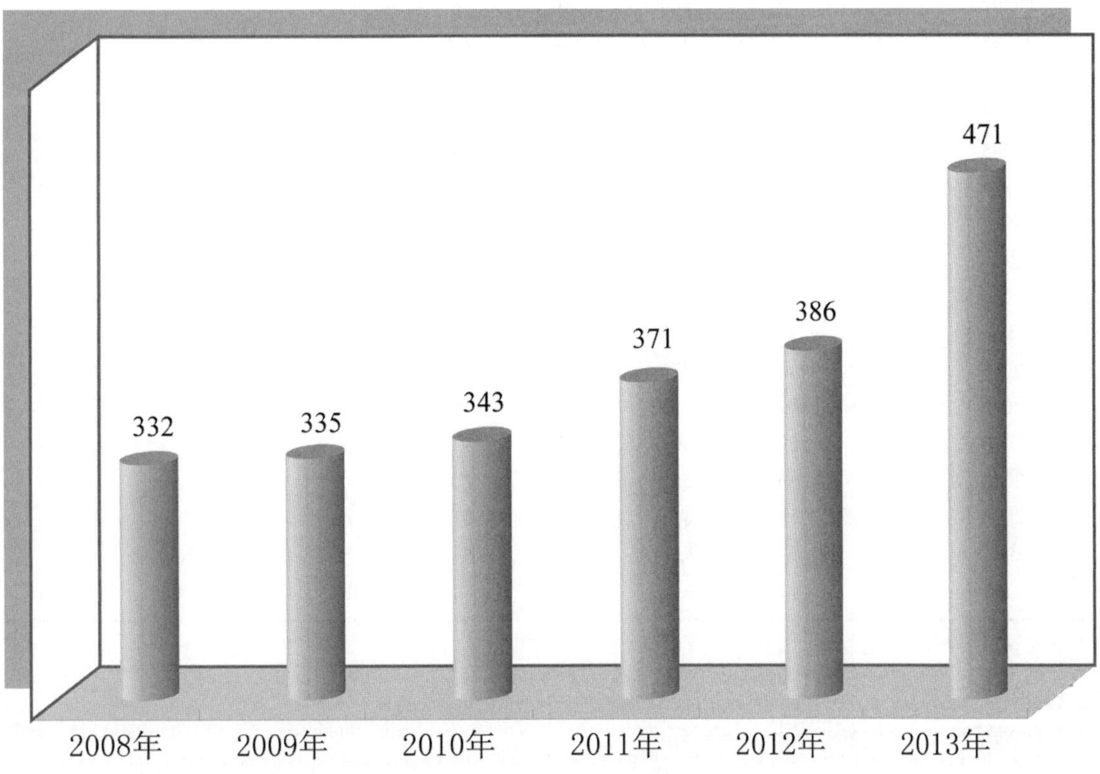

5-1 就业人员人数

Number of Employed Persons

单位：万人　　(10 000 persons)

年份 Year	就业人员 人数 Number of Employed Persons	第一产业 Primary Industry	第二产业 Secondary Industry	第三产业 Tertiary Industry	年末职工 人数 Number of Staff & Workers at Year-end	#国有单位 State-owned Units	#城镇集体单位 Urban Collective-owned Units	城镇私营及个体就业人员 Employed Persons in Private Enterprises, Self-employed Individuals in Urban Areas	乡村就业人员 Rural Employed Persons	其他就业人员 Others
1978	1078	766	193	119	257	222	35	…	821	
1979	1105	794	191	120	264	225	40		840	
1980	1158	831	199	128	282	239	43	1	875	
1981	1202	874	188	140	297	250	47	2	903	
1982	1250	904	198	148	309	258	50	3	939	
1983	1285	925	199	161	312	261	51	4	969	
1984	1337	936	217	184	324	260	63	7	1007	
1985	1375	888	287	200	337	271	65	9	1029	
1986	1409	874	303	232	350	282	67	10	1049	
1987	1449	905	311	233	358	289	68	14	1077	
1988	1494	950	299	245	366	298	68	15	1112	
1989	1529	973	298	258	374	304	68	17	1138	
1990	1576	1010	302	264	379	311	67	17	1180	
1991	1640	1054	314	272	390	321	68	18	1232	
1992	1672	1069	321	283	395	326	67	19	1258	
1993	1708	1061	335	312	398	326	66	24	1272	14
1994	1720	1055	333	332	392	327	60	32	1283	13
1995	1748	1056	341	351	395	333	56	42	1298	13
1996	1776	1053	341	382	398	336	54	59	1308	11
1997	1792	1053	339	400	396	335	52	63	1322	11
1998	1788	1055	300	433	335	270	36	99	1342	12
1999	1808	1052	304	452	335	271	32	109	1353	11
2000	1813	1010	299	504	328	265	29	133	1343	9
2001	1785	994	297	494	324	258	27	118	1333	9
2002	1874	1003	308	563	322	253	25	179	1363	10
2003	1912	997	364	551	319	246	23	185	1397	11
2004	1941	965	361	615	319	243	22	184	1425	13
2005	1976	957	368	651	323	242	21	205	1437	11
2006	1986	956	375	655	324	247	21	227	1425	11
2007	2013	933	401	679	331	240	19	257	1414	11
2008	2039	909	420	710	332	240	19	275	1420	12
2009	2060	876	493	691	335	233	16	282	1425	17
2010	2074	856	561	657	343	239	14	333	1376	22
2011	2059	824	585	650	371	251	14	359	1307	22
2012	2061	797	298	458	386	272	15	351	1298	25
2013	2058	779	322	475	471	223	18	297	1256	35

注：1.本表职工人数1998年及以后为在岗职工数。

2.由于统计制度变化，2012年二、三产业中未含乡村就业人员509万，2013年二、三产业中未含乡村就业人员481万。

a) Data in this table refer to number of staff and workers since 1998.

b) Number of employed persons in secondary industry and tertiary Industry does not include rural employed persons(5.09 million) because of the statistical system in 2012,number of employed persons in secondary industry and tertiary Industry does not include rural employed persons (4.81 million) in 2013.

5-2 分行业就业人员人数(2013年)
Number of Employed Persons by Sector (2013)

单位：万人 (10 000 persons)

行业	Sector	合计 Total	国有单位 State-owned Units	城镇集体单位 Urban Collective-owned Units	其他单位 Units of Other Types of Ownership	私营企业 Private Enterprises	城镇个体 Urban Self-employed Individuals	乡村就业人员 Rural Employed Persons
总计	**Total**	**2058.0**	**237.0**	**18.9**	**249.4**	**144.8**	**151.9**	**1256.0**
第一产业	Primary Industry	779.0	2.5	0.0	0.1	0.2	1.5	774.6
农、林、牧、渔业	Agriculture, Forestry, Animal Husbandry and Fishery	779.0	2.5	0.0	0.1	0.2	1.5	774.6
第二产业	Secondary Industry	322.4	45.7	11.9	171.0	83.8	10.1	
采矿业	Mining	43.8	6.8	0.5	29.0	7.1	0.3	
制造业	Manufacturing	162.3	21.5	2.1	84.3	45.5	8.9	
电力、燃气及水生产和供应业	Production and Distribution of Electricity,Gas and Water	13.1	5.6	0.1	6.5	0.9	0.0	
建筑业	Construction	103.1	11.7	9.2	51.2	30.2	0.8	
第三产业	Tertiary Industry	475.2	188.9	7.0	78.3	60.8	140.3	
批发和零售业	Wholesale and Retail Trades	131.3	3.8	1.3	20.9	21.5	83.8	
交通运输、仓储和邮政业	Traffic, Transport, Storage and Post	30.4	18.0	0.5	6.6	3.5	1.8	
住宿和餐饮业	Hotels and Catering Services	47.2	1.3	0.2	11.1	8.7	25.9	
信息传输、软件和信息技术服务业	Information Transmission, Software and Information Services	13.2	0.6	0.0	8.8	1.5	2.3	
金融业	Financial Intermediation	15.6	4.1	2.1	8.8	0.5	0.0	
房地产业	Real Estate	16.5	1.7	0.1	6.9	7.3	0.5	
租赁和商务服务业	Leasing and Business Services	14.1	1.5	1.1	4.9	4.9	1.6	
科学研究和技术服务业	Scientific Research, Technology Services	19.6	13.0	0.1	3.6	2.2	0.6	
水利、环境和公共设施管理业	Management of Water Conservancy, Environment and Public Facilities	9.6	7.6	0.1	1.3	0.7	0.0	
居民服务、修理和其他服务业	Residents Service, Repair and other Services	24.8	0.4	0.3	1.2	2.7	20.1	
教育	Education	62.1	56.2	0.1	2.2	3.5	0.0	
卫生和社会工作	Health, Social Work	25.4	21.5	0.9	1.0	1.6	0.4	
文化、体育和娱乐业	Culture, Sports and Entertainment	8.9	3.6	0.1	0.9	2.0	2.4	
公共管理、社会保障和社会组织	Public Management, Social Security and Social Organization	56.5	55.7	0.0	0.0		0.8	

注：本表第二、三产业就业人员中未含乡村就业人员481万。

a) Data in this table Number of employed persons in secondary industry and tertiary Industry does not include rural employed persons(4.81 million).

5-3 城镇非私营单位企业、事业、机关人数和工资(2013年)
Persons and Wages of Urban Non-private Enterprises, Institutions and State Organs (2013)

指 标	Item	合 计 Total	企 业 Enterprises	事 业 Institutions	机 关 Agencies & Organizations	民间非盈利组织 Civil Non-profit Organization	其 他 Others
一、城镇单位就业人员年末人数 (人)	Employed Persons in Urban Units at Year-end (person)	5053327	3455248	1098393	473918	6200	19568
# 女 性	Female	1731858	1043685	535681	139977	2854	9661
# 在岗职工人数	Number of Staff and Workers	4706402	3194307	1043586	443546	5820	19143
1.国有单位	State-owned Units	2233075	758825	1028569	443533	200	1948
2.集体单位	Urban Collective-owned Units	177453	165593	11453	13	55	339
3.其他单位	Units of Other Types of Ownership	2295874	2269889	3564		5565	16856
二、城镇单位就业人员工资总额 (万元)	Earning of Employed Persons in Urban Units (10 000 yuan)	24094226	16527199	5326519	2137706	20062	82739
# 在岗职工工资总额	Number of Staff and Workers	23115888	15706319	5219644	2088549	19298	82077
三、城镇单位就业人员平均工资 (元)	Average Earning of Employed Persons in Urban Units (yuan)	47446	47384	48729	45319	32648.332	42759
四、在岗职工平均工资 (元)	Average Wage of Staff and Workers (yuan)	48853	48676	50246	47304	33463	43360
1.国有单位	State-owned Units	49815	50565	50323	47304	46295	43131
2.集体单位	Urban Collective-owned Units	39141	39043	40776	56077	38127	30522
3.其他单位	Units of Other Types of Ownership	48636	48696	58282		32951	43650

5-4 城镇非私营单位分行业就业人员年末人数(2013年)
Number of Fully Employed Staff and Workers in Urban Non-private Units at Year-end by Sector (2013)

单位：人 (person)

行业	Sector	年末人数 Number at Year-end	国有单位 State-owned Units	城镇集体单位 Urban Collective-owned Units	其他单位 Units of Other Types of Ownership
总计	**Total**	**5053327**	**2370488**	**188936**	**2493903**
农、林、牧、渔业	Agriculture, Forestry, Animal Husbandry and Fishery	26097	24588	407	1102
采矿业	Mining	363122	68392	4975	289755
制造业	Manufacturing	1079059	215205	20532	843322
电力、燃气及水生产和供应业	Production and Distribution of Electricity, Gas and Water	122036	56191	935	64910
建筑业	Construction	721432	116896	92257	512279
批发和零售业	Wholesale and Retail Trades	259513	37634	12785	209094
交通运输、仓储和邮政业	Traffic, Transport, Storage and Post	250381	179571	4773	66037
住宿和餐饮业	Hotels and Catering Services	125634	12835	1830	110969
信息传输、软件和信息技术服务业	Information Transmission, Software and Information Services	94705	6236	84	88385
金融业	Financial Intermediation	150381	41055	21184	88142
房地产业	Real Estate	87012	16634	1403	68975
租赁和商务服务业	Leasing and Business Services	75546	15303	11050	49193
科学研究和技术服务业	Scientific Research, Technology Services	167400	130388	1432	35580
水利、环境和公共设施管理业	Management of Water Conservancy, Environment and Public Facilities	89339	75793	674	12872
居民服务、修理和其他服务业	Residents Service, Repair and other Services	19660	4119	3370	12171
教育	Education	585108	562168	971	21969
卫生和社会工作	Health, Social Work	234149	214984	9418	9747
文化、体育和娱乐业	Culture, Sports and Entertainment	45719	35803	676	9240
公共管理、社会保障和社会组织	Public Management, Social Security and Social Organization	557034	556693	180	161

5-5 各市(区)城镇非私营单位就业人员年末人数(2013年)
Number of Fully Employed Staff and Workers in Urban Non-private Units at Year-end by City(District)(2013)

单位：人 (person)

地　区	Region	总　计 Total	国有单位 State-owned Units	城镇集体单位 Urban Collective-owned Units	其他单位 Others	# 港澳台投资 Funds from Hong Kong, Macao & Taiwan	# 外商投资 Foreign Funded
全　省	**Shaanxi**	**5053327**	**2370488**	**188936**	**2493903**	**51133**	**136931**
西安市	Xi'an	1984178	849828	72989	1061361	32535	106503
铜川市	Tongchuan	119986	54342	3246	62398		1513
宝鸡市	Baoji	390653	162569	16450	211634	3020	5849
咸阳市	Xianyang	543682	254746	31313	257623	10424	10319
渭南市	Weinan	473107	249879	11671	211557	917	5323
延安市	Yan'an	317890	159196	10456	148238	129	289
汉中市	Hanzhong	300186	151585	12574	136027	1304	2310
榆林市	Yulin	410475	216154	12217	182104	208	1700
安康市	Ankang	171644	99874	7276	64494	1288	441
商洛市	Shangluo	188478	117362	10586	60530	1022	892
杨凌示范区	Yangling	44259	14503	158	29598	286	1792

5-6 城镇非私营单位就业人员年末人数和工资
Total Persons and Wages of Employed Staff and Workers in Urban Non-private Units

指　标	Item	年末人数(人) Number of Staff and Workers (person)		工资总额(万元) Total Wages Bill (10 000 yuan)		平均工资(元) Average Wage (yuan)	
		2012	2013	2012	2013	2012	2013
总　计	**Total**	**4112237**	**5053327**	**18055537**	**24094226**	**43073**	**47446**
国有单位	State-owned Units	2715565	2370488	12620401	11641044	45526	48381
集体单位	Urban Collective-owned Units	151840	188936	491556	712800	32399	38455
其他单位	Units of Other Types of Ownership	1244832	2493903	4943580	11740382	38989	47212
(一)内　资	Domestic Funds	1104274	2305839	4265066	10829241	37966	47069
1.股份合作制	Cooperative	25168	18324	92456	89274	36807	46089
2.联　营	Joint Ownership	8743	8849	42229	45845	49138	51756
3.有限责任公司	Limited Liability Corporations	829957	1763867	3082495	7853618	36845	44557
4.股份有限公司	Share-holding Corporations Ltd.	226410	475253	1006764	2724058	42141	57861
5.其　它	Others	13996	39546	41121	116446	29028	29804
(二)港、澳、台投资	Funds from Hong Kong, Macao & Taiwan	34084	51133	126537	216047	36946	42354
(三)外商投资	Foreign Funded	106474	136931	551978	695094	50040	51482

5-7 职工平均工资和指数
Average Wage of Staff and Workers and Related Indices

年份 Year	平均工资(元) Average Wage (yuan)			指数(1978年=100) Indices (1978 year=100)					
		# 国有单位 State-owned Units	# 城镇集体单位 Urban Collective-owned Units	平均货币工资 Average Wage	# 国有单位 State-owned Units	# 城镇集体单位 Urban Collective-owned Units	平均实际工资 Average Real Wage	# 国有单位 State-owned Units	# 城镇集体单位 Urban Collective-owned Units
1978	654	669	558	100.0	100.0	100.0	100.0	100.0	100.0
1979	705	728	570	107.8	108.8	102.2	106.3	107.3	100.7
1980	785	811	636	120.0	121.2	114.0	112.3	113.4	106.6
1981	780	812	609	119.3	121.4	109.1	107.7	109.6	98.6
1982	797	831	619	121.9	124.2	110.9	109.1	111.2	99.3
1983	824	857	652	126.0	128.1	116.8	111.0	112.9	102.9
1984	973	1024	757	148.8	153.1	135.7	126.7	130.4	115.6
1985	1122	1182	869	171.6	176.7	155.7	135.8	139.9	123.3
1986	1291	1363	987	197.4	203.7	176.9	146.7	151.4	131.4
1987	1409	1493	1054	215.4	223.2	188.9	146.6	151.8	128.5
1988	1680	1788	1206	256.9	267.3	216.2	145.5	151.4	122.5
1989	1856	1975	1319	283.8	295.2	236.4	136.7	142.2	113.9
1990	2042	2174	1425	312.2	325.0	255.4	146.6	152.6	119.9
1991	2198	2332	1554	336.1	348.6	278.5	147.1	152.6	121.9
1992	2434	2594	1634	372.2	387.7	292.8	146.5	152.6	115.2
1993	2890	3077	1918	441.9	459.9	343.7	152.5	158.8	118.6
1994	3803	4050	2299	581.5	605.4	412.0	156.6	163.0	110.9
1995	4396	4639	2795	672.2	693.4	500.9	153.4	158.2	114.3
1996	4882	5142	3082	746.5	768.6	552.3	154.4	159.0	114.3
1997	5184	5452	3177	792.7	814.9	569.4	155.9	160.2	111.9
1998	6029	6257	3823	921.9	935.3	685.1	185.5	188.2	137.9
1999	6931	7162	4318	1059.8	1070.6	773.8	219.4	221.6	160.2
2000	7804	8043	4920	1193.3	1202.2	881.7	246.3	248.2	182.0
2001	9120	9440	5293	1394.5	1411.1	948.6	287.6	291.0	195.6
2002	10351	10700	6080	1582.7	1599.4	1089.6	332.4	335.9	228.8
2003	11461	11833	6858	1752.4	1768.8	1229.0	365.1	368.5	256.0
2004	13024	13333	7373	1991.4	1992.9	1321.3	402.8	403.1	267.2
2005	14796	15223	7926	2262.3	2275.5	1420.4	453.5	456.1	284.7
2006	16918	17139	9086	2586.8	2561.9	1628.3	507.9	502.5	319.4
2007	21296	21653	11289	3256.3	3236.6	2023.1	607.7	603.5	377.2
2008	25942	26516	13523	3966.7	3963.5	2423.5	697.1	695.9	425.5
2009	30185	31537	16415	4615.4	4710.1	2941.8	810.3	827.6	516.5
2010	34299	35495	20650	5244.5	5305.7	3700.7	887.9	898.2	626.5
2011	39043	41291	27336	5969.9	6172.0	4898.9	956.2	988.6	784.7
2012	44330	46810	33142	6778.3	6997.0	5939.4	1058.2	1092.3	927.2
2013	48853	49815	39141	7469.9	7446.1	7014.6	1134.4	1130.8	1065.2

注：本表不含城镇私营单位和个体，1998年及以后数据为在岗职工平均工资，指数据此推算。

a) Data in this table do not include urban private enterprises and self-employed individuals. The data refer to average wage of fully employed staff and workers since 1998 and the indices was calculated on it.

5-8 城镇非私营单位就业人员分行业工资总额(2013年)
Earnings of Employed Persons by Sector in Urban Non-private Units (2013)

单位：万元 (10 000 yuan)

行业	Sector	工资总额 Total Wages Bill	国有单位 State-owned Units	城镇集体单位 Urban Collective-owned Units	其他单位 Others
总计	**Total**	**24094226**	**11641044**	**712800**	**11740382**
农、林、牧、渔业	Agriculture, Forestry, Animal Husbandry and Fishery	95272	90993	1463	2816
采矿业	Mining	2532461	449708	22623	2060130
制造业	Manufacturing	4765585	1004759	74239	3686587
电力、燃气及水生产和供应业	Production and Distribution of Electricity, Gas and Water	693986	300720	4686	388580
建筑业	Construction	2805295	473215	309126	2022954
批发和零售业	Wholesale and Retail Trades	888218	180169	28994	679055
交通运输、仓储和邮政业	Traffic, Transport, Storage and Post	1245048	923414	17966	303668
住宿和餐饮业	Hotels and Catering Services	350306	36853	4343	309110
信息传输、软件和信息技术服务业	Information Transmission, Software and Information Services	656955	34634	265	622057
金融业	Financial Intermediation	1062302	299638	148836	613828
房地产业	Real Estate	354526	62495	3731	288300
租赁和商务服务业	Leasing and Business Services	354128	60926	33272	259931
科学研究和技术服务业	Scientific Research, Technology Services	1089382	830678	6934	251771
水利、环境和公共设施管理业	Management of Water Conservancy, Environment and Public Facilities	313989	263810	2172	48007
居民服务、修理和其他服务业	Residents Service, Repair and other Services	61947	16286	8136	37525
教育	Education	2969869	2886823	4711	78336
卫生和社会工作	Health, Social Work	1156371	1078096	38256	40018
文化、体育和娱乐业	Culture, Sports and Entertainment	211695	162169	2295	47231
公共管理、社会保障和社会组织	Public Management, Social Security and Social Organization	2486892	2485660	754	478

5-9 城镇非私营单位就业人员分行业平均工资(2013年)

Average Earnings of Employed Persons by Sector in Urban Non-private Units (2013)

单位：元 (yuan)

行　业	Sector	平均工资 Average Wage	国有单位 State-owned Units	城镇集体单位 Urban Collective-owned Units	其他单位 Others
总　计	**Total**	**47446**	**48381**	**38455**	**47212**
农、林、牧、渔业	Agriculture, Forestry, Animal Husbandry and Fishery	36800	37272	35953	26342
采矿业	Mining	69904	65116	45092	71483
制造业	Manufacturing	42072	37509	36209	43662
电力、燃气及水生产和供应业	Production and Distribution of Electricity, Gas and Water	56935	53172	50221	60338
建筑业	Construction	39375	43603	34748	39283
批发和零售业	Wholesale and Retail Trades	34561	47434	22422	32950
交通运输、仓储和邮政业	Traffic, Transport, Storage and Post	50410	51973	38224	46998
住宿和餐饮业	Hotels and Catering Services	27587	27772	23137	27640
信息传输、软件和信息技术服务业	Information Transmission, Software and Information Services	69266	55789	32667	70244
金融业	Financial Intermediation	71987	74113	70312	71400
房地产业	Real Estate	41317	36523	26255	42854
租赁和商务服务业	Leasing and Business Services	47752	40598	30835	53746
科学研究和技术服务业	Scientific Research, Technology Services	65546	64265	50646	70774
水利、环境和公共设施管理业	Management of Water Conservancy, Environment and Public Facilities	35276	34940	32231	37409
居民服务、修理和其他服务业	Residents Service, Repair and other Services	32047	39037	24655	31645
教　育	Education	50826	51411	48516	35874
卫生和社会工作	Health, Social Work	50090	50876	40755	41843
文化、体育和娱乐业	Culture, Sports and Entertainment	46364	45371	33211	51199
公共管理、社会保障和社会组织	Public Management, Social Security and Social Organization	44868	44873	41906	29696

5-10 城镇非私营单位在岗职工分行业平均工资(2013年) Average Wage of Employed Staff and Workers in Urban Non-private Units by Sector (2013)

单位：元 (yuan)

行业	Sector	平均工资 Average Wage	国有单位 State-owned Units	城镇集体单位 Urban Collective-owned Units	其他单位 Others
总计	**Total**	**48853**	**49815**	**39141**	**48636**
农、林、牧、渔业	Agriculture, Forestry, Animal Husbandry and Fishery	37033	37526	35953	26342
采矿业	Mining	70605	65590	46575	72140
制造业	Manufacturing	42513	38029	36578	44071
电力、燃气及水生产和供应业	Production and Distribution of Electricity, Gas and Water	57883	54046	50221	61358
建筑业	Construction	40486	44512	35113	40795
批发和零售业	Wholesale and Retail Trades	34943	48329	22628	33191
交通运输、仓储和邮政业	Traffic, Transport, Storage and Post	51747	53438	38890	47986
住宿和餐饮业	Hotels and Catering Services	28532	28290	22679	28661
信息传输、软件和信息技术服务业	Information Transmission, Software and Information Services	70126	56209	32667	71149
金融业	Financial Intermediation	82947	76081	71463	90964
房地产业	Real Estate	42596	37486	27291	44226
租赁和商务服务业	Leasing and Business Services	49099	41358	31232	55622
科学研究和技术服务业	Scientific Research, Technology Services	66509	65209	51514	71844
水利、环境和公共设施管理业	Management of Water Conservancy, Environment and Public Facilities	38672	38826	32231	38219
居民服务、修理和其他服务业	Residents Service, Repair and other Services	32540	40501	24711	32013
教育	Education	51830	52367	48641	37235
卫生和社会工作	Health, Social Work	51728	52633	41895	41967
文化、体育和娱乐业	Culture, Sports and Entertainment	47907	47028	34452	52088
公共管理、社会保障和社会组织	Public Management, Social Security and Social Organization	46747	46754	41906	29696

5-11 城镇私营单位分行业就业人员平均工资
Average Wage of Employed Persons in Urban Private Units by Sector

单位：元 (yuan)

行业	Sector	2011	2012	2013
总计	**Total**	**18844**	**22753**	**26454**
农、林、牧、渔业	Agriculture, Forestry, Animal Husbandry and Fishery	14606	19514	22478
采矿业	Mining	23581	30298	32114
制造业	Manufacturing	17360	22450	25582
电力、燃气及水生产和供应业	Production and Distribution of Electricity,Gas and Water	18729	21277	25194
建筑业	Construction	19578	23290	26140
批发和零售业	Wholesale and Retail Trades	19010	22306	24392
交通运输、仓储和邮政业	Traffic, Transport, Storage and Post	21377	23220	25359
住宿和餐饮业	Hotels and Catering Services	17958	20264	23418
信息传输、软件和信息技术服务业	Information Transmission, Software and Information Services	22211	26518	33455
金融业	Financial Intermediation	20486	25584	30309
房地产业	Real Estate	24642	27613	34150
租赁和商务服务业	Leasing and Business Services	21519	24531	26870
科学研究和技术服务业	Scientific Research, Technology Services	27924	34187	35280
水利、环境和公共设施管理业	Management of Water Conservancy,Environment and Public Facilities	15474	20493	26815
居民服务、修理和其他服务业	Residents Service, Repair and Other Services	18306	20881	24315
教育	Education	23002	25160	28344
卫生和社会工作	Health, Social Work	21240	21051	27224
文化、体育和娱乐业	Culture, Sports and Entertainment	19358	23631	24069

5-12 各市(区)城镇非私营单位就业人员工资总额(2013年)
Earnings of Employed Persons and Total Wages Bill of Fully Employed Staff in Urban Non-private Units by City(District)(2013)

单位：万元 (10 000 yuan)

地区	Region	就业人员工资总额 Total Wages Bill of Employed Persons	国有单位 State-owned Units	城镇集体单位 Urban Collective-owned Units	其他单位 Others	# 港澳台投资 Funds from Hong Kong, Macao & Taiwan	# 外商投资 Foreign Funded
全省	**Shaanxi**	**24094226**	**11641044**	**712800**	**11740382**	**216047**	**695094**
西安市	Xi'an	10314582	4790020	254944	5269618	141745	571041
铜川市	Tongchuan	520322	226251	8643	285428		4919
宝鸡市	Baoji	1567904	742799	53913	771193	15767	23892
咸阳市	Xianyang	2195616	1064939	107646	1023031	36637	41063
渭南市	Weinan	1914031	1037322	34249	842459	2446	16912
延安市	Yan'an	1652792	751791	48390	852611	1071	1238
汉中市	Hanzhong	1262115	689570	59347	513199	4870	7870
榆林市	Yulin	2303793	1104346	74235	1125212	1097	12433
安康市	Ankang	687654	455961	35251	196443	6612	2388
商洛市	Shangluo	627305	418051	35584	173670	4775	6915
杨凌示范区	Yangling	205811	89485	601	115726	1027	6422

注：全省数据含省级直报单位。下表同。

a) The data of Shaanxi is include the direct reporting organization. The same applies to the table following.

5-13 各市(区)城镇非私营单位就业人员平均工资(2013年)
Average Earnings of Employed Persons and Average Wage of Fully Employed Staff and Workers in Urban Non-private Units by City(District)(2013)

单位：元 (yuan)

地区	Region	就业人员平均工资 Average Wage of Employed Persons	国有单位 State-owned Units	城镇集体单位 Urban Collective-owned Units	其他单位 Others	# 港澳台投资 Funds from Hong Kong, Macao & Taiwan	# 外商投资 Foreign Funded
全省	**Shaanxi**	**47446**	**48381**	**38455**	**47212**	**42354**	**51482**
西安市	Xi'an	50988	53601	36577	49731	43937	54629
铜川市	Tongchuan	43897	42249	28895	46044		34545
宝鸡市	Baoji	40257	45647	33126	36642	53141	39219
咸阳市	Xianyang	40753	41963	35043	40235	34822	40104
渭南市	Weinan	40337	41537	28503	39597	24533	32080
延安市	Yan'an	51459	46781	46880	56779	83016	42851
汉中市	Hanzhong	42160	45400	45588	38167	37036	33821
榆林市	Yulin	55597	51371	56911	60379	52252	73220
安康市	Ankang	41180	46009	51199	32203	50354	53421
商洛市	Shangluo	34832	37906	34770	29152	47414	76326
杨凌示范区	Yangling	46710	61722	38013	39356	35421	35839

5-14 城镇登记失业人数及失业率
Registered Urban Unemployment Persons and Unemployment Rate

年 份 Year	年末城镇登记实有失业人数(人) Registered Unemployed Persons in Urban Areas (person)	城镇登记失业率(%) Registered Unemployment Rate in Urban Areas (%)	年 份 Year	年末城镇登记实有失业人数(人) Registered Unemployed Persons in Urban Areas (person)	城镇登记失业率(%) Registered Unemployment Rate in Urban Areas (%)
1980	216209	7.1	2001	140082	3.2
1985	67044	1.9	2002	135094	3.3
1990	112345	3.0	2003	139490	3.7
1991	100790	3.0	2004	184617	3.77
1992	90844	3.0	2005	215414	4.18
1993	108306	3.0	2006	215432	4.03
1994	99800	3.3	2007	209546	4.02
1995	85700	3.2	2008	208337	3.91
1996	125700	3.3	2009	214757	3.94
1997	151600	3.4	2010	214206	3.85
1998	122100	3.1	2011	209061	3.59
1999	107000	2.6	2012	194807	3.22
2000	113861	2.7	2013	210600	3.32

5-15 社会保障基本情况
Basic Statistics on Social Security

指 标	Item	2011	2012	2013
城镇居民最低生活保障户数 (万户)	Number of Families Receiving Minimum Living Allowance in Urban Areas (10 000 households)	38.03	35.10	32.10
城镇居民最低生活保障人数 (万人)	Number of Persons Receiving Minimum Living Allowance in Urban Areas (10 000 persons)	84.60	74.80	67.10
参加失业保险职工人数 (万人)	Unemployment Insurance Contributors (10 000 persons)	338.67	339.14	339.67
参加养老保险职工人数 (万人)	Pension Insurance Contributors (10 000 persons)	530.68	582.81	684.51
参加医疗保险职工人数 (万人)	Medical Care Insurancce Contributors (10 000 persons)	540.26	547.49	571.74
城镇居民基本医疗保险参保人数 (万人)	Basic Medical Care Insurancce Contributors in Urban Areas (10 000 persons)	550.18	571.32	672.53
参加工伤保险职工人数 (万人)	Work Injury Insurance Contributors (10 000 persons)	326.84	350.40	378.06
参加生育保险职工人数 (万人)	Maternity Insurance Contributors (10 000 persons)	211.55	223.66	240.25

5-16 参加基本养老保险的职工及离退休人员(2013年)
Staff and Workers, Retired and VCSR Joined Basic Pension Insurance(2013)

单位：人 (person)

指　　标	Item	职工人数 Number of Employees	离退休职工 Number of Retirees
总　计	**Total**	**4487899**	**1747192**
一、企　业	Enterprises	3586830	1541004
(一)内资企业	Domestic Units	3455062	1537212
1.国有企业	State-owned Units	1681502	1060009
2.集体企业	Collective-owned Units	125928	224685
3.其　他	Others	1647632	252518
(二)港澳台及外资企业	Funds from Hong Kong,Macao,Taiwan and Foreign	131768	3792
二、其　他	Others	901069	206188

5-17 失业保险基本情况
Basic Statistics on Unemployment Insurance

单位：人 (person)

指　　标	Item	2011	2012	2013
参加失业保险人数	Unemployment Insurance Contributors	3386654	3391398	3396683
一、企　业	Enterprises	2587450	2598333	2589069
(一)内资企业	Domestic Units	2529174	2538295	2521002
1.国有企业	State-owned Units	1798876	1745195	1443128
2.集体企业	Collective-owned Units	248106	219047	227066
3.其　他	Others	482192	574053	850808
(二)港澳台及外资企业	Funds from Hong Kong,Macao,Taiwan and Foreign	58276	60038	68067
二、事业单位	Institutions	783183	775584	791636
三、其他单位	Others	16021	17481	15978
领取失业保险金人数	Beneficiaries of Unemployment Insurance Fund	89018	63500	56759

主要统计指标解释

就业人员　指在16周岁及以上，从事一定社会劳动并取得劳动报酬或经营收入的人员。这一指标反映了一定时期内全部劳动力资源的实际利用情况，是研究我国基本国情国力的重要指标。

单位就业人员　指在各级国家机关、政党机关、社会团体及企业、事业单位中工作，取得工资或其他形式的劳动报酬的全部人员。包括在岗职工、再就业的离退休人员、民办教师以及在各单位中工作的外方人员和港澳台方人员、兼职人员、借用的外单位人员和第二职业者。不包括离开本单位仍保留劳动关系的职工。各单位的就业人员反映了各单位实际参加生产或工作的全部劳动力。

城镇私营和个体就业人员　城镇私营就业人员指在工商管理部门注册登记，其经营地址设在县城关镇(含县城关镇)以上的私营企业就业人员，包括私营企业投资者和雇工。城镇个体就业人员指在工商管理部门注册登记，并持有城镇户口或在城镇长期居住，经批准从事个体工商经营的就业人员，包括个体经营者和在个体工商户劳动的家庭帮工和雇工。

国有单位　指资产归国家所有的经济组织。包括按《中华人民共和国企业法人登记管理条例》规定登记注册的非公司制的经济组织，以及中央、地方各级国家机关、事业单位和社会团体。

集体单位　指生产资料归集体所有，并按《中华人民共和国企业法人登记管理条例》规定登记注册的经济组织。

其他单位　包括股份合作单位、联营单位、有限责任公司、股份有限公司、港澳台商投资单位以及外商投资单位等其他登记注册类型单位。

在岗职工　指在本单位工作并由单位支付工资的人员，以及有工作岗位，但由于学习、病伤产假等原因暂未工作，仍由单位支付工资的人员。

工资总额　指各单位在一定时期内直接支付给本单位全部就业人员的劳动报酬总额。工资总额的计算原则应以直接支付给就业人员的全部劳动报酬为根据。各单位支付给就业人员的劳动报酬以及其他根据有关规定支付的工资，不论是计入成本的还是不计入成本的，不论是按国家规定列入计征奖金税项目的，还是未列入计征奖金税项目的，不论是以货币形式支付的还是以实物形式支付的，均包括在工资总额内。

平均工资　指企业、事业、机关单位的就业人员在一定时期内平均每人所得的货币工资额。它表明一定时期职工工资收入的高低程度，是反映就业人员工资水平的主要指标。计算公式为:

$$平均工资=\frac{报告期实际支付的全部就业人员工资总额}{报告期全部就业人员平均人数}$$

平均工资指数　指报告期就业人员平均工资与基期就业人员平均工资的比率，是反映不同时期就业人员货币工资水平变动情况的相对数。计算公式为:

$$平均工资指数=\frac{报告期就业人员平均工资}{基期就业人员平均工资}\times 100\%$$

平均实际工资指数　就业人员平均实际工资指扣除物价变动因素后的就业人员平均工资。就业人员平均实际工资指数是反映实际工资变动情况的相对数，表明就业人员实际工资水平提高或降低的程度。计算公式为:

$$平均实际工资指数=\frac{报告期就业人员平均工资指数}{报告期城镇居民消费价格指数}\times 100\%$$

城镇登记失业人员　指有非农业户口，在一定的劳动年龄内(16周岁至退休年龄)，有劳动能力，无业而要求就业，并在当地就业服务机构进行求职登记的人员。

城镇登记失业率　城镇登记失业人员与城镇单位就业人员(扣除使用的农村劳动力、聘用的离退休人员、港澳台及外方人员)、城镇单位中的不在岗职工、城镇私营业主、个体户主、城镇私营企业和个体就业人员、城镇登记失业人员之和的比。计算公式为:

$$城镇登记失业率=\frac{城镇登记失业人数}{(城镇单位就业人员-使用的农村劳动力-聘用的离退休人员-聘用的港澳台及外方人员)+不在岗职工+城镇私营业主+城镇个体户主+城镇私营企业及个体就业人员+城镇登记失业人数}\times 100\%$$

Explanatory Notes on Main Statistical Indicators

Employed Persons refer to persons aged 16 and over who are engaged in gainful employment and thus receive remuneration payment or earn business income. This indicator reflects the actual utilization of total labour force during a certain period of time and is often used for the research on China's economic situation and national power.

Persons Employed in Various Units refer to all the persons working in government agencies of various levels, political and party organizations, social organizations, enterprises and institutions, and receiving wages or other forms of payment. They include fully-employed staff and workers, re-employed retirees, teachers in the schools run by the local people, foreigners and Chinese compatriots from Hong Kong, Macao, and Taiwan working in various units, part-time employees, employees of other units working temporarily at current posts, and employees holding the second job, but do not include persons who have left their working units while keeping their labour contract (employment relation) unchanged. This indicator reflects the total number of laborers actually engaged in production or other operations in various units.

Persons Employed in Private Enterprises and Self-Employed Individuals in Urban Areas Persons employed in private enterprises refer to the persons employed in the private enterprises which have been registered at the departments of industrial and commercial administration for which the business operation are situated at a county town (i.e. a town where the county government is located), or at urban areas with administrative hierarchy higher than a county town. The self-employed individuals in urban areas refer to persons who hold the certificates of residence in urban areas or have resided in the urban areas for a long time and have been registered at the departments of industrial and commercial administration and approved to be engaged in individual industrial or commercial business, including self-employed persons as well as helpers and hired labourers who work in individual households.

State-owned Units refer to economic units whose assets are owned by the state, including non-corporation units registered according to *Regulation of the People's Republic of China on the Registration of Enterprises and Corporations*, state organs, institutions and social organizations at the central-level and local levels.

Collective-owned Units refer to economic units registered according to *Regulation of the People's Republic of China on the Registration of Enterprises and Corporations* where the means of production are collectively owned.

Units of Other Types of Ownership refer to units registered with other types of ownership, including cooperative units, joint ownership units, limited liability corporations, share holding corporations, units funded by entrepreneurs from Hong Kong, Macao, and Taiwan, and foreign- funded units.

Employed Staff and Workers refer to persons who work in, and receive wages from their working units, including persons who have their work posts but are temporarily absent from work for reasons of study or on sick, injury or maternal leave and still receive wages from their working units.

Total Wage Bill refers to the total remuneration payment to employed persons in various units during a certain period of time. The calculation of total wage bill is based on the total remuneration payment to employed persons . Therefore, all the wages and salaries and other payments to employed persons are included in the total wage bill regardless of sources, reckoning the cost of production or not, category, listing as items of premium taxation or not, and forms, paying in cash or in kind.

Average Wage refers to the average wage in money terms per person during a certain period of time for employed persons in enterprises, institutions, and government agencies, which reflects the general level of wage income during a certain period of time and is calculated as follows:

$$\text{Average Wage} = \frac{\text{Total Wage Bill of Employed Persons at Reference Time}}{\text{Average Number of Persons Employed at Reference Time}}$$

Average Wage Indices refers to the ratio of average wage of employed persons the reference period to that at the base period, which reflects the change of wage of employed persons at the different period. It is calculated as follows:

$$\text{Average Wage Indices} = \frac{\text{Average Wage of Employed Persons at Reference Time}}{\text{Average Wage of Persons Employeds at Base Period}} \times 100\%$$

Average Real Wage Indices average real wage of employed persons refers to the average wage of employed persons after removing the effects of the price changes and average real wage indices of employed persons refers to the change of real wage, which reflects the relative increasing or decreasing level of real wage of employed persons ,which is calculated as follows:

$$\text{Average Real Wage Indices} = \frac{\text{Average Wage Indices of Employed Persons at the Reference Time}}{\text{Urban Consumer Price Indices at Reference Time}} \times 100\%$$

Registered Unemployed Persons in Urban Areas refer to the persons with non-agricultural household registration at certain working ages (16 years old to retirement age), who are capable of working, unemployed and willing to work, and have been registered at the local employment service agencies to apply for a job.

Registered Unemployment Rate in Urban Areas refers to the ratio of the number of the registered unemployed persons to the sum of the number of persons employed in various units (minus the employed rural labour force, re-employed retirees, and Hong Kong, Macao, Taiwan or foreign employees), laid-off staff and workers in urban units, owners of private enterprises in urban areas, owners of self-employed individuals in urban areas, employees of private enterprises in urban areas, employee of self-employed individuals in urban areas, and the registered unemployed persons in urban areas. The formula is as follows:

$$\text{Registered unemployment rate in urban areas} = \frac{\text{number of registered urban unemployed persons}}{\begin{array}{c}\text{number of persons employed in urban units - employed rural labour force}\\ \text{re - employed retirees - Hong Kong, Macao, Taiwan or foreign employees}\\ \text{+ laid - off staff and workers + owners of urban private enterprises + owners of}\\ \text{urban self - employed individuals + employees of urban private enterprises + employees of}\\ \text{urban self - employed individuals + registered unemployed persons in urban areas}\end{array}} \times 100\%$$

六、固定资产投资

Investment in Fixed Assets

资料整理：王　东　袁军会　郑　娟
穆　丹　刘海燕　刘卫斌

简 要 说 明

一、本篇资料反映陕西固定资产投资的基本情况，主要包括：全社会固定资产投资，房地产开发投资，商品房及保障房情况。

二、固定资产投资统计的范围包括：城乡建设项目投资，房地产开发投资，国防、人防建设项目投资及农户投资。

三、固定资产投资统计的资料来源主要为统计局的全面统计报表。除农户固定资产投资统计采用抽样调查方法外，其他均为全面统计报表。

四、统计口径的变化

自1997年起，除房地产开发投资、非农户投资、农户投资及城镇和工矿区私人建房投资外，固定资产投资的统计起点由5万元提高到50万元。

自2006年起，非农户固定资产投资统计改为按项目统计，调查方法由抽样调查改为全面统计报表，起点提高到50万元。城镇和工矿区私人建房投资改为按项目统计，起点为50万元。

自2011年起，提高固定资产投资统计起点标准，从计划总投资额50万元提高到500万元。投资统计的范围从城镇扩大到农村企事业组织，并将这一统计范围定义为“固定资产投资（不含农户）”。

Brief Introduction

Ⅰ.This chapter reflects the basic conditions of investment in fixed assets of Shaanxi Province, mainly including total investment in fixed assets in the whole province, real estate development,, commercial residential building and security housing.

Ⅱ.Statistics on the investment in fixed assets cover investments in capital construction projects in urban and rural areas, investments in real estate development, as well as investments in national defence projects and civil defence projects, and rural household investment.

Ⅲ.The data sources for the statistics of investment in fixed assets mainly come from complete statistical report forms. Investment in fixed assets by farm households are calculated with sample survey, and the others come from complete statistical report forms.

Ⅳ. Changes in Statistical Scope

Since 1997, the cut-off point of projects covered by statistics of investment in fixed assets are raised from an investment of 50,000 yuan to 500,000 yuan, except investment in real estate development, farm household investment, non-farm household investment and private investment in housing construction in urban areas and industrial and mining areas.

Since 2006, statistics on investments in fixed assets of rural non-farm households are changed to project-based. Survey method is changed from sample survey to the system of reporting form with complete enumeration. The cut-off point has been raised to 500,000 yuan. Statistics on private investment in housing construction in urban areas and industrial and mining areas have become project-based. The cut-off point has been raised to 500,000 yuan.

Since 2011, the cut-off point of statistics on investments in fixed assets are raised, amount of intended investment are raised from 500,000 yuan to 5,000,000 yuan. The scope of investment statistics expends from urban to rural enterprises, and this scope of statistics is defined “investments in fixed assets(non-farm)”.

6.固定资产投资

2013年全省

全社会固定资产投资	15934.21	亿元	比上年增长	24.1%
# 房地产开发投资	2240.17	亿元	比上年增长	22.0%
全社会新增固定资产	9039.75	亿元	比上年增长	34.2%
全社会竣工住宅建筑面积	5804.35	万平方米	比上年增长	-1.4%

房地产开发投资（亿元）

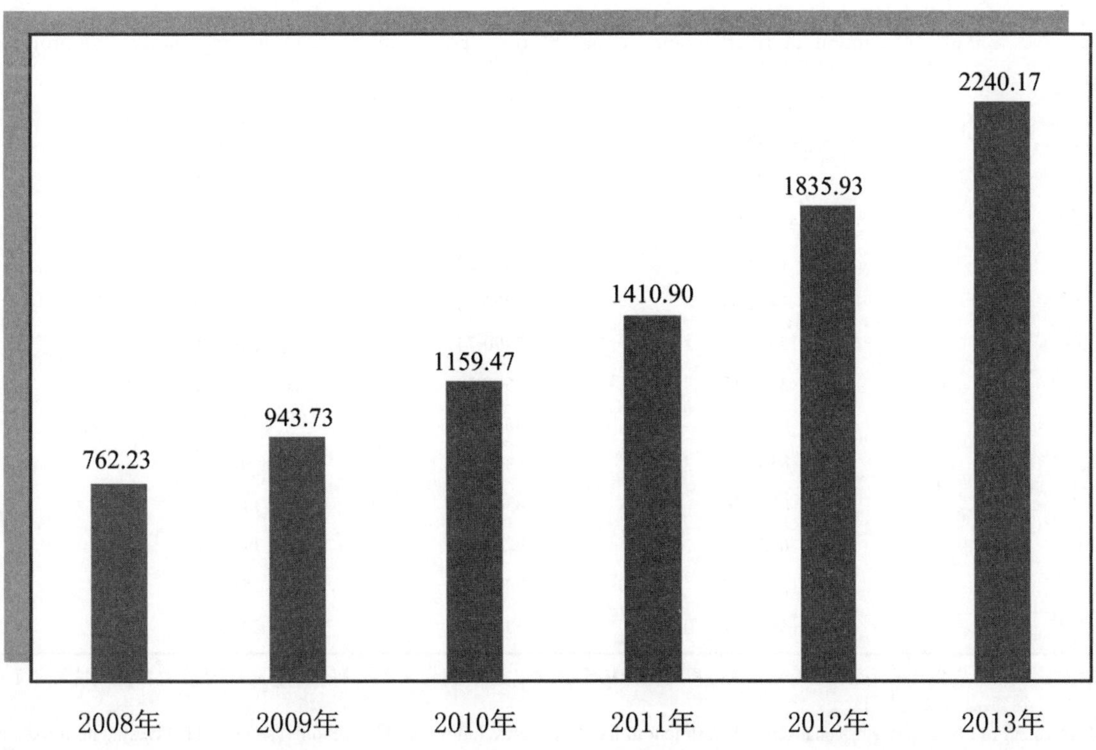

6-1 全社会固定资产投资
Total Investment in Fixed Assets of the Whole Province

单位：亿元 (100 million yuan)

年份 Year	全社会固定资产投资 Total Investment	固定资产投资 Investment in Fixed Assets	# 房地产开发 Real Estate Development	农户固定资产投资 Rural Investment in Fixed Assets
1978	20.35	19.11		1.24
1979	21.16	19.48		1.68
1980	27.80	25.51		2.29
1981	22.92	19.81		3.11
1982	29.48	26.12		3.36
1983	30.83	26.08		4.74
1984	40.39	31.31		9.08
1985	57.99	44.08		13.91
1986	63.53	51.49		12.04
1987	80.89	65.52		15.37
1988	94.72	75.26		19.46
1989	95.18	73.21		21.97
1990	103.72	80.82		22.90
1991	124.93	94.75		30.18
1992	142.47	116.27		26.20
1993	228.21	197.46		30.74
1994	283.29	235.47	18.19	47.82
1995	324.33	268.78	28.28	55.54
1996	372.00	305.16	30.13	66.84
1997	424.10	353.35	29.53	70.74
1998	544.89	473.78	51.35	71.11
1999	619.27	536.72	68.33	82.55
2000	745.85	675.53	78.89	70.32
2001	850.66	774.12	99.79	76.54
2002	974.63	888.20	123.57	86.43
2003	1278.72	1179.99	188.56	98.73
2004	1544.19	1442.28	231.17	101.91
2005	1982.04	1872.06	298.95	109.98
2006	2610.22	2490.74	394.86	119.48
2007	3642.13	3507.12	535.32	135.01
2008	4851.41	4668.12	762.23	183.29
2009	6553.39	6353.51	943.73	199.88
2010	8561.24	8340.99	1159.47	220.25
2011	10023.53	9701.43	1410.90	322.10
2012	12840.15	12501.43	1835.93	338.72
2013	15934.21	15583.58	2240.17	350.63

注：2011年起，城镇固定资产投资数据发布口径改为固定资产投资(不含农户)。固定资产投资(不含农户)等于原口径的城镇固定资产投资加上非农户投资(以下相关表同)。

a) Urban Investment in Fixed Assets has changed to Investment in fixed assets (excluding rural households) since 2011. Investment in fixed assets (excluding rural households) is the Urban Investment in Fixed Assets and Non-farm Households(The related tables is the same).

6-2 按经济类型分的全社会固定资产投资
Total Investment in Fixed Assets of the Whole Province by Economic Type

单位：亿元 (100 million yuan)

年 份 Year	合 计 Total	国有经济单位 State-owned Units	固定资产投资 Urban Investment in Fixed Assets	房地产开发 Real Estate Development	集体经济单位 Collective-owned Units	#农村 Rural	其他经济单位 Others	城乡个人 Urban and Rural Individuals	#农村 Rural
1978	20.35	17.20	17.20		1.91	1.75		1.24	1.23
1979	21.16	17.47	17.47		2.02	1.82		1.68	1.66
1980	27.80	23.25	23.25		2.27	1.89		2.29	2.25
1981	22.92	17.47	17.47		2.34	1.97		3.11	3.05
1982	29.48	23.32	23.32		2.80	2.09		3.36	3.22
1983	30.83	24.99	24.99		1.10	0.59		4.74	4.53
1984	40.39	28.07	28.07		3.24	2.68		9.08	8.76
1985	57.99	39.81	39.81		4.27	2.96		13.91	13.35
1986	63.53	47.25	47.25		4.24	2.75		12.04	11.19
1987	80.89	58.11	58.11		7.41	5.63		15.37	14.34
1988	94.72	67.08	67.08		8.18	6.26		19.46	18.15
1989	95.18	67.13	67.13		6.08	4.55		21.97	20.41
1990	103.72	73.85	73.85		6.96	5.38		22.90	21.51
1991	124.93	85.36	85.36		9.39	7.27		30.18	28.89
1992	142.47	108.71	108.71		7.56	5.06		26.20	24.09
1993	228.21	171.86	162.05	9.81	14.01	9.72	11.60	30.74	26.93
1994	283.29	202.92	190.31	12.61	17.89	13.50	14.66	47.82	43.20
1995	324.33	226.61	211.95	14.67	21.53	12.63	20.64	55.54	51.32
1996	372.00	256.48	239.52	16.96	22.00	15.62	26.68	66.84	61.89
1997	424.10	287.64	271.06	16.57	24.74	17.69	40.98	70.74	67.40
1998	544.89	382.89	350.63	32.26	27.07	21.01	63.83	71.11	55.70
1999	619.27	407.76	367.89	39.87	38.96	30.22	89.99	82.55	63.74
2000	745.85	473.53	426.88	46.65	41.66	31.14	137.11	93.54	70.32
2001	850.66	523.92	484.95	38.97	46.41	34.05	169.14	111.19	76.54
2002	974.63	555.41	506.60	48.80	54.52	33.48	212.91	151.79	86.43
2003	1278.72	713.37	664.71	48.66	62.78	30.91	373.28	129.29	98.73
2004	1544.19	814.51	784.47	30.04	71.15	28.52	515.34	143.20	101.91
2005	1982.04	1017.13	985.00	32.13	77.63	31.34	754.18	133.11	109.98
2006	2610.22	1295.31	1258.48	36.84	132.32	75.50	1059.67	122.92	119.48
2007	3642.13	1779.70	1715.68	50.21	227.13	47.51	1494.01	141.29	135.01
2008	4851.41	2208.95	2155.79	53.16	398.62	144.71	2041.99	201.85	183.29
2009	6553.39	3015.64	2941.63	74.00	392.96	158.65	2912.48	232.32	199.88
2010	8561.24	4223.83	4101.13	122.70	412.17	173.51	3664.17	261.07	220.25
2011	10023.53	4462.54	4380.27	82.27	407.69	140.33	4760.71	392.59	322.10
2012	12840.15	5540.89	5378.84	162.05	439.49	71.82	6423.68	436.09	338.72
2013	15934.21	6604.23	6404.38	199.85	503.65	62.02	8374.46	451.87	350.63

6-3 全社会新增固定资产
Total Newly Increased Fixed Assets of the Whole Province

单位：亿元 (100 million yuan)

年 份 Year	合 计 Total	国有经济 单 位 State-owned Units	固定资产投资 Urban Investment in Fixed Assets	房地产开发 Real Estate Development	集体经济 单 位 Collective-owned Units	# 农 村 Rural	其他经济 单 位 Others	城乡个人 Urban and Rural Individuals	# 农 村 Rural
1978	30.66	27.97	27.97		1.45	1.33		1.24	1.23
1979	16.66	13.45	13.45		1.53	1.38		1.68	1.66
1980	18.39	14.37	14.37		1.73	1.44		2.29	2.25
1981	18.69	13.77	13.77		1.80	1.50		3.11	3.05
1982	27.82	22.31	22.31		2.15	1.57		3.36	3.22
1983	26.51	20.72	20.72		1.04	0.59		4.74	4.53
1984	34.05	21.77	21.77		3.20	2.68		9.08	8.76
1985	41.35	23.67	23.67		3.78	2.96		13.91	13.35
1986	48.32	32.50	32.50		3.78	2.75		12.04	11.19
1987	62.71	40.25	40.25		7.09	5.63		15.37	14.34
1988	72.09	44.89	44.89		7.74	6.26		19.46	18.15
1989	70.96	43.21	43.21		5.78	4.55		21.97	20.41
1990	97.20	67.42	67.42		6.88	5.38		22.90	21.51
1991	102.48	63.82	63.82		8.49	7.25		30.18	28.89
1992	129.09	96.58	96.58		6.31	4.61		26.20	24.09
1993	144.64	98.85	95.21	3.64	11.80	8.96	3.24	30.74	26.93
1994	201.82	134.43	125.05	9.39	11.30	7.75	8.27	47.82	43.20
1995	247.96	161.77	152.39	9.38	16.79	11.24	13.86	55.54	51.32
1996	278.20	189.25	179.65	9.61	17.29	12.79	7.47	64.19	59.24
1997	288.92	189.49	174.92	14.57	21.42	16.06	7.27	70.74	67.40
1998	374.98	255.96	240.03	15.93	23.16	17.70	30.46	65.40	49.99
1999	520.87	349.21	309.81	39.40	37.41	30.35	58.39	75.86	57.05
2000	607.27	403.96	365.37	38.59	37.96	28.48	79.22	86.13	62.91
2001	683.46	430.00	393.43	36.56	40.01	28.16	116.19	97.26	68.35
2002	717.17	341.10	311.12	29.98	45.06	31.15	189.83	141.19	85.35
2003	851.54	447.63	412.17	35.46	46.26	28.39	230.31	127.33	97.20
2004	883.55	448.02	424.67	23.35	50.68	26.34	243.34	141.51	101.05
2005	1258.49	612.05	594.89	17.15	50.75	23.39	453.40	142.29	118.94
2006	1579.34	844.35	831.14	13.21	88.82	59.25	511.79	134.38	131.71
2007	2144.45	1176.79	1141.89	23.01	138.38	40.19	673.19	156.09	151.83
2008	2545.29	1155.80	1138.63	17.17	292.87	75.11	899.77	196.85	183.29
2009	3202.24	1462.70	1433.33	29.37	334.55	133.95	1175.23	229.77	199.88
2010	3655.85	1649.70	1622.98	26.72	175.73	108.02	1589.13	241.29	220.25
2011	4860.55	2219.49	2199.68	19.81	264.17	186.55	2002.80	374.09	322.10
2012	6733.66	3132.10	3080.39	51.71	283.33	61.44	2901.45	416.78	338.72
2013	9039.75	4406.64	4354.21	52.43	392.77	51.58	3805.74	434.60	350.63

6-4 全社会竣工住宅建筑面积
Total Floor Space of Residential Buildings Completed of the Whole Province

单位：万平方米 (10 000 sq.m)

年 份 Year	合 计 Total	国有经济 单 位 State-owned Units	固定资产投 资 Urban Investment in Fixed Assets	房地产开 发 Real Estate Development	集体经济 单 位 Collective-owned Units	# 农 村 Rural	其他经济 单 位 Others	城乡个人 Urban and Rural Individuals	# 农 村 Rural
1978	706.09	135.61	135.61		32.61	30.33		537.87	535.55
1979	951.05	187.73	187.73		35.90	31.47		727.42	722.78
1980	1277.11	249.08	249.08		39.08	32.84		988.95	979.67
1981	1627.18	250.48	250.48		39.13	34.10		1337.57	1322.56
1982	1598.73	289.49	289.49		32.65	21.77		1276.59	1242.54
1983	2400.03	304.84	304.84		17.81	9.31		2077.38	2032.45
1984	1930.28	290.78	290.78		70.40	63.07		1569.10	1521.75
1985	2622.98	339.80	339.80		84.86	77.06		2198.32	2136.94
1986	2336.38	350.84	350.84		110.02	97.91		1875.52	1801.08
1987	2295.25	305.51	305.51		110.66	103.67		1879.08	1796.30
1988	2943.49	263.75	263.75		65.49	56.85		2614.25	2534.19
1989	1630.46	224.30	224.30		48.26	37.48		1357.90	1290.77
1990	2257.86	250.12	250.12		94.12	85.82		1913.62	1850.44
1991	2583.58	267.14	267.14		60.15	54.00		2256.29	2202.00
1992	1943.91	309.04	309.04		5.32			1629.55	1566.80
1993	2072.95	372.39	308.06	64.33	25.93	10.90	2.97	1671.66	1561.00
1994	2613.12	434.00	334.67	99.33	29.61	11.35	14.09	2135.42	2009.83
1995	3111.15	485.16	375.18	109.98	45.28	10.56	29.86	2550.85	2470.00
1996	2814.39	462.62	349.19	113.43	51.86	15.44	29.97	2269.94	2198.42
1997	2581.69	529.29	393.80	135.49	39.67	9.29	40.19	1972.54	1899.26
1998	2645.52	549.82	402.82	147.00	52.54	20.90	71.73	1971.43	1641.62
1999	3133.31	961.31	549.36	411.95	79.30	42.00	120.57	1972.13	1531.00
2000	4947.36	942.36	566.19	376.17	88.87	44.85	157.30	3758.83	3246.86
2001	4990.18	813.17	543.47	269.70	75.31	18.45	233.44	3868.26	3311.05
2002	4317.24	712.33	470.77	241.56	87.16	10.99	241.10	3276.65	2649.75
2003	4269.44	805.99	581.35	224.64	104.63	17.88	466.63	2892.19	2379.92
2004	3301.31	507.95	384.34	123.61	76.78	28.35	406.56	2310.02	1625.09
2005	3292.40	544.63	440.67	103.96	78.65	6.29	662.86	2006.26	1451.64
2006	2764.55	553.46	455.91	97.55	136.29	54.30	697.17	1377.63	1366.27
2007	3469.95	646.99	546.89	96.99	213.97	25.78	927.84	1681.15	1668.69
2008	4190.59	668.92	575.41	93.51	243.83	92.48	1020.74	2257.10	2242.44
2009	3696.33	694.14	597.95	96.19	177.70	36.85	871.84	1952.65	1880.73
2010	3451.16	401.50	299.83	101.67	74.98	19.79	804.17	2170.51	2155.24
2011	4986.63	478.86	370.75	108.11	210.43	125.83	1434.52	3073.25	3029.77
2012	5883.83	989.96	825.23	164.73	300.06	9.04	1589.79	3004.01	2972.08
2013	5804.35	866.06	735.92	130.14	358.98	14.51	1489.71	3089.59	3074.95

6-5 全社会固定资产投资主要指标及构成(2013年)
Main Indicators and Composition of Total Investment in Fixed Asset of the Whole Province (2013)

单位：万元 (10 000 yuan)

指标	Item	合计 Total	内资 Domestic	国有 State-owned	集体 Collective-owned
一、投资总额	Total Investment	159342122	150207601	66042285	5036543
1.按隶属关系分	By Jurisdiction of Management				
中央	Central Investment	13857569	13857569	6909019	
地方	Local Investment	145484553	136350032	59133266	5036543
2.按构成分	By Use of Funds				
建筑工程	Construction	112897572	106155572	48263766	4123369
安装工程	Installation	13862923	13458518	5829595	320145
设备工器具购置	Purchase of Equipment and Instruments	20145563	18594474	6807547	318456
其他费用	Others	12436064	11999037	5141377	274573
# 土地购置费	Purchase of Land	4997702	4760064	1644491	111031
3.按建设性质分	By Type of Construction				
# 新建	New Construction	97831626	93770296	48461254	3378272
扩建	Expansion	17273141	17147380	5972726	418043
改建和技改	Reconstruction and Technical Transformation	11996247	11885183	6167534	553407
4.按产业构成分	By Type of Industry				
第一产业	Primary Industry	8750140	4959482	1842544	348254
第二产业	Secondary Industry	56050753	53245367	19027656	616325
第三产业	Tertiary Industry	94541229	92002752	45172085	4071964
二、本年新增固定资产	Newly Increased Fixed Assets This Year	90397520	85139218	44066389	3927729
三、房屋建筑面积及竣工价值	Floor Space and Value of Buildings				
本年施工房屋面积(万平方米)	Floor Space of Buildings under Construction This Year (10 000 sq.m)	35506.84	30714.83	7754.07	1275.28
# 住宅	Residential Buildings	22491.03	18416.67	3955.99	974.91
本年竣工房屋面积(万平方米)	Floor Space of Buildings Completed This Year (10 000 sq.m)	7824.94	4526.23	1343.19	421.45
# 住宅	Residential Buildings	5804.35	2659.91	866.06	358.98
本年竣工房屋价值	Value of Buildings Completed This Year	9063516	6325883	2607652	1056589
# 住宅	Residential Buildings	5775089	3229530	1518765	911971

6-5 续表 continued

单位：万元 (10 000 yuan)

指 标	Item	其 他 Others	港澳台商投资 Funds from Hong Kong, Macao & Taiwan	外商投资 Foreign Funded	个体经营 Self-employed Individual
一、投资总额	Total Investment	79128773	1128433	3487372	4518716
1.按隶属关系分	By Jurisdiction of Management				
中 央	Central Investment	6948550			
地 方	Local Investment	72180223	1128433	3487372	4518716
2.按构成分	By Use of Funds				
建筑工程	Construction	53768437	656084	2412965	3672951
安装工程	Installation	7308778	148935	180214	75256
设备工器具购置	Purchase of Equipment and Instruments	11468471	143685	821312	586092
其他费用	Others	6583087	179729	72881	184417
# 土地购置费	Purchase of Land	3004542	149328	52275	36035
3.按建设性质分	By Type of Construction				
# 新 建	New Construction	41930770	469122	2730637	861571
扩 建	Expansion	10756611	24306	29860	71595
改建和技改	Reconstruction and Technical Transformation	5164242	30685	11361	69018
4.按产业构成分	By Type of Industry				
第一产业	Primary Industry	2768684	7494	21650	3761514
第二产业	Secondary Industry	33601386	405816	2286040	113530
第三产业	Tertiary Industry	42758703	715123	1179682	643672
二、本年新增固定资产	Newly Increased Fixed Assets This Year	37145100	259888	652410	4346004
三、房屋建筑面积及竣工价值	Floor Space and Value of Buildings				
本年施工房屋面积(万平方米)	Floor Space of Buildings under Construction This Year (10 000 sq.m)	21685.47	417.05	573.82	3801.13
# 住 宅	Residential Buildings	13485.77	292.48	346.64	3435.24
本年竣工房屋面积(万平方米)	Floor Space of Buildings Completed This Year (10 000 sq.m)	2761.59	5.74	72.23	3220.73
# 住 宅	Residential Buildings	1434.87	4.84	50.01	3089.59
本年竣工房屋价值	Value of Buildings Completed This Year	2661643	9230	8022	2720381
# 住 宅	Residential Buildings	798794	9000	8017	2528542

6-6 各市(区)全社会固定资产投资
Total Investment in Fixed Assets of the Whole Province by City(District)

地 区	Region	投资额(亿元) Total Investment(100 million yuan)				比上年增长(%) Growth Rate(%)			
		2010	2011	2012	2013	2010	2011	2012	2013
西安市	Xi'an	3250.56	3352.12	4243.43	5134.56	30.0	30.2	26.6	21.0
铜川市	Tongchuan	117.23	145.96	201.81	260.02	33.0	32.6	38.3	28.0
宝鸡市	Baoji	835.22	1008.03	1311.69	1669.78	30.7	31.9	30.1	27.3
咸阳市	Xianyang	1050.54	1263.10	1616.47	2054.53	31.2	31.3	28.0	27.1
渭南市	Weinan	742.25	912.94	1172.21	1467.61	45.7	30.2	28.4	25.2
# 韩城市	Hancheng	94.72	120.40	156.56	200.79	36.5	27.4	30.0	28.3
延安市	Yan'an	724.53	815.21	1032.06	1321.04	30.0	29.2	26.6	28.0
汉中市	Hanzhong	312.80	411.33	534.86	679.27	31.2	30.2	30.0	27.0
榆林市	Yulin	1105.46	1378.73	1771.23	1827.91	30.0	32.1	28.5	3.2
安康市	Ankang	360.05	304.49	380.27	482.56	32.0	29.2	24.9	26.9
商洛市	Shangluo	290.07	308.36	391.60	496.16	31.6	30.9	27.0	26.7
杨凌示范区	Yangling	36.33	55.01	76.08	91.37	63.2	45.5	38.3	20.1

6-7 各行业按构成分的固定资产投资(2013年)

Investment by Sector and Use of Funds in the Whole Province (2013)

单位：万元 (10 000 yuan)

行　业	Sector	投资额 Investment	建筑工程 Construction	安装工程 Installation	设备工器具购置 Purchase of Equipment and Instruments	其他费用 Other Expenses
全省总计	**Total**	**155835800**	**110026596**	**13862923**	**19629852**	**12316429**
农、林、牧、渔业	Agriculture, Forestry, Animal Husbandry and Fishery	6405059	4653730	339134	618380	793815
农　业	Farming	3026005	2166374	151301	287960	420370
林　业	Forestry	743133	502727	45544	22449	172413
畜牧业	Animal Husbandry	1355426	1042569	67747	167256	77854
渔　业	Fishery	119254	82923	4222	14556	17553
农、林、牧、渔服务业	Service in Support of Agriculture	1161241	859137	70320	126159	105625
采矿业	Mining	19094296	11216588	3295998	3036057	1545653
煤炭开采和洗选业	Mining and Washing of Coal	8801988	4362421	1645414	1894408	899745
石油和天然气开采业	Extraction of Petroleum and Natural Gas	8456816	5931698	1488854	722132	314132
黑色金属矿采选业	Mining and Processing of Ferrous Metal Ores	279374	130714	43925	81616	23119
有色金属矿采选业	Mining and Processing of Non-Ferrous Metal Ores	815060	398925	27412	138002	250721
非金属矿采选业	Mining and Processing of Non-metal Ores	299939	192767	29875	62219	15078
开采辅助活动	Support Activities for Mining	430103	198063	52018	137164	42858
其他采矿业	Mining of Other Ores	11016	2000	8500	516	
制造业	Manufacturing	28824860	14919865	2982388	9005584	1917023
农副食品加工业	Processing of Food from Agricultural Products	1379647	827966	120685	352527	78469
食品制造业	Manufacture of Foods	602386	358308	45759	172051	26268
酒、饮料和精制茶制造业	Manufacture of Liquor, Beverages and Refined Tea	886782	514839	25673	271664	74606
烟草制品业	Manufacture of Tobacco	75721	17658	9925	44755	3383
纺织业	Manufacture of Textile	602156	232032	66701	274205	29218
纺织服装、服饰业	Manufacture of Textile, Wearing Apparel and Accessories	145014	65618	11272	33219	34905
皮革、毛皮、羽毛及其制品和制鞋业	Manufacture of Leather, Fur, Feather and Related Products and Footwear	27123	10554	1326	14043	1200
木材加工和木、竹、藤、棕、草制品业	Processing of Timber, Manufacture of Wood, Bamboo, Rattan,Palm and Straw Products	183784	104518	17662	54973	6631
家具制造业	Manufacture of Furniture	210216	121120	50022	34081	4993
造纸和纸制品业	Manufacture of Paper and Paper Products	334881	178182	24742	100556	31401
印刷和记录媒介复制业	Printing and Reproduction of Recording Media	277368	155924	10986	104661	5797
文教、工美、体育和娱乐用品制造业	Manufacture of Articles for Culture, Education, Arts and Crafts, Sport and Entertainment Activities	52402	39228	1595	9252	2327
石油加工、炼焦和核燃料加工业	Processing of Petroleum, Coking and Processing of Nuclear Fuel	2111135	1090142	280463	611211	129319
化学原料和化学制品制造业	Manufacture of Raw Chemical Materials and Chemical Products	5245270	2008370	896858	1621112	718930
医药制造业	Manufacture of Medicines	708521	421976	55297	180653	50595
化学纤维制造业	Manufacture of Chemical Fibres	34377	18490	3490	11117	1280
橡胶和塑料制品业	Manufacture of Rubber and Plastics Products	521101	381905	13942	106181	19073
非金属矿物制品业	Manufacture of Non-metallic Mineral Products	2499712	1383251	248645	698923	168893
黑色金属冶炼和压延加工业	Smelting and Pressing of Ferrous Metals	506541	210680	60100	221313	14448
有色金属冶炼和压延加工业	Smelting and Pressing of Non-ferrous Metals	1391916	582421	141768	605845	61882
金属制品业	Manufacture of Metal Products	1094859	554428	130239	358548	51644
通用设备制造业	Manufacture of General Purpose Machinery	1523063	665317	206402	547984	103360

6-7 续表 1 continued

单位：万元 (10 000 yuan)

行业	Sector	投资额 Invest-ment	建筑工程 Construc-tion	安装工程 Install-ation	设备工器具购置 Purchase of Equipment and Instruments	其他费用 Other Expenses
专用设备制造业	Manufacture of Special Purpose Machinery	1675732	1049153	129662	406655	90262
汽车制造业	Manufacture of Automobiles	1490783	802858	60478	590659	36788
铁路、船舶、航空航天和其他运输设备制造业	Manufacture of Railway, Ship, Aerospace and Other Transport Equipments	726345	343851	76165	271477	34852
电气机械和器材制造业	Manufacture of Electrical Machinery and Apparatus	1609093	731891	222532	610304	44366
计算机、通信和其他电子设备制造业	Manufacture of Computers, Communication and Other Electronic Equipment	2168694	1598810	28951	491659	49274
仪器仪表制造业	Manufacture of Measuring Instruments and Machinery	321602	194546	19643	96517	10896
其他制造业	Other Manufacture	208763	162079	5641	38913	2130
废弃资源综合利用业	Utilization of Waste Resources	75971	38422	7714	25296	4539
金属制品、机械和设备修理业	Repair Service of Metal Products, Machinery and Equipment	133902	55328	8050	45230	25294
电力、热力、燃气及水生产和供应业	Production and Supply of Electricity, Heat, Gas and Water	5795173	2781119	980775	1709969	323310
电力、热力生产和供应业	Production and Supply of Electric Power and Heat Power	3700994	1251038	731291	1487201	231464
燃气生产和供应业	Production and Supply of Gas	1199275	869542	165006	138230	26497
水的生产和供应业	Production and Supply of Water	894904	660539	84478	84538	65349
建筑业	Construction	2900429	1615917	132169	1055937	96406
房屋建筑业	Construction of Buildings	975597	487466	32852	423822	31457
土木工程建筑业	Civil Engineering	1627806	913148	67646	598433	48579
建筑安装业	Building Installation	56063	25076	4495	24242	2250
建筑装饰和其他建筑业	Building Decoration and Other Constructions	240963	190227	27176	9440	14120
批发和零售业	Wholesale and Retail Trades	4484524	3537177	325852	379755	241740
批发业	Wholesale Trade	1918624	1584872	80884	152732	100136
零售业	Retail Trade	2565900	1952305	244968	227023	141604
交通运输、仓储和邮政业	Transport, Storage and Post	12354921	9454307	923784	844267	1132563
铁路运输业	Railway Transport	2518060	1637534	262271	255697	362558
道路运输业	Road Transport	7385109	6121100	455667	298116	510226
水上运输业	Water Transport	3222	3222			
航空运输业	Air Transport	112100	83865	9692	16603	1940
管道运输业	Transport Via Pipelines	232658	132334	78550	13783	7991
装卸搬运和运输代理业	Loading, Unloading and Forwarding Agency	521756	324704	41219	104690	51143
仓储业	Storage	1494754	1070888	75753	154408	193705
邮政业	Post	87262	80660	632	970	5000
住宿和餐饮业	Hotels and Catering Services	2655664	2205399	190759	134354	125152
住宿业	Hotels	2107227	1809379	122811	76087	98950
餐饮业	Catering Services	548437	396020	67948	58267	26202
信息传输、软件和信息技术服务业	Information Transmission, Software and Information Technology	855985	311644	187170	334143	23028
电信、广播电视和卫星传输服务	Telecommunication, Radio and Television and Satellite Transmission Service	635725	149021	173726	297236	15742
互联网和相关服务	Internet and Related Service	36011	25010	6641	4360	
软件和信息技术服务业	Software and Information Technology	184249	137613	6803	32547	7286

6-7 续表 2 continued

单位：万元 (10 000 yuan)

行　　业	Sector	投资额 Investment	建筑工程 Construction	安装工程 Installation	设备工器具购置 Purchase of Equipment and Instruments	其他费用 Other Expenses
金融业	Financial Intermediation	343530	287197	9487	26518	20328
货币金融服务	Monetary and Financial Service	263426	213693	6587	25018	18128
保险业	Insurance	12900	11900	100	700	200
其他金融业	Other Financial Activities	67204	61604	2800	800	2000
房地产业	Real Estate	43812422	36084535	3142589	595661	3989637
房地产业	Real Estate	43812422	36084535	3142589	595661	3989637
租赁和商务服务业	Leasing and Business Services	1746126	1359711	88114	174472	123829
租赁业	Leasing	60046	26244	30	32232	1540
商务服务业	Business Services	1686080	1333467	88084	142240	122289
科学研究和技术服务业	Scientific Research and Technical Services	1621461	1060499	85717	334640	140605
研究和试验发展	Research and Experimental Development	711120	535148	52724	70184	53064
专业技术服务业	Professional Technical Services	646563	327754	22350	243342	53117
科技推广和应用服务业	Science and Technology Popularization and Application Services	263778	197597	10643	21114	34424
水利、环境和公共设施管理业	Management of Water Conservancy, Environment and Public Facilities	16833039	14281516	768990	569577	1212956
水利管理业	Management of Water Conservancy	2600396	2359671	59962	63337	117426
生态保护和环境治理业	Ecological Protection and Environmental Treatment	644987	442775	62081	120212	19919
公共设施管理业	Management of Public Facilities	13587656	11479070	646947	386028	1075611
居民服务、修理和其他服务业	Service to Households, Repair and Other Services	539378	385363	35224	70282	48509
居民服务业	Service to Households	256695	187001	13340	23031	33323
机动车、电子产品和日用产品修理业	Repair of Motor Vehicle, Electronics and Household Products	125516	69104	11033	39783	5596
其他服务业	Other Services	157167	129258	10851	7468	9590
教　育	Education	2017759	1710523	88785	108976	109475
教　育	Education	2017759	1710523	88785	108976	109475
卫生和社会工作	Health and Social Service	1814000	1229446	121705	398635	64214
卫　生	Health	1525477	983206	108658	388715	44898
社会工作	Social Service	288523	246240	13047	9920	19316
文化、体育和娱乐业	Culture, Sports and Entertainment	1464881	1026706	76328	143752	218095
新闻和出版业	Journalism and Publishing Activities	47779	38021	300	9458	
广播、电视、电影和影视录音制作业	Radio, Television, Motion Picture and Videotape Programme Production Services	77823	46701	3144	20840	7138
文化艺术业	Cultural and Art Activities	817360	529848	42420	85020	160072
体　育	Sports Activities	233924	191753	14225	5770	22176
娱乐业	Entertainment	287995	220383	16239	22664	28709
公共管理、社会保障和社会组织	Public Management, Social Security and Social Organization	2272293	1905354	87955	88893	190091
中国共产党机关	Organs of Communist Party of China	19061	18974			87
国家机构	Government Agencies	2014075	1733246	74269	84359	122201
社会保障	Social Security	29154	22367	1820	129	4838
群众团体、社会团体和其他成员组织	Non-Governmental Organizations, Social Organizations and Membership Organizations	148888	82985	6667	230	59006
基层群众自治组织	Grass Roots Self-Governing Organizations	61115	47782	5199	4175	3959

6-8 分行业固定资产投资施工、投产项目个数及新增固定资产(2013年)
Number of Investment Projects under Construction and Put into Use and Newly Increased Fixed Assets by Sector in the Whole Province(2013)

行　　业	Sector	施工项目 (个) Number of Projects under Construction (unit)	全部建成投产项目 (个) Number of Projects Completed and Put into Use (unit)	施工项目计划总投资 (万元) Total Planned Investment of Projects under Construction (10 000 yuan)	本年完成投资额 (万元) Investment Completed This Year (10 000 yuan)	本年新增固定资产 (万元) Newly Increased Fixed Assets This Year (10 000 yuan)
全 省 总 计	**Total**	**18314**	**10321**	**449526934**	**155835800**	**86891198**
农、林、牧、渔业	Agriculture, Forestry, Animal Husbandry and Fishery	1793	1317	10165522	6405059	5033437
农　业	Farming	689	481	4896197	3026005	2172438
林　业	Forestry	223	181	1221223	743133	584960
畜牧业	Animal Husbandry	394	293	2229393	1355426	1238135
渔　业	Fishery	47	30	190727	119254	92223
农、林、牧、渔服务业	Service in Support of Agriculture	440	332	1627982	1161241	945681
采矿业	Mining	753	438	38797066	19094296	10555598
煤炭开采和洗选业	Mining and Washing of Coal	300	170	25405879	8801988	4223366
石油和天然气开采业	Extraction of Petroleum and Natural Gas	159	80	9117978	8456816	4999309
黑色金属矿采选业	Mining and Processing of Ferrous Metal Ores	41	19	858789	279374	188907
有色金属矿采选业	Mining and Processing of Non-Ferrous Metal Ores	97	48	1909431	815060	502629
非金属矿采选业	Mining and Processing of Non-metal Ores	91	69	871398	299939	296128
开采辅助活动	Support Activities for Mining	62	50	607175	430103	334843
其他采矿业	Mining of Other Ores	3	2	26416	11016	10416
制造业	Manufacturing	3037	1916	82415746	28824860	15728867
农副食品加工业	Processing of Food from Agricultural Products	304	194	2641138	1379647	955564
食品制造业	Manufacture of Foods	114	75	1028792	602386	443289
酒、饮料和精制茶制造业	Manufacture of Liquor, Beverages and Refined Tea	134	79	1728627	886782	629218
烟草制品业	Manufacture of Tobacco	9	1	198219	75721	10190
纺织业	Manufacture of Textile	72	53	937895	602156	313104
纺织服装、服饰业	Manufacture of Textile, Wearing Apparel and Accessories	23	17	429138	145014	69708
皮革、毛皮、羽毛及其制品和制鞋业	Manufacture of Leather, Fur, Feather and Related Products and Footwear	6	4	32558	27123	17223
木材加工和木、竹、藤、棕、草制品业	Processing of Timber, Manufacture of Wood, Bamboo, Rattan,Palm and Straw Products	38	30	257690	183784	170281
家具制造业	Manufacture of Furniture	29	24	264943	210216	148547
造纸和纸制品业	Manufacture of Paper and Paper Products	65	46	667028	334881	243201
印刷和记录媒介复制业	Printing and Reproduction of Recording Media	32	22	427896	277368	200889
文教、工美、体育和娱乐用品制造业	Manufacture of Articles for Culture, Education, Arts and Crafts, Sport and Entertainment Activities	14	10	87641	52402	37163
石油加工、炼焦和核燃料加工业	Processing of Petroleum, Coking and Processing of Nuclear Fuel	78	28	8687679	2111135	597564
化学原料和化学制品制造业	Manufacture of Raw Chemical Materials and Chemical Products	217	116	19532261	5245270	1435534
医药制造业	Manufacture of Medicines	119	63	1845522	708521	410513
化学纤维制造业	Manufacture of Chemical Fibres	5	2	103263	34377	9952
橡胶和塑料制品业	Manufacture of Rubber and Plastics Products	81	53	987688	521101	392331
非金属矿物制品业	Manufacture of Non-metallic Mineral Products	417	301	5264410	2499712	2289401
黑色金属冶炼和压延加工业	Smelting and Pressing of Ferrous Metals	41	21	2258929	506541	262568
有色金属冶炼和压延加工业	Smelting and Pressing of Non-ferrous Metals	120	62	4771807	1391916	499669
金属制品业	Manufacture of Metal Products	141	96	2202238	1094859	1021726
通用设备制造业	Manufacture of General Purpose Machinery	227	166	3096126	1523063	1297469

6-8 续表 1 continued

行业	Sector	施工项目(个) Number of Projects under Construction (unit)	全部建成投产项目(个) Number of Projects Completed and Put into Use (unit)	施工项目计划总投资(万元) Total Planned Investment of Projects under Construction (10 000 yuan)	本年完成投资额(万元) Investment Completed This Year (10 000 yuan)	本年新增固定资产(万元) Newly Increased Fixed Assets This Year (10 000 yuan)
专用设备制造业	Manufacture of Special Purpose Machinery	211	134	3948940	1675732	1216811
汽车制造业	Manufacture of Automobiles	131	96	3532793	1490783	1059250
铁路、船舶、航空航天和其他运输设备制造业	Manufacture of Railway, Ship, Aerospace and Other TransportEquipments	101	61	1526529	726345	404291
电气机械和器材制造业	Manufacture of Electrical Machinery and Apparatus	142	73	7497824	1609093	751242
计算机、通信和其他电子设备制造业	Manufacture of Computers, Communication and Other Electronic Equipment	77	34	6701426	2168694	391709
仪器仪表制造业	Manufacture of Measuring Instruments and Machinery	34	18	682510	321602	244051
其他制造业	Other Manufacture	20	12	494935	208763	64855
废弃资源综合利用业	Utilization of Waste Resources	19	14	117625	75971	83958
金属制品、机械和设备修理业	Repair Service of Metal Products, Machinery and Equipment	16	11	461676	133902	57596
电力、热力、燃气及水生产和供应业	Production and Supply of Electricity, Heat, Gas and Water	681	424	14540406	5795173	3892915
电力、热力生产和供应业	Production and Supply of Electric Power and Heat Power	341	203	10735281	3700994	2233576
燃气生产和供应业	Production and Supply of Gas	129	84	2047670	1199275	1011548
水的生产和供应业	Production and Supply of Water	211	137	1757455	894904	647791
建筑业	Construction	433	260	5040479	2900429	1857873
房屋建筑业	Construction of Buildings	148	71	1937186	975597	517229
土木工程建筑业	Civil Engineering	238	162	2525671	1627806	1178896
建筑安装业	Building Installation	9	5	79230	56063	36743
建筑装饰和其他建筑业	Building Decoration and Other Constructions	38	22	498392	240963	125005
批发和零售业	Wholesale and Retail Trades	639	396	11223059	4484524	2391633
批发业	Wholesale Trade	199	122	5316856	1918624	883195
零售业	Retail Trade	440	274	5906203	2565900	1508438
交通运输、仓储和邮政业	Transport, Storage and Post	1101	690	47569840	12354921	11117245
铁路运输业	Railway Transport	43	17	13342217	2518060	3392548
道路运输业	Road Transport	768	522	27259992	7385109	6504289
水上运输业	Water Transport	1	1	3222	3222	3222
航空运输业	Air Transport	6	3	367312	112100	190680
管道运输业	Transport Via Pipelines	23	11	478491	232658	99665
装卸搬运和运输代理业	Loading, Unloading and Forwarding Agency	62	33	1141540	521756	242362
仓储业	Storage	189	96	4865364	1494754	616767
邮政业	Post	9	7	111702	87262	67712
住宿和餐饮业	Hotels and Catering Services	346	207	5512039	2655664	1934269
住宿业	Hotels	233	123	4675650	2107227	1548334
餐饮业	Catering Services	113	84	836389	548437	385935
信息传输、软件和信息技术服务业	Information Transmission, Software and Information Technology	108	61	2362844	855985	310737
电信、广播电视和卫星传输服务	Telecommunication, Radio and Television and Satellite Transmission Service	77	47	1469504	635725	235176
互联网和相关服务	Internet and Related Service	4	4	73826	36011	27801
软件和信息技术服务业	Software and Information Technology	27	10	819514	184249	47760

6-8 续表 2 continued

行业	Sector	施工项目（个）Number of Projects under Construction (unit)	全部建成投产项目（个）Number of Projects Completed and Put into Use (unit)	施工项目计划总投资（万元）Total Planned Investment of Projects under Construction (10 000 yuan)	本年完成投资额（万元）Investment Completed This Year (10 000 yuan)	本年新增固定资产（万元）Newly Increased Fixed Assets This Year (10 000 yuan)
金融业	Financial Intermediation	32	17	789171	343530	171767
货币金融服务	Monetary and Financial Service	25	14	518291	263426	158912
保险业	Insurance	2	2	81980	12900	9055
其他金融业	Other Financial Activities	5	1	188900	67204	3800
房地产业	Real Estate	4428	1521	163146824	43812422	17143909
房地产业	Real Estate	4428	1521	163146824	43812422	17143909
租赁和商务服务业	Leasing and Business Services	135	68	5963349	1746126	538112
租赁业	Leasing	4	3	60823	60046	47324
商务服务业	Business Services	131	65	5902526	1686080	490788
科学研究和技术服务业	Scientific Research and Technical Services	200	109	5733351	1621461	903376
研究和试验发展	Research and Experimental Development	51	19	3064936	711120	287741
专业技术服务业	Professional Technical Services	95	63	1520636	646563	523580
科技推广和应用服务业	Science and Technology Popularization and Application Services	54	27	1147779	263778	92055
水利、环境和公共设施管理业	Management of Water Conservancy, Environment and Public Facilities	2717	1743	38003625	16833039	9691501
水利管理业	Management of Water Conservancy	542	370	6450043	2600396	1413790
生态保护和环境治理业	Ecological Protection and Environmental Treatment	119	82	1138967	644987	447292
公共设施管理业	Management of Public Facilities	2056	1291	30414615	13587656	7830419
居民服务、修理和其他服务业	Service to Households, Repair and Other Services	150	98	1910571	539378	461679
居民服务业	Service to Households	89	54	678718	256695	243127
机动车、电子产品和日用产品修理业	Repair of Motor Vehicle, Electronics and Household Products	34	27	157267	125516	104999
其他服务业	Other Services	27	17	1074586	157167	113553
教　育	Education	575	385	4134751	2017759	1393016
教　育	Education	575	385	4134751	2017759	1393016
卫生和社会工作	Health and Social Service	296	182	3450953	1814000	1325888
卫　生	Health	208	119	2881522	1525477	1086439
社会工作	Social Service	88	63	569431	288523	239449
文化、体育和娱乐业	Culture, Sports and Entertainment	305	169	4452057	1464881	922940
新闻和出版业	Journalism and Publishing Activities	14	7	144558	47779	7680
广播、电视、电影和影视录音制作业	Radio, Television, Motion Picture and Videotape Programme Production Services	21	11	110595	77823	47566
文化艺术业	Cultural and Art Activities	160	92	3137096	817360	598379
体　育	Sports Activities	61	36	388370	233924	142808
娱乐业	Entertainment	49	23	671438	287995	126507
公共管理、社会保障和社会组织	Public Management, Social Security and Social Organization	585	320	4315281	2272293	1516436
中国共产党机关	Organs of Communist Party of China	4	3	35593	19061	23602
国家机构	Government Agencies	521	284	3657816	2014075	1359459
社会保障	Social Security	21	6	63861	29154	7071
群众团体、社会团体和其他成员组织	Non-Governmental Organizations,Social Organizations and Membership Organizations	13	8	478665	148888	84063
基层群众自治组织	Grass Roots Self-Governing Organizations	26	19	79346	61115	42241

6-9 固定资产投资新增生产能力或效益(2013年)
Newly Increased Production Capacity or Project Efficiency through Investment(2013)

名 称	Item	能力或效益 Capacity or Efficiency
原煤开采 (万吨/年)	Coal Mining (10 000 tons/year)	2346
洗 煤 (万吨/年)	Coal Washing (10 000 tons/year)	1339
焦 炭 (万吨/年)	Coke (10 000 tons/year)	139
天然原油开采 (万吨/年)	Petroleum Extraction (10 000 tons/year)	1218.68
天然气开采 (亿立方米/年)	Natural Gas Extraction (100 million cu.m/year)	702.8
石油加工：蒸馏设备能力(处理万吨/年)	Petroleum Processing: Distillation Equipment Capacity (Processing 10 000 tons/year)	318
裂化设备能力(处理万吨/年)	Cracking Equipment Capacity (Processing 10 000 tons/year)	699
铁矿开采(原矿) (万吨/年)	Iron-Ore Mining (10 000 tons/year)	199
铁矿选矿处理原矿量 (万吨/年)	Iron Ore Processing Ore Quantity (10 000 tons/year)	65.35
粗 钢 (万吨/年)	Crude Steel (10 000 tons/year)	3.5
铁合金 (折标吨/年)	Ferroalloy (standard ton/year)	45
钢 材 (万吨/年)	Rolled Steel (10 000 tons/year)	244.3
铜选矿：处理原矿 (万吨/年)	Copper Processing:Processing Ore (10 000 tons/year)	500
铜冶炼 (吨/年)	Copper Smelting (ton/year)	400
# 电解铜	Electrolytic Copper	300
铅锌采矿(原矿) (万吨/年)	Lead and Zinc Mining (10 000 tons/year)	40.3
铅锌选矿：处理原矿 (万吨/年)	Lead-zinc Ore:Processing Ore (10 000 tons/year)	19.6
铅含量 (吨/年)	Lead Content (ton/year)	520
锌含量 (吨/年)	Zinc Content (ton/year)	3600
铅冶炼 (吨/年)	Lead Smelting (ton/year)	800
铝加工 (吨/年)	Aluminium fabrication (ton/year)	60830
黄 金 (公斤/年)	Gold (kilogram /year)	1378.6
水力发电 (万千瓦)	Hydraulic Power (10 000 kw)	148.71
风力发电 (万千瓦)	Wind Power (10 000 kw)	41.1
太阳能发电 (万千瓦)	Solar Energy (10 000 kw)	15.7
其他发电 (万千瓦)	Others (10 000 kw)	3
输电线路长度(11万伏及以上) (公里)	Length of Transmission Lines (above 110 000 VA) (km)	1776.19
水 泥 (万吨/年)	Cement (10 000 tons/year)	1180.7
平板玻璃 (万重量箱/年)	Plate Glass (10 000 Weight-boxs/year)	1499
氮 肥 (吨/年)	Nitrogen Fertilizers (ton/year)	34868
磷 肥 (吨/年)	Phosphate Fertilizer (ton/year)	122666
钾 肥 (吨/年)	Potash Fertilizer (ton/year)	11236
塑料树脂及共聚物 (吨/年)	Plastic Resin and Copolymer (ton/year)	1170520
内燃机 (台/年)	Combustion Engine (unit/year)	1100
轿车制造 (辆/年)	Car Manufacturing (unit/year)	60000
电视机 (万部/年)	TV Sets (10 000 units/year)	12.8
化学纤维 (吨/年)	Chemical Fiber (ton/year)	105
棉纺锭 (万锭)	Cotton Spirit (10 000 unit)	21570
白 酒 (万吨/年)	White Spirit (10 000 tons/year)	2.21
其他酒 (万吨/年)	Other Alcohols (10 000 tons/year)	0.39
新建铁路里程 (公里)	Newly Railway (km)	177.2
复线里程	Double-Tracking Length	242.8
电气化铁路里程	Length of Electrified Railways	168.2
高速铁路里程	Length of High-speed Railway	137.8
新建公路 (公里)	Newly Highways (km)	2705.03
# 高速公路	Expressway	402.6
一级公路	First Class	110.5
二级公路	Second Class	261.67
改建公路 (公里)	Reconstructed Highways (km)	2888.16
# 一级公路	First Class	93.37
二级公路	Second Class	220.67
新建独立公路桥梁 (延长米)	New-built Separate Highway Bridge (linear-meter)	6460.32
新建独立公路桥梁 (座)	New-built Separate Highway Bridge (unit)	28.9
新建独立公路隧道 (延长米)	New-built Separate Highway Tunnel (linear-meter)	1090
新建独立公路隧道 (处)	New-built Separate Highway Tunnel (unit)	2
新(扩)建客、货运站 (个)	New (expanded) Passenger and Freight Stations (unit)	15
新(扩)建客、货运站 (平方米)	New (expanded) Passenger and Freight Stations (sq.m)	71386.2
城市自来水供水能力 (万吨/日)	Tap Water Supply Capacity in City (10 000 tons/day)	9.25
城市污水处理能力 (万吨/日)	Waste Water Treated Capacity in City (10 000 tons/day)	177.8

6-10 分行业工业投资(2013年)
Investment of Industrial by Sector(2013)

单位：万元 (10 000 yuan)

行业	Sector	投资额 Investment	# 改建和技术改造 Reconstruction and Technical Transformation
工业投资合计	**Total of Industrial Investment**	**53714329**	**5560639**
采矿业	Mining	19094296	2166909
煤炭开采和洗选业	Mining and Washing of Coal	8801988	821198
石油和天然气开采业	Extraction of Petroleum and Natural Gas	8456816	730343
黑色金属矿采选业	Mining and Processing of Ferrous Metal Ores	279374	56225
有色金属矿采选业	Mining and Processing of Non-Ferrous Metal Ores	815060	323528
非金属矿采选业	Mining and Processing of Non-metal Ores	299939	41901
开采辅助活动	Support Activities for Mining	430103	193714
其他开采业	Mining of Other Ores	11016	
制造业	Manufacturing	28824860	2702087
农副食品加工业	Processing of Food from Agricultural Products	1379647	141064
食品制造业	Manufacture of Foods	602386	66878
酒、饮料和精制茶制造业	Manufacture of Liquor, Beverages and Refined Tea	886782	50255
烟草制品业	Manufacture of Tobacco	75721	4700
纺织业	Manufacture of Textile	602156	61758
纺织服装和服饰业	Manufacture of Textile, Wearing Apparel and Accessories	145014	17250
皮革、毛皮、羽毛(绒)及其制品业	Manufacture of Leather, Fur, Feather and Related Products and Footwear	27123	6065
木材加工及木、竹、藤、棕、草制品业	Processing of Timber, Manufacture of Wood, Bamboo, Rattan, Palm and Straw Products	183784	31059
家具制造业	Manufacture of Furniture	210216	24060
造纸及纸制品业	Manufacture of Paper and Paper Products	334881	24897
印刷业和记录媒介的复制	Printing and Reproduction of Recording Media	277368	20980
文教体育用品制造业	Manufacture of Articles for Culture, Education, Arts and Crafts, Sport and Entertainment Activities	52402	6481
石油加工、炼焦及核燃料加工业	Processing of Petroleum, Coking and Processing of Nuclear Fuel	2111135	231737
化学原料及化学制品制造业	Manufacture of Raw Chemical Materials and Chemical Products	5245270	225103
医药制造业	Manufacture of Medicines	708521	116845
化学纤维制造业	Manufacture of Chemical Fibres	34377	2352
橡胶和塑料制品业	Manufacture of Rubber and Plastics Products	521101	53010
非金属矿制品业	Manufacture of Non-metallic Mineral Products	2499712	198436
黑色金属冶炼和压延加工业	Smelting and Pressing of Ferrous Metals	506541	154644
有色金属冶炼和压延加工业	Smelting and Pressing of Non-ferrous Metals	1391916	137574
金属制品业	Manufacture of Metal Products	1094859	95659
通用设备制造业	Manufacture of General Purpose Machinery	1523063	212664
专用设备制造业	Manufacture of Special Purpose Machinery	1675732	339504
汽车制造业	Manufacture of Automobiles	1490783	101522
铁路、船舶、航空航天等制造业	Manufacture of Railway, Ship, Aerospace and Other Transport Equipments	726345	103030
电气机械及器材制造业	Manufacture of Electrical Machinery and Apparatus	1609093	178431
计算机、通信和其他电子设备制造业	Manufacture of Computers, Communication and Other Electronic Equipment	2168694	68986
仪器仪表制造业	Manufacture of Measuring Instruments and Machinery	321602	2815
其他制造业	Other Manufacture	208763	8628
废弃资源综合利用业	Utilization of Waste Resources	75971	
金属制品、机械和设备修理业	Repair Service of Metal Products, Machinery and Equipment	133902	15700
电力、热力、燃气及水的生产和供应业	Production and Supply of Electricity, Heat, Gas and Water	5795173	691643
电力、热力的生产和供应业	Production and Supply of Electric Power and Heat Power	3700994	567296
燃气生产和供应业	Production and Supply of Gas	1199275	69455
水的生产和供应业	Production and Supply of Water	894904	54892

6-11　民间投资(2013年)
Private Investment(2013)

行　　业	Sector	投资额(万元) Investment (10 000 yuan)	占民间投资比重(%) Rate (%)
民间投资合计	**Total of Private Investment**	**69934105**	**100.0**
农、林、牧、渔业	Agriculture, Forestry, Animal Husbandry and Fishery	3899173	5.6
采矿业	Mining	4121181	5.9
制造业	Manufacturing	18237887	26.1
电力、燃气及水的生产和供应业	Production and Supply of Electricity, Heat, Gas and Water	1259779	1.8
建筑业	Construction	794238	1.1
批发和零售业	Wholesale and Retail Trades	3677321	5.3
交通运输、仓储和邮政业	Transport, Storage and Post	2239088	3.2
住宿和餐饮业	Hotels and Catering Services	2105732	3.0
信息传输、软件和信息技术服务业	Information Transmission, Software and Information Technology	148039	0.2
金融业	Financial Intermediation	92059	0.1
房地产业	Real Estate	26697308	38.2
租赁和商务服务业	Leasing and Business Services	650531	0.9
科学研究和技术服务业	Scientific Research and Technical Services	608493	0.9
水利、环境和公共设施管理业	Management of Water Conservancy, Environment and Public Facilities	3743647	5.4
居民服务、修理和其他服务业	Service to Households, Repair and Other Services	226541	0.3
教　育	Education	358130	0.5
卫生和社会工作	Health and Social Service	368323	0.5
文化、体育和娱乐业	Culture, Sports and Entertainment	525605	0.8
公共管理、社会保障和社会组织	Public Management, Social Security and Social Organization	181030	0.3

6-12　基础设施投资(2013年)
Investment for Basic Infrastructure(2013)

行　　业	Sector	投资额(万元) Investment (10 000 yuan)	占基础设施投资比重(%) Rate (%)
基础设施投资合计	**Total Investment of Infrastructure**	**31656762**	**100.0**
一、交通运输、仓储和邮政业	Transport, Storage and Post	12354921	39.0
铁路运输业	Railway Transport	2518060	8.0
道路运输业	Road Transport	7385109	23.3
水上运输业	Water Transport	3222	0.0
航空运输业	Air Transport	112100	0.4
管道运输业	Transport Via Pipelines	232658	0.7
装卸搬运和运输代理业	Loading, Unloading and Forwarding Agency	521756	1.6
仓储业	Storage	1494754	4.7
邮政业	Post	87262	0.3
二、信息传输、软件和信息技术服务业	Information Transmission, Software and Information Technology	855985	2.7
三、电网建设	Grid Construction	1612817	5.1
四、水利、环境和公共设施管理业	Management of Water Conservancy, Environment and Public Facilities	16833039	53.2
水利管理业	Management of Water Conservancy	2600396	8.2
生态保护和环境治理业	Ecological Protection and Environmental Treatment	644987	2.0
公共设施管理业	Management of Public Facilities	13587656	42.9

6-13 七大战略性新兴产业投资(2013年)
Investment of Seven Strategic Emerging Industries(2013)

行业	Sector	投资额(万元) Investment (10 000 yuan)	占战略性新兴产业投资比重(%) Rate (%)
七大战略性新兴产业投资合计	**Total Investment of Seven Strategic Emerging Industries**	**15943986**	**100.0**
节能环保产业	Energy Conservation and Environment Protection	1448901	9.1
新一代信息技术产业	New Generation of Enformation Technology	855985	5.4
生物产业	Living Things	736533	4.6
高端装备制造业	Manufacture of High-end Equipment	8441477	52.9
新能源产业	New Energy	180361	1.1
新材料产业	New Material	4097502	25.7
新能源汽车产业	New Energy Automobile	183227	1.1

6-14 文化产业投资(2013年)
Culture Industry Investment(2013)

行业	Sector	投资额(万元) Investment (10 000 yuan)	占文化产业投资比重(%) Rate (%)
文化产业投资合计	**Total Investment of Culture Industry**	**5591742**	**100.0**
新闻出版发行服务	News Publishing Service	47789	0.9
广播电视电影服务	Broadcasting Television and Film Service	77823	1.4
文化艺术服务	Arts and Cultural Service	982563	17.6
文化信息传输服务	Cultural Information Transmission Service	75349	1.3
文化创意和设计服务	Cultural Creative and Design Service	152240	2.7
文化休闲娱乐服务	Cultural and Recreational Service	2837190	50.7
工艺美术品的生产	Arts and Crafts Production	117464	2.1
文化产品生产的辅助生产	Subsidiary Production of Cultural Product	459776	8.2
文化用品的生产	Stationery Production	693512	12.4
文化专用设备的生产	Cultural Special Equipment Production	148036	2.6

6-15 全社会固定资产投资财务拨款资金来源(2013年)
Source of Funds of Investment in Fixed Assets for Finance Allocation in the Whole Province(2013)

单位：万元 (10 000 yuan)

指标	Item	合计 Total	固定资产投资 Investment in Fixed Assets	房地产开发 Real Estate Development	农户投资 Farm Households
一、本年资金来源合计	Total of Sources of Funds This Year	175518201	139310060	32701819	3506322
1.上年末结余资金	Funds of Last Year-end	12074071	5296171	6777900	
2.本年资金来源小计	Subtotal of Sources of Funds This Year	163444130	134013889	25923919	3506322
国家预算内资金	State Budget	8708360	8708360		
国内贷款	Domestic Loans	12627739	8931741	3260991	435007
债　券	Bond	335623	335623		
利用外资	Foreign Investment	458341	383941	74400	
# 外商直接投资	Foreign Direct Investment	318313	243913	74400	
自筹资金	Self-raising Fund	123754299	109279588	11431835	3042876
# 企事业单位自有资金	Enterprises and Institutions-owned Funds	20498617	16311673	4186944	
其他资金来源	Others	17559769	6374636	11156693	28440
二、本年各项应付款合计	Total Payment of this year	15470782	10810573	4660209	
# 工程款	Project Payment	7027812	4479499	2548313	

6-16 固定资产投资资金来源(2013年)
Source of Funds of Investment (2013)

单位：万元 (10 000 yuan)

指标	Item	总计 Total	按经济类型分 By Owership 国有经济单位 State-owned	按经济类型分 By Owership 其他经济单位 Others	按隶属关系分 By Jurisdiction of Management 中央单位 Central	按隶属关系分 By Jurisdiction of Management 地方单位 Local
一、本年实际到位资金合计	Total of Actual Funds This Year	139310060	64291754	75018306	13110127	126199933
1.上年末结余资金	Funds of Last Year-end	5296171	3079815	2216356	311909	4984262
2.本年实际到位资金小计	Subtotal of Actual Funds This Year	134013889	61211939	72801950	12798218	121215671
国家预算资金	State Budget	8708360	7765659	942701	516071	8192289
国内贷款	Domestic Loans	8931741	4565051	4366690	1660635	7271106
债　券	Bond	335623	331390	4233	325100	10523
利用外资	Foreign Investment	383941	92114	291827		383941
# 外商直接投资	Foreign Direct Investment	243913	14710	229203		243913
自筹资金	Self-raising Fund	109279588	44832338	64447250	10270729	99008859
# 企事业单位自有资金	Enterprises and Institutions-owned Funds	16311673	7539132	8772541	1577555	14734118
其他资金来源	Others	6374636	3625387	2749249	25683	6348953
二、本年各项应付款合计	Total Payment of this Year	10810573	6781689	4028884	670988	10139585
# 工程款	Project Payment	4479499	2819263	1660236	289165	4190334

注：本表不含房地产开发投资。
a) Data in this table do not include those of real estate development.

6-17 各市(区)固定资产投资资金来源(2013年)
Source of Funds of Investment by City(District)(2013)

单位：万元 (10 000 yuan)

地 区	Region	本年实际到位资金合计 Total of Actual Funds This Year	上年末结余资金 Funds of Last Year-end	本年实际到位资金小计 Subtotal of Actual Funds This Year	国家预算资金 State Budget	国内贷款 Domestic Loans	债券 Bond
全 省	**Shaanxi**	**139310060**	**5296171**	**134013889**	**8708360**	**8931741**	**335623**
西安市	Xi'an	39454994	1532730	37922264	1377008	1639929	12920
铜川市	Tongchuan	2223010	33758	2189252	373459	204419	
宝鸡市	Baoji	15717208	150085	15567123	1195745	821297	2233
咸阳市	Xianyang	20010032	578851	19431181	395830	797275	
渭南市	Weinan	11493067	395401	11097666	649965	365526	
# 韩城市	Hancheng	1940599	10944	1929655	118838	224247	
延安市	Yan'an	10249083	928118	9320965	1141506	286716	470
汉中市	Hanzhong	4942650	257380	4685270	480133	309310	3000
榆林市	Yulin	14790530	427819	14362711	1108169	1310420	
安康市	Ankang	4086568	49193	4037375	560212	107118	
商洛市	Shangluo	4508271	86085	4422186	654958	389695	2000
杨凌示范区	Yangling	735242	38682	696560	48180	29515	
不分地区	Not Classified by Region	11099405	818069	10281336	723195	2670521	315000

6-17 续表 continued

单位：万元 (10 000 yuan)

地 区	Region	利用外资 Foreign Investment	# 外商直接投资 Foreign Direct Investment	自筹资金 Self-raising Fund	# 企事业单位自有资金 Enterprises and Institutions-owned Funds	其他资金来源 Others	本年各项应付款合计 Total Payment of This Year	# 工程款 Project Payment
全 省	**Shaanxi**	**383941**	**243913**	**109279588**	**16311673**	**6374636**	**10810573**	**4479499**
西安市	Xi'an	132840	84989	33323851	4508864	1435716	1261675	560507
铜川市	Tongchuan	860		1296445	62652	314069	22250	11994
宝鸡市	Baoji	6764		12980482	351820	560602	1085479	215203
咸阳市	Xianyang	57820	24000	17043247	5721517	1137009	22764	2526
渭南市	Weinan	86828	86828	9313016	1470598	682331	1547204	1053905
# 韩城市	Hancheng			1486789	68807	99781	144487	3101
延安市	Yan'an	23277	7960	7094651	1724943	774345	2477053	511357
汉中市	Hanzhong	33036	22166	3361936	397422	497855	932898	610271
榆林市	Yulin	3000	3000	11583283	161351	357839	1966076	382511
安康市	Ankang	11326		3042395	255899	316324	525263	453230
商洛市	Shangluo	28190	14970	3064548	302333	282795	238784	164959
杨凌示范区	Yangling			603114	162233	15751	2185	1479
不分地区	Not Classified by Region			6572620	1192041		728942	511557

注：本表不含房地产开发投资。

a) Data in this table do not include those of real estate development.

6-18 各市(区)国有经济单位投资资金来源(2013年)
Source of Funds of Investment in State-Owned Units by City(District)(2013)

单位：万元 (10 000 yuan)

地区	Region	本年实际到位资金合计 Total of Actual Funds This Year	上年末结余资金 Funds of Last Year-end	本年实际到位资金小计 Subtotal of Actual Funds This Year	国家预算资金 State Budget	国内贷款 Domestic Loans	债券 Bond
全省	**Shaanxi**	**64291754**	**3079815**	**61211939**	**7765659**	**4565051**	**331390**
西安市	Xi'an	16763066	662360	16100706	1178852	1067265	12920
铜川市	Tongchuan	1244266	22307	1221959	353564	100279	
宝鸡市	Baoji	6847309	57568	6789741	1019622	113963	
咸阳市	Xianyang	7160581	143433	7017148	333600	245244	
渭南市	Weinan	4883774	222770	4661004	598171	228109	
# 韩城市	Hancheng	920862	381	920481	114644	201920	
延安市	Yan'an	8994820	736263	8258557	1031134	259090	470
汉中市	Hanzhong	1894076	104456	1789620	411269	71314	3000
榆林市	Yulin	7359157	252442	7106715	1092767	348115	
安康市	Ankang	1643516	23599	1619917	520146	33634	
商洛市	Shangluo	1977099	46029	1931070	461969	28440	
杨凌示范区	Yangling	396059	29219	366840	47380	21625	
不分地区	Not Classified by Region	5128031	779369	4348662	717185	2047973	315000

6-18 续表 continued

单位：万元 (10 000 yuan)

地区	Region	利用外资 Foreign Investment	# 外商直接投资 Foreign Direct Investment	自筹资金 Self-raising Fund	# 企事业单位自有资金 Enterprises and Institutions-owned Funds	其他资金来源 Others	本年各项应付款合计 Total Payment of This Year	# 工程款 Project Payment
全省	**Shaanxi**	**92114**	**14710**	**44832338**	**7539132**	**3625387**	**6781689**	**2819263**
西安市	Xi'an	45251		13209875	2283883	586543	349932	226941
铜川市	Tongchuan			494027	41477	274089	16804	11794
宝鸡市	Baoji	4880		5326972	79953	324304	619537	86910
咸阳市	Xianyang	800		5956293	1665211	481211	13973	2216
渭南市	Weinan			3461548	899460	373176	776826	489854
# 韩城市	Hancheng			560302	33716	43615	135870	150
延安市	Yan'an	20267	7960	6226541	1654957	721055	2229873	508614
汉中市	Hanzhong			1015762	207294	288275	606832	491584
榆林市	Yulin			5395877	107527	269956	1060480	166819
安康市	Ankang	3846		900876	60561	161415	262498	235149
商洛市	Shangluo	17070	6750	1293728	56055	129863	115192	87025
杨凌示范区	Yangling			282335	93930	15500	800	800
不分地区	Not Classified by Region			1268504	388824		728942	511557

注：本表不含房地产开发投资。
a) Data in this table do not include those of real estate development.

6-19 各市(区)按国民经济行业分的固定资产投资(2013年)
Investment by Sector and City(District)(2013)

单位：万元 (10 000 yuan)

地区	Region	总计 Total	农、林、牧、渔业 Agriculture, Forestry, Animal Husbandry & Fishery Industry	采矿业 Mining	制造业 Manufacturing	电力燃气及水的生产和供应业 Production and Distribution of Electricity, Gas and Water	建筑业 Construction	交通运输仓储和邮政业 Transport, Storage and Post	信息传输计算机服务和软件业 Information Transmission, Computer Service and Software	批发和零售业 Wholesale and Retail Trades	住宿和餐饮业 Hotels and Catering Services
全省	**Shaanxi**	**155835800**	**6405059**	**19094296**	**28824860**	**5795173**	**2900429**	**4484524**	**12354921**	**2655664**	**855985**
西安市	Xi'an	49732171	835356	120248	6871715	1634442	1146755	1386014	2428880	687210	477923
铜川市	Tongchuan	2324982	130239	276066	447074	127860	66776	80219	107325	64981	
宝鸡市	Baoji	15814387	1365371	339812	4391567	599914	245230	672679	984734	510556	64485
咸阳市	Xianyang	19580457	811449	1508298	4879231	391056	175289	1133174	1399409	329994	223972
渭南市	Weinan	13579479	1205137	1188738	3378604	277372	76740	597485	560874	651072	14382
# 韩城市	Hancheng	1972974	41395	536823	503385	45173		38165	94261	169195	601
延安市	Yan'an	11532873	504185	4329865	930720	636074	437819	205321	388106	42434	14275
汉中市	Hanzhong	5900383	319307	256278	1026665	232962	69818	166351	315712	78831	16320
榆林市	Yulin	15942330	384027	4010772	4994312	1312196	237550	129064	1103970	44244	15507
安康市	Ankang	4269929	419731	226972	908922	145219		26072	201151	73106	8350
商洛市	Shangluo	4657037	408619	431646	799971	190527	336840	78095	229286	157836	20771
杨凌示范区	Yangling	832468	21638		167822	95653	69907	10050	18471	15400	
不分地区	Not Classified by Region	11669304		6405601	28257	151898	37705		4617003		

6-19 续表 continued

单位：万元 (10 000 yuan)

地区	Region	金融业 Financial Intermediation	房地产业 Real Estate	租赁和商务服务业 Leasing and Business Services	科学研究技术服务和地质勘查业 Scientific Research, Technical Services, and Geological Prospecting	水利环境和公共设施管理业 Management of Water Conservancy, Environment and Public Facilities	居民服务和其他服务业 Services Households and Other Services	教育 Education	卫生社会保障和社会福利业 Health, Social Securities and Social Welfare	文化体育和娱乐业 Culture, Sports and Entertainment	公共管理和社会组织 Public Management and Social Organization
全省	**Shaanxi**	**343530**	**43812422**	**1746126**	**1621461**	**16833039**	**539378**	**2017759**	**1814000**	**1464881**	**2272293**
西安市	Xi'an	242626	25463505	929105	640029	4437251	126923	702722	731425	324272	545770
铜川市	Tongchuan	1200	511694	9671	16400	320112	19157	32549	82205	17829	13625
宝鸡市	Baoji	23716	2242167	169413	267037	2502639	143057	274971	247264	283809	485966
咸阳市	Xianyang	27173	4384250	244797	295891	2639607	40717	201502	285693	376209	232746
渭南市	Weinan	330	2722384	135114	26702	2155080	61908	176376	149721	149474	51986
# 韩城市	Hancheng		290463	41240		130096	1700	18233	32556	29548	140
延安市	Yan'an	8500	1440860	116437	166802	1301603	47121	106749	44019	56884	755099
汉中市	Hanzhong		2001071	21335	8328	1110048	27764	80304	88633	61789	18867
榆林市	Yulin	22202	2519642	99276	148044	451166	30858	162309	75102	115870	86219
安康市	Ankang	583	1319904	6090	23804	668435	11134	123596	41602	27347	37911
商洛市	Shangluo	17200	886777	14888	27183	782044	19047	114522	53605	44076	44104
杨凌示范区	Yangling		320168		1241	36214	11692	42159	14731	7322	
不分地区	Not Classified by Region					428840					

6-20 各市(区)工业投资(2013年)
Investment of Industry by Region (2013)

单位：万元 (10 000 yuan)

地　区	Region	投资额 Investment	# 改建和技术改造 Reconstruction and Technical Transformation
全　省	**Shaanxi**	**53714329**	**5560639**
西 安 市	Xi'an	8626405	538225
铜 川 市	Tongchuan	851000	117296
宝 鸡 市	Baoji	5331293	919021
咸 阳 市	Xianyang	6778585	308628
渭 南 市	Weinan	4844714	1112470
# 韩城市	Hancheng	1085381	412165
延 安 市	Yan'an	5896659	133825
汉 中 市	Hanzhong	1515905	507813
榆 林 市	Yulin	10317280	1085634
安 康 市	Ankang	1281113	72431
商 洛 市	Shangluo	1422144	192394
杨凌示范区	Yangling	263475	37897
不分地区	Not Classified by Region	6585756	535005

6-21 各市(区)按登记注册类型分的固定资产投资(2013年)
Investment by Registration Status and City (District)(2013)

单位：万元 (10 000 yuan)

地　区	Region	合　计 Total	内　资 Domestic	国　有 State-owned	集　体 Collective-owned	其　他 Other	港澳台商投资 Funds from Hong Kong, Macao and Taiwan	外商投资 Foreign Investment	个体经营 Self-Employed Individual
全　省	**Shaanxi**	**133434108**	**129019611**	**64043773**	**4613356**	**60362482**	**524113**	**2877990**	**1012394**
西 安 市	Xi'an	33775753	31113962	15558694	1758702	13796566	187272	2409059	65460
铜 川 市	Tongchuan	2100119	2088778	1175945	74700	838133			11341
宝 鸡 市	Baoji	15001664	14782820	6338413	1010235	7434172	10310	17959	190575
咸 阳 市	Xianyang	17832203	17520688	6340497	400140	10780051	177015	123879	10621
渭 南 市	Weinan	12566154	12292150	5286274	538495	6467381	2782	182294	88928
# 韩城市	Hancheng	1846673	1830352	840471	30664	959217	2782		13539
延 安 市	Yan'an	11348828	11328693	10060207	129670	1138816	3010	6000	11125
汉 中 市	Hanzhong	5209478	5151249	2254192	359903	2537154	33556		24673
榆 林 市	Yulin	15045783	14380004	7474090	191910	6714004	76344	120330	469105
安 康 市	Ankang	3764615	3604353	1515480	58057	2030816	21024		139238
商 洛 市	Shangluo	4485410	4456482	1963834	91544	2401104	12800	14800	1328
杨凌示范区	Yangling	634797	631128	351466		279662		3669	
不分地区	Not Classified by Region	11669304	11669304	5724681		5944623			

注：本表不含房地产开发投资。
a) Data in this table do not include those of real estate development.

6-22 各市(区)按隶属关系分的固定资产投资(2013年)
Investment in Urban Area by Jurisdiction of Management and City (District)(2013)

单位：万元 (10 000 yuan)

地区	Region	总计 Total	# 地方 Local	省 Province	市 City	县 County	其他 Others
全省	**Shaanxi**	**133434108**	**120185405**	**15133691**	**16653655**	**43188458**	**45209601**
西安市	Xi'an	33775753	32129627	2352758	8671960	7282354	13822555
铜川市	Tongchuan	2100119	1935416	331276	237697	839883	526560
宝鸡市	Baoji	15001664	14799616	379972	1068916	5597750	7752978
咸阳市	Xianyang	17832203	17490683	2709568	1609606	6616435	6555074
渭南市	Weinan	12566154	12299671	627619	963362	5007733	5700957
# 韩城市	Hancheng	1846673	1684394	251686	239068	897998	295642
延安市	Yan'an	11348828	11315977	2132647	1960019	6673119	550192
汉中市	Hanzhong	5209478	5123310	173092	448043	1973370	2528805
榆林市	Yulin	15045783	13146116	3064437	1261207	4797293	4023179
安康市	Ankang	3764615	3749820	60191	175672	1588842	1925115
商洛市	Shangluo	4485410	4481610	97322	217568	2771301	1395419
杨凌示范区	Yangling	634797	604416	95666	39605	40378	428767
不分地区	Not Classified by Region	11669304	3109143	3109143			

注：本表不含房地产开发投资。下表同。

a) Data in this table do not include those of real estate development. The same applies to the table following.

6-23 各市(区)能源工业投资(2013年)
Investment in Energy Industry by City(District)(2013)

单位：万元 (10 000 yuan)

地区	Region	能源工业投资 Energy Industry	煤炭开采及洗选业 Mining and Washing of Coal	石油和天然气开采业 Extraction of Petroleum and Natural Gas	石油加工、炼焦及核燃料加工业 Processing of Petroleum,Coking, Processing of Nuclear Fuel	电力、燃气及水的生产和供应业 Production and Distribution of Electricity,Gas and Water
全省	**Shaanxi**	**24489729**	**8801988**	**8456816**	**2111135**	**5119790**
西安市	Xi'an	1702193		49688	19863	1632642
铜川市	Tongchuan	373017	157359	92798		122860
宝鸡市	Baoji	585914	43740		7600	534574
咸阳市	Xianyang	1899939	1338355	85904	84624	391056
渭南市	Weinan	1117036	526274	153666	159724	277372
# 韩城市	Hancheng	465831	238669	122866	59123	45173
延安市	Yan'an	5544157	479044	3846124	633081	585908
汉中市	Hanzhong	278202	43640		1600	232962
榆林市	Yulin	5963324	3184516	801206	1201643	775959
安康市	Ankang	183378	38159			145219
商洛市	Shangluo	189417	12730		3000	173687
杨凌示范区	Yangling	95653				95653
不分地区	Not Classified by Region	6557499	2978171	3427430		151898

6-24 各市(区)按构成分的固定资产投资（2013年）
Investment by Use of Funds and City(District)(2013)

单位：万元 (10 000 yuan)

地区	Region	总计 Total	建筑工程 Construction	安装工程 Installation	设备工具器具购置 Purchase of Equipment and Instruments	其他费用 Others	#土地购置费 Total Value of Land Purchased
全省	**Shaanxi**	**133434108**	**92928369**	**11613115**	**19351367**	**9541257**	**3827975**
西安市	Xi'an	33775753	25179824	1954766	4626199	2014964	1050764
铜川市	Tongchuan	2100119	1362669	245315	371714	120421	49054
宝鸡市	Baoji	15001664	9674319	1080920	3222864	1023561	272208
咸阳市	Xianyang	17832203	12265264	1137165	3469942	959832	537655
渭南市	Weinan	12566154	8435625	851437	2157253	1121839	470487
#韩城市	Hancheng	1846673	999688	127059	557340	162586	77672
延安市	Yan'an	11348828	8972034	1141666	614022	621106	176936
汉中市	Hanzhong	5209478	3607681	297280	566667	737850	351942
榆林市	Yulin	15045783	7732264	2155174	3021938	2136407	574466
安康市	Ankang	3764615	3058822	171895	288449	245449	100421
商洛市	Shangluo	4485410	3423393	378760	479387	203870	97117
杨凌示范区	Yangling	634797	415093	24541	153916	41247	32774
不分地区	Not Classified by Region	11669304	8801381	2174196	379016	314711	114151

注：本表不含房地产开发投资。下表同。
a) Data in this table do not include those of real estate development. The same applies to the table following.

6-25 各市(区)按建设性质分的固定资产投资(2013年)
Investment by Type of Construction and City(District)(2013)

单位：万元 (10 000 yuan)

地区	Region	总计 Total	新建 New Construction	扩建 Expansion	改建和技改 Reconstruction and Technological Transformation	单纯建造生活设施 Construction of Living Facilities	迁建 Removal Construction	恢复 Reestablishment	单纯购置 Purchase of Equipment
全省	**Shaanxi**	**133434108**	**97831626**	**17273141**	**11996247**	**1397895**	**1145202**	**166807**	**3623190**
西安市	Xi'an	33775753	25283028	1232264	3183300	691724	525053	17460	2842924
铜川市	Tongchuan	2100119	1696633	81169	257714	11391	5770		47442
宝鸡市	Baoji	15001664	9932570	2179893	2016933	141562	91339	24735	614632
咸阳市	Xianyang	17832203	14517826	1966851	679929	434309	161490	6792	65006
渭南市	Weinan	12566154	10016819	960984	1473764	55140	41885	14304	3258
#韩城市	Hancheng	1846673	1206703	122353	441307	52510	6915	14304	2581
延安市	Yan'an	11348828	8666655	1939302	500822	43438	129742	60705	8164
汉中市	Hanzhong	5209478	3352736	405262	1304285	5692	131042	9111	1350
榆林市	Yulin	15045783	12129416	1704557	1200347	2635		6843	1985
安康市	Ankang	3764615	3394339	152922	150719	1727	39120	19766	6022
商洛市	Shangluo	4485410	3739355	396697	314870	9247	18150	7091	
杨凌示范区	Yangling	634797	563211	28269	38614	1030	1611		2062
不分地区	Not Classified by Region	11669304	4539038	6224971	874950				30345

6-26 各市(区)固定资产投资施工、投产项目个数及新增固定资产(2013年)

Number of Investment Projects under Construction and Put into Use and Newly Increased Fixed Assets by City(District)(2013)

地 区	Region	施工项目(个) Number of Project under Construction (unit)	全部建成投产项目(个) Number of Project Completed and Put into Use (unit)	施工项目计划总投资(万元) Total Investment Planned under Construction (10 000 yuan)	本年完成投资额(万元) Investment Completed This Year (10 000 yuan)	本年新增固定资产(万元) Newly Increased Fixed Assets of This Year (10 000 yuan)	固定资产交付使用率(%) Rate of Projects of Fixed Assets Completed and Put into Use (%)
全 省	**Shaanxi**	**16410**	**10128**	**342768741**	**133434108**	**81756507**	**61.3**
西安市	Xi'an	2367	1330	92301394	33775753	15395496	45.6
铜川市	Tongchuan	591	378	6123616	2100119	1227409	58.4
宝鸡市	Baoji	3003	2351	24006323	15001664	12993404	86.6
咸阳市	Xianyang	1758	1001	51128289	17832203	12759040	71.6
渭南市	Weinan	1764	1227	23282679	12566154	9650915	76.8
# 韩城市	Hancheng	265	170	4085702	1846673	1764287	95.5
延安市	Yan'an	1561	877	18961514	11348828	9353222	82.4
汉中市	Hanzhong	1344	854	12510197	5209478	3904863	75.0
榆林市	Yulin	1374	762	55739168	15045783	4559166	30.3
安康市	Ankang	1484	808	9490035	3764615	2464500	65.5
商洛市	Shangluo	901	468	12519741	4485410	2737614	61.0
杨凌示范区	Yangling	161	59	2653809	634797	96128	15.1
不分地区	Not Classified by Region	102	13	34051976	11669304	6614750	56.7

注：本表不含房地产开发投资。下表同。

a) Data in this table do not include those of real estate development. The same applies to the table following.

6-27 各市(区)固定资产投资房屋建筑面积及造价(2013年)

Floor Space and Cost of Buildings in Investment by City(District)(2013)

地 区	Region	本年施工房屋面积(万平方米) Floor Space of Buildings under Construction This Year (10 000 sq.m)	# 住宅 Residential Buildings	本年竣工房屋面积(万平方米) Floor Space of Buildings Completed this Year (10 000 sq.m)	# 住宅 Residential Buildings	本年竣工房屋价值(万元) Value of Buildings Completed This Year (10 000 yuan)	# 住宅 Residential Buildings
全 省	**Shaanxi**	**147951430**	**49265960**	**31726933**	**14566329**	**6449648**	**3272561**
西安市	Xi'an	42955696	10362426	3233428	1768196	880050	539707
铜川市	Tongchuan	2922068	362961	85965	52770	14833	9180
宝鸡市	Baoji	17633718	6322247	7302696	3872040	2107840	946478
咸阳市	Xianyang	32293173	11623997	7335151	1936574	958261	555373
渭南市	Weinan	13075747	2347267	3915209	609037	718076	166112
# 韩城市	Hancheng	2137189	397865	635028	3427	162848	2610
延安市	Yan'an	6405674	4876289	511600	481290	82750	76558
汉中市	Hanzhong	10290336	6054575	4892852	3275148	909923	551647
榆林市	Yulin	6088056	826836	694750	576467	118054	101567
安康市	Ankang	9613249	4432285	2674072	1244741	458025	191045
商洛市	Shangluo	3639105	1062679	1079106	747962	201788	134846
杨凌示范区	Yangling	2861202	994398	2104	2104	48	48
不分地区	Not Classified by Region	173406					

6-28 房地产开发投资主要指标及构成(2013年)

Main Indicators and Composition of Investment for Real Estate Development(2013)

指 标	Item	房地产开发 Real Estate Development	# 地方 Local Governments	# 省属 Provincial Owned
一、企业(单位)个数 (个)	Number of Enterprises (unit)	1690	1669	56
二、本年完成投资 (万元)	Investment Completed This Year (10 000 yuan)	22401692	21792826	1091436
# 配套工程投资	Investment of Related Project	299106	291915	9401
1.按隶属关系分	Group by Jurisdiction of Management			
中 央	Central	608866		
地 方	Local	21792826	21792826	1091436
# 市县属	City and County Level	20701390	20701390	
2.按构成分	By Composition of Funds			
建筑工程	Construction	17098227	16657124	753353
安装工程	Installation	2249808	2237166	120318
设备工器具购置	Purchase of Equipment and Instruments	278485	278485	2834
其他费用	Others	2775172	2620051	214931
# 旧建筑物购置费	Purchase of Used Buildings	168167	160854	16256
土地购置费	Total Value of Land Purchased	1169727	1091998	48394
3.按工程用途分	By Use of Projects			
住 宅	Residential Buildings	17689545	17180683	918543
# 别墅、高档公寓	Villas,High-grade Apartments	387283	387283	
办公楼	Office Buildings	798458	783512	31481
商业营业用房	Houses for Business Use	2240840	2208964	72411
其 他	Others	1672849	1619667	69001
三、本年新增固定资产(万元)	Newly Increased Fixed Assets of This Year (10 000 yuan)	5134691	4980278	67694
四、房屋建筑面积及竣工价值	Floor Space of Buildings Completed and Value of Buildings Completed			
施工面积 (万平方米)	Floor Space of Buildings under Construction (10 000 sq.m)	17240.86	16925.87	907.34
# 住 宅	Residential Buildings	14225.86	13977.50	811.22
竣工面积 (万平方米)	Floor Space of Buildings Completed (10 000 sq.m)	1511.67	1478.80	36.62
# 住 宅	Residential Buildings	1272.77	1246.73	35.14
竣工价值 (亿元)	Value of Buildings Completed (100 million yuan)	430.73	418.11	6.30
# 住 宅	Residential Buildings	348.58	337.72	5.88

6-28 续表 continued

指 标	Item	内资 Domestic Funded	国有 State-owned	集体 Collective-owned	其它 Others	港澳台投资 Funds from Hong Kong, Macao and Taiwan	外商投资 Foreign Funded
		按登记注册类型分 By Status of Registration					
一、企业(单位)个数 (个)	Number of Enterprises (unit)	1657	129	26	1502	16	17
二、本年完成投资 (万元)	Investment Completed This Year (10 000 yuan)	21187990	1998512	423187	18766291	604320	609382
# 配套工程投资	Investment of Related Project	299006	9149	186	289671	100	
1.按隶属关系分	Group by Jurisdiction of Management						
中 央	Central	608866	359458		249408		
地 方	Local	20579124	1639054	423187	18516883	604320	609382
# 市县属	City and County Level	19491478	1519686	407217	17564575	604320	605592
2.按构成分	By Composition of Funds						
建筑工程	Construction	16170770	1697048	378464	14095258	436197	491260
安装工程	Installation	2112822	111193	17197	1984432	46566	90420
设备工器具购置	Purchase of Equipment and Instruments	275694	4616	20535	250543	2080	711
其他费用	Others	2628704	185655	6991	2436058	119477	26991
# 旧建筑物购置费	Purchase of Used Buildings	168167	7423		160744		
土地购置费	Total Value of Land Purchased	1042199	52329	3230	986640	109571	17957
3.按工程用途分	By Use of Projects						
住 宅	Residential Buildings	16662751	1680634	356001	14626116	551549	475245
# 别墅、高档公寓	Villas,High-grade Apartments	356530	39953	330	316247	14556	16197
办公楼	Office Buildings	783757	77158	599	706000	3640	11061
商业营业用房	Houses for Business Use	2137244	136443	64336	1936465	20866	82730
其 他	Others	1604238	104277	2251	1497710	28265	40346
三、本年新增固定资产(万元)	Newly Increased Fixed Assets of This Year (10 000 yuan)	4874172	524273	103816	4246083	39713	220806
四、房屋建筑面积及竣工价值	Floor Space of Buildings Completed and Value of Buildings Completed						
施工面积 (万平方米)	Floor Space of Buildings under Construction (10 000 sq.m)	16420.70	1871.29	264.54	14284.87	363.46	456.70
# 住 宅	Residential Buildings	13592.35	1553.67	228.85	11809.83	289.18	344.33
竣工面积 (万平方米)	Floor Space of Buildings Completed (10 000 sq.m)	1437.61	152.22	24.96	1260.43	4.13	69.93
# 住 宅	Residential Buildings	1221.52	130.14	24.70	1066.68	3.54	47.71
竣工价值 (亿元)	Value of Buildings Completed (100 million yuan)	408.28	45.82	6.58	355.88	0.37	22.08
# 住 宅	Residential Buildings	331.67	36.92	6.52	288.23	0.32	16.59

6-29 房地产开发投资资金来源(2013年)
Sources of Funds of Investment for Real Estate Development (2013)

单位：万元 (10 000 yuan)

指标	Item	总计 Total	内资 Domestic	国有 State-owned	集体 Collective-owned	其他 Others	港澳台投资 Funds from Hong Kong, Macao and Taiwan	外商投资 Foreign Investment
一、本年资金来源合计	Total of Sources of Funds This Year	32701819	30118176	3008320	515194	26594662	1325849	1257794
1.上年末结余资金	Funds of Last Year-end	6777900	5979683	768019	185042	5026622	309960	488257
2.本年资金来源小计	Subtotal of Sources of Funds This Year	25923919	24138493	2240301	330152	21568040	1015889	769537
国内贷款	Domestic Loans	3260991	2988380	352407	8470	2627503	94641	177970
# 银行贷款	Loans from Bank	2990967	2718356	321906	8470	2387980	94641	177970
非银行金融机构贷款	Loans from Non-bank	270024	270024	30501		239523		
利用外资	Foreign Investment	74400					74400	
# 外商直接投资	Foreign Direct Investment	74400					74400	
自筹资金	Self-raising Funds	11431835	11202559	850273	253935	10098351	199446	29830
# 自有资金	Self-owned Funds	4186944	4100394	389833	49962	3660599	79000	7550
其他资金来源	Others	11156693	9947554	1037621	67747	8842186	647402	561737
# 定金及预收款	Booked and Prepayed Money	7436229	6771042	758491	28732	5983819	320942	344245
个人按揭贷款	Individual Credit	2912976	2390493	238435	22799	2129259	326362	196121
二、本年各项应付款合计	Total Payment of this year	4660209	4391872	547514	11887	3832471	156181	112156
# 工程款	Project Payment	2548313	2426108	399466	10103	2016539	56255	65950

6-30 各市(区)房地产开发投资和新增固定资产(2013年)
Investment for Real Estate Development and Newly Increased Fixed Assets by City(District)(2013)

单位：万元 (10 000 yuan)

地区	Region	计划总投资 Total Investment Planed	自开始建设至本年底累计完成投资 Accumulative Investment Actually Completed Since Start of Construction up to the end of This Year	本年完成投资 Investment Completed This Year	# 配套工程投资 Investment of Related Project	本年新增固定资产 Newly Increased Fixed Assets of This Year
全省	**Shaanxi**	**106758193**	**60457917**	**22401692**	**299106**	**5134691**
西安市	Xi'an	78002894	44083759	15956418	228529	3344120
铜川市	Tongchuan	1241962	782369	224863	2783	21255
宝鸡市	Baoji	4121317	2605206	812723	2789	70125
咸阳市	Xianyang	6486930	3355588	1748254	11668	153674
渭南市	Weinan	4630817	2706092	1013325	3226	439255
# 韩城市	Hancheng	445726	310071	126301	306	46181
延安市	Yan'an	1285621	785618	184045	7328	33104
汉中市	Hanzhong	3281363	2284837	690905	32730	442360
榆林市	Yulin	4278520	1851466	896547	4420	322422
安康市	Ankang	1900436	1070703	505314	3730	142767
商洛市	Shangluo	697288	417381	171627	1843	50709
杨凌示范区	Yangling	831045	514898	197671	60	114900

6-31 各市(区)按构成和工程用途分的房地产开发投资(2013年)
Investment for Real Estate Development by Use of Funds and Projects by City(District)(2013)

单位：万元 (10 000 yuan)

地区	Region	按构成分 by Use of Founds 建筑安装工程 Construction and Installation Projects	设备工器具购置 Purchase of Equipment and Instruments	其他费用 Others	#土地购置费 Total Value of Land Purchased	按工程用途分 by Use of Projects 住宅 Residential Buildings	#别墅、高档公寓 Villas, High-grade Apartments	办公楼 Office Buildings	商业营业用房 Houses for Business Use	其他 Others
全省	**Shaanxi**	**19348035**	**278485**	**2775172**	**1169727**	**17689545**	**387283**	**798458**	**2240840**	**1672849**
西安市	Xi'an	13758057	195443	2002918	716248	12414728	293155	699179	1553076	1289435
铜川市	Tongchuan	214243	1400	9220	700	194771		2145	19736	8211
宝鸡市	Baoji	699673	15313	97737	65863	596059	1730	12609	128179	75876
咸阳市	Xianyang	1556666	15842	175746	100890	1679603	77888	2048	32504	34099
渭南市	Weinan	805006	13649	194670	110165	747042		27970	144196	94117
#韩城市	Hancheng	94453	1000	30848	19688	108169		6700	9282	2150
延安市	Yan'an	163309	4979	15757	6367	137829		3129	26737	16350
汉中市	Hanzhong	607401	6385	77119	31722	536733		2536	101225	50411
榆林市	Yulin	727761	19020	149766	107934	614800	4230	39076	166339	76332
安康市	Ankang	463866	2922	38526	23153	419657	9725	2316	58198	25143
商洛市	Shangluo	163112	1530	6985	6685	154360		7250	9203	814
杨凌示范区	Yangling	188941	2002	6728		193963	555	200	1447	2061

6-32 房地产开发面积及造价(2013年)
Floor Space and Cost of Buildings in Real Estate Development(2013)

地区	Region	施工房屋面积(万平方米) Floor Space of Buildings Construction (10 000 sq.m)	#住宅 Residential Buildings	竣工房屋面积(万平方米) Floor Space of Buildings Completed (10 000 sq.m)	#住宅 Residential Buildings	竣工房屋价值(亿元) Value of Buildings Completed (100 million yuan)	#住宅 Residential Buildings	竣工房屋造价(元/平方米) Cost of Buildings Completed (yuan/sq.m)	#住宅 Residential Buildings
全省	**Shaanxi**	**17240.86**	**14225.86**	**1511.67**	**1272.77**	**430.73**	**348.58**	**2849**	**2739**
西安市	Xi'an	10454.27	8461.71	795.35	663.20	279.63	222.64	3516	3357
铜川市	Tongchuan	357.77	316.68	6.96	5.88	1.96	1.63	2810	2770
宝鸡市	Baoji	719.76	589.90	32.99	32.21	5.54	5.30	1678	1644
咸阳市	Xianyang	1178.31	1154.37	70.73	70.20	14.96	14.81	2115	2110
渭南市	Weinan	1196.34	967.65	184.95	148.99	36.99	28.34	2000	1902
#韩城市	Hancheng	132.51	110.22	17.49	15.79	4.62	4.13	2640	2618
延安市	Yan'an	333.23	303.09	7.81	6.54	1.71	1.43	2187	2184
汉中市	Hanzhong	892.10	776.06	185.79	163.39	36.05	30.48	1940	1865
榆林市	Yulin	1177.60	824.15	109.03	75.71	27.07	19.11	2483	2524
安康市	Ankang	554.75	475.02	64.00	53.69	13.58	11.90	2121	2216
商洛市	Shangluo	151.45	136.45	8.56	8.46	1.77	1.76	2072	2076
杨凌示范区	Yangling	225.28	220.78	45.49	44.49	11.49	11.19	2526	2515

6-33 商品房屋销售情况(2013年)
Seal of Commercialized Buildings(2013)

地区	Region	商品房销售面积(平方米) Floor Space of Commercialized Buildings Sold(sq.m)	住宅 Residential Buildings	#别墅、公寓 Villas, High-grade Apartments	办公楼 Office Buildings	商业营业用房 Houses for Business Use	其他 Others
全省	**Shaanxi**	**30457045**	**28312228**	**290903**	**448307**	**1192222**	**504288**
西安市	Xi'an	16627457	15225020	243165	333588	651733	417116
铜川市	Tongchuan	282842	261513	500	8502	12827	
宝鸡市	Baoji	2427224	2316190	3000	6092	94755	10187
咸阳市	Xianyang	2038946	2017703	2256		18843	2400
渭南市	Weinan	3209561	3015959		13127	167675	12800
#韩城市	Hancheng	333385	332169			1216	
延安市	Yan'an	521636	513464			8172	
汉中市	Hanzhong	1643482	1563587	678		66155	13740
榆林市	Yulin	1390996	1194990		53381	107661	34964
安康市	Ankang	1206246	1138511	41304		54654	13081
商洛市	Shangluo	660704	621466		33617	5621	
杨凌示范区	Yangling	447951	443825			4126	

6-33 续表 continued

地区	Region	商品房销售额(万元) Total Sale of Commercialized Buildings (10 000 yuan)	住宅 Residential Buildings	#别墅、公寓 Villas, High-grade Apartments	办公楼 Office Buildings	商业营业用房 Houses for Business Use	其他 Others
全省	**Shaanxi**	**16081136**	**14132019**	**265540**	**332229**	**1250981**	**365907**
西安市	Xi'an	11128695	9761927	243847	299012	746816	320940
铜川市	Tongchuan	89958	76163	140	4675	9120	
宝鸡市	Baoji	858192	790024	1350	3338	59924	4906
咸阳市	Xianyang	840331	824977	1692		13640	1714
渭南市	Weinan	1129117	904346		5022	205109	14640
#韩城市	Hancheng	108360	107533			827	
延安市	Yan'an	165115	154833			10282	
汉中市	Hanzhong	528565	480456	548		43737	4372
榆林市	Yulin	596581	480425		10882	89993	15281
安康市	Ankang	446656	376850	17963		65752	4054
商洛市	Shangluo	182565	170994		9300	2271	
杨凌示范区	Yangling	115361	111024			4337	

6-34 房地产开发经营情况(2013年)
Operating Statistics on Enterprises for Real Estate Development(2013)

单位：万元 (10 000 yuan)

地区	Region	主营业务收入 Revenue from Principal Business	土地转让收入 Land Transferred	商品房屋销售收入 Commercialized Building Sold	房屋出租收入 House Leased	其它收入 Others	主营业务成本 Operating Costs of Main Business	主营业务税金及附加 Operating Tax and Extra Charge on Main Business
全省	**Shaanxi**	**14341545**	**17376**	**13882715**	**103041**	**338413**	**10472444**	**1107102**
西安市	Xi'an	10966488	6800	10632486	84755	242447	7831708	888310
铜川市	Tongchuan	81561	275	80021	58	1207	59441	7704
宝鸡市	Baoji	545287	1397	508370	2641	32879	438545	28958
咸阳市	Xianyang	654201		638405	8868	6928	465674	43802
渭南市	Weinan	423048	7360	414537	13	1139	332284	23045
#韩城市	Hancheng	107218		107098		120	83449	6188
延安市	Yan'an	192089	489	183947	3750	3903	149887	11708
汉中市	Hanzhong	470285	271	447313	827	21875	380344	33091
榆林市	Yulin	479309	544	472260	1534	4971	385773	39406
安康市	Ankang	345008	240	325534	582	18652	272191	19736
商洛市	Shangluo	126931		124029	14	2888	106595	7376
杨凌示范区	Yangling	57338		55814		1524	50002	3965

6-35 房地产开发企业基本情况(2013年)
Basic Statistics on Real Estate Development Enterprises (2013)

地区	Region	开发公司个数(个) Number of Enterprises for Real Estate Development (unit)	实收资本金总计(万元) Total Capital Held (10 000 yuan)	资产总计(万元) Total Assets (10 000 yuan)	本年折旧(万元) Depreciation This Year (10 000 yuan)	负债合计(万元) Total Liabilities (10 000 yuan)	所有者权益合计(万元) Owners' Equity (10 000 yuan)	全部从业人员年平均人数(人) Average Number of Employed Persons (persons)	本年应付工资总额(万元) Total Wages This Year (10 000 yuan)
全省	**Shaanxi**	**1690**	**8570847**	**65831177**	**127817**	**53675877**	**12155300**	**71002**	**356319**
西安市	Xi'an	662	6284857	49279347	83282	40535713	8743634	39940	239936
铜川市	Tongchuan	51	114103	712038	858	503395	208643	1369	3989
宝鸡市	Baoji	165	310970	2760438	7991	2245633	514805	3994	15130
咸阳市	Xianyang	127	281732	2563019	7498	2162994	400025	6451	30428
渭南市	Weinan	119	213004	1644146	4545	1295218	348928	5014	12427
#韩城市	Hancheng	11	21095	199230	358	164616	34615	406	696
延安市	Yan'an	70	193721	1157062	3036	965133	191929	2182	8647
汉中市	Hanzhong	195	333883	2454909	4273	1964082	490828	4411	16673
榆林市	Yulin	140	390470	2523060	9669	1914541	608519	3270	12664
安康市	Ankang	106	298655	1852097	5256	1367234	484863	2889	10465
商洛市	Shangluo	36	78480	365264	911	258752	106512	847	3862
杨凌示范区	Yangling	19	70972	519798	499	463183	56615	635	2099

6-36 保障性安居工程情况(2013年)
The Situation of Affordable Housing Projects (2013)

指标	Item	合计 Total	廉租住房 Low-rent Housing	公共租赁住房 Public Rental Housing	经济适用住房 Economically Affordable Housing	限价商品住房 Limited Price Commercial Residential Building	棚户区改造 Shanty-town Renovation
一、本年实际供地（万平方米）	Actual Land Supply This Year (10 000 sq.m)	1202.83	179.00	156.23	204.36	300.62	362.62
二、本年计划新开工套数（套）	The Number of Planning New Construction This Year	334126	55040	70954	17510	70220	120402
本年计划长期租赁套数(套)	The Number of Suites Planning Long-term Lease This Year (suit)	2400		2400			
本年计划货币补贴户数(户)	The Number of Households Planning Monetary Subsidies This Year(household)	23974	23500				474
三、本年实际新开工套数（套）	The Number of Actual New Construction This Year (suit)	307035	47454	70576	19691	77705	91609
本年实际购买套数（套）	The Number of Suites Actual Purchase This Year (suit)	21	21				
本年实际长期租赁套数(套)	The Number of Suites Actual Long-term Lease This Year (suit)	2149		2149			
本年实际货币补贴户数(套)	The Number of Households Actual Monetary Subsidies This Year (suit)	22521	21967				554
四、本年计划安排资金总额（亿元）	Total Capital Planning This Year (100 million yuan)	204.59	55.27	69.33			79.99
公共财政预算	Public Finance Budget	137.71	40.87	48.82			48.02
中央预算资金	The Central Budget Funds	75.36	16.49	21.95			36.92
省级预算资金	The Provincial Budget Funds	17.08	4.12	2.00			10.96
市县预算资金	County Budget Funds	45.27	20.26	24.87			0.14
住房公积金增值收益	Housing Reserve Value-added Benefits	4.25	1.20	3.05			
土地出让收益	Land Transfer Revenue	4.21	2.27	1.94			
地方债券收入	Local Bond Revenue	27.50	7.33	5.39			14.78
其他渠道	Ohter Channels	30.92	3.60	10.13			17.19
五、本年实际使用资金总额（亿元）	Total Capital Actual Use This Year (100 million yuan)	256.32	46.02	69.39	10.92	13.00	116.99
公共预算	Public Budget	107.04	26.96	29.34			50.74
住房公积金增值收益	Housing Reserve Value-added Benefits	4.20	1.20	3.00			
土地出让收益	Land Transfer Revenue	4.39	2.57	1.82			
银行贷款	Bank Loans	111.47	11.06	22.87	10.92	13.00	53.62
其他渠道	Ohter Channels	29.22	4.23	12.36			12.63

注：农村危旧房改造：2013年计划完成5.43万户，已开工5.48万户，已竣工4.91万户；实际安排资金23.26亿元，其中中央5.64亿元，省级1.82亿元。

a)Transformation of the danger old houses in countryside: plan to be complete 5.43 millon families,have started 5.48 millon families,have been completed 4.91 millon families; actual capital're 23.26 billion yuan,the central capital're 5.64 billion yuan,the provincial capital're 1.82 billion yuan.

6-37 各市(区)保障性安居工程投资(2013年)
Affordable Housing Projects Investment by Regions (2013)

单位：亿元 (100 million yuan)

地 区	Region	合 计 Total	廉 租 住 房 Low-rent Housing	公共租赁 住 房 Public Rental Housing	经济适用 住 房 Economically Affordable Housing	限价商品 住 房 Limiited Price Commercial Residential Building	棚户区 改 造 Shantytown Renovation
全 省	**Shaanxi**	**708.20**	**64.16**	**123.85**	**68.45**	**212.18**	**239.56**
西 安 市	Xi'an	217.59	13.26	34.04	34.79	36.27	99.23
铜 川 市	Tongchuan	22.70	5.19	7.24	0.51	5.15	4.61
宝 鸡 市	Baoji	75.56	5.18	10.30	1.13	35.56	23.39
咸 阳 市	Xianyang	106.37	8.40	20.01	10.88	33.58	33.50
渭 南 市	Weinan	57.21	6.48	17.84	3.13	15.65	14.11
# 韩城市	Hancheng	6.84	0.58	0.76	0.24	2.61	2.65
延 安 市	Yan'an	39.23	5.63	7.56	3.25	14.90	7.89
汉 中 市	Hanzhong	48.77	5.19	6.53	6.72	15.02	15.31
榆 林 市	Yulin	47.34	3.80	10.63	4.34	20.66	7.91
安 康 市	Ankang	56.77	4.33	5.50	2.95	21.27	22.72
商 洛 市	Shangluo	18.72	3.47	2.49	0.25	8.16	4.35
杨凌示范区	Yangling	17.94	3.23	1.71	0.50	5.96	6.54

6-38 各市(区)保障性安居工程施工和竣工情况(2013年)
Building Construction and Completed of Affordable Housing Projects by Regions (2013)

地 区	Region	住房施工面积(万平方米) Floor Space of Buildings Construction (10 000 sq.m)	# 新开工 New Construction	住房施工套数(万套) Number of Buildings Construction (10 000 suits)	# 新开工 New Construction	住房竣工面积(万平方米) Floor Space of Buildings Completed (10 000 sq.m)	住房竣工套数(万套) Number of Buildings Completed (10 000 suits)
全 省	**Shaanxi**	**7514.79**	**2535.18**	**93.26**	**30.70**	**1769.75**	**21.68**
西 安 市	Xi'an	2283.28	582.32	27.83	6.49	383.96	3.96
铜 川 市	Tongchuan	309.37	44.06	4.40	0.81	78.65	0.99
宝 鸡 市	Baoji	878.53	344.33	10.28	3.64	198.65	2.63
咸 阳 市	Xianyang	959.65	352.19	11.79	4.14	181.57	2.38
渭 南 市	Weinan	584.33	236.52	8.50	3.90	121.44	1.73
# 韩城市	Hancheng	78.35	21.70	1.12	0.25	14.70	0.20
延 安 市	Yan'an	450.07	162.99	5.73	2.21	151.83	1.87
汉 中 市	Hanzhong	602.12	210.04	7.28	2.38	188.57	2.52
榆 林 市	Yulin	451.85	189.63	5.90	2.17	111.50	1.32
安 康 市	Ankang	628.81	260.27	6.96	2.97	220.24	2.62
商 洛 市	Shangluo	148.68	78.47	2.12	1.11	67.17	0.89
杨凌示范区	Yangling	218.10	74.36	2.47	0.88	66.17	0.77

主要统计指标解释

全社会固定资产投资 是以货币形式表现的在一定时期内全社会建造和购置固定资产的工作量以及与此有关的费用的总称。该指标是反映固定资产投资规模、结构和发展速度的综合性指标,又是观察工程进度和考核投资效果的重要依据。全社会固定资产投资按登记注册类型可分为国有、集体、个体、联营、股份制、外商、港澳台商、其他等。

房地产开发投资 指各种登记注册类型的房地产开发公司、商品房建设公司及其他房地产开发法人单位和附属于其他法人单位实际从事房地产开发或经营活动的单位统一开发的包括统代建、拆迁还建的住宅、厂房、仓库、饭店、宾馆、度假村、写字楼、办公楼等房屋建筑物和配套的服务设施，土地开发工程（如道路、给水、排水、供电、供热、通讯、平整场地等基础设施工程）的投资；不包括单纯的土地交易活动。

固定资产投资的资金来源 根据固定资产投资的资金来源不同，分为国家预算内资金、国内贷款、利用外资、自筹资金和其他资金。

(1)国家预算内资金：分为财政拨款和财政安排的贷款两部分。包括中央财政的基本建设基金(分经营性基金和非经营性基金两部分)、专项支出(如煤代油专项等)、收回再贷、贴息资金，财政安排的挖潜改造和新产品试制支出、城建支出、商业部门简易建筑支出、不发达地区发展基金等资金中用于固定资产投资的资金；地方财政中由国家统筹安排的资金等。

(2)国内贷款：指报告期固定资产投资单位向银行及非银行金融机构借入的用于固定资产投资的各种国内借款，包括银行利用自有资金及吸收的存款发放的贷款、上级主管部门拨入的国内贷款、国家专项贷款、地方财政专项资金安排的贷款、国内储备贷款、周转贷款等。

(3)利用外资：指报告期收到的用于固定资产建造和购置的国外资金(包括设备、材料、技术在内)。包括对外借款(外国政府、国际金融组织贷款、出口信贷、外国银行商业贷款、对外发行债券和股票)、外商直接投资及外商其他投资。不包括我国自有外汇资金(国家外汇、地方外汇、留成外汇、调剂外汇和中国银行自有资金发行的外汇贷款等)。计算利用外资时，需要折算成人民币，折算中所使用的外汇汇率按现汇计算，即按使用外汇时的汇率计算。

(4)自筹资金：指固定资产投资单位报告期收到的，由各地区、各部门及企、事业单位筹集用于固定资产投资的预算外资金，包括中央各部门、各级地方和企、事业单位的自筹资金。

(5)其他资金：指在报告期收到的除以上各种资金之外其他用于固定资产投资的资金，包括企业或金融机构通过发行各种债券筹集到的资金、群众集资、个人资金、无偿捐赠的资金及其他单位拨入的资金等。

固定资产投资按国民经济行业分 根据建设项目建成投产后的主要产品或主要用途及社会经济活动性质来确定国民经济行业。一般情况下，一个建设项目或一个企业、事业单位只能属于一种国民经济行业。

固定资产投资按隶属关系分 是按建设单位或企业、事业、行政单位的主管上级机关确定的。

（1）中央：是指中共中央、人大常委会和国务院各部、委、局、总公司以及直属机构直接领导的建设项目和企业、事业、行政单位。这些单位的固定资产投资计划由国务院各部门直接编制和下达，建设中所需物资、主要设备以及建设中的问题都由中央有关部门安排和解决。

（2）地方：是由省（自治区、直辖市）、地区（州、盟、省辖市）、县（旗、县级市）三级政府及业务主管部门直接领导和管理的建设项目、企业、事业、行政单位。地方项目还包括不隶属以上各级政府及主管部门的建设项目和企业、事业单位，如外商投资企业和无主管部门的企业等。

固定资产投资按建设性质分 根据整个建设项目情况来确定。建设项目的性质一般分为新建、扩建、改建和技术改造、迁建、恢复。房地产开发单位、农村投资、城镇工矿区私人建房投资不划分建设性质。

(1)新建：一般指从无到有开始建设的企业、事业和行政单位或建设项目。有的单位原有基础很小，经过建设后新增的固定资产价值超过该企、事业、行政单位原有固定资产价值(原值)三倍以上的也应作为新建。

(2)扩建：指在厂内或其他地点，为扩大原有产品的生产能力(或效益)或增加新的产品生产能力，而增建主要的生产车间(或主要工程)、分厂、独立的生产线。行政、事业单位在原单位增建业务用房(如学校增建教学用房、医院增建门诊部、病房等)也作为扩建。

现有企、事业单位为扩大原有主要产品生产能力或增加新的产品生产能力，增建一个或几个主要生产车间(或主要工程)、分厂，同时进行一些更新改造工程的，也应作为扩建。

(3)改建和技术改造：指现有企业、事业单位，对原有设施进行技术改造或更新(包括相应配套的辅助性生产、生活福利设施) 的建设项目。现有企业、事业单位为适应市场变化的需要，而改变企业的主要产品种类(如军工企业转产民用品等) 的建设项目，应作为改建。原有产品生产作业线由于各工序(车间)之间能力不平衡，为填平补齐充分发挥原有生产能力而增建不增加本企业主要产品设计能力的车间，也应作为改建。技术改造是指企业、事业单位在现有基础上，用先进的技术代替落后的技术，用先进的工艺和装备代替落后的工艺和装备，以改变企业落后的技术经济面貌，实现以内涵为主的扩大再生产，达到提高产品质量、促进产品更新换代、节约能源、降低消耗、扩大生产规模、全面提高社会经济效益的目的。技术改造具体包括以下内容：机器设备和工具的更新改造；生产工艺改革、节约能源和原材料的改造；厂房建筑和公共设施的改造；劳动条件和生产环境的改造等。

固定资产投资按构成分 固定资产投资活动按其工作内容和实现方式分为建筑安装工程，设备、工具、器具购置，其他费用三个部分。

(1)建筑安装工程(建筑安装工作量)：指各种房屋、建筑物的建造工程和各种设备、装置的安装工程。包括各种房屋建造工程；各种用途设备基础和各种工业窑炉的砌筑工程及金属结构工程；为施工而进行的各种准备工作和临时工程以及完工后的清理工作等；铁路、道路的铺设，矿井的开凿及石油管道的架设等；水利工程；防空地下建筑等特殊工程；列入房屋工程预算内的暖气、卫生、通风、照明、煤气等设备的价值及装设油饰工程；列入建筑工程预算内的各种管道(蒸汽、压缩空气、石油、给排水等管道)、电力、电讯电缆导线等的敷设工程；以及各种机械设备的安装工程；为测定安装工程质量，对设备进行的试运工作；房地产开发单位进行的商品房屋开发建设工程、土地开发工程。

在安装工程中，不包括被安装设备本身的价值。

(2)设备、工具、器具购置：指建设单位或企、事业单位购置或自制的，达到固定资产标准的设备、工具、器具的价值。新建单位及扩建单位的新建车间，按照设计或计划要求购置或自制的全部设备、工具、器具，不论是否达到固定资产标准均计入“设备、工具、器具购置”中。

(3)其他费用：指在固定资产建造和购置过程中发生的，除上述几项内容以外的各种应分摊计入固定资产的费用。

施工项目 指报告期内进行过建筑或安装施工活动的项目。凡是报告期内施过工的建设项目，不论施工时间长短，均作为施工项目统计。施工项目个数可以反映一定时期固定资产投资的实际规模，与同期全部建成投产项目个数相比，可以从建设速度的角度反映固定资产投资的效果。根据建设项目施工活动的不同性质，施工项目又分为：本年正式施工项目、本年收尾项目和以前年度全部停缓建项目。

全部建成投产项目 工业项目指设计文件规定形成生产能力的主体工程及其相应配套的辅助设施全部建成，经负荷试运转，证明具备生产设计规定合格产品的条件，并经过验收鉴定合格或达到竣工验收标准，与生产性工程配套的生活福利设施可以满足近期正常生产的需要，正式移交生产的建设项目。非工业项目指设计文件规定的主体工程和相应的配套工程全部建成，能够发挥设计规定的全部效益，经验收鉴定合格或达到竣工验收标准，正式移交使用的建设项目。

新增生产能力(或工程效益) 指通过固定资产投资活动而增加的设计能力(或工程效益)，该指标是以实物形态表现的反映固定资产投资成果的指标，也是考核投资经济效果的重要依据之一。

新增生产能力(或工程效益)一般有以下几种表现形式：

(1)用产品数量表示，以工程在单位时间内(一般是一年)所能生产的产品数量(即年产量)表示。如原煤开采用万吨／年表示，化学农药用吨／年表示，拖拉机制造用台／年表示等。某些化工产品由于含量差别较大，按其设计含量计算折合量表示，如硫酸、纯碱、烧碱等。

(2)用单位时间内所能处理的原料数量表示，以工程每天(或小时)所能处理原料的数量表示。如机制糖工程日处理原料吨，食用植物油日处理原料吨，城市污水处理能力用万吨／日表示等。

(3)用新增加的主要设备的数量或容量表示，如新增棉布织机、丝织机等台数，毛纺锭等锭数，发电厂新增发电机组容量用千瓦表示等。

(4)用建筑物容积、容量、面积、长度表示，是非工业项目或工程新增效益的一种表现形式。如铁路投产里程、新建公路、水库容量、粮食仓库、学校学生席位、医院病床、有效灌溉面积等。

根据工程的特点，有时需要用两种或两种以上的复合计量单位表示新增生产能力(或工程效益)，如新增内燃机生产能力同时用年产台数、千瓦数表示等。

为了规范新增生产能力(或工程效益)的名称和计算单位，国家统计局制订了《新增生产能力(或工程效益)目录及代码》。各固定资产投资单位在统计新增生产能力(或工程效益)时，必须按目录中规定的名称、计量单位和代码填报。

房屋建筑面积 指房屋建筑物勒脚以上外墙外围的水平截面面积，包括房屋建筑物的有效面积和结构面积。该指标是从实物形态上反映建设规模和建设成果的重要指标之一，也是检查工程形象进度、计算工程造价、分析投资效果、研究施工任务和建筑材料之间平衡情况的重要依据。

住宅建筑面积 指施工和竣工房屋建筑面积中供居住用的房屋建筑面积。

施工面积 指报告期内施工的全部房屋建筑面积。包括本期新开工的面积和上期开工跨入本期继续施工的房屋面积，以及上期已停建在本期恢复施工的房屋面积。本期竣工和本期施工后又停缓建的房屋，其建筑面积仍计入本期房屋施工面积中。

竣工面积 指在报告期内房屋建筑按照设计要求已经全部完工，达到住人和使用条件，经验收鉴定合格(或达到竣工验收标准)，正式移交使用单位的各栋房屋建筑面积的总和。

房屋建筑面积竣工率 指一定时期内房屋竣工面积占同期房屋施工面积的比率。

新增固定资产 指报告期内已经完成建造和购置过程，并已交付生产或使用单位的固定资产价值。该指标是表示固定资产投资成果的价值指标，也是反映建设进度，计算固定资产投资效果的重要指标。

项目建成投产率 指一定时期内全部建成投产项目个数与同期施工项目个数的比率。该指标是从建设单位建设速度的角度反映投资效果的指标。

固定资产交付使用率 指一定时期新增固定资产与同期完成投资额的比率。该指标是反映固定资产动用速度，衡量建设过程中宏观投资效果的综合指标。由于新增固定资产是较长时期内形成的结果，而投资额则是当年完成的，因此，该指标一般适宜于反映较长时期内固定资产的动用情况。

商品房销售面积 指报告期内出售商品房屋的合同总面积(即双方签署的正式买卖合同中所确定的建筑面积)。由现房销售建筑面积和期房销售建筑面积两部分组成。

商品房销售额 指报告期内出售商品房屋的合同总价款(即双方签署的正式买卖合同中所确定的合同总价)。该指标与商品房销售面积同口径，由现房销售额和期房销售额两部分组成。

保障性安居工程 指为增加中低收入家庭住房供应，解决中低收入家庭住房困难，列入当地政府住房保障规划和年度计划，由政府组织实施建设或筹集的住房。在城镇范围内实施的保障性安居工程，主要包括廉租住房、公共租赁住房、经济适用住房、限价商品住房、城市棚户区改造、国有工矿棚户区改造、国有林区棚户区和国有林场危旧房改造、国有垦区危房改造、中央下放地方煤矿棚户区改造等。在农村范围内实施的保障性安居工程，主要包括农村危房改造、游牧民定居工程等。保障性安居工程中，通常将廉租住房、公共租赁住房、经济适用住房和限价商品住房合称为保障性住房。

Explanatory Notes on Main Statistical Indicators

Total Investment in Fixed Assets in the Whole Country refers to the volume of activities in construction and purchases of fixed assets of the whole country and related fees, expressed in monetary terms during the reference period. It is a comprehensive indicator which shows the size, structure and growth of the investment in fixed assets, providing a basis for observing the progress of construction projects and evaluating results of investment. Total investment in fixed assets in the whole country includes, by type of ownership, the investment by State-owned units, collective-owned units, individuals, joint ownership units, share-holding units, as well as investments by entrepreneurs from foreign countries and from Hong Kong, Macao and Taiwan, and by other units.

Investment in Real Estate Development refers to investment by real estate development companies, commercialized buildings construction companies and other real estate development units of various types of ownership in the construction of buildings, such as residential buildings, factory buildings, warehouses, hotels, guesthouses, holiday villages, office buildings, and the complementary service facilities and land development projects, such as roads, water supply, water drainage, power supply, heating supply, telecommunications, land leveling and other infrastructural projects. It does not include activities in pure land transactions.

Sources of Funds for Investment in Fixed Assets are categorized as funds from the State budget, domestic loans, foreign investment, self-raised funds, and others, depending on the sources of investment.

(1) Fund from the State budget consists of budgetary appropriation and loans from the State budget. More specifically, it includes, from the budget of the central government, capital construction fund (operation fund and non-operational fund), special expenses (e.g. expenses on substituting petroleum with coal), loans from repayment, discount fund, expenses on innovation and trial production of new products, expenses on urban construction, expenses on temporary construction from business departments, development fund for less developed areas, as well as local budgetary fund transferred from the central budget.

(2) Domestic loans refer to loans of various forms borrowed by investing units from banks and non-bank financial institutions during the reference period for the purpose of investment in fixed assets, including loans issued by banks from their self-owned funds and deposit, loans appropriated by higher authorities, special loans by government, loans arranged by local government from special funds, domestic reserve loan, and working loan.

(3) Foreign investment refers to foreign funds received during the reference period for the construction and purchase of investment in fixed assets (covering equipment, materials and technology), including foreign borrowings (loans from foreign governments and international financial institutions, export credit, commercial loans from foreign banks, issue of bonds and stocks overseas), foreign direct investment and other foreign investments. Excluded from this category is capital in foreign exchanges owned by China (foreign exchanges owned by the central and local governments, foreign exchanges retained by enterprises, foreign exchanges by enterprises through the regulating mechanism, loans in foreign exchanges issued by the Bank of China with its own fund, etc.). In calculating the utilization of foreign capital, foreign currencies are converted into Chinese Renminbi applying the current exchange rate when the foreign capitals are actually used.

(4) Self-raised funds refer to extra-budgetary funds for investment in fixed assets received during the reference period by investing units from central government ministries, local governments, enterprises and institutions, including their self-raised funds.

(5) Others refer to funds for investment in fixed assets received from sources other than those listed above, including capital raised through issuing bonds by enterprises or financial institutions, funds raised from individuals and through donations, and funds transferred from other units.

Investment in Fixed Assets by Sector The classification of construction projects by sector is determined by the major products or the purpose of the projects when they are put into production or use, and by the nature of their social economic activities. In general, one project or one enterprise or institution can only be classified into one sector.

Investment in Fixed Assets by Jurisdiction of Management refers to the classification of investment by the competent authorities under which investment is made by construction units, enterprises, institutions or administrative units.

(1) Central investment refers to the investment in projects or by enterprises, institutions or administrative units which are under the direct leadership and management of the State Council and of the national commissions, ministries, agencies and State-owned large corporations. Various ministries and departments of the State Council prepare and implement plans for investment in fixed assets by those departments, and arrange and ensure the supply of materials and key equipment required for the projects.

(2) Local investment refers to the investment in projects or by enterprises, institutions or administrative units which are under the direct leadership and management of departments under the provincial, prefecture and county governments. Also included are projects by foreign-invested enterprises and enterprises without competent managing authorities.

Investment in Fixed Assets by Type of Construction

Construction projects in general can be classified, by the type of construction, into new construction, expansion, reconstruction and technical transformation, moving and restoration. However, investment by type of construction is not applied to investment by real-estate development units, investment in rural areas and private investment in housing construction in urban areas and in industrial and mining areas.

(1) New construction in general refers to construction projects, which start from scratch, of enterprises, institutions, administrative agencies. In case the size of the existing unit is quite small, and the value of newly added fixed assets is more than three times of the original value, the expansion will be considered as new construction.

(2) Expansion refers to construction of new major production workshop, branch factory or independent production line within a factory or in other locations, for the purpose of increasing the production capacity (or improving efficiency) or adding new production capacity. Newly constructed accommodation for the operation of institutions and administrative organizations (such as newly constructed buildings for teaching in schools, buildings for clinics or wards in hospitals, etc.) are also classified as expansion.

Also included in expansion are investments by existing enterprises or institutions in building major production line(s) or branch factory(ies) along with some work on innovation, for the purpose of expanding the production capacity of original products or producing new products.

(3) Reconstruction and technical transformation refers to construction projects by existing enterprises or institutions in innovation or technical transformation of the old facilities (including auxiliary production equipment and welfare facilities). Also considered as reconstruction is the construction of new workshops by the existing enterprises or institutions to change the variety of products to meet the market demand (such as the production of civil products by defence industries), or to bring the designed production capacity into full play through a more balanced production process on production lines. Technical transformation refers to replacement of old technology or equipment by new technology or equipment, in order to expand the reproduction through improvement of technology contents in production, to improve product quality, to promote new products, to save energy, to reduce consumption, to expand the production scale and to improve overall social-economic efficiency. Contents of technical transformation include: updating of machinery, equipment and tools; reforming production process by using energy or materials saving technology; construction of factory workshops and transformation of public facilities; improvement of working conditions and environment, etc.

Investment in Fixed Assets by Structure By their contents and the mode of implementation, investment activities are classified into 3 categories, i.e. construction and installation, purchase of equipment and instrument, and other expenses.

(1) Construction and installation (work volume of construction and installation) refers to the construction of houses and buildings and the installation of various kinds of equipment and instruments. They include construction of houses; equipment foundations, industrial kilns and stoves, and metal structure work; preparation works and temporary works for project construction, and clearing up works post project construction; pavement of railways and roads, drilling of mines and putting up of oil pipes; construction of water conservancy; construction of underground air-raid shelters and construction of other special projects; value of equipment for heating, sanitation, ventilation, lighting, gas, painting, etc. that are covered by the budget of housing projects; laying out of various pipelines (for steam, compressed air, petroleum, tap water and sewage) and wiring and cabling for electric power and for communications; installation of various machinery and equipment; testing operation for pre-testing the quality of installation projects, and land and other development work conducted by real estate developers for commercialized housing. The value of equipment installed is itself not included in the value of installation projects.

(2) Purchase of equipment and instruments refers to the total value of equipment, tools, and instruments purchased or self-produced which come up to the cut-off point for fixed assets by the construction units or investing enterprises or institutions. Equipment, tools and instruments purchased or self-produced for new workshops by newly established or expanded units are categorized as “purchase of equipment and instruments” no matter whether they come up to the cut-off point for fixed assets.

(3) Other expenses refer to expenses arising during the construction or purchase of fixed assets other than those mentioned above.

Projects under Construction refer to projects with construction and installation activities undertaken in the reference period. All projects that have construction activities undertaken during the reference period are reported as projects under construction irrespective of the length of construction work. The number of projects under construction can reflect the actual size of investment in fixed assets during a given period, and when compared with the number of projects completed and put into use during the same period, it demonstrates the results of investment in fixed assets from the angle of the speed of the construction. Depending on the nature of construction activities, projects under construction can also be classified into projects beginning construction in current year, winding-up projects in current year and stopped or suspended projects in previous years (with resumption of work in current year).

Projects Completed and Put into Use Industrial projects refer to the major projects and anxilliary facilities having been completed in accordance with the design documents, resulting in forming production capacity and having checked and accepted after relevant tests, while the living and welfare facilities having been completed and being capable of ensuring normal production. Non-industrial projects refer to the major projects and anxilliary facilities which have been completed in accordance with the design documents ; have been checked, accepted after relevant examination; and have been formally delivered for use.

Newly Increased Production Capacity (or Project Efficiency) refers to the increase in design capacity (or project efficiency) through investment in fixed assets, which reflects the accomplishment of investment in fixed assets in physical form and serves as an important basis for evaluating the economic efficiency of investment.

The newly increased production capacity (project efficiency) are usually expressed in one of the following forms:

(1) volume of output of products, i.e. the volume of output that the project can produce during a given period (usually a year). For instance, the capacity in coal mining is expressed in 10,000 tons/year, the capacity in producing chemical pesticides expressed in ton/year, the capacity in producing tractors in tractor/year, etc. For some chemical products where the effective contents differ significantly, the production capacity is expressed as the designed effective content equivalent, such as in the case of sulphuric acid, soda ash, caustic soda, etc;

(2) volume of raw materials processed per unit of time, i.e. the volume of raw materials that could be processed by the project per day (or per hour), such as tons of materials processed per day by a sugar refining project or edible vegetable oil project, or tons of urban sewage processed per day;

(3) number or capacity of major equipment increased, such as number of cotton or silk looms increased, wool spindles increased, or capacity (in kilowatts) of power generators increased; and

(4) physical measures (volume, capacity, area, and length) of construction, which is typical for non-industrial projects, for instance, the length of railways put into operation, the length of highways, the capacity of reservoirs, the capacity of warehouses, the floor space of housing projects, capacity for new students in schools or beds in hospitals, areas under new irrigation project, etc.

The special features of projects may sometimes call for the combined use of two or more measurements to reflect the increase in production capacity (or project efficiency); for instance, the new capacity for the production of internal combustion engines is expressed in sets per year and kilowatts per year simultaneously.

To standardize the nomenclature and unit of measurement for newly increased production capacity (or project efficiency), the National Bureau of Statistics has developed the *Nomenclature and Codes for New Production Capacity (Project Efficiency)*. All reporting units with investment activities are required to follow these two nomenclatures in reporting statistics on new production capacity (project efficiency).

Floor Space of Buildings under Construction refers to the total floor space of the horizontal section of outer walls above the plinth of the building, including the effective area and the area occupied by the structure. This indicator is one of the important indicators in physical terms to reflect the scale and accomplishment of the construction industry and also an important basis for monitoring the progress, calculating the cost, analyzing the efficiency and studying the supply of building materials in relation to the construction projects.

Floor Space of Residential Buildings refers to the floor space of the residential buildings among the total space of buildings under construction or completed.

Floor Space under Construction refers to total floor space of all buildings under construction during the reference period, including floor space of newly started buildings during the reference period, floor space of construction extended from the previous period to the current period, and floor space of construction suspended during the previous period and resumed in the current period. Floor space of construction completed in the current period, and floor space of construction started and then suspended in the current period are also included in the floor space under construction of the current year.

Floor Space Completed refers to the floor space of all buildings completed in the reference period, which have been appraised and accepted (or come up to the designed standards) and have been transferred to owner units.

Completion Rate of Floor Space of Buildings refers to the ratio of the floor space of buildings completed in a certain period of time to the floor space of buildings under construction in the same period.

Newly Increased Fixed Assets refer to the newly increased value of fixed assets, constructed or purchased, that have been transferred to the investors. This is an indicator that demonstrates the results of investment in fixed assets in monetary terms, and an important indicator to reflect the speed of construction and to calculate the efficiency of investment.

Rate of Construction Projects Completed and Put into Use refers to the ratio of the number of construction projects completed and put into use in a certain period of time to the number of projects under construction in the same period. This reflects the investment efficiency from the perspective of the speed of projects construction.

Rate of Projects of Fixed Assets Completed and Put into Operation refers to the ratio of the newly increased fixed assets to the total investment made in the same period. This is a comprehensive indicator reflecting the speed of the employment of fixed assets and the investment efficiency at the macro-level. As the newly increase fixed assets is the result of a long period while the investment is completed in the current year, this indicator is expected to be used to reflect the employment of fixed assets over a long period of time.

Area of Commercialized Housing Sold refers to total contracted area of commercialized housing (i.e. area of floor space as designated in the formal contracts signed by both sides) during the reference time. It constitutes floor space of completed housing and floor space of future housing.

Value of Commercialized Housing Sold refers to the total contracted value (i.e. value of sales/purchase for selling/purchase of commercialized housing as designated in the contract signed by both sides) during the reference time. This indicator has the same coverage as the area of commercialized housing sold, which constitutes floor space of completed housing and floor space of housing yet to be completed.

Affordable Housing Projects refers to increase housing supply by the government offer in order to solve the housing difficulties in low-income families, list in local government Housing Guarantee plan and annual plan. Affordable housing in urban areas mainly include Low-rent housing, public-rent housing, affordable housing, and commodity price housing, the transformation of slum areas in urban and state-owned industrial or mining enterprises, renovation of old or slum in state-owned forests or plantations etc. Affordable housing in rural areas mainly include the countryside dangerous house transformation, nomads settle project etc. The Affordable Housing in Affordable Housing Projects usually include the low-rent housing, public-rent housing, affordable housing, and commodity price housing.

七、能　源

Energy

资料整理：蔡军辉

简 要 说 明

一、本篇资料反映陕西能源生产、消费和能耗水平等情况。主要内容有能源生产、消费及品种构成，能源生产和消费弹性系数，分行业、分主要能源品种的消费量，能源加工转换效率及生活用能源消费量、单位生产总值能耗等指标。

二、关于数据口径与计算的说明:

1. 能源生产与消费弹性系数分别以能源生产、消费增长速度与地区生产总值增长速度相比求得。

2. 能源平衡表中，进口量和出口量采用海关统计数据，电力折算标准煤系数按平均发电煤耗计算。

3. 能源加工转换效率表中的电力折算标准煤系数采用当量值计算，每千瓦小时折0.1229千克标准煤。

4. GDP和工业增加值按不变价格计算。

Brief Introduction

Ⅰ. This chapter reflects the energy production, consumption and efficiency of Shaanxi Province, mainly including energy production, consumption and composition, elasticity ratio of energy production and consumption, consumption of energy by sector and by types of energy, efficiency of energy processing and conversion and the consumption of energy for non-production uses, energy consumption of unit gross domestic product.

Ⅱ. Data coverage and calculation:

1. The elasticity ratio of energy production is calculated as the quotient of the growth rate of energy production divided by the growth rate of GDP; and the elasticity ratio of energy consumption is calculated as the quotient of the growth rate of energy consumption divided by the growth rate of GDP.

2. In the energy balance sheet, the data on the imports and exports are data from the customs statistics. The ratio for converting electric power into the standard coal equivalent is calculated according to the average consumption of coal for generating electricity.

3. In the table on the efficiency of energy conversion, the ratio for converting electric power into the standard coal equivalent is calculated on the basis of heat value equivalent. One kilowatt is equal to 0.1229 kg SCE.

4. Gross domestic product and industrial value-added are calculated at constant price.

7.能　源

2013 年全省			
能源生产总量	44793.27	万吨标准煤（等价值）	比上年增长 6.9%
能源消费总量	11371.58	万吨标准煤（等价值）	比上年增长 7.0%
平均每天消费能源	31.16	万吨标准煤	
# 原　煤	55.82	万　吨	
原　油	6.11	万　吨	
天然气	2119	万立方米	
电　力	31568	万千瓦小时	

能源消费总量构成

（2013年）

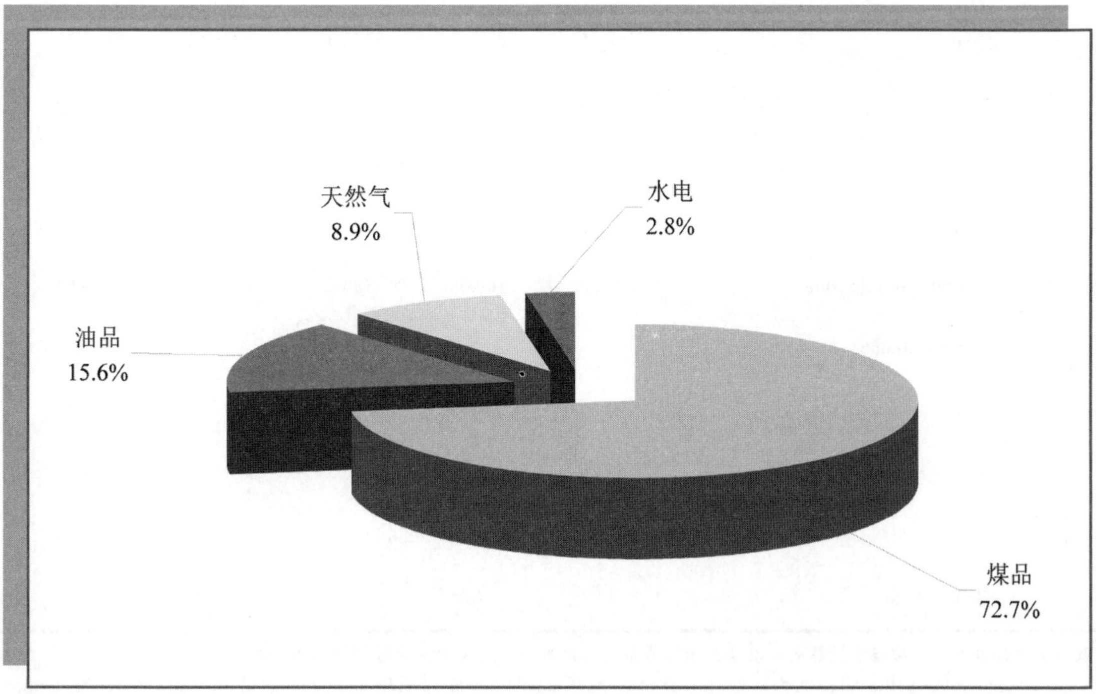

7-1 能源生产、消费总量及构成
Total Production and Consumption of Energy and Its Composition

指 标	Item	2011		2012		2013	
		当量值 Equivalent Weight	等价值 Equivalent Value	当量值 Equivalent Weight	等价值 Equivalent Value	当量值 Equivalent Weight	等价值 Equivalent Value
能源生产总量	**Total Energy Production**	**36980.36**	**37152.64**	**41751.85**	**41908.36**	**44596.35**	**44793.27**
（万吨标准煤）	**(10 000 tons of SCE)**						
原 煤	Coal	28643.68	28643.68	32614.19	32614.19	34416.47	34416.47
原 油	Crude Oil	4607.83	4607.83	5039.48	5039.48	5268.73	5268.73
天然气	Natural Gas	3620.42	3620.42	3998.94	3998.94	4786.41	4786.41
水 电	Hydro-power	108.43	280.71	99.24	255.75	124.74	321.66
能源生产构成(%)	**Energy Production Composition (%)**	**100.00**	**100.00**	**100.00**	**100.00**	**100.00**	**100.00**
原 煤	Coal	77.46	77.10	78.11	77.82	77.17	76.83
原 油	Crude Oil	12.46	12.40	12.07	12.02	11.81	11.76
天然气	Natural Gas	9.79	9.74	9.58	9.54	10.73	10.69
水 电	Hydro-power	0.29	0.76	0.24	0.61	0.28	0.72
能源消费总量	**Total Energy Consumption**	**10128.41**	**9760.77**	**11013.01**	**10625.71**	**11835.82**	**11371.58**
（万吨标准煤）	**(10 000 tons of SCE)**						
煤 品	Coal	7562.55	7022.63	8372.38	7828.57	8932.25	8271.09
油 品	Crude Oil	1626.38	1626.38	1689.44	1689.44	1768.86	1768.86
天然气	Natural Gas	831.05	831.05	851.95	851.95	1009.97	1009.97
水 电	Hydro-power	108.43	280.71	99.24	255.75	124.74	321.66
能源消费构成(%)	**Energy Consumption Composition (%)**	**100.00**	**100.00**	**100.00**	**100.00**	**100.00**	**100.00**
煤 品	Coal	74.66	71.95	76.02	73.67	75.47	72.73
油 品	Crude Oil	16.06	16.66	15.34	15.90	14.94	15.56
天然气	Natural Gas	8.21	8.51	7.74	8.02	8.53	8.88
水 电	Hydro-power	1.07	2.88	0.90	2.41	1.05	2.83

注：当量值指电力按自身的热功当量换算成标准煤，等价值指电力按当年平均火力发电煤耗换算成标准煤。

a) The equivalent weight refers to the value that electric power converts to standard coal by its heat equivalent, equivalent value refers to the value of average standard coal consumption by thermal power in the current year.

7-2 主要能源平衡情况(2013年)
Main Energy Balance Sheet(2013)

指 标	Item	综合能源(万吨标准煤) Comprehensive Energy (10 000 tons of SCE)	天然气(亿立方米) Natural Gas (100 million cu.m)	电 力(亿千瓦小时) Electricity (100 million kwh)	原 油(万吨) Crude Oil (10 000 tons)
一、可供本地区消费能源	**Volume of total Energy Available for Consumption**	**11680.55**	**82.16**	**-239.29**	**2132.01**
年初库存	Stock at the Beginning of the Year	1081.76	0.48		54.72
一次能源生产量	Primary Energy Output	44793.27	371.65	101.50	3688.04
外省(区、市)调入量	Inflow from Other Provinces (Regions, Cities)	1249.75			
本省(区、市)调出量(-)	Outflow from this Provinces (Regions, Cities)	-34322.44	-289.49	-340.79	-1533.36
出口量(-)	Exports	-74.41			
年末库存(-)	Stock at Year-end	-1047.38	-0.48		-77.39
二、加工转换投入(-)产出(+)量	**Input (−) or Output (+) of Processing and Transformation**	**-802.07**	**-15.69**	**1391.51**	**-2078.59**
火力发电	Thermal Power	0.00	-0.75	1391.51	
供 热	Heating	-78.26	-0.35		
煤炭洗选	Separation Coal	-254.92			
炼 焦	Coke Making	-458.28			
炼油及煤制油	Oil Refining and Coal to Make Oil	-207.47			-2078.59
天然气液化		-16.36	-14.60		
煤制品加工	Processing of Coal Products	-0.05			
回收能	Recovery of Energy	213.28			
三、损失量	**Loss Volume**				
四、终端消费	**Final Consumption**	**10569.51**	**74.62**	**1152.22**	**152.05**
第一产业	Primary Industry	237.06		45.29	
农、林、牧、渔业	Agriculture, Forestry, Animal Husbandry and Fishery	237.06		45.29	
第二产业	Secondary Industry	6954.54	44.33	773.54	152.05
工 业	Industry	6765.05	44.33	750.97	152.05
建筑业	Construction	189.49		22.57	
第三产业	Tertiary Industry	1980.03	14.12	168.69	
交通运输、仓储和邮政业	Transportation, Storage and Post Services	1120.74	5.12	49.47	
批发、零售业和住宿、餐饮业	Wholesale and Retail Trades, Hotels and Catering Services	386.28	8.63	43.10	
其 他	Others	473.02	0.37	76.11	
生活消费	Household Consumption	1397.88	16.17	164.70	
城 镇	Urban Areas	886.07	15.22	96.98	
乡 村	Rural Area	511.81	0.95	67.72	

注：综合能源消费电力按等价值折算。

a) Comprehensive energy consumption Electric power and heat are converted on the basis of equal value.

7-2 续表 continued

指 标	Item	汽 油 (万吨) Gasoline (10 000 tons)	煤 油 (万吨) Kerosene (10 000 tons)	柴 油 (万吨) Diesel Oil (10 000 tons)	燃料油 (万吨) Fuel Oil (10 000 tons)
一、可供本地区消费能源	**Volume of total Energy Available for Consumption**	**-447.34**	**-18.36**	**-281.72**	**-21.43**
年初库存	Stock at the Beginning of the Year	53.80	6.22	58.01	3.41
一次能源生产量	Primary Energy Output				
外省(区、市)调入量	Inflow from Other Provinces (Regions, Cities)	23.00	10.00	263.00	
本省(区、市)调出量(-)	Outflow from this Provinces (Regions, Cities)	-488.97	-29.00	-566.84	-21.40
出口量(-)	Exports				
年末库存(-)	Stock at Year-end	-35.17	-5.58	-35.89	-3.44
二、加工转换投入(-)产出(+)量	**Input (−) or Output (+) of Processing and Transformation**	**745.21**	**29.84**	**883.30**	**21.64**
火力发电	Thermal Power	0.00		-0.62	
供 热	Heating			-0.05	
煤炭洗选	Separation Coal				
炼 焦	Coke Making				
炼油及煤制油	Oil Refining and Coal to Make Oil	745.21	29.84	883.97	21.64
天然气液化					
煤制品加工	Processing of Coal Products				
回收能	Recovery of Energy				
三、损失量	**Loss Volume**				
四、终端消费	**Final Consumption**	**303.71**	**10.70**	**602.71**	**0.20**
第一产业	Primary Industry	7.80		44.81	
农、林、牧、渔业	Agriculture, Forestry, Animal Husbandry and Fishery	7.80		44.81	
第二产业	Secondary Industry	23.50	2.90	104.56	0.20
工 业	Industry	12.79	2.90	50.81	0.20
建筑业	Construction	10.71		53.75	
第三产业	Tertiary Industry	173.83	7.80	445.60	
交通运输、仓储和邮政业	Transportation, Storage and Post Services	156.45	7.80	405.20	
批发、零售业和住宿、餐饮业	Wholesale and Retail Trades, Hotels and Catering Services	11.96		28.44	
其 他	Others	5.42		11.96	
生活消费	Household Consumption	98.58		7.74	
城 镇	Urban Areas	75.02		2.19	
乡 村	Rural Area	23.56		5.55	

注：综合能源消费电力按等价值折算。

a) Comprehensive energy consumption Electric power and heat are converted on the basis of equal value.

7-3 能源生产弹性系数
Elasticity Ratio of Energy Production

指 标	Item	2011	2012	2013
能源生产增长速度(%)	Growth Rate of Energy Production over Preceding Year (%)	14.9	12.8	6.9
电力生产增长速度(%)	Growth Rate of Electricity Production over Preceding Year (%)	11.7	7.0	10.8
生产总值增长速度(%)	Rate of Gross Domestic Product (GDP) over Preceding Year (%)	13.9	12.9	11.0
能源生产弹性系数	Elasticity Ratio of Energy Production	1.07	0.99	0.63
电力生产弹性系数	Elasticity Ratio of Electricity Production	0.84	0.54	0.98

注：生产总值增长速度按不变价计算，能源生产用等价值折算。

a) The growth rates of GDP are calculated at constant prices. Energy production are converted on the basis of equal value.

7-4 平均每万人能源生产量
Energy Production Per 10 000 Population

品 种	Item	2011	2012	2013
生产总量(吨标准煤)	**Total Production (ton of SCE)**	**99269.61**	**111663.61**	**119013.93**
原 油(吨)	Crude Oil(ton)	8618.12	9399.09	9798.97
天然气(万立方米)	Natural Gas(10 000 cu. m)	727.33	825.63	987.46
电 力(万千瓦小时)	Electricity(10 000 kwh)	3363.89	3589.91	3966.86

注：能源生产总量用等价值折算。

a) Total energy production are converted on the basis of equal value.

7-5 能源加工转换效率
Efficiency of Energy Conversion

指 标	Item	2011	2012	2013
总效率(%)	**Total Efficiency (%)**	**75.47**	**77.77**	**79.13**
火力发电	Thermal Power	38.63	38.80	38.78
供 热	Heating	76.71	75.39	76.28
洗 煤	Separation Coal	95.37	95.35	95.28
炼 焦	Coke Making	86.69	89.16	89.12
炼 油	Oil Refining	95.55	95.23	95.09

7-6 单位GDP能耗
Energy Consumption Per Unit of GDP by City (District)

单位：吨标准煤/万元 (ton of SCE/10 000 yuan)

地 区	Region	GDP按2005年价格计算 GDP are calculated at 2005 constant prices						GDP按2010年价格计算 GDP are calculated at 2010 constant prices			
		2005	2006	2007	2008	2009	2010	2010	2011	2012	2013
全 省	**Shaanxi**	**1.416**	**1.368**	**1.306**	**1.228**	**1.172**	**1.129**	**0.877**	**0.846**	**0.816**	**0.787**
西安市	Xi'an	1.030	0.987	0.930	0.869	0.820	0.803	0.633	0.610	0.589	0.568
铜川市	Tongchuan	2.160	2.123	2.017	1.917	1.798	1.720	1.702	1.641	1.581	1.497
宝鸡市	Baoji	1.460	1.399	1.328	1.249	1.186	1.162	0.882	0.851	0.820	0.791
咸阳市	Xianyang	1.380	1.330	1.264	1.201	1.143	1.102	0.779	0.751	0.724	0.699
渭南市	Weinan	3.510	3.429	3.263	3.085	2.946	2.807	1.782	1.718	1.656	1.593
# 韩城市	Hancheng	6.484	6.410	6.116	5.810	5.549	5.208	3.918	3.768	3.617	3.471
延安市	Yan'an	0.980	0.952	0.907	0.865	0.826	0.782	0.691	0.667	0.644	0.621
汉中市	Hanzhong	1.800	1.739	1.655	1.563	1.494	1.440	1.172	1.130	1.089	1.051
榆林市	Yulin	2.510	2.426	2.343	2.195	2.072	2.000	1.020	0.983	0.948	0.912
安康市	Ankang	1.380	1.340	1.276	1.198	1.148	1.103	0.921	0.889	0.857	0.828
商洛市	Shangluo	1.080	1.066	1.024	0.975	0.926	0.896	0.596	0.575	0.555	0.537
杨凌示范区	Yangling	0.710	0.695	0.670	0.628	0.597	0.582	0.406	0.393	0.383	0.373

7-6 续表 continued

单位：吨标准煤/万元 (ton of SCE/10 000 yuan)

地 区	Region	比上年增长(%) Growth Rates over Preceding Year(%)							
		2006	2007	2008	2009	2010	2011	2012	2013
全 省	**Shaanxi**	**-3.41**	**-4.55**	**-5.94**	**-4.56**	**-3.64**	**-3.56**	**-3.54**	**-3.55**
西安市	Xi'an	-4.15	-5.75	-6.65	-5.56	-2.02	-3.56	-3.51	-3.57
铜川市	Tongchuan	-1.70	-5.01	-4.95	-6.21	-4.31	-3.62	-3.62	-5.31
宝鸡市	Baoji	-4.20	-5.05	-5.96	-5.06	-2.01	-3.53	-3.64	-3.53
咸阳市	Xianyang	-3.63	-4.97	-4.97	-4.81	-3.59	-3.61	-3.50	-3.50
渭南市	Weinan	-2.30	-4.85	-5.44	-4.51	-4.72	-3.60	-3.61	-3.81
# 韩城市	Hancheng	-1.14	-4.58	-5	-4.496	-6.15	-3.82	-4.01	-4.03
延安市	Yan'an	-2.85	-4.78	-4.56	-4.54	-5.38	-3.50	-3.50	-3.50
汉中市	Hanzhong	-3.40	-4.80	-5.6	-4.38	-3.63	-3.61	-3.56	-3.51
榆林市	Yulin	-3.35	-3.42	-6.3	-5.6	-3.46	-3.60	-3.60	-3.80
安康市	Ankang	-2.90	-4.75	-6.15	-4.2	-3.89	-3.50	-3.63	-3.33
商洛市	Shangluo	-1.30	-3.96	-4.78	-5.01	-3.20	-3.51	-3.38	-3.32
杨凌示范区	Yangling	-2.10	-3.65	-6.22	-5	-2.48	-3.20	-2.62	-2.60

注：能源消耗按等价值计算。

a) The energy consumption are converted on the basis of equal value.

7-7　单位工业增加值能耗
Energy Consumption Per Unit of Value Added of Industry

单位：吨标准煤/万元　　　　(ton of SCE/10 000 yuan)

地　区	Region	工业增加值按2005年价格计算 VAI are calculated at 2005 constant prices						工业增加值按2010年价格计算 VAI are calculated at 2010 constant prices			
		2005	2006	2007	2008	2009	2010	2010	2011	2012	2013
全　省	**Shaanxi**	**2.620**	**2.460**	**2.270**	**2.009**	**1.892**	**1.770**	**1.323**	**1.249**	**1.178**	**1.110**
西安市	Xi'an	1.220	1.100	1.092	0.915	0.800	0.703	0.593	0.502	0.449	0.369
铜川市	Tongchuan	4.100	4.150	3.455	4.739	4.142	3.955	2.893	2.623	2.330	2.114
宝鸡市	Baoji	3.010	2.840	2.101	1.712	1.434	1.374	1.115	1.090	0.893	0.810
咸阳市	Xianyang	3.090	2.730	2.505	2.158	1.896	1.933	1.329	1.273	1.219	1.066
渭南市	Weinan	7.760	8.040	7.153	5.742	4.801	4.116	3.898	3.392	3.082	2.762
# 韩城市	Hancheng	10.132	11.369	9.974	7.827	8.979	7.151	6.553	5.812	5.257	4.760
延安市	Yan'an	0.640	0.560	0.746	0.737	0.611	0.567	0.561	0.519	0.503	0.496
汉中市	Hanzhong	4.720	4.210	3.490	2.803	2.563	2.388	2.369	2.009	1.791	1.609
榆林市	Yulin	3.650	3.800	2.987	2.805	2.464	2.312	1.432	1.421	1.353	1.365
安康市	Ankang	2.080	1.840	1.583	1.259	1.079	0.952	0.895	0.825	0.642	0.546
商洛市	Shangluo	2.050	2.410	2.400	2.071	2.015	1.729	0.898	0.799	0.717	0.616
杨凌示范区	Yangling	1.590	1.620	1.204	0.352	0.277	0.304	0.159	0.130	0.128	0.111

7-7　续表　continued

单位：吨标准煤/万元　　　　(ton of SCE/10 000 yuan)

地　区	Region	比上年增长(%) Growth Rates over Preceding Year(%)							
		2006	2007	2008	2009	2010	2011	2012	2013
全　省	**Shaanxi**	**-7.09**	**-7.81**	**-11.48**	**-5.82**	**-6.83**	**-5.60**	**-5.65**	**-5.83**
西安市	Xi'an	-3.04	-12.56	-13.43	-10.48	-12.18	-15.44	-10.56	-17.69
铜川市	Tongchuan	-1.09	-8.02	0.70	-15.46	-4.51	-9.33	-11.18	-9.26
宝鸡市	Baoji	-11.41	-13.27	-14.07	-22.44	-4.18	-2.30	-18.07	-9.27
咸阳市	Xianyang	-11.37	-10.85	-14.06	-11.46	1.92	-4.24	-4.26	-12.51
渭南市	Weinan	-2.09	-10.51	-18.84	-3.41	-14.26	-12.98	-9.12	-10.39
# 韩城市	Hancheng	12.21	-12.27	-21.52	14.72	-20.36	-11.31	-9.55	-9.45
延安市	Yan'an	-2.61	-8.60	-3.28	-2.71	-7.22	-7.51	-3.01	-1.32
汉中市	Hanzhong	-7.34	-11.32	-19.55	-6.57	-6.82	-15.21	-10.86	-10.13
榆林市	Yulin	-10.22	1.38	-5.95	0.60	-6.14	-0.72	-4.82	0.91
安康市	Ankang	-9.25	-4.81	-14.97	11.93	-11.72	-7.91	-22.11	-15.02
商洛市	Shangluo	19.32	-0.72	-17.14	-10.13	-14.23	-11.08	-10.24	-14.00
杨凌示范区	Yangling	1.23	-11.79	-0.06	-41.93	9.95	-18.60	-1.15	-13.69

注：本表统计范围是年主营业务收入2000万元及以上的法人工业企业；能源消耗按当量值计算。

a) Statistical scope in this table is industrial enterprises with annual principal business sales over 20 million yuan.
The energy consumption are converted on the basis of equal value.

7-8 单位GDP电耗
Electricity Consumption Per Unit of GDP

单位：千瓦时/万元 (kw.h/10 000 yuan)

地 区	Region	GDP按2005年价格计算 GDP are calculated at 2005 constant prices						GDP按2010年价格计算 GDP are calculated at 2010 constant prices			
		2005	2006	2007	2008	2009	2010	2010	2011	2012	2013
全 省	**Shaanxi**	**1312.83**	**1296.04**	**1259.79**	**1172.27**	**1078.51**	**1093.94**	**848.74**	**851.80**	**819.52**	**797.75**
西 安 市	Xi'an	963.34	920.19	856.29	796.92	754.45	761.98	615.07	587.77	570.64	557.81
铜 川 市	Tongchuan	3552.00	4625.68	4836.61	4737.56	4093.79	3884.47	3109.86	2752.22	2393.33	1859.37
宝 鸡 市	Baoji	1199.69	1087.22	1022.65	917.48	836.47	817.64	684.80	615.35	517.47	485.04
咸 阳 市	Xianyang	1045.24	1020.81	998.65	967.64	917.63	925.00	725.28	685.43	670.15	616.64
渭 南 市	Weinan	1996.34	1857.74	1662.79	1572.67	1454.96	1511.39	1227.44	1200.23	1099.78	987.23
延 安 市	Yan'an	568.39	567.81	560.54	547.07	636.82	611.09	515.65	529.88	546.57	568.86
汉 中 市	Hanzhong	1592.44	1573.13	1490.40	1350.57	1335.07	1369.67	1121.27	1089.41	1115.37	1049.60
榆 林 市	Yulin	1570.62	1650.89	1730.61	1443.75	1172.12	1137.68	732.16	798.88	817.06	786.99
安 康 市	Ankang	1027.52	1177.00	1167.76	1034.32	1013.64	991.53	828.29	758.44	661.40	644.99
商 洛 市	Shangluo	1001.85	1171.75	1260.36	1198.15	1126.15	1301.61	987.86	971.38	858.07	819.74
杨凌示范区	Yangling	878.69	991.54	1097.50	866.06	917.96	925.34	725.28	685.43	664.79	583.15

7-8 续表 continued

单位：千瓦时/万元 (kw.h/10 000 yuan)

地 区	Region	比上年增长(%) Growth Rates over Preceding Year(%)							
		2006	2007	2008	2009	2010	2011	2012	2013
全 省	**Shaanxi**	**-1.28**	**-2.80**	**-6.95**	**-7.98**	**1.43**	**0.36**	**-3.79**	**-2.66**
西 安 市	Xi'an	-4.48	-6.94	-6.93	-5.33	1.00	-4.43	-2.92	-2.25
铜 川 市	Tongchuan	30.23	4.56	-2.05	-13.59	-5.11	-11.50	-13.04	-22.31
宝 鸡 市	Baoji	-9.38	-5.94	-10.28	-8.83	-2.25	-10.14	-15.91	-6.27
咸 阳 市	Xianyang	-2.34	-2.17	-3.11	-5.17	0.80	-5.50	-2.20	-7.98
渭 南 市	Weinan	-6.94	-10.49	-5.42	-7.48	3.88	-2.22	-8.39	-10.23
延 安 市	Yan'an	-0.10	-1.28	-2.40	3.06	-4.04	2.76	3.15	4.08
汉 中 市	Hanzhong	-1.21	-5.26	-9.38	-1.15	2.59	-2.84	2.35	-5.90
榆 林 市	Yulin	5.11	4.83	-16.58	-18.81	-2.94	9.11	2.27	-3.68
安 康 市	Ankang	14.55	-0.79	-11.43	-2.00	-2.18	-8.43	-12.82	-2.48
商 洛 市	Shangluo	16.96	7.56	-4.94	-6.01	15.58	-1.67	-11.64	-4.47
杨凌示范区	Yangling	12.84	10.69	-21.09	5.99	0.80	-5.50	-3.01	-12.28

7-9 能源消费弹性系数
Elasticity Ratio of Energy Consumption

指 标	Item	2011	2012	2013
能源消费增长速度(%)	Growth Rate of Energy Consumption over Preceding Year (%)	9.86	8.85	7.02
电力消费增长速度(%)	Growth Rate of Electricity Consumption over Preceding Year (%)	14.34	8.58	8.01
生产总值增长速度(%)	Growth Rate of Gross Domestic Product (GDP) over Preceding Year (%)	13.90	12.90	11.00
能源消费弹性系数	Elasticity Ratio of Energy Consumption	0.71	0.69	0.64
电力消费弹性系数	Elasticity Ratio of Electricity Consumption	1.03	0.67	0.73

注：生产总值增长速度按不变价计算，能源消费用等价值折算。

a) The growth rates of GDP are calculated at constant prices. Energy consumption are converted on the basis of equal value.

7-10 平均每天各种能源消费量
Average Daily Energy Consumption by Variety

品 种	Item	2011	2012	2013
消费总量(万吨标煤)	**Total Consumption (10 000 tons of SCE)**	**26.74**	**29.03**	**31.16**
原 煤 (万吨)	Coal (10 000 tons)	37.37	45.20	55.82
焦 炭 (吨)	Coke (ton)	21745	24466	25622
原 油 (吨)	Crude Oil (ton)	57416	61966	61113
汽 油 (吨)	Gasoline (ton)	7660	7842	8321
煤 油 (吨)	Kerosene (ton)	265	276	293
柴 油 (吨)	Diesel Oil (ton)	15719	16024	16531
天然气 (万立方米)	Natural Gas (10 000 cu.m)	1712	1787	2119
电 力(万千瓦小时)	Electricity (10 000 kwh)	26917	29146	31568

注：能源消费总量用等价值折算。

a) Total energy consumption are converted on the basis of equal value.

7-11 全省用电总量
Total Electricity Consumption in the Whole Province

单位：亿千瓦时 (100 million kwh)

指　　标	Item	2011	2012	2013
全省用电量总计	**Total Electricity Consumption in the Whole Province**	**982.47**	**1066.75**	**1152.22**
农、林、牧、渔、水利用电	Electricity Consumption for Agriculture,Forestry, Animal Husbandry, Fishery and Water Conservancy	42.54	42.65	45.29
# 排灌用电	Electricity Consumption for drainage and irrigation	30.30	29.59	30.63
工业用电	Electricity Consumption for Industry	661.91	705.63	750.97
轻工业	Light Industry	58.42	62.21	61.20
重工业	Heavy Industry	603.50	643.42	689.77
# 自来水生产和供应业	Production and Supply of Water	4.79	5.59	6.43
# 电力、热力生产供应业	Production and Supply of Electric Power and Heat Power	153.10	172.22	178.93
# 厂用电量	Electricity Consumption for factory	84.00	92.24	91.42
# 线路损失电量	Loss of power lines	67.72	78.11	84.96
建筑业用电	Construction electricity	16.58	18.45	22.57
交通运输、仓储和邮政业用电	Electricity Consumption for Transport, Storage and Post	43.47	47.48	49.47
交通运输业	Transport	41.41	45.09	46.78
邮政业	Post	1.31	1.52	1.76
仓储业	Storage	0.76	0.87	0.93
信息传输、计算机服务和软件业用电	Electricity Consumption for Information Transmission, Computer Services and Software	6.08	6.85	7.54
商业、住宿和餐饮用电	Electricity Consumption for Commercial, Hotels and Catering Services	30.96	37.17	43.10
批发和零售业	Wholesale and Retail Trades	19.47	23.89	28.31
住宿和餐饮业	Hotels and Catering Services	11.49	13.28	14.79
金融、房地产、商务及其他服务业用电	Electricity Consumption for Financial Intermediation, Real Estate, Business and others Services	20.63	23.55	26.07
公共事业及其管理组织用电	Electricity Consumption for the Non-profit Organization and the Management Organization	30.31	36.80	42.51
城乡居民生活用电	Electricity Consumption for Cities and Rural Areas Residential	129.99	148.16	164.70
乡村用电	Electricity Consumption for Rural Areas	51.76	87.92	96.98
城市用电	Electricity Consumption for Cities	78.23	60.24	67.72

7-12　主要能源按行业分组消费量(2013年)
Consumption of Main Energy by Sector (2013)

行　业	Sector	原煤(万吨) Coal (10 000 tons)	焦炭(万吨) Coke (10 000 tons)	汽油(万吨) Gasoline (10 000 tons)	柴油(万吨) Diesel Oil (10 000 tons)	电力(亿千瓦时) Electricity (100 million kwh)
采矿业	**Mining**	**7796.29**		**4.33**	**30.12**	**123.77**
煤炭开采和洗选业	Mining and Washing of Coal	7667.09		0.55	10.24	55.70
石油和天然气开采业	Extraction of Petroleum and Natural Gas	89.93		3.26	15.28	41.78
黑色金属矿采选业	Mining and Processing of Ferrous Metal Ores	10.39		0.03	1.09	5.41
有色金属矿采选业	Mining and Processing of Non-Ferrous Metal Ores	6.81		0.14	0.80	15.96
非金属矿采选业	Mining and Processing of Non-metal Ores	12.17		0.00	0.65	2.55
开采辅助活动	Support Activities for Mining	9.91		0.34	2.05	
其他采矿业	Mining of Other Ores					2.37
制造业	**Manufacturing**	**6949.67**	**929.08**	**7.65**	**20.01**	**435.04**
农副食品加工业	Processing of Food from Agricultural Products	46.71		0.35	0.39	7.57
食品制造业	Manufacture of Foods	83.93		0.14	0.17	1.84
酒、饮料和精制茶制造业	Manufacture of Liquor, Beverages and Refined Tea	48.22		0.09	0.11	2.75
烟草制品业	Manufacture of Tobacco	4.84		0.03	0.05	2.69
纺织业	Manufacture of Textile	25.16		0.04	0.01	8.04
纺织服装、服饰业	Manufacture of Textile, Wearing Apparel and Accessories	0.69		0.01	0.00	1.92
皮革、毛皮、羽毛及其制品和制鞋业	Manufacture of Leather, Fur, Feather and Related Products and Footwear	0.63		0.09		0.51
木材加工和木、竹、藤、棕、草制品业	Processing of Timber, Manufacture of Wood, Bamboo, Rattan,Palm and Straw Products	1.55		0.01	0.00	4.56
家具制造业	Manufacture of Furniture	0.15		0.03	0.02	1.86
造纸及纸制品业	Manufacture of Paper and Paper Products	42.94		0.15	0.03	4.22
印刷业和记录媒介的复制	Printing and Reproduction of Recording Media	0.25		0.10	0.03	1.19
文教、工美、体育和娱乐用品制造业	Manufacture of Articles for Culture, Education, Arts and Crafts, Sport and Entertainment Activities	0.01	0.01	0.01	0.00	0.13
石油加工、炼焦及核燃料加工业	Processing of Petroleum, Coking and Processing of Nuclear Fuel	3370.67	4.11	1.03	1.95	30.34
化学原料及化学制品制造业	Manufacture of Raw Chemical Materials and Chemical Products	1247.58	190.37	1.11	0.80	96.02
医药制造业	Manufacture of Medicines	28.07		0.50	0.03	2.50
化学纤维制造业	Manufacture of Chemical Fibres	1.79		0.00	0.00	0.97
橡胶和塑料制品业	Manufacture of Rubber and Plastics Products	20.26	0.31	0.13	0.46	5.23
非金属矿物制品业	Manufacture of Non-metallic Mineral Products	1082.33	1.93	0.34	8.22	66.23
黑色金属冶炼及压延加工业	Smelting and Pressing of Ferrous Metals	178.98	713.42	0.08	0.54	70.85
有色金属冶炼及压延加工业	Smelting and Pressing of Non-ferrous Metals	670.37	18.23	0.27	2.05	59.68
金属制品业	Manufacture of Metal Products	10.08	0.13	0.25	0.11	13.83

7-12 续表 continued

行业	Sector	原煤 (万吨) Coal (10 000 tons)	焦炭 (万吨) Coke (10 000 tons)	汽油 (万吨) Gasoline (10 000 tons)	柴油 (万吨) Diesel Oil (10 000 tons)	电力 (亿千瓦时) Electricity (100 million kwh)
通用设备制造业	Manufacture of General Purpose Machinery	10.11	0.08	0.39	0.80	7.84
专用设备制造业	Manufacture of Special Purpose Machinery	9.90	0.45	0.64	1.09	9.77
汽车制造业	Manufacture of Automobiles	8.39		0.64	1.28	10.11
铁路、船舶、航空航天和其他运输设备制造业	Manufacture of Railway, Ship, Aerospace and Other TransportEquipments	40.13	0.03	0.47	0.58	6.60
电气机械及器材制造业	Manufacture of Electrical Machinery and Apparatus	4.93	0.00	0.32	0.14	5.52
计算机、通信和其他电子设备制造业	Manufacture of Computers, Communication and Other Electronic Equipment	5.25		0.10	0.04	3.16
仪器仪表制造业	Manufacture of Measuring Instruments and Machinery	0.79		0.25	1.03	1.44
其他制造业	Other Manufacture	1.32		0.03	0.05	5.70
废弃资源综合利用业	Utilization of Waste Resources	0.42				0.86
金属制品、机械和设备修理业	Repair Service of Metal Products, Machinery and Equipment	3.22		0.03	0.01	1.13
电力、燃气及水的生产和供应业	**Production and Supply of Electricity, Heat, Gas and Water**	**4876.21**	**6.14**	**0.81**	**1.35**	**192.16**
电力、热力生产和供应业	Production and Supply of Electric Power and Heat Power	4876.10	6.08	0.58	1.33	178.93
燃气生产和供应业	Production and Supply of Gas			0.16	0.02	6.81
水的生产和供应业	Production and Supply of Water	0.11	0.06	0.07	0.00	6.43
建筑业	**Construction**	**35.68**		**10.71**	**53.75**	**22.57**
房屋和土木工程建筑业	Construction and Civil Engineering of Buildings	35.68		7.72	31.45	22.57
建筑安装业	Building Installation			1.39	16.80	
建筑装饰业	Building Decoration and Other Constructions			0.46		
交通运输储运业和邮政业	**Transport, Storage and Post**	**61.58**		**156.45**	**405.20**	**49.47**
铁路运输业	Railway Transport	61.58		11.46	10.09	36.23
道路运输业	Road Transport			144.99	395.11	0.66
水上运输业	Water Transport					
航空运输业	Air Transport					
管道运输业	Transport Via Pipelines					2.94
装卸搬运及其他运输服务业	Loading,Unloading and Other Transport Services					7.24
仓储业	Storage					1.52
邮政业	Post					0.87

注：消费量包括中间消费和损失量。

a) Consumption includes middle expense and stock losses.

7-13 平均每万元工业总产值能源消费量(2013年)
Energy Consumption Per 10 000 Yuan of Gross Industrial Output Value(2013)

行 业	Sector	能源消费量(万吨标准煤) Total Energy Consumption (10 000 tons of SCE)	产值能耗(吨标准煤/万元) Output Energy Consumption (ton of SCE/10 000 yuan)
工 业	**Industry**	**7678.87**	**0.41**
采矿业	**Mining**	**1075.74**	**0.24**
煤炭开采和洗选业	Mining and Washing of Coal	299.15	0.13
石油和天然气开采业	Extraction of Petroleum and Natural Gas	723.45	0.39
黑色金属矿采选业	Mining and Processing of Ferrous Metal Ores	14.18	0.12
有色金属矿采选业	Mining and Processing of Non-Ferrous Metal Ores	10.80	0.05
非金属矿采选业	Mining and Processing of Non-metal Ores	11.25	0.17
开采辅助活动	Support Activities for Mining	16.91	0.37
制造业	**Manufacturing**	**3747.71**	**0.29**
农副食品加工业	Processing of Food from Agricultural Products	40.82	0.05
食品制造业	Manufacture of Foods	57.08	0.15
酒、饮料和精制茶制造业	Manufacture of Liquor, Beverages and Refined Tea	37.37	0.09
烟草制品业	Manufacture of Tobacco	3.47	0.02
纺织业	Manufacture of Textile	32.69	0.16
纺织服装、服饰业	Manufacture of Textile, Wearing Apparel and Accessories	1.00	0.02
皮革、毛皮、羽毛及其制品和制鞋业	Manufacture of Leather, Fur, Feather and Related Products and Footwear	0.66	0.06
木材加工及木、竹、藤、棕、草制品业	Processing of Timber, Manufacture of Wood, Bamboo, Rattan,Palm and Straw Products	3.07	0.07
家具制造业	Manufacture of Furniture	0.42	0.02
造纸及纸制品业	Manufacture of Paper and Paper Products	30.05	0.27
印刷业和记录媒介的复制	Printing and Reproduction of Recording Media	2.42	0.03
文教、工美、体育和娱乐用品制造业	Manufacture of Articles for Culture, Education, Arts and Crafts, Sport and Entertainment Activities	0.13	0.01
石油加工、炼焦及核燃料加工业	Processing of Petroleum, Coking and Processing of Nuclear Fuel	817.93	0.42
化学原料及化学制品制造业	Manufacture of Raw Chemical Materials and Chemical Products	1000.87	1.50
医药制造业	Manufacture of Medicines	22.61	0.05
化学纤维制造业	Manufacture of Chemical Fibres	3.85	0.26
橡胶和塑料制品业	Manufacture of Rubber and Plastics Products	18.82	0.06
非金属矿物制品业	Manufacture of Non-metallic Mineral Products	705.51	0.74
黑色金属冶炼及压延加工业	Smelting and Pressing of Ferrous Metals	524.95	0.58
有色金属冶炼及压延加工业	Smelting and Pressing of Non-ferrous Metals	281.11	0.22
金属制品业	Manufacture of Metal Products	13.79	0.05
通用设备制造业	Manufacture of General Purpose Machinery	12.34	0.03
专用设备制造业	Manufacture of Special Purpose Machinery	20.70	0.04
汽车制造业	Manufacture of Automobiles	27.84	0.03
铁路、船舶、航空航天和其他运输设备制造业	Manufacture of Railway, Ship, Aerospace and Other TransportEquipments	30.01	0.05
电气机械及器材制造业	Manufacture of Electrical Machinery and Apparatus	24.61	0.04
计算机、通信和其他电子设备制造业	Manufacture of Computers, Communication and Other Electronic Equipment	19.09	0.07
仪器仪表制造业	Manufacture of Measuring Instruments and Machinery	3.42	0.03
其他制造业	Other Manufacture	5.74	0.26
废弃资源综合利用业	Utilization of Waste Resources	2.88	0.15
金属制品、机械和设备修理业	Repair Service of Metal Products, Machinery and Equipment	2.47	0.11
电力、热力、燃气及水生产和供应业	**Production and Supply of Electricity, Heat, Gas and Water**	**2855.42**	**2.05**
电力、热力的生产和供应业	Production and Supply of Electric Power and Heat Power	2825.34	2.28
燃气生产和供应业	Production and Supply of Gas	27.34	0.19
水的生产和供应业	Production and Supply of Water	2.74	0.17

注：本表能源消费量为当量值，工业总产值为现价；统计范围是年主营业务收入2000万元及以上的法人工业企业。

a) Energy consumption in this table is the equivalent weight, the gross industrial output value is at current prices.Statistical scope in this table is industrial enterprises with annual principal business sales over 20 million yuan.

7-14 各市(区)规模以上工业企业能源消费量(2013年)

单位：万吨标煤

行业	Sector	西安市 Xi'an	铜川市 Tongchuan	宝鸡市 Baoji
工业	**Industry**	**610.77**	**359.34**	**589.19**
采矿业	**Mining**	**0.46**	**20.71**	**7.62**
煤炭开采和洗选业	Mining and Washing of Coal		20.12	4.46
石油和天然气开采业	Extraction of Petroleum and Natural Gas		0.17	
黑色金属矿采选业	Mining and Processing of Ferrous Metal Ores	0.01		
有色金属矿采选业	Mining and Processing of Non-Ferrous Metal Ores			3.00
非金属矿采选业	Mining and Processing of Non-metal Ores		0.42	0.16
开采辅助活动	Support Activities for Mining	0.45		
制造业	**Manufacturing**	**251.89**	**205.37**	**337.37**
农副食品加工业	Processing of Food from Agricultural Products	16.47	0.63	2.87
食品制造业	Manufacture of Foods	10.25	1.04	31.07
酒、饮料和精制茶制造业	Manufacture of Liquor, Beverages and Refined Tea	13.75	0.74	4.74
烟草制品业	Manufacture of Tobacco	0.05		
纺织业	Manufacture of Textile	3.94	1.12	5.48
纺织服装、服饰业	Manufacture of Textile, Wearing Apparel and Accessories	0.10	0.02	0.02
皮革、毛皮、羽毛及其制品和制鞋业	Manufacture of Leather, Fur, Feather and Related Products and Footwear	0.06		0.48
木材加工和木、竹、藤、棕、草制品业	Processing of Timber, Manufacture of Wood, Bamboo, Rattan,Palm and Straw Products	1.21		0.001
家具制造业	Manufacture of Furniture	0.16	0.02	0.01
造纸及纸制品业	Manufacture of Paper and Paper Products	5.33	0.02	11.27
印刷和记录媒介复制业	Printing and Reproduction of Recording Media	1.79		0.33
文教、工美、体育和娱乐用品制造业	Manufacture of Articles for Culture, Education, Arts and Crafts, Sport and Entertainment Activities	0.12		
石油加工、炼焦及核燃料加工业	Processing of Petroleum, Coking and Processing of Nuclear Fuel	40.09	0.55	
化学原料及化学制品制造业	Manufacture of Raw Chemical Materials and Chemical Products	11.28	0.17	44.54
医药制造业	Manufacture of Medicines	6.02	0.43	2.06
化学纤维制造业	Manufacture of Chemical Fibres	2.68		0.83
橡胶和塑料制品业	Manufacture of Rubber and Plastics Products	6.10	0.21	2.06
非金属矿物制品业	Manufacture of Non-metallic Mineral Products	31.45	171.45	151.50
黑色金属冶炼及压延加工业	Smelting and Pressing of Ferrous Metals	8.82	1.22	7.91
有色金属冶炼及压延加工业	Smelting and Pressing of Non-ferrous Metals	7.02	27.16	52.43
金属制品业	Manufacture of Metal Products	8.66	0.02	1.54
通用设备制造业	Manufacture of General Purpose Machinery	1.93	0.02	4.04
专用设备制造业	Manufacture of Special Purpose Machinery	6.74	0.06	5.32
汽车制造业	Manufacture of Automobiles	23.57	0.41	1.55
铁路、船舶、航空航天和其他运输设备制造业	Manufacture of Railway, Ship, Aerospace and Other TransportEquipments	21.43		3.05
电气机械及器材制造业	Manufacture of Electrical Machinery and Apparatus	13.35	0.02	0.67
计算机、通信和其他电子设备制造业	Manufacture of Computers, Communication and Other Electronic Equipment	6.63		3.03
仪器仪表制造业	Manufacture of Measuring Instruments and Machinery	2.76		0.56
其他制造业	Other Manufacture	0.10	0.06	
废弃资源综合利用业	Utilization of Waste Resources		0.003	
金属制品、机械和设备修理业	Repair Service of Metal Products, Machinery and Equipment	0.02		
电力、热力、燃气及水生产和供应业	**Production and Supply of Electricity, Heat, Gas and Water**	**358.42**	**133.26**	**244.20**
电力、热力的生产和供应业	Production and Supply of Electric Power and Heat Power	345.10	133.14	243.90
燃气生产和供应业	Production and Supply of Gas	12.18	0.01	0.19
水的生产和供应业	Production and Supply of Water	1.15	0.11	0.11

注：本表能源消费量为当量值，统计范围是年主营业务收入2000万元及以上的法人工业企业。

Industrial Enterprises above Designated Size Consumption of Energy by City(District) (2013)

(10 000 tons of SCE)

咸阳市 Xianyang	渭南市 Weinan	# 韩城市 Hancheng	延安市 Yan'an	汉中市 Hanzhong	榆林市 Yulin	安康市 Ankang	商洛市 Shangluo	杨凌示范区 Yangling
856.16	**1476.38**	**735.57**	**425.06**	**386.47**	**2137.45**	**77.31**	**61.37**	**2.73**
11.44	**57.04**	**41.27**	**175.95**	**3.72**	**192.81**	**4.61**	**14.80**	
11.43	54.99	41.15	36.60	0.03	170.67	0.83	0.03	
0.01			138.69		12.47			
	0.12	0.12		2.64		0.66	10.75	
	1.26			0.67	0.39	1.59	3.88	
	0.66			0.38	7.94	1.54	0.14	
			0.67		1.34			
472.13	**764.97**	**446.51**	**198.25**	**343.47**	**1049.87**	**72.17**	**46.54**	**2.72**
9.52	3.86	0.09	0.25	2.68	0.15	2.45	1.15	0.77
12.00	1.17	0.04		0.13	1.03	0.31	0.07	0.01
9.48	4.16	0.26	0.89	1.41	1.04	0.94	0.12	0.11
0.46								
16.73	1.08	0.19		1.40	0.03	2.80	0.07	0.03
0.65				0.18	0.03	0.01		
0.10							0.02	
0.11	0.45			0.002	0.02	0.10	0.11	1.08
0.20	0.01							0.03
9.97	2.44				0.06	0.95		
0.22	0.01		0.01	0.04		0.01		0.01
	0.001				0.004		0.001	0.01
39.16	170.33	146.09	196.49	3.49	367.82			
184.35	195.68	20.07	0.01	42.52	511.35	7.74	3.15	0.07
4.13	0.35		0.07	3.19	0.17	3.68	2.20	0.31
0.27	0.06							
8.39	0.96		0.01	0.20	0.002	0.53	0.24	0.13
140.82	78.77	14.88	0.15	42.31	26.18	43.20	19.68	
7.07	268.01	259.58		209.24	18.85	3.19	0.64	
0.58	21.30			27.82	122.76	5.45	16.58	
2.26	0.28			0.68	0.01	0.27	0.02	0.04
5.36	0.28	0.06	0.01	0.61	0.03	0.03		0.03
3.34	4.55		0.34	0.04	0.22	0.06		0.03
1.87			0.04	0.01	0.11	0.23		0.04
0.94	0.06			4.45		0.07		
2.59	5.58		0.01	0.09		0.13	2.18	0.01
8.97	0.14			0.001		0.01	0.31	
0.01				0.09				
0.14	5.43	5.25						0.01
0.004				2.88				
2.45								
372.59	**654.37**	**247.79**	**50.85**	**39.28**	**894.77**	**0.53**	**0.04**	**0.01**
371.83	654.29	247.78	45.99	39.15	884.33	0.47	0.04	
0.46	0.06	0.01	4.72		9.72			0.01
0.30	0.02		0.14	0.13	0.72	0.07		

a) Energy consumption in this table is the equivalent weight, Statistical scope in this tableis industrial enterprises with annual principal business sales over 20 million yuan.

7-15 规模以上工业企业主要能源按行业分组消费量(2013年)

行业	Sector	煤炭(万吨) Coal (10 000 tons)	焦炭(万吨) Coke (10 000 tons)	天然气(气态)(亿立方米) Natural Gas (100 million cu.m)
工业	**Industry**	**22157.11**	**536.13**	**56.72**
采矿业	**Mining**	**7775.50**		**30.83**
煤炭开采和洗选业	Mining and Washing of Coal	7670.69		
石油和天然气开采业	Extraction of Petroleum and Natural Gas	70.09		29.72
黑色金属矿采选业	Mining and Processing of Ferrous Metal Ores	8.10		
有色金属矿采选业	Mining and Processing of Non-Ferrous Metal Ores	6.43		
非金属矿采选业	Mining and Processing of Non-metal Ores	10.33		0.02
开采辅助活动	Support Activities for Mining	9.87		1.08
制造业	**Manufacturing**	**7885.16**	**529.65**	**16.42**
农副食品加工业	Processing of Food from Agricultural Products	39.56		0.01
食品制造业	Manufacture of Foods	67.05		0.19
酒、饮料和精制茶制造业	Manufacture of Liquor, Beverages and Refined Tea	37.66		0.13
烟草制品业	Manufacture of Tobacco	3.78		0.003
纺织业	Manufacture of Textile	19.63		0.002
纺织服装、服饰业	Manufacture of Textile, Wearing Apparel and Accessories	0.55		0.002
皮革、毛皮、羽毛及其制品和制鞋业	Manufacture of Leather, Fur, Feather and Related Products and Footwear	0.49		
木材加工和木、竹、藤、棕、草制品业	Processing of Timber, Manufacture of Wood, Bamboo, Rattan,Palm and Straw Products	1.21		
家具制造业	Manufacture of Furniture	0.12		0.001
造纸及纸制品业	Manufacture of Paper and Paper Products	34.86		
印刷和记录媒介复制业	Printing and Reproduction of Recording Media	0.20		0.02
文教、工美、体育和娱乐用品制造业	Manufacture of Articles for Culture, Education, Arts and Crafts, Sport and Entertainment Activities	0.01	0.01	
石油加工、炼焦及核燃料加工业	Processing of Petroleum, Coking and Processing of Nuclear Fuel	4703.65	2.36	5.69
化学原料及化学制品制造业	Manufacture of Raw Chemical Materials and Chemical Products	1033.21	108.53	6.03
医药制造业	Manufacture of Medicines	22.26		0.07
化学纤维制造业	Manufacture of Chemical Fibres	1.39		
橡胶和塑料制品业	Manufacture of Rubber and Plastics Products	18.41	0.18	0.001
非金属矿物制品业	Manufacture of Non-metallic Mineral Products	872.38	1.11	1.04
黑色金属冶炼及压延加工业	Smelting and Pressing of Ferrous Metals	192.75	406.67	0.57
有色金属冶炼及压延加工业	Smelting and Pressing of Non-ferrous Metals	762.49	10.40	0.44
金属制品业	Manufacture of Metal Products	7.84	0.07	0.12
通用设备制造业	Manufacture of General Purpose Machinery	7.88	0.05	0.02
专用设备制造业	Manufacture of Special Purpose Machinery	7.80	0.26	0.42
汽车制造业	Manufacture of Automobiles	6.53		0.46
铁路、船舶、航空航天和其他运输设备制造业	Manufacture of Railway, Ship, Aerospace and Other TransportEquipments	31.58	0.02	0.11
电气机械及器材制造业	Manufacture of Electrical Machinery and Apparatus	3.84	0.004	0.51
计算机、通信和其他电子设备制造业	Manufacture of Computers, Communication and Other Electronic Equipment	4.09		0.50
仪器仪表制造业	Manufacture of Measuring Instruments and Machinery	0.62		0.03
其他制造业	Other Manufacture	1.24		
废弃资源综合利用业	Utilization of Waste Resources	0.33		
金属制品、机械和设备修理业	Repair Service of Metal Products, Machinery and Equipment	1.78		0.05
电力、热力、燃气及水生产和供应业	**Production and Supply of Electricity, Heat, Gas and Water**	**6496.45**	**6.48**	**9.47**
电力、热力的生产和供应业	Production and Supply of Electric Power and Heat Power	6496.30	6.44	…
燃气生产和供应业	Production and Supply of Gas			9.41
水的生产和供应业	Production and Supply of Water	0.15	0.04	0.06

注：消费量包括中间消费和损失量；统计范围是年主营业务收入2000万元及以上的法人工业企业；煤炭包括：原煤、洗精煤、其它洗煤、煤制品。

Industrial Enterprises above Designated Size Consumption of Main Energy by Sector (2013)

原 油 (万吨) Crude Oil (10 000 tons)	汽 油 (万吨) Gasoline (10 000 tons)	煤 油 (万吨) Kerosene (10 000 tons)	柴 油 (万吨) Diesel Oil (10 000 tons)	热 力 (万百万千焦) Heat (10 billion kilo-joule)	电 力 (亿千瓦时) Electricity (100 million kwh)
2230.64	**9.42**	**2.32**	**37.94**	**2217.88**	**827.30**
151.32	**3.16**	**0.06**	**22.09**	**60.10**	**117.52**
	0.40	0.02	7.51		43.89
151.32	2.38		11.21	14.55	55.24
	0.02		0.80		6.53
	0.11	0.04	0.58		7.44
	0.003		0.48		2.49
	0.25		1.50	45.55	1.94
2079.32	**5.67**	**2.26**	**14.70**	**1813.78**	**510.41**
	0.25		0.29	119.83	10.30
…	0.10		0.12	37.98	5.07
	0.07		0.08	44.80	5.90
	0.02		0.03	1.05	0.76
	0.03	0.001	0.01	42.41	15.60
	0.01		…		0.50
	0.09			1.00	0.12
	0.01		0.003		1.83
	0.02		0.02		0.23
	0.11		0.02	79.44	4.20
	0.07		0.03	8.05	1.32
	0.01		0.001		0.09
2079.32	0.80		1.43	239.98	58.71
	0.82	0.001	0.60	238.80	97.86
	0.37	…	0.02	25.35	3.54
	0.002		0.001	67.80	0.44
	0.10	…	0.33	0.62	8.89
…	0.25	0.002	6.03	15.35	82.49
	0.06	0.002	0.40	431.87	50.92
	0.20	0.06	1.50	35.71	100.21
	0.18	0.002	0.08	98.75	4.11
…	0.28	0.01	0.59	0.97	5.80
	0.47	0.005	0.80	8.72	7.62
…	0.47	0.01	0.94	56.96	11.86
	0.35	1.77	0.42	35.80	7.90
	0.23	0.004	0.10	115.01	9.89
	0.08	0.003	0.03	94.53	7.61
	0.18	…	0.76	13.00	0.85
	0.02		0.04		4.39
					0.63
	0.02	0.38	0.01		0.77
	0.59	**…**	**1.15**	**344.00**	**199.37**
	0.42	…	1.14	344.00	192.55
	0.12		0.01		5.07
	0.05		0.004		1.75

a) Consumption covers intermediate consumption and loss. The scope of statistics include corporate industrial enterprises with revenue from principal business over 20 million yuan. The coals include raw coal, cleaned coal, other coal washing and coal products.

主要统计指标解释

能源生产总量 指一定时期内，全国一次能源生产量的总和。该指标是观察全国能源生产水平、规模、构成和发展速度的总量指标。一次能源生产量包括原煤、原油、天然气、水电、核能及其他动力能(如风能、地热能等)发电量，不包括低热值燃料生产量、生物质能、太阳能等的利用和由一次能源加工转换而成的二次能源产量。

能源消费总量 指一定时期内，全国各行业和居民生活消费的各种能源的总和。该指标是观察能源消费水平、构成和增长速度的总量指标。能源消费总量包括原煤和原油及其制品、天然气、电力，不包括低热值燃料、生物质能和太阳能等的利用。能源消费总量分为终端能源消费量、能源加工转换损失量和能源损失量三部分。

(1)终端能源消费量：指一定时期内，全国生产和生活消费的各种能源在扣除了用于加工转换二次能源消费量和损失量以后的数量。

(2)能源加工转换损失量：指一定时期内，全国投入加工转换的各种能源数量之和与产出各种能源产品之和的差额。该指标是观察能源在加工转换过程中损失量变化的指标。

(3)能源损失量：指一定时期内，能源在输送、分配、储存过程中发生的损失和由客观原因造成的各种损失量，不包括各种气体能源放空、放散量。

能源生产弹性系数 是研究能源生产增长速度与国民经济增长速度之间关系的指标。计算公式：

$$能源生产弹性系数=\frac{能源生产总量年平均增长速度}{国民经济年平均增长速度}$$

国民经济年平均增长速度，可根据不同的目的或需要，用国民生产总值、国内生产总值等指标来计算，本年鉴是采用国内生产总值指标计算的。

电力生产弹性系数 是研究电力生产增长速度与国民经济增长速度之间关系的指标。一般来说，电力的发展应当快于国民经济的发展，也就是说电力应超前发展。计算公式为：

$$电力生产弹性系数=\frac{电力生产量年平均增长速度}{国民经济年平均增长速度}$$

能源消费弹性系数 反映能源消费增长速度与国民经济增长速度之间比例关系的指标。计算公式为：

$$能源消费弹性系数=\frac{能源消费量年平均增长速度}{国民经济年平均增长速度}$$

电力消费弹性系数 反映电力消费增长速度与国民经济增长速度之间比例关系的指标。计算公式为：

$$电力消费弹性系数=\frac{电力消费量年平均增长速度}{国民经济年平均增长速度}$$

能源加工转换效率 指一定时期内，能源经过加工、转换后，产出的各种能源产品的数量与同期内投入加工转换的各种能源数量的比率。该指标是观察能源加工转换装置和生产工艺先进与落后、管理水平高低等的重要指标。计算公式为：

$$能源加工转换效率=\frac{能源加工转换产出量}{能源加工转换投入量}\times 100\%$$

单位生产总值能耗 指一定时期内，一个国家或地区每生产一个单位的生产总值所消耗的能源。计算公式为：

$$单位生产总值能耗=\frac{能源消费总量}{生产总值}$$

单位生产总值电耗 指一定时期内，一个国家或地区每生产一个单位的生产总值所消耗的电力。计算公式为：

$$单位生产总值电耗=\frac{全社会用电量}{生产总值}$$

单位工业增加值能耗 指一定时期内，一个国家或地区每生产一个单位的工业增加值所消耗的能源。计算公式为：

$$单位工业增加值能耗=\frac{工业能源消费量}{工业增加值}$$

Explanatory Notes on Main Statistical Indicators

Total Energy Production refers to the total production of primary energy by all energy producing enterprises in the country in a given period of time. It is a comprehensive indicator to show the level, scale, composition and pace of development of energy production of the country. The production of primary energy includes that of coal, crude oil, natural gas, hydro-power and electricity generated by nuclear energy and other means such as wind power and geothermal power. However, it does not include the production of fuels of low calorific value, bio-energy, solar energy and secondary energy converted from primary energy.

Total Energy Consumption refers to the total consumption of energy of various kinds by the production sectors and the households in the country in a given period of time. It is a comprehensive indicator to show the scale, composition and pace of increase of energy consumption. Total energy consumption includes that of coal, crude oil and their products, natural gas and electricity. However, it does not include the consumption of fuel of low calorific value, bio-energy and solar energy. Total energy consumption can be divided into three parts: end-use energy consumption; loss during the process of energy conversion; and energy loss.

(1)End-use Energy Consumption: It refers to the total energy consumption by the production sectors and the households in the country (region) in a given period of time. It does not include the consumption during the conversion of primary energy into secondary energy and the loss in the process of energy conversion.

(2)Loss During the Process of Energy Conversion: It refers to the total input of various kinds of energy for conversion, minus the total output of various kinds of energy in the country in a given period of time. It is an indicator to show the loss that occurs during the process of energy conversion.

(3)Energy Loss: It refers to the total of the loss of energy during the course of energy transport, distribution and storage and the loss caused by any objective reason in a given period of time. The loss of various kinds of gas due to gas discharges and stocktaking is not included.

Elasticity Ratio of Energy Production is an indicator to show the relationship between the growth rate of energy production and the growth rate of the national economy. The formula is:

$$\text{Elasticity Ratio of Energy Production} = \frac{\text{Average Annual Growth Rate of Energy Production}}{\text{Average Annual Growth Rate of National Economy}}$$

The average annual growth rate of the national economy can be measured by indicators such as the Gross National Product and the Gross Domestic Product, depending on the purposes or needs. The Gross Domestic Product has been used in the calculation of the ratio in this Yearbook.

Elasticity Ratio of Electricity Production is an indicator to show the relationship between the growth rate of electricity production and the growth rate of the national economy. Generally speaking, the growth rate of electricity production should be higher than that of the national economy.

Its formula is:

$$\text{Elasticity Ratio of Electricity Production} = \frac{\text{Average Annual Growth Rate of Electricity Production}}{\text{Average Annual Growth Rate of National Economy}}$$

Elasticity Ratio of Energy Consumption is an indicator to show the relationship between the growth rate of energy consumption and the growth rate of the national economy. The formula is:

$$\text{Elasticity Ratio of Energy Consumption} = \frac{\text{Average Annual Growth Rate of Energy Consumption}}{\text{Average Annual Growth Rate of National Economy}}$$

Elasticity Ratio of Electricity Consumption is an indicator to show the relationship between the growth rate of electricity consumption and the growth rate of the national economy. The formula is:

$$\text{Elasticity Ratio of Electricity Consumption} = \frac{\text{Average Annual Growth Rate of Electricity Consumption}}{\text{Average Annual Growth Rate of National Economy}}$$

Efficiency of Energy Processing and Conversion refers to the ratio of the total output of energy products of various kinds after processing and conversion to the total input of energy of various kinds for processing and conversion in the same reference period. It is an important indicator to show the current conditions of energy processing and conversion equipment, production technique and management. The formula is:

$$\text{Efficiency of Energy Processing \& Conversion} = \frac{\text{Output of Energy After Processing \& Conversion}}{\text{Input of Energy for Processing \& Conversion}} \times 100\%$$

Energy Consumption per Unit of GDP refers to the energy consumption per unit of Gross Domestic Product in a country or the Gross Regional Product in a region in the same reference period. The formula is:

$$\text{Energy Consumption per Unit of GDP} = \frac{\text{Total Energy Consumption}}{\text{Gross Domestic Product}}$$

Electricity Consumption per Unit of GDP refers to the electricity consumption per unit of Gross Domestic Product in a country or the Gross Regional Product in a region in the same reference period. The formula is:

$$\text{Electricity Consumption per Unit of GDP} = \frac{\text{Total Electricity Consumption}}{\text{Gross Domestic Product}}$$

Energy Consumption per Unit of Industrial Value-added refers to the energy consumption per unit of industrial value-added in a country or region in the same reference period. The formula is:

$$\text{Energy Consumption per Unit of Industrial Value-added} = \frac{\text{Total Energy Consumption}}{\text{Industrial Value-added}}.$$

八、财　政

Government Finance

资料整理：王阿耕

简 要 说 明

一、本篇资料反映陕西财政收支情况，内容包括财政总收入、一般预算收入及分项目收入，分项目支出。

二、本篇资料由省财政厅提供。

Brief Introduction

Ⅰ. This chapter reflects the basic situation of local government general budgetary revenue and expenditure of Shaanxi Province, mainly including total revenue, general budget revenue, item of income and item of expenditure.

Ⅱ. The data are provided by Finance Department of Shaanxi Provincial.

8. 财　政

2013年全省

财政收入	3004.47 亿元	比上年增长 11.5%
# 地方一般预算收入	1748.33 亿元	比上年增长 16.9%
财政支出	3665.07 亿元	比上年增长 10.3%

财政收支（亿元）

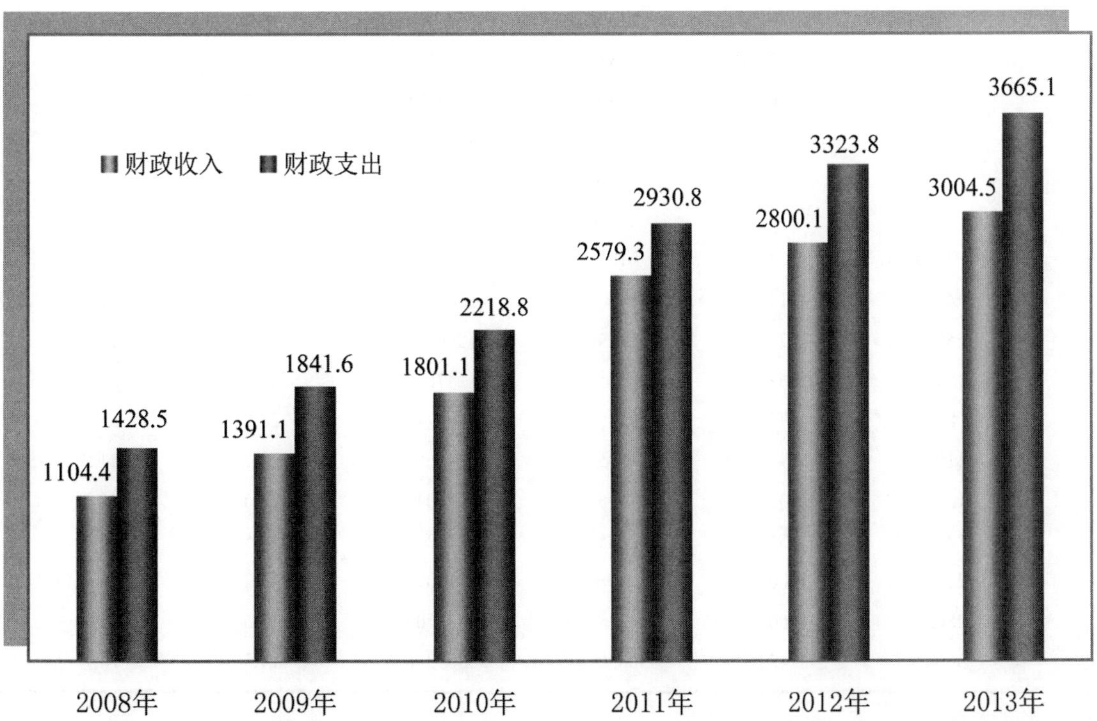

8-1 财政收支总额
Government Revenue and Expenditure

单位：万元 (10 000 yuan)

年 份 Year	财政收入 Government Revenue	# 地方一般预算收入 Local General Bugetary Revenue	财政支出 Government Expenditure	收支差额 Balance of Payment	比上年增长(%) Increase Rates(%) 财政收入 Government Revenue	地方一般预算收入 Local General Bugetary Revenue	财政支出 Government Expenditure
1978	197587		183026	14561	31.5		32.4
1979	168010		195617	-27607	-15.0		6.9
1980	158105		182837	-24732	-5.9		-6.5
1981	134538		163887	-29349	-14.9		-10.4
1982	135622		172993	-37371	0.8		5.6
1983	145407		188076	-42669	7.2		8.7
1984	153124		227471	-74347	5.3		20.9
1985	202967		275007	-72040	32.6		20.9
1986	240907		355931	-115024	18.7		29.4
1987	281805		378051	-96246	17.0		6.2
1988	338788		445835	-107047	20.2		17.9
1989	389603		507870	-118267	15.0		13.9
1990	411901		539062	-127161	5.7		6.1
1991	451391		582781	-131390	9.6		8.1
1992	509539		652654	-143115	12.9		12.0
1993	628982		753985	-125003	23.4		15.5
1994	833111	425886	855158	-22047	32.5	41.0	13.4
1995	951946	513011	1026917	-74971	14.3	20.5	20.1
1996	1172231	676022	1217909	-45678	23.1	31.8	18.6
1997	1400474	841178	1445338	-44864	19.5	24.4	18.7
1998	1569228	933309	1661955	-92727	12.0	11.0	15.0
1999	1729712	1064033	2065173	-335461	10.2	14.0	24.3
2000	1870019	1149711	2717597	-847578	8.1	8.1	31.6
2001	2259822	1358109	3500506	-1240684	20.8	18.1	28.8
2002	2522809	1502934	4049114	-1526305	11.6	10.7	15.7
2003	3269421	1773300	4182008	-912587	29.6	18.0	3.3
2004	4154957	2149586	5163052	-1008095	27.1	21.2	23.5
2005	5290241	2753183	6389627	-1099386	27.3	28.1	23.8
2006	6967712	3621295	8215522	-1247810	31.7	31.5	28.6
2007	8930217	4752398	10539665	-1609448	28.2	31.2	28.3
2008	11043550	5914750	14285208	-3241658	23.7	24.5	35.5
2009	13911343	7352704	18416388	-4505045	26.0	24.3	28.9
2010	18011071	9582065	22188283	-4177212	29.5	30.3	20.5
2011	25793001	15001838	29308100	-3515099	43.2	56.6	32.1
2012	28000912	16006862	33238020	-5237108	18.6	24.9	13.4
2013	30044699	17483305	36650665	-6605966	11.5	16.9	10.3

注：2012、2013年财政收入增长速度为同口径增长速度。
a)The increase rates of government revenue is the same requirements data in 2012,2013.

8-2 财政分项目收支
Government Revenue and Expenditure by Item

单位：万元 (10 000 yuan)

项　目	Item	2011	2012	2013
地方一般预算收入	**Local General Bugetary Revenue**	**15001838**	**16006862**	**17483305**
税收收入	Total Tax Revenue	9338372	11315534	12562435
增值税	Value Added Tax	1760466	1894574	1892494
营业税	Business Tax	3328833	3929029	4284411
企业所得税	Corporate Income Tax	1241276	1609186	1567633
企业所得税退税	Corporate Income Tax Drawback	-70		
个人所得税	Individual Income Tax	444181	420501	487616
资源税	Resource Tax	494441	615942	787736
固定资产投资方向调节税	Fixed Assets Investment Orientation Regulation Tax			
城市维护建设税	City Maintenance and Construction Tax	647423	824660	838326
房产税	House Property Tax	200405	269962	303449
印花税	Stamp Tax	120774	160605	179574
城镇土地使用税	Urban Land Use Tax	192067	226649	225476
土地增值税	Land Appreciation Tax	221923	370335	460131
车船税	Tax on Vehicles and Boat Operation	87535	103448	120503
耕地占用税	Farm Land Occupation Tax	289917	442450	635751
契　税	Deed Tax	291680	424310	627122
烟叶税	Tobacco Leaf Tax	17521	23783	28260
其他税收收入	Other Tax Revenue			
非税收入	Total Non-tax Revenue	5663466	4691328	4920870
专项收入	Special Program Receipts	3651631	1747701	1477752
行政事业性收费收入	Charge of Administrative and Institutional Units	696033	872300	1254668
罚没收入	Penalty Receipts	249907	290680	392221
国有资本经营收入	Operation Income of State-owned Assets	611560	264141	300810
国有资源(资产)有偿使用收入	Income from Use of State-owned Resources (Assets)	319496	938036	836075
其他收入	Other Non-tax Receipts	134839	578470	659344
一般预算支出	**General Bugetary Expenditure**	**29308100**	**33238020**	**36650665**
一般公共服务	Expenditure for General Public Services	3413214	4071146	4142859
外　交	Expenditure for Foreign Affairs			
国　防	Expenditure for National Defense	33598	38391	33484
公共安全	Expenditure for Public Security	1280558	1490363	1568945
教　育	Expenditure for Education	5294599	7033359	7101107
科学技术	Expenditure for Science and Technology	290053	349351	380165
文化体育与传媒	Expenditure for Culture, Sport and Media	612659	918055	1004420
社会保障和就业	Expenditure for Social Safety Net and Employment Effort	3654323	4211552	4977519
医疗卫生	Expenditure for Medical and Health Care	1976141	2223015	2571363
环境保护	Expenditure for Environment Protection	961304	941427	1097656
城乡社区事务	Expenditure for Urban and Rural Community Affairs	1471330	1820515	2594226
农林水事务	Expenditure for Agriculture, Forestry and Water Conservanc	3337852	3764492	4196218
交通运输	Expenditure for Transportation	3134164	2482441	2653469
工业商业金融等事务	Expenditure for Industry, Commerce and Banking			
其他支出	Other Expenditure	3848305	3893913	4329234

8-3 各市、县(市、区)财政收支(2013年)
Government Revenue and Expenditure by City and County (City and District) (2013)

单位：万元 (10 000 yuan)

地　区	Region	地方一般预算收入 Local General Bugetary Revenue	一般预算支出 General Bugetary Expenditure	收支差额 Balance of Payment
西 安 市	**Xi'an**	**5019751**	**7298119**	**-2278368**
市 本 级	City level	2190884	4022533	-1831649
新 城 区	Xincheng	320736	282246	38490
碑 林 区	Beilin	392335	240507	151828
莲 湖 区	Lianhu	415439	290525	124914
灞 桥 区	Baqiao	208989	190742	18247
未 央 区	Weiyang	313703	207918	105785
雁 塔 区	Yanta	414186	273763	140423
阎 良 区	Yanliang	102426	166351	-63925
临 潼 区	Lintong	102977	272237	-169260
长 安 区	Chang'an	311607	447642	-136035
蓝 田 县	Lantian	32724	234919	-202195
周 至 县	Zhouzhi	28567	248567	-220000
户　县	Huxian	70107	236117	-166010
高 陵 县	Gaoling	115071	184052	-68981
铜 川 市	**Tongchuan**	**241041**	**811520**	**-570479**
市 本 级	City level	113156	314338	-201182
王 益 区	Wangyi	21986	93785	-71799
印 台 区	Yintai	17397	96498	-79101
耀 州 区	Yaozhou	69148	209960	-140812
宜 君 县	Yijun	19354	96939	-77585
宝 鸡 市	**Baoji**	**720196**	**2203859**	**-1483663**
市 本 级	City level	387858	675685	-287827
渭 滨 区	Weibin	45216	122768	-77552
金 台 区	Jintai	41905	116692	-74787
陈 仓 区	Chencang	29136	195173	-166037
凤 翔 县	Fengxiang	41000	176949	-135949
岐 山 县	Qishan	27402	164799	-137397
扶 风 县	Fufeng	24384	162189	-137805
眉　县	Meixian	26049	149695	-123646
陇　县	Longxian	23157	130086	-106929
千 阳 县	Qianyang	8616	84702	-76086
麟 游 县	Linyou	16881	76031	-59150
凤　县	Fengxian	41153	80489	-39336
太 白 县	Taibai	7439	68601	-61162
咸 阳 市	**Xianyang**	**789966**	**2651922**	**-1861956**
市 本 级	City level	272715	474422	-201707
秦 都 区	Qindu	86112	176133	-90021
渭 城 区	Weicheng	74116	134161	-60045
三 原 县	Sanyuan	36723	184626	-147903
泾 阳 县	Jingyang	32586	209128	-176542
乾　县	Qianxian	22520	196555	-174035
礼 泉 县	Liquan	26025	200351	-174326

8-3 续表 1 continued

单位：万元 (10 000 yuan)

地 区	Region	地方一般预算收入 Local General Bugetary Revenue	一般预算支出 General Bugetary Expenditure	收支差额 Balance of Payment
永寿县	Yongshou	13079	115710	-102631
彬 县	Binxian	100118	231363	-131245
长武县	Changwu	28060	110669	-82609
旬邑县	Xunyi	30167	142504	-112337
淳化县	Chunhua	9500	112882	-103382
武功县	Wugong	13245	165429	-152184
兴平市	Xingping	45000	197989	-152989
渭南市	**Weinan**	**650555**	**2758709**	**-2108154**
市本级	City level	121028	409227	-288199
临渭区	Linwei	58439	365762	-307323
华 县	Huaxian	34300	144750	-110450
潼关县	Tongguan	24530	106600	-82070
大荔县	Dali	16610	250532	-233922
合阳县	Heyang	21906	192000	-170094
澄城县	Chengcheng	35836	183596	-147760
蒲城县	Pucheng	54624	265041	-210417
白水县	Baishui	21510	152612	-131102
富平县	Fuping	36276	281364	-245088
韩城市	Hancheng	190263	280945	-90682
华阴市	Huayin	35233	126280	-91047
延安市	**Yan'an**	**1553848**	**2946793**	**-1392945**
市本级	City level	426840	787757	-360917
宝塔区	Baota	117871	216626	-98755
延长县	Yanchang	33130	117890	-84760
延川县	Yanchuan	42799	139296	-96497
子长县	Zichang	70146	168409	-98263
安塞县	Ansai	123673	197082	-73409
志丹县	Zhidan	225084	265512	-40428
吴起县	Wuqi	311389	333299	-21910
甘泉县	Ganquan	35347	89377	-54030
富 县	Fuxian	26751	115300	-88549
洛川县	Luochuan	24401	152218	-127817
宜川县	Yichuan	9505	113693	-104188
黄龙县	Huanglong	3224	94321	-91097
黄陵县	Huangling	103688	156013	-52325
汉中市	**Hanzhong**	**358304**	**2143994**	**-1785690**
市本级	City level	88242	391394	-303152
汉台区	Hantai	81545	212643	-131098
南郑县	Nanzheng	55098	235237	-180139
城固县	Chenggu	20325	211118	-190793
洋 县	Yangxian	16385	188892	-172507
西乡县	Xixiang	18681	179588	-160907
勉 县	Mianxian	29690	187699	-158009
宁强县	Ningqiang	13808	151795	-137987

8-3 续表 2 continued

单位：万元 (10 000 yuan)

地　区	Region	地方一般预算收入 Local General Bugetary Revenue	一般预算支出 General Bugetary Expenditure	收支差额 Balance of Payment
略阳县	Lueyang	19053	130816	-111763
镇巴县	Zhenba	9698	148470	-138772
留坝县	Liuba	3533	53291	-49758
佛坪县	Foping	2246	53051	-50805
榆林市	**Yulin**	**2607340**	**4222195**	**-1614855**
市本级	City level	1214418	1081433	132985
榆阳区	Yuyang	210948	335598	-124650
神木县	Shenmu	501146	636886	-135740
府谷县	Fugu	230690	324713	-94023
横山县	Hengshan	44442	213483	-169041
靖边县	Jingbian	185040	313363	-128323
定边县	Dingbian	185767	303421	-117654
绥德县	Suide	7307	235100	-227793
米脂县	Mizhi	5601	150677	-145076
佳　县	Jiaxian	8205	171363	-163158
吴堡县	Wubu	2873	102286	-99413
清涧县	Qingjian	5352	180168	-174816
子洲县	Zizhou	5551	173704	-168153
安康市	**Ankang**	**253441**	**1872090**	**-1618649**
市本级	City level	67083	271522	-204439
汉滨区	Hanbin	49158	355397	-306239
汉阴县	Hanyin	17519	157000	-139481
石泉县	Shiquan	11368	118995	-107627
宁陕县	Ningshan	6351	80249	-73898
紫阳县	Ziyang	18526	178088	-159562
岚皋县	Langao	9005	122156	-113151
平利县	Pingli	11252	142723	-131471
镇坪县	Zhenping	5253	68354	-63101
旬阳县	Xunyang	46406	243039	-196633
白河县	Baihe	11520	134567	-123047
商洛市	**Shangluo**	**256779**	**1463373**	**-1206594**
市本级	City level	35219	166919	-131700
商州区	Shangzhou	40155	210506	-170351
洛南县	Luonan	43827	220265	-176438
丹凤县	Danfeng	26400	173955	-147555
商南县	Shangnan	29113	159817	-130704
山阳县	Shanyang	31530	221761	-190231
镇安县	Zhen'an	24150	179351	-155201
柞水县	Zhashui	26385	130799	-104414
杨凌示范区	**Yangling**	**63747**	**200875**	**-137128**
市本级	City level	42447	135731	-93284
杨陵区	Yangling	21300	65144	-43844

主要统计指标解释

财政收入 指国家财政参与社会产品分配所取得的收入，是实现国家职能的财力保证。主要包括：

（1）各项税收：包括国内增值税、国内消费税、进口货物增值税和消费税、出口货物退增值税和消费税、营业税、企业所得税、个人所得税、资源税、城市维护建设税、房产税、印花税、城镇土地使用税、土地增值税、车船税、船舶吨税、车辆购置税、关税、耕地占用税、契税、烟叶税等。

（2）非税收入：包括专项收入、行政事业性收费、罚没收入和其他收入。

财政支出 指国家财政将筹集起来的资金进行分配使用，以满足经济建设和各项事业的需要。主要包括：

（1）一般公共服务：指政府提供基本公共管理与服务的支出，包括人大事务、政协事务、政府办公厅（室）及相关机构事务、发展与改革事务、统计信息事务、财政事务、税收事务、审计事务、海关事务、人力资源事务、纪检监察事务、人口与计划生育事务、商贸事务、知识产权事务、工商行政管理事务、国土资源事务、海洋管理事务、测绘事务、地震事务、气象事务、民族事务、宗教事务、港澳台侨事务、档案事务、共产党事务、民主党派事务及工商联事务、群众团体事务、彩票事务等。

（2）外交：指政府外交事务支出，包括外交行政管理、驻外机构、对外援助、国际组织、对外合作与交流、边界勘界联检等方面的支出。

（3）国防：指政府用于国防方面的支出，包括用于现役部队、预备役部队、民兵、国防科研事业、专项工程、国防动员等方面的支出。

（4）公共安全：指政府维护社会公共安全方面的支出，包括武装警察、公安、国家安全、检察、法院、司法行政、监狱、劳教、国家保密、缉私警察等。

（5）教育：指政府教育事务支出，包括教育行政管理、学前教育、小学教育、初中教育、普通高中教育、普通高等教育、初等职业教育、中专教育、技校教育、职业高中教育、高等职业教育、广播电视教育、留学生教育、特殊教育、干部继续教育、教育机关服务等。

（6）科学技术：指用于科学技术方面的支出，包括科学技术管理事务、基础研究、应用研究、技术研究与开发、科技条件与服务、社会科学、科学技术普及、科技交流与合作等。

（7）文化教育与传媒：指政府在文化、文物、体育、广播影视、新闻出版等方面的支出。

（8）社会保障和就业：指政府在社会保障与就业方面的支出，包括社会保障和就业管理事务、民政管理事务、财政对社会保险基金的补助、补充全国社会保障基金、行政事业单位离退休、企业改革补助、就业补助、抚恤、退役安置、社会福利、残疾人事业、城市居民最低生活保障、其他城镇社会救济、农村社会救济、自然灾害生活救助、红十字事务等。

（9）医疗卫生：指政府医疗卫生方面的支出，包括医疗卫生管理事务支出、医疗服务支出、医疗保障支出、疾病预防控制支出、卫生监督支出、妇幼保健支出、农村卫生支出等。

（10）环境保护：指政府环境保护支出，包括环境保护管理事务支出、环境监测与监察支出、污染治理支出、自然生态保护支出、天然林保护工程支出、退耕还林支出、风沙荒漠治理支出、退牧还草支出、已垦草原退耕还草、能源节约利用、污染减排、可再生能源和资源综合利用等支出。

（11）城乡社区事务：指政府城乡社区事务支出，包括城乡社区管理事务支出、城乡社区规划与管理支出、城乡社区公共设施支出、城乡社区住宅支出、城乡社区环境卫生支出、建设市场管理与监督支出等。

（12）农林水事务：指政府农林水事务支出，包括农业支出、林业支出、水利支出、扶贫支出、农业综合开发支出等。

（13）交通运输：指政府交通运输和邮政业方面的支出，包括公路运输支出、水路运输支出、铁路运输支出、民用航空运输支出、邮政业支出等。

（14）工业商业金融等事务：指政府对工业、商业及金融等方面的支出，包括采掘业支出、制造业支出、建筑业支出、工业和信息产业监管支出、国有资产监管支出、商业流通事务支出、金融业监管支出、旅游业管理与服务支出等。

中央财政收入和地方财政收入 指按现行分税制财政体制划分的中央本级收入和地方本级收入。属于中央财政的收入包括关税，进口货物增值税和消费税，出口货物退增值税和消费税，消费税，铁道部门、各银行总行、各保险公司总公司等集中交纳的营业税和城市维护建设税，增值税75%部分，纳入共享范围的企业所得税60%部分，未纳入共享范围的中央企业所得税、中央企业上交的利润，个人所得税60%部分，车辆购置税，船舶吨税，证券交易印花税97%部分，海洋石油资源税，中央非税收入等。属于地方财政的收入包括营业税（不含铁道部门、各银行总行、各保险公司总公司集中交纳的营业税），地方企业上交利润，城市维护建设税（不含铁道部门、各银行总行、各保险公司总公司集中交纳的部分），房产税，城镇土地使用税，土地增值税，车船税，耕地占用税，契税，烟叶税，印花税，增值税25%部分，纳入共享范围的企业所得税40%部分，个人所得税40%部分，证券交易印花税3%部分，海洋石油资源税以外的其他资源税，地方非税收入等。

Explanatory Notes on Main Statistical Indicators

Government Revenue refers to income for the government finance through participating in the distribution of social products. It is the financial guarantee to ensure government functioning. The contents of government revenue include the following main items:

(1) Various tax revenues, including domestic value added tax (VAT), domestic consumption tax, VAT and consumption tax from imports, VAT and consumption tax rebate for exports, business tax, corporate income tax, individual income tax, resource tax, city maintenance and construct tax, house property tax, stamp tax, urban land use tax, land appreciation tax, tax on vehicles and boat operation, ship tonnage tax, vehicle purchase tax, tariffs, farm land occupation tax, deed tax, and tobacco leaf tax, etc.

(2) Non-tax revenue, including special program receipts, charge of administrative and institutional units, penalty receipts and others non-tax receipts.

Government Expenditure refers to the distribution and use of the funds which the government finance has raised, so as to meet the needs of economic construction and various causes. It includes the following main items:

(1) Expenditure for general public services: It refers to the spending on the basic public management and services which provided by governments, including the expense on affairs of People's Congress, affairs of People's Political Consultative Conference, affairs of government general office and relative institutions, affairs of development and reform, affairs of statistics, affairs of finance, affairs of taxation, affairs of audit, affairs of customs, affairs of human resources and social security, affairs of discipline inspection and supervision, affairs of population and family planning, affairs of commerce and trade, affairs of intellectual property, affairs of administration for industry and commerce, affairs of land and resources, affairs of oceanic administration, affairs of surveying and mapping, affairs of earthquake, ethnic affairs, religious affairs, affairs of Hong Kong, Macao, Taiwan, and Overseas Chinese, affairs of archives administration, affairs of Chinese Communist Party, affairs of democratic parties and federation of industry and commerce, affairs of mass organization, and affairs of lottery, etc.

(2) Expenditure for foreign affairs: It refers to the spending of government on foreign affairs, including the expense on administration of foreign affairs, missions overseas, external assistance, international organizations, foreign cooperation and communication, surveying and joint inspection on borderline, etc.

(3) Expenditure for national defence: It refers to the spending of government on national defence, including the expense on active force, reserve force, militia, scientific research on national defence, special projects, mobilization of national defence, etc.

(4) Expenditure for public security: It refers to the spending of government on maintaining social and public security, including the expense on armed police force, public security, state security, prosecution, courts, justice, prison, labour education and rehabilitation, protection of state secrecy, anti-smuggling police, etc.

(5) Expenditure for education: It refers to the spending of government on education, including the expense on the administration of education, pre-primary education, primary education, secondary education, high school education, regular higher education, primary vocational education, secondary vocational education, technical school education, vocational high school education and higher vocational education, radio and television education, student abroad education, special education, on the job training of cadres, education authorities services, etc.

(6) Expenditure for science and technology: It refers to the spending of government on science and technology (S&T), including the expense on the administration of S&T, basic research, applied research, research and development, conditions and services of S&T, popularization of social science, science and technology, exchanges and cooperation of S&T, etc.

(7) Expenditure for culture, sport and media: It refers to the spending of government on culture, cultural heritage, sports, radio, film, television, press and publication, etc.

(8) Expenditure for social safety net and employment effort: It refers to the spending of government on social safety net and employment, including the expense on administration of social safety net and employment, civil affairs, budgetary subsidy on the social insurance funds, subsidy on National Social Security Fund, retirees of administrative units and institutions, subsidy on enterprise reform, subsidy on employment effort, pension, placement of ex-serviceman, social welfare, the handicapped undertakings, the system of cost of living allowances for urban residents, other urban social relief, rural social relief, living relief of natural disasters, affairs of Red Cross Society, etc.

(9) Expenditure for medical and health care: It refers to the spending of government on medical and health care, including the expense on administration of medical and health care, medical services, health care, disease prevention and control, health inspection and supervision, women and children's health, rural health care, etc.

(10) Expenditure for environment protection: It refers to the spending of government on environment protection, including the expense on administration of environment protection, environment monitoring and supervision, pollution control, natural ecology protection, project of virgin forests

protection, reforesting farmland, controlling the sources of dust storms, returning pastureland to grassland, returning pastureland to grassland, returning cultivated land to grassland, energy conservation, emissions reduction, comprehensive utilization of renewable energy and resources, etc.

(11) Expenditure for urban and rural community affairs: It refers to the spending of government on urban and rural community affairs, including the expense on administration of urban and rural community, planning and management of urban and rural community, public facilities of urban and rural community, housing of urban and rural community, sanitation of urban and rural community, management and supervision on the construction market, etc.

(12) Expenditure for agriculture, forestry and water conservancy: It refers to the spending of government on agriculture, forestry and water conservancy, including the expense on agriculture, forestry, water conservancy, poverty alleviation, comprehensive agricultural development, etc.

(13) Expenditure for transportation: It refers to the spending of government on transportation and postal services, including the expense on road transportation, waterway transportation, railway transportation, civil aviation transportation, and postal services.

(14) Expenditure for industry, commerce and banking: It refers to the spending of government on industry, commerce and banking, including the expense on mining, manufacturing, construction, industry and information technology supervision and administration, State-owned assets supervision and administration, commerce and circulation affairs, financial intermediation supervision and administration, tourism administration and service, etc.

Revenue of the Central Government and Revenue of the Local Governments refers to the revenue collected by the Central Government and that by the local governments as defined by the decentralized taxation system. In accordance with this system, the revenue of the Central Government includes tariff, VAT and consumption tax from imports, VAT and consumption tax rebate for exports, consumption tax, business tax and city maintenance and construct tax from the Ministry of Railways, head offices of banks, head offices of insurance company, which are handed over to the government in a centralized way, 75% of the value added tax, 60% the share part of the corporate income tax, unshared part of corporate income tax of the central enterprises, profit handed in by the central enterprises, 60% of individual income tax, vehicle purchase tax, ship tonnage tax, 97% of stamp tax on securities transactions, resource tax on the offshore petroleum resources. The revenue of the local governments includes business tax (excluding the part of the Ministry of Railways, head offices of banks, head offices of insurance company, which are handed over to the government in a centralized way), profit handed in by the local enterprises, city maintenance and construct tax (excluding the part of the Ministry of Railways, head offices of banks, head offices of insurance company, which are handed over to the government in a centralized way), house property tax, urban land use tax, land appreciation tax, tax on vehicles and boat operation, farm land occupation tax, deed tax, and tobacco leaf tax, stamp tax, 25% of the value added tax, 40% the share part of the corporate income tax, 40% of individual income tax, 3% of stamp tax on securities transactions, resource tax other than the tax on offshore petroleum resources, local non-tax revenue, etc.

九、价格指数

Price Indices

资料整理：王 静　姚小青　马 瑞　邹 悦　种都权

简 要 说 明

一、本篇资料反映生产、流通、消费与投资等环节的价格变动情况。主要包括居民消费价格指数、商品零售价格指数、农业生产资料价格指数、工业生产者价格指数、农产品生产价格指数、固定资产投资价格指数和房地产价格指数。

二、本篇资料由国家统计局陕西调查总队提供。

三、居民消费价格指数、商品零售价格指数采用抽样调查和重点调查相结合的方法编制，即选择不同经济区域的市、县以及有代表性的商品和服务项目作为样本，对其市场价格进行定期调查，以样本推断总体。

四、工业生产者价格指数采用重点调查与典型调查相结合的方法统计。重点调查对象为规模以上工业企业，典型调查对象为规模以下工业企业。

五、固定资产投资价格指数采用重点调查与典型调查相结合的方法统计。

六、农产品生产价格指数采用抽样调查和重点调查相结合的调查方法进行统计。

Brief Introduction

Ⅰ. This chapter reflects price changes in production, circulation, consumption and investment, mainly including consumer price indices, retail price indices, price indices of means of agricultural production, industrial producers price indices, producers' price indices for farm products, price indices for investment in fixed assets and real estate price indices.

Ⅱ. The data are provided by NBS Survey Office in Shaanxi.

Ⅲ. The data for the calculation of consumer price indices and retail price indices in the province are collected through stratified random sampling. Cities and counties distributed in different economic regions of the province are selected as sample areas, and representative commodities and services are selected as sample commodities and services. Regular surveys are conducted to collect data on market prices. The data on the population are estimated on the basis of the sample.

Ⅳ. The industrial producers price indices are collected through key-point survey combined with typical survey. The key investigation objects are the industrial enterprises above designated size. The typical investigation objects are the industrial enterprises below designated size.

Ⅴ. The data for the calculation of price indices of investment in fixed assets are collected through key-point survey combined with typical survey.

VI. The data for the calculation of producers' price indices of farm products are collected through sampling survey combined with key-point survey.

9.价格指数

2013年全省	
商品零售价格指数(上年=100)	101.8
# 城 市	101.8
居民消费价格指数(上年=100)	103.0
# 城 市	102.8

居民消费价格指数

(上年=100)

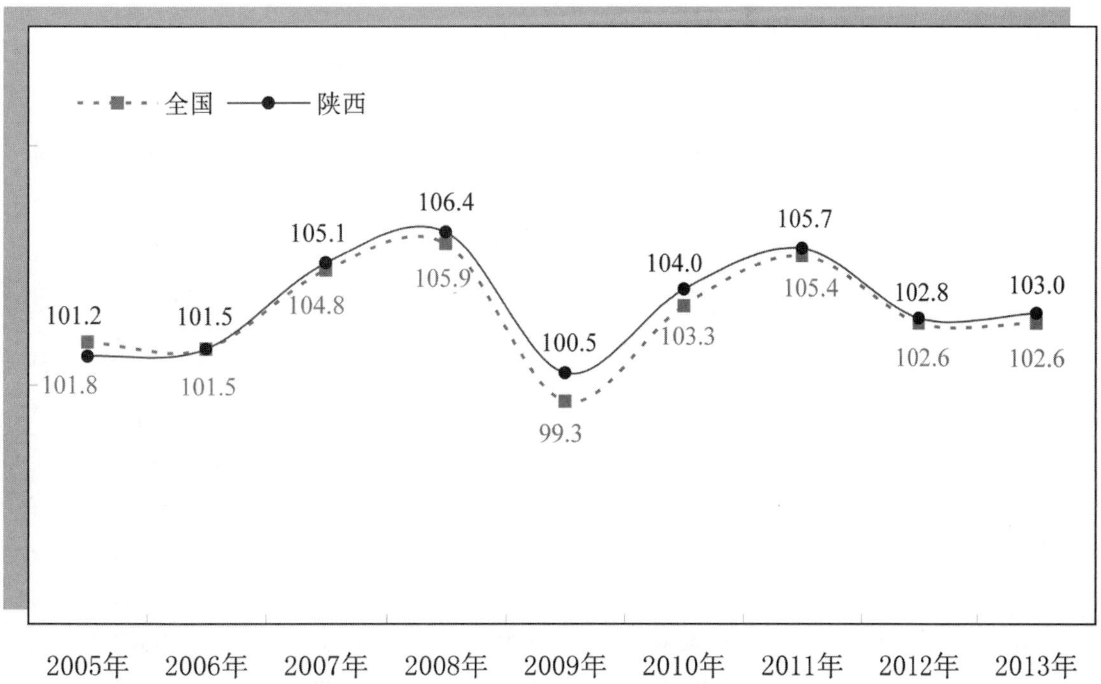

9-1 商品零售价格和居民消费价格指数
Retail Price Indices and Consumer Price Indices

年 份 Year	上年价格=100 preceding year=100			1978年价格=100 1978=100		
	商品零售价格指数 Retail Price Index	居民消费价格指数 Consumer Price Index	# 城市居民 Urban Household	商品零售价格指数 Retail Price Index	居民消费价格指数 Consumer Price Index	# 城市居民 Urban Household
1979	101.6	101.7	101.4	101.6	101.7	101.4
1980	104.7	105.3	105.4	106.4	107.1	106.9
1981	103.0	103.6	103.6	109.6	111.0	110.7
1982	101.0	101.4	100.4	110.7	112.6	111.7
1983	101.5	101.5	102.2	112.4	114.3	113.5
1984	103.9	103.0	103.4	116.8	117.7	117.4
1985	106.5	107.0	107.6	124.4	125.9	126.3
1986	105.2	106.0	106.6	130.9	133.5	134.6
1987	108.6	108.6	109.2	142.2	145.0	147.0
1988	119.0	119.1	120.1	169.2	172.7	176.5
1989	118.8	118.3	117.6	201.0	204.3	207.6
1990	101.6	101.3	102.6	204.2	207.0	213.0
1991	105.8	106.0	107.3	216.0	219.4	228.5
1992	109.5	109.7	111.2	236.5	240.7	254.1
1993	111.8	111.8	114.0	264.4	269.1	289.7
1994	125.9	126.7	128.2	332.9	340.9	371.4
1995	117.0	119.0	118.0	389.5	405.7	438.3
1996	108.1	109.7	110.3	421.0	445.1	483.4
1997	101.6	104.8	105.2	427.7	466.5	508.6
1998	96.2	98.4	97.7	411.4	459.0	496.9
1999	97.5	97.8	97.2	401.1	448.9	483.0
2000	98.3	99.5	100.3	394.3	446.7	484.4
2001	99.1	101.0	100.1	390.8	451.2	484.9
2002	98.6	98.9	98.2	385.3	446.2	476.2
2003	100.5	101.7	100.8	387.2	453.8	480.0
2004	102.5	103.1	103.0	396.9	467.9	494.4
2005	100.1	101.2	100.9	397.3	473.5	498.8
2006	101.8	101.5	102.1	404.5	480.6	509.3
2007	105.0	105.1	105.2	424.7	505.1	535.8
2008	106.9	106.4	106.2	454.0	537.4	569.0
2009	99.9	100.5	100.0	453.5	540.1	569.0
2010	103.6	104.0	103.7	469.8	561.7	590.1
2011	104.8	105.7	105.7	492.4	593.7	623.7
2012	102.3	102.8	102.6	503.7	610.3	639.9
2013	101.8	103.0	102.8	512.8	628.6	657.8

9-2 商品零售价格分类指数(2013年)
Retail Price Indices by Category (2013)

(上年价格=100) (preceding year=100)

项 目	Item	全省 Provincial Indices	城市 Urban Indices	农村 Rural Indices
商品零售价格总指数	**Retail Price Index**	**101.8**	**101.8**	**102.0**
一、食 品	**Food**	**105.2**	**105.0**	**106.7**
1.粮 食	Grain	107.3	106.9	109.4
2.淀粉及制品	Starches and Tubers	103.5	102.8	106.8
3.干豆类及豆制品	Beans and Bean Products	109.4	109.9	107.1
4.油 脂	Oil or Fat	100.6	100.5	101.2
5.肉禽及其制品	Meat, Poultry and Processed Products	104.0	103.7	106.1
(1)食用畜肉及副产品	Starches	104.0	103.7	106.0
(2)禽	Bean and Its Products	102.0	101.2	107.8
(3)肉禽加工制品	Poultry Product	105.6	105.7	105.1
6.蛋	Eggs	109.1	109.2	108.2
7.水产品	Aquatic Products	102.6	102.7	101.5
(1)鱼	Fish	101.2	101.2	101.0
(2)其它水产品	Others	107.0	107.3	103.5
8.菜	Vegetables	107.0	106.8	108.5
9.调味品	Flavoring	105.1	105.6	102.9
10.糖	Sugar	102.5	102.7	101.1
11.干鲜瓜果	Dried and Fresh Melons and Fruits	102.6	101.5	110.0
12.糕点饼干面包	Cake, Biscuit and Bread	102.5	102.2	105.2
13.液体乳及乳制品	Milk and Its Products	107.3	107.5	104.5
14.在外用膳食品	Outward Dinner Food	106.3	106.2	107.3
15.其它食品	Other Foods	101.7	101.1	104.4
二、饮料、烟酒	**Beverages, Tobacco and Liquor**	**101.4**	**101.5**	**100.9**
1.茶及饮料	Tea and Beverages	102.9	102.8	103.0
(1)茶 叶	Tea	103.2	103.4	102.0
(2)饮 料	Beverages	102.6	102.5	103.6
2.烟 草	Tobacco	100.3	100.3	99.8
3.酒	Liquor	101.5	101.7	100.5
三、服装、鞋帽	**Garments, Shoes and Hats**	**103.0**	**103.2**	**101.5**
1.服 装	Garments	102.9	103.1	100.9
(1)男式服装	Man's Garments	102.5	102.8	100.5
(2)女式服装	Woman's Garments	103.1	103.4	100.7
(3)儿童服装	Children's Garments	102.9	103.2	102.1
2.鞋袜帽	Footgear and Hats	103.8	104.0	102.6
(1)鞋	Shoes	104.3	104.6	102.4
(2)袜 子	Socks and Stockings	100.1	99.4	102.7
(3)帽 子	Hats	101.0	99.9	104.9
3.其 它	Others	97.4	97.0	100.6

9-2 续表 continued

(上年价格=100) (preceding year=100)

项 目	Item	全 省 Provincial Indices	城 市 Urban Indices	农 村 Rural Indices
四、纺织品	**Textiles**	**102.2**	**102.2**	**102.3**
1.衣着材料	Clothing	101.3	101.0	102.5
2.床上用品	Bedding	102.8	103.0	102.1
五、家用电器及音像器材	**Household Appliances, Music and Video Equipment**	**98.0**	**97.9**	**98.5**
1.家庭设备	Household Facilities	100.1	100.0	100.5
2.文娱用耐用消费品	Durable Consumer Goods for Recreation	93.8	93.4	95.7
3.音像器材	Audiovisual Articles	99.4	99.5	98.9
六、文化办公用品	**Cultural and Office Appliances**	**99.6**	**99.7**	**99.3**
七、日用品	**Articles for Daily Use**	**101.3**	**101.1**	**102.5**
1.日用百货	General Merchandise for Daily Use	100.6	100.3	102.6
2.日用杂品	Miscellaneous for Daily Use	103.3	103.3	103.4
3.洗涤用品	Washing Goods	101.2	101.2	101.0
4.其它日用品	Others	101.2	100.8	103.5
八、体育娱乐用品	**Sports and Recreation Articles**	**101.6**	**101.5**	**102.1**
1.体育用品	Sports Articles	102.0	101.9	102.7
2.娱乐用品	Recreational Articles	101.2	101.1	101.5
九、交通、通信用品	**Transportation and Communication Appliances**	**96.8**	**97.0**	**95.2**
1.交通运输机械	Means of Transportation	98.9	98.8	100.5
2.通讯器材	Means of Communication	89.4	88.4	91.6
十、家 具	**Furniture**	**105.0**	**105.6**	**100.3**
十一、化妆品	**Cosmetics**	**102.1**	**101.8**	**104.8**
十二、金银珠宝	**Gold, Silver and Jewelry**	**90.2**	**90.0**	**92.0**
十三、中西药品及医疗保健用品	**Traditional Chinese and Western Medicines and Health Care Articles Care Articles**	**102.6**	**102.6**	**102.6**
1.医疗器具及用品	Medical Apparatus and Article	100.2	100.0	100.1
2.中药材及中成药	Traditional Chinese Medicinal Materials and Medicines	106.0	106.2	104.9
3.西 药	Western Medicines	100.5	100.4	101.0
4.保健器具及用品	Health Care Equipment and Articles	99.8	99.3	102.9
十四、书报杂志及电子出版物	**Books, Newspapers, Magazines and Electronic Publications**	**101.6**	**101.7**	**100.9**
1.教材及参考书	Teaching Materials and Reference Books	101.9	102.0	101.1
2.书报杂志	Newspapers and Magazines	100.4	100.3	101.3
3.电子音像制品	Electronic Audiovisual Products	102.7	103.2	99.9
十五、燃 料	**Fuels**	**99.4**	**99.4**	**99.4**
1.煤炭及制品	Coal and Coal Products	99.5	99.8	97.9
2.石油及制品	Petroleum and its Products	99.4	99.3	100.0
十六、建筑材料及五金电料	**Building Materials and Hardware**	**98.7**	**98.5**	**99.8**
1.建筑装璜材料	Building Decoration Materials	97.8	97.5	99.5
2.五金电料	Hardware	101.0	101.1	100.6

9-3 居民消费价格分类指数(2013年)
Consumer Price Indices by Category (2013)

(上年价格=100) (preceding year=100)

项目	Item	全省 Provincial Indices	城市 Urban Indices	农村 Rural Indices
居民消费价格总指数	**Consumer Price Index**	**103.0**	**102.8**	**103.6**
非食品价格指数	Non-food Price Index	101.8	101.8	101.8
服务项目价格指数	Services Price Index	102.6	102.4	103.3
扣除鲜菜鲜果总指数	Index net of Fresh Vegetables and Fruit	102.8	102.7	103.3
消费品价格指数	Consumer Price Index	103.2	103.0	103.7
一、食　品	**Food**	**105.6**	**105.0**	**106.9**
1.粮　食	Grain	107.9	106.9	109.5
2.淀粉及制品	Starches and Tubers	105.7	104.6	107.5
3.干豆类及豆制品	Beans and Bean Products	109.4	110.2	107.6
4.油　脂	Oil or Fat	100.8	100.5	101.4
5.肉禽及其制品	Meat, Poultry and Processed Products	104.4	103.6	106.2
(1)食用畜肉及副产品	Poultry Meat and By-product	104.1	103.4	106.1
(2)禽	Poultry	103.5	101.1	107.7
(3)加工肉禽	Poultry Product	105.7	105.8	105.3
6.蛋	Eggs	109.0	109.3	108.5
7.水产品	Aquatic Products	102.3	102.2	102.6
(1)鱼	Fish	100.6	100.3	101.5
(2)其它水产品	Others	107.4	107.7	106.2
8.菜	Vegetables	107.4	107.1	108.1
9.调味品	Flavoring	104.4	105.1	103.4
10.糖	Carbohydrate	102.0	102.5	101.0
11.茶及饮料	Tea and Beverages	102.7	102.8	102.7
(1)茶　叶	Tea	103.0	103.4	101.5
(2)饮　料	Beverages	102.6	102.4	103.3
12.干鲜瓜果	Dried and Fresh Melons and Fruits	104.5	102.0	110.3
13.糕点饼干面包	Cake, Biscuit and Bread	103.1	102.1	105.8
14.液体乳及乳制品	Milk and Its Products	106.7	107.4	104.1
15.在外用膳食品	Dining Out	106.6	106.1	108.0
16.其它食品	Other Foods	101.9	100.8	103.9
二、烟　酒	**Tobacco and Liquor**	**100.6**	**100.8**	**100.1**
1.烟　草	Tobacco	100.1	100.2	100.0
2.酒	Liquor	101.3	101.8	100.2
三、衣　着	**Clothing**	**102.9**	**103.3**	**101.9**
1.服　装	Garments	102.6	103.1	101.2
(1)男式服装	Man's Garments	102.4	103.0	100.7
(2)女式服装	Woman's Garments	102.6	103.2	101.0
(3)儿童服装	Children's Garments	103.0	103.4	102.5
2.衣着材料	Clothing Material	102.2	101.1	103.2
3.鞋袜帽	Footgear and Hats	103.4	103.7	102.7
(1)鞋	Shoes	103.8	104.3	102.5
(2)袜　子	Socks and Stockings	100.7	99.2	102.8
(3)帽　子	Hats	102.6	99.4	106.4
4.衣着加工服务费	Clothing Manufacturing Services	110.1	110.4	109.7

9-3 续表 continued

(上年价格=100) (preceding year=100)

项 目	Item	全 省 Provincial Indices	城 市 Urban Indices	农 村 Rural Indices
四、家庭设备用品及维修服务	**Household Facilities, Articles and Services**	**103.0**	**103.3**	**102.2**
1.耐用消费品	Durable Consumer Goods	101.8	102.1	100.9
(1)家 具	Furniture	103.9	105.1	100.9
(2)家庭设备	Household Facilities	100.3	100.1	100.8
2.室内装饰品	Interior Decorations	101.5	100.8	102.8
3.床上用品	Bed Articles	102.0	102.2	101.6
4.家庭日用杂品	Daily Use Household Articles	102.5	102.3	102.9
5.家庭服务及加工维修服务	Household Services and Maintenance and Renovation	113.7	116.2	107.6
五、医疗保健和个人用品	**Health Care and Personal Articles**	**102.7**	**102.3**	**103.5**
1.医疗保健	Health Care	102.5	102.3	103.0
(1)医疗器具及用品	Medical Instrument and Articles	99.9	100.1	99.7
(2)中药材及中成药	Traditional Chinese Medicine	105.7	106.4	103.9
(3)西 药	Western Medicine	100.8	100.7	101.1
(4)保健器具及用品	Health Care Appliances and Articles	100.2	99.4	102.4
(5)医疗保健服务	Health Care Services	101.6	100.2	104.9
2.个人用品及服务	Personal Articles and Services	103.0	102.3	104.5
(1)化妆美容用品	Cosmetics	102.3	101.1	105.4
(2)清洁化妆用品	Sanitation Articles	102.5	102.1	103.1
(3)个人饰品	Personal Ornaments	96.1	95.0	97.9
(4)个人服务	Personal Services	108.1	107.2	110.2
六、交通和通信	**Transportation and Communication**	**98.7**	**98.4**	**99.5**
1.交 通	Transportation	100.7	100.7	100.5
(1)交通工具	Transportation Facility	100.4	100.3	100.4
(2)车用燃料及零配件	Fuels and Parts	98.8	98.8	99.0
(3)车辆使用及维修费	Fees for Vehicles Use and Maintenance	105.2	106.0	103.8
(4)市区公共交通费	Incity Traffic Fare	100.4	100.3	100.8
(5)城市间交通费	Intercity Traffic Fare	100.1	100.4	99.5
2.通 信	Communication	96.8	96.2	98.3
(1)通信工具	Communication Facility	86.9	83.5	92.4
(2)通信服务	Communication Service	99.0	98.5	100.2
七、娱乐教育文化用品及服务	**Recreation, Education and Culture Articles**	**100.8**	**101.0**	**100.4**
1.文娱用耐用消费品及服务	Durable Consumer Goods for Cultural and Recreational Use and Services	95.7	95.3	96.7
2.教 育	Education	101.3	101.4	100.9
(1)教材及参考书	Teaching Materials and Reference Books	102.4	102.7	101.7
(2)教育服务	Education Services	101.1	101.2	100.7
3.文化娱乐	Cultural and Recreational Articles	102.3	102.1	102.9
(1)文化娱乐用品	Cultural Articles	101.6	101.7	101.4
(2)书报杂志	Newspapers and Magazines	100.3	100.3	100.5
(3)文娱费	Expenditure on Culture and Recreation	103.8	103.2	106.2
4.旅 游	Touring and Outing	102.7	103.8	99.2
八、居 住	**Residence**	**102.8**	**102.6**	**103.3**
1.建房及装修材料	Building and Building Decoration Materials	99.5	98.7	101.1
2.住房租金	Renting	105.0	104.4	106.6
3.自有住房	Private Housing	104.4	104.0	105.2
4.水、电、燃料	Water, Electricity and Fuels	102.0	102.3	101.4

9-4 十九个市、县商品零售价格分类指数(2013年)
Retail Price Indices by Category of 19 Cities and Counties(2013)

(上年价格=100) (preceding year=100)

地区	Region	总指数 General Index	一、食品 Food	二、饮料烟酒 Beverages, Tobacco and Liquor	三、服装鞋帽 Garments, Shoes and Hats	四、纺织品 Textiles	五、家用电器及音像器材 Household Appliances, Music and Video Equipment	六、文化办公用品 Cultural and Office Appliances	七、日用品 Articles for Daily Use	八、体育娱乐用品 Sports and Recreation Articles
全省	**Shaanxi**	**101.8**	**105.2**	**101.4**	**103.0**	**102.2**	**98.0**	**99.6**	**101.3**	**101.6**
国家调查点	**National Survey Points**									
西安市	Xi'an	101.7	105.0	101.6	103.9	102.4	96.8	99.8	100.6	100.3
宝鸡市	Baoji	102.4	106.5	101.4	100.9	101.2	100.6	99.4	101.9	103.5
汉台区	Hantai	103.1	106.1	103.8	103.2	105.8	99.3	95.0	105.7	111.2
咸阳市	Xianyan	101.6	105.1	101.3	101.6	98.7	97.0	97.8	99.0	105.5
榆阳区	Yuyang	102.7	106.3	101.4	99.1	102.4	100.6	97.3	103.7	102.0
汉滨区	Hanbin	101.2	106.6	98.6	100.0	100.3	98.4	97.4	101.7	100.4
三原县	Sanyuan	102.0	106.7	100.9	102.8	105.8	97.0	99.5	103.4	106.3
商州区	Shangzhou	103.0	107.6	102.0	102.7	101.8	98.8	99.8	102.8	101.9
省级调查点	**Provincial Survey Points**									
铜川市	Tongchuan	101.9	105.6	100.7	102.3	103.8	101.5	102.0	100.0	98.0
宝塔区	Baota	101.6	106.1	100.0	103.8	101.0	98.2	93.5	101.6	103.3
临渭区	Linwei	101.9	105.1	102.2	100.6	101.5	101.5	99.2	100.8	101.2
西乡县	Xixiang	101.5	106.1	100.5	105.5	101.0	99.4	100.1	101.1	101.6
陇县	Longxian	103.8	110.9	101.7	94.0	105.3	98.8	102.0	103.8	103.0
洛南县	Luonan	101.8	105.9	99.4	106.8	102.6	98.9	96.9	100.9	100.3
蒲城县	Puchneng	102.4	105.4	101.1	102.0	103.7	99.7	98.4	103.0	100.0
户县	Huxian	102.9	108.4	102.5	102.7	100.2	98.5	99.1	105.3	108.5
绥德县	Suide	101.5	106.4	100.7	100.2	100.1	94.4	104.7	98.6	97.3
华阴市	Huayin	101.1	106.3	101.3	100.4	103.9	98.5	99.2	102.0	99.8
略阳县	Lueyang	101.9	104.9	100.7	102.2	104.1	99.5	101.7	102.6	99.8

9-4 续表 continued

(上年价格=100) (preceding year=100)

地区	Region	九、交通通信用品 Transportation and Communication Appliances	十、家具 Furniture	十一、化妆品 Cosmetics	十二、金银珠宝 Gold, Silver and Jewelry	十三、中西药品及医疗保健用品 Traditional Chinese and Western Medicines and Health	十四、书报杂志及电子出版物 Books, Newspapers, Magazines and Electronic Publications	十五、燃料 Fuels	十六、建筑材料及五金电料 Building Materials and Hardware
全省	**Shaanxi**	**96.8**	**105.0**	**102.1**	**90.2**	**102.6**	**101.6**	**99.4**	**98.7**
国家调查点	**National Survey Points**								
西安市	Xi'an	97.1	107.3	102.0	89.7	101.4	100.7	99.2	97.6
宝鸡市	Baoji	95.8	102.4	101.6	88.4	103.9	102.5	100.8	101.2
汉台区	Hantai	97.9	102.6	101.7	91.4	99.0	100.8	101.5	102.5
咸阳市	Xianyan	97.3	99.3	100.1	97.3	104.6	107.1	98.1	100.8
榆阳区	Yuyang	98.4	101.4	116.9	98.0	102.2	99.3	96.7	103.0
汉滨区	Hanbin	91.9	98.9	104.4	89.2	101.4	102.8	99.4	100.7
三原县	Sanyuan	92.6	99.8	102.7	88.3	102.5	101.1	97.1	99.7
商州区	Shangzhou	96.3	104.7	104.3	88.3	101.4	103.6	100.7	101.2
省级调查点	**Provincial Survey Points**								
铜川市	Tongchuan	93.0	98.1	99.8	89.6	107.6	103.5	98.5	100.8
宝塔区	Baota	95.0	101.0	101.5	91.9	101.6	102.8	99.0	99.1
临渭区	Linwei	99.7	101.7	99.9	88.0	103.3	104.8	98.2	99.6
西乡县	Xixiang	89.9	102.1	100.9	87.4	99.6	100.4	99.2	99.6
陇县	Longxian	100.9	101.7	101.2	91.6	107.0	101.7	98.4	101.3
洛南县	Luonan	87.0	97.3	100.3	97.2	106.5	100.0	101.4	94.3
蒲城县	Puchneng	100.0	104.9	101.8	92.3	104.1	100.0	100.0	99.6
户县	Huxian	95.0	97.9	104.2	94.8	100.2	99.9	102.3	99.7
绥德县	Suide	96.3	97.4	100.6	90.2	104.9	100.9	98.2	101.2
华阴市	Huayin	94.5	99.8	100.2	93.9	95.9	105.5	97.1	98.3
略阳县	Lueyang	97.7	100.7	104.3	85.6	98.3	100.3	101.2	100.8

9-5 十九个市、县居民消费价格分类指数(2013年)
Consumer Price Indices by Category and Region of 19 Cities and Counties(2013)

(上年价格=100) (preceding year=100)

地区	Region	总指数 General Index	一、食品 Food	二、烟酒 Tobacco and Liquor	三、衣着 Clothing	四、家庭设备用品及维修服务 Household Facilities, Articles and Services	五、医疗保健和个人用品 Health Care and Personal Articles	六、交通和通信 Transportation and Communication	七、娱乐教育文化用品及服务 Recreation, Education and Culture Articles	八、居住 Residence
全省	**Shaanxi**	**103.0**	**105.6**	**100.6**	**102.9**	**103.0**	**102.7**	**98.7**	**100.8**	**102.8**
国家调查点	**National Survey Points**									
西安市	Xi'an	102.7	104.8	100.7	104.0	104.0	101.9	97.6	101.5	102.0
宝鸡市	Baoji	102.9	106.5	100.0	101.2	102.7	102.9	99.1	98.7	102.5
汉台区	Hantai	103.9	105.8	104.5	103.8	105.8	102.7	100.7	98.5	105.4
咸阳市	Xianyan	103.1	104.7	101.1	101.2	99.0	103.0	100.0	101.1	105.3
榆阳区	Yuyang	104.4	105.9	100.9	99.0	104.8	105.2	98.9	102.8	108.4
汉滨区	Hanbin	103.1	106.1	97.9	100.0	100.6	103.5	99.5	101.7	103.0
三原县	Sanyuan	103.9	106.8	100.7	103.2	101.4	106.2	101.0	97.4	104.4
商州区	Shangzhou	103.5	107.7	99.8	103.1	102.4	101.8	100.1	102.6	100.2
省级调查点	**Provincial Survey Points**									
铜川市	Tongchuan	103.1	105.4	101.0	102.9	102.5	103.7	99.6	101.7	102.0
宝塔区	Baota	103.0	106.1	99.3	103.9	100.2	101.4	96.5	100.8	104.5
临渭区	Linwei	102.7	104.9	102.2	100.8	103.4	102.7	100.4	101.5	101.4
西乡县	Xixiang	102.6	105.7	101.6	105.4	102.9	99.2	98.7	100.5	100.3
陇县	Longxian	104.4	111.6	101.4	95.8	104.0	104.7	100.3	98.1	101.6
洛南县	Luonan	103.6	106.7	98.4	106.3	101.4	102.9	97.7	99.9	103.0
蒲城县	Puchneng	103.7	105.6	100.7	101.7	103.6	105.5	101.7	101.4	103.3
户县	Huxian	103.4	109.5	100.9	102.5	101.5	103.0	99.5	92.9	102.3
绥德县	Suide	103.4	106.3	100.8	101.0	100.0	103.9	97.7	104.0	103.0
华阴市	Huayin	103.2	106.2	100.1	101.6	100.6	100.1	99.3	105.1	102.4
略阳县	Lueyang	103.4	105.2	99.3	102.5	104.0	101.8	99.6	103.1	104.0

9-6 农业生产资料价格指数
Price Indices for Means of Agricultural Production

(上年价格=100) (preceding year=100)

类　别	Item	2012	2013
总指数	**General Index**	**105.4**	**102.6**
一、农用手工工具	Farm Handtools	104.9	104.4
二、饲　料	Forage	105.4	105.7
混合饲料	Mixed Forage	104.8	105.8
其　他	Others	106.5	105.5
三、产品畜	Commodity Animals	106.6	102.7
幼禽家畜	Poultry and Livestock	106.6	102.7
四、半机械化农具	Semi-mechanized Farm Tools	105.2	103.0
五、机械化农具	Mechanized Farm Machinery	104.7	101.0
农用机械	Farm Machinery	104.7	101.0
六、化学肥料	Chemical Fertilizer	105.7	98.1
氮　肥	Nitrogenous Fertilizer	105.2	96.8
磷　肥	Phosphate Fertilizer	108.3	100.9
钾　肥	Potash Fertilizer	107.9	98.6
复合肥料	Compound Fertilizer	104.2	99.3
七、农药及农药械	Pesticide and Its Appliances	102.7	103.3
化学农药	Chemical Pesticide	102.2	103.8
杀虫剂	Insecticide	102.5	101.8
杀菌剂	Bactericide	102.0	107.3
除草剂	Herbicide	101.6	105.0
农药器械	Appliances for Pesticide	105.5	101.0
八、农用机油	Oil for Farm Machinery	102.9	99.6
九、其他农业生产资料	Other Means of Agricultural Production	106.9	105.9
农用种子	Seeds for Farming	111.7	108.0
其　他	Others	99.6	102.4
农用薄膜	Pellicle for Farming	99.0	101.7
其　他	Others	101.1	104.4
十、农业生产服务	Service for Agricultural Production	105.8	108.2
排灌费	Expenditure of Irrigation and Drainage	103.0	110.5
机械作业费	Expenditure of Mechanical Operations	108.5	107.9
农业用电	Agricultural Electricity	100.1	100.4
农业用工	Agricultural Labor	112.5	112.0

9-7 工业生产者出厂价格指数
Producer Price Index for Industrial Products

(上年价格=100) (preceding year=100)

类 别	Item	2012	2013
总指数	**General Index**	**100.7**	**97.3**
按轻重工业分	Grouped by Light & Heavy Industries		
轻工业	Light Industry	99.8	100.9
以农产品为原料	Agricultural Products as Raw Materials	100.0	101.0
以非农产品为原料	Non-agricultural Products as Raw Materials	98.8	100.2
重工业	Heavy Industry	100.9	96.8
采掘工业	Mining & Quarrying Industry	103.3	94.5
原料工业	Raw Materials Industry	101.3	96.2
加工工业	Processing Industry	98.8	99.0
按用途分	Grouped by Use		
生产资料	Means of Production	100.7	96.8
采掘工业	Mining & Quarrying Industry	103.3	94.5
原料工业	Raw Materials Industry	101.3	96.1
加工工业	Processing Industry	98.3	99.0
生活资料	Consumer Goods	100.9	100.6
食 品	Food	101.6	101.0
衣 着	Clothing	101.9	102.5
一般工业品	Articles for Daily Use	100.7	99.6
耐用消费品	Durable Consumer Goods	99.1	100.5
按工业部门分	By Department of Industry		
1.冶金工业	Metallurgical Industry	93.7	95.0
2.电力工业	Power Industry	108.2	101.0
3.煤炭及炼焦工业	Coal and Coking Industry	99.4	87.2
4.石油工业	Petroleum Industry	104.3	97.6
5.化学工业	Chemical Industry	102.7	97.5
6.机械工业	Machine Industry	98.8	100.4
7.建筑材料工业	Building Materials Industry	99.8	98.7
8.森林工业	Forestry Industry	102.0	102.2
9.食品工业	Food Industry	101.6	100.9
10.纺织工业	Textile Industry	88.9	103.4
11.缝纫工业	Tailoring Industry	102.1	102.8
12.皮革工业	Leather Industry	99.9	99.9
13.造纸工业	Paper Making Industry	97.9	98.6
14.文教艺术用品工业	Cultural, Education & Handicrafts Article	101.0	97.6
15.其它工业	Other Industry	102.2	103.4

9-8 工业生产者购进价格指数
Purchasing Price Index for Industrial Products

(上年价格=100) (preceding year=100)

类 别	Item	2012	2013
总指数	**General Index**	**100.0**	**99.3**
一、燃料、动力类	Fuels	101.1	98.4
二、黑色金属材料类	Ferrous Metal Materials	95.1	97.0
钢 材	Steel	91.4	96.8
其 它	Others	101.7	97.3
三、有色金属材料类和电线类	Non-ferrous Metals	95.9	96.5
四、化工原材料类	Chemical Raw Materials	100.2	95.2
五、木材及纸浆类	Timber and Paper Pulp	100.5	99.2
六、建筑材料类及非金属矿类	Building Materials and Non-metal Mineral	99.5	99.4
七、其它工业原材料及半成品	Other Industrial Raw Materials and Half-products	102.2	99.4
八、农副产品类	Farm Products	98.4	104.8
九、纺织原材料类	Textile Raw Materials	96.8	101.3

9-9 固定资产投资价格指数
Price Index of Investment in Fixed Assets

(上年价格=100) (preceding year=100)

类 别	Item	2012	2013
总指数	**General Index**	**102.6**	**101.9**
一、建筑安装工程	Construction and Installation	103.4	102.1
1.材料费	Material	112.1	98.9
钢 材	Steel	98.1	95.0
木 材	Timber	104.1	104.6
水 泥	Cement	94.4	101.0
地方材料	Local Construction Material	96.9	102.9
化工材料	Chemical Material	102.2	102.1
电 料	Electric Material	103.1	101.1
其它材料	Others	101.8	101.9
2.人工费	Labour	102.1	109.4
3.机械使用费	Machinery	105.2	102.7
二、设备工器具购置	Purchase of Equipment,Tools and Instruments	99.1	100.0
三、其它费用	Others	102.7	103.2

9-10 农产品生产价格指数
Producers' Price Indices for Farm Products

(上年价格=100) (preceding year=100)

类 别	Item	2012	2013
总指数	**General Index**	**102.6**	**107.4**
一、农业产品	Planting Products	102.5	110.3
# 小 麦	Wheat	102.3	111.0
玉 米	Corn	104.5	102.5
油 料	Oil-bearing Crops	107.2	107.9
水 果	Fruit	102.7	112.3
二、林业产品	Forestry Products	110.9	95.2
三、饲养动物及其产品	Animal Feeding and Products	101.4	102.0
# 活 猪	Live pigs	101.2	97.1
鸡 蛋	Eggs	95.0	105.8
四、渔业产品	Fishery Products	113.7	104.6

9-11 西安市房地产价格指数
Price Index of Real Estate in Xi'an

(上年价格=100) (preceding year=100)

类 别	Item	2012	2013
土地交易价格指数	**Price Index of Land Deal**	**100.6**	**101.6**
居住用地	Land of Residential Buildings	100.3	101.8
1.经济适用房	Economical Houses	100.0	100.0
2.商品住宅	Commercial Residential Buildings	100.3	101.8
普通住宅	Ordinary Residential Building	100.4	102.0
高档住宅	Magnificent Residential Buildings	100.1	100.6
工业用地	Land of Industry	101.6	101.3
商业营业用地	Land of Commerce	101.0	101.6
其他用地	Other Land	100.3	100.7
房屋租赁价格指数	**Price Index of Renting Houses**	**100.8**	**101.2**
1.经济适用房	Economical Houses	100.0	
2.廉租房	Lower-rent Houses	100.0	100.0
3.商品住宅	Commercial Residential Buildings	100.8	101.3
普通住宅	Ordinary Residential Building	101.9	101.7
高档住宅	Magnificent Residential Buildings	100.6	100.0
物业管理指数	**Price Index of Estate Management Fee**	**100.0**	**100.0**
1.经济适用房	Economical Houses	100.0	100.0
2.商品住宅	Commercial Residential Buildings	100.0	100.0
普通住宅	Ordinary Residential Building	100.0	100.0
高档住宅	Magnificent Residential Buildings	100.0	100.0
新建住宅销售价格指数	**Sales Price Index of New Residential Buildings**	**100.5**	**106.2**
新建商品住宅	New Commercialized Residential Buildings	100.5	107.3
1.90平方米以下	Less Than 90 Sq.m	100.5	107.9
2.90－144平方米	90-144 Sq.m	100.7	106.1
3.144平方米以上	144 Sq.m and more	99.9	106.9
二手住宅销售价格指数	**Sales Price Index of Second-hand House**	**98.6**	**102.7**
1.90平方米以下	Less Than 90 Sq.m	99.6	104.1
2.90－144平方米	90-144 Sq.m	98.0	101.4
3.144平方米以上	144 Sq.m and more	98.5	103.8

主要统计指标解释

居民消费价格指数 是反映一定时期内城乡居民所购买的生活消费品价格和服务项目价格变动趋势和程度的相对数，是对城市居民消费价格指数和农村居民消费价格指数进行综合汇总计算的结果。该指数可以观察和分析消费品的零售价格和服务项目价格变动对城乡居民实际生活费支出的影响程度。

城市居民消费价格指数 是反映一定时期内城市居民家庭所购买的生活消费品价格和服务项目价格变动趋势和程度的相对数。该指数可以观察和分析消费品的零售价格和服务项目价格变动对城镇职工货币工资的影响，作为研究职工生活和确定工资政策的依据。

农村居民消费价格指数 是反映一定时期内农村居民家庭所购买的生活消费品价格和服务项目价格变动趋势和程度的相对数。该指数可以观察农村消费品的零售价格和服务项目价格变动对农村居民生活消费支出的影响，直接反映农村居民生活水平的实际变化情况，为分析和研究农村居民生活问题提供依据。

商品零售价格指数 是反映一定时期内城乡商品零售价格变动趋势和程度的相对数。商品零售价格的变动直接影响到城乡居民的生活支出和国家的财政收入，影响居民购买力和市场供需的平衡，影响到消费与积累的比例关系。因此，该指数可以从一个侧面对上述经济活动进行观察和分析。

农业生产资料价格指数 指反映一定时期内农业生产资料价格变动趋势和程度的相对数。其编制目的是了解农业生产中物质资料投入价格的变动状况，服务于国民经济核算。1994年以前，农业生产资料价格指数仅仅是商品零售价格指数的一个类别，此后，从商品零售价格指数中分离出来，单独编制。

农产品生产价格指数 是反映一定时期内，农产品生产者出售农产品价格水平变动趋势及幅度的相对数。该指数可以客观反映全国农产品生产价格水平和结构变动情况，满足农业与国民经济核算需要。其中某代表品生产价格指数是通过对全部有出售该产品行为的调查单位的个体指数进行几何平均求得的，类价格指数是通过对其所属的类（或代表品）的价格指数进行加权平均求得的。季度累计价格指数的计算方法与分季指数的计算方法相同。

工业生产者价格 包括工业企业产品第一次出售时的出厂价格和企业作为中间投入的原材料、燃料、动力购进价格（简称工业生产者购进价格）。

工业生产者出厂价格指数 是反映一定时期内全部工业产品出厂价格总水平的变动趋势和程度的相对数，包括工业企业销售给本企业以外所有单位的各种产品和直接售给居民用于生活消费的产品。该指数可以观察出厂价格变动对工业总产值及增加值的影响。

工业生产者购进价格指数 是反映工业企业作为生产投入，而从物资交易市场和能源、原材料生产企业购买原材料、燃料和动力产品时，所支付的价格水平变动趋势和程度的统计指标，是扣除工业企业物质消耗成本中的价格变动影响的重要依据。

固定资产投资价格指数 是反映一定时期内固定资产投资品及取费项目的价格变动趋势和程度的相对数。固定资产投资额是由建筑安装工程投资完成额、设备工器具购置投资完成额和其他费用投资完成额三部分组成的。编制固定资产投资价格指数应首先分别编制上述三部分投资的价格指数，然后采用加权算术平均法求出固定资产投资价格总指数。

该指数可以准确地反映固定资产投资中涉及的各类投资品和取费项目价格变动趋势和变动幅度，消除按现价计算的固定资产投资指标中的价格变动因素，真实地反映固定资产投资的规模、速度、结构和效益，为国家科学地制定、检查固定资产投资计划并提高宏观调控水平，为完善国民经济核算体系提供科学的、可靠的依据。

房地产价格指数 是反映一定时期内房地产价格变动趋势和程度的相对数，包括房屋销售价格指数、房屋租赁价格指数、土地交易价格指数和物业管理价格指数。这四套指数的计算方法相似，均采用超级汇总的方法。

Explanatory Notes on Main Statistical Indicators

Consumer Price Indices reflect the trend and degree of changes in prices of consumer goods and services purchased by urban and rural households during a given period. They are obtained by combining Consumer Price Indices of Urban Household and Consumer Price Indices of Rural Household. The Indices enable the observation and analysis of the degree of impact of the changes in the prices of retailed goods and services on the actual living expenses of urban and rural residents.

Consumer Price Indices of Urban Household reflect the trend and degree of changes in prices of consumer goods and services purchased by urban households during a given period. It can be used to observe and analyze the impact of price changes in consumer goods and services on wages (in monetary terms) of urban staff and workers, and provide a basis for research on the livelihood of staff and workers and policy-making concerning wages.

Consumer Price Indices of Rural Household reflect the trend and degree of changes in prices of consumer goods and services purchased by rural households during a given period. It can be used to observe the impact of change in retail prices of consumer goods and service prices in rural areas on living expenditure of rural households, and to show the changes in the living standard of rural households. It provides a basis for analysis and research on the condition of life in rural areas.

Retail Price Indices reflect the trend and degree of change in retail prices of commodities during a given period. The change in retail prices of commodities directly affect the living expenses of urban and rural residents, government revenue, purchasing power of residents and the equilibrium of market supply and demand, and the ratio of consumption to accumulation. Therefore, the retail price indices are useful from an oblique perspective for observing and analyzing the changes of the above economic activities.

Price Indices for Means of Agricultural Production reflect the trend and degree of changes in the prices of the means of agricultural production during a given period. Compilation of these indices helps to understand the changes in prices of input into agricultural production and facilitate the compilation of national accounts statistics. Before 1994, price indices for means of agricultural production were a sub-category in the retail price indices for commodities, and it has been compiled separately since 1994.

Producer Prices Indices for Farm Products reflect the trend and degree of changes in producers' prices received by farmers when they sell farm products during a given period. These indices depict the change in the level and structure of producer prices for farm products of the country and meet the needs of agricultural statistics and national accounts statistics. The producer price index for a given product is calculated as the geometrical mean of individual indices for all surveyed units which sell such product, and the indices for a product category is obtained as the weighted mean of price indices for all products in the category. Method for calculating accumulative quarterly indices is the same as for calculating the individual quarterly indices.

Industrial Producer Price includes the ex-factory price when the products were first sold and the purchasing price of raw materials, fuel and power as intermediate input by enterprises (short for Industrial Producer Price).

Ex-factory Price Indices of Industrial Producer are to reflect ex-factory general price level of all industrial products in a given period the number of fluctuant trend and degree, including products sold to other units by industrial enterprises and products sold to residents for living. The index shows that ex-factory price changes influence on gross industrial output value and value-added.

Purchase price Indices of Industrial Producer are the statistical Indices to reflect the fluctuant trend and degree of the price as production inputs by industrial enterprises, which are paid for raw materials, fuel and power products, purchasing from material trading market and energy and raw materials production enterprises. It's the important basis of subtracting effects from price changes of industrial enterprises material cost.

Price Indices for Real Estate reflect the trend and degree of changes in prices of real estate during a given period, including sale price indices for houses, price indices for renting houses, price indices for land transactions and price indices for management of properties. The methods for the compilation of these four sets of indices are similar in that they all use the super-collecting approach.

十、人民生活

People's Livelihood

资料整理：李晓利　于秋白　张应剑　李　宁　孙士梅

简 要 说 明

一、本篇资料反映陕西城乡居民生活状况，主要包括全省居民家庭常住人口、可支配收入、生活消费支出、主要商品购买数量、耐用消费品拥有情况、居住情况等。

二、本篇资料来源:

全省居民、城镇居民和农村居民生活状况数据来源于国家统计局陕西调查总队城镇住户抽样调查和农村住户抽样调查。

各市（区）城乡居民收入及县（市、区）城乡居民收入由省统计局地方经济调查中心调查统计。

三、2012年四季度起国家统计局实施全国统一的城乡一体化居民收支调查。由于2013年调查样本为全新抽取样本，且与往年城镇居民、农村居民抽选总体、方法不同，调查范围更广，统计口径发生变化，与老口径数据存在差异。本年鉴2013年全省数据为新口径数据，仅在与历史数据对比时，使用老口径数据。市及县（市、区）为老口径数据。

Brief Introduction

Ⅰ. This chapter reflects the people's living conditions in Shaanxi, consisting of the resident population, disposable income, living expenditure, the main commodity purchase quantity, consumer durables situation, the inhabit situation and etc.

Ⅱ. Sources of Data:

The data on the livelihood of province residents, urban residents and rural residents are obtained from sample surveys on urban and rural households conducted by the Division of Urban and Rural Household Survey under Shaanxi Survey Office of the National Bureau of Statistics.

The incomes of both urban and rural residents of cities(districts) and counties(cities, districts) are collected by the local economic survey center of the Statistic Bureau of Shaanxi Province.

Ⅲ. National Bureau of Statistic conducted the urban-rural integration revenue and expenditure investigation all over the nation since fourth-quarter in 2012. Because of investigation samples in 2013 are brand new samples, the selected population and methods are different from urban and rural residents chosen in previous years. The field of investigation are broader, statistics range have been changed, they are different from the old range data. The total of province in 2013 yearbook are new range data, only using the old range data when contrasted with the historical data. The data of counties(cities, districts) are old range data.

10.人民生活

2013 年全省			
农村居民人均纯收入	6503	元	比上年增长 12.8% （实际增长 9.4%）
城镇居民人均可支配收入	22858	元	比上年增长 10.2% （实际增长 7.2%）
城乡居民年末人均储蓄存款	32546	元	比上年增长 13.4%

城乡居民收入（元）

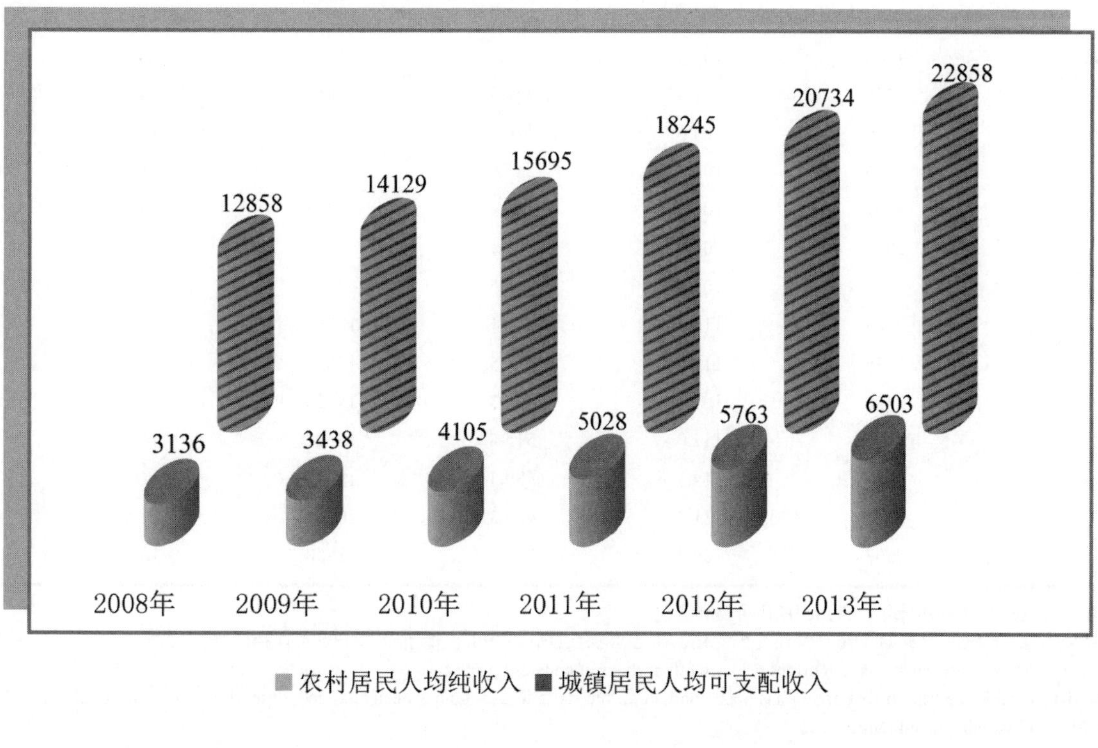

10-1 城乡居民家庭人均收入及指数
Per Capita Annual Income of Urban and Rural Households

年 份 Year	农村居民家庭人均纯收入 Per Capita Annual Net Income of Rural Households			城镇居民家庭人均可支配收入 Per Capita Annual Disposable Income of Urban Households		
	绝对数 (元) Value (yuan)	指 数 Index (上年=100) (preceding year=100)	指 数 Index (1978年=100) (year of 1978=100)	绝对数 (元) Value (yuan)	指 数 Index (上年=100) (preceding year=100)	指 数 Index (1978年=100) (year of 1978=100)
1978	134		100.0	310		100.0
1979	150	111.0	111.0			
1980	142	92.6	102.8	407		122.8
1981	177	122.8	126.1	427	101.3	124.4
1982	218	121.6	153.4	452	104.9	130.5
1983	236	107.4	164.8	488	106.3	138.7
1984	263	108.9	179.5	552	109.4	151.7
1985	295	106.7	191.4	650	109.5	166.0
1986	299	96.8	185.3	814	117.5	195.1
1987	329	103.8	192.5	905	101.8	198.6
1988	404	106.6	205.3	1040	95.7	190.1
1989	434	89.7	184.1	1239	101.3	192.5
1990	530	104.2	191.9	1369	107.7	207.3
1991	534	96.3	184.7	1498	102.0	211.5
1992	559	98.2	181.4	1705	102.4	216.5
1993	653	106.2	192.6	2102	108.1	234.1
1994	805	97.3	187.4	2684	99.6	233.1
1995	963	99.4	186.2	3310	104.5	243.6
1996	1165	110.0	204.8	3810	104.4	254.2
1997	1285	102.4	209.6	4001	99.8	253.8
1998	1406	113.1	237.1	4220	108.0	274.0
1999	1456	106.6	252.7	4654	113.5	310.8
2000	1470	103.3	261.0	5124	109.8	341.2
2001	1520	101.3	264.3	5484	106.9	364.8
2002	1596	104.6	276.5	6331	117.6	428.9
2003	1676	102.2	282.6	6806	106.6	457.4
2004	1867	106.3	300.4	7492	106.9	488.9
2005	2052	106.9	321.1	8272	109.4	534.9
2006	2260	107.9	346.5	9268	109.7	586.9
2007	2645	110.0	381.1	10763	110.5	648.5
2008	3136	110.6	421.5	12858	112.5	729.6
2009	3438	109.2	460.3	14129	109.9	801.8
2010	4105	112.0	515.5	15695	107.1	858.7
2011	5028	114.3	589.3	18245	110.0	944.6
2012	5763	111.2	655.3	20734	110.8	1046.6
2013	6503	109.4	716.8	22858	107.2	1122.0

注：1.本表绝对数按当年价格计算，指数按可比价格计算。
2.实施城乡住户调查一体化后，统计口径发生变化，新老口径数据存在差异。本表2013年为老口径数据。

a) Level data in this table are calculated at current prices while indices at constant prices.

b) After the rban-rural integration Investigation has been conducted, the statistical range has been changed, data of new and old ranges are different. Data of 2013 in this table is old range data.

10-2 各市(区)城乡居民人均收入

Per Capita Income in Urban and Rural Households by City(District)

单位：元 (yuan)

地区	Region	城镇居民人均可支配收入 Per Capita Annual Disposable Income of Urban Households			农村居民人均纯收入 Per Capita Annual Net Income of Rural Households		
		2012	2013	2013年比2012年增长% Increase of 2013 over 2012 (%)	2012	2013	2013年比2012年增长% Increase of 2013 over 2012 (%)
西安市	Xi'an	29982	33100	10.4	11442	12930	13.0
铜川市	Tongchuan	21929	24495	11.7	7134	8140	14.1
宝鸡市	Baoji	25777	28509	10.6	7373	8376	13.6
咸阳市	Xianyang	25758	28488	10.6	7464	8538	14.4
渭南市	Weinan	21808	24164	10.8	6602	7565	14.6
延安市	Yan'an	24748	27643	11.7	7655	8681	13.4
汉中市	Hanzhong	19827	22167	11.8	6181	7053	14.1
榆林市	Yulin	24140	26820	11.1	7681	8687	13.1
安康市	Ankang	20300	22533	11.0	5815	6624	13.9
商洛市	Shangluo	19998	22257	11.3	5425	6223	14.7
杨凌示范区	Yangling	29925	33007	10.3	10841	12435	14.7

10-3 城乡居民人民币储蓄存款(年底余额)

Savings Deposit of Urban and Rural Households at Year-end

年份 Year	城乡居民年末储蓄存款余额(亿元) Savings Deposit of Urban and Rural Households (100 million yuan)	定期 Time Deposits	活期 Demand Deposits	城乡居民年末人均储蓄存款余额(元) Per Capita Balance of Saving Deposit (yuan)
1978	7.79			28
1980	13.51			48
1985	44.77	35.45	9.32	149
1990	204.57	170.02	34.55	617
1995	734.04	590.11	143.93	2089
1996	942.21	751.85	190.36	2659
1997	1090.43	250.70	839.73	3054
1998	1241.63	320.46	921.17	3453
1999	1371.88	344.92	1026.96	3792
2000	1522.53	1101.50	421.03	4178
2001	1768.47	1254.87	513.60	4841
2002	2107.83	1460.26	647.57	5756
2003	2519.93	1749.76	770.17	6863
2004	2948.34	2070.47	877.87	8010
2005	3533.97	2434.18	1099.79	9577
2006	4067.70	2695.53	1372.16	10997
2007	4278.41	2653.30	1625.10	11538
2008	5494.53	3387.59	2106.94	14778
2009	6743.81	4019.83	2723.98	18094
2010	7957.78	4486.63	3471.16	21306
2011	9172.09			24507
2012	10770.05			28697
2013	12249.36			32546

注：2006年起含外资银行人民币储蓄存款。

a) Since 2006 Savings Deposit of Urban and Rural Households including Foreign.

10-4 全省居民家庭基本情况(2013年)
Basic Conditions of All Households (2013)

指　　标	Item	全省居民 All Households	城镇居民 Urban Household	农村居民 Rural Household
调查户数　(户)	Number of Households Surveyed (household)	4351	1760	2591
调查户人口　(人)	Number of Residents in the Household Surveyed(person)			
1.常住人口	Permanent Residents	14252	5277	8975
2.平均每户常住人口	Average Household Size	3.3	3.0	3.5
3.平均每户劳动力人数	Labours Per Households	2.2	2.1	2.3
平均每户整劳动力人数	Ablebodied Labours Per Households	1.3	1.3	1.2
平均每户半劳动力人数	Semiablebodied Labours Per Households	0.9	0.8	1.0
4.平均每劳动力负担人口	Average Number of Persons Supported by a Laborer	1.5	1.5	1.5
平均每人可支配收入　(元)	Annual Per Capita Disposable Income (yuan)	14372	22346	7092
工资性收入	Wages Income	8184	13987	2887
经营净收入	Net Income from Business	2217	1875	2530
财产净收入	Property Income	874	1733	90
转移净收入	Transfer Income	3096	4750	1585
平均每人生活消费支出　(元)	Annual Per Capita Consumption Expenditure (yuan)	11217	16399	6488
食品、烟酒	Food,Tobacco and Alcohol	3066	4484	1772
衣　着	Clothing	912	1453	418
居　住	Residence	2384	3426	1432
生活用品及服务	Living Articles and Services	730	1085	405
交通通信	Transportation and Communications	1374	2157	660
教育文化娱乐	Recreation, Education and Culture Services	1438	2068	863
医疗保健	Medicine and Medical Services	1081	1386	803
其他用品和服务	Others	232	340	134
平均每人年末现住房建筑面积（平方米）	Floor Area per Capita at Year-end (sq.m)	35.0	29.9	39.6

10-5　全省居民家庭人均可支配收入（2013年）

Per Capita Annual Disposable Income of All Households(2013)

单位：元　(yuan)

指　标	Item	2013
可支配收入	**Disposable Income**	**14371.5**
一、工资性收入	**Wages Income**	**8184.4**
(一)工资	Wage	7382.9
1.按月发放的工资	The wages by monthly	6243.9
2.补发工资	Retroactive pay	116.1
3.不按月发放的奖金、津贴、过节费等	The Bonus, allowance, holiday fee etc.by no-monthly	1022.9
(二)实物福利	Benefits in kind	52.2
1.从单位或雇主得到的实物产品折价	The Discount of Real Products from the Company or Employer	7.3
2.从单位或雇主得到的服务折价	The Discount of Services from the Company or Employer	31.7
3.单位或雇主实物福利报销所得	The Reimbursement Income in kind from the Company or Employer	13.3
(三)其他	Others	749.3
1.住房公积金	Housing Funds	314.8
2.辞退金	Dismissal Payments	2.2
3.自由职业劳动所得(如稿费、翻译费)	Income by liberal work (Such as Remuneration, Translation Fee)	17.6
4.安家费	Settling-in Allowance	4.1
5.股票期权	Stock Options	0.5
6.其他劳动所得	Others	410.3
二、经营净收入	**Net Income from Business**	**2217.3**
(一)第一产业经营净收入	Net Income from Primary Industry Business	1037.8
1.农业	Agricultural	885.0
2.林业	Forestry	70.4
3.牧业	Animal Husbandry	81.7
4.渔业	Fishery	0.7
(二)第二产业经营净收入	Net Income from Secondary Industry Business	77.0
(三)第三产业经营净收入	Net Income from Tertiary Industry Business	1102.5
1.批发和零售业	Wholesale and Retail Trades	568.7
2.交通运输、仓储和邮政业	Transport, Storage and Post	205.7
3.住宿和餐饮业	Hotels and Catering Services	95.5
4.房地产业	Real Estate	0.9
5.租赁和商务服务业	Leasing and Business Services	7.7
6.居民服务、修理和其他服务业	Services to Households and Other Services	155.2
7.农林牧渔服务业	Services to Agriculture, Forestry, Animal Husbandry and Fishery	24.1
8.其他	Others	44.6
三、财产净收入	**Net Income from Properties**	**874.1**
# 利息净收入	Net Interests	28.1
红利收入	Bonus	76.5
储蓄性保险净收益	Net Benefits of Savings Insurance	1.0
转让承包土地经营权租金净收入	The Rent Income by Transfer of Land Rights	17.6
出租房屋财产性收入	The Property Income by Renting House	315.1
出租机械、专利、版权等资产的收入	The Income by Renting Assets like Mechanical, Patents, Copyright ect.	10.5
四、转移净收入	**Net Income from Transfer**	**3095.7**
(一)转移性收入	Income from Transfer	3649.8
1.养老金或离退休金	Pension or Retired Pension	2578.4
2.社会救济和补助	Social Relief and Aid	65.8
3.政策性生活补贴	Policy Allowance	32.1
4.报销医疗费	Reimbursement of Medical treatment	121.3
5.家庭外出从业人员寄回带回收入	Income from Family Outings Employees	476.8
6.赡养收入	Alimony Income	219.6
7.其他经常转移收入	Others Recurring Income from Transfer	66.6
8.从政府和组织得到的实物产品和服务折价	The Discount of Real Products and Services from the Governments and Organizations	12.2
9.现金政策性惠农补贴	The Cash Policy Subsidies for Agricultural	76.9
(二)转移性支出	Transfer Expenditure	554.1
1.个人所得税	Personal Income Tax	27.6
2.社会保障支出	Expenditure for Social Security	397.7
3.外来从业人员寄给家人的支出	Expenditure for Family from Migrant Workers	9.8
4.赡养支出	Expenditure for Alimony	75.2
5.其他	Others	43.8

10-6 全省居民家庭人均生活消费支出（2013年）
Per Capita Living Expenditure of All Households(2013)

单位：元 (yuan)

指 标	Item	2013
生活消费支出	**Total Living Expenditure**	**11217.3**
一、食品、烟酒	**Food,Tobacco and Alcohol**	**3066.0**
1.食 品	Food	2137.6
# 谷 物	Grain	365.3
薯 类	Potato	56.3
豆 类	Beans	37.9
食用油	Edible Oil	137.2
蔬菜和食用菌	Vegetables and Edible Mushrooms	327.2
肉 类	Meat	358.4
禽 类	Poultry	43.3
水产品	Aquatic Products	43.0
蛋 类	Eggs	55.1
奶 类	Milk	166.2
干鲜瓜果类	Fresh and Dried Fruits	221.5
糖果糕点类	Candy and Pastry	84.6
饮 料	Beverages	64.1
2.烟 酒	Tobacco and Alcohol	306.0
# 烟 草	Tobacco	202.9
酒 类	Alcohol	100.0
3.饮食服务	Catering Services	618.0
二、衣 着	**Clothing**	**912.1**
# 衣 类	Garments	699.0
鞋 类	Footwear	203.5
三、居 住	**Residence**	**2383.8**
# 租赁房房租	Rental Housing Rent	207.3
住房维修及管理	Housing Repair and Management	357.3
水电燃料及其他	Water,Electric Power Fuel and Others	595.2
四、生活用品及服务	**Living Articles and Services**	**729.8**
# 家具及室内装饰品	Furniture and External Decorations	123.3
家用器具	Household Appliances	215.9
家用纺织品	Household textile	66.0
家庭日用杂品	Household Articles of Daily Use	196.1
个人用品	Personal Items	87.3
家庭服务	Household Services	31.8
五、交通通信	**Transportation and Communications**	**1374.2**
# 交 通	Transportation	857.4
通 信	Communications	514.5
六、教育文化娱乐	**Recreation, Education and Culture Services**	**1438.1**
# 教 育	Education	974.5
文化娱乐	Recreation	463.0
七、医疗保健	**Medicine and Medical Services**	**1081.2**
医疗器具及药品	Medical Instruments and Medicines	360.8
医疗服务	Medical Services	720.4
八、其他用品和服务	**Others**	**232.1**

10-7 全省居民家庭人均购买主要商品数量（2013年）
Per Capita Annual Purchases of Major Commodities of All Households(2013)

品　　名		Item		2013
小　麦	（公斤）	Wheat	(kg)	2.0
面　粉	（公斤）	Flour	(kg)	27.6
大　米	（公斤）	Rice	(kg)	17.5
薯　类	（公斤）	Potato	(kg)	9.2
豆　类	（公斤）	Beans	(kg)	6.6
食用植物油	（公斤）	Edible Vegetable Oil	(kg)	9.5
鲜　菜	（公斤）	Fresh Vegetables	(kg)	63.1
猪　肉	（公斤）	Pork	(kg)	8.7
牛　肉	（公斤）	Beef	(kg)	0.6
羊　肉	（公斤）	Mutton	(kg)	0.7
鸡	（公斤）	Chicken	(kg)	1.4
鸭	（公斤）	Duck	(kg)	0.1
鱼　类	（公斤）	Fish	(kg)	1.5
虾　类	（公斤）	Shrimp	(kg)	0.2
鲜　蛋	（公斤）	Fresh Eggs	(kg)	5.4
鲜　奶	（公斤）	Fresh Milk	(kg)	7.2
酸　奶	（公斤）	Yogurt	(kg)	2.1
奶　粉	（公斤）	Milk Powder	(kg)	0.7
鲜瓜果	（公斤）	Fresh Fruits	(kg)	33.0
糕　点	（公斤）	Cake	(kg)	2.8
茶　叶	（公斤）	Tea	(kg)	0.2
卷　烟	（盒）	Cigarette	(box)	27.1
啤　酒	（公斤）	Beer	(kg)	3.2
白　酒	（公斤）	Liquor	(kg)	1.1
果　酒	（公斤）	Wine	(kg)	0.2
鞋	（双）	Footwear	(pair)	2.1
水	（吨）	Water	(ton)	17.3
电	（度）	Electricity	(kwh)	455.7
煤　炭	（公斤）	Coal	(kg)	97.0
管道天燃气	（立方米）	Pipeline Natural Gas	(cu.m)	53.1
罐装液化石油气	（公斤）	Canned Liquified Petroleum Gas	(kg)	4.1

10-8 全省居民家庭每百户耐用消费品拥有情况（2013年）
Ownership of Major Durable Consumer Goods Per 100 All Households(2013)

指标		Item		2013
家用汽车	（辆）	Automobile	(unit)	11.4
摩托车	（辆）	Motorcycle	(unit)	35.6
助力车	（台）	Strength-aid Cycle	(unit)	25.2
洗衣机	（台）	Washing Machine	(unit)	89.4
电冰箱(柜)	（台）	Refrigerator	(unit)	71.9
微波炉	（台）	Microwave Oven	(unit)	23.5
彩色电视机	（台）	Color TV Set	(unit)	108.9
# 接入有线电视		Cable TV Set		62.8
空　调	（台）	Air Conditioner	(unit)	51.1
热水器	（台）	Water Heater	(unit)	53.0
# 太阳能热水器		Solar Water Heater		28.9
消毒碗柜	（台）	Sterilizing Cupboard	(unit)	2.6
洗碗机	（台）	Dish Washer	(unit)	0.2
排油烟机	（台）	Exhauster	(unit)	36.4
固定电话	（线）	Ordinary Telephone	(unit)	36.2
移动电话	（部）	Mobile Telephone	(unit)	223.2
# 接入互联网		Access to the Internet		50.3
计算机	（台）	Computer	(unit)	40.0
# 接入互联网		Access to the Internet		31.9
摄像机	（台）	Pickup Camera	(unit)	3.2
照相机	（台）	Camera	(unit)	19.0
中高档乐器	（架）	High-end Instruments	(unit)	1.5
健身器材	（台）	Setting-up Apparatus	(unit)	1.0
组合音响	（套）	Music Center	(set)	4.5

10-9 全省居民家庭居住情况(2013年末)
Housing Conditions of All Households (2013)

指标		Item		2013
调查户数	(户)	Number of Households Surveyed	(household)	4351
平均每户居住人口	(人)	Average Number of Resident Population	(person)	3.28
平均每人建筑面积	(平方米)	The Average Floor Area Per Person	(sq.m)	35.02
一、按住户居住空间样式分	(%)	By Style of Living Space	(%)	100.0
单栋楼房		Dependent Building		16.6
单栋平房		Single-storey House		33.0
四居室及以上单元房		Four Bedrooms		0.8
三居室单元房		Three Bedrooms		13.8
二居室单元房		Two Bedrooms		20.9
一居室单元房		One Bedroom		1.7
筒子楼或连片平房		Tube-shaped Apartment or Lace Single-storey Houses		10.6
其他		Others		2.6
二、按主要建筑材料分	(%)	By Main Building Materials	(%)	100.0
钢筋混凝土		Reinforced Concrete		13.4
砖混材料		Brick-and-concrete Buildings		65.8
砖瓦砖木		Brick and Brick-wood Structure		16.8
竹草土坯		Bamboo Grass and Sun-dried Mud Brick		2.5
其他		Others		1.5
三、按现住房房屋来源分	(%)	By Source of Housing	(%)	100.0
租赁公房		Public-rent Housing		1.0
租赁私房		Private-rent Housing		8.6
自建住房		Self-establish Housing		55.4
购买商品房		Commercial Residential Housing		16.1
购买房改住房		Private Housing through Housing Reform		11.0
购买保障性住房		Indemnificatory Housing		1.8
拆迁安置房		Resettlement Housing		2.2
继承或获赠住房		Inheriting and Donation Housing		0.9
免费借用房		Free Housing		1.5
雇主提供免费住房		Free Housing from Employer		0.8
其他		Others		0.7
四、按住宅外道路路面情况分	(%)	By Pavement Condition Outside	(%)	100.0
水泥或柏油路面		Cement or Asphalt Pavement		77.7
沙石或石板等硬质路面		Hard Sand or Stone Pavement		9.8
其他		Others		12.5
五、按住宅有管道供水情况分	(%)	By Piped Water Supply Condition	(%)	100.0
管道供水入户		Pipe water into People's Homes		85.0
管道供水至公共取水点		Pipe water to Public Watering Points		1.6
没有管道设施		No Pipeline Facilities		13.4
六、按住户主要饮用水来源情况分	(%)	By Source of main Drinking Water	(%)	100.0
经过净化处理的自来水		Purified Tap Water		68.4
受保护的井水和泉水		Protected Wells and Springs		17.7
不受保护的井水和泉水		Unprotected Wells and Springs		9.1
江河湖泊水		Rivers and Lakes Water		1.0
收集雨水		Collected Rainwater		1.6
桶装水		Barrels Water		0.2
其他		Others		2.0
七、按住户厕所类型分	(%)	By Household Lavatory Type	(%)	100.0
水冲式卫生厕所		Sanitary Water Closet		48.1
水冲式非卫生厕所		Insanitary Water Closet		1.6
卫生旱厕		Sanitary Latrine		6.8
普通旱厕		Latrine		41.3
无厕所		No Lavatory		2.1
八、按住户主要取暖设备状况分	(%)	By Heating Facilities Condition	(%)	100.0
由市政或小区集中供暖		Central Heating		20.1
自行供暖		Self Heating		52.2
无取暖设备		Without Heating Equipment		27.7
九、按主要炊用能源状况分	(%)	By Cooking Fuel Condition	(%)	100.0
柴草		Firewood		26.0
煤炭		Coal		16.1
罐装液化石油气		Canned Liquified Petroleum Gas		11.0
管道液化石油气		Pipeline Liquified Petroleum Gas		0.3
管道煤气		Pipeline Gas		0.6
管道天然气		Pipeline Natural Gas		26.8
电		Electricity		17.6
沼气		Methane		0.8
其他		Others		0.8

10-10 城镇常住居民不同收入层次家庭基本情况(2013年)
Basic Conditions of Urban Households by Income Percentile(2013)

指标	Item	总平均 Average	低收入户 Low Income Households	中低收入户 Lower Middle Income Households	中等收入户 Middle Income Households	中高收入户 Upper Middle Income Households	高收入户 High Income Households
调查户数 (户)	Number of Households Surveyed (household)	1760	352	353	352	352	351
调查户人口 (人)	Number of Residents in the Household Surveyed (person)						
1.常住人口	Permanent Residents	5277	1268	1165	1074	948	823
2.平均每户常住人口	Average Household Size	3.0	3.6	3.3	3.0	2.7	2.3
3.平均每户劳动力人数	Labours Per Households	2.1	2.2	2.1	2.1	2.0	1.8
平均每户整劳动力人数	Ablebodied Labours Per Households	1.3	1.5	1.4	1.4	1.1	0.9
平均每户半劳动力人数	Semiablebodied Labours Per Households	0.8	0.7	0.7	0.8	0.9	0.9
4.平均每劳动力负担人口	Average Number of Persons Supported by a Laborer	1.5	1.6	1.5	1.4	1.4	1.3
平均每人可支配收入 (元)	Per Capita Annual Disposable Income (Yuan)	22345.9	8612.4	15645.0	21568.9	28605.2	45213.7
平均每人生活消费支出 (元)	Per Capita Annual Consumption Expenditure (yuan)	16398.6	9257.2	12703.0	15580.3	18883.9	29939.3
平均每人年末现住房建筑面积 (平方米)	Housing Area per Capita at Year-end (sq.m)	29.9	24.3	27.4	28.8	33.4	39.1

10-11 城镇常住居民不同收入层次家庭人均可支配收入（2013年）

Per capita Annual Disposable Income of Urban Households by Income percentile(2013)

单位：元 (yuan)

指标	Item	总平均 Average	低收入户 Low Income Households	中低收入户 Lower Middle Income Households
可支配收入	**Disposable Income**	**22345.9**	**8612.4**	**15645.0**
一、工资性收入	**Wages Income**	**13987.4**	**5506.1**	**9675.0**
(一)工资	Wage	12899.5	4904.0	9146.4
1.按月发放的工资	The wages by monthly	11747.7	4277.3	8401.0
2.补发工资	Retroactive pay	115.3	115.7	29.7
3.不按月发放的奖金、津贴、过节费等	The Bonus,allowance,holiday fee etc. by no-monthly	1036.5	511.0	715.8
(二)实物福利	Benefits in kind	102.1	13.4	64.3
1.从单位或雇主得到的实物产品折价	The Discount of Real Products from the Company or Employer	13.5	2.6	11.4
2.从单位或雇主得到的服务折价	The Discount of Services from the Company or Employer	61.4	7.9	39.1
3.单位或雇主实物福利报销所得	The Reimbursement Income in kind from the Company or Employer	27.2	2.9	13.7
(三)其他	Others	985.8	588.7	464.3
1.住房公积金	Housing Funds	645.9	48.4	163.8
2.辞退金	Dismissal Payments	3.3	8.6	
3.自由职业劳动所得(如稿费、翻译费)	Income by liberal work (Such as Remuneration, Translation Fee)	25.5	8.4	9.0
4.安家费	Settling-in Allowance	8.4	23.3	
5.股票期权	Stock Options	1.0		
6.其他劳动所得	Others	301.7	500.1	291.6
二、经营净收入	**Net Income from Business**	**1875.2**	**900.3**	**1694.1**
(一)第一产业经营净收入	Net Income from Primary Industry Business	52.3	80.2	37.4
(二)第二产业经营净收入	Net Income from Secondary Industry Business	125.7	28.6	86.3
(三)第三产业经营净收入	Net Income from Tertiary Industry Business	1697.2	791.4	1570.4
1.批发和零售业	Wholesale and Retail Trades	992.4	473.0	576.9
2.交通运输、仓储和邮政业	Transport, Storage and Post	213.9	123.9	165.2
3.住宿和餐饮业	Hotels and Catering Services	168.6	21.5	221.8
4.房地产业	Real Estate	1.7	-0.8	5.1
5.租赁和商务服务业	Leasing and Business Services	10.3	-1.1	15.3
6.居民服务、修理和其他服务业	Services to Households and Other Services	240.9	111.0	514.7
7.其他	Others	69.3	64.0	71.3

10-11 续表 1 continued

单位：元 (yuan)

指　　标	Item	总平均 Average	低收入户 Low Income House-holds	中低收入户 Lower Middle Income House-holds
三、财产净收入	**Net Income from Properties**	**1732.8**	**806.3**	**1206.1**
# 利息净收入	Net Interests	49.6	17.1	52.3
红利收入	Bonus	145.7	65.2	74.5
储蓄性保险净收益	Net Benefits of Savings Insurance	1.6		0.3
出租房屋财产性收入	The Property Income by Renting House	629.9	324.1	460.3
出租机械、专利、版权等资产的收入	The Income by Renting Assets like Mechanical,Patents, Copyright ect.	12.8	1.2	9.1
四、转移净收入	**Net Income from Transfer**	**4750.5**	**1399.7**	**3069.8**
(一)转移性收入	Income from Transfer	5728.7	2041.5	3662.9
1.养老金或离退休金	Pension or Retired Pension	4944.3	1476.8	3039.7
# 离退休金	Retired Pension	4846.1	1353.3	2882.9
城镇居民社会养老保险	Urban Employee Social Pension Insurance	61.4	76.4	116.3
2.社会救济和补助	Social Relief and Aid	71.9	141.6	113.5
3.政策性生活补贴	Policy Allowance	35.2	13.6	21.1
4.报销医疗费	Reimbursement of Medical treatment	149.8	55.0	153.9
5.家庭外出从业人员寄回带回收入	Income from Family Outings Employees	99.0	138.3	77.9
6.赡养收入	Alimony Income	312.6	143.2	182.2
7.其他经常转移收入	Others Recurring Income from Transfer	92.3	55.1	53.1
8.从政府和组织得到的实物产品和服务折价	The Discount of Real Products and Services from the Governments and Organizations	16.5	6.0	9.9
9.其他	Others	7.1		
(二)转移性支出	Transfer Expenditure	978.2	641.8	593.1
1.个人所得税	Personal Income Tax	57.7	107.2	1.6
2.社会保障支出	Expenditure for Social Security	677.5	416.9	460.5
(1)个人缴纳的养老保险	Pension Insurance Personal Rendered	444.5	319.0	328.6
(2)个人缴纳的医疗保险	Medical Care Insurance Personal Rendered	178.4	80.0	103.1
(3)个人缴纳的失业保险	Unemployment Insurance Personal Rendered	40.0	5.4	18.0
(4)其他社会保障支出	Others	14.6	12.5	10.8
3.外来从业人员寄给家人的支出	Expenditure for Family from Migrant Workers	18.2	16.4	
4.赡养支出	Expenditure for Alimony	144.6	59.3	70.8
5.其他	Others	80.3	42.0	60.2

10-11 续表 2 continued

单位：元 (yuan)

指 标	Item	中等收入户 Middle Income Households	中高收入户 Upper Middle Income Households	高收入户 High Income Households
可支配收入	**Disposable Income**	**21568.9**	**28605.2**	**45213.7**
一、工资性收入	**Wages Income**	**13825.4**	**16733.4**	**29210.5**
(一)工资	Wage	12875.1	15501.9	26662.6
1.按月发放的工资	The wages by monthly	12032.0	14494.5	23666.0
2.补发工资	Retroactive pay	58.4	162.1	245.6
3.不按月发放的奖金、津贴、过节费等	The Bonus, allowance, holiday fee etc. by no-monthly	784.8	845.2	2751.1
(二)实物福利	Benefits in kind	142.3	128.8	202.6
1.从单位或雇主得到的实物产品折价	The Discount of Real Products from the Company or Employer	9.6	18.3	31.4
2.从单位或雇主得到的服务折价	The Discount of Services from the Company or Employer	106.1	56.6	119.7
3.单位或雇主实物福利报销所得	The Reimbursement Income in kind from the Company or Employer	26.7	53.8	51.4
(三)其他	Others	808.0	1102.7	2345.3
1.住房公积金	Housing Funds	532.8	808.6	2114.6
2.辞退金	Dismissal Payments	3.1	2.9	0.7
3.自由职业劳动所得(如稿费、翻译费)	Income by liberal work (Such as Remuneration, Translation Fee)	83.7	25.9	1.2
4.安家费	Settling-in Allowance	14.6		
5.股票期权	Stock Options	4.9		
6.其他劳动所得	Others	168.9	265.3	228.8
二、经营净收入	**Net Income from Business**	**1482.5**	**1837.3**	**4058.5**
(一)第一产业经营净收入	Net Income from Primary Industry Business	51.4	58.5	25.4
(二)第二产业经营净收入	Net Income from Secondary Industry Business	160.9	52.6	359.1
(三)第三产业经营净收入	Net Income from Tertiary Industry Business	1270.3	1726.2	3674.0
1.批发和零售业	Wholesale and Retail Trades	802.5	1101.3	2412.0
2.交通运输、仓储和邮政业	Transport, Storage and Post	254.1	158.6	423.4
3.住宿和餐饮业	Hotels and Catering Services	95.3	151.6	420.7
4.房地产业	Real Estate	3.3	2.4	-1.7
5.租赁和商务服务业	Leasing and Business Services	-0.2	7.2	36.5
6.居民服务、修理和其他服务业	Services to Households and Other Services	100.7	237.8	239.6
7.其他	Others	14.5	67.3	143.5

10-11 续表 3 continued

单位：元 (yuan)

指 标	Item	中等收入户 Middle Income Households	中高收入户 Upper Middle Income Households	高收入户 High Income Households
三、财产净收入	**Net Income from Properties**	**1943.1**	**2103.2**	**3113.2**
# 利息净收入	Net Interests	33.8	-30.5	202.8
红利收入	Bonus	178.6	138.4	325.8
储蓄性保险净收益	Net Benefits of Savings Insurance	4.3	0.9	3.4
出租房屋财产性收入	The Property Income by Renting House	865.4	726.9	905.5
出租机械、专利、版权等资产的收入	The Income by Renting Assets like Mechanical,Patents, Copyright ect.	0.4	30.9	29.8
四、转移净收入	**Net Income from Transfer**	**4317.9**	**7931.4**	**8831.5**
(一)转移性收入	Income from Transfer	5342.5	8989.8	10666.9
1.养老金或离退休金	Pension or Retired Pension	4588.5	8277.3	9229.5
# 离退休金	Retired Pension	4532.9	8184.2	9188.6
城镇居民社会养老保险	Urban Employee Social Pension Insurance	42.8	36.5	17.2
2.社会救济和补助	Social Relief and Aid	36.7	28.8	6.3
3.政策性生活补贴	Policy Allowance	28.3	58.5	67.7
4.报销医疗费	Reimbursement of Medical treatment	77.8	70.8	458.8
5.家庭外出从业人员寄回带回收入	Income from Family Outings Employees	52.6	93.8	132.2
6.赡养收入	Alimony Income	432.5	344.3	551.5
7.其他经常转移收入	Others Recurring Income from Transfer	103.9	91.9	185.0
8.从政府和组织得到的实物产品和服务折价	The Discount of Real Products and Services from the Governments and Organizations	15.5	23.5	33.9
9.其他	Others			
(二)转移性支出	Transfer Expenditure	1024.6	1058.3	1835.4
1.个人所得税	Personal Income Tax	28.8	37.2	118.4
2.社会保障支出	Expenditure for Social Security	684.8	763.0	1241.7
(1)个人缴纳的养老保险	Pension Insurance Personal Rendered	421.7	484.7	764.4
(2)个人缴纳的医疗保险	Medical Care Insurance Personal Rendered	208.0	212.8	347.7
(3)个人缴纳的失业保险	Unemployment Insurance Personal Rendered	44.2	58.0	94.6
(4)其他社会保障支出	Others	10.9	7.5	35.0
3.外来从业人员寄给家人的支出	Expenditure for Family from Migrant Workers	66.8	5.5	
4.赡养支出	Expenditure for Alimony	154.4	186.2	308.3
5.其他	Others	89.9	66.4	167.0

10-12 城镇常住居民不同收入层次家庭人均生活消费支出(2013年)
Per Capita Living Expenditure of Urban Households by Income Percentile(2013)

单位：元 (yuan)

指标	Item	总平均 Average	低收入户 Low Income Households	中低收入户 Lower Middle Income Households	中等收入户 Middle Income Households	中高收入户 Upper Middle Income Households	高收入户 High Income Households
生活消费支出	**Total Living Expenditure**	**16398.6**	**9257.2**	**12703.0**	**15580.3**	**18883.9**	**29939.3**
一、食品、烟酒	**Food,Tobacco and Alcohol**	**4483.6**	**2698.0**	**3717.3**	**4598.1**	**5466.5**	**6864.6**
1.食　品	Food	2960.3	2056.5	2596.7	3074.7	3537.7	3974.9
#谷　物	Grain	376.3	325.8	371.6	378.3	422.3	402.3
薯　类	Potato	53.5	42.0	53.0	56.3	61.7	58.5
豆　类	Beans	55.6	42.8	52.8	55.2	67.7	65.2
食用油	Edible Oil	153.5	128.7	154.4	148.9	178.8	166.0
蔬菜和食用菌	Vegetables and Edible Mushrooms	469.0	351.7	415.8	496.4	558.6	576.6
肉　类	Meat	508.2	318.5	449.3	529.7	631.8	698.3
禽　类	Poultry	69.2	37.2	62.3	76.9	87.1	95.8
水产品	Aquatic Products	77.7	35.9	60.6	81.4	118.3	111.1
蛋　类	Eggs	72.7	52.4	65.8	73.4	81.5	100.6
奶　类	Milk	241.1	153.6	179.4	245.6	290.2	390.6
干鲜瓜果类	Fresh and Dried Fruits	370.0	198.0	285.5	411.1	465.5	576.1
糖果糕点类	Candy and Pastry	138.7	70.2	108.4	146.6	173.1	230.9
饮　料	Beverages	98.2	51.3	67.2	105.1	120.3	174.8
2.烟　酒	Tobacco and Alcohol	376.1	207.8	282.9	374.7	467.5	644.8
#烟　草	Tobacco	235.6	130.8	178.4	244.9	296.9	384.3
酒　类	Alcohol	134.1	66.8	94.1	127.5	167.8	256.0
3.饮食服务	Catering Services	1138.1	433.7	835.0	1113.7	1459.2	2237.7
二、衣　着	**Clothing**	**1453.4**	**789.3**	**1066.5**	**1407.5**	**1721.7**	**2691.5**
#衣　类	Garments	1104.9	580.7	792.4	1065.0	1299.1	2115.9
鞋　类	Footwear	328.7	195.8	255.3	318.2	403.5	549.1
三、居　住	**Residence**	**3426.4**	**1991.2**	**2945.8**	**3273.4**	**3940.2**	**5768.3**
#租赁房房租	Rental Housing Rent	398.8	270.4	455.8	359.3	367.9	592.9
住房维修及管理	Housing Repair and Management	383.9	259.2	278.8	234.8	267.5	1017.8
水电燃料及其他	Water,Electric Power Fuel and Others	945.4	549.3	786.9	1027.7	1204.8	1342.4
四、生活用品及服务	**Living Articles and Services**	**1085.1**	**499.6**	**688.2**	**992.4**	**1344.1**	**2289.9**
#家具及室内装饰品	Furniture and External Decorations	152.2	73.3	84.0	102.8	194.7	370.4
家用器具	Household Appliances	316.8	133.8	182.0	280.9	370.5	746.8
家用纺织品	Household textile	91.4	46.2	62.2	78.8	128.2	170.5
家庭日用杂品	Household Articles of Daily Use	288.6	159.5	216.3	293.7	357.2	490.0
个人用品	Personal Items	163.0	56.3	93.6	171.1	209.2	349.2
家庭服务	Household Services	55.1	17.6	38.5	40.1	66.8	137.3
五、交通通信	**Transportation and Communications**	**2156.7**	**963.5**	**1034.5**	**1810.9**	**2053.5**	**5928.1**
#交　通	Transportation	1367.3	497.4	403.0	949.0	1122.1	4705.2
通　信	Communications	784.8	464.8	628.4	860.5	925.4	1209.6
六、教育文化娱乐	**Recreation, Education and Culture Services**	**2067.8**	**1251.5**	**1804.9**	**1985.3**	**2279.8**	**3470.2**
#教　育	Education	1253.4	943.7	1333.1	1320.3	1232.7	1540.0
文化娱乐	Recreation	814.1	307.8	470.5	665.0	1046.9	1930.2
七、医疗保健	**Medicine and Medical Services**	**1385.9**	**896.5**	**1213.7**	**1190.4**	**1648.7**	**2271.8**
医疗器具及药品	Medical Instruments and Medicines	511.0	333.7	347.3	450.2	777.8	762.0
医疗服务	Medical Services	874.9	562.8	866.4	740.2	870.9	1509.8
八、其他用品和服务	**Others**	**339.7**	**167.6**	**232.0**	**322.3**	**429.5**	**654.9**

10-13 城镇常住居民不同收入层次家庭人均购买主要商品数量（2013年）
Per Capita Annual Purchases of Major Commodities of Urban Households by Income Percentile(2013)

品　名		Item		总平均 Average	低收入户 Low Income Households	中　低收入户 Lower Middle Income Households	中　等收入户 Middle Income Households	中　高收入户 Upper Middle Income Households	高收入户 High Income Households
小　麦	(公斤)	Wheat	(kg)	0.2	0.3	0.1	0.1	0.2	0.0
面　粉	(公斤)	Flour	(kg)	27.4	27.2	28.7	25.4	31.0	24.5
大　米	(公斤)	Rice	(kg)	20.5	19.5	20.7	19.2	22.7	21.0
薯　类	(公斤)	Potato	(kg)	14.0	11.9	15.3	14.4	14.7	14.1
豆　类	(公斤)	Beans	(kg)	9.5	8.2	9.1	9.2	11.1	10.3
食用植物油	(公斤)	Edible Vegetable Oil	(kg)	9.8	8.9	10.2	9.4	11.1	9.6
鲜　菜	(公斤)	Fresh Vegetables	(kg)	89.2	73.3	84.0	89.9	102.7	103.2
猪　肉	(公斤)	Pork	(kg)	10.9	8.4	10.3	11.4	12.7	13.0
牛　肉	(公斤)	Beef	(kg)	1.0	0.4	0.8	1.2	1.4	1.6
羊　肉	(公斤)	Mutton	(kg)	1.1	0.5	1.0	0.9	1.5	1.8
鸡	(公斤)	Chicken	(kg)	2.2	1.3	2.1	2.4	2.8	2.8
鸭	(公斤)	Duck	(kg)	0.1	0.1	0.1	0.1	0.2	0.2
鱼　类	(公斤)	Fish	(kg)	2.5	1.5	2.1	2.6	3.5	3.3
虾　类	(公斤)	Shrimp	(kg)	0.3	0.1	0.3	0.3	0.5	0.4
鲜　蛋	(公斤)	Fresh Eggs	(kg)	7.1	5.3	6.6	7.2	8.0	9.2
鲜　奶	(公斤)	Fresh Dairy Products	(kg)	12.6	5.4	10.4	13.8	16.9	19.7
酸　奶	(公斤)	Yogurt	(kg)	3.0	2.7	2.0	2.7	3.7	4.5
奶　粉	(公斤)	Milk Powder	(kg)	0.6	0.5	0.5	0.6	0.6	0.9
鲜瓜果	(公斤)	Fresh Fruit	(kg)	49.3	30.6	41.3	54.5	59.8	68.9
糕　点	(公斤)	Cake	(kg)	4.4	2.5	3.5	4.6	5.4	6.9
茶　叶	(公斤)	Tea	(kg)	0.3	0.2	0.2	0.3	0.3	0.4
卷　烟	(盒)	Cigarette	(box)	21.8	15.8	19.6	22.9	25.7	28.0
啤　酒	(公斤)	Beer	(kg)	2.5	2.2	2.2	3.3	2.6	2.2
白　酒	(公斤)	Liquor	(kg)	1.0	0.6	0.8	1.0	1.1	1.6
果　酒	(公斤)	Wine	(kg)	0.2	0.1	0.2	0.2	0.3	0.3
鞋	(双)	Footwear	(pair)	2.6	2.3	2.3	2.5	2.8	3.3
水	(吨)	Water	ton)	28.7	16.6	23.4	31.4	37.0	40.4
电	(度)	Electricity	(kwh)	649.9	425.6	565.1	694.8	792.8	874.9
煤　炭	(公斤)	Coal	(kg)	66.5	105.7	63.8	57.3	46.2	46.9
管道天燃气	(立方米)	Gas pipeline	(cu.m)	108.5	47.5	85.2	123.9	149.0	164.4
罐装液化石油气	(公斤)	Bottled LPG	(kg)	4.6	4.9	5.2	4.4	3.3	5.0

10-14 城镇常住居民不同收入层次家庭每百户耐用消费品拥有情况（2013年）
Ownership of Major Durable Consumer Goods Per 100 Urban Households by Income Percentile(2013)

指　标		Item		总平均 Average	低收入户 Low Income Households	中低收入户 Lower Middle Income Households	中等收入户 Middle Income Households	中高收入户 Upper Middle Income Households	高收入户 High Income Households
家用汽车	（辆）	Automobile	(unit)	15.7	6.3	13.7	16.2	17.9	24.2
摩托车	（辆）	Motorcycle	(unit)	14.7	17.7	17.0	14.4	13.3	11.1
助力车	（台）	Strength-aid Cycle	(unit)	21.2	17.1	25.5	21.5	20.9	20.9
洗衣机	（台）	Washing Machine	(unit)	93.8	90.8	92.7	93.8	98.0	93.8
电冰箱(柜)	（台）	Refrigerator	(unit)	86.4	73.5	83.8	89.1	91.7	94.0
微波炉	（台）	Microwave Oven	(unit)	39.2	17.5	32.6	39.7	49.9	56.2
彩色电视机	（台）	Color TV Set	(unit)	107.2	105.2	106.1	105.5	110.5	108.5
# 接入有线电视		Cable TV Set		82.5	76.9	80.6	78.7	89.0	87.3
空　调	（台）	Air Conditioner	(unit)	82.9	36.3	66.9	86.1	101.2	123.9
热水器	（台）	Water Heater	(unit)	71.3	46.0	67.5	76.4	79.2	87.4
# 太阳能热水器		Solar Water Heater		31.5	25.6	34.3	31.5	32.1	33.8
消毒碗柜	（台）	Sterilizing Cupboard	(unit)	4.7	2.7	1.5	2.5	5.9	11.0
洗碗机	（台）	Dish Washer	(unit)	0.4	0.4	0.0	0.6	0.0	0.8
排油烟机	（台）	Exhauster	(unit)	66.1	43.8	63.1	68.4	73.4	81.9
固定电话	（线）	Ordinary Telephone	(unit)	46.0	34.7	41.1	45.8	52.6	55.6
移动电话	（部）	Mobile Telephone	(unit)	215.9	213.6	226.2	224.3	209.6	206.0
# 接入互联网		Access to the Internet		60.5	47.7	51.9	57.5	69.7	75.7
计算机	（台）	Computer	(unit)	61.9	45.2	53.7	65.4	62.0	83.2
# 接入互联网		Access to the Internet		50.7	38.1	44.3	52.1	51.2	67.7
摄像机	（台）	Pickup Camera	(unit)	5.8	0.7	4.2	3.4	9.1	11.5
照相机	（台）	Camera	(unit)	33.2	11.1	26.0	34.8	42.0	51.9
中高档乐器	（架）	High-end Instruments	(unit)	2.6	0.2	2.0	2.2	4.8	3.9
健身器材	（台）	Setting-up Apparatus	(unit)	1.9	0.1	1.5	0.8	2.7	4.4
组合音响	（套）	Music Center	(set)	5.3	2.3	4.8	4.6	5.1	9.6

10-15 城镇常住居民家庭居住情况（2013年末）
Housing Conditions of Urban Households (2013)

指　　标		Item		2013
调查户数	(户)	Number of Households Surveyed	(household)	1760
平均每户居住人口	(人)	Average Number of Resident Population	(person)	3.00
平均每人建筑面积	(平方米)	The Average Floor Area Per Person	(sq.m)	29.95
一、按住户居住空间样式分	(%)	By Style of Living Space	(%)	100.0
单栋楼房		Dependent Building		8.6
单栋平房		Single-storey House		8.0
四居室及以上单元房		Four Bedrooms		1.3
三居室单元房		Three Bedrooms		26.4
二居室单元房		Two Beedrooms		40.2
一居室单元房		One Beedroom		3.2
筒子楼或连片平房		Tube-shaped Apartment or Lace Single-storey Houses		11.8
其他		Others		0.5
二、按主要建筑材料分	(%)	By Main Building Materials	(%)	100.0
钢筋混凝土		Reinforced Concrete		23.0
砖混材料		Brick-and-concrete Buildings		70.8
砖瓦砖木		Brick and Brick-wood Structure		5.6
竹草土坯		Bamboo Grass and Sun-dried Mud Brick		0.2
其他		Others		0.4
三、按现住房房屋来源分	(%)	By Source of Housing	(%)	100.0
租赁公房		Public-rent Housing		1.8
租赁私房		Private-rent Housing		15.8
自建住房		Self-establish Housing		17.5
购买商品房		Commercial Residential Housing		30.4
购买房改住房		Private Housing through Housing Reform		21.0
购买保障性住房		Indemnificatory Housing		3.5
拆迁安置房		Resettlement Housing		4.2
继承或获赠住房		Inheriting and Donation Housing		0.7
免费借用房		Free Housing		2.6
雇主提供免费住房		Free Housing from Employer		1.3
其他		Others		1.2
四、按住宅外道路路面情况分	(%)	By Pavement Condition Outside		100.0
水泥或柏油路面		ement or Asphalt Pavement		89.7
沙石或石板等硬质路面		Hard Sand or Stone Pavement		7.4
其他		Others		2.9
五、按住宅有管道供水情况分	(%)	By Piped Water Supply Condition	(%)	100.0
管道供水入户		Pipe water into People's Homes		96.1
管道供水至公共取水点		Pipe water to Public Watering Points		1.7
没有管道设施		No Pipeline Facilities		2.2
六、按住户主要饮用水来源情况分	(%)	By Source of main Drinking Water	(%)	100.0
经过净化处理的自来水		Purified Tap Water		93.1
受保护的井水和泉水		Protected Wells and Springs		5.2
不受保护的井水和泉水		Unprotected Wells and Springs		1.0
江河湖泊水		Rivers and Lakes Water		0.3
收集雨水		Collected Rainwater		0.0
桶装水		Barrels Water		0.3
其他		Others		0.1
七、按住户厕所类型分	(%)	By Household Lavatory Type	(%)	100.0
水冲式卫生厕所		Sanitary Water Closet		85.4
水冲式非卫生厕所		Insanitary Water Closet		1.4
卫生旱厕		Sanitary Latrine		2.4
普通旱厕		Latrine		9.1
无厕所		No Lavatory		1.7
八、按住户主要取暖设备状况分	(%)	By Heating Facilities Condition	(%)	100.0
由市政或小区集中供暖		Central Heating		38.3
自行供暖		Self Heating		49.7
无取暖设备		Without Heating Equipment		12.0
九、按主要炊用能源状况分	(%)	By Cooking Fuel Condition	(%)	100.0
柴草		Firewood		0.9
煤炭		Coal		10.3
罐装液化石油气		Canned Liquified Petroleum Gas		15.4
管道液化石油气		Pipeline Liquified Petroleum Gas		0.6
管道煤气		Pipeline Gas		1.2
管道天然气		Pipeline Natural Gas		51.3
电		Electricity		19.3
沼气		Methane		0.0
其他		Others		1.0

10-16 农村常住居民不同收入层次家庭基本情况(2013年)
Basic Conditions of Rural Households by Income Percentile(2013)

指标	Item	总平均 Average	低收入户 Low Income Households	中低收入户 Lower Middle Income Households	中等收入户 Middle Income Households	中高收入户 Upper Middle Income Households	高收入户 High Income Households
调查户数 (户)	Number of Households Surveyed (household)	2591	515	518	521	519	518
调查户人口 (人)	Number of Residents in the Household Surveyed (person)						
1.常住人口	Permanent Residents	8975	1984	1941	1856	1730	1464
2.平均每户常住人口	Average Household Size	3.5	3.8	3.7	3.6	3.3	2.8
3.平均每户劳动力人数	Labours Per Households	2.3	2.4	2.3	2.3	2.3	2.1
平均每户整劳动力人数	Ablebodied Labours Per Households	1.2	1.3	1.3	1.3	1.3	1.0
平均每户半劳动力人数	Semiablebodied Labours Per Households	1.0	1.0	1.0	1.0	1.0	1.1
4.平均每劳动力负担人口	Average Number of Persons Supported by a Laborer	1.5	1.6	1.6	1.5	1.5	1.3
平均每人可支配收入 (元)	Per Capita Annual Disposable Income (Yuan)	7092.2	2400.3	4788.9	6519.8	9062.2	14847.9
平均每人生活消费支出 (元)	Per Capita Annual Consumption Expenditure (yuan)	6487.6	4784.9	5328.7	6240.9	7263.8	9706.4
平均每人年末现住房建筑面积 (平方米)	Housing Area per Capita at Year-end (sq.m)	39.6	33.4	35.2	38.3	42.0	52.8

10-17 农村常住居民不同收入层次家庭人均可支配收入(2013年)
Per capita Annual Disposable Income of Rural Households by Income percentile(2013)

单位：元 (yuan)

指标	Item	总平均 Average	低收入户 Low Income Households	中低收入户 Lower Middle Income Households
可支配收入	**Disposable Income**	**7092.2**	**2400.3**	**4788.9**
一、工资性收入	**Wages Income**	**2887.2**	**935.3**	**1815.7**
(一)工资	Wage	2347.0	612.1	1361.5
1.按月发放的工资	The wages by monthly	1219.7	248.0	615.7
2.补发工资	Retroactive pay	116.8	11.9	41.2
3.不按月发放的奖金、津贴、过节费等	The Bonus, allowance, holiday fee etc.by no-monthly	1010.4	352.1	704.6
(二)实物福利	Benefits in kind	6.7	2.0	1.4
1.从单位或雇主得到的实物产品折价	The Discount of Real Products from the Company or Employer	1.6	0.9	0.5
2.从单位或雇主得到的服务折价	The Discount of Services from the Company or Employer	4.5	0.8	0.8
3.单位或雇主实物福利报销所得	The Reimbursement Income in kind from the Company or Employer	0.6	0.3	0.0
(三)其他	Others	533.5	321.2	452.9
1.住房公积金	Housing Funds	12.4		4.5
2.辞退金	Dismissal Payments	1.1		
3.自由职业劳动所得(如稿费、翻译费)	Income by liberal work (Such as Remuneration, Translation Fee)	10.3	1.4	13.6
4.安家费	Settling-in Allowance	0.1		
5.股票期权	Stock Options			
6.其他劳动所得	Others	509.5	319.9	434.8
二、经营净收入	**Net Income from Business**	**2529.6**	**738.6**	**1692.6**
(一)第一产业经营净收入	Net Income from Primary Industry Business	1936.9	596.8	1317.3
1.农业	Agricultural	1668.1	666.3	1126.7
2.林业	Forestry	121.1	61.9	81.2
3.牧业	Animal Husbandry	146.5	-132.1	115.0
4.渔业	Fishery	1.3	0.6	-5.6
(二)第二产业经营净收入	Net Income from Secondary Industry Business	32.6	23.7	37.2
(三)第三产业经营净收入	Net Income from Tertiary Industry Business	560.1	118.2	338.0
1.批发和零售业	Wholesale and Retail Trades	182.0	75.1	66.0
2.交通运输、仓储和邮政业	Transport, Storage and Post	198.2	21.1	129.7
3.住宿和餐饮业	Hotels and Catering Services	28.7	2.9	2.6
4.房地产业	Real Estate	0.1		
5.租赁和商务服务业	Leasing and Business Services	5.4	-0.8	-5.4
6.居民服务、修理和其他服务业	Services to Households and Other Services	77.0	15.7	81.2
7.农林牧渔服务业	Services to Agriculture, Forestry, Animal Husbandry and Fishery	46.7	-1.8	55.7
8.其他	Others	22.0	6.1	8.1

10-17 续表 1 continued

单位：元 (yuan)

指 标	Item	总平均 Average	低收入户 Low Income Households	中低收入户 Lower Middle Income Households
三、财产净收入	**Net Income from Properties**	**90.3**	**42.8**	**66.8**
# 利息净收入	Net Interests	8.4	-0.6	9.1
红利收入	Bonus	13.3	2.3	18.2
储蓄性保险净收益	Net Benefits of Savings Insurance	0.4	0.8	
转让承包土地经营权租金净收入	The Rent Income by Transfer of Land Rights	22.5	12.6	18.1
出租房屋财产性收入	The Property Income by Renting House	27.8	16.6	5.0
出租机械、专利、版权等资产的收入	The Income by Renting Assets like Mechanical,Patents, Copyright ect.	8.3		9.4
四、转移净收入	**Net Income from Transfer**	**1585.1**	**683.5**	**1213.8**
(一)转移性收入	Income from Transfer	1752.1	815.3	1346.3
1.养老金或离退休金	Pension or Retired Pension	418.6	164.8	235.6
# 离退休金	Retired Pension	288.6	31.7	87.8
新型农村养老保险	Urban Employee Social Pension Insurance	111.5	121.7	135.9
2.社会救济和补助	Social Relief and Aid	60.3	69.2	71.4
3.政策性生活补贴	Policy Allowance	29.3	21.4	24.2
4.报销医疗费	Reimbursement of Medical treatment	95.4	45.5	79.9
5.家庭外出从业人员寄回带回收入	Income from Family Outings Employees	821.7	329.6	608.6
6.赡养收入	Alimony Income	134.7	68.5	132.9
7.其他经常转移收入	Others Recurring Income from Transfer	43.1	17.7	31.5
8.从政府和组织得到的实物产品和服务折价	The Discount of Real Products and Services from the Governments and Organizations	8.4	1.8	14.3
9.现金政策性惠农补贴	The Cash Policy Subsidies for Agricultural	140.6	96.8	148.0
(二)转移性支出	Transfer Expenditure	166.9	131.8	132.5
1.个人所得税	Personal Income Tax	0.2		
2.社会保障支出	Expenditure for Social Security	142.3	113.2	120.7
(1)个人缴纳的养老保险	Pension Insurance Personal Rendered	68.1	48.8	52.1
(2)个人缴纳的医疗保险	Medical Care Insurance Personal Rendered	70.8	64.1	68.1
(3)个人缴纳的失业保险	Unemployment Insurance Personal Rendered	0.7	0.2	0.3
(4)其他社会保障支出	Others	2.7	0.1	0.2
3.外来从业人员寄给家人的支出	Expenditure for Family from Migrant Workers	2.2	3.5	1.0
4.赡养支出	Expenditure for Alimony	11.8	6.5	3.5
5.其他	Others	10.4	8.4	7.3

10-17 续表 2 continued

单位：元 (yuan)

指　　标	Item	中等收入户 Middle Income Households	中高收入户 Upper Middle Income Households	高收入户 High Income Households
可支配收入	**Disposable Income**	**6519.8**	**9062.2**	**14847.9**
一、工资性收入	**Wages Income**	**2794.5**	**3877.2**	**5876.2**
(一)工资	Wage	2265.8	3251.4	5017.1
1.按月发放的工资	The wages by monthly	1143.5	1724.5	2825.2
2.补发工资	Retroactive pay	65.0	127.6	411.4
3.不按月发放的奖金、津贴、过节费等	The Bonus, allowance, holiday fee etc.by no-monthly	1057.3	1399.3	1780.5
(二)实物福利	Benefits in kind	6.6	9.9	16.4
1.从单位或雇主得到的实物产品折价	The Discount of Real Products from the Company or Employer	1.4	3.4	2.0
2.从单位或雇主得到的服务折价	The Discount of Services from the Company or Employer	4.6	6.0	12.7
3.单位或雇主实物福利报销所得	The Reimbursement Income in kind from the Company or Employer	0.7	0.5	1.7
(三)其他	Others	522.1	615.8	842.7
1.住房公积金	Housing Funds	0.2	11.5	56.4
2.辞退金	Dismissal Payments	1.0	1.7	3.5
3.自由职业劳动所得(如稿费、翻译费)	Income by liberal work (Such as Remuneration, Translation Fee)	6.7	17.6	14.2
4.安家费	Settling-in Allowance			0.5
5.股票期权	Stock Options			
6.其他劳动所得	Others	514.2	584.9	768.1
二、经营净收入	**Net Income from Business**	**2232.0**	**3241.3**	**5582.4**
(一)第一产业经营净收入	Net Income from Primary Industry Business	1690.5	2403.5	4321.1
1.农业	Agricultural	1459.2	2027.6	3572.0
2.林业	Forestry	99.3	187.7	201.8
3.牧业	Animal Husbandry	132.0	186.0	535.4
4.渔业	Fishery		2.2	11.8
(二)第二产业经营净收入	Net Income from Secondary Industry Business	1.1	48.8	59.2
(三)第三产业经营净收入	Net Income from Tertiary Industry Business	540.4	789.0	1202.2
1.批发和零售业	Wholesale and Retail Trades	181.0	242.9	408.1
2.交通运输、仓储和邮政业	Transport, Storage and Post	137.7	305.6	476.7
3.住宿和餐饮业	Hotels and Catering Services	23.3	76.6	47.8
4.房地产业	Real Estate			0.6
5.租赁和商务服务业	Leasing and Business Services	21.2	0.0	14.2
6.居民服务、修理和其他服务业	Services to Households and Other Services	87.0	125.6	83.7
7.农林牧渔服务业	Services to Agriculture, Forestry, Animal Husbandry and Fishery	65.2	28.9	97.8
8.其他	Others	25.0	9.4	73.2

10-17 续表 3 continued

单位：元 (yuan)

指　　标	Item	中等收入户 Middle Income Households	中高收入户 Upper Middle Income Households	高收入户 High Income Households
三、财产净收入	**Net Income from Properties**	**44.0**	**93.5**	**240.3**
# 利息净收入	Net Interests	6.5	-1.3	33.8
红利收入	Bonus	5.4	18.3	25.6
储蓄性保险净收益	Net Benefits of Savings Insurance			1.2
转让承包土地经营权租金净收入	The Rent Income by Transfer of Land Rights	14.2	23.4	51.0
出租房屋财产性收入	The Property Income by Renting House	11.7	45.1	73.2
出租机械、专利、版权等资产的收入	The Income by Renting Assets like Mechanical,Patents, Copyright ect.	0.8	0.3	37.0
四、转移净收入	**Net Income from Transfer**	**1449.2**	**1850.2**	**3149.0**
(一)转移性收入	Income from Transfer	1603.2	2036.1	3402.8
1.养老金或离退休金	Pension or Retired Pension	266.9	461.3	1144.8
# 离退休金	Retired Pension	155.6	328.2	1022.2
新型农村养老保险	Urban Employee Social Pension Insurance	99.6	98.1	96.6
2.社会救济和补助	Social Relief and Aid	61.9	40.9	54.4
3.政策性生活补贴	Policy Allowance	24.8	24.1	58.5
4.报销医疗费	Reimbursement of Medical treatment	38.9	120.7	224.5
5.家庭外出从业人员寄回带回收入	Income from Family Outings Employees	915.1	1073.0	1350.0
6.赡养收入	Alimony Income	87.1	138.2	282.2
7.其他经常转移收入	Others Recurring Income from Transfer	50.7	38.4	88.7
8.从政府和组织得到的实物产品和服务折价	The Discount of Real Products and Services from the Governments and Organizations	6.9	10.8	8.3
9.现金政策性惠农补贴	The Cash Policy Subsidies for Agricultural	151.0	128.7	191.3
(二)转移性支出	Transfer Expenditure	154.0	185.9	253.8
1.个人所得税	Personal Income Tax	0.1	0.1	0.9
2.社会保障支出	Expenditure for Social Security	139.6	155.3	198.1
(1)个人缴纳的养老保险	Pension Insurance Personal Rendered	65.8	79.7	104.4
(2)个人缴纳的医疗保险	Medical Care Insurance Personal Rendered	70.3	70.5	84.5
(3)个人缴纳的失业保险	Unemployment Insurance Personal Rendered	1.7	0.6	0.7
(4)其他社会保障支出	Others	1.7	4.5	8.4
3.外来从业人员寄给家人的支出	Expenditure for Family from Migrant Workers	1.3	1.9	3.4
4.赡养支出	Expenditure for Alimony	6.3	13.3	35.2
5.其他	Others	6.6	15.3	16.3

10-18 农村常住居民不同收入层次家庭人均生活消费支出(2013年)
Per Capita Living Expenditure of Rual Households by Income Percentile(2013)

单位：元 (yuan)

指 标	Item	总平均 Average	低收入户 Low Income Households	中低收入户 Lower Middle Income Households	中等收入户 Middle Income Households	中高收入户 Upper Middle Income Households	高收入户 High Income Households
生活消费支出	**Total Living Expenditure**	**6487.6**	**4784.9**	**5328.7**	**6240.9**	**7263.8**	**9706.4**
一、食品、烟酒	**Food,Tobacco and Alcohol**	**1771.9**	**1367.0**	**1550.9**	**1773.5**	**1978.8**	**2362.0**
1.食 品	Food	1386.7	1118.3	1252.9	1409.1	1527.4	1729.5
# 谷 物	Grain	355.3	324.7	337.7	351.7	363.0	415.2
薯 类	Potato	58.8	62.7	60.2	57.9	55.8	56.6
豆 类	Beans	21.8	17.6	20.2	24.0	22.9	25.2
食用油	Edible Oil	122.2	105.0	118.6	125.8	122.2	145.6
蔬菜和食用菌	Vegetables and Edible Mushrooms	197.9	145.6	176.0	198.6	230.5	257.6
肉 类	Meat	221.6	167.2	193.5	230.5	243.5	294.8
禽 类	Poultry	19.6	13.8	14.0	22.1	24.0	26.3
水产品	Aquatic Products	11.3	6.8	8.3	11.8	15.3	15.8
蛋 类	Eggs	39.1	32.1	36.5	40.8	40.8	48.0
奶 类	Milk	97.9	76.0	86.5	102.7	108.9	123.0
干鲜瓜果类	Fresh and Dried Fruits	86.0	55.5	68.1	84.6	109.1	124.8
糖果糕点类	Candy and Pastry	35.3	23.4	30.5	33.6	44.9	48.1
饮 料	Beverages	33.0	21.3	27.4	34.5	44.5	40.2
2.烟 酒	Tobacco and Alcohol	242.0	168.0	203.0	236.5	256.2	383.5
# 烟 草	Tobacco	173.1	121.0	145.6	172.6	183.3	268.3
酒 类	Alcohol	68.8	47.0	57.4	63.7	72.9	115.2
3.饮食服务	Catering Services	143.3	80.7	95.0	127.9	195.2	249.0
二、衣 着	**Clothing**	**418.0**	**274.8**	**331.6**	**408.0**	**524.9**	**611.0**
# 衣 类	Garments	328.6	217.7	261.9	312.0	411.0	489.2
鞋 类	Footwear	89.1	57.0	69.7	95.1	113.8	121.3
三、居 住	**Residence**	**1432.0**	**1168.8**	**1097.2**	**1429.7**	**1538.0**	**2107.0**
# 租赁房房租	Rental Housing Rent	32.5	24.4	31.1	33.0	40.3	35.2
住房维修及管理	Housing Repair and Management	333.0	230.0	179.9	348.2	350.6	634.4
水电燃料及其他	Water,Electric Power Fuel and Others	275.5	228.3	243.3	277.1	284.5	369.2
四、生活用品及服务	**Living Articles and Services**	**405.5**	**247.7**	**313.0**	**351.1**	**476.9**	**724.6**
# 家具及室内装饰品	Furniture and External Decorations	97.0	50.6	76.6	74.7	80.1	235.1
家用器具	Household Appliances	123.8	68.8	84.7	100.6	182.4	209.2
家用纺织品	Household textile	42.8	31.2	32.6	37.1	49.3	71.2
家庭日用杂品	Household Articles of Daily Use	111.6	80.2	95.8	112.7	127.8	154.3
个人用品	Personal Items	18.1	11.0	15.2	16.0	25.1	26.0
家庭服务	Household Services	10.5	5.0	6.9	8.2	10.4	25.6
五、交通通信	**Transportation and Communications**	**659.9**	**481.2**	**422.8**	**592.1**	**735.2**	**1210.8**
# 交 通	Transportation	392.0	303.2	224.7	294.2	407.8	838.1
通 信	Communications	267.8	178.0	198.1	297.9	327.3	372.0
六、教育文化娱乐	**Recreation, Education and Culture Services**	**863.2**	**572.1**	**680.0**	**966.2**	**982.6**	**1225.7**
# 教 育	Education	719.9	486.5	581.7	838.7	815.3	953.4
文化娱乐	Recreation	142.6	85.6	96.4	126.5	166.6	272.3
七、医疗保健	**Medicine and Medical Services**	**803.1**	**552.0**	**840.9**	**586.2**	**899.5**	**1251.8**
医疗器具及药品	Medical Instruments and Medicines	223.7	183.0	205.5	187.5	282.3	278.9
医疗服务	Medical Services	579.4	369.0	635.4	398.7	617.2	972.9
八、其他用品和服务	**Others**	**134.0**	**121.3**	**92.4**	**134.1**	**127.8**	**213.6**

10-19 农村常住居民不同收入层次家庭人均购买主要商品数量（2013年）
Per Capita Annual Purchases of Major Commodities of Rural Households by Income Percentile(2013)

品 名		Item		总平均 Average	低收入户 Low Income Households	中低收入户 Lower Middle Income Households	中等收入户 Middle Income Households	中高收入户 Upper Middle Income Households	高收入户 High Income Households
小 麦	(公斤)	Wheat	(kg)	3.6	4.7	2.5	3.0	2.8	5.4
面 粉	(公斤)	Flour	(kg)	27.8	27.7	25.5	29.4	25.6	31.9
大 米	(公斤)	Rice	(kg)	14.7	14.2	14.4	15.7	14.3	15.1
薯 类	(公斤)	Potato	(kg)	4.8	4.4	3.8	4.4	5.4	6.5
豆 类	(公斤)	Beans	(kg)	4.1	3.0	3.7	4.4	4.5	5.1
食用植物油	(公斤)	Edible Vegetable Oil	(kg)	9.1	8.0	8.5	9.7	9.0	10.9
鲜 菜	(公斤)	Fresh Vegetables	(kg)	39.3	28.9	34.2	39.1	46.6	51.4
猪 肉	(公斤)	Pork	(kg)	6.6	5.0	5.8	7.2	6.9	9.0
牛 肉	(公斤)	Beef	(kg)	0.2	0.1	0.1	0.2	0.2	0.2
羊 肉	(公斤)	Mutton	(kg)	0.3	0.3	0.3	0.3	0.4	0.5
鸡	(公斤)	Chicken	(kg)	0.7	0.5	0.5	0.8	0.8	0.9
鸭	(公斤)	Duck	(kg)	0.0	0.0	0.0	0.0	0.0	0.0
鱼 类	(公斤)	Fish	(kg)	0.7	0.4	0.5	0.7	0.9	0.9
虾 类	(公斤)	Shrimp	(kg)	0.0	0.0	0.0	0.0	0.0	0.0
鲜 蛋	(公斤)	Fresh Eggs	(kg)	3.8	3.1	3.4	4.0	4.0	4.8
鲜 奶	(公斤)	Fresh Dairy Products	(kg)	2.3	1.7	2.0	2.8	2.3	2.6
酸 奶	(公斤)	Yogurt	(kg)	1.3	1.0	1.1	1.3	1.6	1.4
奶 粉	(公斤)	Milk Powder	(kg)	0.8	0.7	0.8	0.9	0.8	0.9
鲜瓜果	(公斤)	Fresh Fruit	(kg)	18.1	12.7	15.1	17.8	21.5	25.4
糕 点	(公斤)	Cake	(kg)	1.4	1.0	1.3	1.3	1.8	1.8
茶 叶	(公斤)	Tea	(kg)	0.2	0.1	0.2	0.2	0.3	0.2
卷 烟	(盒)	Cigarette	(box)	32.0	23.5	28.5	32.2	31.8	47.8
啤 酒	(公斤)	Beer	(kg)	3.8	2.6	3.3	4.0	4.0	5.8
白 酒	(公斤)	Liquor	(kg)	1.2	0.9	1.3	1.2	1.2	1.4
果 酒	(公斤)	Wine	(kg)	0.3	0.1	0.3	0.3	0.3	0.3
鞋	(双)	Footwear	(pair)	1.7	1.2	1.5	1.8	2.1	1.9
水	(吨)	Water	ton)	6.9	5.1	5.6	7.2	8.2	9.3
电	(度)	Electricity	(kwh)	278.4	213.8	234.1	299.7	295.8	376.5
煤 炭	(公斤)	Coal	(kg)	124.8	122.2	120.7	122.5	117.6	145.2
管道天燃气	(立方米)	Gas pipeline	(cu.m)	2.4	3.8	1.5	0.5	1.1	5.7
罐装液化石油气	(公斤)	Bottled LPG	(kg)	3.6	2.3	2.4	4.7	3.1	6.1

10-20 农村常住居民不同收入层次家庭每百户耐用消费品拥有情况（2013年）Ownership of Major Durable Consumer Goods Per 100 Rural Households by Income Percentile(2013)

品名		Item		总平均 Average	低收入户 Low Income Households	中低收入户 Lower Middle Income Households	中等收入户 Middle Income Households	中高收入户 Upper Middle Income Households	高收入户 High Income Households
家用汽车	（辆）	Automobile	(unit)	6.9	5.2	4.1	6.3	8.0	10.7
摩托车	（辆）	Motorcycle	(unit)	58.1	51.3	53.4	60.3	64.6	61.1
助力车	（台）	Strength-aid Cycle	(unit)	29.6	24.9	28.9	31.4	30.9	31.7
洗衣机	（台）	Washing Machine	(unit)	84.7	75.3	81.1	85.8	89.6	91.5
电冰箱(柜)	（台）	Refrigerator	(unit)	56.2	43.1	46.8	57.2	65.3	68.5
微波炉	（台）	Microwave Oven	(unit)	6.4	6.8	4.9	5.3	5.8	9.1
彩色电视机	（台）	Color TV Set	(unit)	110.7	106.6	111.5	111.4	112.4	111.7
# 接入有线电视		Cable TV Set		41.5	36.1	41.0	41.6	43.1	45.5
空　调	（台）	Air Conditioner	(unit)	16.7	11.7	13.3	13.1	21.1	24.2
热水器	（台）	Water Heater	(unit)	33.1	19.8	27.3	30.1	40.3	48.0
# 太阳能热水器		Solar Water Heater		26.2	14.5	21.5	23.8	31.7	39.6
消毒碗柜	（台）	Sterilizing Cupboard	(unit)	0.3			0.3	0.6	0.6
洗碗机	（台）	Dish Washer	(unit)	0.1		0.1	0.3	0.1	
排油烟机	（台）	Exhauster	(unit)	4.3	2.4	1.9	3.8	5.4	7.9
固定电话	（线）	Ordinary Telephone	(unit)	25.6	27.1	24.9	24.3	23.6	28.0
移动电话	（部）	Mobile Telephone	(unit)	231.0	199.7	223.9	244.6	250.5	236.3
# 接入互联网		Access to the Internet		39.3	31.3	30.1	39.0	49.4	46.5
计算机	（台）	Computer	(unit)	16.4	11.3	14.0	15.8	18.6	22.2
# 接入互联网		Access to the Internet		11.6	8.2	9.3	12.1	11.7	16.6
摄像机	（台）	Pickup Camera	(unit)	0.3	0.2	0.1			1.1
照相机	（台）	Camera	(unit)	3.7	2.1	1.3	3.7	4.7	6.9
中高档乐器	（架）	High-end Instruments	(unit)	0.4	0.3	0.2	0.4		0.9
健身器材	（台）	Setting-up Apparatus	(unit)	0.0					0.2
组合音响	（套）	Music Center	(set)	3.6	2.2	3.7	2.4	4.7	4.9

10-21 农村常住居民家庭居住情况（2013年末）
Housing Conditions of Rural Households (2013)

指标		Item		2013
调查户数	(户)	Number of Households Surveyed	(household)	2591
平均每户居住人口	(人)	Average Number of Resident Population	(person)	3.5
平均每人建筑面积	(平方米)	The Average Floor Area Per Person	(sq.m)	39.6
一、按住户居住空间样式分	(%)	By Style of Living Space	(%)	100.0
单栋楼房		Dependent Building		25.2
单栋平房		Single-storey House		60.1
四居室及以上单元房		Four Bedrooms		0.2
三居室单元房		Three Bedrooms		0.2
二居室单元房		Two Beedrooms		0.1
一居室单元房		One Beedroom		0.0
筒子楼或连片平房		Tube-shaped Apartment or Lace Single-storey Houses		9.4
其他		Others		4.8
二、按主要建筑材料分	(%)	By Main Building Materials	(%)	100.0
钢筋混凝土		Reinforced Concrete		3.0
砖混材料		Brick-and-concrete Buildings		60.3
砖瓦砖木		Brick and Brick-wood Structure		28.9
竹草土坯		Bamboo Grass and Sun-dried Mud Brick		5.1
其他		Others		2.7
三、按现住房房屋来源分	(%)	By Source of Housing	(%)	100.0
租赁公房		Public-rent Housing		0.1
租赁私房		Private-rent Housing		0.7
自建住房		Self-establish Housing		96.5
购买商品房		Commercial Residential Housing		0.6
购买房改住房		Private Housing through Housing Reform		0.1
购买保障性住房		Indemnificatory Housing		0.1
拆迁安置房		Resettlement Housing		0.0
继承或获赠住房		Inheriting and Donation Housing		1.1
免费借用房		Free Housing		0.4
雇主提供免费住房		Free Housing from Employer		0.2
其他		Others		0.2
四、按住宅外道路路面情况分	(%)	By Pavement Condition Outside	(%)	100.0
水泥或柏油路面		Cement or Asphalt Pavement		64.7
沙石或石板等硬质路面		Hard Sand or Stone Pavement		12.4
其他		Others		22.9
五、按住宅有管道供水情况分	(%)	By Piped Water Supply Condition	(%)	100.0
管道供水入户		Pipe water into People's Homes		73.1
管道供水至公共取水点		Pipe water to Public Watering Points		1.5
没有管道设施		No Pipeline Facilities		25.4
六、按住户主要饮用水来源情况分	(%)	By Source of main Drinking Water	(%)	100.0
经过净化处理的自来水		Purified Tap Water		41.7
受保护的井水和泉水		Protected Wells and Springs		31.1
不受保护的井水和泉水		Unprotected Wells and Springs		18.0
江河湖泊水		Rivers and Lakes Water		1.9
收集雨水		Collected Rainwater		3.2
桶装水		Barrels Water		0.1
其他		Others		4.0
七、按住户厕所类型分	(%)	By Household Lavatory Type	(%)	100.0
水冲式卫生厕所		Sanitary Water Closet		7.8
水冲式非卫生厕所		Insanitary Water Closet		1.8
卫生旱厕		Sanitary Latrine		11.5
普通旱厕		Latrine		76.2
无厕所		No Lavatory		2.7
八、按住户主要取暖设备状况分	(%)	By Heating Facilities Condition	(%)	100.0
由市政或小区集中供暖		Central Heating		0.5
自行供暖		Self Heating		54.9
无取暖设备		Without Heating Equipment		44.6
九、按主要炊用能源状况分	(%)	By Cooking Fuel Condition	(%)	100.0
柴草		Firewood		53.2
煤炭		Coal		22.4
罐装液化石油气		Canned Liquified Petroleum Gas		6.3
管道液化石油气		Pipeline Liquified Petroleum Gas		0.0
管道煤气		Pipeline Gas		0.0
管道天然气		Pipeline Natural Gas		0.3
电		Electricity		15.9
沼气		Methane		1.7
其他		Others		0.2

10-22 各县(市、区)城乡居民人均收入(2013年)
Per Capita Income in Urban and Rural Households by County (City and District)(2013)

单位：元 (yuan)

地 区	Region	城镇居民人均可支配收入 Per Capita Annual Disposable Income of Urban Households	农村居民人均纯收入 Per Capita Annual Net Income of Rural Households	地 区	Region	城镇居民人均可支配收入 Per Capita Annual Disposable Income of Urban Households	农村居民人均纯收入 Per Capita Annual Net Income of Rural Households
西安市	**Xi'an**	**33100**	**12930**	麟游县	Linyou	23676	7580
新城区	Xincheng	33816		凤 县	Fengxian	30415	10402
碑林区	Beilin	34520		太白县	Taibai	23054	7476
莲湖区	Lianhu	34450		**咸阳市**	**Xianyang**	**28488**	**8538**
灞桥区	Baqiao	31952	15203	秦都区	Qindu	32081	10787
未央区	Weiyang	33268	16455	渭城区	Weicheng	31936	10582
雁塔区	Yanta	35341	16724	三原县	Sanyuan	29387	9607
阎良区	Yanliang	34375	15212	泾阳县	Jingyang	29270	9561
临潼区	Lintong	27318	12160	乾 县	Qianxian	27481	9495
长安区	Chang'an	29460	12695	礼泉县	Liquan	27628	9571
蓝田县	Lantian	21953	8833	永寿县	Yongshou	23530	7317
周至县	Zhouzhi	22243	8870	彬 县	Binxian	28041	9058
户 县	Huxian	24817	10899	长武县	Changwu	24399	7556
高陵县	Gaoling	26030	12167	旬邑县	Xunyi	23715	7701
铜川市	**Tongchuan**	**24495**	**8140**	淳化县	Chunhua	22311	7518
王益区	Wangyi	24995	9189	武功县	Wugong	26677	9335
印台区	Yintai	23778	7879	兴平市	Xingping	30216	9677
耀州区	Yaozhou	28528	9099	**渭南市**	**Weinan**	**24164**	**7565**
宜君县	Yijun	23516	7423	临渭区	Linwei	26143	7870
宝鸡市	**Baoji**	**28509**	**8376**	华 县	Huaxian	24749	7487
渭滨区	Weibin	29323	11596	潼关县	Tongguan	23346	7391
金台区	Jintai	28224	10581	大荔县	Dali	23596	8070
陈仓区	Chencang	28698	9850	合阳县	Heyang	23133	6785
凤翔县	Fengxiang	29426	10423	澄城县	Chengcheng	24750	6800
岐山县	Qishan	29050	10435	蒲城县	Pucheng	24800	7615
扶风县	Fufeng	26892	8647	白水县	Baishui	23202	7215
眉 县	Meixian	29874	9527	富平县	Fuping	24591	7514
陇 县	Longxian	23002	7644	韩城市	Hancheng	27312	10179
千阳县	Qianyang	25070	7938	华阴市	Huayin	24246	7325

10-22 续表 continued

单位：元 (yuan)

地 区	Region	城镇居民人均可支配收入 Per Capita Annual Disposable Income of Urban Households	农村居民人均纯收入 Per Capita Annual Net Income of Rural Households	地 区	Region	城镇居民人均可支配收入 Per Capita Annual Disposable Income of Urban Households	农村居民人均纯收入 Per Capita Annual Net Income of Rural Households
延安市	**Yan'an**	**27643**	**8681**	横山县	Hengshan	26527	8725
宝塔区	Baota	28378	8493	靖边县	Jingbian	30085	12680
延长县	Yanchang	25007	7124	定边县	Dingbian	28152	10744
延川县	Yanchuan	23497	6530	绥德县	Suide	25138	7326
子长县	Zichang	29395	8357	米脂县	Mizhi	25681	8290
安塞县	Ansai	29695	9148	佳 县	Jiaxian	23810	7254
志丹县	Zhidan	30004	8872	吴堡县	Wubu	24367	7352
吴起县	Wuqi	29873	9110	清涧县	Qingjian	24124	7352
甘泉县	Ganquan	25835	8642	子洲县	Zizhou	24406	7394
富 县	Fuxian	24331	9086	**安康市**	**Ankang**	**22533**	**6624**
洛川县	Luochuan	26136	10410	汉滨区	Hanbin	24835	6731
宜川县	Yichuan	25867	8496	汉阴县	Hanyin	22676	6858
黄龙县	Huanglong	19721	7585	石泉县	Shiquan	22988	6786
黄陵县	Huangling	27392	10096	宁陕县	Ningshan	21785	6445
汉中市	**Hanzhong**	**22167**	**7053**	紫阳县	Ziyang	22337	6849
汉台区	Hantai	23450	9331	岚皋县	Langao	22982	6537
南郑县	Nanzheng	22880	8305	平利县	Pingli	22408	7165
城固县	Chenggu	22916	8383	镇坪县	Zhenping	22410	6456
洋 县	Yangxian	22212	6618	旬阳县	Xunyang	22741	6757
西乡县	Xixiang	22405	6662	白河县	Baihe	22178	6592
勉 县	Mianxian	22610	7612	**商洛市**	**Shangluo**	**22257**	**6223**
宁强县	Ningqiang	22489	6548	商州区	Shangzhou	23558	6204
略阳县	Lueyang	22270	6468	洛南县	Luonan	22754	6414
镇巴县	Zhenba	21495	6232	丹凤县	Danfeng	22905	6333
留坝县	Liuba	21325	6231	商南县	Shangnan	22307	6400
佛坪县	Foping	21309	6272	山阳县	Shanyang	21922	6474
榆林市	**Yulin**	**26820**	**8687**	镇安县	Zhen'an	22475	6394
榆阳区	Yuyang	29069	11331	柞水县	Zhashui	22362	6306
神木县	Shenmu	30100	13225	**杨凌示范区**	**Yangling**	**33007**	**12435**
府谷县	Fugu	30392	13001	杨陵区	Yangling	33007	12435

主要统计指标解释

住户 指居住在一个住宅内，共同分享生活开支或收入的一群人。居住在同一房间内、不共同分享生活开支的人群，每个人都视为一个住户。住家保姆、住家家庭帮工视为单独的住户。

常住居民 指住户成员中，经常在家居住、或者调查期内居住时间超过一半的人员，以及本住户供养的学生。常住居民是住户收支的调查对象。

整、半劳动力 整劳动力是指男子 18 周岁到 50 周岁，女子 18 周岁到 45 周岁；半劳动力是指男子 16 周岁到 17 周岁，51 周岁到 60 周岁；女子 16 周岁到 17 周岁，46 周岁到 55 周岁，同时具有劳动能力的人。虽然在劳动年龄之内，但已丧失劳动能力的人，不应算为劳动力；超过劳动年龄，但能经常参加劳动，计入半劳动力数内。常住人口中的职工，若这些职工为劳动力，就包括在本户的整半劳动力中。

居民人均可支配收入 指调查期内居民家庭成员人均获得的、可用于最终消费支出和储蓄的总和，即居民可以用来自由支配的收入，既包括现金收入，也包括实物收入。全体居民可支配收入可以体现各地区城乡一体的居民收入及生活水平变化情况。按照收入的来源，可支配收入包含四项，分别为：工资性收入、经营净收入、财产净收入、转移净收入。

工资性收入 指就业人员通过各种途径得到的全部劳动报酬和各种福利，包括受雇于单位或个人、从事各种自由职业、兼职和零星劳动得到的全部劳动报酬和福利。

经营净收入 指住户或住户成员从事生产经营活动所获得的净收入，是全部经营收入中扣除经营费用、生产性固定资产折旧和生产税净额（生产税减去生产补贴）之后得到的净收入。计算公式为：

经营净收入 ＝ 经营收入 － 经营费用 － 生产性固定资产折旧 － 生产税净额（生产税-生产补贴）

财产净收入 指住户或住户成员将其所拥有的金融资产和自然资源交由其他机构单位、住户或个人支配而获得的回报并扣除相关的费用之后得到的净收入。计算公式为：财产净收入 ＝ 财产性收入 － 财产性支出

转移净收入 指国家、单位、社会团体对住户的各种经常性转移支付和住户之间的经常性收入转移。包括政府、非行政事业单位、社会团体对居民转移的养老金或退休金、社会救济和补助、政策性生活补贴、救灾款、经常性捐赠和赔偿以及报销医疗费等；住户之间的赡养收入、经常性捐赠和赔偿以及农村地区（村委会）在外（含国外）工作的本住户非常住成员寄回带回的收入等。计算公式为：转移净收入=转移性收入-转移性支出

居民收入五等份分组 指将所有调查户按人均收入水平从低到高顺序排列，平均分为五个等份，处于最高 20%的收入群体为高收入组，依此类推依次为中高收入组、中等收入组、中低收入组、低收入组。

居民人均生活消费支出 指住户用于满足家庭日常生活消费需要的全部支出，包括用于消费品的支出和用于服务性消费的支出。根据用途不同，消费支出可划分为食品烟酒、衣着、居住、生活用品及服务、交通通信、教育文化娱乐、医疗保健、其他用品及服务八大类。

城镇居民人均可支配收入（老口径） 指城镇家庭总收入扣除交纳的个人所得税和个人交纳的各项社会保障支出之后，按照城镇居民家庭人口平均的收入水平。其中家庭总收入是指该家庭中生活在一起的所有家庭人员从各种渠道得到的所有收入之和。计算公式为：

可支配收入= 家庭总收入- 交纳个人所得税-个人交纳的社会保障支出-记账补贴

农村居民人均纯收入（老口径） 指农村住户当年从各个来源得到的家庭总收入扣除有关费用性支出后，最终归农村居民所有的收入总和，按照农村住户人口平均的纯收入水平。计算公式为：

纯收入＝总收入-家庭经营费用支出-税费支出-生产性固定资产折旧-赠送农村内部亲友

Explanatory Notes on Main Statistical Indicators

Households refer to persons living and sharing economically together in one house. When people don't share living expenses, every single person are deemed to be one household. Live-in Nanny and family helpers are deemed to be one household.

Usual Resident Population refers to persons staying at home regularly or for over half of time in survey period and students provided by the household. Usual resident population is the respondent of household living expenses.

Full/Semi Labour Force Full labour force refers to persons capable of work, aged 18-50 for males and 18-45 for females. Semi labour force refers to persons capable of work, aged 16-17 and 51-60 for males and 16-17 and 46-55 for females. Persons at their working ages but not capable of work are not to be included as labour force. Persons not at working ages but participating regularly in work are included in semi labour force. For staff and workers who are usual residents, are included as full or semi labour force of the household if they are in the labour force.

Disposable Income of Residents refers to the actual income at the disposal of members of the households which can be used for final consumption and savings in survey period, residents can use that at their disposal. It includes cash income and physical income. This income demonstrates the situation about incomes of both rural and urban residents and living standard in various regions. According to the source of income, disposable income include wage income, net business income, net property income and net transferability income.

Wages Income refers to the work reward and all benefits received in various ways by the members of rural households,include the work reward and all benefits received from employed by other units or individuals,liberal professions, part-time job and sporadic labor.

Net Business Income refers to the net income received by households engaged in manufacturing & managing activities.This equals to total business income minus operating costs, depreciation for productive plant assets and net product tax(production taxes minus production subsidies).The following formula is used:

Net business income=business income-operating costs-depreciation for productive plant assets- net product tax(production taxes-production subsidies)

Net Property Income refers to the income received as returns by owners of financial assets or nature sources by providing nature sources to other institutional units,households and individuals. The following formula is used:

Net property income = property income - property expenditure

Net Transferability Income refers to various current transfers of nation, units and social organizations pay to households and recurring revenue transfer between households. This income includes pension transferred from government, the non administrative institutions and social organizations to households, social assistance, policy living allowance, disaster relief funds, regular donation and compensation, recoverable medical cost; alimony income, regular donation and compensation, income from the ones who are not resident in rural areas between the households.The following formula is used:

Net transferability income = transfer income - transfer expenditure

Five Equal Groups of Resident Income According to income per head, all investigative households are arranged from low to high. Divided five groups equally, the maximum 20% of the income groups is high-income groups, and so on, there are middle and upper-income groups, middle-income groups, medium-low-income groups and low-income groups.

Consumption Expenditure of Households refers to total expenditure of households for consumption in daily life, including expenditure on the eight categories of food; clothing; housing; household appliances and services; health care and medical services; transport and communications; recreation, education and cultural services; and miscellaneous goods and services.

The per capita disposable income(the old range) This equals to total income minus income tax, personal contribution to social security and subsidy for keeping diaries in being a sample household. The following formula is used:

Disposable income = total household income - income tax - personal contribution to social security - subsidy for keeping diaries for a sampled household

The Average Per Capita Net Income of Rural Residents(the old range) refers to the total income of rural households from all sources minus all corresponding expenses. The formula for calculation is as follows:

Net income = total income - household operation expenses - taxes and fees paid - taxes and fees depreciation of fixed assets for production - gifts to non-rural relatives

十一、环境和城市

Environment and Cities

资料整理：冉妮平　梁珠荣

简 要 说 明

一、本篇资料主要反映陕西环境保护事业发展情况和城市公用事业基本情况。

环境保护事业发展情况主要包括供水、用水情况以及工业废水和生活污水的排放及治理情况；城市空气质量，废气排放及处理情况；工业固体废物的产生、处理及利用情况；城市生活垃圾清运及处理情况；城市道路交通和区域环境噪声监测情况；造林及自然保护基本情况；地质、地震、海洋、森林灾害及突发环境事件情况；环境污染治理投资等情况。

城市公用事业基本情况主要包括城市建设、供水、供气、供热、市政设施、城市绿化、环境卫生等情况。

二、本篇资料由省国土资源厅、省环境保护厅、省住房和城乡建设厅、省水利厅、省林业厅提供。

Brief Introduction

I. This chapter reflects the development of environment protection and public utilities in Shaanxi Province.

The development of environment protection mainly include water supply and utilization, discharge and treatment of industrial and other waste water; urban air quality, emission and treatment of waste gas; production, treatment and utilization of industrial solid wastes, collection and disposal of consumption wastes in cities; national monitoring of road traffic noise and urban environmental noise in key cities; forestation, grassland construction and natural protection; incidences of geological, seismic, marine and forest disasters, environmental emergency investment in environment pollution treatment, etc.

The public utilities mainly include urban construction, water supply, gas supply, heat supply, public facilities, urban greening and environmental hygiene, etc.

Ⅱ. The data resources are provided by Shaanxi Province Department of Land and Resources, Shaanxi Province Environmental Protection Department, Shaanxi Province Housing and Urban-Rural Development, Shaanxi Province Department of Water Resources and Shaanxi Province Forestry Department.

11.环境和城市

2013年全省13个城市(不包括市辖县)

人均公园绿地面积	11.77	平方米
人均城市道路面积	14.74	平方米
人均日生活用水量	179.54	升
用水普及率	96.52	%
燃气普及率	93.75	%

城市人均公园绿地面积（平方米）

（2013年）

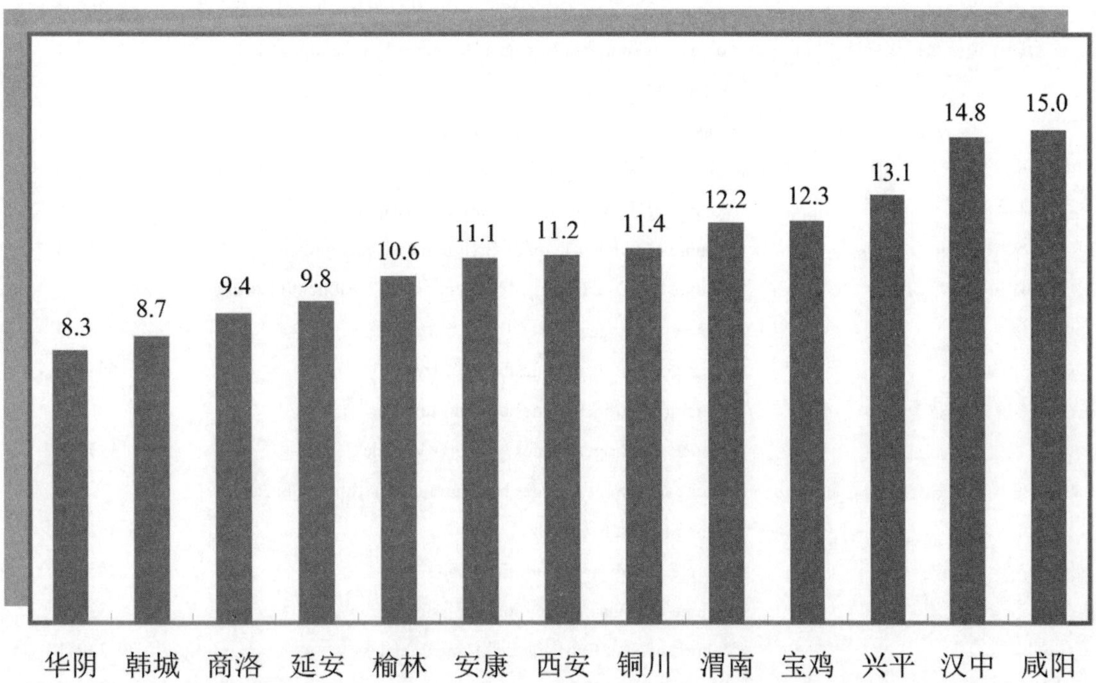

11-1 环境保护基本情况
Basic Statistics on Environmental Protection

指标	Item	2012	2013
水环境	**Water Environment Conditions**		
水资源总量 (亿立方米)	Total Amount of Water Resources (100 million cu. m)	390.50	353.77
地表水资源量	Surface Water	368.00	331.47
地下水资源量	Ground-Water	130.19	118.52
地表水与地下水资源重复量	Duplicated Measurement between Surface and Underground	107.65	96.22
人均水资源量 (立方米/人)	Per Capita Water Resources (cu.m/person)	1041.90	941.28
用水总量 (亿立方米)	Water Consumption (100 million cu. m)	88.04	89.21
# 农业用水	Water Consumption of Agriculture	58.19	58.06
工业用水	Water Consumption of Industry	13.35	13.76
生活用水	Water Consumption of Consumption	12.22	12.46
生态环境补水	Water Consumption of Ecological Protection	1.74	2.26
废水排放总量 (万吨)	Total Volume of Waste Water Discharged (10 000 tons)	128748.59	132169.33
# 工业废水排放量	Volume of Industrial Waste Water Discharged	38036.50	34870.56
城镇生活污水排放量	Volume of Consumption Waste Water Discharged	90625.84	97166.06
集中式治理设施污水排放量	Volume of Sewage Discharged from Centralized Treatment Facilities	86.25	132.72
化学需氧量(COD)排放量 (吨)	COD Discharge (ton)	536249	519261
# 工业废水中COD排放量	COD Discharge by Industrial Waste Water	98456	95400
农业COD排放量	COD Discharge by Agriculture	196624	192494
城镇生活污水中COD排放量	COD Discharge by Consumption Waste Water	234539	226166
集中式治理设施COD排放量	Volume of COD Discharged by Centralized Treatment Facilities	6630	5201
氨氮排放量 (吨)	Ammonia Nitrogen Discharge (ton)	61919	59560
# 工业废水中氨氮排放量	Ammonia Nitrogen Discharge by Industrial Waste Water	8653	8346
农业氨氮排放量	Ammonia Nitrogen Discharge by Agriculture	15443	15027
生活污水中氨氮排放量	Ammonia Nitrogen Discharge by Consumption Waste Water	36901	35567
集中式治理设施氨氮排放量	Volume of Ammonia Nitrogen Discharged by Centralized Treatment Facilities	921	619
大气环境	**Atmospheric Environment Conditions**		
二氧化硫(SO_2)排放量 (吨)	Sulphur Dioxide (SO_2) Emission (ton)	843755	806152
# 工业SO_2排放量	Volume of Sulphur Dioxide Emission by Industry	747018	707146
城镇生活SO_2排放量	Volume of Sulphur Dioxide Emission by Consumption	96733	98999
集中式治理设施SO_2排放量	Volume of SO_2 Discharged by Centralized Treatment Facilities	5	7
氮氧化物排放量 (吨)	Volume of Nitrogen oxides (ton)	808189	758897
# 工业氮氧化物排放量	Volume of Nitrogen oxides by Industry	604455	552078
城镇生活氮氧化物排放量	Volume of Nitrogen oxides by Consumption	26511	26595
机动车氮氧化物排放量	Volume of Nitrogen oxides by Motor Vehicles	177210	180202
集中式治理设施氮氧化物排放量	Volume of Nitrogen oxides by Centralized Treatment Facilities	12	23
烟(粉)尘排放量 (吨)	Volume of Soot Emission (ton)	462052	537739
# 工业烟(粉)尘排放量	Volume of Industrial Soot Emission	385522	468507
城镇生活烟尘排放量	Volume of Consumption Soot Emission	53587	54973
机动车烟尘排放量	Volume of Soot Emission by Motor Vehicles	22941	14215
集中式治理设施烟尘排放量	Volume of Soot Emission by Centralized Treatment Facilities	2	43

11-1 续表 1 continued

指　　标		Item	2012	2013
固体废物		**Solid Wastes**		
一般工业固体废物产生量	(万吨)	Volume of Industrial Solid Wastes Produced (10 000 tons)	7215.11	7491.10
一般工业固体废物综合利用量	(万吨)	Volume of Industrial Solid Wastes Utilized (10 000 tons)	4421.94	4758.46
# 综合利用往年贮存量		The Comprehensive Utilization Stored Quantity in Early Years	24.82	18.65
一般工业固体废物综合利用率	(%)	Ratio of Industrial Solid Wastes Utilized (%)	61.29	63.52
一般工业固体废物处置量	(万吨)	Volume of Industrial Solid Wastes Treated (10 000 tons)	1457.34	1621.81
# 处置往年贮存量		Stored Quantity Treated in Early Years	1.00	1.43
一般 工业固体废物处置率	(%)	Ratio of Industrial Solid Wastes Treated (%)	20.20	21.65
一般工业固体废物贮存量	(万吨)	Industrial Solid Wastes Stored Quantity (10 000 tons)	1359.54	1130.68
危险废物产生量	(吨)	Volume of Hazardous Wastes (ton)	306531	303388
危险废物综合利用量	(吨)	Volume of Hazardous Wastes Utilized (ton)	115381	95703
# 综合利用往年贮存量		The Comprehensive Utilization Stored Quantity in Early Years	5945	1159
危险废物综合利用率	(%)	Ratio of Hazardous Wastes Utilized (%)	37.00	32.00
危险废物处置量	(吨)	Volume of Hazardous Wastes Treated (ton)	121103	119042
危险废物处置率	(%)	Ratio of Hazardous Wastes Treated (%)	29.00	39.00
危险废物贮存量	(吨)	Hazardous Wastes Stored Quantity (ton)	76299	92098
生态环境		**Ecological Environment Conditions**		
森林面积	(万公顷)	Area of Forest (1 0000 hectares)	853.24	853.24
森林覆盖率	(%)	Forest Coverage Rate (%)	41.42	41.42
累计水土流失治理面积	(千公顷)	Accumulative Area of Water and Soil Conservation (1 000 hectares)	9512.30	6784.91
当年造林面积	(公顷)	The Area of Afforestation (hectare)	320287	343981
# 人工造林		Man-made Forests	215684	215732
飞播造林		Afforestation by Air Seeding	39003	54001
无林地和疏林地新封山育林		Non-forest Land and Close Hillsides to Facilitate Afforestation	65600	74248
自然保护区数	(个)	Number of Nature Reserves (unit)	58	61
# 国家级		Nation Level	18	23
自然保护区面积	(万公顷)	Area of Nature Reserves (10 000 hectares)	115.74	115.52
自然灾害		**Natural Disasters**		
地质灾害次数	(次)	Number of Geologic Hazards (time)	240	345
地质灾害人员伤亡	(人)	Geologic Hazard Casualties (person)	13	70
地质灾害直接经济损失	(万元)	Direct Economic Losses of Geologic Hazard (10 000 yuan)	6516	9011
森林火灾次数	(次)	Number of Forest Fires (time)	67	187
森林火灾受害森林面积	(公顷)	Danaged Forest Area (hectare)	16	1013
环境污染与治理		**Investment in the Treatment of Environmental Pollution**		
突发环境事件次数	(次)	Environmental Disasters (time)	23	118
环境污染治理投资总额	(万元)	Total Investment in the Treatment of Environmental Pollution (10 000 yuan)	1806752	2216819
城镇环境基础设施投资		Investment in Urban Environmental Infrastructure	1233486	1411093
燃　气		Gas	193978	160659
集中供热		Centralized Heating	173695	248402
排　水		Drainage Works	243569	284329
园林绿化		Gardening and Greening	502018	646553
市容环境卫生		Environmental Sanitation	120226	71150

11-1 续表 2 continued

指 标		Item	2012	2013
工业污染防治投资		Investment in the Treatment of Industrial Pollution	271266	417562
治理废水		Treatment of Waste Water	112221	60626
治理废气		Treatment of Waste Gas	112464	321029
治理固体废物		Treatment of Solid Waste	11406	9832
治理噪声		Treatment of Noise Pollution	480	851
治理其他		Treatment of Other Pollution	34695	25224
完成环保验收项目环保投资	(万元)	Investment in Completion Acceptance of Environmental Protection (10 000 yuan)	302000	388164
环境污染治理投资占GDP比重	(%)	Total Investment in the Treatment of Environmental Pollution as Percent of GDP (%)	1.25	1.38
工业废气治理设施运行费用	(万元)	Operating Costs of Industrial Waste Gas Treatment Facilities (10 000 yuan)	276400	319057
工业废水治理设施运行费用	(万元)	Operating Costs of Industrial Waste Water Treatment Facilities (10 000 yuan)	92998	106477
排污费收入总额	(万元)	Total Pollution Charges (10 000 yuan)	57740	64497
本年林业投资完成额	(万元)	Investment Completed This Year for Afforestation (10 000 yuan)	749288	1012633
# 生态建设与保护		Ecological Construction and Protection	518325	628560
林业支撑与保障		Forestry Support and Protection	56733	29883
林业产业发展		Development of Forestry	60306	68122
林业民生工程		Civil Engineering of Forestry	51098	63560
其 他		Others	62826	225208
城市环境		**Urban Environmental**		
城区面积	(平方公里)	Total Urban Area (sq.km)	1504.44	1555.04
# 建成区面积		Developed Areas	863.51	915.02
城市建设用地面积	(平方公里)	City Areas and Floor Space of Buildings (sq.km)	776.18	885.04
城市供水总量	(万立方米)	Total Water Supply (10 000 cu.m)	84703.20	88990.29
城市用水普及率	(%)	Coverage Rate of Urban Population with Access to Tap Water (%)	96.15	96.52
城市污水排放量	(万立方米)	Volume of City Sewage (10 000 cu.m)	71442.47	77504.00
城市污水处理量	(万立方米)	Disposal of City Sewage (10 000 cu.m)	63221.20	69007.00
城市污水处理厂集中处理率	(%)	Treatment Rate of City Sewage (%)	87.64	89.04
城市生活垃圾清运量)	(万吨)	Urban Consumption Wastes Collected and Transported (10 000 tons)	433.10	437.30
城市生活垃圾无害化处理量	(万吨)	Volume of City Consumption Wastes (10 000 tons)	421.12	421.75
城市生活垃圾无害化处理率	(%)	Treatment Rate of City Consumption Wastes (%)	97.23	96.44
城市燃气普及率	(%)	Coverage Rate of Urban Population with Access to Gas (%)	94.11	93.75
城市集中供热面积	(万平方米)	Area of Centralized Heating in Urban (10 000 sq.m)	12307.78	15963.00
城市人均公园绿地面积	(平方米)	Per Capita Public Green Area (sq.m)	11.58	11.77
建成区绿化覆盖率	(%)	Green Covered Area as % of Completed Area (%)	40.36	40.19

11-2 各市(区)工业固体废物排放及处理情况(2013年)
Production and Treatment of Industrial Solid Wastes by City(District)(2013)

地区	Region	一般工业固体废物产生量(万吨) Volume of Industrial Solid Wastes Produced (10 000 tons)	危险废物产生量(万吨) Volume of Hazardous Wastes Produced (10 000 tons)	一般工业固体废物贮存量(万吨) Volume of Industrial Solid Wastes in Stocks (10 000 tons)	危险废物贮存量(万吨) Volume of Hazardous Wastes in Stocks (10 000 tons)	一般工业固体废物处置量(万吨) Volume of Industrial Solid Wastes Disposed (10 000 tons)	#处置往年贮存量 Storage Capacity Disposed in Former Years	危险废物处置量(万吨) Volume of Hazardous Wastes Disposed (10 000 tons)	一般工业固体废物综合利用量(万吨) Volume of Industrial Solid Wastes Utilized (10 000 tons)
全　省	**Shaanxi**	**7491.10**	**30.34**	**1130.68**	**9.21**	**1621.81**	**1.43**	**11.90**	**4758.46**
西安市	Xi'an	254.85	0.96	2.02	…	8.73	…	0.95	244.10
铜川市	Tongchuan	168.41				1.99			166.42
宝鸡市	Baoji	435.69	1.17	9.91		169.51	0.11	1.20	256.43
咸阳市	Xianyang	593.02	0.28	25.25	…	20.13	0.58	0.24	550.83
渭南市	Weinan	2608.98	5.40	2.00	…	1397.01	…	1.40	1209.98
延安市	Yan'an	100.89	7.45		0.66	20.40	…	5.31	80.49
汉中市	Hanzhong	564.06	11.25	274.48	8.07	2.14	0.63	0.12	295.19
榆林市	Yulin	1698.10	2.28	43.36	0.05	0.02		2.10	1654.72
安康市	Ankang	118.42	0.08	10.22	0.05	1.19	…	0.11	113.11
商洛市	Shangluo	947.54	1.45	763.44	0.39	0.68	0.31	0.48	186.06
杨凌示范区	Yangling	1.13							1.12

11-3 各市(区)工业废水排放及处理量(2013年)
Discharge and Treatment of Industrial Waste Water by City(District)(2013)

地区	Region	工业用水总量(万吨) Total Water Use in Industry (10 000 tons)	工业废水排放总量(万吨) Total Volume of Industrial Waste Water Discharged (10 000 tons)	化学需氧量排放量(吨) COD Discharge (ton)	氨氮排放量(吨) Ammonia Nitrogen Discharge (ton)	工业废水处理量(万吨) Volume of Treated Industrial Waste Water (10 000 tons)	废水治理设施数(套) Number of Facilities for Treatment of Waste Water (set)	废水治理设施处理能力(万吨/日) Treatment Capacity of Facilities for Treatment of Waste Water (10 000 tons/day)	废水治理设施运行费用(万元) Operate Expenditure for Facilities for Treatment of Waste Water (10 000 yuan)
全　省	**Shaanxi**	**585846.68**	**34870.56**	**95399.89**	**8346.47**	**59927.57**	**1846**	**413.53**	**106477.20**
西安市	Xi'an	42772.92	7771.15	21614.71	1632.47	5301.51	296	23.44	12745.90
铜川市	Tongchuan	17919.05	424.16	1463.40	24.45	99.19	8	1.44	326.80
宝鸡市	Baoji	39453.51	4579.29	14127.01	884.69	8188.84	199	72.97	13224.00
咸阳市	Xianyang	13957.88	5237.92	14427.04	1298.62	5700.76	212	86.35	14148.10
渭南市	Weinan	384424.36	4874.75	20334.60	1030.20	11453.09	181	53.98	17031.40
延安市	Yan'an	6544.55	2360.10	5006.60	248.34	3051.08	134	16.36	15937.20
汉中市	Hanzhong	21014.76	2326.99	5409.48	1064.31	8163.56	243	65.70	6313.50
榆林市	Yulin	51333.78	4344.38	3738.11	737.17	12783.92	378	52.81	17928.00
安康市	Ankang	2531.91	452.97	4151.44	255.85	587.33	88	4.36	924.70
商洛市	Shangluo	5662.22	2360.10	4725.90	1159.15	4493.14	98	35.61	7520.50
杨凌示范区	Yangling	231.74	138.75	401.60	11.23	105.16	9	0.52	377.10

注：本表工业用水总量包括重复用水。

a) Total water use in industry in this table includes repeated water.

11-4 各市(区)工业废气排放及处理情况(2013年)
Emission and Treatment of Industrial Waste Gas by City(District)(2013)

地　区	Region	工业废气排放总量(亿立方米) Total Volume of Industrial Waste Gas Emission (100 million cu.m)	二氧化硫排放量(吨) Volume of Industrial Sulphur Dioxide Emission (ton)	氮氧化物排放量(吨) Volume of Nitrogen Oxides Emission (ton)	烟(粉)尘排放量(吨) Volume of Soot Emission (ton)	废气治理设施数(套) Number of Facilities for Treatment of Waste Gas (set)	废气治理设施处理能力(万立方米/时) Treatment Capacity of Facilities for Treatment of Waste Gas (10 000 cu.m/hour)	废气治理设施运行费用(万元) Operate Expenditure for Facilities for Treatment of Waste Gas (10 000 yuan)	空气日报优良率(%) Air Quality Fine Rate (%)
全　省	**Shaanxi**	**16279.46**	**707145.92**	**552077.83**	**468507.46**	**3835**	**34907.29**	**319056.60**	**90.1**
西安市	Xi'an	844.21	69102.68	34917.49	15893.14	661	2816.62	27280.70	37.8
铜川市	Tongchuan	1358.87	17196.22	44071.53	35507.71	245	476.50	12245.10	90.4
宝鸡市	Baoji	1170.17	28778.05	53986.13	15899.63	539	2599.30	54973.40	86.0
咸阳市	Xianyang	1368.37	62440.23	74190.19	24269.10	427	5367.33	27698.70	85.8
渭南市	Weinan	4920.01	252815.93	153635.66	133638.65	556	9979.92	110878.90	84.7
延安市	Yan'an	174.90	16517.57	4737.02	5546.09	278	285.56	5450.70	89.6
汉中市	Hanzhong	1569.86	30836.99	20275.00	18482.88	331	3018.30	27396.40	95.9
榆林市	Yulin	4309.85	200777.88	157036.13	206705.51	421	8927.37	38295.80	88.2
安康市	Ankang	328.97	9394.15	5168.08	8032.62	185	914.70	1842.00	97.9
商洛市	Shangluo	225.62	18797.21	3985.98	4359.98	169	472.53	12795.40	96.2
杨凌示范区	Yangling	8.63	489.00	74.62	172.15	23	49.15	199.50	86.6

11-5 城市设施水平(2013年)
Level of Public Facilities in Cities(2013)

城　市	City	人均公园绿地面积(平方米) Per Capita Public Green Area (sq.m)	人均城市道路面积(平方米) Per Capita Area of Paved Roads (sq.m)	人均日生活用水量(升) Per Capita Daily Consumption of Tap Water for Residential Use (liter)	用水普及率(%) Coverage Rate of Population with Access to Tap Water (%)	燃气普及率(%) Coverage Rate of Population with Access to Gas (%)
全　省	**Shaanxi**	**11.77**	**14.74**	**179.54**	**96.52**	**93.75**
西安市	Xi'an	11.20	17.95	241.83	100.00	100.00
铜川市	Tongchuan	11.41	11.40	56.43	94.80	74.99
宝鸡市	Baoji	12.25	16.01	137.39	100.00	98.84
咸阳市	Xianyang	15.03	12.42	152.73	92.42	92.74
兴平市	Xingping	13.05	14.48	97.17	98.58	97.53
渭南市	Weinan	12.20	8.51	146.43	99.32	84.73
韩城市	Hancheng	8.73	11.63	115.23	99.88	84.08
华阴市	Huayin	8.30	12.68	75.81	91.96	47.59
延安市	Yan'an	9.79	5.42	120.32	87.90	95.00
汉中市	Hanzhong	14.81	7.51	157.08	81.00	97.71
榆林市	Yulin	10.55	14.99	86.81	93.68	92.11
安康市	Ankang	11.10	16.09	110.16	90.17	58.83
商洛市	Shangluo	9.43	11.42	132.55	90.45	92.99

11-6 城市市政设施(2013年) Municipal Infrastructure in Cities(2013)

城 市	City	道路长度 (公里) Length of Paved Roads (km)	道路面积 (万平方米) Area of Paved Roads (10 000 sq.m)	城市桥梁 (座) City Bridges (set)	#立交桥 Flyover	城市道路照明灯盏数 (盏) Number of Street Lights (unit)	城市排水管道长度 (公里) Length of City Sewage Pipes (km)
全 省	**Shaanxi**	**5802.20**	**12697.89**	**643**	**121**	**604187**	**6766.40**
西 安 市	Xi'an	3081.14	7017.19	414	92	311267	4191.70
铜 川 市	Tongchuan	292.99	459.90	32	4	27123	196.30
宝 鸡 市	Baoji	493.01	1293.57	52	1	59432	538.00
咸 阳 市	Xianyang	307.40	1164.70	32	11	50487	293.10
兴 平 市	Xingping	176.80	275.06	12	3	11394	76.00
渭 南 市	Weinan	318.00	374.32	5	4	22016	347.80
韩 城 市	Hancheng	106.00	197.21			4036	97.60
华 阴 市	Huayin	75.00	142.00	21		5120	101.30
延 安 市	Yan'an	127.30	215.70	6		26885	91.50
汉 中 市	Hanzhong	194.76	291.88	7	1	13674	143.40
榆 林 市	Yulin	294.70	569.70	30	4	43722	424.60
安 康 市	Ankang	201.20	517.36	7		22294	185.10
商 洛 市	Shangluo	133.90	179.30	25	1	6737	80.00

11-7 城市供水情况(2013年) Basic Statistics on Tap Water Supply in Cities (2013)

城 市	City	综合生产能力 (万立方米/日) Production Capacity (10 000 cu.m/day)	#地下水 Groundwater	全年供水总量 (万立方米) Annual Volume of Tap Water Supply (10 000 cu.m)	#生产运营用水 Water Consumption of Production and Operations	#公共服务用水 Water Consumption of Public Services	#居民家庭用水 Water Consumption of Household
全 省	**Shaanxi**	**370.84**	**158.78**	**88990.29**	**20431.60**	**15619.57**	**38833.57**
西 安 市	Xi'an	182.60	47.83	48445.13	5785.94	9952.10	24549.43
铜 川 市	Tongchuan	14.20	0.60	1654.00	86.28	142.46	645.32
宝 鸡 市	Baoji	28.40	10.70	6535.00	1612.00	991.00	3039.00
咸 阳 市	Xianyang	54.00	40.50	13032.00	7093.78	1578.78	3249.58
兴 平 市	Xingping	11.50	11.50	3400.00	2304.60	30.30	634.00
渭 南 市	Weinan	20.60	13.60	5390.45	2257.00	979.60	1356.00
韩 城 市	Hancheng	10.00	5.00	984.33	147.00	122.50	590.00
华 阴 市	Huayin	8.45	8.45	580.00	210.00	75.00	210.00
延 安 市	Yan'an	5.00		1856.38		719.83	817.24
汉 中 市	Hanzhong	10.00	10.00	2553.00	31.00	594.00	1196.00
榆 林 市	Yulin	9.50	4.50	2003.00	508.00	218.00	910.00
安 康 市	Ankang	10.49		1550.00	321.00	126.00	1040.00
商 洛 市	Shangluo	6.10	6.10	1007.00	75.00	90.00	597.00

11-8 城市园林绿化情况(2013年)
Basic Statistics on Parks, Gardens and Green Areas in Cities(2013)

城市	City	园林绿化覆盖面积 (公顷) Covered area of Gardening and Greening (hectare)	# 建成区 Developed Areas	园林绿地面积 (公顷) Areas of Green Land (hectare)	# 建成区 Developed Areas	公园绿地面积 (公顷) Capita Public Green Area (hectare)	公园个数 (个) Number of Parks (unit)	公园面积 (公顷) Area of Parks (hectare)
全 省	**Shaanxi**	**41067**	**36772**	**33853**	**31001**	**10138**	**173**	**4320**
西安市	Xi'an	19242	17893	15736	14332	4380	73	2306
铜川市	Tongchuan	1944	1943	1861	1676	460	14	58
宝鸡市	Baoji	4520	3461	3851	3189	990	25	845
咸阳市	Xianyang	3025	2875	2674	2423	1410	2	193
兴平市	Xingping	769	766	666	665	248	2	60
渭南市	Weinan	1773	1707	1559	1505	537		
韩城市	Hancheng	913	698	655	583	148	6	26
华阴市	Huayin	543	542	500	499	93	8	49
延安市	Yan'an	1437	1431	1375	1374	390	12	259
汉中市	Hanzhong	1452	1299	1056	1010	576	3	78
榆林市	Yulin	2468	2026	1837	1692	401	3	200
安康市	Ankang	1581	1581	1581	1581	357	19	137
商洛市	Shangluo	1400	550	502	472	148	6	109

11-9 城市环境卫生情况(2013年)
Basic Statistics on Urban Sanitation in Cities(2013)

城市	City	道路清扫保洁面积 (万平方米) Area of Paved Roads under Cleaning Program (10 000 sq.m)	#机械清扫 Machinery Cleaning	生活垃圾清运量 (万吨) Consumption Wastes Collected and Transported (10 000 tons)	粪便清运量 (万吨) Volume of Disposal of Excrement and Urine (10 000 tons)	公厕数量 (座) Number of Public Lavatories (set)	# 三类以上 Third Grade and Above	市容环卫专用车辆设备总数 (辆) Number of Special Vehicles for Environmental Sanitation (coach)
全 省	**Shaanxi**	**14515**	**7256**	**437.30**	**15.61**	**3285**	**3173**	**2515**
西安市	Xi'an	8012	4299	255.66	2.96	1681	1681	1558
铜川市	Tongchuan	403	144	15.00	2.28	148	148	52
宝鸡市	Baoji	1093	445	29.20		308	308	187
咸阳市	Xianyang	847	377	28.50	3.08	291	291	185
兴平市	Xingping	247	43	7.56		35	35	40
渭南市	Weinan	563	258	15.60	0.14	43	38	63
韩城市	Hancheng	143	43	7.02		28	28	22
华阴市	Huayin	47		6.55		46	35	7
延安市	Yan'an	830	168	12.38	1.08	143	112	74
汉中市	Hanzhong	430	105	12.50	0.05	108	98	48
榆林市	Yulin	1551	1256	24.20	5.47	346	297	166
安康市	Ankang	219	68	16.43	0.55	97	91	84
商洛市	Shangluo	130	50	6.70		11	11	29

11-10 城市燃气情况(2013年)
Basic Statistics on Supply of Gas in Cities(2013)

城市	City	天然气 Natural Gas 供气总量(万立方米) Volume of Gas Supply (10 000 cu.m)	销售气量(万立方米) Volume of Gas Sold (10 000 cu.m)	#居民家庭 Consumption for Residential Use	用气人口(万人) Population with Access to Gas (10 000 persons)	液化石油气 Liquefied Petroleum Gas 供气总量(吨) Volume of Gas Supply (ton)	销售气量(吨) Volume of Gas Sold (ton)	#居民家庭 Consumption for Residential Use	用气人口(万人) Population with Access to Gas (10 000 persons)
全　省	**Shaanxi**	**238667**	**232523**	**63617**	**712.88**	**32732**	**32326**	**24450**	**94.91**
西安市	Xi'an	147044	141244	31992	389.91	2031	2020	1200	1.01
铜川市	Tongchuan	8760	8760	2737	28.26	1327	1313	690	2.00
宝鸡市	Baoji	20385	20250	6170	74.97	831	807	590	4.89
咸阳市	Xianyang	16400	16400	4546	80.50	11136	11136	7010	6.50
兴平市	Xingping	1951	1951	960	13.43	280	280	280	5.10
渭南市	Weinan	7114	6974	1969	29.40	2583	2572	2450	7.88
韩城市	Hancheng	3000	2959	917	6.70	370	370	350	7.56
华阴市	Huayin	239	232	24	0.23	598	598	450	5.10
延安市	Yan'an	9164	9164	4435	32.48	5962	5962	5962	5.35
汉中市	Hanzhong	1636	1635	673	13.00	3880	3600	1800	25.00
榆林市	Yulin	21773	21758	9100	35.00				
安康市	Ankang	500	495	34	2.00	3100	3038	3038	16.92
商洛市	Shangluo	702	700	60	7.00	634	630	630	7.60

11-11 国家级风景名胜区(2013年)
State Scenic Spots at National Level (2013)

风景区名称	Name of Scenic Spots	风景区面积(平方公里) Area of Scenic Spots (sq.km)	#供游览面积 Area of Visiting	游人量(万人次) Number of Visitor (10 000 person-times)	#境外游人 Number of Oversea Visitor Arrivals
总　计	**Total**	**760**	**359**	**2227.5**	**129.2**
骊山风景区	LishanHill Scenic Spot	120	91	1851.0	124.0
宝鸡天台山	BaojiTiantaishan	134	40	3.8	
合阳洽川风景区	Heyangqiachuan Scenic Spot	177	165	52.7	
华　山	Mountain Hua	148	50	167.0	1.2
黄河壶口瀑布	The Yellow River Hu-kou Falls	178	12	87.0	4.0
黄帝陵	The Huangdi Tomb	3	1	66.0	

主要统计指标解释

水资源总量 指评价区内降水形成的地表和地下产水总量，即地表产流量与降水入渗补给地下水量之和，不包括过境水量。

地表水资源量 指评价区内河流、湖泊、冰川等地表水体中可以逐年更新的动态水量，即当地天然河川径流量。

地下水资源量 指评价区内降水和地表水对饱水岩土层的补给量，包括降水入渗补给量和河道、湖库、渠系、渠灌田间等地表水体的入渗补给量。

地表水与地下水资源重复量 指地表水和地下水相互转化的部分，即天然河川径流量中的地下水排泄量和地下水补给量中来源于地表水的入渗补给量。

用水总量 指分配给各类用户的包括输水损失在内的毛用水量之和，不包括海水直接利用量。

农业用水 指农田灌溉用水、林果地灌溉用水、草地灌溉用水和鱼塘补水。

工业用水 指工矿企业在生产过程中用于制造、加工、冷却、空调、净化、洗涤等方面的用水，按新水取用量计，不包括企业内部的重复利用水量。

生活用水 包括城镇生活用水和农村生活用水。城镇生活用水由居民用水和公共用水（含第三产业及建筑业等用水）组成；农村生活用水除居民生活用水外，还包括牲畜用水在内。

生态补水 仅包括人为措施供给的城镇环境用水和部分河湖、湿地补水，而不包括降水、径流自然满足的水量。

工业废水排放量 指经过企业厂区所有排放口排到企业外部的工业废水量。包括生产废水、外排的直接冷却水、超标排放的矿井地下水和与工业废水混排的厂区生活污水，不包括外排的间接冷却水(清污不分流的间接冷却水应计算在内)。

工业废水排放达标量 指报告期内废水中各项污染物指标都达到国家或地方排放标准的外排工业废水量，包括未经处理外排达标的，经废水处理设施处理后达标排放的，以及经污水处理厂处理后达标排放的。

生活污水排放量 指城镇居民每年排放的生活污水。用人均系数法测算。测算公式为：

$$\frac{\text{生活污水}}{\text{排放量}}=\frac{\text{城镇生活污水}}{\text{排放系数}}\times\frac{\text{市镇非}}{\text{农业人口}}\times 365$$

化学需氧量(COD) 指用化学氧化剂氧化水中有机污染物时所需的氧量。COD值越高，表示水中有机污染物污染越重。

工业废气排放量 指报告期内企业厂区内燃料燃烧和生产工艺过程中产生的各种排入大气的含有污染物的气体的总量，以标准状态(273K，101325Pa)计算。测算公式为：

$$\frac{\text{工业废气}}{\text{排放量}}=\frac{\text{燃料燃烧过程}}{\text{中废气排放量}}+\frac{\text{生产工艺过程}}{\text{中废气排放量}}$$

生活及其他SO_2排放量 以生活及其他煤炭消费量和其含硫量为基础，根据以下公式计算：

$$\frac{\text{生活及其他}}{SO_2\text{排放量}}=\frac{\text{生活及其他}}{\text{煤炭消费量}}\times\text{含硫量}\times 0.8\times 2$$

工业SO_2排放量 指报告期内企业在燃料燃烧和生产工艺过程中排入大气的SO_2总量，计算公式为：

$$\frac{\text{工业}SO_2}{\text{排放量}}=\frac{\text{燃料燃烧过程}}{\text{中}SO_2\text{排放量}}+\frac{\text{生产工艺过程}}{\text{中}SO_2\text{排放量}}$$

工业烟尘排放量 指企业厂区内燃料燃烧过程中产生的烟气中夹带的颗粒物排放量。

生活及其他烟尘排放量 指除工业生产活动以外的所有社会、经济活动及公共设施的经营活动中燃烧所排放的烟尘纯重量。以生活及其他煤炭消费量为基础进行测算。

工业粉尘排放量 指企业在生产工艺过程中排放的能在空气中悬浮一定时间的固体颗粒物排放量。如钢铁企业的耐火材料粉尘、焦化企业的筛焦系统粉尘、烧结机的粉尘、石灰窑的粉尘、建材企业的水泥粉尘等。不包括电厂排入大气的烟尘。

工业固体废物产生量 指报告期内企业在生产过程中产生的固体状、半固体状和高浓度液体状废弃物的总量，包括危险废物、冶炼废渣、粉煤灰、炉渣、煤矸石、尾矿、放射性废物和其他废物等；不包括矿山开采的剥离废石和掘进废石(煤矸石和呈酸性或碱性的废石除外)。酸性或碱性废石指采掘的废石其流经水、雨淋水的pH值小于4或pH值大于10.5者。

危险废物 指列入国家危险废物名录或根据国家规定的危险废物鉴别标准和鉴别方法认定的，具有爆炸性、易燃性、易氧化性、毒性、腐蚀性、易传染疾病等危险特性之一的废物。

工业固体废物综合利用量 指报告期内企业通过回收、加工、循环、交换等方式，从固体废物中提取或者使其转化为可以利用的资源、能源和其他原材料的固体废物量(包括当年利用往年的工业固体废物贮存量)，如用作农业肥料、生产建筑材料、筑路等。综合利用量由原产生固体废物的单位统计。

工业固体废物综合利用率 指工业固体废物综合利用量占工业固体废物产生量(包括综合利用往年贮存量)的百分率。计算公式为：

$$\text{工业固体废物综合利用率}=\frac{\text{工业固体废物综合利用量}}{\text{工业固体废物产生量}+\text{综合利用往年贮存量}}\times 100\%$$

工业固体废物贮存量 指报告期内企业以综合利用或处置为目的，将固体废物暂时贮存或堆存在专设的贮存设施或专设的集中堆存场所内的数量。专设的固体废物贮存场所或贮存设施必须有防扩散、防流失、防渗漏、防止污染大气、水体的措施。

工业固体废物处置量 指报告期内企业将固体废物焚烧或者最终置于符合环境保护规定要求的场所，并不再回取的工业固体废物量(包括当年处置往年的工业固体废物贮存量)。处置方式有填埋(其中危险废物应安全填埋)、焚烧、专业贮存场(库)封场处理、深层灌注、回填矿井及海洋处置(经海洋管理部门同意投海处置)等。

工业固体废物排放量 指报告期内企业将所产生的固体废物排到固体废物污染防治设施、场所以外的数量，不包括矿山开采的剥离废石和掘进废石(煤矸石和呈酸性或碱性的废石除外)。

"三废"综合利用产品产值 指报告期内利用"三废"作为主要原料生产的产品价值(现行价)；已经销售或准备销售的应计算产品价值，留作生产自用的不应计算产品价值。

自然保护区 指为了保护自然环境和自然资源，促进国民经济的持续发展，将一定面积的陆地和水体划分出来，并经各级人民政府批准而进行特殊保护和管理的区域个数。根据保护对象，自然保护区分为自然生态系统类、野生生物类、自然遗迹类。风景名胜区、文物保护区不计在内。

湿地 指天然或人工、长久或暂时性的沼泽地、泥炭地或水域地带，包括静止或流动、淡水、半咸水、咸水体，低潮时水深不超过 6 米的水域以及海岸地带地区的珊瑚滩和海草床、滩涂、红树林、河口、河流、淡水沼泽、沼泽森林、湖泊、盐沼及盐湖。

环境突发事件 指由于违反环境保护法规的经济、社会活动与行为，以及意外因素的影响或不可抗拒的自然灾害等原因，致使环境受到污染，国家重点保护的野生动植物、自然保护区受到破坏，人体健康受到危害，社会经济和人民财产受到损失，造成不良社会影响的突发性事件。

环境污染治理投资 指在污染源治理和城市环境基础设施建设的资金投入中，用于形成固定资产的资金，其中污染源治理投资包括工业污染源治理投资和"三同时"项目环保投资两部分。环境污染治理投资为城市环境基础设施投资、工业污染源治理投资与"三同时"项目环保投资之和。

城市桥梁 指为跨越天然或人工障碍物而修建的构筑物。包括跨河桥、立交桥、人行天桥以及人行地下通道等。按使用年限分为永久性桥和半永久性桥。

城市园林绿地面积 指报告期末用作园林和绿化的各种绿地面积。包括公园绿地、生产绿地、防护绿地、附属绿地和其他绿地的面积。

Explanatory Notes on Main Statistical Indicators

Total Water Resources refers to total volume of water resources measured as run-off for surface water from rainfall and recharge for groundwater in a given area, excluding transit water.

Surface Water Resources refers to total renewable resources which exist in rivers, lakes, glaciers and other collectors from rainfall and are measured as run-off of rivers.

Groundwater Resources refers to replenishment of aquifers with rainfall and surface water.

Duplicated Measurement between Surface Water and Groundwater refers to mutual exchange between surface water and groundwater, i.e. run-off of rivers includes some depletion into groundwater while groundwater includes some replenishment from surface water.

Water Use refers to gross water use distributed to users, including loss during transportation, broken down into use by agriculture, industry, living consumption and ecological protection.

Water Use by Agriculture includes uses of water by irrigation of farming fields and by forestry, animal husbandry and fishing. Water use by forestry, animal husbandry and fishery includes irrigation of forestry and orchards, irrigation of grassland and replenishment of fishing farms.

Water Use by Industry refers to new withdrawals of water, excluding reuse of water within enterprises.

Water Use by Living Consumption includes use of water for living consumption in both urban and rural areas. Urban water use by living consumption is composed of household use and public use (including services, commerce, restaurants, cargo transportation, posts, telecommunications and construction). Rural water use by living consumption includes both households and animals.

Water Use by Ecological Protection includes replenishment of rivers and lakes and use for urban environment.

Waste Water Discharged by Industry refers to the volume of waste water discharged by industrial enterprises through all their outlets, including waste water from production process, directly cooled water, groundwater from mining wells which does not meet discharge standards and sewage from households mixed with waste water produced by industrial activities, but excluding indirectly cooled water discharged (It should be included if the discharge is not separated from waste water).

Industrial Waste Water Meeting Discharge Standards refers to volume of industrial waste water discharge which, with or without treatment, reaches national or local standards with regard to all pollutants.

Urban Non-industrial Waste Water Discharge refers to annual discharge of non-industrial waste water by urban households. It is estimated by per capita coefficient using the formula:

$$\frac{\text{Urban non-industrial}}{\text{waste water discharge}} = \frac{\text{urban non-industrial waste}}{\text{water discharge coefficient}} \times \frac{\text{urban non-agricultural}}{\text{population}} \times 365$$

Chemical Oxygen Demand (COD) refers to the amount of oxygen required when chemical oxidants are used to oxidize organic pollutants in water. A higher value of COD corresponds to more serious pollution by organic pollutants.

Industrial Waste Air Emission refers to the discharge into atmosphere of waste air containing pollutants generated from fuel burning and production processes in enterprises within a given period of time. It is calculated at standard status (273K, 101325Pa) as:

$$\frac{\text{Industrial waste}}{\text{air emission}} = \frac{\text{emission through}}{\text{fuel burning}} + \frac{\text{emission through}}{\text{production process}}$$

SO_2 Emission through Non-industrial and Other Activities is calculated on the basis of consumption of coal by households and other activities and the sulphur content of coal with the following formula:

$$\begin{matrix}SO_2\text{ emission}\\ \text{through non-}\\ \text{industrial and}\\ \text{other activities}\end{matrix} = \begin{matrix}\text{of coal by}\\ \text{households}\\ \text{and other}\\ \text{activities}\end{matrix} \times \begin{matrix}\text{sulphur}\\ \text{content}\end{matrix} \times 0.8 \times 2$$

SO_2 Emission through Industrial Activities refers to volume of sulphur dioxide emission from fuel burning and production process by enterprises during a given period of time. It is calculated as:

$$\begin{matrix}SO_2\text{ emission}\\ \text{through industrial}\\ \text{activities}\end{matrix} = \frac{SO_2\text{ emission from}}{\text{fuel burning}} + \frac{SO_2\text{ emission from}}{\text{production process}}$$

Industrial Soot Emission refers to the volume of soot in smoke emitted in the process of fuel burning in the premises of enterprises.

Soot Emission by Consumption and Others refers to the net volume of soot emitted by fuel burning from all social and economic activities and operations of public facilities other than industrial activities. It is calculated on the basis of coal consumption by households and others.

Industrial Dust Emission refers to volume of dust emitted by production process of enterprises and suspended in the air for a given period of time, including dust from refractory material of iron and steel works, dust from coke-screening systems and sintering machines of coke plants, dust from lime kilns and dust from cement production in building material enterprises, but excluding soot and dust emitted from power plants.

Industrial Solid Wastes Produced refers to total volume of solid, semi-solid and high concentration liquid residues produced by industrial enterprises from production process in a given period of time, including hazardous wastes, slag, coal ash, gangue, tailings, radioactive residues and other wastes, but excluding stones stripped or dug out in mining - gangue and acid or alkaline stones not included (a stone is acid or alkaline according to the pH value of the water being below 4 or above 10.5 when the stone is in, or soaked by water).

Hazardous Wastes refers to those included in the national hazardous wastes catalogue or specified as any one of the following properties in the national hazardous wastes identification standards: explosive, ignitable, oxidizable, toxic, corrosive or liable to cause infectious diseases or lead to other dangers.

Industrial Solid Wastes Utilized refers to volume of solid wastes from which useful materials can be extracted or which can be converted into usable resources, energy or other materials by means of reclamation, processing, recycling and exchange (including utilizing in the year the stocks of industrial solid wastes of the previous year). Examples of such utilizations include fertilizers, building materials and road materials. The information shall be collected by the producing units of the wastes.

Rate of Utilization of Industrial Solid Wastes refers to the percentage of industrial solid wastes utilized over industrial solid wastes produced (including stocks of the previous years). It is calculated as:

$$\text{Rate of utilization of industrial solid wastes} = \frac{\text{volume of industrial solid wastes utilized}}{\text{industrial solid wastes produced + stock of previous years}} \times 100\%$$

Stock of Industrial Solid Wastes refers to the volume of solid wastes placed in special facilities or special sites for purposes of utilization or disposal. The sites or facilities should take measures against dispersion, loss, seepage, and air and water contamination.

Industrial Solid Wastes Disposed refers to the quantity of industrial solid wastes which are burnt or placed ultimately in the sites meeting the requirements for environmental protection and not salvaged or recycled (including disposition in the year of those wastes of previous years). The disposition includes landfill (Safe landfills should be conducted for hazardous wastes), incineration, containment spaces, deep underground disposal, backfill in mining pits and disposal at sea.

Natural Reserves refer to certain areas of land, waters or sea demarked and approved by relevant governments at all levels to put under special protection and management in order to protect the natural environment and natural resources and to promote the sustainable development of the national economy. According to the objects be protected, the natural reserves are classified into classes of natural ecosystem, wild life and natural heritage. Scenic spots and cultural preservation zones are not included.

Wetlands refer to marshland and peat bog, whether natural or man-made, permanent or temporary; water covered areas, whether stagnant or flowing, with fresh or semi-fresh or salty water that is less than 6 meters deep at low tide; as well as coral beach, weed beach, mud beach, mangrove, river outlet, rivers, fresh-water marshland, marshland forests, lakes, salty bog and salt lakes along the coastal areas.

Sudden Accidents Effecting Environment refer to sudden accidents, due to economic or social activities that are contrary to environment protection laws or due to unforeseen factors or natural disasters, that lead to environment pollution, destruction of protected wild animals, plants or nature reserves, damage to human health, economic and property losses, and other negative impacts on the society.

Investment in Environment Pollution Harnessing Projects refers to the proportion of investment in fixed assets in the total investment in harnessing pollution and in the construction of urban environment infrastructure facilities. The investment in harnessing pollution It includes investment in harnessing sources of industrial pollution and investment in environment protection facilities designed concurrently with construction projects. Investment in environment pollution harnessing is the total of investment in harnessing pollution and investment in urban environment infrastructure facilities.

Urban Bridges refer to bridges built to cross over natural or man-made barriers, including bridges over rivers, overpasses for traffic and for pedestrians, underpasses for pedestrians, etc. Both permanent and semi-permanent bridges are included.

Area of Parks and Green Land refers to the total area occupied for green projects at the end of the reference period, including park green land, production green land, protection green land, green land attached to institutions, and other green areas.

十二、农　业

Agriculture

资料整理：魏静怡　孔庆惠　赵胜利
郑月霞　姜亦武　陈　伟

简 要 说 明

一、本篇资料反映陕西农业生产和农村经济的基本情况，内容主要包括耕地、农林牧渔业产值、主要农产品产量、造林、水利水保、农业机械拥有量、农业基地县等方面的统计资料。

二、农业统计范围包括除县城关镇以外所有乡镇的社会经济活动。

三、粮食播种面积及产量、主要畜禽产品产量全省为抽样调查数。

四、造林情况及2010年以后林产品产量由省林业厅提供，水利水保情况由省水利厅提供，灾情由省民政厅提供。

Brief Introduction

I. This chapter reflects the basic conditions of agricultural production and rural economy of Shaanxi Province, mainly including cultivated land, output of agriculture, forestry, animal husbandry and fishery, output of major products, forestation, water conservancy and protection, quantity of agricultural machinery and agricultural base county.

Ⅱ. Rural social and economic statistics cover social and economic activities in all townships except county towns.

Ⅲ. The sown area and output of grain and output of main animal products of Shaanxi Province are collected with sample survey.

Ⅳ. The forestation situation and output of forest product after 2010 are provided by Shaanxi Province Forestry Department. The situation of water conservancy and protection are provided by Shaanxi Province Department of Water Resources Department. The data on disasters are provided by Shaanxi Provincial Department of Civil Affairs.

12.农 业

2013年全省

年末耕地面积	2870.98	千公顷	占全省土地面积	14.0%
农林牧渔业总产值	2562.51	亿　元	比上年增长	4.8%
农作物播种面积	4183.48	千公顷		
粮食产量	1215.80	万　吨		
水果产量	1487.38	万　吨		

果园面积和水果产量

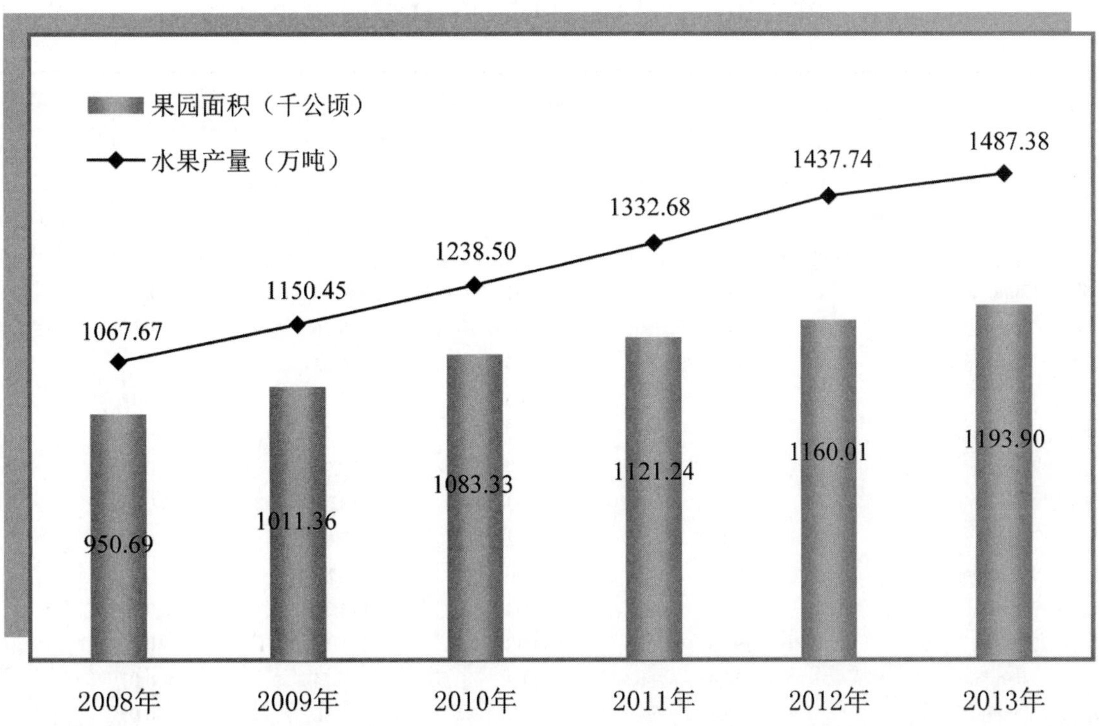

12-1 常用耕地面积
Area of Cultivated Land

年 份 Year	年末常用耕地面积(千公顷) Area of Cultivated Land (1 000 hectares)	# 水 田 Paddy Field	# 水浇地 Irrigated Field	每一乡村人口占有耕地(公顷) The Average Area of Cultivated Land per Rural Person (hectare)	# 水田、水浇地 Paddy Field and Irrigated Field
1978	3853.60	170.07	1047.93	0.16	0.05
1980	3815.67	169.93	1095.80	0.16	0.05
1985	3627.07	166.13	1003.33	0.15	0.05
1990	3533.00	171.47	998.20	0.13	0.04
1995	3393.44	176.04	995.59	0.12	0.04
1996	3358.98	173.54	996.37	0.12	0.04
1997	3325.01	174.00	976.83	0.12	0.04
1998	3302.47	171.09	992.42	0.12	0.04
1999	3238.28	170.88	1007.75	0.12	0.04
2000	3113.96	172.53	997.22	0.11	0.04
2001	2965.83	163.95	968.66	0.11	0.04
2002	2854.81	159.27	974.22	0.10	0.04
2003	2795.82	154.22	916.21	0.10	0.04
2004	2795.52	156.68	897.56	0.10	0.04
2005	2788.45	155.04	926.44	0.10	0.04
2006	2783.30	153.45	921.44	0.10	0.04
2007	2840.73	152.64	900.97	0.10	0.04
2008	2848.37	151.69	899.50	0.10	0.04
2009	2860.04	148.22	906.41	0.10	0.04
2010	2860.53	146.65	900.43	0.10	0.04
2011	2860.98	144.65	934.44	0.10	0.04
2012	2864.29	143.76	965.95	0.11	0.04
2013	2870.98	141.97	958.44	0.11	0.04

12-2 各市(区)常用耕地面积(2013年)
Area of Cultivated Land by City(District)(2013)

地 区	Region	年末常用耕地面积(千公顷) Cultivated Land (1 000 hectares)	# 水 田 Paddy Field	# 水浇地 Irrigated Field	每一乡村人口占有耕地(公顷) The Average Area of Cultivated Land per Rural Person(hectare)	# 水田、水浇地 Paddy Field and Irrigated Field
全 省	**Shaanxi**	**2870.98**	**141.97**	**958.44**	**0.11**	**0.04**
西 安 市	Xi'an	244.15	1.64	158.26	0.06	0.04
铜 川 市	Tongchuan	64.67	0.03	6.81	0.15	0.02
宝 鸡 市	Baoji	299.99	0.45	113.50	0.11	0.04
咸 阳 市	Xianyang	356.85	0.17	193.72	0.09	0.05
渭 南 市	Weinan	519.41	0.64	329.24	0.12	0.08
# 韩城市	Hancheng	27.24	0.33	14.32	0.11	0.06
延 安 市	Yan'an	240.55	1.02	7.05	0.15	0.01
汉 中 市	Hanzhong	205.08	97.00	4.83	0.07	0.03
榆 林 市	Yulin	594.87	4.64	114.26	0.21	0.04
安 康 市	Ankang	197.82	34.32	1.14	0.08	0.01
商 洛 市	Shangluo	133.43	2.04	17.74	0.07	0.01
杨凌示范区	Yangling	5.56		5.56	0.05	0.05

12-3 农林牧渔业总产值

Gross Output Value of Agriculture, Forestry, Animal Husbandry and Fishery

单位：万元 (10 000 yuan)

年 份 Year	农林牧渔业总产值 Total	农 业 Farming	林 业 Forestry	牧 业 Animal Husbandry	渔 业 Fishery	农林牧渔服务业 Service in Support of Agriculture
1978	362748	309084	11717	41802	145	
1980	418773	349984	16625	51996	168	
1985	795777	611883	50751	131815	1328	
1990	1699568	1243236	90170	357676	8486	
1995	3816465	2578674	168848	1046501	22442	
1996	4484603	3229267	190692	1036321	28323	
1997	4555898	3214059	186349	1124778	30712	
1998	4793422	3408731	192286	1158870	33535	
1999	4524685	3276525	222862	989843	35455	
2000	4648889	3277761	272175	1063900	35053	
2001	4788356	3374163	235930	1140722	37541	
2002	5090762	3532131	266225	1251170	41236	
2003	5112543	3343544	268260	1455952	44787	
2004	6512051	4137371	263525	1794364	51236	265555
2005	7307239	4729047	250070	1989982	54879	283261
2006	8215406	5234189	289488	2141302	34427	516000
2007	10028501	6293403	337745	2740463	42427	614463
2008	12778611	7758512	414721	3852637	60582	692159
2009	13372200	8236000	456300	3879000	65000	735900
2010	16660575	11072354	351824	4349944	82909	803544
2011	20586024	13606649	423402	5534045	106249	915679
2012	23032043	15262805	584353	5987160	146109	1051616
2013	25625051	17147882	676185	6436731	177625	1186628

注：1.2002年及以前农林牧渔业总产值含农民家庭兼营工业产值，按当年市场价格计算。
2.2003年及以后不含农民家庭兼营工业产值，按生产者价格计算，2004年及以后含农林牧渔服务业产值.

a) Before 2002 Gross Output Value of Agriculture, Forestry, Animal Husbandry and Fishery included commodity industry run by Rural Household, Data in this table are calculated at current prices.

b) Since 2003 it exclude commodity industry run by Rural Household,Data in this table are calculated at producer's price. Since 2004 it include services for Agriculture, Forestry,Animal Husbandry and Fishery.

12-4 各市(区)农林牧渔业总产值(2013年)

Gross Output Value of Agriculture, Forestry, Animal Husbandry and Fishery by City(District)(2013)

单位：万元 (10 000 yuan)

地 区	Region	农林牧渔业总产值 Total	农 业 Farming	林 业 Forestry	牧 业 Animal Husbandry	渔 业 Fishery	农林牧渔服务业 Service in Support of Agriculture
全 省	**Shaanxi**	**25625051**	**17147882**	**676185**	**6436731**	**177625**	**1186628**
西安市	Xi'an	3428905	2173363	80199	863902	22773	288668
铜川市	Tongchuan	387385	294440	4946	70899	2217	14883
宝鸡市	Baoji	2639913	1451050	85778	988080	10049	104956
咸阳市	Xianyang	5178274	3860378	67148	984216	12504	254028
渭南市	Weinan	3575357	2538700	69029	789021	28192	150415
# 韩城市	Hancheng	258311	192677	5459	36494	650	23031
延安市	Yan'an	1878097	1457585	70762	300096	4927	44727
汉中市	Hanzhong	3050704	1742627	127383	1026821	42084	111789
榆林市	Yulin	2327387	1250286	62347	922999	9173	82582
安康市	Ankang	1566171	934781	84559	452115	56043	38673
商洛市	Shangluo	1560156	833829	86161	579499	3845	56822
杨凌示范区	Yangling	110513	68715	9171	26132		6495

注：本表按当年价格计算。

a) Data in this table are calculated at current prices.

12-5　农林牧渔业总产值指数(1978年=100)
Indices of Gross Output Value of Agriculture, Forestry, Animal Husbandry and Fishery (year of 1978=100)

年 份 Year	农林牧渔业总产值 Total	农 业 Farming	林 业 Forestry	牧 业 Animal Husbandry	渔 业 Fishery	农林牧渔服务业 Service in Support of Agriculture
1978	100.0	100.0	100.0	100.0	100.0	
1980	97.0	92.0	123.3	107.7	113.7	
1985	148.2	152.7	189.0	159.6	303.5	
1990	191.7	204.0	176.7	231.9	992.9	
1995	250.8	250.8	251.7	364.6	1834.7	
1996	277.1	294.5	263.1	346.4	2144.8	
1997	281.5	294.8	249.6	373.4	2348.5	
1998	306.6	321.9	274.1	402.6	2463.6	
1999	306.0	324.5	305.3	378.0	2803.6	
2000	320.0	336.8	322.1	403.7	2795.2	
2001	328.0	341.5	328.6	426.3	2937.7	
2002	348.4	361.7	363.4	452.3	3193.3	
2003	366.1	371.8	389.2	503.4	3404.1	
2004	399.8	416.8	383.6	526.1	3482.4	
2005	432.2	448.9	359.7	587.1	3844.6	
2006	463.8	484.4	367.9	627.1	4063.7	
2007	487.0	508.1	409.9	652.1	4336.0	
2008	525.4	547.7	446.8	707.6	4713.2	
2009	551.2	568.5	499.0	755.0	5080.8	
2010	583.1	605.7	512.4	789.1	5540.0	
2011	615.8	645.7	562.1	788.3	6925.0	
2012	652.7	683.8	617.2	831.7	8213.1	
2013	684.0	709.8	719.0	875.8	9592.9	

注：本表按可比价格计算。
a) Data in this table are calculated at constant prices.

12-6　农林牧渔业总产值指数(上年=100)
Indices of Gross Output Value of Agriculture, Forestry, Animal Husbandry and Fishery (preceding year=100)

年 份 Year	农林牧渔业总产值 Total	农 业 Farming	林 业 Forestry	牧 业 Animal Husbandry	渔 业 Fishery	农林牧渔服务业 Service in Support of Agriculture
1978	102.7	101.6	94.4	100.5	94.3	
1980	85.9	81.2	109.2	95.7	100.6	
1985	102.8	100.8	113.7	115.6	148.9	
1990	106.1	107.6	93.8	108.6	115.3	
1995	104.0	104.8	100.0	102.8	113.1	
1996	110.5	117.4	104.5	95.0	116.9	
1997	101.6	100.1	94.9	107.8	109.5	
1998	108.9	109.2	109.8	107.8	104.9	
1999	99.8	100.8	111.4	93.9	113.8	
2000	104.6	103.8	105.5	106.8	99.7	
2001	102.5	101.4	102.0	105.6	105.1	
2002	106.2	105.9	110.6	106.1	108.7	
2003	105.1	102.8	107.1	111.3	106.6	
2004	109.2	112.1	98.6	104.5	102.3	
2005	108.1	107.7	93.8	111.6	110.4	104.2
2006	107.3	107.9	102.3	106.8	105.7	105.8
2007	105.0	104.9	111.4	104.0	106.7	106.1
2008	107.9	107.8	109.0	108.5	108.7	106.2
2009	104.9	103.8	111.7	106.7	107.8	105.5
2010	105.8	106.5	102.7	104.5	109.0	105.2
2011	105.6	106.6	109.7	99.9	125.0	107.0
2012	106.0	105.9	109.8	105.5	118.6	107.6
2013	104.8	103.8	116.5	105.3	116.8	107.8

注：本表按可比价格计算。
a) Data in this table are calculated at constant prices.

12-7　农林牧渔业分项产值

Gross Output Value of Agriculture, Forestry, Animal Husbandry and Fishery by Item

单位：万元　　(10 000 yuan)

指　　标	Item	2011	2012	2013年
农林牧渔业总产值	**Gross Output Value of Agriculture, Forestry, Animal Husbandry and Fishery**	**20586024**	**23032043**	**25625051**
一、农业总产值	Output Value of Farming	13606649	15262805	17147882
# 粮食作物	Grain	3385911	3635733	3767141
(一) 谷物及其他作物	Cereals and Other Crops	4301323	4603723	4797823
1.谷　物	Cereal	2546428	2754503	2909639
2.薯　类	Tubers	588160	616013	663714
3.豆　类	Beans	251323	265217	193788
4.油　料	Oil-bearing	396254	421253	430316
5.棉　花	Cotton	96634	93699	103992
6.麻　类	Fiber Crops	737	663	710
7.糖　料	Sugar Crops	216	847	324
8.烟　草	Tobacco	115371	116948	129028
9.其他农作物	Others	306200	334580	366312
(二)蔬菜、园艺作物	Vegetables Gardening Crops	3712867	4194385	4905901
# 1.蔬　菜	Vegetables	3635456	4151458	4826254
2.花　卉	Flowers	31929	29380	34634
(三)水果、坚果、茶叶和香料作物	Fruits,Nuts Tea and Spices Crops	5120495	5444801	6830577
# 1.水　果	Fruits	4537842	5229613	5977161
# 园林水果	Garden Fruit	4114382	4738566	5470034
# 苹　果	Apples	2877250	3172407	3589931
果用瓜类	Melon	423460	491047	507127
2.坚　果	Nuts	252597	323582	363359
3.茶　叶	Tea	183000	226603	293448
4.香料作物	Spices Crops	147056	156050	196609
(四)中药材	Chinese Herbal Medicines	471964	528849	613581
二、林业产值	Output Value of Forestry	423402	584353	676185
(一)林木的培育和种植	Cultivation and Planting of Trees	232767	336971	402415
(二)竹木采运	Logging andTransport of Bamboo	42459	47175	41792
(三)林产品	Forestry Products	148176	200207	231978
三、牧业产值	Output Value of Animal Husbandry	5534045	5987160	6436731
(一)牲畜的饲养	Stock Breeding	1922945	2132462	2327127
1.牛的饲养	Cattle	435484	505828	519114
2.羊的饲养	Sheep	551843	577830	659883
3.其他牲畜饲养	Others	35456	42364	54178
4.奶产品	Milk Products	826649	906605	990989
5.毛绒产品	Feather and Cashmere Products	73513	99835	102963
(二)猪的饲养	Pigs Breeding	2703848	2881879	2999724
(三)家　禽	Poultry Breeding	690133	715861	842138
# 禽　蛋	Egg	469131	475850	575052
(四)狩猎和捕捉动物	Animal Hunting and Trapping	6217	3929	3407
(五)其它畜牧业	Other Animal Husbandry	210902	253029	264335
四、渔业产值	Output Value of Fishery	106249	146109	177625
五、农林牧渔服务业	Service in Support of Agriculture	915679	1051616	1186628

注：1.本表按当年生产者价格计算。

2.由于核算制度的变化，2010年起林产品不含核桃板栗和花椒等。

a) Data in this table are calculated at producer's price.

b) Because the changes of national accounts, forestry Products exclude walnuts, chestnuts and pepper etc.

12-8 农林牧渔业增加值
Value Added of Agriculture, Forestry, Animal Husbandry and Fishery

单位：万元 (10 000 yuan)

指　标	Item	2011	2012	2013
农林牧渔业增加值	**Total**	**12209264**	**13701582**	**15260453**
农　业	Farming	8415524	9440605	10606594
林　业	Forestry	269181	371506	429888
牧　业	Animal Husbandry	2974000	3229479	3471977
渔　业	Fishery	60279	83257	101215
农林牧渔服务业	Service in Support of Agriculture	490280	576735	650779

12-9 各市(区)农林牧渔业增加值(2013年)
Value Added of Farming, Forestry, Animal Husbandry Fishery by City(District)(2013)

单位：万元 (10 000 yuan)

地　区	Region	农林牧渔业增加值 Total	农　业 Farming	林　业 Forestry	牧　业 Animal Husbandry	渔　业 Fishery	农林牧渔服务业 Service in Support of Agriculture	农林牧渔业增加值比上年增长% Growth Rate as Last Year (%)
全　省	**Shaanxi**	**15260453**	**10606594**	**429888**	**3471977**	**101215**	**650779**	**4.7**
西安市	Xi'an	2177588	1459093	43740	490162	11589	173004	4.8
铜川市	Tongchuan	217391	165537	2814	40032	1253	7755	4.9
宝鸡市	Baoji	1576491	865106	53246	587342	5741	65056	4.5
咸阳市	Xianyang	3154381	2416246	37085	534781	7476	158793	4.6
渭南市	Weinan	2023776	1404933	38669	470693	16600	92881	4.7
# 韩城市	Hancheng	145394	106037	2883	23058	374	13042	4.0
延安市	Yan'an	1074330	847221	40198	159780	2823	24308	4.3
汉中市	Hanzhong	1777074	1072358	82822	535369	24614	61911	5.2
榆林市	Yulin	1397515	787861	37970	518280	5364	48040	4.4
安康市	Ankang	905668	571200	45141	236732	34236	18359	5.1
商洛市	Shangluo	885444	499884	57047	292911	2255	33347	5.0
杨凌示范区	Yangling	67188	47613	2935	13848		2792	5.4

注：本表按当年价格计算,增长速度按可比价计算。

a) Data in this table are calculated at current prices. Growth rate are calculated at constant prices.

12-10 主要农作物播种面积
Total Sown Areas of Major Farm Crops

单位：千公顷 (1 000 hectares)

年 份 Year	总播种面积 Total Sown Area	粮食作物播种面积 Sown Area of Grain Crops	夏粮 Summer Grain	#小麦 Wheat	秋粮 Autumn Grain	#稻谷 Rice	#玉米 Corn	#大豆 Soja
1978	5254.67	4488.00	1949.33	1604.67	2493.33	160.00	1090.67	206.00
1980	5072.67	4310.37	1906.67	1590.67	2404.00	162.67	1076.67	211.33
1985	4663.33	3965.33	1928.00	1693.33	2037.33	156.67	950.67	202.00
1990	4860.00	4134.67	1925.33	1690.67	2209.33	159.33	1024.67	288.67
1995	4496.85	3807.73	1805.33	1600.23	2002.40	139.35	902.63	240.51
2000	4555.49	3821.59	1716.62	1537.26	2104.97	144.81	1056.96	246.96
2001	4264.84	3517.63	1590.29	1424.24	1927.34	140.78	1005.06	229.06
2002	4198.37	3397.29	1512.25	1356.75	1885.04	130.52	999.93	224.25
2003	4090.26	3157.28	1402.71	1255.11	1754.57	123.35	940.53	198.19
2004	4303.04	3362.01	1324.90	1152.70	2037.11	135.25	1132.56	237.58
2005	4391.24	3453.33	1389.53	1211.53	2063.77	133.79	1148.37	232.51
2006	3983.48	3081.27	1338.76	1181.61	1742.51	106.50	1041.63	180.77
2007	4044.74	3099.81	1329.43	1167.22	1770.38	109.70	1060.32	171.21
2008	4274.45	3234.70	1317.33	1140.00	1917.37	119.01	1112.90	184.25
2009	4154.10	3133.97	1319.33	1145.97	1814.64	125.33	1164.00	187.33
2010	4185.58	3159.70	1320.67	1148.90	1839.03	121.60	1182.40	178.60
2011	4181.04	3134.87	1314.67	1136.67	1820.20	120.93	1177.80	151.79
2012	4190.27	3127.53	1286.73	1127.60	1840.80	123.33	1167.40	166.80
2013	4183.48	3105.13	1237.40	1094.80	1867.73	123.72	1166.23	153.13

12-10 续表 continued

单位：千公顷 (1 000 hectares)

年 份 Year	棉花 Cotton	油料 Oil-bearing	#油菜籽 Rapeseeds	#花生 Peanuts	麻类 Fiber Crops	糖料 Sugar Crops	烤烟 Flue-cured Tobacco	蔬菜 Vegetables	瓜类 Melon
1978	252.67	130.00	73.33	4.7	7.13	2.60	7.60	78.67	14.67
1980	242.00	160.00	89.33	8.7	3.73	3.30	3.33	79.33	20.27
1985	94.67	240.00	114.00	47.67	2.20	4.33	34.67	121.33	30.60
1990	112.67	269.33	132.00	39.56	2.88	3.53	72.13	145.33	22.87
1995	72.75	302.18	169.77	32.87	1.50	2.28	48.33	174.23	27.63
2000	30.09	303.63	163.75	33.45	0.91	1.43	47.08	228.71	33.49
2001	50.38	291.14	167.70	30.86	0.75	1.52	40.60	219.43	37.07
2002	42.81	280.63	166.05	29.63	0.68	1.27	31.26	263.70	37.56
2003	65.06	285.58	165.82	29.51	0.51	0.33	30.95	276.80	43.52
2004	80.09	283.32	173.21	28.04	0.76	0.24	30.40	301.30	44.87
2005	70.23	276.86	178.71	29.55	1.06	0.10	32.58	331.70	51.04
2006	85.30	249.21	160.60	28.87	1.05	0.09	32.93	356.38	59.92
2007	89.13	252.12	163.39	27.57	0.68	0.09	31.18	368.91	61.84
2008	85.15	277.16	178.31	32.56	0.51	0.19	33.42	385.59	58.60
2009	61.84	295.48	194.63	31.14	0.38	0.06	36.81	428.67	64.83
2010	50.88	301.24	201.78	31.15	0.49	0.07	31.06	443.99	70.37
2011	50.28	300.84	203.32	32.05	0.49	0.05	35.74	458.28	78.42
2012	48.30	302.30	202.09	32.92	0.49	0.06	40.01	477.10	74.26
2013	36.72	298.82	204.42	32.71	0.48	0.05	36.61	489.96	76.91

注：2009年及以后粮食播种面积为抽样调查数。
a) Since 2009 sown area of grain crops are sample survey data.

12-11 各市(区)主要农作物播种面积(2013年)
Total Sown Areas of Major Farm Crops by City(District)(2013)

单位：千公顷 (1 000 hectares)

地　区	Region	总播种面积 Total Sown Area	粮食作物播种面积 Sown Area of Grain Crops	夏粮 Summer Grain	#小麦 Wheat	秋粮 Autumn Grain	#稻谷 Rice	#玉米 Corn	#大豆 Soja
全　省	**Shaanxi**	**4183.48**	**3105.13**	**1237.40**	**1094.8**	**1867.73**	**123.72**	**1166.23**	**153.13**
西安市	Xi'an	466.32	378.58	201.04	199.3	177.54	0.63	163.76	7.29
铜川市	Tongchuan	79.34	59.76	25.37	25.4	34.40		30.27	2.60
宝鸡市	Baoji	419.21	337.52	189.94	187.5	147.58	0.62	129.93	8.76
咸阳市	Xianyang	524.24	398.82	224.19	223.9	174.62		161.28	5.43
渭南市	Weinan	696.67	520.13	293.14	292.4	226.99		205.93	9.98
#韩城市	Hancheng	27.14	23.36	13.43	13.4	9.93		8.94	0.30
延安市	Yan'an	245.52	199.39	9.62	4.6	189.77	0.40	80.16	22.05
汉中市	Hanzhong	442.29	269.24	88.22	44.0	181.02	79.08	74.58	14.95
榆林市	Yulin	581.88	474.00	14.69	2.8	459.31	1.32	147.59	51.37
安康市	Ankang	453.45	269.91	116.91	48.5	153.00	29.96	81.63	11.20
商洛市	Shangluo	283.81	209.92	102.07	65.9	107.85	0.59	73.02	20.44
杨凌示范区	Yangling	6.14	3.69	1.98	2.0	1.71		1.68	

12-11 续表 continued

单位：千公顷 (1 000 hectares)

地　区	Region	棉花 Cotton	油料 Oil-bearing	#油菜籽 Rapeseeds	#花生 Peanuts	麻类 Fiber Crops	糖料 Sugar Crops	烤烟 Flue-cured Tobacco	蔬菜 Vegetables
全　省	**Shaanxi**	**36.72**	**298.82**	**204.42**	**32.71**	**0.48**	**0.05**	**36.61**	**489.96**
西安市	Xi'an	1.71	5.11	4.62	0.17				66.59
铜川市	Tongchuan		6.58	6.50				0.07	6.73
宝鸡市	Baoji	0.06	11.32	10.16	0.01	0.20		4.13	51.21
咸阳市	Xianyang	0.19	24.42	23.03	0.15			1.78	89.63
渭南市	Weinan	33.01	28.84	18.49	7.84			0.34	75.61
#韩城市	Hancheng	0.15	0.59	0.57	0.02				2.97
延安市	Yan'an	1.09	11.61	2.24	2.32			2.18	22.99
汉中市	Hanzhong		83.12	76.53	4.20	0.01	0.02	4.72	60.38
榆林市	Yulin	0.21	44.61		6.93	0.09			25.49
安康市	Ankang	0.02	71.35	57.18	6.42	0.13	0.02	14.13	68.81
商洛市	Shangluo		11.84	5.65	4.68	0.04		9.25	20.46
杨凌示范区	Yangling		0.02	0.02					2.06

注：本表全省粮食面积为抽样调查数。

a) The sown area of grain crops of Shaanxi in this table are sample survey data.

12-12 主要农作物产品产量
Output of Major Farm Products

单位：万吨 (10 000 tons)

年份 Year	粮食 Grain	夏粮 Summer Grain	#小麦 Wheat	秋粮 Autumn Grain	#稻谷 Rice	#玉米 Corn	#大豆 Soja
1978	800.00	293.50	251.00	542.00	81.50	292.00	19.95
1980	757.00	264.00	229.90	493.00	75.70	274.70	17.86
1985	951.90	459.20	423.30	492.70	88.30	291.60	18.35
1990	1070.70	501.70	463.70	569.00	100.40	333.80	30.75
1995	913.40	457.80	410.40	455.60	64.20	282.30	20.46
2000	1089.10	445.50	418.60	643.60	94.70	413.70	22.20
2001	976.61	432.74	406.63	543.87	92.05	352.81	19.60
2002	1005.60	440.10	405.30	565.50	80.30	374.50	21.20
2003	968.40	440.60	395.50	527.80	75.50	373.20	15.90
2004	1160.36	449.00	407.90	711.40	80.83	475.36	30.18
2005	1139.50	436.80	401.20	702.70	79.30	470.10	31.79
2006	1041.90	429.39	392.63	612.51	66.36	448.57	22.12
2007	1067.91	393.29	356.99	674.62	66.93	498.77	22.93
2008	1150.90	438.80	391.50	712.10	67.88	504.31	24.56
2009	1131.40	426.00	383.10	705.40	82.50	526.10	42.36
2010	1164.90	449.30	403.80	715.60	81.01	532.20	39.71
2011	1194.70	455.10	410.10	739.60	84.50	550.70	24.39
2012	1245.10	472.50	435.50	772.60	87.35	566.90	36.01
2013	1215.80	423.60	389.80	792.20	90.95	586.73	24.95

12-12 续表 continued

单位：万吨 (10 000 tons)

年份 Year	棉花 Cotton	油料 Oil-bearing	#油菜籽 Rapeseeds	#花生 Peanuts	麻类 Fiber Crops	糖料 Sugar Crops	烤烟 Flue-cured Tobacco	蔬菜 Vegetables
1978	10.54	5.65	4.01	0.51	0.50	1.89	1.38	
1980	8.08	10.97	7.72	1.15	0.27	3.11	0.57	
1985	4.30	29.86	16.40	10.05	0.24	7.85	6.26	297.16
1990	7.78	33.39	19.25	7.03	0.18	5.92	12.32	367.30
1995	3.99	38.15	25.45	6.02	0.11	1.03	6.34	362.86
2000	2.74	38.76	22.40	7.33	0.09	1.79	7.36	556.53
2001	4.98	37.54	23.13	7.09	0.07	1.94	6.29	525.46
2002	4.30	41.08	24.58	7.01	0.11	3.10	5.10	660.48
2003	5.27	41.33	27.05	6.90	0.07	0.80	4.88	708.94
2004	8.23	46.06	29.45	7.18	0.11	0.67	5.32	785.34
2005	7.78	45.35	30.33	7.58	0.09	0.30	5.88	869.93
2006	8.83	41.36	27.29	7.55	0.14	0.24	5.99	848.48
2007	8.98	39.15	26.97	6.94	0.08	0.31	5.56	928.10
2008	10.07	49.46	33.35	8.20	0.06	0.30	7.14	1067.12
2009	8.58	54.38	35.63	9.71	0.05	0.17	7.31	1257.59
2010	6.92	56.08	37.27	8.98	0.06	0.20	6.73	1384.02
2011	6.74	58.97	38.36	9.28	0.06	0.16	7.67	1432.50
2012	6.72	60.33	39.94	9.76	0.07	0.17	9.15	1525.62
2013	5.79	59.52	39.67	9.64	0.07	0.16	8.54	1629.36

注：2009年及以后粮食产量为抽样调查数。

a) Since 2009 grain products are sample survey data.

12-13 各市(区)主要农产品产量(2013年)
Output of Major Farm Products by City(District)(2013)

地区	Region	粮食(万吨) Grain (10 000 tons)	夏粮 Summer Grain	#小麦 Wheat	秋粮 Autumn Grain	#稻谷 Rice	#玉米 Corn	#大豆 Soja
全省	**Shaanxi**	**1215.80**	**423.60**	**389.80**	**792.20**	**90.95**	**586.73**	**24.95**
西安市	Xi'an	183.12	83.60	82.77	99.52	0.39	91.83	2.20
铜川市	Tongchuan	23.98	6.47	6.47	17.51		16.43	0.44
宝鸡市	Baoji	145.59	73.50	72.75	72.09	0.43	67.40	1.62
咸阳市	Xianyang	189.44	88.91	88.79	100.53		96.42	1.03
渭南市	Weinan	211.17	97.01	96.69	114.16		106.69	1.98
#韩城市	Hancheng	7.76	3.52	3.52	4.24		3.93	0.07
延安市	Yan'an	74.35	2.91	1.44	71.44	0.24	49.01	4.27
汉中市	Hanzhong	102.66	24.08	12.73	78.58	51.16	22.27	1.67
榆林市	Yulin	154.77	4.31	0.50	150.46	0.81	75.51	8.56
安康市	Ankang	86.23	29.00	11.92	57.23	21.29	25.15	2.18
商洛市	Shangluo	65.07	25.01	14.61	40.06	0.39	31.03	3.40
杨凌示范区	Yangling	2.24	1.09	1.09	1.15		1.14	

12-13 续表 continued

地区	Region	棉花(吨) Cotton (ton)	油料(吨) Oil-bearing (ton)	#油菜籽 Rapeseeds	#花生 Peanuts	麻类(吨) Fiber Crops (ton)	糖料(吨) Sugar Crops (ton)	烤烟(吨) Flue-cured Tobacco (ton)	蔬菜(万吨) Vegetables (10 000 tons)
全省	**Shaanxi**	**57917**	**595182**	**396664**	**96375**	**686**	**1600**	**85377**	**1629.36**
西安市	Xi'an	2467	9994	8654	490				298.12
铜川市	Tongchuan		8174	8097				105	15.50
宝鸡市	Baoji	95	17736	16415	31	191		8399	129.16
咸阳市	Xianyang	130	41580	38349	425			3762	387.29
渭南市	Weinan	53612	64097	32017	25516			2020	225.01
#韩城市	Hancheng	296	1036	988	48				10.58
延安市	Yan'an	875	21149	4001	4364			4935	106.04
汉中市	Hanzhong	3	184756	168821	11941	5	667	12013	202.40
榆林市	Yulin	114	79469		22819	236	10		70.68
安康市	Ankang	31	144383	112580	17849	213	923	32418	131.46
商洛市	Shangluo	2	23716	7666	12940	41		21725	45.48
杨凌示范区	Yangling		128	64					13.34

注：全省粮食产量为抽样调查数。

a) The sown area of grain crops of Shaanxi in this table are sample survey data.

12-14 主要农产品单位面积产量
Output of Major Farm Products Per Hectare

单位：公斤/公顷 (kg/hectare)

年 份 Year	粮 食 Grain	夏 粮 Summer Grain	# 小 麦 Wheat	秋 粮 Autumn Grain	# 稻 谷 Rice	# 玉 米 Corn	# 大 豆 Soja
1978	1785	1395	1470	2175	5130	2520	970
1980	1755	1380	1440	2055	4650	2550	844
1985	2400	2385	2550	2415	5640	3060	908
1990	2595	2610	2745	2580	6300	3255	1066
1995	2399	2536	2565	2275	4609	3128	851
2000	2850	2595	2723	3057	6540	3914	899
2001	2776	2721	2855	2822	6539	3510	856
2002	2960	2910	2987	3000	6153	3745	945
2003	3067	3141	3151	3008	6121	3968	802
2004	3452	3389	3539	3492	5977	4197	1270
2005	3300	3144	3312	3405	5927	4094	1367
2006	3381	3207	3323	3515	6231	4307	1224
2007	3445	2958	3059	3811	6203	4704	1339
2008	3558	3331	3434	3714	5704	4531	1333
2009	3610	3229	3343	3887	6582	4520	2261
2010	3687	3402	3515	3891	6662	4501	2223
2011	3811	3462	3608	4063	6988	4676	1607
2012	3981	3672	3862	4197	7082	4856	2159
2013	3915	3423	3560	4242	7351	5031	1629

12-14 续表 continued

单位：公斤/公顷 (kg/hectare)

年 份 Year	棉 花 Cotton	油 料 Oil-bearing	# 油菜籽 Rapeseeds	# 花 生 Peanuts	麻 类 Fiber Crops	糖 料 Sugar Crops	烤 烟 Flue-cured Tobacco	蔬 菜 Vegetables
1978	420	435	555	1080	1065	7260	1815	
1980	330	690	855	1320	735	9600	1830	
1985	450	1245	1440	2155	1095	18210	1815	24450
1990	690	1245	1455	1770	615	16755	1710	25245
1995	548	1263	1499	1830	726	4531	1312	20827
2000	911	1277	1368	2192	985	12578	1564	24334
2001	989	1290	1379	2297	960	12724	1550	23946
2002	1004	1464	1480	2367	1573	24389	1628	25047
2003	811	1447	1631	2340	1283	24147	1576	25612
2004	1027	1626	1700	2563	1451	27630	1749	26066
2005	1107	1638	1697	2563	883	29208	1805	26227
2006	1035	1660	1699	2615	1453	28565	1820	23808
2007	1007	1553	1650	2517	1240	33468	1783	25158
2008	1183	1785	1871	2520	1110	15898	2137	27675
2009	1395	1840	1831	3120	1275	28755	2040	29340
2010	1361	1861	1847	2884	1139	28144	2175	31172
2011	1341	1960	1887	2895	1335	31120	2147	31258
2012	1391	1996	1976	2966	1416	28350	2287	31977
2013	1577	1992	1940	2947	1438	35036	2332	33255

注：2009年及以后粮食单产为抽样调查数。
a) Since 2009 grain products per hectare are sample survey data.

12-15 各市(区)主要农作物单位面积产量(2013年)
Output of Major Farm Products Per Hectare by City(District)(2013)

单位：公斤／公顷 (kg/hectare)

地 区	Region	粮食 Grain	夏粮 Summer Grain	#小麦 Wheat	秋粮 Autumn Grain	#稻谷 Rice	#玉米 Corn	#大豆 Soja
全 省	**Shaanxi**	**3915**	**3423**	**3560**	**4242**	**7351**	**5031**	**1629**
西安市	Xi'an	4837	4158	4153	5605	6228	5608	3018
铜川市	Tongchuan	4013	2549	2549	5092		5427	1712
宝鸡市	Baoji	4314	3870	3879	4885	7036	5187	1849
咸阳市	Xianyang	4750	3966	3966	5757		5978	1906
渭南市	Weinan	4060	3309	3307	5029		5181	1980
#韩城市	Hancheng	3322	2623	2623	4267		4395	2229
延安市	Yan'an	3729	3021	3120	3765	6128	6114	1935
汉中市	Hanzhong	3813	2730	2890	4341	6469	2986	1117
榆林市	Yulin	3265	2934	1769	3276	6157	5116	1666
安康市	Ankang	3195	2481	2459	3741	7107	3081	1945
商洛市	Shangluo	3100	2451	2216	3714	6701	4249	1664
杨凌示范区	Yangling	6076	5495	5495	6750		6748	

12-15 续表 continued

单位：公斤／公顷 (kg/hectare)

地 区	Region	棉花 Cotton	油料 Oil-bearing	#油菜籽 Rapeseeds	#花生 Peanuts	麻类 Fiber Crops	糖料 Sugar Crops	烤烟 Flue-cured Tobacco	蔬菜 Vegetables
全 省	**Shaanxi**	**1577**	**1992**	**1940**	**2947**	**1438**	**35036**	**2332**	**33255**
西安市	Xi'an	1439	1955	1874	2951				44768
铜川市	Tongchuan		1242	1246				1500	23040
宝鸡市	Baoji	1610	1567	1616	3275	961		2032	25223
咸阳市	Xianyang	695	1703	1665	2891			2109	43211
渭南市	Weinan	1624	2223	1732	3254			5872	29758
#韩城市	Hancheng	2006	1744	1734	2000				35659
延安市	Yan'an	806	1821	1785	1884			2267	46118
汉中市	Hanzhong	957	2223	2206	2842	493	31661	2545	33521
榆林市	Yulin	551	1781		3292	2547	18750		27733
安康市	Ankang	1340	2024	1969	2780	1598	38352	2294	19103
商洛市	Shangluo	1500	2003	1357	2767	969		2347	22231
杨凌示范区	Yangling		6000	3000					64784

注：全省粮食单产为抽样调查数。

a) The grain products per hectare of Shaanxi in this table are sample survey data.

12-16 茶、桑、果面积及产量
Areas and Output of Tea Plantation, Cocoon, Orchards

年 份 Year	茶园面积 (千公顷) Area of Tea Plantations (1 000 hectares)	茶叶产量 (吨) Output of Tea (ton)	桑园面积 (千公顷) Area of Mulberry Field (1 000 hectares)	果园面积 (千公顷) Area of Orchards (1 000 hectares)	水果产量 (万吨) Output of Fruits (10 000 tons)	# 苹果 Apples	# 柑桔 Citrus
1978	31.07	1408	12.00	98.60	33.41	9.92	0.12
1980	24.00	1428	17.40	104.27	28.00	8.93	0.30
1985	26.16	2822	46.75	109.93	33.53	14.09	0.52
1990	29.19	4548	37.31	304.78	62.03	34.93	0.89
1995	30.64	5252	76.83	685.35	283.96	233.76	1.12
2000	35.28	6126	58.76	664.76	493.79	388.57	3.52
2001	38.23	6273	65.59	680.11	534.19	408.57	5.85
2002	43.28	7003	71.43	703.75	577.35	440.59	6.40
2003	50.86	7952	75.23	750.51	621.14	461.79	9.86
2004	56.34	10239	78.30	788.47	735.61	555.21	11.75
2005	59.47	11382	79.83	817.45	765.74	560.12	16.76
2006	62.94	12827	97.50	860.49	881.95	649.98	16.32
2007	67.33	14400	91.75	884.91	940.23	701.57	22.43
2008	69.06	16025	104.47	950.69	1067.67	745.51	23.73
2009	78.12	20153	105.96	1011.36	1150.45	805.17	30.80
2010	85.38	25052	105.83	1083.33	1238.50	856.01	28.68
2011	90.79	28430	101.59	1121.24	1332.68	902.93	34.28
2012	97.14	35195	97.49	1160.01	1437.74	965.09	36.80
2013	109.74	40656	94.72	1193.90	1487.38	942.82	47.69

12-17 水果生产情况
Production of Fruit

品 种	Item	2011		2012		2013	
		面 积 (公顷) Area of Orchards (hectare)	产 量 (吨) Output (ton)	面 积 (公顷) Area of Orchards (hectare)	产 量 (吨) Output (ton)	面 积 (公顷) Area of Orchards (hectare)	产 量 (吨) Output (ton)
水果合计	**Total**	**1121235**	**13326763**	**1160005**	**14377449**	**1193900**	**14873834**
1.苹 果	Apples	623188	9029316	645677	9650885	665220	9428230
2.柑 桔	Citrus	35498	342801	36691	368010	37650	476854
3.梨	Pears	49202	881483	48581	896932	49274	972591
4.葡 萄	Grapes	31619	363839	35253	464710	40228	606559
5.桃	Peach	30442	567449	30928	640733	32015	708089
6.红 枣	Jujube	171754	637270	179816	678978	181858	675998
7.杏	Apricot	58619	170002	56491	204030	56902	203596
8.柿 子	Persimmon	31726	341867	31003	332894	30426	396380
9.猕猴桃	Kiwi	50303	735748	57600	822886	60967	1033774
10.石 榴	Pomegranate	3726	47469	4681	86146	4615	98205
11.其他水果	Others	35159	209519	33284	231245	34745	273558

注：本表为果业监测结果。

a) Data in this table are the results of fruits monitoring.

12-18 各市(区)茶、桑、果面积及产量(2013年)

Areas and Output of Tea Plantation, Cocoon, Orchards by City(District)(2013)

地 区	Region	茶园面积 (公顷) Area of Tea Plantations (Hectares)	茶叶产量 (吨) Output of Tea (ton)	桑园面积 (公顷) Area of Orchards (Hectares)	果园面积 (公顷) Area of Orchards (Hectares)	水果产量 (吨) Output of Fruits (ton)		
							苹果 Apples	柑桔 Citrus
全 省	**Shaanxi**	**109745**	**40656**	**94725**	**1193900**	**14873834**	**9428230**	**476854**
西安市	Xi'an				52041	951851	25212	
铜川市	Tongchuan	8			61791	673462	647689	
宝鸡市	Baoji	7		487	73875	1260314	663711	
咸阳市	Xianyang				277322	5458140	4538669	
渭南市	Weinan				173629	2830857	1929175	
# 韩城市	Hancheng				5699	111078	98045	
延安市	Yan'an			3820	285415	2540347	2440059	
汉中市	Hanzhong	57802	26370	9793	37533	411483	4602	323635
榆林市	Yulin			17204	196314	616671	163751	
安康市	Ankang	31784	12125	53980	30369	201843	5246	79444
商洛市	Shangluo	20143	2161	9441	4444	69633	9622	2106
杨凌示范区	Yangling				1166	37599	6895	

12-18 续表 continued

地 区	Region	梨 Pears	葡萄 Grapes	桃 Peach	红枣 Jujube	杏 Apricot	柿子 Persimmon	猕猴桃 Kiwi	石榴 Pomegranate	其它水果 Others
全 省	**Shaanxi**	**972591**	**606559**	**708089**	**675998**	**203596**	**396380**	**1033774**	**98205**	**273557**
西安市	Xi'an	47618	92380	122186	42168	55330	41712	395847	30642	98756
铜川市	Tongchuan	369	439	5002	469	1252	12060		8	6174
宝鸡市	Baoji	6587	35164	31631	3	4222	26044	488002	8	4942
咸阳市	Xianyang	270970	155360	246960	35427	56402	77522	13875	20240	42715
渭南市	Weinan	396036	131438	102176	137266	20789	90953	1852	158	21014
# 韩城市	Hancheng	430	3044	3550	202	2150	3064		93	500
延安市	Yan'an	23732	4450	3146	60150	4182	3563			1065
汉中市	Hanzhong	20402	1838	16040	525	2521	13897	9585		18438
榆林市	Yulin	18857	6534	9436	388618	12158		63		17254
安康市	Ankang	6743	1457	20669	1346	4844	22519	1556	81	57938
商洛市	Shangluo	1369	1784	4224	572	1262	39971	1084	34	7605
杨凌示范区	Yangling	20	1050	848		21		28738		27

注：本表全省水果产量为果业监测数据。

a) Data in this table are the results of fruits monitoring.

12-19 主要林产品产量
Output of Major Forest Products

单位：吨 (ton)

年份 Year	生漆 Lacquer	油桐籽 Tung-oil Seeds	五倍籽 Chinese Gall	棕片 Palm Sheet	核桃 Walnuts	板栗 Chestnut	花椒 Pepper
1978	668	14800	50		28275	3460	577
1980	930	17685	83		25700	2715	539
1985	635	17718	337	1448	12826	1777	694
1990	685	18672	1589	2265	16833	4770	2501
1995	773	15460	2922	3015	30599	8019	7135
2000	1176	12968	863	2962	34866	20098	16298
2001	893	13003	968	3060	10474	11211	16471
2002	821	9278	934	3183	34779	21352	25112
2003	975	9634	1034	3177	44091	24022	22781
2004	995	12068	1513	3059	54243	26290	28441
2005	1060	12562	1963	3044	55206	27855	28178
2006	1613	11631	2241	3333	43492	29232	31507
2007	1851	11496	2383	3511	46717	35778	34904
2008	1697	14534	2785	4164	74069	40435	44000
2009	2552	17871	3386	3989	88773	46315	48571
2010	1915	17096	3152	3202	60453	52037	44789
2011	2434	19664	3441	3147	141362	69132	52974
2012	3494	22622	3969	2987	162981	71985	61698
2013	4516	28421	4265	2536	161500	74491	52537

注：2010年以后为林业部门统计数据。
a) Data in this table are from forestry authorities.

12-20 各市(区)主要林产品产量(2013年)
Output of Major Forest Products by City(District)(2013)

单位：吨 (ton)

地区	Region	生漆 Lacquer	油桐籽 Tung-oil Seeds	五倍籽 Chinese Gall	棕片 Palm Sheet	核桃 Walnut	板栗 Chestnut	花椒 Pepper
全 省	**Shaanxi**	**4516**	**28421**	**4265**	**2536**	**161500**	**74491**	**52537**
西安市	Xi'an					18033	4379	319
铜川市	Tongchuan					8892		3449
宝鸡市	Baoji	40				26328	3552	3634
咸阳市	Xianyang					11116		1033
渭南市	Weinan					18526	505	40141
# 韩城市	Hancheng					1000	65	16200
延安市	Yan'an					2325	245	864
汉中市	Hanzhong	613	1593	2554	1502	18555	12859	881
榆林市	Yulin					104		32
安康市	Ankang	3607	21624	1519	1030	14082	29317	1396
商洛市	Shangluo	256	5204	192	4	43539	23634	788
杨凌示范区	Yangling							

12-21 各市(区)造林情况(2013年)
Area of Afforestation by City(District)(2013)

地 区	Region	荒山荒(沙)地造林面积(公顷) Afforestation of Barren Hills and Wasteland Area (hectare)	按造林方式分 By Approach		按林种用途分 By Function of Forest		按经济成份分 By Economy	
			#人工造林 Manual Planting	#飞播造林 Airplane Planting	#经济林 By-product Forests	#防护林 Protection Forests	公有经济造林 Public Economy Forests	非公有经济造林 Non-public Economy Forests
全 省	**Shaanxi**	**341196**	**220391**	**50202**	**75708**	**257607**	**291810**	**49387**
西安市	Xi'an	8195	7529		1953	6242	8178	17
铜川市	Tongchuan	11926	7926		2409	7777	9992	1934
宝鸡市	Baoji	22532	10332	4334	4240	18292	21859	674
咸阳市	Xianyang	28347	16947	2667	8311	20035	20853	7493
渭南市	Weinan	36681	21548	2000	9835	25878	27783	8898
#韩城市	Hancheng	4433	2367		767	3667	3433	1000
延安市	Yan'an	77747	59013	5334	3940	73807	74834	2913
汉中市	Hanzhong	15938	8267		5559	9279	10715	5223
榆林市	Yulin	71530	51996	19534	7466	64064	59197	12334
安康市	Ankang	43367	25966	8000	25107	15867	38546	4821
商洛市	Shangluo	24800	10733	8333	6807	16313	19800	5000
杨凌示范区	Yangling	133	133		80	53	53	80

12-21 续表 continued

地 区	Region	四旁(零星)植树(万株) Four-side Tree Planting (10 000 trees)	幼林抚育作业面积(公顷) Area of Tending Growing Forest (hectares)	育苗面积(公顷) Area of Tending Seedlings (hectares)	当年苗木产量(万株) Output of Nursery Stock (10 000 trees)	年末核桃面积(公顷) Walnut Acreage (hectares)	年末板栗面积(公顷) Chestnut Acreage (hectares)	年末花椒面积(公顷) Pepper Acreage (hectares)
全 省	**Shaanxi**	**11286**	**97917**	**33591**	**262726**	**609078**	**315440**	**147325**
西安市	Xi'an	588	333	11581	27564	22735	3955	1292
铜川市	Tongchuan	312		181	2232	65403		21026
宝鸡市	Baoji	1363		1170	48575	91617	4139	48352
咸阳市	Xianyang	1217		3107	8479	48673		3337
渭南市	Weinan	1092	2467	2731	5089	39545	267	52280
#韩城市	Hancheng	100	1333	267	300			
延安市	Yan'an	1083	333	3858	36657	29351	1333	12918
汉中市	Hanzhong	1284		1337	27086	61234	50565	2139
榆林市	Yulin	1081	69667	6758	41518	6548		137
安康市	Ankang	1150	1517	1326	42588	69732	79297	2162
商洛市	Shangluo	2112	23600	448	15559	174239	175884	3683
杨凌示范区	Yangling	5		1093	7380			

注：本表为林业部门统计数据。
a) Data in this table are from forestry authorities.

12-22 畜牧业和渔业生产情况
Production of Animal Husbandry and Fishery

指 标		Item		2011	2012	2013
一、牲畜年末头数		**Number of Large Animals**	**(year-end)**			
(一)大牲畜	(万头)	Large Animals	(10 000 heads)	170.14	165.82	160.88
1.牛		Cattle and Buffaloes		150.10	146.80	143.13
# 奶 牛		Muich Cows		45.20	46.90	46.53
2.马		Horses		0.72	0.70	0.67
3.驴		Donkeys		14.16	13.49	13.04
4.骡		Mules		5.12	4.83	4.05
(二)猪存栏数	(万头)	Hogs	(10 000 heads)	880.00	900.24	897.90
# 母 猪		Sow		85.00	88.32	89.45
(三)羊存栏数	(万只)	Sheep and Goats	(10 000 heads)	643.00	644.93	638.84
1.山 羊		Goats		529.51	542.90	526.40
# 奶山羊		Muich Goats		99.76	105.77	100.98
2.绵 羊		Sheep		113.49	102.03	112.44
(四)家禽存栏数	(万只)	Poultry	(10 000 heads)	6255.00	6749.21	6708.40
(五)养蜂箱数	(万箱)	Bee	(10 000 heads)	36.91	42.19	45.79
(六)家兔存栏数	(万只)	Rabbit	(10 000 heads)	267.74	295.39	294.15
二、畜产品产量		**Output of Livestock Products**				
肉类总产量	(万吨)	Output of Meat	(10 000 tons)	99.60	107.09	112.52
# 猪 肉		Pork		77.30	83.45	88.34
牛 肉		Beef		7.39	7.50	7.52
羊 肉		Mutton		6.70	6.85	7.04
奶类产量	(万吨)	Milk	(10 000 tons)	182.37	189.08	188.51
# 牛 奶		Cow Milk		140.50	141.76	141.05
山羊毛产量	(吨)	Goat Wool	(ton)	3872	4595	4827
# 山羊绒产量	(吨)	Cashmere	(ton)	1639	1714	1714
绵羊毛产量	(吨)	Sheep Wool	(ton)	6062	6682	6854
禽蛋产量	(万吨)	Poultry Eggs	(10 000 tons)	50.30	51.86	55.40
蜂蜜产量	(吨)	Honey	(ton)	4220	4989	5308
蚕茧产量	(吨)	Silkworm Cocoon	(ton)	20266	16357	13427
三、渔 业		**Fisheries**				
1.水产品产量	(吨)	Output of Aquatic Products	(ton)	81800	105429	125150
2.水产养殖面积	(公顷)	Cultivatable area of Aquatic Products	(hectare)	45531	47757	47932

注：本表主要畜禽存栏和畜禽产品产量为抽样调查数。

a) The number of main livestock and the output of livestock products are sample survey data.

12-23 各市(区)牲畜存栏情况（2013年）
Livestock by City(District)(2013)

地　区	Region	大牲畜年末头数(头) Large Animals (year-end) (head)	牛 Cattle and Buffaloes	#奶牛 Dairy cow	马 Horses	驴 Donkeys	骡 Mules	家禽(万只) Poultry (10 000 heads)
全　省	Shaanxi	1608782	1431273	465273	6657	130354	40498	6708.40
西安市	Xi'an	211791	210743	120836	549	52	447	1172.61
铜川市	Tongchuan	78764	78762	15899		2		180.68
宝鸡市	Baoji	509041	504994	213169	1468	2034	545	944.07
咸阳市	Xianyang	455889	452507	237327	557	230	2595	1112.24
渭南市	Weinan	285580	284534	108214	319	226	501	1199.93
#韩城市	Hancheng	12386	12137	580	75	65	109	40.00
延安市	Yan'an	199325	143964	2093	333	41453	13575	379.95
汉中市	Hanzhong	293044	292150	3723	803	48	43	1103.41
榆林市	Yulin	252678	141164	27685	2552	86177	22785	556.92
安康市	Ankang	247921	247706	50	76	132	7	940.29
商洛市	Shangluo	126833	126833	406				796.06
杨凌示范区	Yangling	16648	16648	6612				18.40

12-23 续表 continued

地　区	Region	猪年末头数(头) Hogs (year-end) (head)	#母猪 Sow	羊(只) Sheep and Goats (head)	#山羊 Goats	#奶山羊 Dairy Goat	蜂(箱) Bee (box)	兔(万只) Rabbit (10 000 heads)
全　省	Shaanxi	8979000	894479	6388381	5264000	1009813	457922	294.15
西安市	Xi'an	965683	103967	273747	267382	222546	17415	16.52
铜川市	Tongchuan	77468	10969	74049	73974	18024	212	0.45
宝鸡市	Baoji	1106058	109635	552715	548973	304333	92040	17.90
咸阳市	Xianyang	2065318	181349	1169143	1002247	709810	6446	143.25
渭南市	Weinan	2163087	236158	1027421	634914	537149	20120	37.77
#韩城市	Hancheng	80985	10238	61437	22651	1233	2610	1.00
延安市	Yan'an	724978	73389	611608	559227	10213	45671	11.98
汉中市	Hanzhong	2803588	244377	345312	344501	3257	130607	20.11
榆林市	Yulin	1002988	126895	6279539	4954829	49735	28004	32.06
安康市	Ankang	2436999	232702	935636	935636		92102	8.27
商洛市	Shangluo	1067628	116125	371688	360587	909	25305	5.84
杨凌示范区	Yangling	43234	11682	2381	1841	1763		

注：本表全省主要畜禽存栏为抽样调查数。

a) The number of main livestock of Shaanxi in this table are sample survey data.

12-24 各市(区)主要畜产品和水产品产量(2013年)
Output of Livestock and Aquatic Products by City(District)(2013)

地 区	Region	肉类总产量(吨) Output of Meat (ton)	# 猪肉 Pork	# 牛肉 Beef	# 羊肉 Mutton	# 禽肉 Poultry	奶类产量(吨) Milk (ton)	牛奶 Cow Milk	羊奶 Sheep Milk
全 省	**Shaanxi**	**1125217**	**883400**	**75225**	**70385**	**81000**	**1885072**	**1410500**	**474572**
西 安 市	Xi'an	158449	114288	12143	4036	20817	657748	512796	144952
铜 川 市	Tongchuan	16879	8244	5158	1090	2201	29907	27807	2100
宝 鸡 市	Baoji	181267	116034	32767	8232	17362	655764	585890	69874
咸 阳 市	Xianyang	213821	158606	14406	10555	16294	790603	685758	104845
渭 南 市	Weinan	215707	174454	12904	10176	16187	392582	246145	146437
# 韩城市	Hancheng	9367	7382	736	684	493	1824	1726	98
延 安 市	Yan'an	74182	54637	6638	5461	5596	7583	5733	1850
汉 中 市	Hanzhong	324562	282063	14594	4248	23099	13820	12144	1676
榆 林 市	Yulin	178961	103947	5511	58714	7956	90203	87583	2620
安 康 市	Ankang	272356	223189	11354	15770	21862	80	80	
商 洛 市	Shangluo	148727	119912	8895	6394	12042	1571	1353	218
杨凌示范区	Yangling	5158	4151	415	22	561	23547	23547	

12-24 续表 continued

地 区	Region	山羊毛(吨) Goat Wool (ton)	# 山羊绒 Cashmere	绵羊毛(吨) Sheep Wool (ton)	禽蛋(吨) Poultry Eggs (ton)	蜂蜜(公斤) Honey (kg)	蚕茧(吨) Silkworm Cocoon (ton)	水产品(吨) Aquatic Products (ton)	水产养殖面积(公顷) Water Area for Breeding Aquatics(hactare)
全 省	**Shaanxi**	**4827**	**1714**	**6854**	**554000**	**5308137**	**13427**	**125150**	**47932**
西 安 市	Xi'an				135382	219344		14200	1554
铜 川 市	Tongchuan				16991	3092		1223	556
宝 鸡 市	Baoji	1		4	75926	495839	879	7173	3048
咸 阳 市	Xianyang	71	10	211	112232	98162		8899	2058
渭 南 市	Weinan	34	5	462	105196	331624		26151	4063
# 韩城市	Hancheng	10	4	55	2957	30500		620	250
延 安 市	Yan'an	376	155	105	27932	728111	275	2928	1732
汉 中 市	Hanzhong				71569	1433873	1682	31248	7189
榆 林 市	Yulin	4337	1954	6066	52331	570728	95	7299	6502
安 康 市	Ankang				37837	1178160	9582	42572	14872
商 洛 市	Shangluo	7		6	74114	249204	914	2371	582
杨凌示范区	Yangling				2079			520	33

注：本表全省主要畜禽产品产量为抽样调查数。
a) The output of livestock products of Shaanxi in this table are sample survey data.

12-25 粮食生产大县情况
Large County of Food Production

县 区	Region	2011 播种面积 (千公顷) Sown Area (1 000 hectares)	2011 产 量 (万吨) Output (10 000 tons)	2012 播种面积 (千公顷) Sown Area (1 000 hectares)	2012 产 量 (万吨) Output (10 000 tons)	2013 播种面积 (千公顷) Sown Area (1 000 hectares)	2013 产 量 (万吨) Output (10 000 tons)
全 省	**Shaanxi**	**3134.87**	**1194.70**	**3127.53**	**1245.10**	**3105.13**	**1215.80**
生产大县合计	Total of Large Counties	1532.15	679.76	1515.97	717.19	1511.34	687.91
生产大县占全省%	As Percentage of Shaanxi	48.7	56.9	48.5	57.6	48.7	56.6
阎良区	Yanliang	13.68	8.11	12.96	8.13	14.25	8.54
临潼区	Lintong	73.98	32.03	74.84	35.17	70.81	32.68
长安区	Changan	73.78	34.62	73.30	36.88	73.74	35.77
蓝田县	Lantian	64.07	26.58	65.71	28.98	64.09	26.46
周至县	Zhouzhi	52.59	22.60	52.06	24.32	52.68	23.07
户 县	Huxian	57.77	30.27	58.38	31.37	59.87	30.34
高陵县	Gaoling	28.06	20.03	27.45	20.02	27.96	19.82
陈仓区	Chencang	57.06	21.05	58.41	24.06	58.90	23.11
凤翔县	Fengxiang	57.52	26.10	55.87	27.04	56.13	26.00
岐山县	Qishan	47.14	26.35	47.79	27.51	48.63	26.50
扶风县	Fufeng	47.31	26.43	47.89	28.05	48.47	27.30
眉 县	Meixian	25.34	13.21	24.89	13.45	23.40	12.60
千阳县	Qianyang	19.39	5.36	19.85	6.13	19.51	5.50
三原县	Sanyuan	41.86	19.31	42.11	20.65	42.06	20.00
泾阳县	Jingyang	53.51	24.87	51.75	25.73	51.53	24.24
乾 县	Qianxian	58.88	27.70	55.97	26.82	55.85	25.31
武功县	Wugong	41.85	20.66	41.06	21.06	40.49	20.00
兴平市	Xingping	46.60	23.09	43.58	22.30	44.26	22.20
临渭区	Linwei	87.15	34.32	88.19	36.75	85.89	33.77
华 县	Huaxian	28.27	10.87	27.72	11.96	27.70	11.23
大荔县	Dali	63.64	27.33	63.40	29.01	63.37	27.81
合阳县	Heyang	53.36	20.18	50.76	22.02	50.71	20.70
澄城县	Chengcheng	46.04	16.43	43.71	17.77	43.57	17.51
蒲城县	Pucheng	87.18	33.65	85.17	36.03	84.68	33.01
富平县	Fuping	84.76	36.39	81.83	38.00	81.37	36.00
韩城市	Hancheng	25.04	7.75	23.47	8.33	23.36	7.76
汉台区	Hantai	17.65	9.71	17.77	10.35	17.80	10.48
南郑县	Nanzheng	33.94	13.80	34.18	14.74	34.22	14.93
城固县	Chenggu	26.94	13.10	27.13	13.98	27.17	14.16
洋 县	Yangxian	32.98	14.70	33.22	15.57	33.26	15.76
勉 县	Mianxian	30.59	12.51	30.81	13.30	30.85	13.47
汉滨区	Hanbin	54.26	20.61	54.75	21.74	54.75	21.86

注：全省为抽样调查数。

a) The data of Shaanxi are sample survey data.

12-26 商品棉基地县情况
Base County of Marketable Cotton

县 区	Region	2011 播种面积(公顷) Sown Area (hectare)	2011 产 量(吨) Output (ton)	2012 播种面积(公顷) Sown Area (hectare)	2012 产 量(吨) Output (ton)	2013 播种面积(公顷) Sown Area (hectare)	2013 产 量(吨) Output (ton)
全 省	**Shaanxi**	**50277**	**67447**	**48299**	**67202**	**36723**	**57917**
基地县合计	Total of Base Counties	37970	49463	33969	47037	22537	38937
基地县占全省%	As Percentage of Shaanxi	75.5	73.3	70.3	70.0	61.4	67.2
阎良区	Yanliang	2973	4230	2840	4049	1409	2028
临潼区	Lintong	733	1052	191	259	33	48
临渭区	Linwei	6078	8661	5770	8407	5350	7865
华 县	Huaxian	564	676	487	629	143	193
大荔县	Dali	14514	15240	12940	16885	8332	18237
蒲城县	Pucheng	12332	18498	11405	16253	6996	10074
富平县	Fuping	776	1106	336	555	274	492

12-27 烤烟主产县情况
Base County of Flue-cured Tobacco

县 区	Region	2011 播种面积(公顷) Sown Area (hectare)	2011 产 量(吨) Output (ton)	2012 播种面积(公顷) Sown Area (hectare)	2012 产 量(吨) Output (ton)	2013 播种面积(公顷) Sown Area (hectare)	2013 产 量(吨) Output (ton)
全 省	**Shaanxi**	**35741**	**76749**	**40010**	**91495**	**36614**	**85377**
基地县合计	Total of Base Counties	23453	52003	25283	59907	23699	55932
基地县占全省%	As Percentage of Shaanxi	65.6	67.8	63.2	65.5	64.7	65.5
宜君县	Yijun	120	307	36	57		
陇 县	Longxian	3328	6254	3498	7309	2790	5995
乾 县	Qianxian			333	840	333	
永寿县	Yongshou	295	620	126	356	121	406
彬 县	Binxian	363	981	254	704	249	702
长武县	Changwu	576	1573	505	1345	482	1352
旬邑县	Xunyi	1609	3379	1112	2336	599	1302
合阳县	Heyang	55	185			5	30
澄城县	Chengcheng	433	1105	244	831	205	1540
宝塔区	Baota	222	659	274	759	154	355
富 县	Fuxian	1333	1676	1000	2100	867	1475
洛川县	Luochuan						
宜川县	Yichuan	677	1626	702	2100	697	2075
黄龙县	Huanglong	471	958	460	1014	460	1030
洋 县	Yangxian	559	3271	824	4253	816	4304
西乡县	Xixiang	774	1706	1433	3231	1440	3370
平利县	Pingli	630	1456	672	1552	796	1806
旬阳县	Xunyang	7121	14373	8343	16963	7531	15656
洛南县	Luonan	4887	11874	5467	14157	6155	14534

12-28 苹果基地县情况
Base County of Apple

县 区	Region	2011 苹果园面积(公顷) Area of Apple Orchards (hectare)	2011 产量(吨) Output (ton)	2012 苹果园面积(公顷) Area of Apple Orchards (hectare)	2012 产量(吨) Output (ton)	2013 苹果园面积(公顷) Area of Apple Orchards (hectare)	2013 产量(吨) Output (ton)
全 省	**Shaanxi**	**623188**	**9029316**	**645677**	**9650885**	**665220**	**9428230**
基地县合计	Total of Base Counties	511951	8223002	541877	9194373	558022	9165478
基地县占全省%	As Percentage of Shaanxi	82.2	91.1	83.9	95.3	83.9	97.2
印台区	Yintai	20433	205882	20364	221016	20605	222360
耀州区	Yaozhou	2060	207227	17128	220198	17198	220224
宜君县	Yijun	16378	207227	16291	169818	17132	170720
陈仓区	Chencang	6330	89388	6973	95828	7046	83271
凤翔县	Fengxiang	6174	119401	6384	121245	7227	126349
岐山县	Qishan	2511	83093	2540	89478	5593	89988
扶风县	Fufeng	6758	254032	8378	257165	8500	265861
陇 县	Longxian	4129	25443	4502	26999	4608	26577
千阳县	Qianyang	1688	13574	2590	13868	5414	15227
乾 县	Qianxian	25513	466500	27200	478003	27720	480816
礼泉县	Liquan	30376	1138125	30684	1160768	30516	1160650
永寿县	Yongshou	24461	395970	26923	423000	26923	422400
彬 县	Binxian	18938	394155	19138	418754	20606	418154
长武县	Changwu	16920	259000	17320	265800	17333	264800
旬邑县	Xunyi	33533	520030	33533	536602	33533	535040
淳化县	Chunhua	40000	800000	36667	829855	36667	823000
合阳县	Heyang	16306	291700	16495	293949	15356	292768
澄城县	Chengcheng	21812	325468	23254	325749	24097	325335
蒲城县	Pucheng	11260	174494	11485	177340	13403	177300
白水县	Baishui	21699	518000	22402	530119	22627	530177
富平县	Fuping	9158	211995	10905	215899	11404	213698
韩城市	Hancheng	4714	94064	4646	97589	4646	98045
宝塔区	Baota	29133	261600	30603	275040	31468	160500
延长县	Yanchang	19833	175885	19470	220017	19817	217838
延川县	Yanchuan	8393	44310	10193	50049	11546	50115
安塞县	Ansai	25022	80000	26700	93015	26667	29100
富 县	Fuxian	23886	450000	23687	475009	24006	479017
洛川县	Luochuan	33703	745000	33727	750012	33858	763500
宜川县	Yichuan	17332	361200	17529	400005	17672	403078
黄陵县	Huangling	13498	250000	14165	260012	14832	260670

注：本表基地县产量为监测推算结果。
a) The outputs of Base Counties are calculateed results by monitoring.

12-29 梨基地县情况
Base County of Pear

县 区	Region	2011 梨园面积(公顷) Area of Pears Orchards (hectare)	2011 产量(吨) Output (ton)	2012 梨园面积(公顷) Area of Pears Orchards (hectare)	2012 产量(吨) Output (ton)	2013 梨园面积(公顷) Area of Pears Orchards (hectare)	2013 产量(吨) Output (ton)
全 省	**Shaanxi**	**49202**	**881483**	**48581**	**896932**	**49274**	**972591**
基地县合计	Total of Base Counties	27225	536986	26695	530982	26842	556665
基地县占全省%	As Percentage of Shaanxi	3.7	60.9	54.9	59.2	54.5	57.2
秦都区	Qindu	895	27826	867	27000	791	24310
乾 县	Qianxian	1533	30000	1533	30000	1600	30100
礼泉县	Liquan	3982	146387	3982	149744	3938	153500
彬 县	Binxian	1616	22360	1616	19500	1539	12101
临渭区	Linwei	3252	74027	3117	74957	2835	74590
蒲城县	Pucheng	8753	117313	9069	121300	10205	121280
富平县	Fuping	725	23528	778	23537	846	24823
子长县	Zichang	3700	9300	3350	8500	2990	8600
宜川县	Yichuan	1084	8630	787	7900	713	7950
洋 县	Yangxian	1685	12137	1596	13545	1385	12276

注：本表基地县产量为监测推算结果。
a) The outputs of Base Counties are calculated results by monitoring.

12-30 猕猴桃基地县情况
Base County of Kiwi

县 区	Region	2011 猕猴桃园面积(公顷) Area of Kiwi Orchards (hectare)	2011 产量(吨) Output (ton)	2012 猕猴桃园面积(公顷) Area of Kiwi Orchards (hectare)	2012 产量(吨) Output (ton)	2013 猕猴桃园面积(公顷) Area of Kiwi Orchards (hectare)	2013 产量(吨) Output (ton)
全 省	**Shaanxi**	**50303**	**735748**	**57600**	**822886**	**60967**	**1033774**
基地县合计	Total of Base Counties	41505	674687	43860	760989	44398	803381
基地县占全省%	As Percentage of Shaanxi	82.5	91.7	76.1	92.5	72.7	77.7
灞桥区	Baqiao	541	17851	535	17776	496	17642
长安区	Chang'an	268	5504	301	5963	211	4473
周至县	Zhouzhi	22800	304551	23701	327242	24311	338741
户 县	Huxian	919	25997	918	25058	851	24500
眉 县	Meixian	16503	338810	17804	378671	17830	411713
城固县	Chenggu	473	5912	599	6279	698	6312

注：本表基地县产量为监测推算结果。
a) The outputs of Base Counties are calculated results by monitoring.

12-31 各市(区)灾情(2013年)
Conditions in Natural Disaster by City(District)(2013)

地区	Region	受灾人口(万人次) Disaster Population Covered (10 000 persons-times)	死亡失踪人口(人) Population of Death and Abscondence (persons)	农作物受灾面积(千公顷) Disaster Areas of Farm Crops (1 000 hectares)	农作物绝收面积(千公顷) Disaster Areas of Farm Crops of No Harvest (1 000 hectares)	倒塌民房(万间) Broken Civil Buildings (10 000 units)	直接经济损失(亿元) Direct Economic Losses (100 million yuan)
全　省	**Shaanxi**	**1446.80**	**75**	**1538.65**	**178.81**	**23.84**	**231.42**
西安市	Xi'an	27.56	2	18.32	0.64	0.23	1.91
铜川市	Tongchuan	23.07		38.19	0.29	0.24	3.32
宝鸡市	Baoji	140.25	1	176.54	8.04	0.73	13.83
咸阳市	Xianyang	165.65	3	187.01	1.90	0.30	9.16
渭南市	Weinan	387.85	1	396.30	29.52	1.32	17.33
# 韩城市	Hancheng	19.28		15.90	1.01	1403.00	0.76
延安市	Yan'an	281.24	53	288.52	75.41	18.74	148.47
汉中市	Hanzhong	68.22	2	39.46	4.80	0.88	10.77
榆林市	Yulin	136.25	9	273.14	36.84	0.87	15.57
安康市	Ankang	30.80		19.84	4.67	0.17	2.54
商洛市	Shangluo	185.91	4	101.31	16.68	0.34	8.52
杨凌示范区	Yangling						

12-32 农业现代化情况
Agriculture Modernization

指标	Item	2011	2012	2013
农业机械总动力合计 (亿瓦特)	**Total Agricultural Machinery Power (10 000 kw)**	**203.66**	**214.64**	**232.61**
大中型拖拉机 (台)	Number of Large and Medium Tractors (unit)	81707	87904	100524
小型拖拉机 (万台)	Number of Small Tractors (10 000 units)	17.05	19.04	20.03
大中型拖拉机配套农具 (万部)	Large and Medium Tractors Towing	15.14	16.15	17.21
小型拖拉机配套农具 (万部)	Small Tractors Towing Farm Machinery (10 000 kw)	27.26	29.25	29.69
农用电动机 (万台)	Number of Agricultural Motor (10 000 units)	29.26	31.66	32.14
农用柴油机 (万台)	Number of Diesel Engines (10 000 units)	5.11	5.48	5.37
联合收割机 (台)	Number of Combine Harvesters (unit)	26770	29363	31320
机动脱粒机 (万台)	Number of Mobile Thresher (10 000 units)	30.34	34.68	36.09
农用运输车 (辆)	Number of Farm Vehicles (unit)	466888	460203	479844
节水灌溉类机械 (套)	Watersaving Irrigation Machinery (unit)	16735	21268	22575
农用水泵 (万台)	Number of Agricultural Pumps (10 000 units)	29.09	31.19	31.75
当年机耕地面积 (千公顷)	Area Cultivated by Mechanical (1 000 hectares)	2199.3	2287.4	2395.1
当年机械播种面积 (千公顷)	Area Sown by Mechanical (1 000 hectares)	1799.3	1850.6	1907.3
当年机械收获面积 (千公顷)	Mechanical harvest Area (1 000 hectares)	1390.3	1460	1578.1
农用化肥施用量(折纯量) (万吨)	Consumption of Chemical Fertilizers (10 000 tons)	207.27	239.8	241.73
氮肥	Nitrogenous Fertilizer	91.37	98.25	98.69
磷肥	Phosphate Fertilizer	17.79	18.5	18.45
钾肥	Potash Fertilizer	21.77	23.01	23.33
复合肥	Compound Fertilizer	62.77	100.04	101.26
农用塑料薄膜使用量 (吨)	Plastic Film Consumption (tons)	37912	39077	40847
# 地膜使用量	Film Consumption	19894	20535	21377
地膜覆盖面积 (千公顷)	Film Coverage Area (1 000 hectares)	426.6	435.66	450.63
农用柴油使用量 (万吨)	Diesel Consumption (10 000 tons)	79.97	82.16	91.03
农药使用量 (吨)	Pesticides Consumption (10 000 tons)	12410	17560	12998

12-33 各市(区)农业现代化情况 (2013)
Agriculture Modernization by City(District) (2013)

地 区	Region	农用机械总动力合计(万千瓦) Total Agricultural Machinery Power (10 000 kw)	大中型拖拉机(台) Large and Medium Tractors (unit)	小 型拖拉机(台) Small Tractors (unit)	大中型机配农具(部) Large and Medium Tractors Towing Farm Machinery (unit)	小 型机配农具(部) Small Tractors Towing Farm Machinery (unit)	农 用电动机(台) Agricultural Motor (unit)	农 用柴油机(台) Diesel Engines (unit)
全 省	**Shaanxi**	**2326.08**	**100524**	**200284**	**172100**	**296906**	**321376**	**53706**
西 安 市	Xi'an	291.02	12698	11332	31387	25004	80658	2315
铜 川 市	Tongchuan	49.40	2851	4828	6416	7850	900	174
宝 鸡 市	Baoji	242.01	16696	38381	33536	59933	20042	2342
咸 阳 市	Xianyang	330.01	13993	12522	30251	20682	36512	4985
渭 南 市	Weinan	472.49	21733	57190	48168	90639	75246	12642
# 韩城市	Hancheng	27.59	580	3795	1820	5902	15055	64
延 安 市	Yan'an	196.08	5042	40426	7206	51013	9962	5383
汉 中 市	Hanzhong	181.91	11871	6716	3570	5489	32089	5620
榆 林 市	Yulin	311.64	13659	22552	9436	26750	34517	5961
安 康 市	Ankang	157.56	874	2050	615	2925	18649	13250
商 洛 市	Shangluo	82.97	565	3616	663	5264	12801	1034
杨凌示范区	Yangling	10.99	542	671	852	1357		

12-33 续表 continued

地 区	Region	联 合收割机(台) Combine Harvesters (unit)	机 动脱粒机(台) Mobile Thresher (unit)	农 用运输车(辆) Farm Vehicles (unit)	节水灌溉类机械(套) Watersaving Irrigation Machinery (unit)	农 用水 泵(台) Pumps (unit)	化肥施用折纯量(吨) Consumption of Chemical Fertilizers (ton)	农用塑料薄膜使用量(吨) Plastic Film Consumption (ton)
全 省	**Shaanxi**	**31320**	**360868**	**479844**	**22575**	**317454**	**2417343**	**40847**
西 安 市	Xi'an	8864	14548	46838	1731	73938	239701	2679
铜 川 市	Tongchuan	184	2630	18552	1680	1042	51182	644
宝 鸡 市	Baoji	5728	30457	34055	259	20583	262447	1693
咸 阳 市	Xianyang	6659	17634	94159	2455	37311	669723	7882
渭 南 市	Weinan	8758	27637	97579	7461	57595	600551	12654
# 韩城市	Hancheng	330	549	11015		1247	17547	214
延 安 市	Yan'an	75	3876	55733	4927	12565	142432	3946
汉 中 市	Hanzhong	538	81009	20391	888	35845	142075	2216
榆 林 市	Yulin	242	25531	73410	437	44566	133495	4316
安 康 市	Ankang	130	84385	17665	660	12699	112195	2749
商 洛 市	Shangluo	17	73088	21146	2077	21310	58982	1394
杨凌示范区	Yangling	125	73	316			4560	674

12-34 各市、县(市、区)农村经济主要指标(2013年)
Main Indicators of Rural Economy by City and County (City and District) (2013)

地区	Region	农林牧渔业总产值(万元) Gross Output Value of Farming, Forestry, Animal Husbandry and Fishery (10 000 yuan)	农林牧渔业增加值(万元) Value Added of Farming, Forestry, Animal Husbandry and Fishery (10 000 yuan)	年末常用耕地面积(公顷) Area of Cultivated Land (hectares)	农用机械总动力(千瓦) Total Agricultural Machinery Power (kw)	农用化肥施用折纯量(吨) Consumption of Chemical Fertilizers (ton)	农用塑料薄膜使用量(吨) Plastic Film Consumption (ton)
全 省	**Shaanxi**	**25625051**	**15260453**	**2870979**	**23260815**	**2417343**	**40847**
西安市	**Xi'an**	**3428905**	**2177588**	**244150**	**2910247**	**239701**	**2679**
新城区	Xincheng						
碑林区	Beilin						
莲湖区	Lianhu						
灞桥区	Baqiao	279503	183247	9840	179284	8705	175
未央区	Weiyang	25320	15404	1386	44942	1642	16
雁塔区	Yanta	31763	22874	434	31950	122	
阎良区	Yanliang	324413	220101	15696	187779	21696	974
临潼区	Lintong	515993	327531	46873	568816	39256	219
长安区	Chang'an	509105	341660	43579	440910	30124	144
蓝田县	Lantian	436071	264031	39879	297196	36091	176
周至县	Zhouzhi	460093	281566	33263	432849	46989	99
户 县	Huxian	447149	277995	38003	455379	32783	601
高陵县	Gaoling	399495	243179	15197	271142	22293	276
铜川市	**Tongchuan**	**387385**	**217391**	**64675**	**494011**	**51182**	**644**
王益区	Wangyi	19950	11402	3938	66092	1836	14
印台区	Yintai	84041	47599	9269	105043	6519	104
耀州区	Yaozhou	179850	99430	32335	215887	30238	209
宜君县	Yijun	103544	58960	19132	106989	12589	316
宝鸡市	**Baoji**	**2639913**	**1576491**	**299985**	**2420122**	**262447**	**1693**
渭滨区	Weibin	69557	39220	6389	77353	7378	16
金台区	Jintai	41236	25730	10613	137976	6146	4
陈仓区	Chencang	403722	237175	45084	371977	31402	184
凤翔县	Fengxiang	371181	228366	46335	405819	39781	110
岐山县	Qishan	351924	224097	35237	262799	24680	135
扶风县	Fufeng	329922	191176	32715	415062	52866	39
眉 县	Meixian	331773	180610	23188	204649	41394	122
陇 县	Longxian	286761	172876	35479	158879	13277	439
千阳县	Qianyang	154688	94402	18567	139676	12602	150
麟游县	Linyou	102609	66883	30252	70726	23604	237
凤 县	Fengxian	111174	64295	9645	108587	5027	153
太白县	Taibai	85366	51661	6482	66619	4290	104
咸阳市	**Xianyang**	**5178274**	**3154381**	**356845**	**3300121**	**669723**	**7882**
秦都区	Qindu	270448	163041	9962	223726	14189	363
渭城区	Weicheng	223316	133244	12660	221594	9615	111
三原县	Sanyuan	488895	288702	33129	282875	32300	415
泾阳县	Jingyang	701427	427001	43757	456716	38800	2430
乾 县	Qianxian	465953	283924	49915	366892	275625	177
礼泉县	Liquan	729211	475633	30033	377932	110800	980

注：全省粮食和猪牛羊禽相关数据为抽样调查数据。
a) The Shaanxi data of grain, pig, cattle, sheep are sample survey data.

12-34 续表 1 continued

地 区	Region	农林牧渔业总产值(万元) Gross Output Value of Farming, Forestry, Animal Husbandry and Fishery (10 000 yuan)	农林牧渔业增加值(万元) Value Added of Farming, Forestry, Animal Husbandry and Fishery (10 000 yuan)	年末常用耕地面积(公顷) Area of Cultivated Land (hectares)	农用机械总动力(千瓦) Total Agricultural Machinery Power (kw)	农用化肥施用折纯量(吨) Consumption of Chemical Fertilizers (ton)	农用塑料薄膜使用量(吨) Plastic Film Consumption (ton)
永寿县	Yongshou	250900	137320	19553	171266	29727	145
彬 县	Binxian	277029	160424	31169	108090	22427	1130
长武县	Changwu	233416	139454	11223	131886	34186	721
旬邑县	Xunyi	434653	261408	27767	112539	28267	750
淳化县	Chunhua	417469	242903	26034	231755	28316	405
武功县	Wugong	323023	207246	26767	302991	28548	147
兴平市	Xingping	362534	234081	34875	311859	16923	108
渭南市	**Weinan**	**3575357**	**2023776**	**519412**	**4724906**	**600551**	**12654**
临渭区	Linwei	590453	328408	69522	754562	58292	1196
华 县	Huaxian	155283	89322	23922	302000	26590	373
潼关县	Tongguan	60204	34268	10720	96863	11839	45
大荔县	Dali	543715	296657	75705	1005703	74135	1708
合阳县	Heyang	310376	169532	58628	295577	25148	896
澄城县	Chengcheng	343357	197853	46307	315369	33001	735
蒲城县	Pucheng	411106	241207.0	94933.0	664666.0	62545.0	5083.0
白水县	Baishui	359886	207345	28704	376766	51325	713
富平县	Fuping	445089	256863	71002	576706	234753	1453
韩城市	Hancheng	258311	145394	27240	275904	17547	214
华阴市	Huayin	97577	56927	12727	60790	5376	239
延安市	**Yan'an**	**1878097**	**1074330**	**240553**	**1960826**	**142432**	**3946**
宝塔区	Baota	198094	114774	32382	163117	7275	258
延长县	Yanchang	141856	80952	16530	93427	4921	104
延川县	Yanchuan	97488	55756	24805	74886	4060	173
子长县	Zichang	125566	72817	30834	120140	7666	768
安塞县	Ansai	125010	71409	27200	89475	5420	359
志丹县	Zhidan	80143	49429	21197	140403	2658	310
吴起县	Wuqi	79048	47890	24881	175295	3450	931
甘泉县	Ganquan	73320	41019	9558	83418	3415	239
富 县	Fuxian	208475	116671	9864	156644	11223	320
洛川县	Luochuan	375878	209508	10657	276890	56489	69
宜川县	Yichuan	181592	104718	11807	258334	14991	87
黄龙县	Huanglong	69163	40191	11891	72578	10059	98
黄陵县	Huangling	122464	69196	8945	256219	10805	230
汉中市	**Hanzhong**	**3050704**	**1777074**	**205080**	**1819071**	**142075**	**2216**
汉台区	Hantai	276641	161093	14815	136897	6694	227
南郑县	Nanzheng	367411	207078	30164	197594	19139	432
城固县	Chenggu	679674	400993	24325	227186	34435	214
洋 县	Yangxian	356278	212807	27732	208954	21910	400
西乡县	Xixiang	294714	170414	21861	331250	14680	150
勉 县	Mianxian	338204	188858	26284	157616	20595	145
宁强县	Ningqiang	283862	169522	21259	149950	11907	181

12-34 续表 2 continued

地 区	Region	农林牧渔业总产值(万元) Gross Output Value of Farming, Forestry, Animal Husbandry and Fishery (10 000 yuan)	农林牧渔业增加值(万元) Value Added of Farming, Forestry, Animal Husbandry and Fishery (10 000 yuan)	年末常用耕地面积(公顷) Area of Cultivated Land (hectares)	农用机械总动力(千瓦) Total Agricultural Machinery Power (kw)	农用化肥施用折纯量(吨) Consumption of Chemical Fertilizers (ton)	农用塑料薄膜使用量(吨) Plastic Film Consumption (ton)
略阳县	Lueyang	145976	83133	10072	245132	3664	141
镇巴县	Zhenba	240308	144391	23650	95199	7701	264
留坝县	Liuba	47257	27734	3086	27288	829	49
佛坪县	Foping	20379	11051	1833	42005	521	14
榆林市	**Yulin**	**2327387**	**1397515**	**594867**	**3116363**	**133495**	**4316**
榆阳区	Yuyang	395612	232127	63415	430010	23090	277
神木县	Shenmu	205324	121330	45155	294621	7280	228
府谷县	Fugu	92635	55890	43263	321514	6064	71
横山县	Hengshan	232421	137589	60855	254313	11842	201
靖边县	Jingbian	317568	185930	80154	468131	8483	1482
定边县	Dingbian	293266	169129	136878	561687	32500	776
绥德县	Suide	158733	98385	41727	163100	14936	152
米脂县	Mizhi	93653	57552	27859	165655	5241	188
佳 县	Jiaxian	147758	92835	30838	120329	3376	212
吴堡县	Wubu	36487	23944	8113	67682	956	19
清涧县	Qingjian	198024	125251	26820	155749	5400	315
子洲县	Zizhou	155906	97553	29789	113572	14327	394
安康市	**Ankang**	**1566171**	**905668**	**197819**	**1575562**	**112195**	**2749**
汉滨区	Hanbin	361282	216349	42932	428963	49275	561
汉阴县	Hanyin	189776	112161	23269	191267	11056	220
石泉县	Shiquan	107031	62477	13099	118403	5806	208
宁陕县	Ningshan	70647	39314	3390	52482	349	55
紫阳县	Ziyang	184765	106326	24370	144802	5204	178
岚皋县	Langao	102303	59192	17184	83544	4677	418
平利县	Pingli	169512	95050	18372	121123	4672	418
镇坪县	Zhenping	52640	28709	4948	39546	1421	54
旬阳县	Xunyang	212778	117845	36361	266883	23736	444
白河县	Baihe	115437	68245.0	13895.0	128549.0	5999.0	193.0
商洛市	**Shangluo**	**1560156**	**885444**	**133427**	**829680**	**58982**	**1394**
商州区	Shangzhou	230111	134972	21378	155003	6999	145
洛南县	Luonan	344618	191220	31671	161223	18151	450
丹凤县	Danfeng	199680	109637	12185	59277	5729	180
商南县	Shangnan	217129	119697	14153	76538	5365	127
山阳县	Shanyang	250496	150774	24001	175179	8801	141
镇安县	Zhen'an	208394	117109	21559	134813	8655	209
柞水县	Zhashui	109728	62035	8481	67647	5282	142
杨凌示范区	**Yangling**	**110513**	**67188**	**5560**	**109906**	**4560**	**674**

12-34 续表 3 continued

地 区	Region	粮食播种面积（公顷）Sown Area of Grain (hectares)	粮食产量（吨）Output of Grain (ton)	油料产量（吨）Output of Oil-bearing (ton)	棉花产量（吨）Output of Cotton (ton)	蔬菜产量（吨）Output of Vegetables (ton)	水果产量（吨）Output of Fruits (ton)	# 苹果 Output of Apples
全 省	**Shaanxi**	**3105130**	**12158000**	**595182**	**57917**	**16293603**	**14873834**	**9428230**
西安市	**Xi'an**	**378582**	**1831156**	**9994**	**2467**	**2981225**	**951851**	**25212**
新城区	Xincheng							
碑林区	Beilin							
莲湖区	Lianhu							
灞桥区	Baqiao	13214	56370	481	53	276291	96308	
未央区	Weiyang	1965	8012			28727	5654	15
雁塔区	Yanta					22692	5190	550
阎良区	Yanliang	14248	85369	123	2028	713737	65748	5716
临潼区	Lintong	70807	326809	1723	48	430833	48116	2765
长安区	Chang'an	73738	357678	2492	15	558973	74847	3068
蓝田县	Lantian	64094	264609	2202	323	157903	117942	7051
周至县	Zhouzhi	52680	230702	2123		191781	391500	2676
户 县	Huxian	59875	303386	850		277040	92791	1360
高陵县	Gaoling	27961	198221			323248	53755	2011
铜川市	**Tongchuan**	**59764**	**239814**	**8174**		**155040**	**673462**	**647689**
王益区	Wangyi	3803	10182	222		14040	39129	34385
印台区	Yintai	10205	37361	1135		27110	225646	222360
耀州区	Yaozhou	29796	92626	4689		87105	237887	220224
宜君县	Yijun	15960	99645	2128		26785	170800	170720
宝鸡市	**Baoji**	**337516**	**1455886**	**17736**	**95**	**1291608**	**1260314**	**663711**
渭滨区	Weibin	7638	22000	828		20430	22630	169
金台区	Jintai	11795	34114	917		2283	3033	868
陈仓区	Chencang	58895	231078	2517	2	155009	107544	83271
凤翔县	Fengxiang	56132	260048	4624		145136	135308	126349
岐山县	Qishan	48626	265000	2047	27	158026	156428	89988
扶风县	Fufeng	48471	273000	1064	48	33219	289661	265861
眉 县	Meixian	23401	126000	914	18	36321	437513	2281
陇 县	Longxian	33922	101012	2134		99950	34714	26577
千阳县	Qianyang	19506	55003	781		97908	17215	15227
麟游县	Linyou	20999	60236	947		10636	917	717
凤 县	Fengxian	5912	22025	657		108809	53008	52196
太白县	Taibai	2219	6370	306		423881	2343	207
咸阳市	**Xianyang**	**398817**	**1894350**	**41580**	**130**	**3872852**	**5458140**	**4538669**
秦都区	Qindu	13549	62770	276		249930	92169	55860
渭城区	Weicheng	21279	97237	1485		121601	73687	33450
三原县	Sanyuan	42064	200001	3466		954776	184742	100740
泾阳县	Jingyang	51531	242447	2601	122	1732934	158581	30025
乾 县	Qianxian	55853	253101	7750		39640	556228	480816
礼泉县	Liquan	27410	123113	4008		66284	1491939	1160650

12-34 续表 4 continued

地区	Region	粮食播种面积(公顷) Sown Area of Grain (hectares)	粮食产量(吨) Output of Grain (ton)	油料产量(吨) Output of Oil-bearing (ton)	棉花产量(吨) Output of Cotton (ton)	蔬菜产量(吨) Output of Vegetables (ton)	水果产量(吨) Output of Fruits (ton)	#苹果 Output of Apples
永寿县	Yongshou	19134	82000	2210		20819	441711	422400
彬县	Binxian	26944	118286	8481		40085	461223	418154
长武县	Changwu	12144	58921	1282		18096	282795	264800
旬邑县	Xunyi	20602	118923	2389		72333	553723	535040
淳化县	Chunhua	23553	115544	4520		42967	910955	823000
武功县	Wugong	40494	200004	2235	8	186447	89248	74893
兴平市	Xingping	44260	222003	877		326940	161139	138841
渭南市	**Weinan**	**520131**	**2111684**	**64097**	**53612**	**2250081**	**2830857**	**1929175**
临渭区	Linwei	85894	337679	5242	7865	532537	251303	68605
华县	Huaxian	27701	112300	1126	193	557350	24844	1600
潼关县	Tongguan	13294	43100	3207	799	33789	11305	9405
大荔县	Dali	63373	278100	23267	18237	300819	517195	211542
合阳县	Heyang	50709	207000	3227	6363	179322	350536	292768
澄城县	Chengcheng	43574	175100	12444	7910	55986	416080	325335
蒲城县	Pucheng	84684	330097	4200	10074	115485	304295	177300
白水县	Baishui	28059	110759	4702		64956	531985	530177
富平县	Fuping	81366	360006	4455	492	262109	304326	213698
韩城市	Hancheng	23358	77600	1036	296	105816	111078	98045
华阴市	Huayin	18118	78100	1157	1383	41912	7910	700
延安市	**Yan'an**	**199389**	**743483**	**21149**	**875**	**1060434**	**2540347**	**2440059**
宝塔区	Baota	26986	85023	886		137956	162703	160500
延长县	Yanchang	10329	35598	3415	542	94282	218083	217838
延川县	Yanchuan	16966	40054	949	326	27600	114305	50115
子长县	Zichang	25412	75025	6457		108810	23380	13089
安塞县	Ansai	28113	65687	2598		221200	30290	29100
志丹县	Zhidan	17993	51455	1350		60800	15091	10700
吴起县	Wuqi	16929	56742	800		75351	9929	9000
甘泉县	Ganquan	9266	39597	90		130000	3500	3010
富县	Fuxian	6273	35389	391		95000	479450	479017
洛川县	Luochuan	12884	94540	851		31443	765961	763500
宜川县	Yichuan	6804	36614	1029	7	42845	413408	403078
黄龙县	Huanglong	11004	82121	151		3157	40852	40442
黄陵县	Huangling	10431	45638	2182		31990	263395	260670
汉中市	**Hanzhong**	**269239**	**1026575**	**184756**	**3**	**2024013**	**411483**	**4602**
汉台区	Hantai	17796	104845	16774		199596	28020	
南郑县	Nanzheng	34224	149315	33609		160904	10751	58
城固县	Chenggu	27167	141604	23155		593331	266887	184
洋县	Yangxian	33260	157626	27876		622369	71285	1445
西乡县	Xixiang	30112	99524	24252	3	91169	5152	
勉县	Mianxian	30852	134696	29479		117708	7631	36
宁强县	Ningqiang	30938	83255	12110		47788	4175	397

12-34 续表 5 continued

地 区	Region	粮食播种面积(公顷) Sown Area of Grain (hectares)	粮食产量(吨) Output of Grain (ton)	油料产量(吨) Output of Oil-bearing (ton)	棉花产量(吨) Output of Cotton (ton)	蔬菜产量(吨) Output of Vegetables (ton)	水果产量(吨) Output of Fruits (ton)	# 苹果 Output of Apples
略阳县	Lueyang	20294	47532	4800		51369	8147	1450
镇巴县	Zhenba	38601	87623	11339		100030	8003	661
留坝县	Liuba	3191	11897	911		23797	738	228
佛坪县	Foping	2804	8658	451		15952	694	143
榆林市	**Yulin**	**473998**	**1547742**	**79469**	**114**	**706794**	**616671**	**163751**
榆阳区	Yuyang	44210	237364	1282		73940	712	280
神木县	Shenmu	31557	123983	6804		16209	33144	72
府谷县	Fugu	30762	65176	2444	62	42096	12976	851
横山县	Hengshan	62081	156732	1611		38390	20380	7250
靖边县	Jingbian	51675	231758	6983		238802	7311	5387
定边县	Dingbian	110899	293789	12987		118070	2483	1450
绥德县	Suide	25661	87412	21662		50978	126946	79645
米脂县	Mizhi	26587.00	85418	4280		13577	37213	20588.00
佳 县	Jiaxian	24734	72629	3380		19211	54164	2268
吴堡县	Wubu	5537	18227	1406	12	12090	26946	760
清涧县	Qingjian	28237	72893	7777	40	47205	273916	31370
子洲县	Zizhou	32057	102361	8853		36226	20480	13830
安康市	**Ankang**	**269913**	**862340**	**144383**	**31**	**1314567**	**201843**	**5246**
汉滨区	Hanbin	54745	218628	42517	18	356256	51800	853
汉阴县	Hanyin	25693	102453	28614	13	183513	34270	88
石泉县	Shiquan	19263	67048	13293		58797	5497	597
宁陕县	Ningshan	4801	19935	844		42049	2468	294
紫阳县	Ziyang	42152	108375	12297		186260	5616	133
岚皋县	Langao	24836	65142	6666		135747	3768	173
平利县	Pingli	24889	74041	11439		99593	7493	356
镇坪县	Zhenping	9341.00	27363	1638		33615	1402	313.00
旬阳县	Xunyang	45293	122649	20585		136296	49476	2075
白河县	Baihe	18900	56706	6490		82441	40053	364
商洛市	**Shangluo**	**209916**	**650717**	**23716**	**2**	**454755**	**69633**	**9622**
商州区	Shangzhou	36148	108103	406		43159	14141	597
洛南县	Luonan	50194	168079	1220		152335	7554	395
丹凤县	Danfeng	22092	65304	1282		20477	9265	1543
商南县	Shangnan	19060	62560	11733		71735	6295	584
山阳县	Shanyang	37301	111477	2815		67513	10950	1236
镇安县	Zhen'an	32391	92941	5945	2	65394	13722	4210
柞水县	Zhashui	12731	42253	315		34142	7706	1057
杨凌示范区	**Yangling**	**3689**	**22414**	**128**		**133368**	**37599**	**6895**

12-34 续表 6 continued

地 区	Region	肉类产量(吨) Output of Meat (ton)	禽蛋产量(吨) Output of Poultry Eggs (ton)	奶类产量(吨) Output of Milk (ton)	牛存栏(万头) Stocked Cattle (10 000 heads)	#奶牛 Dairy cow	猪存栏(万头) Stocked Hogs (10 000 heads)	羊存栏(万只) Stocked (10 000 heads)	家禽存栏(万只) Stocked (10 000 heads)
全 省	**Shaanxi**	**1125217**	**554000**	**1885072**	**143.13**	**46.53**	**897.90**	**638.84**	**6708.40**
西安市	**Xi'an**	**158449**	**135382**	**657748**	**21.07**	**12.08**	**96.57**	**27.37**	**1172.61**
新城区	Xincheng								
碑林区	Beilin								
莲湖区	Lianhu								
灞桥区	Baqiao	7461	5583	65636	1.32	1.29	4.99	1.14	44.37
未央区	Weiyang	2449	111	7080	0.50	0.46	2.37	0.15	5.33
雁塔区	Yanta	826	276	960	0.02	0.02	0.60		2.50
阎良区	Yanliang	6746	7454	97187	1.79	1.64	3.94	5.68	61.73
临潼区	Lintong	43865	32574	345243	7.27	6.49	24.98	8.05	267.40
长安区	Chang'an	21383	41506	23219	1.03	0.39	10.76	1.51	298.90
蓝田县	Lantian	18352	6534	41104	3.89	0.26	8.11	7.11	125.00
周至县	Zhouzhi	29028	9956	13248	3.28	0.28	20.45	1.30	95.58
户 县	Huxian	19360	14538	26386	0.98	0.53	15.34	0.70	130.80
高陵县	Gaoling	8979	16850	37685	0.99	0.72	5.03	1.72	141.00
铜川市	**Tongchuan**	**16879**	**16991**	**29907**	**7.88**	**1.59**	**7.75**	**7.40**	**180.68**
王益区	Wangyi	1378	878	2515	0.35	0.13	1.22	0.35	23.81
印台区	Yintai	5478	9861	3977	1.05	0.19	2.63	1.43	98.90
耀州区	Yaozhou	5200	5838	23415	3.96	1.27	2.90	3.04	37.61
宜君县	Yijun	4823	414		2.52		0.99	2.59	20.36
宝鸡市	**Baoji**	**181267**	**75926**	**655764**	**50.50**	**21.32**	**110.61**	**55.27**	**944.07**
渭滨区	Weibin	2095	1123	3100	0.26	0.11	1.39	0.55	29.05
金台区	Jintai	3480	1035	8939	0.75	0.24	2.42	1.09	14.84
陈仓区	Chencang	52738	23935	65754	6.41	1.43	28.81	3.88	196.73
凤翔县	Fengxiang	21765	11135	86358	8.75	2.49	9.48	8.44	128.22
岐山县	Qishan	21155	13691	61213	5.57	2.66	19.98	4.47	128.81
扶风县	Fufeng	26708	15341	28584	2.23	1.02	19.18	2.83	254.60
眉 县	Meixian	15023	4438	62820	3.57	2.58	14.26	3.15	73.62
陇 县	Longxian	9343	2635	197757	8.95	6.33	2.66	7.52	25.60
千阳县	Qianyang	7261	1808	141113	6.05	4.45	1.94	6.48	21.22
麟游县	Linyou	7882	51	14	5.62		1.07	12.38	29.64
凤 县	Fengxian	10442	117		1.44		7.23	2.21	31.59
太白县	Taibai	3375	617	112	0.90	0.01	2.19	2.26	10.15
咸阳市	**Xianyang**	**213821**	**112232**	**790603**	**45.25**	**23.73**	**206.53**	**116.91**	**1112.24**
秦都区	Qindu	9120	3520	20750	0.82	0.76	7.50	0.80	38.00
渭城区	Weicheng	8731	13349	63857	1.38	1.38	6.61	0.72	95.95
三原县	Sanyuan	15518	22431	49126	4.85	0.79	12.87	17.76	186.87
泾阳县	Jingyang	25033	16209	223174	7.49	7.45	19.86	18.29	213.40
乾 县	Qianxian	17090	4694	134762	4.92	4.62	17.18	5.34	49.60
礼泉县	Liquan	8735	2232	30542	1.87	1.17	7.85	10.42	23.90

12-34 续表 7 continued

地 区	Region	肉类产量(吨) Output of Meat (ton)	禽蛋产量(吨) Output of Poultry Eggs (ton)	奶类产量(吨) Output of Milk (ton)	牛存栏(万头) Stocked Cattle (10 000 heads)	#奶牛 Dairy Cow	猪存栏(万头) Stocked Hogs (10 000 heads)	羊存栏(万只) Stocked (10 000 heads)	家禽存栏(万只) Stocked (10 000 heads)
永寿县	Yongshou	9894	2427	11225	5.68	0.10	6.04	16.34	38.35
彬 县	Binxian	5989	5674	6020	2.04	0.08	3.64	4.38	30.84
长武县	Changwu	4700	3150	14100	2.57	0.56	2.38	7.50	50.50
旬邑县	Xunyi	27361	5471	7842	4.01	0.14	51.72	10.19	52.60
淳化县	Chunhua	14324	10425	39748	2.80	0.71	9.01	18.81	99.43
武功县	Wugong	23675	8579	165324	5.02	4.92	28.64	3.13	92.40
兴平市	Xingping	43651	14071	24133	1.82	1.06	33.24	3.23	140.40
渭南市	**Weinan**	**215707**	**105196**	**392582**	**28.45**	**10.82**	**216.31**	**102.74**	**1199.93**
临渭区	Linwei	31421	30695	116030	7.93	3.03	27.63	10.37	261.58
华 县	Huaxian	7994	4875	5820	1.08	0.16	7.72	2.69	87.80
潼关县	Tongguan	6899	1039		0.40	0.01	7.19	0.73	15.13
大荔县	Dali	39975	17535	15163	6.19	0.69	37.69	23.88	147.84
合阳县	Heyang	11402	4462	53841	3.84	3.42	12.74	5.12	63.60
澄城县	Chengcheng	53547	9191	821	1.04	0.02	62.31	4.46	85.71
蒲城县	Pucheng	15478	5830	37500	1.86	0.96	15.48	8.01	210.00
白水县	Baishui	16012	1456	1865	0.93	0.03	18.03	4.06	36.72
富平县	Fuping	19489	22586	146985	3.22	2.06	16.05	35.43	211.55
韩城市	Hancheng	9367	2957	1824	1.21	0.06	8.10	6.14	40.00
华阴市	Huayin	4123	4570	12733	0.75	0.38	3.37	1.85	40.00
延安市	**Yan'an**	**74182**	**27932**	**7583**	**14.40**	**0.21**	**72.50**	**61.16**	**379.95**
宝塔区	Baota	6973	3833	3225	1.82	0.11	4.46	2.36	55.97
延长县	Yanchang	3166	1520	81	2.01	0.01	2.05	6.69	25.00
延川县	Yanchuan	3048	1348	403	1.09	0.01	3.10	3.22	20.16
子长县	Zichang	8857	2417	533	2.79	0.03	7.30	7.74	26.05
安塞县	Ansai	3140	1968	162	0.67	0.01	3.41	6.49	25.27
志丹县	Zhidan	3213	1605	103	0.45	0.01	3.30	13.18	23.33
吴起县	Wuqi	5568	1605	676	0.49	0.01	3.87	12.89	21.21
甘泉县	Ganquan	4400	6412	156	0.81		2.28	5.49	95.16
富 县	Fuxian	2909	1730	54	1.69		2.30	0.24	22.25
洛川县	Luochuan	24945	1374	1813	0.50	0.01	33.10	0.83	17.31
宜川县	Yichuan	2490	1390	52	0.56		2.46	0.80	14.68
黄龙县	Huanglong	2515	965		0.81		1.78	0.71	14.41
黄陵县	Huangling	2958	1765	325	0.71		3.08	0.52	19.15
汉中市	**Hanzhong**	**324562**	**71569**	**13820**	**29.22**	**0.37**	**280.36**	**34.53**	**1103.41**
汉台区	Hantai	18244	9508	6479	0.92	0.18	11.85	0.22	131.49
南郑县	Nanzheng	37292	6560	1029	3.36	0.04	33.16	2.46	101.00
城固县	Chenggu	47727	10847	639	3.19	0.04	32.60	1.48	162.75
洋 县	Yangxian	44267	7772	742	6.25	0.02	40.47	5.40	108.95
西乡县	Xixiang	48899	4905	31	3.04		45.30	6.01	72.58
勉 县	Mianxian	42132	13641	4900	2.77	0.10	38.90	0.96	156.10
宁强县	Ningqiang	33377	6518		3.81		32.14	1.98	108.55

12-34 续表 8 continued

地 区	Region	肉类产量 (吨) Output of Meat (ton)	禽蛋产量 (吨) Output of Poultry Eggs (ton)	奶类产量 (吨) Output of Milk (ton)	牛存栏 (万头) Stocked Cattle (10 000 heads)	# 奶牛 Dairy Cow	猪存栏 (万头) Stocked Hogs (10 000 heads)	羊存栏 (万只) Stocked (10 000 heads)	家禽存栏 (万只) Stocked (10 000 heads)
略阳县	Lueyang	15403	7673		1.76		10.04	2.32	174.78
镇巴县	Zhenba	31123	3220		3.52		31.56	13.34	67.51
留坝县	Liuba	3635	676		0.50		2.94	0.23	14.41
佛坪县	Foping	2463	249		0.10		1.39	0.14	5.29
榆林市	**Yulin**	**178961**	**52331**	**90203**	**14.12**	**2.77**	**100.30**	**627.95**	**556.92**
榆阳区	Yuyang	60667	9790	20070	3.29	0.60	41.03	127.64	123.63
神木县	Shenmu	17891	6300	14851	3.64	0.45	7.67	90.10	42.64
府谷县	Fugu	6167	3412	600	0.98	0.02	3.42	20.90	27.28
横山县	Hengshan	20018	8932	2604	0.79	0.09	7.00	92.72	54.10
靖边县	Jingbian	28824	5295	13420	0.97	0.41	16.47	124.42	74.05
定边县	Dingbian	19457	2950	18071	0.75	0.58	10.20	82.52	47.84
绥德县	Suide	4242	4153	5959	0.59	0.18	1.98	13.92	46.58
米脂县	Mizhi	4831	3032	2064	0.87	0.07	2.04	16.40	52.16
佳 县	Jiaxian	4361	3385	1270	0.94	0.04	2.29	16.17	27.81
吴堡县	Wubu	925	1322	355	0.09	0.01	0.53	3.03	8.19
清涧县	Qingjian	5272	1680	3024	0.77	0.08	3.72	11.49	22.15
子洲县	Zizhou	6306	2080	7915	0.46	0.25	3.97	28.65	30.49
安康市	**Ankang**	**272356**	**37837**	**80**	**24.77**	**0.01**	**243.70**	**93.56**	**940.29**
汉滨区	Hanbin	56880	8357	80	5.16	0.01	52.42	13.18	193.69
汉阴县	Hanyin	33117	7468		3.44		29.80	5.10	127.83
石泉县	Shiquan	20605	2583		3.14		18.77	5.64	68.32
宁陕县	Ningshan	4449	602		0.42		4.18	2.67	22.38
紫阳县	Ziyang	32432	4102		0.73		29.86	10.26	85.88
岚皋县	Langao	21451	4297		0.21		20.28	8.64	121.00
平利县	Pingli	29490	2504		0.77		21.36	14.54	72.84
镇坪县	Zhenping	15337	479		0.36		14.07	2.50	35.02
旬阳县	Xunyang	43935	4327		9.54		40.03	21.97	150.36
白河县	Baihe	14660	3118		1.01		12.93	9.07	62.97
商洛市	**Shangluo**	**148727**	**74114**	**1571**	**12.68**	**0.04**	**106.76**	**37.17**	**796.06**
商州区	Shangzhou	18953	8011	1413	1.67	0.03	16.08	1.93	65.00
洛南县	Luonan	36751	11953	70	4.97		31.48	4.90	106.00
丹凤县	Danfeng	23162	8585	70	1.35		15.89	2.79	252.06
商南县	Shangnan	21328	14299	1	1.37	0.01	12.17	3.24	100.00
山阳县	Shanyang	24326	16456		1.06		15.14	11.15	126.00
镇安县	Zhen'an	15417	8147	17	1.32		11.33	9.17	60.00
柞水县	Zhashui	8790	6663		0.95		4.67	3.99	87.00
杨凌示范区	**Yangling**	**5158**	**2079**	**23547**	**1.66**	**0.66**	**4.32**	**0.24**	**18.40**

主要统计指标解释

农林牧渔业总产值　指以货币表现的农、林、牧、渔业全部产品和对农林牧渔业生产活动进行的各种支持性服务活动的价值总量，它反映一定时期内农林牧渔业生产总规模和总成果。1957 年以前的农林牧渔业总产值中包括了厩肥和农民自给性手工业(如农民自制衣服、鞋、袜，自己从事粮食初步加工等)。1958 年及以后，林业中增加了村及村以下竹木采伐产值；牧业中取消了厩肥产值；副业中取消了农民自给性手工业产值，增加了村及村以下办的工业产值；渔业中增加了海洋捕捞水产品产值。1980 年及以后，在副业中增加了农民家庭兼营工业商品部分的产值。从 1984 年起村及村以下工业产值划归工业。从 1993 年起取消副业，将野生动物的捕猎划入牧业，野生植物采集和农民家庭兼营商品性工业划归农业。从 2003 年起，执行新的国民经济行业分类标准，农林牧渔业总产值中包括了农林牧渔服务业产值。林业中增加了森林采运业产值。农业中取消了家庭兼营商品性工业产值，将野生林产品的采集划归林业。第一次农业普查以后，由于畜牧业产品年报数据与普查数据之间存在一定的差距，根据农业普查结果对畜牧业年报数据进行了修正，对畜牧业产值进行了相应修正。

农林牧渔业总产值的计算方法通常是按农、林、牧、渔业产品及其副产品的产量分别乘以各自单位产品价格求得；少数生产周期较长，当年没有产品或产品产量不易统计的，则采用间接方法匡算其产值；然后将四业产品产值及农林牧渔服务业产值相加即为农林牧渔业总产值。

粮食产量　指全社会的产量。包括国有经济经营的、集体统一经营的和农民家庭经营的粮食产量，还包括工矿企业办的农场和其他生产单位的产量。粮食除包括稻谷、小麦、玉米、高粱、谷子及其他杂粮外，还包括薯类和豆类。其产量计算方法，豆类按去豆荚后的干豆计算；薯类(包括甘薯和马铃薯，不包括芋头和木薯)1963 年以前按每 4 公斤鲜薯折 1 公斤粮食计算，从 1964 年开始改为按 5 公斤鲜薯折 1 公斤粮食计算。城市郊区作为蔬菜的薯类(如马铃薯等)按鲜品计算，并且不作粮食统计。其他粮食一律按脱粒后的原粮计算。1989 年以前全国粮食产量数据主要靠全面报表取得，1989 年开始使用抽样调查数据。

棉花产量　指全社会的产量。包括春播棉和夏播棉。产量按皮棉计算。不包括木棉。

油料产量　指全部油料作物的生产量。包括花生、油菜籽、芝麻、向日葵籽、胡麻籽（亚麻籽）和其他油料。不包括大豆、木本油料和野生油料。花生以带壳干花生计算。

水产品产量　指人工养殖的水产品和天然生长的水产品的捕捞量。包括海水的鱼类、虾蟹类、贝类和藻类以及内陆水域的鱼类、虾蟹类和贝类，不包括淡水生植物。水产品产量是通过各级水产和统计部门逐级上报取得数据。1995 年及以前，贝类中牡蛎按鲜肉计算；蚶、蛤、蛙按 5 斤鲜品折 1 斤计算。1996 年以后则统一按鲜品计算。

猪、牛、羊肉产量　指当年出栏并已屠宰、除去头蹄下水后带骨肉(即胴体重)的重量。包括全社会范围内的产量。1996 年前为各级逐级上报数据。1996 年第一次农业普查以后，由于畜牧业产品年报数据与普查数据之间存在一定的差距，根据普查结果对畜牧业年报数据进行了修正。1999 年以后，国家统计局在部分地区开展了猪、牛、羊、禽等主要畜禽品种的抽样调查，并用抽样数据作为国家定案数据使用。未开展抽样调查的地区和品种，仍使用各级统计部门逐级上报数据。2007 年，根据第二次农业普查结果，对 2000—2006 年畜牧业年报数据进行了修正。2008 年，建立了主要畜禽监测调查制度，猪、牛、羊、禽等主要畜牧业数据均以抽样调查数为法定数据。

期初(末)畜禽存栏头(只)数　指报告期初(末)农村各种合作经济组织和国营农场、农民个人、机关、团体、学校、工矿企业、部队等单位以及城镇居民饲养的大牲畜、猪、羊、家禽等畜禽的存栏数。数据上报方式及数据调整情况同猪、牛、羊肉产量。

农作物播种面积　指实际播种或移植有农作物的面积。凡是实际种植有农作物的面积，不论种植在耕地上还是种植在非耕地上，均包括在农作物播种面积中。在播种季节基本结束后，因遭灾而重新改种和补种的农作物面积，也包括在内。它是反映我国耕地面积利用情况的一个重要指标。目前，农作物播种面积主要包括粮食、棉花、油料、糖料、麻类、烟叶、蔬菜和瓜类、药材和其他农作物九大类。

农用化肥施用量　指本年内实际用于农业生产的化肥数量，包括氮肥、磷肥、钾肥和复合肥。化肥施用量要求按折纯量计算数量。折纯量是指把氮肥、磷肥、钾肥分别按含氮、含五氧化二磷、含氧化钾的百分之百成份进行折算后的数量。复合肥按其所含主要成分折算。公式为:

折纯量=实物量 × 某种化肥有效成份含量的百分比

农业机械总动力　指主要用于农、林、牧、渔业的各种动力机械的动力总和。包括耕作机械、排灌机械、收获机械、农用运输机械、植物保护机械、牧业机械、林业机械、渔业机械和其他农业机械〔内燃机按引擎马力折成瓦(特)计算、电动机按功率折成瓦(特)计算〕。不包括专门用于乡、镇、村、组办工业、基本建设、非农业运输、科学试验和教学等非农业生产方面用的动力机械与作业机械。这个指标的统计数据主要来源于农机部门。

Explanatory Notes on Main Statistical Indicators

Gross Output Value of Agriculture, Forestry, Animal Husbandry and Fishery refers to the total value of products of agriculture, forestry, animal husbandry and fishery, and total value of services in support of agriculture, forestry, animal husbandry and fishery activities. It reflects the total scale and results of agricultural production during a given period. Prior to 1957, China's gross agricultural output value included barnyard manure and handicraft products for self-consumption (clothes, shoes, stockings, and initial grain processing undertaken by peasants). Since 1958, cutting and felling of bamboo and trees by villages and other cooperative organizations under villages have been included in forestry; value of barnyard manure has been excluded from animal husbandry; self consumed handicrafts have not been included from sideline occupations, while the output value of industries run by villages and cooperative organizations under village has been included in sideline occupations; and the output value of fish catches by motor fishing boats has been added to fishery. Since 1980, the value of handicraft products made for sale by individuals in households has been added to sideline occupations. Since 1984, industries run by villages and under villages have been included in the sector of industry. Since 1993, the subdivision of sideline occupations has been cancelled, and the hunting of wild animals has been classified into animal husbandry, and the gathering of wild plants and commodity industry run by rural household have been included in farming. A new industrial classification of economic activities was introduced in 2003. Under the new classification, value of services to agriculture, forestry, animal husbandry and fishery is included in the gross output value of agriculture, value of wood felling and transport is included in forestry, value of industrial output by rural households is not included in agriculture, and the collection of wild forest products is taken from agriculture and included in forestry. The First Agriculture Census of China revealed some discrepancy between the production of animal products from the annual reports and that from the census. According to the result of the First Agriculture census, efforts were made to adjust the output value of animal husbandry to make the figures from the annual reports consistent with the census data.

Gross output value of agriculture is obtained by multiplying the output of each product or by-product by its price, resulting in the output value of each single item. For a small number of products, annual output of which is not available or difficult to get due to the long production (growing) process involved, the output value is estimated through an indirect approach. The sum of output values of all products of agriculture, forestry, animal husbandry and fishery and services in support to those industries is then equal to the gross output value of agriculture.

Grain Output refers to the total output in the whole country including grains produced by State farms, collective units, rural households, as well as by farms affiliated to industrial and mining enterprises and other production units. Grain includes rice, wheat, corn, sorghum, millet and other miscellaneous grains as well as tubers and beans. Output of beans refers to dry beans without pods. The output of tubers (sweet potatoes and potatoes, not including taros and cassava) are converted into that of grain at the ratio 4:1, i.e. 4 kilograms of fresh tubers were equivalent to 1 kilogram of grain up to 1963. Since 1964 the ratio for conversion has been 5:1. Tubers supplied as vegetables (such as potatoes) in cities and suburbs are calculated as fresh vegetables and their output is not included in the output of grain. Output of all other grains refers to husked grain. Data on grain production before 1989 were obtained through the Comprehensive Statistical Reporting System. Since 1989, data from sample surveys are used.

Cotton Output refers to cotton production in the whole country including cotton planted in spring and in autumn. Output is measured as the weight of ginned cotton. Ceiba is not included.

Output of Oil-bearing Crops refers to the total production of oil-bearing crops of various kinds, including peanuts (dry, in shell), rapeseeds, sesame, sunflower seeds, flax seeds, and other oil-bearing crops. Soybeans, oil-bearing woody plants, and wild oil-bearing crops are not included.

Output of Aquatic Products refers to catches of both artificially cultured and naturally grown aquatic products, including fish, shrimps, crabs and shellfish in sea and inland water as well as seaweed. Freshwater plants are not included. Data on output of aquatic products are reported by aquatic product and statistical agencies level by level. Before 1995, among the shellfish, oyster was counted as fresh meat; 5 kilograms of ark shell, clams and frogs are equivalent to 1 kilogram of fresh aquatic products; they have all been counted as fresh aquatic products since 1996.

Output of Pork, Beef, and Mutton refers to the meat of slaughtered hogs, cattle, sheep and goats with head, feet, and offal taken away. Data refers to the production of the whole country. The First Agricultural Census of China in 1996 revealed some discrepancy between the production of animal products from the annual reports and that from the census. Efforts were made to adjust the output value of animal husbandry to make the figures from the annual reports consistent with the census data. Since 1999, the NBS conducted sample surveys for the major animal husbandry products, such as hogs, cattle, sheep and goats and fowls, and the data from sample surveys are used as national finalized data. Those products, which are not covered by the sample survey, are still reported by statistical agencies level by level. In 2007, the data on animal husbandry from 2000 to 2006 were revised according to the results of the Second Agriculture Census of China. In 2008, A Monitoring and Survey Program was set up on main livestock, the data on the main livestock such as hog, cattle, sheep and poultry became the official data based on the sampling survey.

Number of Livestock or Poultry in Stock at Beginning (or End) of Period refers to the total number of large animals, pigs, sheep, fowls, etc. raised by rural cooperative organizations, State farms, rural individuals, government agencies, schools, industrial and mining enterprises, army, and urban residents at the beginning (or end) of the reference period. Data reporting system and data adjustment are the same as that in the output of pork, beef and mutton.

Sown Area of Crops refers to area of land sown or transplanted with crops regardless of being in cultivated area or non-cultivated area. Area of land re-sown due to natural disasters is also included. This is an important indicator that can reflect the utilization condition of the cultivated land in China. At present, the sown area of crops mainly include the following 9 categories of crops: grain, cotton, oil-bearing crops, sugar crops, flax crops, tobacco, vegetables and melons, medicinal materials and other farm crops.

Consumption of Chemical Fertilizers in Agriculture refers to the quantity of chemical fertilizers applied in agriculture in the year, including nitrogenous fertilizer, phosphate fertilizer, potash fertilizer, and compound fertilizer. The consumption of chemical fertilizers is calculated in terms of volume of effective components by means of converting the gross weight of the respective fertilizers into weight containing effective component (e.g. nitrogen content in nitrogenous fertilizer, phosphorous pentoxide contents in phosphate fertilizer, and potassium oxide contents in potash fertilizer). Compound fertilizer is converted in regard to its major components. The formula is:

Volume of effective component= physical quantity × effective component of certain chemical fertilizer (%)

Total Power of Agricultural Machinery refers to total mechanical power of machinery used in agriculture, forestry, animal husbandry and fishery, including machinery for ploughing, irrigation and drainage, harvesting, transport, plant protection, animal husbandry, forestry and fishery and other agricultural machineries. (For the power of internal combustion engines, it is converted from its horsepower into watts while for electric motors the output power is converted into watts.) Machinery employed for non-agricultural purposes, such as the machines used in township-run and village-run industry, construction, non-agricultural transport, scientific experiments and teaching, are not included. Data are mainly from agricultural machinery agencies.

十三、工　业

Industry

资料整理：杨　琨

简 要 说 明

一、本篇资料反映陕西工业经济方面的基本情况，内容包括全部工业总产值，规模以上工业企业按企业登记注册类型、轻重工业、企业规模、工业行业大类分组的主要经济指标和经济效益指标，主要工业产品产量。

二、规模以上工业企业统计范围

1998年至2006年为全部国有及年主营业务收入在500万元以上非国有工业企业。

2007至2010年为年主营业务收入在500万元以上工业企业。

2011年起提高到年主营业务收入在2000万元以上工业企业。

三、按照 2011 年《统计上大中小微型企业划分办法》，工业企业大中小微型划分标准是:

大型: 从业人员 1000 人及以上、营业收入 40000 万元及以上。

中型: 从业人员 300-1000 人、营业收入 2000-40000 万元。

小型: 从业人员 20-300 人、营业收入 300-2000 万元。

微型: 从业人员20人以下、营业收入300万元以下。

Brief Introduction

I. This chapter reflects the basic conditions of the industrial sector, mainly including economic indicators of industrial enterprises above designated size; as well as their economic indicators, efficiency indicators, output and production capacity of key industrial products classified by type of registration, by light and heavy industries, by size of enterprise, by branch of industry.

II. The Scopes of Industrial Statistics

The scopes of industrial statistics are all State-owned industrial enterprises and non-State-owned industrial enterprises with revenue from principal business over 5 million yuan from 1998 to 2006.

The scopes of industrial statistics are all industrial enterprises with revenue from principal business over 5 million yuan form 2007 to 2010.

The scopes of industrial statistics are raised to all industrial enterprises with revenue from principal business over 20 million yuan from 2011.

III. According to "*the Division Standard of Large/Medium/Small/Mini Sized Enterprises*" in 2011, the division standard of large/medium/small/mini sized enterprises is:

Large sized enterprises:

Number of employed persons:1000 person and above.

Amount of operating revenue:400 million yuan and above.

Medium sized enterprises:

Number of employed persons: 300-1000 person.

Amount of operating revenue: 20-400 million yuan.

Small sized enterprises:

Number of employed persons: 20-300 person.

Amount of operating revenue: 3-20 million yuan.

Mini sized enterprises:

Number of employed persons: 20 person and below.

Amount of operating revenue: 3 million yuan and below.

13.工　业

2013年全省		
规模以上工业企业单位数	4489	个
# 大中型工业企业	914	个
全部工业总产值	20820.07	亿元
# 规模以上工业	18982.47	亿元

规模以上工业企业利税总额（亿元）

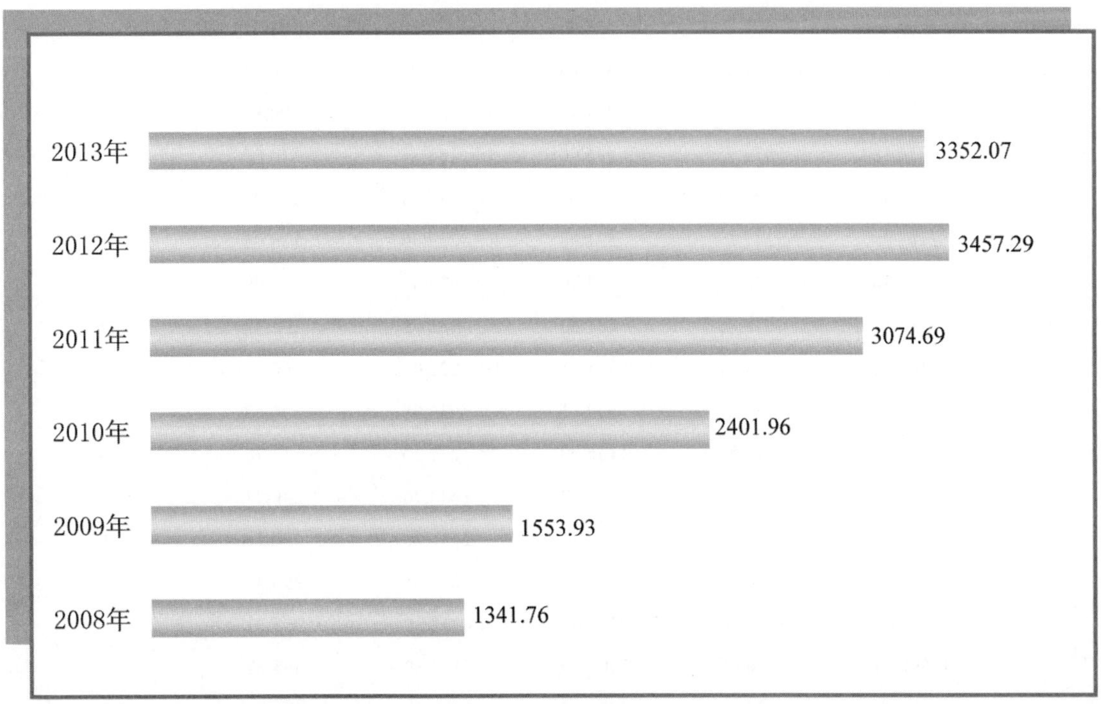

13-1 全部工业总产值
Gross Industrial Output Value

单位：亿元 (100 million yuan)

年份 Year	全部工业总产值 Gross Industrial Output Value	国有工业 State-owned Enterprises	集体工业 Collective-owned Enterprises	其他经济类型工业 Other Enterprises	城乡个体工业 Urban and Rural Individual-owned Enterprises	轻工业 Light Industry	重工业 Heavy Industry
1978	96.48	81.26	15.22			43.06	53.42
1979	105.79	90.19	15.61			47.23	58.56
1980	109.96	92.57	17.37	0.02		55.09	54.86
1981	108.64	91.22	17.32	0.10		59.24	49.39
1982	117.71	98.16	19.41	0.13		58.99	58.72
1983	131.77	110.38	21.24	0.15		61.86	69.90
1984	150.70	119.65	29.14	0.22	1.68	64.55	86.14
1985	192.08	145.69	42.39	0.29	3.72	80.11	111.98
1986	219.26	159.66	51.48	0.53	7.60	92.44	126.82
1987	258.44	185.25	60.79	0.81	11.59	108.09	150.35
1988	331.74	235.54	78.10	1.11	16.99	139.95	191.79
1989	406.71	284.91	94.48	2.36	24.95	168.70	238.01
1990	442.58	304.17	102.86	3.72	31.83	188.02	254.55
1991	508.81	348.64	114.40	8.17	37.59	214.41	294.40
1992	599.54	396.02	137.54	15.07	50.92	239.85	359.69
1993	793.78	483.97	194.74	37.70	77.37	281.03	512.75
1994	1009.76	585.08	257.39	57.81	109.48	370.67	639.08
1995	1068.71	627.99	266.78	112.73	61.21	398.13	670.58
1996	1168.54	671.48	309.90	115.30	71.87	426.52	742.02
1997	1284.14	680.18	335.03	172.10	96.82	489.77	794.37
1998	1318.81	727.42	361.64	140.92	88.82	508.72	810.09
1999	1501.05	839.29	401.43	159.79	100.54	581.16	919.90
2000	1714.18	974.75	446.00	183.38	110.04	602.35	1111.82
2001	1946.94	1106.23	483.07	233.73	123.91	674.97	1271.98
2002	2205.98	1247.29	521.63	299.00	138.05	736.57	1469.42
2003	2708.86	1526.71	603.29	424.87	153.99	816.83	1892.03
2004	3389.88	1878.00	687.52	651.98	172.38	932.13	2457.75
2005	4109.32	2332.47	785.71	822.00	169.15	988.16	3121.16
2006	5248.39	3165.22	954.71	936.98	191.49	1152.02	4096.37
2007	6587.41	4010.54	1136.90	1227.20	212.76	1371.40	5216.01
2008	8358.86	4900.65	1463.22	1748.76	246.24	1639.11	6719.76
2009	9553.70	5221.58	1642.76	2431.86	257.50	1920.50	7633.20
2010	12421.80	6900.46	1955.27	3275.61	290.46	2345.73	10076.07
2011	15811.48	8797.96	2338.01	4312.30	363.21	2958.11	12853.37
2012	18591.89	10216.05	2809.09	5170.89	395.87	3510.70	15081.19
2013	20820.07	10934.77	3075.93	6372.57	436.80	4139.23	16680.84

13-2 规模以上工业企业主要经济指标(1998-2013年)
Main Indicators of Industrial Enterprises above Designated Size (1998-2013)

单位：亿元 (100 million yuan)

年 份 Year	企业单位数 (个) Number of Enterprises (unit)	工业总产值 Gross Industrial Output Value	资产总计 Total Assets	主营业务收入 Revenue from Principal Business	利润总额 Total Profits	税金总额 Total Taxes
1998	2685	960.81	2158.36	867.48	-11.40	64.71
1999	2589	1097.45	2514.49	950.36	6.92	81.34
2000	2553	1268.43	2683.07	1133.82	63.80	91.71
2001	2440	1457.62	3071.06	1292.71	62.96	99.09
2002	2461	1667.10	3227.24	1503.30	93.18	119.94
2003	2493	2118.17	3672.72	1843.33	158.62	151.96
2004	3012	2735.22	4432.45	2632.18	253.90	212.45
2005	2997	3397.71	5085.90	3302.50	400.70	275.80
2006	3375	4442.81	6130.02	4380.18	523.95	339.49
2007	3372	5692.33	7494.03	5512.63	691.83	405.97
2008	3526	7322.92	9163.02	6944.88	872.63	469.13
2009	4480	8470.40	12119.26	8188.52	854.11	699.82
2010	4564	11199.84	14688.70	10888.80	1469.57	932.39
2011	3684	14283.48	17234.61	13790.12	1933.92	1140.77
2012	4284	16926.49	20591.16	16328.25	2057.22	1400.07
2013	4489	18982.47	22443.11	17763.00	1973.32	1378.75

13-3 规模以上工业企业主要经济效益指标(1998-2013年)
Main Indicators on Economic Benefit of Industrial Enterprises above Designated Size(1998-2013)

年 份 Year	总资产贡献率 (%) Ratio of Profits, Taxes and Interests to Average Assets (%)	资产负债率 (%) Ratio of Debts to Assets (%)	流动资产周转次数 (次/年) Turnover of Current Assets (times/year)	成本费用利润率 (%) Ratio of Profits to Total Industrial Costs (%)	产品销售率 (%) Sales Ratio of Products (%)
1998	4.96	71.53	0.99	-1.31	95.79
1999	6.06	68.86	1.03	0.74	96.00
2000	7.83	68.17	1.12	6.06	96.70
2001	7.58	66.01	1.15	5.19	97.17
2002	8.40	65.75	1.29	6.74	97.69
2003	10.40	63.94	1.34	9.71	97.59
2004	14.10	65.40	1.60	10.90	97.40
2005	15.38	62.15	1.72	14.46	97.74
2006	16.60	59.80	1.90	14.00	98.20
2007	17.27	57.35	1.97	14.54	97.49
2008	17.30	55.80	1.90	14.80	96.60
2009	13.60	56.00	1.60	12.30	95.90
2010	17.11	56.84	1.67	16.14	96.91
2011	18.84	56.61	1.82	16.97	96.52
2012	18.03	56.91	1.87	14.95	96.34
2013	16.00	56.06	2.02	12.86	95.20

13-4 规模以上工业企业主要经济指标(2013年)

单位：万元

分　组	Item	企业单位数 (个) Number of Enterprises (unit)	# 亏损企业 Unprofitable Enterprises	工业总产值 Gross Industrial Output Value
总　计	**Total**	**4489**	**787**	**189824746**
按登记注册类型分	**By Status of Registration**			
内资企业	Domestic Funded	4274	733	176793224
国有企业	State-owned Enterprises	267	66	32349492
中央企业	Central	80	12	17898292
地方企业	Local	187	54	14451201
集体企业	Collective-owned Enterprises	106	22	1280460
股份合作企业	Cooperative Enterprises	59	9	1332436
联营企业	Joint Ownership Enterprises	15	4	643291
国有联营企业	State Joint Ownership Enterprises	5	1	555102
集体联营企业	Collective Joint Ownership Enterprises	3		14794
国有与集体联营企业	Joint State-collective Enterprises	3		50098
其他联营企业	Other Joint Ownership Enterprises	4	3	23297
有限责任公司	Limited Liability Corporations	2079	413	81227903
国有独资公司	State Sole Funded Corporations	67	22	19075972
其他有限责任公司	Other Limited Liability Corporations	2012	391	62151932
股份有限公司	Share-holding Corporations Limited	253	41	35189283
私营企业	Private Enterprises	1366	159	21970022
私营独资企业	Private-funded Enterprises	229	22	3336657
私营合作企业	Private Partnership Enterprises	97	17	1678073
私营有限责任公司	Private Limited Liability Corporations	942	112	14723563
私营股份有限公司	Private Share-holding Corporations Ltd.	98	8	2231729
其他企业	Other Enterprises	129	19	2800337
港、澳、台商投资企业	Enterprises with Funds from Hong Kong, Macao and Taiwan	61	24	1914653
合资经营企业(港或澳、台资)	Joint-venture Enterprises	28	14	608978
合作经营企业(港或澳、台资)	Cooperative Enterprises	3	1	273907
港澳台商独资经营企业	Enterprises with Sole Investment	28	9	952403
港澳台商投资股份有限公司	Share-holding Corporations Ltd.	2		79365
外商投资企业	Foreign Funded Enterprises	154	30	11116869
中外合资经营企业	Joint-venture Enterprises	98	20	8483090
中外合作经营企业	Cooperation Enterprises	4		224771
外资企业	Enterprises with Sole Funds	44	8	1884452
外商投资股份有限公司	Share-holding Corporations Ltd.	8	2	524556

Main Indicators of Industrial Enterprises above Designated Size(2013)

(10 000 yuan)

工业销售产值 Sales Output Value	资产总计 Total Assets	流动资产合计 Total Current Assets	# 应收账款 Accounts Receivable	# 存货 Inventories	# 产成品 Finished products	负债合计 Total Liabilities
180712407	**224431109**	**87759711**	**17418007**	**20700328**	**7218185**	**125812360**
168676258	214548233	83233198	16397609	19499690	6713096	120866447
30545743	47663581	16999377	4021912	4325631	1373599	28999983
16975501	26343306	9524294	2626645	2623097	717627	15313949
13570242	21320275	7475083	1395267	1702534	655972	13686035
1241923	752778	371951	96059	53130	29095	359980
1250304	1676432	576877	116585	103781	44808	850789
636201	902269	216730	72344	65376	12272	870015
554995	841109	173959	67624	56961	10379	823346
14628	8918	7008	2878	3529	827	7627
44913	29544	26368	446	1291	482	25701
21666	22698	9396	1396	3596	585	13341
77249265	95378418	46040765	8413224	11053002	3578076	55730556
17732442	34958757	16824816	1873719	2759334	1003008	17531957
59516823	60419661	29215949	6539505	8293668	2575068	38198599
34093312	52457022	11853349	2072309	2183475	825168	26061479
20971359	13792789	6418204	1417776	1593707	782636	7125798
3208248	1691615	765288	185662	180680	94664	722813
1616919	1916157	797215	90375	68839	30718	905324
14014618	8720754	4167691	1032288	1174269	562503	4857271
2131574	1464264	688011	109451	169919	94751	640389
2688150	1924945	755945	187400	121588	67442	867849
1717505	1737824	780055	152761	185776	61424	763229
551996	587919	278472	67860	70428	28935	280926
273702	226198	118884	21067	10326		57361
809967	867310	362437	53592	101132	31619	402265
81840	56397	20262	10242	3890	871	22677
10318644	8145051	3746458	867637	1014862	443665	4182684
7866292	5695723	2692269	556134	699513	249647	3124043
223852	132648	37483	25036	2110	793	57760
1805593	1865355	778198	229523	192973	78574	740192
422907	451325	238508	56944	120266	114651	260690

13-4 续表 1

单位：万元

分　组	Item	企业单位数(个) Number of Enterprises (unit)	# 亏损企业 Unprofitable Enterprises	工业总产值 Gross Industrial Output Value
按经济组织类型分	**By Economic Type of Orgnization**			
独资企业	Appropratorship	674	127	39803464
国有企业	State-owned Enterprises	267	66	32349492
集体企业	Collective-owned Enterprises	106	22	1280460
私营独资企业	Private-funded Enterprises	229	22	3336657
港澳台商独资经营企业	Enterprises with Sole Investment	28	9	952403
外资企业	Enterprises with Sole Funds	44	8	1884452
合作、合伙企业	Partnership	307	50	6952816
股份合作企业	Cooperative Enterprises	59	9	1332436
国有联营企业	State Joint Ownership Enterprises	5	1	555102
集体联营企业	Collective Joint Ownership Enterprises	3		14794
国有与集体联营企业	Joint State-collective Enterprises	3		50098
其他联营企业	Other Joint Ownership Enterprises	4	3	23297
私营合伙企业	Private Partnership Enterprises	97	17	1678073
合作经营企业(港或澳、台资)	Cooperative Enterprises	3	1	273907
中外合作经营企业	Cooperation Enterprises	4		224771
其他企业(内资)	Other Enterprises	129	19	2800337
股份有限公司	Share-holding Corporations Limited	361	51	38024933
股份有限公司(内资)	Share-holding Corporations Ltd.	253	41	35189283
私营股份有限公司	Private Share-holding Corporations Ltd.	98	8	2231729
港澳台商投资股份有限公司	Share-holding Corporations Ltd.with Funds from Hong Kong, Macao and Taiwan	2		79365
外商投资股份有限公司	Share-holding Corporations Ltd.with Foreign Investment	8	2	524556
有限责任公司	Limited Liability Corporations	3147	559	105043534
国有独资公司	State Sole Funded Corporations	67	22	19075972
私营有限责任公司	Private Limited Liability Corporations	942	112	14723563
合资经营企业(港或澳、台资)	Joint-venture Enterprises	28	14	608978
中外合资经营企业	Joint-venture Enterprises	98	20	8483090
其他有限责任公司	Other Corporations	2012	391	62151932
按轻重工业分	**Grouped by Light & Heavy Industries**			
轻工业	Light Industry	1328	156	31110927
重工业	Heavy Industry	3161	631	158713819
按企业规模分	**Grouped by Size of Enterprises**			
大型企业	Large Enterprises	178	30	90673733
中型企业	Medium-sized Enterprises	736	131	41028349
小型企业	Small Enterprises	3093	508	47058559
微型企业	Mini Enterprises	482	118	11064106

continued

(10 000 yuan)

工业销售产值 Sales Output Value	资产总计 Total Assets	流动资产合计 Total Current Assets	# 应收账款 Accounts Receivable	# 存货 Inventories	# 产成品 Finished products	负债合计 Total Liabilities
37611475	52840639	19277251	4586747	4853547	1607551	31225232
30545743	47663581	16999377	4021912	4325631	1373599	28999983
1241923	752778	371951	96059	53130	29095	359980
3208248	1691615	765288	185662	180680	94664	722813
809967	867310	362437	53592	101132	31619	402265
1805593	1865355	778198	229523	192973	78574	740192
6689128	6778649	2503134	512807	372020	156033	3609097
1250304	1676432	576877	116585	103781	44808	850789
554995	841109	173959	67624	56961	10379	823346
14628	8918	7008	2878	3529	827	7627
44913	29544	26368	446	1291	482	25701
21666	22698	9396	1396	3596	585	13341
1616919	1916157	797215	90375	68839	30718	905324
273702	226198	118884	21067	10326		57361
223852	132648	37483	25036	2110	793	57760
2688150	1924945	755945	187400	121588	67442	867849
36729632	54429008	12800130	2248947	2477550	1035441	26985236
34093312	52457022	11853349	2072309	2183475	825168	26061479
2131574	1464264	688011	109451	169919	94751	640389
81840	56397	20262	10242	3890	871	22677
422907	451325	238508	56944	120266	114651	260690
99682171	110382813	53179197	10069505	12997211	4419161	63992795
17732442	34958757	16824816	1873719	2759334	1003008	17531957
14014618	8720754	4167691	1032288	1174269	562503	4857271
551996	587919	278472	67860	70428	28935	280926
7866292	5695723	2692269	556134	699513	249647	3124043
59516823	60419661	29215949	6539505	8293668	2575068	38198599
29412556	17301875	9369962	1777395	3389758	1279204	8239999
151299851	207129234	78389749	15640612	17310570	5938980	117572361
86931237	134519586	48533162	8454998	10994401	3461645	74980544
38429385	45136388	16799128	3803237	4097329	1581566	26956002
44839134	31079204	15400418	4264404	3701342	1557970	16600425
10512652	13695932	7027003	895368	1907255	617004	7275389

13-4 续表 2

单位：万元

分组	Item	主营业务收入 Revenue from Principal Business	主营业务成本 Cost of Principal Business	主营业务税金及附加 Tax and Extra Charges from Principal Business
总 计	**Total**	**177630016**	**137536701**	**5227176**
按登记注册类型分	**By Status of Registration**			
内资企业	Domestic Funded	166647729	128601587	5120139
国有企业	State-owned Enterprises	29462169	23586669	1331272
中央企业	Central	17233398	13669335	1174351
地方企业	Local	12228771	9917334	156921
集体企业	Collective-owned Enterprises	1264247	1074124	10678
股份合作企业	Cooperative Enterprises	1148414	791989	19660
联营企业	Joint Ownership Enterprises	536083	418810	6270
国有联营企业	State Joint Ownership Enterprises	460792	357239	4939
集体联营企业	Collective Joint Ownership Enterprises	12609	11925	103
国有与集体联营企业	Joint State-collective Enterprises	45879	35946	531
其他联营企业	Other Joint Ownership Enterprises	16803	13700	698
有限责任公司	Limited Liability Corporations	79815859	66639116	1971214
国有独资公司	State Sole Funded Corporations	20651283	16389868	1554840
其他有限责任公司	Other Limited Liability Corporations	59164576	50249248	416374
股份有限公司	Share-holding Corporations Limited	31586645	18037221	1523467
私营企业	Private Enterprises	20301901	16184983	225747
私营独资企业	Private-funded Enterprises	3182119	2508207	32523
私营合作企业	Private Partnership Enterprises	1608015	971619	41395
私营有限责任公司	Private Limited Liability Corporations	13484040	11081826	132022
私营股份有限公司	Private Share-holding Corporations Ltd.	2027728	1623332	19806
其他企业	Other Enterprises	2532412	1868676	31832
港、澳、台商投资企业	Enterprises with Funds from Hong Kong, Macao and Taiwan	1632258	1288360	12477
合资经营企业(港或澳、台资)	Joint-venture Enterprises	462319	366981	5466
合作经营企业(港或澳、台资)	Cooperative Enterprises	274878	209564	1689
港澳台商独资经营企业	Enterprises with Sole Investment	817810	645512	4985
港澳台商投资股份有限公司	Share-holding Corporations Ltd.	77250	66303	337
外商投资企业	Foreign Funded Enterprises	9350030	7646754	94560
中外合资经营企业	Joint-venture Enterprises	7004852	5796011	82867
中外合作经营企业	Cooperation Enterprises	223853	132735	740
外资企业	Enterprises with Sole Funds	1712577	1371660	9183
外商投资股份有限公司	Share-holding Corporations Ltd.	408748	346348	1770

continued

(10 000 yuan)

销售费用 Operating Expenses	管理费用 Management Expenses	财务费用 Financial Expenses	利润总额 Total Profits	亏损企业亏损额 Losses of Unprofitable Enterprises	利税总额 Total Profits and Taxes	本年应交增值税 Value Added Tax Payable	全部从业人员年平均人数(人) Annual Average Employed Persons (person)
4247448	**8954449**	**2682201**	**19733217**	**1216337**	**33520757**	**8411394**	**1563069**
3658960	8532898	2611096	18851581	1143366	32134432	8014500	1459022
539237	1764677	659133	2123169	280260	5040206	1528807	302345
287009	792014	357716	1217311	58293	3320180	927553	147032
252228	972663	301417	905858	221967	1720026	601254	155313
23681	52212	7040	91750	6261	146502	43444	22691
45970	73501	25153	199474	3682	300249	81115	10715
6835	21088	32098	52093	2587	95788	37425	3008
4213	16060	31469	48101	2450	86546	33506	1898
148	293	77	64		252	85	188
1763	3209	550	3909		7198	2759	188
712	1526	2	21	137	1793	1075	734
1935345	3402492	1121216	5118229	639881	9854203	2682590	659092
283103	1062645	277838	1455323	55701	3832533	814664	136535
1652243	2339846	843379	3662906	584180	6021670	1867927	522557
403115	2373798	498371	8733056	127255	12912791	2648618	234498
634881	746652	240263	2114461	67768	3184638	843742	204564
89218	113410	27466	350339	9725	518753	135871	29856
84888	113446	18474	358419	8868	576719	176905	14482
405518	454110	171829	1162265	44544	1750686	455730	139320
55257	65686	22493	243438	4631	338481	75236	20906
69894	98479	27823	419349	15671	600056	148757	22109
66143	98289	9506	162723	37397	246860	71658	20254
24782	34125	7950	30993	15341	57271	20810	7414
26	7788	-1772	60690	6	78293	15914	2383
40126	54646	2686	63227	22051	100329	32116	9486
1209	1731	642	7813		10968	2818	971
522345	323262	61599	718913	35574	1139465	325237	83793
373662	228775	43174	511408	16377	835029	240029	62785
825	5709	2246	36556		50705	13410	1302
132915	77380	4606	142764	12100	216271	64294	18863
14943	11398	11574	28186	7096	37461	7505	843

13-4 续表 3

单位：万元

分　组	Item	主营业务收　入 Revenue from Principal Business	主营业务成　本 Cost of Principal Business	主营业务税金及附加 Tax and Extra Charges from Principal Business
按经济组织类型分	**By Economic Type of Orgnization**			
独资企业	Appropratorship	36438921	29186171	1388641
国有企业	State-owned Enterprises	29462169	23586669	1331272
集体企业	Collective-owned Enterprises	1264247	1074124	10678
私营独资企业	Private-funded Enterprises	3182119	2508207	32523
港澳台商独资经营企业	Enterprises with Sole Investment	817810	645512	4985
外资企业	Enterprises with Sole Funds	1712577	1371660	9183
合作、合伙企业	Partnership	6323655	4393393	101585
股份合作企业	Cooperative Enterprises	1148414	791989	19660
国有联营企业	State Joint Ownership Enterprises	460792	357239	4939
集体联营企业	Collective Joint Ownership Enterprises	12609	11925	103
国有与集体联营企业	Joint State-collective Enterprises	45879	35946	531
其他联营企业	Other Joint Ownership Enterprises	16803	13700	698
私营合伙企业	Private Partnership Enterprises	1608015	971619	41395
合作经营企业(港或澳、台资)	Cooperative Enterprises	274878	209564	1689
中外合作经营企业	Cooperation Enterprises	223853	132735	740
其他企业(内资)	Other Enterprises	2532412	1868676	31832
股份有限公司	Share-holding Corporations Limited	34100371	20073204	1545381
股份有限公司(内资)	Share-holding Corporations Ltd.	31586645	18037221	1523467
私营股份有限公司	Private Share-holding Corporations Ltd.	2027728	1623332	19806
港澳台商投资股份有限公司	Share-holding Corporations Ltd.with Funds from Hong Kong, Macao and Taiwan	77250	66303	337
外商投资股份有限公司	Share-holding Corporations Ltd.with Foreign Investment	408748	346348	1770
有限责任公司	Limited Liability Corporations	100767070	83883934	2191569
国有独资公司	State Sole Funded Corporations	20651283	16389868	1554840
私营有限责任公司	Private Limited Liability Corporations	13484040	11081826	132022
合资经营企业(港或澳、台资)	Joint-venture Enterprises	462319	366981	5466
中外合资经营企业	Joint-venture Enterprises	7004852	5796011	82867
其他有限责任公司	Other Corporations	59164576	50249248	416374
按轻重工业分	**Grouped by Light & Heavy Industries**			
轻工业	Light Industry	28100299	21710026	1128671
重工业	Heavy Industry	149529718	115826676	4098505
按企业规模分	**Grouped by Size of Enterprises**			
大型企业	Large Enterprises	87735254	65644900	2982317
中型企业	Medium-sized Enterprises	36605641	27849770	855055
小型企业	Small Enterprises	40148291	33236294	399432
微型企业	Mini Enterprises	13140831	10805738	990372

continued

(10 000 yuan)

销售费用 Operating Expenses	管理费用 Management Expenses	财务费用 Financial Expenses	利润总额 Total Profits	亏损企业亏损额 Losses of Unprofitable Enterprises	利税总额 Total Profits and Taxes	本年应交增值税 Value Added Tax Payable	全部从业人员年平均人数(人) Annual Average Employed Persons (person)
825178	2062324	700931	2771250	330398	6022060	1804533	383241
539237	1764677	659133	2123169	280260	5040206	1528807	302345
23681	52212	7040	91750	6261	146502	43444	22691
89218	113410	27466	350339	9725	518753	135871	29856
40126	54646	2686	63227	22051	100329	32116	9486
132915	77380	4606	142764	12100	216271	64294	18863
208438	320011	104022	1126580	30814	1701809	473526	53999
45970	73501	25153	199474	3682	300249	81115	10715
4213	16060	31469	48101	2450	86546	33506	1898
148	293	77	64		252	85	188
1763	3209	550	3909		7198	2759	188
712	1526	2	21	137	1793	1075	734
84888	113446	18474	358419	8868	576719	176905	14482
26	7788	-1772	60690	6	78293	15914	2383
825	5709	2246	36556		50705	13410	1302
69894	98479	27823	419349	15671	600056	148757	22109
474525	2452613	533079	9012493	138983	13299701	2734177	257218
403115	2373798	498371	8733056	127255	12912791	2648618	234498
55257	65686	22493	243438	4631	338481	75236	20906
1209	1731	642	7813		10968	2818	971
14943	11398	11574	28186	7096	37461	7505	843
2739306	4119501	1344169	6822894	716143	12497188	3399159	868611
283103	1062645	277838	1455323	55701	3832533	814664	136535
405518	454110	171829	1162265	44544	1750686	455730	139320
24782	34125	7950	30993	15341	57271	20810	7414
373662	228775	43174	511408	16377	835029	240029	62785
1652243	2339846	843379	3662906	584180	6021670	1867927	522557
1414217	1020279	221604	2412612	97958	4617804	1069344	288247
2833231	7934170	2460597	17320606	1118379	28902953	7342051	1274822
1622654	5079050	1536090	11797939	471665	19516442	4671287	785510
1100301	1740362	655973	4335451	352242	7056522	1813728	413089
1219886	1625434	405808	3057551	278898	4903259	1415419	360644
304607	509603	84329	542276	113532	2044534	510960	3826

13-5 规模以上工业企业分行业主要经济指标(2013年)

单位：万元

分　组	Item	企业单位数(个) Number of Enterprises (unit)	# 亏损企业 Unprofitable Enterprises
总　计	**Total**	**4489**	**787**
煤炭开采和洗选业	Mining and Washing of Coal	511	117
石油和天然气开采业	Extraction of Petroleum and Natural Gas	7	
黑色金属矿采选业	Mining and Processing of Ferrous Metal Ores	54	11
有色金属矿采选业	Mining and Processing of Non-Ferrous Metal Ores	103	14
非金属矿采选业	Mining and Processing of Non-metal Ores	60	5
开采辅助活动	Support Activities for Mining	25	2
农副食品加工业	Processing of Food from Agricultural Products	381	34
食品制造业	Manufacture of Foods	173	6
酒、饮料和精制茶制造业	Manufacture of Liquor, Beverages and Refined Tea	153	15
烟草制品业	Manufacture of Tobacco	3	
纺织业	Manufacture of Textile	127	29
纺织服装、服饰业	Manufacture of Textile, Wearing Apparel and Accessories	28	2
皮革、毛皮、羽毛及其制品和制鞋业	Manufacture of Leather, Fur, Feather and Related Products and Footwear	6	1
木材加工和木、竹、藤、棕、草制品业	Processing of Timber, Manufacture of Wood, Bamboo, Rattan, Palm and Straw Products	20	2
家具制造业	Manufacture of Furniture	18	1
造纸及纸制品业	Manufacture of Paper and Paper Products	65	7
印刷和记录媒介复制业	Printing and Reproduction of Recording Media	38	7
文教、工美、体育和娱乐用品制造业	Manufacture of Articles for Culture, Education, Arts and Crafts, Sport and Entertainment Activities	11	1
石油加工、炼焦及核燃料加工业	Processing of Petroleum, Coking and Processing of Nuclear Fuel	109	45
化学原料及化学制品制造业	Manufacture of Raw Chemical Materials and Chemical Products	301	81
医药制造业	Manufacture of Medicines	175	26
化学纤维制造业	Manufacture of Chemical Fibres	6	2
橡胶和塑料制品业	Manufacture of Rubber and Plastics Products	114	9
非金属矿物制品业	Manufacture of Non-metallic Mineral Products	524	100
黑色金属冶炼和压延加工业	Smelting and Pressing of Ferrous Metals	121	21
有色金属冶炼和压延加工业	Smelting and Pressing of Non-ferrous Metals	164	31
金属制品业	Manufacture of Metal Products	129	12
通用设备制造业	Manufacture of General Purpose Machinery	188	32
专用设备制造业	Manufacture of Special Purpose Machinery	210	40
汽车制造业	Manufacture of Automobiles	87	19
铁路、船舶、航空航天和其他运输设备制造业	Manufacture of Railway, Ship, Aerospace and Other Transport Equipments	82	15
电气机械和器材制造业	Manufacture of Electrical Machinery and Apparatus	174	36
计算机、通信和其他电子设备制造业	Manufacture of Computers, Communication and Other Electronic Equipment	94	23
仪器仪表制造业	Manufacture of Measuring Instruments and Machinery	42	7
其他制造业	Other Manufacture	11	1
废弃资源综合利用业	Utilization of Waste Resources	5	
金属制品、机械和设备修理业	Repair Service of Metal Products, Machinery and Equipment	7	
电力、热力生产和供应业	Production and Supply of Electric Power and Heat Power	112	25
燃气生产和供应业	Production and Supply of Gas	32	4
水的生产和供应业	Production and Supply of Water	19	4

Main Indicators of Industrial Enterprises above Designated Size by Industrial Sector (2013)

(10 000 yuan)

工业总产值 Gross Industrial Output Value	工业销售产值 Sales Output Value	资产总计 Total Assets	流动资产合计 Total Current Assets	# 应收账款 Accounts Receivable	# 存货 Inventories	# 产成品 Finished products	负债合计 Total Liabilities
189824746	**180712407**	**224431109**	**87759711**	**17418007**	**20700328**	**7218185**	**125812360**
22769384	22025392	31520529	11771018	2061377	977764	291202	14561959
18354936	18203862	36090720	3791058	73085	461265	201299	19052312
1181894	1060791	1190159	458907	78793	92399	68355	750936
2239667	2068085	1413304	600615	112787	152894	82277	873921
646699	627229	378434	159931	35666	34389	20379	149805
454864	453405	2202291	1132493	136967	69514	20107	665511
8526998	8164979	3296132	1795678	241667	791207	303288	1831193
3797608	3577986	1479333	744603	188882	176366	85015	631466
4145554	3851693	2649035	1366378	214765	561814	302171	1297596
2004226	1957352	1450092	952100	108485	578773	32238	312582
2037403	1940861	1244804	570944	69738	268631	103712	683559
453512	429243	242209	155263	35773	32918	11341	123293
108076	107162	70672	44316	4103	10684	6342	39741
441097	409391	294509	147114	6073	39229	12379	139638
171463	163778	74657	39798	8389	11597	5149	28884
1107569	1050851	549707	255358	97708	85824	61743	277456
739931	713924	722587	313474	48809	86354	33873	275346
217074	214953	124836	108457	95372	7587	3343	100096
19536149	18311845	24467383	10903204	511253	1644210	808348	12881708
6715556	6473609	10771857	3353018	719696	667443	352044	7346631
4302762	4001578	2851575	1643815	372241	491475	214527	1188844
146503	150324	93745	46074	3003	15943	5181	14263
3253795	2842600	1905511	920770	209561	262551	141172	1105162
9588021	9094174	6192589	2307834	611263	605221	242963	3525114
9020422	8540141	6215647	3219732	421650	922611	445726	4904318
12775141	11705802	11434165	5632871	534147	2175864	698046	5109163
2749662	2701692	4448949	1961294	654074	505931	136554	2521761
4893863	4659374	5239834	3625127	955423	909173	283686	2814220
5465275	4969824	6746895	4411397	1563380	1383728	521400	3989565
10244101	9741968	7581433	4221583	1004486	1096089	602715	4451752
6398481	6202826	10790150	7148570	1859651	2602915	283183	6553977
6362319	6129647	8306912	5377218	1812484	1332523	480585	4632099
2892275	2739753	4693851	2528909	1002419	722790	209278	2767839
1477056	1435084	2156547	1353850	468053	305003	79402	930471
218796	214903	286771	188876	45175	13383	1762	130405
198320	194026	36959	19629	1790	961	471	16011
227147	213604	370089	263907	99281	110002	27095	245328
12372566	11809451	22049602	3228065	852057	437197	32954	17248549
1426456	1401610	2216706	705945	67994	49292	6862	1349085
162128	157641	579931	290521	30487	6816	18	290806

13-5 续表

单位：万元

分 组	Item	主营业务收入 Revenue from Principal Business	主营业务成本 Cost of Principal Business
总 计	**Total**	**177630016**	**137536701**
煤炭开采和洗选业	Mining and Washing of Coal	20499713	12664257
石油和天然气开采业	Extraction of Petroleum and Natural Gas	16898018	7240467
黑色金属矿采选业	Mining and Processing of Ferrous Metal Ores	814022	672587
有色金属矿采选业	Mining and Processing of Non-Ferrous Metal Ores	2041083	1596456
非金属矿采选业	Mining and Processing of Non-metal Ores	587268	444888
开采辅助活动	Support Activities for Mining	850728	813212
农副食品加工业	Processing of Food from Agricultural Products	7729015	6830156
食品制造业	Manufacture of Foods	3374722	2709308
酒、饮料和精制茶制造业	Manufacture of Liquor, Beverages and Refined Tea	3533457	2545692
烟草制品业	Manufacture of Tobacco	1939168	646659
纺织业	Manufacture of Textile	1882663	1593865
纺织服装、服饰业	Manufacture of Textile, Wearing Apparel and Accessories	474679	391460
皮革、毛皮、羽毛及其制品和制鞋业	Manufacture of Leather, Fur, Feather and Related Products and Footwear	105962	93093
木材加工和木、竹、藤、棕、草制品业	Processing of Timber, Manufacture of Wood, Bamboo, Rattan, Palm and Straw Products	356468	301453
家具制造业	Manufacture of Furniture	158069	122452
造纸及纸制品业	Manufacture of Paper and Paper Products	1042071	869837
印刷和记录媒介复制业	Printing and Reproduction of Recording Media	700187	510999
文教、工美、体育和娱乐用品制造业	Manufacture of Articles for Culture, Education, Arts and Crafts, Sport and Entertainment Activities	183788	170134
石油加工、炼焦及核燃料加工业	Processing of Petroleum, Coking and Processing of Nuclear Fuel	20719907	16341840
化学原料及化学制品制造业	Manufacture of Raw Chemical Materials and Chemical Products	6320994	5445902
医药制造业	Manufacture of Medicines	3752764	2469411
化学纤维制造业	Manufacture of Chemical Fibres	149869	126273
橡胶和塑料制品业	Manufacture of Rubber and Plastics Products	2756093	2380780
非金属矿物制品业	Manufacture of Non-metallic Mineral Products	8515733	7239294
黑色金属冶炼和压延加工业	Smelting and Pressing of Ferrous Metals	9003703	8468193
有色金属冶炼和压延加工业	Smelting and Pressing of Non-ferrous Metals	13315324	12165963
金属制品业	Manufacture of Metal Products	2649389	2307520
通用设备制造业	Manufacture of General Purpose Machinery	4105674	3377077
专用设备制造业	Manufacture of Special Purpose Machinery	4636850	3828468
汽车制造业	Manufacture of Automobiles	8072310	7235473
铁路、船舶、航空航天和其他运输设备制造业	Manufacture of Railway, Ship, Aerospace and Other Transport Equipments	6658775	5710297
电气机械和器材制造业	Manufacture of Electrical Machinery and Apparatus	5427122	4656156
计算机、通信和其他电子设备制造业	Manufacture of Computers, Communication and Other Electronic Equipment	2726322	2307836
仪器仪表制造业	Manufacture of Measuring Instruments and Machinery	1341797	1060512
其他制造业	Other Manufacture	203761	163780
废弃资源综合利用业	Utilization of Waste Resources	234429	230096
金属制品、机械和设备修理业	Repair Service of Metal Products, Machinery and Equipment	242086	192178
电力、热力生产和供应业	Production and Supply of Electric Power and Heat Power	12179491	10467104
燃气生产和供应业	Production and Supply of Gas	1295249	1026358
水的生产和供应业	Production and Supply of Water	151295	119214

continued

(10 000 yuan)

主营业务税金及附加 Tax and Extra Charges from Principal Business	销售费用 Operating Expenses	管理费用 Manage-ment Expenses	财务费用 Financial Expenses	利润总额 Total Profits	亏损企业亏损额 Losses of Unprofitable Enterprises	利税总额 Total Profits and Taxes	本年应交增值税 Value Added Tax Payable	全部从业人员年平均人数(人) Annual Average Employed Persons (person)
5227176	**4247448**	**8954449**	**2682201**	**19733217**	**1216337**	**33520757**	**8411394**	**1563069**
501179	571344	1691434	331181	4883816	106807	7587369	2201217	167482
895997	20867	1670092	362529	6724408		9450647	1830242	115541
15453	24375	40961	15325	47518	2282	116965	53994	13017
29802	18371	117111	12769	224729	5159	343175	88484	17362
9181	46275	34412	7108	43522	969	85396	32693	8969
20814	821	41462	-17712	34833	739	90049	34403	18147
26515	145208	138437	62835	434263	13146	593630	127534	55062
18767	203722	117492	8143	286177	605	385119	80175	33187
101037	265267	139118	24098	407623	27785	671551	162889	26687
893688	34578	112113	337	249342		1373007	229976	756
12276	19960	41827	25104	200110	19547	277145	64759	46257
4282	15423	15826	7127	44307	536	61566	12857	8068
438	1903	2929	416	5863	112	7986	1522	1606
2005	7230	9300	7365	29393	25	46914	15515	3286
1273	6606	4464	1123	16801	42	22939	4865	2912
12881	22163	26370	12789	90053	1098	129943	27008	18254
7251	25508	72183	11485	72784	6926	112700	32163	11840
377	1514	2217	395	8122	126	9732	1233	1004
2143979	327988	568469	308650	1284342	124413	4293958	864797	55699
26417	238111	384846	141014	119254	204168	302617	92887	76224
33172	556402	195068	36941	428070	10867	710180	248374	42561
540	1109	3687	20	17792	277	23728	5157	976
21375	61136	72533	18836	196377	3071	279316	60210	33960
64240	211530	292354	101017	563381	74441	942705	314478	90674
25754	119535	221270	89866	43792	165775	213241	132011	41128
47434	105267	302524	146417	590494	39149	882490	221705	62685
17308	55556	145169	30500	117326	6597	198514	63393	39458
25499	139291	294703	30047	247697	32125	400431	127129	58259
26541	191632	347609	75952	267331	104191	405860	105988	59964
63959	240493	331551	51608	236898	12999	446759	145377	96118
27156	113812	462097	62755	327181	20493	443645	85068	103121
25544	243948	366135	46464	138115	63023	298999	134621	67476
9597	78570	233936	37223	100225	52765	153115	42674	49679
10037	39242	163327	10679	81674	5245	143645	51885	25281
1066	4603	7184	3714	21469	337	34546	11999	1349
1528	106	647	844	1209		3632	895	925
456	3687	32078	5889	20731		23643	2456	6028
96023	27561	173173	573060	956923	104905	1745231	665701	86830
5185	43319	59162	36122	158374	4080	189088	25529	8572
1151	13416	19181	2167	10898	1515	19583	7533	6665

13-6 国有及国有控股工业企业主要经济指标(2013年)

单位：万元

分　组	Item	企业单位数（个） Number of Enterprises (unit)	#亏损企业 Unprofitable Enterprises
总　计	**Total**	**691**	**170**
煤炭开采和洗选业	Mining and Washing of Coal	69	10
石油和天然气开采业	Extraction of Petroleum and Natural Gas	5	
黑色金属矿采选业	Mining and Processing of Ferrous Metal Ores	10	
有色金属矿采选业	Mining and Processing of Non-Ferrous Metal Ores	17	1
非金属矿采选业	Mining and Processing of Non-metal Ores	6	1
开采辅助活动	Support Activities for Mining	3	
农副食品加工业	Processing of Food from Agricultural Products	14	4
食品制造业	Manufacture of Foods	8	
酒、饮料和精制茶制造业	Manufacture of Liquor, Beverages and Refined Tea	9	2
烟草制品业	Manufacture of Tobacco	3	
纺织业	Manufacture of Textile	13	8
纺织服装、服饰业	Manufacture of Textile, Wearing Apparel and Accessories	1	
皮革、毛皮、羽毛及其制品和制鞋业	Manufacture of Leather, Fur, Feather and Related Products and Footwear	1	
木材加工和木、竹、藤、棕、草制品业	Processing of Timber, Manufacture of Wood, Bamboo, Rattan, Palm and Straw Products	1	
家具制造业	Manufacture of Furniture	1	
印刷和记录媒介复制业	Printing and Reproduction of Recording Media	5	2
石油加工、炼焦及核燃料加工业	Processing of Petroleum, Coking and Processing of Nuclear Fuel	9	3
化学原料及化学制品制造业	Manufacture of Raw Chemical Materials and Chemical Products	59	20
医药制造业	Manufacture of Medicines	15	3
化学纤维制造业	Manufacture of Chemical Fibres	2	1
橡胶和塑料制品业	Manufacture of Rubber and Plastics Products	12	1
非金属矿物制品业	Manufacture of Non-metallic Mineral Products	31	8
黑色金属冶炼和压延加工业	Smelting and Pressing of Ferrous Metals	14	7
有色金属冶炼和压延加工业	Smelting and Pressing of Non-ferrous Metals	42	9
金属制品业	Manufacture of Metal Products	28	1
通用设备制造业	Manufacture of General Purpose Machinery	33	12
专用设备制造业	Manufacture of Special Purpose Machinery	40	15
汽车制造业	Manufacture of Automobiles	20	6
铁路、船舶、航空航天和其他运输设备制造业	Manufacture of Railway, Ship, Aerospace and Other Transport Equipments	49	8
电气机械和器材制造业	Manufacture of Electrical Machinery and Apparatus	29	14
计算机、通信和其他电子设备制造业	Manufacture of Computers, Communication and Other Electronic Equipment	33	10
仪器仪表制造业	Manufacture of Measuring Instruments and Machinery	10	2
其他制造业	Other Manufacture	2	1
金属制品、机械和设备修理业	Repair Service of Metal Products, Machinery and Equipment	3	
电力、热力生产和供应业	Production and Supply of Electric Power and Heat Power	70	17
燃气生产和供应业	Production and Supply of Gas	10	1
水的生产和供应业	Production and Supply of Water	14	3

Main Indicators of State-owned and State-holding Industrial Enterprises (2013)

(10 000 yuan)

工业总产值 Gross Industrial Output Value	工业销售产值 Sales Output Value	资产总计 Total Assets	流动资产合计 Total Current Assets	# 应收账款 Accounts Receivable	# 存货 Inventories	# 产成品 Finished products	负债合计 Total Liabilities
109347726	**104741123**	**167157546**	**60313793**	**11068012**	**13900249**	**4317007**	**95509660**
14181193	13571232	21947851	7287417	1545024	577578	108525	10103325
18312736	18161662	36020033	3766486	71875	459511	201299	19012220
401436	364479	569542	199892	40447	44580	36529	444648
787546	747304	645713	229363	63932	38928	13043	465126
64213	67323	87678	25165	10295	5532	2595	60556
314088	312628	1880166	983489	49471	56496	18621	529702
213013	216503	142682	90976	16243	41509	12291	91143
444252	433107	65978	27009	15481	7514	2086	35358
982420	966773	626625	414346	22058	111390	53200	301271
2004226	1957352	1450092	952100	108485	578773	32238	312582
248513	239452	352299	182127	10204	76381	40671	217352
7040	6890	3200	2500	920	150	80	650
49251	50423	42449	20941	1086	5461	3615	22947
2681	2572	3122		202	614	355	595
1653	1518	1161	602	115	68		382
284176	286984	363774	131921	16141	46436	15081	57515
14583401	13635232	19528252	8779572	97221	1021730	500154	9511644
3079411	3004758	7644298	1883981	274321	361043	186631	5611300
265165	237504	223342	120072	19095	39141	17308	91615
94269	99810	75134	35561	915	11397	3316	11537
605814	589917	1083063	626585	123131	161687	86877	733209
799852	788651	1255916	315900	69819	77521	30117	863764
5810086	5436452	4673125	2467751	309829	684360	331792	3840768
8028062	7348384	8741804	4357147	281984	1742294	498284	3610705
1284107	1257402	2024741	1239003	447142	409613	93695	1240392
2712725	2569286	3841798	2852459	708711	642883	196453	2163692
2827701	2481430	4558687	3163503	1103050	1083254	421519	3032695
6375971	6165444	5363564	3126331	822867	855006	512069	3134641
5844121	5669232	10326980	6810917	1708953	2517852	255472	6330906
2934162	2902053	5235732	3603512	1218492	835887	342360	2785078
1678674	1625424	3437112	1828719	651060	603954	179350	2161699
1019613	1003811	1727850	1017790	330856	243604	57996	730278
21579	21419	11276	8420	2793	2256	1177	5747
195927	183097	344877	246398	91067	105220	25543	233330
11782988	11245955	20710118	2789347	766375	403612	30776	16499148
964160	951669	1651077	477814	57766	40305	5891	1010181
141505	137991	496435	247078	10588	6708		251962

13-6 续表

单位：万元

分　组	Item	主营业务收入 Revenue from Principal Business	主营业务成本 Cost of Principal Business
总　计	**Total**	**105548695**	**78446360**
煤炭开采和洗选业	Mining and Washing of Coal	12014437	6755508
石油和天然气开采业	Extraction of Petroleum and Natural Gas	16855818	7205262
黑色金属矿采选业	Mining and Processing of Ferrous Metal Ores	310720	235490
有色金属矿采选业	Mining and Processing of Non-Ferrous Metal Ores	753759	601891
非金属矿采选业	Mining and Processing of Non-metal Ores	65734	30878
开采辅助活动	Support Activities for Mining	704483	722070
农副食品加工业	Processing of Food from Agricultural Products	224014	210559
食品制造业	Manufacture of Foods	425963	350621
酒、饮料和精制茶制造业	Manufacture of Liquor, Beverages and Refined Tea	819113	528396
烟草制品业	Manufacture of Tobacco	1939168	646659
纺织业	Manufacture of Textile	223401	221892
纺织服装、服饰业	Manufacture of Textile, Wearing Apparel and Accessories	6890	5256
皮革、毛皮、羽毛及其制品和制鞋业	Manufacture of Leather, Fur, Feather and Related Products and Footwear	51412	46780
木材加工和木、竹、藤、棕、草制品业	Processing of Timber, Manufacture of Wood, Bamboo, Rattan, Palm and Straw Products	2606	2241
家具制造业	Manufacture of Furniture	1650	1446
印刷和记录媒介复制业	Printing and Reproduction of Recording Media	295393	209184
石油加工、炼焦及核燃料加工业	Processing of Petroleum, Coking and Processing of Nuclear Fuel	16401492	12523803
化学原料及化学制品制造业	Manufacture of Raw Chemical Materials and Chemical Products	3143067	2743186
医药制造业	Manufacture of Medicines	202447	147545
化学纤维制造业	Manufacture of Chemical Fibres	99206	80592
橡胶和塑料制品业	Manufacture of Rubber and Plastics Products	620265	536753
非金属矿物制品业	Manufacture of Non-metallic Mineral Products	777540	595526
黑色金属冶炼和压延加工业	Smelting and Pressing of Ferrous Metals	5830295	5673226
有色金属冶炼和压延加工业	Smelting and Pressing of Non-ferrous Metals	9012486	8546808
金属制品业	Manufacture of Metal Products	1128878	969675
通用设备制造业	Manufacture of General Purpose Machinery	2217275	1813481
专用设备制造业	Manufacture of Special Purpose Machinery	2317785	1972810
汽车制造业	Manufacture of Automobiles	5032617	4484283
铁路、船舶、航空航天和其他运输设备制造业	Manufacture of Railway, Ship, Aerospace and Other Transport Equipments	6184386	5328846
电气机械和器材制造业	Manufacture of Electrical Machinery and Apparatus	2484880	2043368
计算机、通信和其他电子设备制造业	Manufacture of Computers, Communication and Other Electronic Equipment	1622908	1386204
仪器仪表制造业	Manufacture of Measuring Instruments and Machinery	925285	757501
其他制造业	Other Manufacture	20725	19203
金属制品、机械和设备修理业	Repair Service of Metal Products, Machinery and Equipment	207866	169614
电力、热力生产和供应业	Production and Supply of Electric Power and Heat Power	11623162	10059862
燃气生产和供应业	Production and Supply of Gas	867580	715113
水的生产和供应业	Production and Supply of Water	133993	104831

continued

(10 000 yuan)

主营业务税金及附加 Tax and Extra Charges from Principal Business	销售费用 Operating Expenses	管理费用 Management Expenses	财务费用 Financial Expenses	利润总额 Total Profits	亏损企业亏损额 Losses of Unprofitable Enterprises	利税总额 Total Profits and Taxes	本年应交增值税 Value Added Tax Payable	全部从业人员年平均人数(人) Annual Average Employed Persons (person)
4540660	**1700788**	**6322136**	**1934108**	**13711009**	**769983**	**24056100**	**5674035**	**842729**
292020	241151	1147601	230179	3557236	34510	5262285	1413027	105779
895876	18034	1668870	361858	6722322		9447873	1829675	115253
9088	15388	19463	9770	24076		61013	27849	3524
3936	2844	57253	4962	72392	172	90194	13851	6005
2419	14785	9189	3516	5290	178	14043	6334	1180
15855	216	30699	-21468	4671		53244	32719	14443
213	4525	5084	2725	2933	2506	12906	7941	2211
865	45054	24454	160	6950		12972	5157	2340
68914	96504	36205	-5015	79907	9394	204835	56014	3643
893688	34578	112113	337	249342		1373007	229976	756
1241	4391	11529	5315	-8148	9417	2031	8939	15874
5	52	54	67	1456		1466	5	490
170	918	1347	163	2306		2476	-164	845
	129	181	1	54		54		57
30	43	45	11	83		166	54	
3126	8677	38136	174	36888	1066	59602	19087	4375
2120840	116571	454072	217509	1229215	36879	4072741	722215	24619
10340	126293	258259	111743	-53442	177842	29918	13466	39342
1069	24614	10075	1485	18915	282	27579	7595	3185
434	320	3077	-128	14570	271	19384	4140	372
2867	23497	28108	7894	30409	1530	51797	18522	17822
6950	26557	63343	24245	51036	43339	109088	50501	12025
10374	88430	165829	65620	-108450	137493	-23062	63752	13158
11945	44929	208240	101496	121715	23234	208213	51696	29376
4652	29078	91072	18494	38172	2989	67362	24061	26308
12014	66581	210231	9869	117367	14106	198476	68990	32733
10749	92912	219466	45902	71442	83463	130417	47957	30862
13876	177759	244049	27669	131972	9887	236199	89870	52651
25110	104530	432535	58699	277677	17360	376219	69192	97349
14777	159043	245990	23643	26538	22398	126215	84766	39263
5651	54291	179411	32959	2895	43100	31626	22461	32178
7384	13207	121101	7527	40313	1689	87197	39500	19208
60	264	810	84	470	337	944	414	365
170	2232	28704	5754	14246		15024	608	5562
90024	24185	142926	556966	822423	93995	1561625	622594	77893
2866	25729	35598	22274	96662	1142	113862	14334	5789
1064	12480	17016	1649	9107	1406	17111	6941	5894

13-7 外商及港澳台商投资工业企业主要经济指标(2013年)

单位：万元

分 组	Item	企业单位数（个） Number of Enterprises (unit)	# 亏损企业 Unprofitable Enterprises
总 计	**Total**	**215**	**54**
煤炭开采和洗选业	Mining and Washing of Coal	3	1
黑色金属矿采选业	Mining and Processing of Ferrous Metal Ores	1	
有色金属矿采选业	Mining and Processing of Non-Ferrous Metal Ores	1	
非金属矿采选业	Mining and Processing of Non-metal Ores	1	1
农副食品加工业	Processing of Food from Agricultural Products	12	1
食品制造业	Manufacture of Foods	16	
酒、饮料和精制茶制造业	Manufacture of Liquor, Beverages and Refined Tea	22	7
纺织业	Manufacture of Textile	4	3
纺织服装、服饰业	Manufacture of Textile, Wearing Apparel and Accessories	1	
木材加工和木、竹、藤、棕、草制品业	Processing of Timber, Manufacture of Wood, Bamboo, Rattan, Palm and Straw Products	1	
造纸及纸制品业	Manufacture of Paper and Paper Products	5	
印刷和记录媒介复制业	Printing and Reproduction of Recording Media	2	1
文教、工美、体育和娱乐用品制造业	Manufacture of Articles for Culture, Education, Arts and Crafts, Sport and Entertainment Activities	1	
石油加工、炼焦及核燃料加工业	Processing of Petroleum, Coking and Processing of Nuclear Fuel	3	
化学原料及化学制品制造业	Manufacture of Raw Chemical Materials and Chemical Products	12	3
医药制造业	Manufacture of Medicines	16	8
化学纤维制造业	Manufacture of Chemical Fibres	1	
橡胶和塑料制品业	Manufacture of Rubber and Plastics Products	6	1
非金属矿物制品业	Manufacture of Non-metallic Mineral Products	17	1
黑色金属冶炼和压延加工业	Smelting and Pressing of Ferrous Metals	4	1
有色金属冶炼和压延加工业	Smelting and Pressing of Non-ferrous Metals	4	3
金属制品业	Manufacture of Metal Products	6	1
通用设备制造业	Manufacture of General Purpose Machinery	7	
专用设备制造业	Manufacture of Special Purpose Machinery	11	4
汽车制造业	Manufacture of Automobiles	5	1
铁路、船舶、航空航天和其他运输设备制造业	Manufacture of Railway, Ship, Aerospace and Other Transport Equipments	8	3
电气机械和器材制造业	Manufacture of Electrical Machinery and Apparatus	12	4
计算机、通信和其他电子设备制造业	Manufacture of Computers, Communication and Other Electronic Equipment	14	6
仪器仪表制造业	Manufacture of Measuring Instruments and Machinery	4	1
其他制造业	Other Manufacture	4	1
金属制品、机械和设备修理业	Repair Service of Metal Products, Machinery and Equipment	2	
电力、热力生产和供应业	Production and Supply of Electric Power and Heat Power	5	1
燃气生产和供应业	Production and Supply of Gas	2	
水的生产和供应业	Production and Supply of Water	2	1

Main Indicators of Industrial Enterprises with Hong Kong, Macao, Taiwan and Foreign Funds (2013)

(10 000 yuan)

工业总产值 Gross Industrial Output Value	工业销售产值 Sales Output Value	资产总计 Total Assets	流动资产合计 Total Current Assets	# 应收账款 Accounts Receivable	# 存货 Inventories	# 产成品 Finished products	负债合计 Total Liabilities
13031522	**12036149**	**9882876**	**4526513**	**1020398**	**1200638**	**505089**	**4945913**
239997	223680	250622	87849	16933	4437		106460
4704	4681	1441	481	39	100		400
26997	25577	4291	1000		342	300	1049
3750	2549	10557	1499	354	544	208	4197
780513	690207	275199	146019	26369	60877	20466	138300
1730730	1591704	687248	373265	100107	56065	19160	263993
1335999	1204562	1093212	519572	123007	261263	172938	528385
100901	94877	102748	55750	2025	42214	9437	93005
24026	22298	5986	878	317	302	253	406
2681	2572	3122	1600	202	614	355	595
122064	119042	45637	19979	13061	2895	1154	9783
31350	33129	71138	34315	10070	7075	4554	49884
16071	16071	7496	4771	2901	1132		4174
222382	222382	154404	39020	5037	7881	688	88981
249489	239788	234711	163180	51487	23981	14785	89310
818733	795990	609996	390890	79757	103669	72459	231933
89739	95280	48761	31064		9863	3178	9602
963223	687588	267710	50296	15618	7244	2458	162953
862878	815804	998843	264760	17989	69821	26183	383079
155921	164020	103403	67907	14805	38122	17855	55688
74219	58141	61019	48523	13446	15540	8665	26900
41848	41704	78404	24402	9707	6416	299	47070
121321	110106	146502	111443	31026	32131	13639	42349
420872	366084	405800	230928	60346	98506	15903	165088
2349154	2238089	1427888	620191	34830	127358	47853	872893
241279	224926	299753	268264	107520	76170	17725	184182
742632	701652	340315	245421	98988	60323	21095	184362
320959	319442	493666	166627	54995	31478	10399	231258
75768	75694	76182	60148	13792	5354	1503	30227
57718	57752	141170	67573	29194	1196	294	18401
12066	12066	16736	15438	7495	3875	1171	9284
496792	494350	896163	177574	52556	14986	59	589701
285511	275107	467751	199183	7337	28849	54	292127
9238	9238	55008	36703	19092	14		29894

13-7 续表

单位：万元

分　组	Item	主营业务收入 Revenue from Principal Business	主营业务成本 Cost of Principal Business
总　计	**Total**	**10982287**	**8935114**
煤炭开采和洗选业	Mining and Washing of Coal	153470	63507
黑色金属矿采选业	Mining and Processing of Ferrous Metal Ores	4479	4050
有色金属矿采选业	Mining and Processing of Non-Ferrous Metal Ores	21550	19582
非金属矿采选业	Mining and Processing of Non-metal Ores	2549	2915
农副食品加工业	Processing of Food from Agricultural Products	669654	550118
食品制造业	Manufacture of Foods	1516822	1230651
酒、饮料和精制茶制造业	Manufacture of Liquor, Beverages and Refined Tea	1112380	851251
纺织业	Manufacture of Textile	81226	77592
纺织服装、服饰业	Manufacture of Textile, Wearing Apparel and Accessories	23291	14055
木材加工和木、竹、藤、棕、草制品业	Processing of Timber, Manufacture of Wood, Bamboo, Rattan, Palm and Straw Products	2606	2241
造纸及纸制品业	Manufacture of Paper and Paper Products	117438	88363
印刷和记录媒介复制业	Printing and Reproduction of Recording Media	28447	21009
文教、工美、体育和娱乐用品制造业	Manufacture of Articles for Culture, Education, Arts and Crafts, Sport and Entertainment Activities	16071	15749
石油加工、炼焦及核燃料加工业	Processing of Petroleum, Coking and Processing of Nuclear Fuel	213954	183873
化学原料及化学制品制造业	Manufacture of Raw Chemical Materials and Chemical Products	196411	160082
医药制造业	Manufacture of Medicines	806680	457516
化学纤维制造业	Manufacture of Chemical Fibres	95280	77028
橡胶和塑料制品业	Manufacture of Rubber and Plastics Products	619116	588298
非金属矿物制品业	Manufacture of Non-metallic Mineral Products	772136	604444
黑色金属冶炼和压延加工业	Smelting and Pressing of Ferrous Metals	162239	146273
有色金属冶炼和压延加工业	Smelting and Pressing of Non-ferrous Metals	56743	55017
金属制品业	Manufacture of Metal Products	42482	34885
通用设备制造业	Manufacture of General Purpose Machinery	130015	110556
专用设备制造业	Manufacture of Special Purpose Machinery	374506	322679
汽车制造业	Manufacture of Automobiles	1646937	1523698
铁路、船舶、航空航天和其他运输设备制造业	Manufacture of Railway, Ship, Aerospace and Other Transport Equipments	199930	150479
电气机械和器材制造业	Manufacture of Electrical Machinery and Apparatus	695113	641620
计算机、通信和其他电子设备制造业	Manufacture of Computers, Communication and Other Electronic Equipment	316226	271133
仪器仪表制造业	Manufacture of Measuring Instruments and Machinery	75982	52453
其他制造业	Other Manufacture	57616	35417
金属制品、机械和设备修理业	Repair Service of Metal Products, Machinery and Equipment	15712	10191
电力、热力生产和供应业	Production and Supply of Electric Power and Heat Power	497546	355887
燃气生产和供应业	Production and Supply of Gas	249499	204084
水的生产和供应业	Production and Supply of Water	8184	8418

continued

(10 000 yuan)

主营业务税金及附加 Tax and Extra Charges from Principal Business	销售费用 Operating Expenses	管理费用 Manage-ment Expenses	财务费用 Financial Expenses	利润总额 Total Profits	亏损企业亏损额 Losses of Unprofitable Enterprises	利税总额 Total Profits and Taxes	本年应交增值税 Value Added Tax Payable	全部从业人员年平均人数(人) Annual Average Employed Persons (person)
107037	**588488**	**421551**	**71105**	**881636**	**72971**	**1386326**	**396895**	**104047**
4628	11325	14095	157	59721	6	84842	20494	820
67	139	128		95		207	45	38
231	170	230	179	1987		3260	1042	216
15	70	402	11	-692	692	-461	216	153
1470	14726	11272	1446	47858	2	64478	14470	3951
4561	136282	66064	-5691	83051		123766	36155	6488
7853	81622	27690	11602	105199	14161	152955	39901	7949
335	740	2816	2530	-888	944	1488	2042	4779
96	2745	2118	2229	2149		2745	501	446
	129	181	1	54		54		57
3306	2314	2959	622	17984		27774	6485	1159
217	1300	5726	3378	-1195	5516	772	1749	759
	77	207	1	37		519	482	158
1368	6017	7602	1427	12932		15333	1033	4156
962	8118	9923	2840	13785	2304	23597	8851	1325
7360	198837	54777	11341	75108	4640	175872	93404	7728
429	207	2530	-101	14841		19650	4380	259
8028	1595	3249	-72	18126	375	27796	1643	1989
7454	8269	34724	8226	117943	389	164771	39374	5171
416	5448	5236	1551	3154	2833	7465	3895	684
82	1362	2603	613	-1422	1761	-1080	260	619
279	1946	4005	-51	2422	667	3676	975	1824
257	5671	6472	1003	6808		9079	2014	1609
1180	8643	27971	1837	19106	12663	29166	8850	4150
44869	39238	42645	10316	25559	164	93524	23051	28506
1686	4018	12370	-8485	37926	2853	53790	14178	1282
1486	19055	20992	3918	15712	9401	21331	4133	3324
1285	8554	13843	106	25850	8003	32626	5491	7252
136	4252	5937	-195	13921	282	17075	3018	766
733	2144	1279	1346	15640	337	23999	7625	431
112	1269	2707	76	1435		2390	843	291
4211	105	11037	22012	102682	4870	146501	39608	3246
1884	12105	17065	-3262	43921		56144	10339	2217
44		700	195	828	109	1220	349	245

13-8 大中型工业企业主要经济指标(2013年)

单位：万元

分 组	Item	企业单位数(个) Number of Enterprises (unit)	# 亏损企业 Unprofitable Enterprises
总 计	**Total**	**914**	**161**
煤炭开采和洗选业	Mining and Washing of Coal	103	14
石油和天然气开采业	Extraction of Petroleum and Natural Gas	3	
黑色金属矿采选业	Mining and Processing of Ferrous Metal Ores	11	
有色金属矿采选业	Mining and Processing of Non-Ferrous Metal Ores	14	2
非金属矿采选业	Mining and Processing of Non-metal Ores	7	
开采辅助活动	Support Activities for Mining	5	
农副食品加工业	Processing of Food from Agricultural Products	43	1
食品制造业	Manufacture of Foods	31	1
酒、饮料和精制茶制造业	Manufacture of Liquor, Beverages and Refined Tea	23	4
烟草制品业	Manufacture of Tobacco	1	
纺织业	Manufacture of Textile	43	12
纺织服装、服饰业	Manufacture of Textile, Wearing Apparel and Accessories	11	1
皮革、毛皮、羽毛及其制品和制鞋业	Manufacture of Leather, Fur, Feather and Related Products and Footwear	2	
木材加工和木、竹、藤、棕、草制品业	Processing of Timber, Manufacture of Wood, Bamboo, Rattan, Palm and Straw Products	3	
家具制造业	Manufacture of Furniture	2	
造纸及纸制品业	Manufacture of Paper and Paper Products	15	1
印刷和记录媒介复制业	Printing and Reproduction of Recording Media	14	3
石油加工、炼焦及核燃料加工业	Processing of Petroleum, Coking and Processing of Nuclear Fuel	31	12
化学原料及化学制品制造业	Manufacture of Raw Chemical Materials and Chemical Products	59	23
医药制造业	Manufacture of Medicines	36	2
橡胶和塑料制品业	Manufacture of Rubber and Plastics Products	19	1
非金属矿物制品业	Manufacture of Non-metallic Mineral Products	64	7
黑色金属冶炼和压延加工业	Smelting and Pressing of Ferrous Metals	22	8
有色金属冶炼和压延加工业	Smelting and Pressing of Non-ferrous Metals	48	9
金属制品业	Manufacture of Metal Products	20	2
通用设备制造业	Manufacture of General Purpose Machinery	31	5
专用设备制造业	Manufacture of Special Purpose Machinery	45	10
汽车制造业	Manufacture of Automobiles	26	6
铁路、船舶、航空航天和其他运输设备制造业	Manufacture of Railway, Ship, Aerospace and Other Transport Equipments	36	5
电气机械和器材制造业	Manufacture of Electrical Machinery and Apparatus	35	10
计算机、通信和其他电子设备制造业	Manufacture of Computers, Communication and Other Electronic Equipment	39	9
仪器仪表制造业	Manufacture of Measuring Instruments and Machinery	11	2
废弃资源综合利用业	Utilization of Waste Resources	1	
金属制品、机械和设备修理业	Repair Service of Metal Products, Machinery and Equipment	2	
电力、热力生产和供应业	Production and Supply of Electric Power and Heat Power	46	7
燃气生产和供应业	Production and Supply of Gas	8	2
水的生产和供应业	Production and Supply of Water	4	2

Main Indicators of Large and Medium-sized Industrial Enterprises(2013)

(10 000 yuan)

工业总产值 Gross Industrial Output Value	工业销售产值 Sales Output Value	资产总计 Total Assets	流动资产合计 Total Current Assets	# 应收账款 Accounts Receivable	# 存货 Inventories	# 产成品 Finished products	负债合计 Total Liabilities
131702082	**125360621**	**179655973**	**65332290**	**12258235**	**15091730**	**5043211**	**101936545**
17296326	16664114	23845155	8741957	1608365	715684	177279	10282745
18280928	18130287	36004204	3765144	71339	458878	200866	19001949
600242	545563	747844	305155	47894	38800	32603	515631
943705	878103	675615	271483	50557	53086	27806	424223
107795	111286	91032	26686	12232	5010	2458	58664
384949	382590	2026527	1045934	94921	63449	17429	542184
3513174	3314216	1506653	848379	90737	380566	131247	916830
2509530	2356933	843432	422001	114952	74312	35821	341920
2402789	2227815	987612	418996	89766	114583	67421	484862
1995703	1949079	20811	8686	55	1910	946	3063
1206331	1152843	671459	300659	28789	162981	59197	422645
235803	224093	161408	98917	16654	16878	5953	89390
49251	50423	45573	22190	1436	6149	4036	24634
244745	223994	225280	116715	321	24070	6684	112333
29815	29513	8190	2286	877	657	281	2725
711246	664937	344250	163953	67435	58305	47992	182228
526505	511082	592495	252739	35398	66370	20796	190418
16324732	15278094	22790452	10000770	279584	1373187	667216	11927892
3670656	3540585	8384363	2101878	293502	405151	230355	6147381
2627260	2448335	1636278	967177	216433	272574	128668	621254
1952524	1632666	1456390	692098	146335	195627	101915	912239
3701412	3428801	2998878	890229	121350	239511	94641	1688742
7168518	6803502	3513097	1551733	297304	561254	306256	2505861
8503295	7926190	7271068	3449849	315907	1710322	462392	3870929
772930	783787	2114733	1289713	504866	384690	86158	1309112
3085862	2908037	3995004	2781677	670504	677375	206281	2163916
3716790	3307275	5323045	3517383	1229580	1115944	438911	3210803
9094710	8698817	6957748	3871227	920049	1006957	568932	4142453
1641498	1511871	9590533	6323076	1546420	2346287	219514	5937766
3779653	3715018	6967740	4385597	1340737	1131772	393868	3848211
1427804	1328015	3861714	1965392	746133	628675	182898	2358171
684434	674393	1813430	1100930	363403	239887	58113	758486
		21042	12067				9518
		342652	244824	90112	105220	25543	231934
11542865	11002531	20043351	2804387	785670	415477	31131	15672039
879017	866545	1583193	483774	54296	35614	1606	917351
89288	89287	193722	86627	4327	4520		106045

13-8 续表

单位：万元

分 组	Item	主营业务收入 Revenue from Principal Business	主营业务成本 Cost of Principal Business
总 计	**Total**	**124340895**	**93494670**
煤炭开采和洗选业	Mining and Washing of Coal	14385568	8420418
石油和天然气开采业	Extraction of Petroleum and Natural Gas	16824442	7181062
黑色金属矿采选业	Mining and Processing of Ferrous Metal Ores	349560	268893
有色金属矿采选业	Mining and Processing of Non-Ferrous Metal Ores	790634	666738
非金属矿采选业	Mining and Processing of Non-metal Ores	116403	69810
开采辅助活动	Support Activities for Mining	777202	768063
农副食品加工业	Processing of Food from Agricultural Products	3145938	2722378
食品制造业	Manufacture of Foods	1721830	1297974
酒、饮料和精制茶制造业	Manufacture of Liquor, Beverages and Refined Tea	1396742	1001632
烟草制品业	Manufacture of Tobacco	8282	3281
纺织业	Manufacture of Textile	1112355	933390
纺织服装、服饰业	Manufacture of Textile, Wearing Apparel and Accessories	313728	252751
皮革、毛皮、羽毛及其制品和制鞋业	Manufacture of Leather, Fur, Feather and Related Products and Footwear	70036	62760
木材加工和木、竹、藤、棕、草制品业	Processing of Timber, Manufacture of Wood, Bamboo, Rattan, Palm and Straw Products	180921	154160
家具制造业	Manufacture of Furniture	29513	22183
造纸及纸制品业	Manufacture of Paper and Paper Products	671575	557074
印刷和记录媒介复制业	Printing and Reproduction of Recording Media	515066	366735
石油加工、炼焦及核燃料加工业	Processing of Petroleum, Coking and Processing of Nuclear Fuel	18191615	13991163
化学原料及化学制品制造业	Manufacture of Raw Chemical Materials and Chemical Products	3678403	3204833
医药制造业	Manufacture of Medicines	2283116	1391455
橡胶和塑料制品业	Manufacture of Rubber and Plastics Products	1685282	1482309
非金属矿物制品业	Manufacture of Non-metallic Mineral Products	3245337	2727419
黑色金属冶炼和压延加工业	Smelting and Pressing of Ferrous Metals	4548410	4133699
有色金属冶炼和压延加工业	Smelting and Pressing of Non-ferrous Metals	9515483	8653610
金属制品业	Manufacture of Metal Products	1181479	1015819
通用设备制造业	Manufacture of General Purpose Machinery	2586023	2081214
专用设备制造业	Manufacture of Special Purpose Machinery	2953815	2404723
汽车制造业	Manufacture of Automobiles	7146379	6442440
铁路、船舶、航空航天和其他运输设备制造业	Manufacture of Railway, Ship, Aerospace and Other Transport Equipments	5557158	4785683
电气机械和器材制造业	Manufacture of Electrical Machinery and Apparatus	3261527	2683415
计算机、通信和其他电子设备制造业	Manufacture of Computers, Communication and Other Electronic Equipment	1915185	1636829
仪器仪表制造业	Manufacture of Measuring Instruments and Machinery	1107237	889082
废弃资源综合利用业	Utilization of Waste Resources	210114	209210
金属制品、机械和设备修理业	Repair Service of Metal Products, Machinery and Equipment	204049	166290
电力、热力生产和供应业	Production and Supply of Electric Power and Heat Power	11771312	10138650
燃气生产和供应业	Production and Supply of Gas	801065	630217
水的生产和供应业	Production and Supply of Water	88112	77308

continued

(10 000 yuan)

主营业务税金及附加 Tax and Extra Charges from Principal Business	销售费用 Operating Expenses	管理费用 Manage-ment Expenses	财务费用 Financial Expenses	利润总额 Total Profits	亏损企业亏损额 Losses of Unprofitable Enterprises	利税总额 Total Profits and Taxes	本年应交增值税 Value Added Tax Payable	全部从业人员年平均人数(人) Annual Average Employed Persons (person)
3837372	**2722955**	**6819412**	**2192064**	**16133390**	**823907**	**26572965**	**6485015**	**1198599**
334265	311003	1207727	250612	3981982	48877	5925009	1608133	136015
891160	16186	1668368	361745	6722292		9441564	1828113	114999
7598	15835	25558	10551	22534		60073	29941	7787
4176	4848	55211	6040	49734	2274	70349	16439	8571
2272	15451	9773	3601	15462		25755	8021	2886
18570	155	36251	-20281	22715		74746	33461	15925
10339	66871	40202	27742	205003	3957	281910	64071	26839
11364	118207	74399	-2360	196900	154	258132	49868	17630
27577	105098	35925	-186	188614	9605	273955	57764	13628
143	886	2163	-19	1854		3188	1191	496
7875	9716	24468	14174	133117	11863	184477	43485	35889
3550	12629	11690	5831	31798	478	45175	9827	6021
222	1268	2327	263	3468		4081	228	1219
830	3164	4180	6203	12728		22661	9103	1338
80	389	398	171	5255		6654	1320	715
11290	14740	17951	9172	57660	22	87568	18617	13190
6370	20447	57643	5360	61439	1125	94857	26547	8717
2134113	245308	523283	284956	1273790	87331	4243885	835983	47773
13020	151889	288684	115625	-35275	186007	67595	31879	52996
22665	414110	118432	19404	288733	1015	489499	177537	27720
12737	36680	39783	8956	114698	1530	161950	33162	24244
23843	85566	118463	54774	251971	17172	419847	144033	43649
10447	77766	165002	44158	33181	105482	128234	73343	31117
30110	74195	182164	148783	479702	26951	694330	161662	50587
7598	31270	88559	18192	44773	3656	79862	27015	27949
16744	92725	218298	17360	170137	18992	275671	88790	41195
17381	142635	270586	60206	172255	88245	266154	70819	42315
59266	217428	290294	45791	177610	10304	356420	119019	87431
22078	92246	397624	55782	235539	14586	314689	57073	97970
18979	190015	299910	34604	74427	52609	202493	109021	52749
7451	65612	179430	35854	29274	46741	65338	28071	42399
8280	26464	137786	8313	58649	4749	110103	43175	21090
19		94	714	78		200	103	500
105	2172	28533	5754	14011		14443	327	5362
91271	24519	145785	529118	945282	74965	1706123	657491	79329
2940	31526	40394	25159	90906	3890	108847	15000	6150
645	3939	12073	-57	1099	1331	7130	5386	4209

13-9 八大工业支柱产业主要经济指标(2013年)

单位：万元

分 组	Item	企业单位数(个) Number of Enterprises (unit)	# 亏损企业 Unprofitable Enterprises	工业总产值 Gross Industrial Output Value
全 省 总 计	**Provincial Total**	**4489**	**787**	**189824746**
八大工业合计	Total Mainstay Property of 8 Large Industries	4203	755	184268066
八大工业占全省比重(%)	Mainstay Property of 8 Large Industries Rate in Total (%)	93.6	95.9	97.1
1.通信设备、计算机及其他电子设备制造业	Manufacture of Communication Equipment, Computer and Other Electronic Equipment	94	23	2892275
2.能源化工工业	Energy and Chemical Industry	1185	281	83603752
3.装备制造工业	Equipment Manufacturing Industry	912	161	37590756
4.医药制造业	Manufacture of Medicines Industry	175	26	4302762
5.食品工业	Foods Industry	710	55	18474385
6.纺织服装工业	Textile Wearing Apparel Industry	161	32	2598990
7.非金属矿物制品业	Manufacture of Non-metallic Mineral Products	524	100	9588021
8.有色冶金工业	Non-ferrous Metallurgy Industry	442	77	25217123

13-9 续表

单位：万元

分 组	Item	主营业务收入 Revenue from Principal Business	主营业务成本 Cost of Principal Business	主营业务税金及附加 Tax and Extra Charges from Principal Business
全 省 总 计	**Provincial Total**	**177630016**	**137536701**	**5227176**
八大工业合计	Total Mainstay Property of 8 Large Industries	172475345	133385313	5184820
八大工业占全省比重(%)	Mainstay Property of 8 Large Industries Rate in Total (%)	97.1	97.0	99.2
1.通信设备、计算机及其他电子设备制造业	Manufacture of Communication Equipment, Computer and Other Electronic Equipment	2726322	2307836	9597
2.能源化工工业	Energy and Chemical Industry	80374811	55479836	3706323
3.装备制造工业	Equipment Manufacturing Industry	32891918	28175503	196043
4.医药制造业	Manufacture of Medicines Industry	3752764	2469411	33172
5.食品工业	Foods Industry	16576362	12731815	1040007
6.纺织服装工业	Textile Wearing Apparel Industry	2463304	2078418	16995
7.非金属矿物制品业	Manufacture of Non-metallic Mineral Products	8515733	7239294	64240
8.有色冶金工业	Non-ferrous Metallurgy Industry	25174131	22903199	118442

Main Indicators of Industrial Enterprises(2013)

(10 000 yuan)

工业销售产值 Sales Output Value	资产总计 Total Assets	流动资产合计 Total Current Assets	# 应收账款 Accounts Receivable	# 存货 Inventories	# 产成品 Finished products	负债合计 Total Liabilities
180712407	**224431109**	**87759711**	**17418007**	**20700328**	**7218185**	**125812360**
175350499	218795924	85266702	16881262	20254894	7045110	122809502
97.0	97.5	97.2	96.9	97.9	97.6	97.6
2739753	4693851	2528909	1002419	722790	209278	2767839
80270487	129101638	35145699	4567000	4535887	1852306	72876093
35840414	45270720	28099039	8317549	8135362	2387525	25893845
4001578	2851575	1643815	372241	491475	214527	1188844
17552009	8874592	4858759	753798	2108159	722712	4072837
2477266	1557685	770523	109614	312232	121396	846592
9094174	6192589	2307834	611263	605221	242963	3525114
23374818	20253275	9912125	1147377	3343767	1294404	11638338

continued

(10 000 yuan)

销售费用 Operating Expenses	管理费用 Management Expenses	财务费用 Financial Expenses	利润总额 Total Profits	亏损企业亏损额 Losses of Unprofitable Enterprises	利税总额 Total Profits and Taxes	本年应交增值税 Value Added Tax Payable	全部从业人员年平均人数(人) Annual Average Employed Persons (person)
4247448	**8954449**	**2682201**	**19733217**	**1216337**	**33520757**	**8411394**	**1563069**
4073022	8687251	2593200	19259861	1201219	32842642	8249506	1493265
95.9	97.0	96.7	97.6	98.8	98.0	98.1	95.5
78570	233936	37223	100225	52765	153115	42674	49679
1248937	4605696	1717577	14217745	544379	23772915	5754614	554859
1023974	2110591	308005	1416223	244671	2337853	713461	449677
556402	195068	36941	428070	10867	710180	248374	42561
648775	507160	95413	1377405	41535	3023306	600573	115692
37286	60581	32647	250280	20195	346697	79138	55931
211530	292354	101017	563381	74441	942705	314478	90674
267548	681866	264377	906532	212365	1555870	496195	134192

13-10 规模以上工业企业主要经济效益指标(2013年)
Main Indicators on Economic Benefit of Industrial Enterprises above Designated Size (2013)

分 组	Item	总资产贡献率 (%) Ratio of Profits, Taxes and Interests to Average Assets (%)	资产负债率 (%) Ratio of Debts to Assets (%)	流动资产周转率 (次/年) Turnover of Current Assets (times/year)	成本费用利润率 (%) Ratio of Profits to Total Industrial Cost (%)	工业产品销售率 (%) Sales Ratio of Products (%)
总 计	**Total**	**16.00**	**56.06**	**2.02**	**12.86**	**95.20**
按登记注册类型分	**By Status of Registration**					
内资企业	Domestic Funded	16.05	56.34	2.00	13.15	95.40
国有企业	State-owned Enterprises	11.54	60.84	1.73	8.00	94.40
中央企业	Central	13.47	58.13	1.81	8.06	94.80
地方企业	Local	9.15	64.19	1.64	7.92	93.90
集体企业	Collective-owned Enterprises	20.22	47.82	3.40	7.93	97.00
股份合作企业	Cooperative Enterprises	19.37	50.75	1.99	21.30	93.80
联营企业	Joint Ownership Enterprises	14.09	96.43	2.47	10.88	98.90
国有联营企业	State Joint Ownership Enterprises	14.00	97.89	2.65	11.76	100.00
集体联营企业	Collective Joint Ownership Enterprises	3.27	85.52	1.80	0.51	98.90
国有与集体联营企业	Joint State-collective Enterprises	24.54	86.99	1.74	9.43	89.70
其他联营企业	Other Joint Ownership Enterprises	7.90	58.78	1.79	0.13	93.00
有限责任公司	Limited Liability Corporations	11.37	58.43	1.73	7.00	95.10
国有独资公司	State Sole Funded Corporations	11.89	50.15	1.23	8.08	93.00
其他有限责任公司	Other Limited Liability Corporations	11.06	63.22	2.03	6.65	95.80
股份有限公司	Share-holding Corporations Limited	25.72	49.68	2.66	40.98	96.90
私营企业	Private Enterprises	24.42	51.66	3.16	11.87	95.50
私营独资企业	Private-funded Enterprises	31.97	42.73	4.16	12.79	96.20
私营合作企业	Private Partnership Enterprises	30.93	47.25	2.02	30.16	96.40
私营有限责任公司	Private Limited Liability Corporations	21.56	55.70	3.24	9.59	95.20
私营股份有限公司	Private Share-holding Corporations Ltd.	24.21	43.73	2.95	13.78	95.50
其他企业	Other Enterprises	32.34	45.08	3.35	20.31	96.00
港、澳、台商投资企业	Enterprises with Funds from Hong Kong, Macao and Taiwan	14.96	43.92	2.09	11.13	89.70
合资经营企业(港或澳、台资)	Joint-venture Enterprises	11.05	47.78	1.66	7.14	90.60
合作经营企业(港或澳、台资)	Cooperative Enterprises	34.72	25.36	2.31	28.15	99.90
港澳台商独资经营企业	Enterprises with Sole Investment	12.10	46.38	2.26	8.51	85.00
港澳台商投资股份有限公司	Share-holding Corporations Ltd.	20.65	40.21	3.81	11.18	103.10
外商投资企业	Foreign Funded Enterprises	14.87	51.35	2.50	8.40	92.80
中外合资经营企业	Joint-venture Enterprises	15.49	54.85	2.60	7.94	92.70
中外合作经营企业	Cooperation Enterprises	39.92	43.54	5.97	25.83	99.60
外资企业	Enterprises with Sole Funds	12.15	39.68	2.20	9.00	95.80
外商投资股份有限公司	Share-holding Corporations Ltd.	10.89	57.76	1.71	7.34	80.60

13-10 续表 continued

分 组	Item	总资产贡献率 (%) Ratio of Profits, Taxes and Interests to Average Assets (%)	资产负债率 (%) Ratio of Debts to Assets (%)	流动资产周转率 (次/年) Turnover of Current Assets (times/year)	成本费用利润率 (%) Ratio of Profits to Total Industrial Cost (%)	工业产品销售率 (%) Sales Ratio of Products (%)
按经济组织类型分	**By Economic Type of Orgnization**					
独资企业	Appropratorship	12.35	59.09	1.89	8.46	94.50
国有企业	State-owned Enterprises	11.54	60.84	1.73	8.00	94.40
集体企业	Collective-owned Enterprises	20.22	47.82	3.40	7.93	97.00
私营独资企业	Private-funded Enterprises	31.97	42.73	4.16	12.79	96.20
港澳台商独资经营企业	Enterprises with Sole Investment	12.10	46.38	2.26	8.51	85.00
外资企业	Enterprises with Sole Funds	12.15	39.68	2.20	9.00	95.80
合作、合伙企业	Partnership	26.53	53.24	2.53	22.42	96.20
股份合作企业	Cooperative Enterprises	19.37	50.75	1.99	21.30	93.80
国有联营企业	State Joint Ownership Enterprises	14.00	97.89	2.65	11.76	100.00
集体联营企业	Collective Joint Ownership Enterprises	3.27	85.52	1.80	0.51	98.90
国有与集体联营企业	Joint State-collective Enterprises	24.54	86.99	1.74	9.43	89.70
其他联营企业	Other Joint Ownership Enterprises	7.90	58.78	1.79	0.13	93.00
私营合伙企业	Private Partnership Enterprises	30.93	47.25	2.02	30.16	96.40
合作经营企业(港或澳、台资)	Cooperative Enterprises	34.72	25.36	2.31	28.15	99.90
中外合作经营企业	Cooperation Enterprises	39.92	43.54	5.97	25.83	99.60
其他企业(内资)	Other Enterprises	32.34	45.08	3.35	20.31	96.00
股份有限公司	Share-holding Corporations Limited	25.56	49.58	2.66	38.30	96.60
股份有限公司(内资)	Share-holding Corporations Ltd.	25.72	49.68	2.66	40.98	96.90
私营股份有限公司	Private Share-holding Corporations Ltd.	24.21	43.73	2.95	13.78	95.50
港澳台商投资股份有限公司	Share-holding Corporations Ltd.with Funds from Hong Kong, Macao and Taiwan	20.65	40.21	3.81	11.18	103.10
外商投资股份有限公司	Share-holding Corporations Ltd.with Foreign Investment	10.89	57.76	1.71	7.34	80.60
有限责任公司	Limited Liability Corporations	12.38	57.97	1.89	7.41	94.90
国有独资公司	State Sole Funded Corporations	11.89	50.15	1.23	8.08	93.00
私营有限责任公司	Private Limited Liability Corporations	21.56	55.70	3.24	9.59	95.20
合资经营企业(港或澳、台资)	Joint-venture Enterprises	11.05	47.78	1.66	7.14	90.60
中外合资经营企业	Joint-venture Enterprises	15.49	54.85	2.60	7.94	92.70
其他有限责任公司	Other Corporations	11.06	63.22	2.03	6.65	95.80
按轻重工业分	**Grouped by Light & Heavy Industries**					
轻工业	Light Industry	27.80	47.62	3.00	9.90	94.50
重工业	Heavy Industry	15.01	56.76	1.91	13.42	95.30
按企业规模分	**Grouped by Size of Enterprises**					
大型企业	Large Enterprises	15.59	55.74	1.81	15.97	95.90
中型企业	Medium-sized Enterprises	16.83	59.72	2.18	13.83	93.70
小型企业	Small Enterprises	16.70	53.41	2.61	8.38	95.30
微型企业	Mini Enterprises	15.66	53.12	1.87	4.63	95.00

13-11 规模以上工业企业分行业主要经济效益指标(2013年)
Main Indicators on Economic Benefit of Industrial Enterprises above Designated Size by Industrial Sector (2013)

分组	Item	总资产贡献率(%) Ratio of Profits, Taxes and Interests to Average Assets(%)	资产负债率(%) Ratio of Debts to Assets (%)	流动资产周转率(次/年) Turnover of Current Assets (times/year)	成本费用利润率(%) Ratio of Profits to Total Industrial Cost (%)	工业产品销售率(%) Sales Ratio of Products (%)
总计	**Total**	**16.00**	**56.06**	**2.02**	**12.86**	**95.20**
煤炭开采和洗选业	Mining and Washing of Coal	24.99	46.20	1.74	32.01	96.70
石油和天然气开采业	Extraction of Petroleum and Natural Gas	27.42	52.79	4.46	72.35	99.20
黑色金属矿采选业	Mining and Processing of Ferrous Metal Ores	10.72	63.10	1.77	6.31	89.80
有色金属矿采选业	Mining and Processing of Non-Ferrous Metal Ores	25.15	61.84	3.40	12.88	92.30
非金属矿采选业	Mining and Processing of Non-metal Ores	24.05	39.59	3.67	8.17	97.00
开采辅助活动	Support Activities for Mining	4.38	30.22	0.75	4.16	99.70
农副食品加工业	Processing of Food from Agricultural Products	19.57	55.56	4.30	6.05	95.80
食品制造业	Manufacture of Foods	27.04	42.69	4.53	9.42	94.20
酒、饮料和精制茶制造业	Manufacture of Liquor, Beverages and Refined Tea	26.36	48.98	2.59	13.71	92.90
烟草制品业	Manufacture of Tobacco	94.83	21.56	2.04	31.42	97.70
纺织业	Manufacture of Textile	23.95	54.91	3.30	11.91	95.30
纺织服装、服饰业	Manufacture of Textile, Wearing Apparel and Accessories	27.08	50.90	3.06	10.31	94.60
皮革、毛皮、羽毛及其制品和制鞋业	Manufacture of Leather, Fur, Feather and Related Products and Footwear	11.56	56.23	2.39	5.96	99.20
木材加工和木、竹、藤、棕草制品业	Processing of Timber, Manufacture of Wood, Bamboo, Rattan, Palm and Straw Products	18.37	47.41	2.42	9.03	92.80
家具制造业	Manufacture of Furniture	31.94	38.69	3.97	12.48	95.50
造纸及纸制品业	Manufacture of Paper and Paper Products	25.71	50.47	4.08	9.67	94.90
印刷和记录媒介复制业	Printing and Reproduction of Recording Media	16.79	38.11	2.23	11.74	96.50
文教、工美、体育和娱乐用品制造业	Manufacture of Articles for Culture, Education, Arts and Crafts, Sport and Entertainment Activities	8.08	80.18	1.69	4.66	99.00
石油加工、炼焦及核燃料加工业	Processing of Petroleum, Coking and Processing of Nuclear Fuel	18.71	52.65	1.90	7.32	93.70
化学原料及化学制品制造业	Manufacture of Raw Chemical Materials and Chemical Products	3.59	68.20	1.89	1.92	96.40
医药制造业	Manufacture of Medicines	25.77	41.69	2.28	13.14	93.00
化学纤维制造业	Manufacture of Chemical Fibres	25.17	15.21	3.25	13.57	102.60
橡胶和塑料制品业	Manufacture of Rubber and Plastics Products	15.57	58.00	2.99	7.75	87.40
非金属矿物制品业	Manufacture of Non-metallic Mineral Products	16.67	56.92	3.69	7.18	94.80
黑色金属冶炼和压延加工业	Smelting and Pressing of Ferrous Metals	4.47	78.90	2.80	0.49	94.70
有色金属冶炼和压延加工业	Smelting and Pressing of Non-ferrous Metals	8.79	44.68	2.36	4.64	91.60
金属制品业	Manufacture of Metal Products	4.99	56.68	1.35	4.62	98.30
通用设备制造业	Manufacture of General Purpose Machinery	8.35	53.71	1.13	6.45	95.20
专用设备制造业	Manufacture of Special Purpose Machinery	6.98	59.13	1.05	6.02	90.90
汽车制造业	Manufacture of Automobiles	6.57	58.72	1.91	3.01	95.10
铁路、船舶、航空航天和其他运输设备制造业	Manufacture of Railway, Ship, Aerospace and Other Transport Equipments	4.78	60.74	0.93	5.15	96.90
电气机械和器材制造业	Manufacture of Electrical Machinery and Apparatus	4.15	55.76	1.01	2.60	96.30
计算机、通信和其他电子设备制造业	Manufacture of Computers, Communication and Other Electronic Equipment	3.93	58.97	1.08	3.77	94.70
仪器仪表制造业	Manufacture of Measuring Instruments and Machinery	7.17	43.15	0.99	6.41	97.20
其他制造业	Other Manufacture	12.32	45.47	1.08	11.98	98.20
废弃资源综合利用业	Utilization of Waste Resources	10.07	43.32	11.94	0.52	97.80
金属制品、机械和设备修理业	Repair Service of Metal Products, Machinery and Equipment	7.96	66.29	0.92	8.87	94.00
电力、热力生产和供应业	Production and Supply of Electric Power and Heat Power	9.73	78.23	3.77	8.51	95.40
燃气生产和供应业	Production and Supply of Gas	9.83	60.86	1.83	13.59	98.30
水的生产和供应业	Production and Supply of Water	3.65	50.14	0.52	7.08	97.20

13-12 国有及国有控股工业企业主要经济效益指标(2013年)
Main Indicators on Economic Benefit of State-owned and State-holding Industrial Enterprises(2013)

分 组	Item	总资产贡献率 (%) Ratio of Profits, Taxes and Interests to Average Assets(%)	资 产 负债率 (%) Ratio of Debts to Assets (%)	流动资产周转率 (次/年) Turnover of Current Assets (times/ year)	成本费用利润率 (%) Ratio of Profits to Total Industrial Cost (%)	工业产品销售率 (%) Sales Ratio of Products (%)
总 计	**Total**	**15.47**	**57.14**	**1.75**	**15.51**	**95.80**
煤炭开采和洗选业	Mining and Washing of Coal	24.95	46.03	1.65	42.48	95.70
石油和天然气开采业	Extraction of Petroleum and Natural Gas	27.47	52.78	4.48	72.64	99.20
黑色金属矿采选业	Mining and Processing of Ferrous Metal Ores	11.80	78.07	1.55	8.60	90.80
有色金属矿采选业	Mining and Processing of Non-Ferrous Metal Ores	14.72	72.03	3.29	10.85	94.90
非金属矿采选业	Mining and Processing of Non-metal Ores	19.02	69.07	2.61	9.06	104.80
开采辅助活动	Support Activities for Mining	2.98	28.17	0.72	0.64	99.50
农副食品加工业	Processing of Food from Agricultural Products	9.86	63.88	2.46	1.32	101.60
食品制造业	Manufacture of Foods	19.70	53.59	15.77	1.65	97.50
酒、饮料和精制茶制造业	Manufacture of Liquor, Beverages and Refined Tea	32.71	48.08	1.98	12.18	98.40
烟草制品业	Manufacture of Tobacco	94.83	21.56	2.04	31.42	97.70
纺织业	Manufacture of Textile	1.93	61.70	1.23	-3.35	96.40
纺织服装、服饰业	Manufacture of Textile, Wearing Apparel and Accessories	47.86	20.31	2.76	26.82	97.90
皮革、毛皮、羽毛及其制品和制鞋业	Manufacture of Leather, Fur, Feather and Related Products and Footwear	5.93	54.06	2.46	4.69	102.40
木材加工和木、竹、藤、棕草制品业	Processing of Timber, Manufacture of Wood, Bamboo, Rattan, Palm and Straw Products	1.75	19.07	1.63	2.10	95.90
家具制造业	Manufacture of Furniture	14.37	32.86	2.74	5.35	91.90
印刷和记录媒介复制业	Printing and Reproduction of Recording Media	16.48	15.81	2.24	14.40	101.00
石油加工、炼焦及核燃料加工业	Processing of Petroleum, Coking and Processing of Nuclear Fuel	21.99	48.71	1.87	9.23	93.50
化学原料及化学制品制造业	Manufacture of Raw Chemical Materials and Chemical Products	1.27	73.41	1.67	-1.65	97.60
医药制造业	Manufacture of Medicines	13.11	41.02	1.69	10.30	89.60
化学纤维制造业	Manufacture of Chemical Fibres	25.48	15.36	2.79	17.37	105.90
橡胶和塑料制品业	Manufacture of Rubber and Plastics Products	5.66	67.70	0.99	5.10	97.40
非金属矿物制品业	Manufacture of Non-metallic Mineral Products	10.52	68.78	2.46	7.19	98.60
黑色金属冶炼和压延加工业	Smelting and Pressing of Ferrous Metals	0.47	82.19	2.36	-1.81	93.60
有色金属冶炼和压延加工业	Smelting and Pressing of Non-ferrous Metals	3.32	41.30	2.07	1.37	91.50
金属制品业	Manufacture of Metal Products	4.23	61.26	0.91	3.44	97.90
通用设备制造业	Manufacture of General Purpose Machinery	5.73	56.32	0.78	5.59	94.70
专用设备制造业	Manufacture of Special Purpose Machinery	3.98	66.53	0.73	3.06	87.80
汽车制造业	Manufacture of Automobiles	4.95	58.44	1.61	2.67	96.70
铁路、船舶、航空航天和其他运输设备制造业	Manufacture of Railway, Ship, Aerospace and Other Transport Equipments	4.32	61.30	0.91	4.69	97.00
电气机械和器材制造业	Manufacture of Electrical Machinery and Apparatus	2.94	53.19	0.69	1.07	98.90
计算机、通信和其他电子设备制造业	Manufacture of Computers, Communication and Other Electronic Equipment	1.68	62.89	0.89	0.18	96.80
仪器仪表制造业	Manufacture of Measuring Instruments and Machinery	5.53	42.27	0.91	4.48	98.50
其他制造业	Other Manufacture	9.21	50.97	2.46	2.31	99.30
金属制品、机械和设备修理业	Repair Service of Metal Products, Machinery and Equipment	5.99	67.66	0.84	6.91	93.50
电力、热力生产和供应业	Production and Supply of Electric Power and Heat Power	9.39	79.67	4.17	7.63	95.40
燃气生产和供应业	Production and Supply of Gas	8.33	61.18	1.82	12.10	98.70
水的生产和供应业	Production and Supply of Water	3.67	50.75	0.54	6.70	97.50

13-13 外商及港澳台商投资工业企业主要经济效益指标(2013年) Main Indicators on Economic Benefit of Industrial Enterprises with Hong Kong, Macao, Taiwan and Foreign Funds (2013)

分组	Item	总资产贡献率(%) Ratio of Profits, Taxes and Interests to Average Assets(%)	资产负债率(%) Ratio of Debts to Assets (%)	流动资产周转率(次/年) Turnover of Current Assets (times/year)	成本费用利润率(%) Ratio of Profits to Total Industrial Cost (%)	工业产品销售率(%) Sales Ratio of Products (%)
总计	**Total**	**14.88**	**50.05**	**2.43**	**8.80**	**92.10**
煤炭开采和洗选业	Mining and Washing of Coal	33.97	42.48	1.75	67.04	
黑色金属矿采选业	Mining and Processing of Ferrous Metal Ores	14.35	27.72	9.31	2.20	99.50
有色金属矿采选业	Mining and Processing of Non-Ferrous Metal Ores	76.73	24.43	21.56	9.86	100.00
非金属矿采选业	Mining and Processing of Non-metal Ores	-4.26	39.76	1.70	-20.38	68.00
农副食品加工业	Processing of Food from Agricultural Products	23.88	50.25	4.59	8.29	91.40
食品制造业	Manufacture of Foods	18.51	38.41	4.06	5.82	97.60
酒、饮料和精制茶制造业	Manufacture of Liquor, Beverages and Refined Tea	15.16	48.33	2.14	10.82	97.20
纺织业	Manufacture of Textile	3.85	90.52	1.46	-1.06	94.00
纺织服装、服饰业	Manufacture of Textile, Wearing Apparel and Accessories	45.86	6.77	26.52	10.16	
木材加工和木、竹、藤、棕草制品业	Processing of Timber, Manufacture of Wood, Bamboo, Rattan, Palm and Straw Products	1.75	19.07	1.63	2.10	
造纸及纸制品业	Manufacture of Paper and Paper Products	62.56	21.44	5.88	19.08	71.60
印刷和记录媒介复制业	Printing and Reproduction of Recording Media	5.89	70.12	0.83	-3.80	
文教、工美、体育和娱乐用品制造业	Manufacture of Articles for Culture, Education, Arts and Crafts, Sport and Entertainment Activities	6.92	55.68	3.37	0.23	100.00
石油加工、炼焦及核燃料加工业	Processing of Petroleum, Coking and Processing of Nuclear Fuel	11.01	57.63	5.48	6.50	
化学原料及化学制品制造业	Manufacture of Raw Chemical Materials and Chemical Products	10.85	38.05	1.20	7.62	99.50
医药制造业	Manufacture of Medicines	29.15	38.02	2.06	10.40	84.90
化学纤维制造业	Manufacture of Chemical Fibres	40.30	19.69	3.07	18.63	
橡胶和塑料制品业	Manufacture of Rubber and Plastics Products	10.57	60.87	12.31	3.06	111.40
非金属矿物制品业	Manufacture of Non-metallic Mineral Products	17.60	38.35	2.92	17.99	73.40
黑色金属冶炼和压延加工业	Smelting and Pressing of Ferrous Metals	8.62	53.86	2.39	1.99	126.30
有色金属冶炼和压延加工业	Smelting and Pressing of Non-ferrous Metals	-0.69	44.08	1.17	-2.39	
金属制品业	Manufacture of Metal Products	4.75	60.04	1.74	5.94	98.80
通用设备制造业	Manufacture of General Purpose Machinery	6.31	28.91	1.17	5.50	89.20
专用设备制造业	Manufacture of Special Purpose Machinery	7.31	40.68	1.62	5.29	27.80
汽车制造业	Manufacture of Automobiles	7.21	61.13	2.66	1.58	
铁路、船舶、航空航天和其他运输设备制造业	Manufacture of Railway, Ship, Aerospace and Other Transport Equipments	18.45	61.44	0.75	23.95	
电气机械和器材制造业	Manufacture of Electrical Machinery and Apparatus	7.09	54.17	2.83	2.29	101.00
计算机、通信和其他电子设备制造业	Manufacture of Computers, Communication and Other Electronic Equipment	6.83	46.85	1.90	8.80	98.10
仪器仪表制造业	Manufacture of Measuring Instruments and Machinery	22.80	39.68	1.26	22.29	76.90
其他制造业	Other Manufacture	17.20	13.03	0.85	38.92	100.70
金属制品、机械和设备修理业	Repair Service of Metal Products, Machinery and Equipment	14.91	55.47	1.02	10.07	
电力、热力生产和供应业	Production and Supply of Electric Power and Heat Power	19.06	65.80	2.80	26.39	100.00
燃气生产和供应业	Production and Supply of Gas	12.07	62.45	1.25	19.10	84.10
水的生产和供应业	Production and Supply of Water	2.48	54.35	0.22	8.89	

13-14 大中型工业企业主要经济效益指标(2013年)

Main Indicators on Economic Benefit of Large and Medium-sized Industrial Enterprises(2013)

分组	Item	总资产贡献率(%) Ratio of Profits, Taxes and Interests to Average Assets(%)	资产负债率(%) Ratio of Debts to Assets (%)	流动资产周转率(次/年) Turnover of Current Assets (times/year)	成本费用利润率(%) Ratio of Profits to Total Industrial Cost (%)	工业产品销售率(%) Sales Ratio of Products (%)
总计	**Total**	**15.90**	**56.74**	**1.90**	**15.33**	**95.18**
煤炭开采和洗选业	Mining and Washing of Coal	25.82	43.12	1.65	39.08	96.34
石油和天然气开采业	Extraction of Petroleum and Natural Gas	27.46	52.78	4.47	72.85	99.18
黑色金属矿采选业	Mining and Processing of Ferrous Metal Ores	8.94	68.95	1.15	7.02	90.99
有色金属矿采选业	Mining and Processing of Non-Ferrous Metal Ores	11.38	62.79	2.91	6.79	93.15
非金属矿采选业	Mining and Processing of Non-metal Ores	31.28	64.44	4.36	15.68	103.24
开采辅助活动	Support Activities for Mining	3.88	26.75	0.74	2.90	99.39
农副食品加工业	Processing of Food from Agricultural Products	20.46	60.85	3.71	7.17	94.40
食品制造业	Manufacture of Foods	31.32	40.54	4.08	13.23	93.95
酒、饮料和精制茶制造业	Manufacture of Liquor, Beverages and Refined Tea	28.11	49.09	3.33	16.51	92.68
烟草制品业	Manufacture of Tobacco	15.32	14.72	0.95	29.38	97.66
纺织业	Manufacture of Textile	29.17	62.94	3.70	13.56	95.91
纺织服装、服饰业	Manufacture of Textile, Wearing Apparel and Accessories	30.08	55.38	3.17	11.24	95.03
皮革、毛皮、羽毛及其制品和制鞋业	Manufacture of Leather, Fur, Feather and Related Products and Footwear	9.25	54.05	3.16	5.21	102.38
木材加工和木、竹、藤、棕、草制品业	Processing of Timber, Manufacture of Wood, Bamboo, Rattan, Palm and Straw Products	12.80	49.86	1.55	7.59	91.52
家具制造业	Manufacture of Furniture	83.18	33.27	12.91	22.71	98.99
造纸及纸制品业	Manufacture of Paper and Paper Products	28.07	52.93	4.10	9.63	93.50
印刷和记录媒介复制业	Printing and Reproduction of Recording Media	16.52	32.14	2.04	13.65	97.07
石油加工、炼焦及核燃料加工业	Processing of Petroleum, Coking and Processing of Nuclear Fuel	19.77	52.34	1.82	8.47	93.39
化学原料及化学制品制造业	Manufacture of Raw Chemical Materials and Chemical Products	1.70	73.32	1.75	-0.94	96.63
医药制造业	Manufacture of Medicines	30.57	37.97	2.36	14.86	93.22
橡胶和塑料制品业	Manufacture of Rubber and Plastics Products	11.75	62.64	2.44	7.32	84.86
非金属矿物制品业	Manufacture of Non-metallic Mineral Products	15.87	56.31	3.65	8.44	92.61
黑色金属冶炼和压延加工业	Smelting and Pressing of Ferrous Metals	4.35	71.33	2.93	0.75	94.90
有色金属冶炼和压延加工业	Smelting and Pressing of Non-ferrous Metals	10.87	53.24	2.76	5.30	91.47
金属制品业	Manufacture of Metal Products	4.64	61.90	0.92	3.88	100.16
通用设备制造业	Manufacture of General Purpose Machinery	7.59	54.17	0.93	7.06	94.54
专用设备制造业	Manufacture of Special Purpose Machinery	6.00	60.32	0.84	5.98	89.01
汽车制造业	Manufacture of Automobiles	5.78	59.54	1.85	2.54	95.65
铁路、船舶、航空航天和其他运输设备制造业	Manufacture of Railway, Ship, Aerospace and Other Transport Equipments	4.02	61.91	0.88	4.42	96.86
电气机械和器材制造业	Manufacture of Electrical Machinery and Apparatus	3.43	55.23	0.74	2.32	97.57
计算机、通信和其他电子设备制造业	Manufacture of Computers, Communication and Other Electronic Equipment	2.45	61.07	0.97	1.53	96.05
仪器仪表制造业	Manufacture of Measuring Instruments and Machinery	6.59	41.83	1.01	5.52	98.09
废弃资源综合利用业	Utilization of Waste Resources	0.95	45.23	17.41	0.04	92.60
金属制品、机械和设备修理业	Repair Service of Metal Products, Machinery and Equipment	5.86	67.69	0.83	6.91	93.32
电力、热力生产和供应业	Production and Supply of Electric Power and Heat Power	10.37	78.19	4.20	8.72	95.34
燃气生产和供应业	Production and Supply of Gas	8.45	57.94	1.66	12.50	98.58
水的生产和供应业	Production and Supply of Water	3.73	54.74	1.02	1.18	100.00

13-15 主要工业产品产量
Output of Major Industrial Products

产品名称		Item		2011	2012	2013
天然原油	(万吨)	Crude Petroleum Oil	(10 000 tons)	3225.42	3527.56	3688.04
天然气	(亿立方米)	Natural Gas	(100 million cu.m)	272.21	309.62	371.65
铁矿石原矿	(万吨)	Crude Quantity of Iron Ore	(10 000 tons)	991.80	1329.50	1498.77
锌金属含量	(万吨)	Zinc Metal Content	(10 000 tons)	27.23	29.63	44.25
钼精矿折合量	(万吨)	Reduced Quantity of Molybdenum Concentrate	(10 000 tons)	3.96	4.98	4.94
发电量	(亿千瓦小时)	Electricity	(100 million kwh)	1208.82	1330.50	1493.66
小麦粉	(万吨)	Wheat Meal	(10 000 tons)	358.05	419.91	523.25
精制食用植物油	(万吨)	Refined Edible Vegetable Oil	(10 000 tons)	88.15	121.94	133.29
饲　料	(万吨)	Feed	(10 000 tons)	195.54	246.75	311.95
乳制品	(万吨)	Dairy Products	(10 000 tons)	160.20	172.10	183.98
白　酒	(万千升)	Spirits	(10 000 kiloliter)	7.99	9.31	10.49
啤　酒	(万千升)	Beer	(10 000 kiloliter)	98.98	102.09	102.18
软饮料	(万吨)	Soft Drinks	(10 000 tons)	383.54	419.84	523.89
卷　烟	(亿支)	Cigarettes	(100 million pieces)	860.00	879.50	899.50
化学纤维	(吨)	Chemical Fiber	(ton)	23140	27876	25029
纱	(万吨)	Yarn	(10 000 tons)	27.44	28.86	35.55
布	(万米)	Cloth	(10 000 m)	61422.20	65006.43	57399.20
服　装	(万件)	Garments	(10 000 cases)	1556.60	1960.71	1974.20
机制纸及纸板	(万吨)	Machine-made Paper and Paperboard	(10 000 tons)	92.76	80.35	80.42
纸制品	(万吨)	Paper Products	(10 000 tons)	37.97	50.18	48.05
原油加工量	(万吨)	crude runs	(10 000 tons)	1962.57	2124.05	2078.59
# 汽　油		Gasoline		610.81	737.65	745.21
柴　油		Diesel Oil		853.32	921.51	883.97
机械化焦炉生产的焦炭	(万吨)	Coke	(10 000 tons)	1790.29	2041.77	2447.37
硫酸(折100%)	(万吨)	Sulfuric Acid	(10 000 tons)	147.72	134.76	128.71
氢氧化钠(烧碱)	(万吨)	Caustic Soda	(10 000 tons)	44.02	50.94	67.77
碳化钙(电石)	(万吨)	Soda Ash	(10 000 tons)	115.59	146.71	167.32
合成氨	(万吨)	Synthetic Ammonia	(10 000 tons)	114.02	135.26	140.81
化肥总计	(万吨)	Chemical Fertilizers	(10 000 tons)	92.01	97.89	103.04
氮　肥		Nitrogen Fertilizers		61.76	74.01	80.63
磷　肥		Phosphate Fertilizers		24.79	23.88	22.40
化学药品原药	(吨)	Chemical Medicines	(ton)	10065	12569	16112
精甲醇	(万吨)	Extract Methanol	(10 000 tons)	164.16	269.40	292.35
中成药	(吨)	Traditional Chinese Medicine	(ton)	26741	32373	40193.60
塑料制品	(万吨)	Plastic Articles	(10 000 ton)	13.00	42.14	44.86
水　泥	(万吨)	Cement	(10 000 tons)	6430.63	7552.71	8545.52
平板玻璃	(万重量箱)	Plain Glass	(10 000 weight cases)	1302.83	1360.84	1837.85
生　铁	(万吨)	Pig Iron	(10 000 tons)	717.59	803.12	882.54
粗　钢	(万吨)	Crude Steel	(10 000 tons)	751.49	828.69	980.08
钢　材	(万吨)	Rolled Steel	(10 000 tons)	1025.29	1283.55	1565.22
铝　材	(万吨)	Rolled Aluminum	(10 000 ton)	12.58	15.48	16.54
铁合金	(万吨)	Ferroalloy	(10 000 tons)	50.97	51.44	57.26
十种有色金属	(万吨)	Ten Kinds of Nonferrous Metals	(10 000 tons)	129.59	124.29	159.61
原铝(电解铝)	(万吨)	Electrolyzed Aluminum	(10 000 tons)	31.31	29.89	44.36
锌	(万吨)	Zinc Metal	(10 000 tons)	65.62	61.92	71.78
金属切削机床	(台)	Metal-cutting Machine Tools	(unit)	31108	19781	16271
# 数控机床		Computer Numerical Control Machine Tools		15317	8670	8161
金属成型机床(锻压设备)	(台)	Metal Forming Machines(Forging Equipment)	(unit)	1144	4458	4671
汽　车	(万辆)	Motor Vehicles	(unit)	55.67	54.46	42.44
# 基本型乘用车(轿车)		Basic Type Passenger Vehicle(Car)		38.68	36.62	31.70
载货汽车		Trucks		9.67	7.89	10.34
交流电动机	(万千瓦)	Alternating Current Motors	(10 000 kw)	578.02	449.54	582.32
变压器	(万千伏安)	Transformers	(10 000 KVA)	11936.61	11278.66	12858.19
光　缆	(万芯千米)	Fiber Optic Cable	(10 000 Core.km)	156.93	334.77	397.96
电子元件	(万只)	Electronic Components	(10 000 units)	41475.30	109917.55	54821.70

13-16 各市(区)规模以上工业企业工业总产值(1995-2013年)

Gross Industrial Output Value above Designated Size by City(District)(1995-2013)

单位：亿元 (100 million yuan)

年 份 Year	全 省 Shaanxi	西安市 Xi'an	铜川市 Tongchuan	宝鸡市 Baoji	咸阳市 Xianyang	渭南市 Weinan
1995	761.35	240.63	15.80	115.84	135.02	74.74
1996	814.82	281.51	21.98	123.29	151.78	79.99
1997	900.78	303.94	25.47	124.26	173.04	87.40
1998	960.81	355.15	26.97	125.62	182.22	89.60
1999	1097.45	376.72	29.21	126.21	202.89	95.79
2000	1268.43	433.43	30.84	139.98	208.70	100.27
2001	1457.62	505.02	30.11	155.13	217.24	112.93
2002	1667.10	546.24	33.38	183.76	231.22	136.04
2003	2118.17	676.93	42.13	252.95	286.13	191.74
2004	2735.22	892.60	59.91	315.47	309.65	257.79
2005	3397.71	952.18	70.49	409.95	359.16	337.71
2006	4442.81	1194.60	99.53	536.67	458.52	377.63
2007	5692.33	1623.85	124.34	672.20	565.61	474.27
2008	7480.79	2030.76	166.84	895.77	860.24	638.00
2009	8470.40	2490.50	195.02	995.99	1038.83	767.22
2010	11199.84	3130.15	249.05	1340.45	1401.92	1039.83
2011	14283.48	3552.21	335.76	1701.80	1854.54	1360.03
2012	16926.49	4066.31	461.80	1986.69	2293.52	1634.36
2013	18982.47	4497.62	549.66	2258.52	2633.00	1728.47

13-16 续表 continued

单位：亿元 (100 million yuan)

年 份 Year	延安市 Yan'an	汉中市 Hanzhong	榆林市 Yulin	安康市 Ankang	商洛市 Shangluo	杨凌示范区 Yangling
1995	33.39	53.33	16.75	12.49	5.61	1.61
1996	56.96	56.62	18.19	16.13	6.43	1.95
1997	75.33	62.91	20.15	19.04	6.92	2.32
1998	69.83	63.80	22.48	15.93	7.92	1.29
1999	83.90	62.58	24.60	16.37	9.45	1.28
2000	131.00	68.43	36.61	20.06	11.47	2.07
2001	160.78	76.31	68.20	20.63	14.19	3.58
2002	188.52	89.11	119.20	25.03	16.40	5.52
2003	255.93	110.07	142.27	30.45	22.00	13.34
2004	348.10	142.76	278.39	37.71	26.82	16.29
2005	537.00	165.41	360.04	43.57	32.76	16.53
2006	764.07	204.37	528.20	56.28	41.39	19.57
2007	905.20	241.11	773.87	81.56	60.08	28.17
2008	1053.51	260.60	1269.86	97.48	74.43	34.74
2009	969.50	310.79	1392.56	132.47	104.56	40.30
2010	1227.31	404.41	1917.70	192.15	176.99	40.09
2011	1504.86	545.42	2613.53	309.22	265.07	60.26
2012	1646.76	718.09	3130.98	482.20	365.04	79.87
2013	1612.32	856.10	3120.82	634.82	479.93	88.32

13-17 各市(区)规模以上工业企业主要经济指标(2013年)
Main Indicators of Industrial Enterprises above Designated Size by City(District)(2013)

单位：万元 (10 000 yuan)

分 组	Item	企业单位数(个) Number of Enterprises (unit)	# 亏损企业 Unprofitable Enterprises	资产总计 Total Assets	负债合计 Total Liabilities	主营业务收入 Revenue from Principal Business	主营业务成本 Cost of Principal Business	主营业务税金及附加 Tax and Extra Charges from Principal Business
全 省	**Shaanxi**	**4489**	**787**	**224431109**	**125812360**	**177630016**	**137536701**	**5227176**
西安市	Xi'an	1002	195	49776056	29308613	40381071	34402130	382730
铜川市	Tongchuan	146	26	4662739	3119464	5175387	4569830	53146
宝鸡市	Baoji	454	75	16122818	9525556	16321719	13890007	137008
咸阳市	Xianyang	681	56	18439009	9756732	24540829	19199616	649167
渭南市	Weinan	415	123	19619308	13039590	14555144	13399392	68171
# 韩城市	Hancheng	81	41	6939820	5513851	5805566	5555926	20716
延安市	Yan'an	115	36	30743349	15819172	16520051	11565105	1737461
汉中市	Hanzhong	348	65	8030445	5485308	8365956	7702915	29832
榆林市	Yulin	693	160	33335509	16642993	19758416	12382339	430596
安康市	Ankang	393	11	3318424	1447870	5669549	4459498	65345
商洛市	Shangluo	173	29	3572285	2543463	3872106	3407936	33200
杨凌示范区	Yangling	64	11	985667	554015	746267	631299	2193

13-17 续表 continued

单位：万元 (10 000 yuan)

分 组	Item	销售费用 Operating Expenses	管理费用 Management Expenses	财务费用 Financial Expenses	利润总额 Total Profits	亏损企业亏损额 Losses of Unprofitable Enterprises	本年应交增值税 Value Added Tax Payable	全部从业人员年平均人数(人) Annual Average Employed Persons (person)
全 省	**Shaanxi**	**4247448**	**8954449**	**2682201**	**19733217**	**1216337**	**8411394**	**1563069**
西安市	Xi'an	1583519	2177783	468727	1823705	210527	1016037	461412
铜川市	Tongchuan	107868	254692	80141	153788	44742	208125	50997
宝鸡市	Baoji	402819	814982	215356	898824	103708	506322	149221
咸阳市	Xianyang	502048	812997	298671	2741831	115371	1060583	253998
渭南市	Weinan	254565	505962	283307	197070	292213	385277	103465
# 韩城市	Hancheng	90388	110214	133486	34224	109347	189514	32362
延安市	Yan'an	160182	1796140	278077	1503222	30893	1148978	117378
汉中市	Hanzhong	138208	284758	138423	124659	144267	115717	90006
榆林市	Yulin	765349	1315887	397399	4496107	204694	1763500	148692
安康市	Ankang	177278	227243	68925	635900	12417	280051	50014
商洛市	Shangluo	70866	116313	55300	158443	52024	114450	30271
杨凌示范区	Yangling	40214	30040	8102	38713	5481	40599	8416

主要统计指标解释

工业 指从事自然资源的开采，对采掘品和农产品进行加工和再加工的物质生产部门。具体包括：(1)对自然资源的开采，如采矿、晒盐等(但不包括禽兽捕猎和水产捕捞)；(2)对农副产品的加工、再加工，如粮油加工、食品加工、缫丝、纺织、制革等；(3)对采掘品的加工、再加工，如炼铁、炼钢、化工生产、石油加工、机器制造、木材加工等，以及电力、自来水、煤气的生产和供应等；(4)对工业品的修理、翻新，如机器设备的修理、交通运输工具(如汽车)的修理等。

轻工业 指主要提供生活消费品和制作手工工具的工业。按其所使用的原料不同，可分为两大类：(1)以农产品为原料的轻工业，是指直接或间接以农产品为基本原料的轻工业。主要包括食品制造、饮料制造、烟草加工、纺织、缝纫、皮革和毛皮制作、造纸以及印刷等工业；(2)以非农产品为原料的轻工业，是指以工业品为原料的轻工业。主要包括文教体育用品、化学药品制造、合成纤维制造、日用化学制品、日用玻璃制品、日用金属制品、手工工具制造、医疗器械制造、文化和办公用机械制造等工业。

重工业 指为国民经济各部门提供物质技术基础的主要生产资料的工业。按其生产性质和产品用途，可以分为下列三类：(1)采掘(伐)工业，是指对自然资源的开采，包括石油开采、煤炭开采、金属矿开采、非金属矿开采等工业；(2)原材料工业，指向国民经济各部门提供基本材料、动力和燃料的工业。包括金属冶炼及加工、炼焦及焦炭、化学、化工原料、水泥、人造板以及电力、石油和煤炭加工等工业；(3)加工工业，是指对工业原材料进行再加工制造的工业。包括装备国民经济各部门的机械设备制造工业、金属结构、水泥制品等工业，以及为农业提供的生产资料如化肥、农药等工业。

根据上述划分原则，修理业中以重工业产品为修理作业对象的划为重工业，反之划为轻工业。

国有及国有控股企业 指国有企业加上国有控股企业。国有企业(即原全民所有制工业或国营工业)指企业全部资产归国家所有，并按《中华人民共和国企业法人登记管理条例》规定登记注册的非公司制的经济组织。包括国有企业、国有独资公司和国有联营企业。1957 年以前的公私合营和私营工业，后均改造为国营工业，1992 年改为国有工业，这部分工业的资料不单独分列时，均包括在国有企业内。国有控股企业是对混合所有制经济的企业进行的“国有控股”分类。它是指这些企业的全部资产中国有资产(股份)相对其他所有者中的任何一个所有者占资(股)最多的企业。该分组反映了国有经济控股情况。

工业总产值

(1)定义：

工业总产值是以货币形式表现的，工业企业在一定时期内生产的工业最终产品或提供工业性劳务活动的总价值量。它反映一定时间内工业生产的总规模和总水平。

(2)计算原则：

工业生产的原则，即凡是企业在报告期生产的经检验合格的产品，不管是否在报告期销售，均包括在内。

最终产品的原则，即凡是计入工业总产值的产品，必须是本企业生产的经检验合格的，不需要再进行任何加工的最终产品。如果企业有中间产品(半成品)对外销售，则对外销售的中间产品应视为企业的最终产品。

工厂法原则，即工业总产值是以工业企业作为基本计算(核算)单位，即按企业的最终产品计算工业总产值。按这种方法计算的工业总产值，不允许同一产品价值在企业内部重复计算，不能把企业内部各个车间(分厂)生产的成果相加，但允许企业间的重复计算。

(3)内容及计算方法：

1995 年全国工业普查对工业总产值(原规定)的内容及计算原则和方法做了某些修订，修订后的工业总产值(新规定)包括三项内容：即本期生产成品价值、对外加工费收入、在制品半成品期末期初差额价值三部分。

工业增加值 指工业企业在报告期内以货币表现的工业生产活动的最终成果。

工业增加值有两种计算方法：一是生产法，即工业总产出减去工业中间投入加上应交增值税；二是收入法，即从收入的角度出发，根据生产要素在生产过程中应得到的收入份额计算，具体构成项目有固定资产折旧、劳动者报酬、生产税净额、营业盈余，这种方法也称要素分配法。本年鉴中的工业增加值是以生产法计算的。

生产法工业增加值的计算方法为：

工业增加值=工业总产出-工业中间投入+应交增值税

资产总计 指企业拥有或控制的能以货币计量的经济资源，包括各种财产、债权和其他权利。资产按流动性分为流动资产、长期投资、固定资产、无形资产、递延资产和其他资产。该指标根据企业会计“资产负债表”中“资产总计”项目的期末数增列。

流动资产 指企业可以在一年内或者超过一年的一个生产周期内变现或者耗用的资产，包括现金及各种存款、短期投资，应收及预付款项、存货等。

流动资产平均余额 指企业在报告期内全部流动资产的平均余额。

固定资产原价 指企业在建造、购置、安装、改建、扩建、技术改造某项固定资产时所支出的全部货币总额。它一般包括买价、包装费、运杂费和安装费等。

固定资产净值年平均余额 指固定资产净值在报告期内余额的平均数。计算公式为:

$$\text{固定资产净值年平均余额}=\frac{\text{1至12月各月月初、月末固定资产净值之和}}{24}$$

固定资产净值 指固定资产原价减去历年已提折旧额后的净额。计算公式为:

固定资产净值=固定资产原价-累计折旧

负债合计 指企业所承担的能以货币计量,将以资产或劳务偿付的债务,偿还形式包括货币、资产或提供劳务。负债一般按偿还期长短分为流动负债和长期负债。根据会计"资产负债表"中"负债合计"的年末数填列。

所有者权益 指企业投资人对企业净资产的所有权。企业净资产等于企业全部资产减去全部负债后的余额,包括企业投资人对企业的最初投入的实际到位的资产及资本公积金、盈余公积金和未分配利润。所有者权益合计数小于零,表示企业资不抵债。

主营业务收入 指会计"利润表"中对应指标的本年累计数。未执行2001年《企业会计制度》的企业,用"产品销售收入"的本期累计数代替。

主营业务成本 指会计"利润表"中对应指标的本年累计数。未执行2001年《企业会计制度》的企业,用"产品销售成本"的本期累计数代替。

主营业务税金及附加 指会计"利润表"中对应指标的本年累计数。未执行2001年《企业会计制度》的企业,用"产品销售税金及附加"的本期累计数代替。

利润总额 指企业生产经营活动的最终成果,是企业在一定时期内实现的盈亏相抵后的利润总额(亏损以"-"号表示),它等于营业利润加上补贴收入加上投资收益加上营业外净收入再加上以前年度损益调整。

本年应交增值税 指企业在报告期内应交纳的增值税额。它等于本年销项税额加上出口退税加上进项税额转出数减去本年进项税额。小规模纳税企业直接按全年计税销售额乘以征收率计算取得。

从业人员平均人数 是指报告期内每天拥有的从业人员人数。其计算公式为:

$$\text{月平均人数}=\frac{\text{报告月内每天实有人数之和}}{\text{报告月日历日数}}$$

$$\text{季平均人数}=\frac{\text{季内各月平均人数之和}}{3}$$

$$\text{年平均人数}=\frac{\text{年内各月平均人数之和}}{12}$$

总资产贡献率 反映企业全部资产的获利能力,是企业经营业绩和管理水平的集中体现,是评价和考核企业盈利能力的核心指标。计算公式为:

$$\text{总资产贡献率(\%)}=\frac{\text{利润总额}+\text{税金总额}+\text{利息支出}}{\text{平均资金总额}}\times100\%$$

公式中:税金总额为产品销售税金及附加与应交增值税之和;平均资产总额为期初期末资产之和的算术平均值。

资产负债率 该指标既反映企业经营风险的大小,也反映企业利用债权人提供的资金从事经营活动的能力。计算公式为:

$$\text{资产负债率(\%)}=\frac{\text{负债总额}}{\text{资产总额}}\times100\%$$

资产与负债均为报告期期末数。

流动资产周转次数 指一定时期内流动资产完成的周转次数,反映投入工业企业流动资金的周转速度。计算公式为:

$$\text{流动资产周转次数}=\frac{\text{产品销售收入}}{\text{全部流动资产平均余额}}$$

公式中:全部流动资产平均余额为期初和期末的流动资产之和的算术平均值。

成本费用利润率 反映企业投入的生产成本及费用的经济效益,同时也反映企业降低成本所取得的经济效益。计算公式为:

$$\text{成本费用利润率(\%)}=\frac{\text{利润总额}}{\text{成本费用总额}}\times100\%$$

公式中:成本费用总额为产品销售成本、销售费用、管理费用、财务费用之和。

产品销售率 该指标反映工业产品已实现销售的程度,是分析工业产销衔接情况,研究工业产品满足社会需求的指标。计算公式为:

$$\text{产品销售率(\%)}=\frac{\text{工业销售产值}}{\text{工业总产值(现价)}}\times100\%$$

Explanatory Notes on Main Statistical Indicators

Industry refers to the material production sector which is engaged in the extraction of natural resources and processing and reprocessing of minerals and agricultural products, including (1) extraction of natural resources, such as mining, salt production (but not including hunting and fishing); (2) processing and reprocessing of farm and sideline produces, such as rice husking, flour milling, wine making, oil pressing, silk reeling, spinning and weaving, and leather making; (3) manufacture of industrial products, such as steel making, iron smelting, chemicals manufacturing, petroleum processing, machine building, timber processing; water and gas production and electricity generation and supply; (4)repairing of industrial products such as the repairing of machinery and means of transport (including cars).

Light Industry refers to the industry that produces consumer goods and hand tools. It consists of two categories, depending on the materials used:

(1) Industries using farm products as raw materials. These are the branches of light industry which directly or indirectly use farm products as basic raw materials, including the manufacture of food and beverages, tobacco processing, textile, clothing, fur and leather manufacturing, paper making, printing, etc.

(2) Industries using non-farm products as raw materials. These are the branches of light industry which use manufactured goods as raw materials, including the manufacture of cultural, educational articles and sports goods, chemicals, synthetic fibre, chemical products for daily use, glass products for daily use, metal products for daily use, hand tools, medical apparatus and instruments, and the manufacture of cultural and office machinery.

Heavy Industry refers to the industry which produces capital goods, and provides various sectors of the national economy with necessary material and technical basis for production. It consists of the following three branches according to the purpose of production or the use of products:

(1) Mining, quarrying and logging industry, which refers to the industry that extracts natural resources, including extraction of petroleum, coal, metal and non-metal ores.

(2) Raw materials industry refers to the industry that provides various sectors of the national economy with raw materials, fuels and power. It includes smelting and processing of metals, coking and coke chemistry, chemical materials and building materials such as cement, plywood, and power, petroleum refining and coal dressing.

(3) Manufacturing industry which refers to the industry that processes raw materials. It includes machine-building industries which equip sectors of the national economy; industries producing metal structure and cement products; and industries producing means of agricultural production, such as chemical fertilizers and pesticides.

In accordance with the above principles of classification, the repairing trades, which are engaged primarily in repairing products of heavy industry, are classified as heavy industry while those which are engaged in repairing products of light industry are classified as light industry.

State-owned and State-holding Enterprises refer to state-owned enterprises plus State-holding enterprises. State-owned enterprises (originally known as State-run enterprises with ownership by the whole society) are non-corporate economic entities registered in accordance with the *Regulation of the People's Republic of China on the Management of Registration of Legal Enterprises*, where all assets are owned by the State. Included in this category are State-owned enterprises, State-funded corporations and State-owned joint-operation enterprises. Joint State-private industries and private industries, which existed before 1957, were transformed into state-run industries since 1957, and into State-owned industries after 1992. Statistics on those enterprises are included in the State-owned industries instead of being grouped them separately. State-holding enterprises are a sub-classification of enterprises with mixed ownership, referring to enterprises where the percentage of State assets (or shares by the State) is larger than any other single share holder of the same enterprise. This sub-classification illustrates the control of the State over a particular industry.

Gross Industrial Output Value

(1) Definition: Gross industrial output value is the total volume of final industrial products produced and industrial services provided during a given period. It reflects the total achievements and overall scale of industrial production during a given period.

(2) Principles for calculation:

Statistics on industrial production follow the principle that all products produced by the enterprises and accepted through quality check during the reference period are to be included no matter whether they are sold or not during the reference period.

Determination of final products follows the principle that all products that are included in the calculation of gross industrial output value are the final products of the enterprise which have been accepted through quality check and require no further processing. If an enterprise has intermediate (semi-finished) products to sell, these intermediate products are considered as the final products of the enterprise.

Gross industrial output value is calculated following the principle of factory approach, i.e. industrial enterprise is used as the basic accounting unit in calculating the gross industrial output value. By this approach, value of the same product is not to be double-counted, and the output value of different workshops (branch factories) within the enterprise should not be added. However, this approach allows the possibility of double counting between enterprises.

(3) Content and method of calculation: The old definition of gross industrial output value was modified during the 1995 National Industrial Census. The revised (new) definition of gross industrial output value consists of 3 components: value of the finished products during the reference period, income from processing for external parties, and value of change in semi-finished products between the end and the beginning of the reference period.

Value-added of Industry refers to the final results of industrial production of industrial enterprises in money terms during the reference period.

Industrial value-added can be calculated by two approaches: the production approach, i.e. gross industrial output value minus intermediate input plus value-added tax, and the income approach, i.e. income for various factors used in the course of production, including depreciation of fixed assets, remuneration of labourers, net of production tax, and operating surplus. Value-added of industry in the Yearbook is calculated by the production approach as follows:

Value-added of industry = gross industrial output - industrial intermediate input + value-added tax

Total Assets refer to all economic resources, in monetary term, these are owned or controlled by enterprises, including properties, creditor's equity and other economic rights of all forms. Classified by the degree of liquidity, total assets include working capitals, long-term investment, fixed assets, intangible assets, deferred assets and other assets. Data on this indicator can be obtained by the year-end figures of total assets in the *Assets and Liability Table* of accounting records of enterprises.

Working Capital refers to capital that an enterprise can cash or use during one year or one production cycle that may exceed one year, including cash and savings deposits of various forms, short-term investment, money receivable and prepaid money, inventories, etc.

Annual Average Value of Working Capital refers to the average value of all working capital of the enterprise during the reference period.

Original Value of Fixed Assets refers to the total value, in monetary terms, that an enterprise spent on fixed assets, through construction, purchase, installation, transformation, expansion or technical upgrading. Generally, it covers cost of purchase, packing, transportation and installation, etc.

Annual Average of Net Value of Fixed Assets refers to the average of the net value of fixed assets during the reference period, calculated with the following formula:

$$\text{Annual Average of Net Value of Fixed Assets} = \frac{\text{sum of net value of fixed assets at the beginning and at the end of each month from January to December}}{24}$$

Net value of fixed assets refers to the original value of fixed assets minus depreciation over the years, i.e.:

Net value of fixed assets = original value of fixed assets - cumulative depreciation

Total Liabilities refer to payable liabilities of enterprises that have to be repaid in terms of money, assets or labour services. In terms of payment, it can be divided into liquid liabilities and long-term liabilities. Data on this item is obtained from the ending figures on total liabilities from the Assets and Liability Table from the enterprises.

Owner's Equity refers to the ownership of net assets of enterprise by its investors. Net assets equal total assets minus total liabilities of the enterprise, including the actual assets invested into the enterprise by investors, accumulation of capital and operating surplus and non-distributed profits. The enterprise's assets are less than its liabilities if the sum of owner's equity is smaller than zero.

Revenue from Principal Business refers to the annual accumulation of the corresponding item in the "profit table" of the accountant. For enterprises that do not follow the *2001 Enterprise Accounting Standards*, the year-end accumulation of revenue from the sales of products is used as a substitute.

Cost of Principal Business refers to the annual accumulation of the corresponding item in the "profit table" of the accountant. For enterprises that do not follow the *2001 Enterprise Accounting Standards*, the year-end accumulation of cost for the sales of products is used as a substitute.

Tax and Extra Charges from Principal Business refer to the annual accumulation of the corresponding item in the "profit table" of the accountant. For enterprises that do not follow the *2001 Enterprise Accounting Standards*, the year-end accumulation of tax and extra charges from the sales of products is used as a substitute.

Total Profits refer to the final achievement of production and operation activities of the enterprises, represented by total profits after deducting losses (loss is expressed by the negative figure). It is the sum of profits from operation, income from subsidies, investment earnings, net income from activities other than operation, and adjustment of profits and losses of previous years.

Value-added Tax Payable in the Current Year refers to the amount of the value-added tax which should be paid by the enterprises during the reference period. It is the sum of tax on sales, export rebate, and transferred tax on purchases of the current year, minus the tax on purchases of the current year. Value-added tax payable of small-size enterprises is determined by the taxable sales of the year multiplied by the tax rate.

Average Annual Number of Employed Persons Employed persons refer to all those who are employed in enterprises and receive remunerations there from, including currently working employees, retirees who are re-employed, teachers of local-run schools, as well as foreigners, staff from Hong Kong, Macao and Taiwan, part-time employees and persons with second job who are employed by the enterprise, and employees of other units temporarily working in the enterprises, but excluding former employees who left the enterprise with their employment records still being kept by the enterprises.

Average number of employed persons refers to the number of employee everyday during the reference period, calculated with the following formula:

$$\text{Monthly average number} = \frac{\text{sum of actual employees everyday in reference month}}{\text{number of calendar dates in reference month}}$$

$$\text{Quarterly average number} = \frac{\text{sum of monthly average number in reference quarter}}{3}$$

$$\text{Annual average number} = \frac{\text{sum of monthly average number in reference year}}{12}$$

Ratio of Profits, Taxes and Interests to Average Assets reflects the profit-making capability of all assets of the enterprise and is a key indicator manifesting the performance and management and evaluating the profit-making potential of the enterprise. It is calculated as follows:

$$\text{Ratio of Profits, Taxes and Interests to Average Assets (\%)} = \frac{\text{total profits + total taxes + interest payment}}{\text{average assets}} \times 100\%$$

In the above formula, total taxes is the sum of tax and extra charges on the sales of products and value-added tax payable; and average assets is the arithmetic mean of the sum of beginning assets and ending assets.

Ratio of Debts to Assets reflects both the operation risk and the capability of the enterprise in making use of the capital from the creditors. It is calculated as follows:

$$\text{Ratio of Debts to Assets (\%)} = \frac{\text{total debts}}{\text{total assets}} \times 100\%$$

Both assets and debts are figures at the end of the reference period.

Turnover of Working Capital refers to the number of times of turnover of working capital in a given period of time, which reflects the speed of the turnover of working capital of industrial enterprises, and is calculated as follows:

$$\text{Turnover of Working Capital} = \frac{\text{sales revenue of products}}{\text{average balance of total working capital}}$$

In the above formula, average balance of total working capital refers to the arithmetic mean of the sum of working capital at the beginning and at the end of the reference period.

Ratio of Profits to Total Industrial Costs refers to the ratio of profits realized in a given period to the total costs in the same period, which reflects the economic efficiency of input cost and is calculated as follows:

$$\text{Ratio of Profits to Total Industrial Cost (\%)} = \frac{\text{total profits}}{\text{total costs}} \times 100\%$$

Total costs in the above formula are the sum of cost of products sold, marketing cost, management cost and financial cost.

Sales Ratio of Products is an indicator reflecting the actual sale of industrial products, analyzing the production-selling and supply-demand relations. It is calculated as:

$$\text{Sales Ratio of Products (\%)} = \frac{\text{value of industrial sales}}{\text{gross industrial output value (current prices)}} \times 100\%$$

十四、建筑业

Construction

资料整理：郭 涛　陈晓峰　龚小晶

简 要 说 明

一、本篇资料反映陕西建筑业概况和发展情况。内容包括建筑业企业基本情况和生产经营情况。主要指标有企业个数、从业人员数、建筑业总产值、建筑业增加值、房屋建筑面积、利润税金、劳动生产率等。此外，还包括勘察设计企业基本情况。

二、建筑业统计范围为具有建筑业资质的独立核算建筑业企业。

三、勘察设计企业资料由省住房和城乡建设厅提供。

Brief Introduction

I. This chapter reflects the general situation and the development of the construction industry of Shaanxi Province. They cover the situation of production and management of the construction enterprises, including the number of enterprises, number of employed persons, gross output value and value added of the construction industry, floor space of buildings under construction, profits and taxes and labour productivity etc. They also cover main indicators on the situation of prospecting and designing institutions and personnel.

II. The scope of Statistics is all the construction enterprises of various types of ownership with qualification certificates and independent accounting systems.

III. Data on prospecting and designing institutions are provided by Shaanxi Province Housing and Urban-Rural Development.

14.建筑业

2013年全省具有建筑业资质等级的建筑施工企业		
企业个数	1470	个
#国有及国有控股企业	229	个
总产值	4006.07	亿 元
#国有及国有控股企业	2489.88	亿 元
房屋建筑竣工面积（不含劳务分包企业）	6404.06	万平方米
房屋建筑面积竣工率（不含劳务分包企业）	30.8	%

建筑施工企业总产值（亿元）

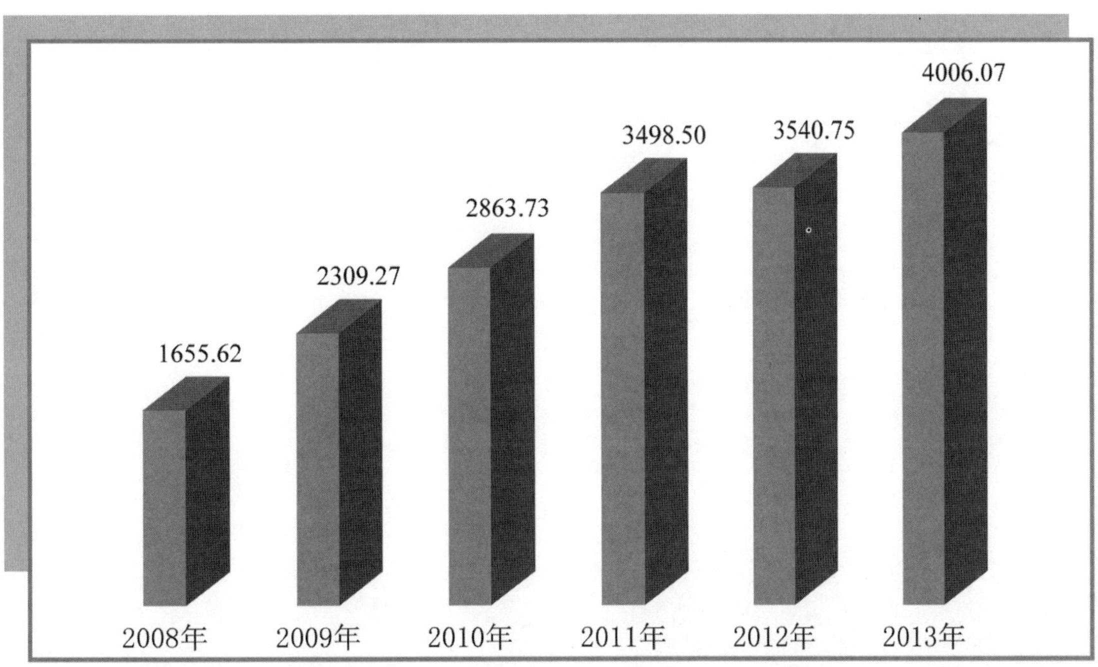

14-1 建筑业总产值
Gross Output Value of Construction

单位：万元 (10 000 yuan)

年 份 Year	建筑业总产值 Gross Output Value of Construction	# 地方属企业 Local-owned	国有企业 State-owned	集体企业 Collective-owned
1978	86642	60131	75082	11560
1979	91932	66057	77854	14078
1980	97607	71142	80505	17102
1981	82528	65171	65789	16739
1982	98176	70799	79749	18427
1983	110401	75874	85828	24573
1984	139234	92633	111271	27963
1985	164405	100322	132119	32286
1986	183081	112965	150795	38357
1987	208180	125264	165971	42209
1988	242409	134927	197920	44489
1989	273554	144417	230069	43485
1990	325034	155840	278358	46676
1991	360774	173400	306098	54676
1992	479806	228929	410445	69361
1993	751613	331449	650865	100649
1994	980260	414949	856685	121941
1995	1065612	501076	914782	143870
1996	1294502	735145	940012	335948
1997	1642493	928341	1158205	461272
1998	1879804	983440	1399161	394712
1999	2183009	1188225	1640515	432628
2000	2423046	1205275	1843456	439089
2001	2797388	1424557	1970842	479810
2002	3473536	1735125	2474524	490351
2003	4409564	2076800	3138878	456851
2004	5231639	2688405	3878423	439996
2005	6586411	3011102	5068215	443869
2006	8306966	3918215	6108524	686188
2007	11734648	5906626	7794313	931517
2008	16556239	8501607	11138979	1036447
2009	23092674	11391659	16741395	1201810
2010	28637317	15426858	20021853	2220240
2011	34984999	20712510	24518351	3152250
2012	35407509	24154390	22000114	3849886
2013	40060698	15161904	24898794	2184911

注：1.1996年以后建筑业年报统计范围由往年的县及县以上(含县级建制镇)各种经济类型的建筑企业，改为具有建筑业资质等级四级及以上的各种经济类型的建筑施工企业；2002年改为具有建筑业资质等级的各种经济类型的建筑施工企业。
2.1998年以后国有经济为国有及国有控股企业。
3.本表资料含劳务分包企业。

a) Since 1996, the statistical range of construction annual report have changed from construction enterprises of all economic types in counties and above counties level (contain county towns) to the construction enterprises of all economic types at fourth or higher quality grades, since 2002 which have changed to the all economic types construction enterprises which possess qualification grades.
b) Since 1998, the state-owned enterprises are the state-owned and the state holding enterprises.
c) Data in the table include the subcontractor of labour services.

14-2 具有资质等级的建筑业企业主要指标(2013年)

指　　标	Item	企业数(个) Number of Enterprises (unit)	总产值(万元) Total Output Value (10 000 yuan)	#建筑工程产值 Output Value of Construction	#安装工程产值 Output Value of Installation	直接从事生产经营活动平均人数(人) Annual Average of Persons Employed (person)
总　　计	**Total**	**1470**	**40060698**	**35770750**	**3302460.6**	**1206805**
# 国有及国有控股企业	State-owned and State-holding Enterprises	229	24898794	22713613	1708810.4	644961
按登记注册类型分	**By Status of Registration**					
内资企业	Domestic Funded	1468	39765705	35475757	3302460.6	1197744
国有企业	State-owned Enterprises	94	4542717	3888339	565653	129458
集体企业	Collective-owned Enterprises	130	2184911	1909669	234580	90929
股份合作企业	Cooperative Enterprises	3	64165	54979		3119
联营企业	Joint Ownership Enterprises	3	93191	75177	9778	2835
集体联营企业	Collective Joint Ownership Enterprises	2	90612	72687	9689	2715
国有与集体联营企业	Joint State-collective Enterprises	1	2579	2490	89	120
有限责任公司	Limited Liability Corporations	635	25251053	22968972	1688546	708602
国有独资公司	State Sole Funded Corporations	28	3569669	3302589	128858	101914
其他有限责任公司	Other Limited Liability Corporations	607	21681384	19666384	1559688	606688
股份有限公司	Share-holding Corporations Limited	66	2209950	1818247	335377	50527
私营企业	Private Enterprises	535	5419719	4760375	468527	212271
私营独资企业	Private-funded Enterprises	8	26130	23572	2388	740
私营有限责任公司	Private Limited Liability Corporations	480	4828153	4260673	438646	193795
私营股份有限公司	Private Share-holding Corporations Ltd.	47	565436	476130	27494	17736
其他企业	Other Enterprises	2				3
港、澳、台商投资企业	Enterprises with Funds from Hong Kong, Macao and Taiwan	1	150	150		16
合资经营企业(港或澳、台资)	Joint-venture Enterprises	1	150	150		16
外商投资企业	Foreign-invested Enterprise	1	294843	294843		9045
中外合资经营企业	Joint-venture Enterprises	1	294843	294843		9045
按国民经济行业分	**By Sector**					
房屋建筑业	Building	943	22421957	20614667	1266537	767024
土木工程建筑业	Building and Civil Engineering	325	14381889	13394543	676981	354816
铁路、道路、隧道和桥梁工程建筑	Railway Road Tunnel and Bridge Engineering Construction	207	11705970	11413684	39644	269394
铁路工程建筑	Railway Engineering Construction	23	6028987	5980988	490	118317
公路工程建筑	Highway Engineering Construction	90	2792441	2604916	27828	64745
市政道路工程建筑	Municipal Road Engineering Construction	66	761389	725267	11112	18820
其他道路、隧道和桥梁工程建筑	Other Road Tunnel and Bridge Engineering	28	2123152	2102513	214	67512
水利和内河港口工程建筑	Water Conservancy and Inland Port Engineering Construction	41	1458904	1375093	65783	51166
水源及供水设施工程建筑	Water Supply and Water Supply Facilities Engineering Construction	29	1324040	1253282	64182	44953
河湖治理及防洪设施工程建筑	Governance of Lakes, and Flood Control Facilities Engineering	12	134864	121810	1601	6213
工矿工程建筑	Industrial and Mining Engineering	29	630569	425493	175766	19316
架线和管道工程建筑	Wiring and Piping Engineering	30	456641	64531	392109	10512
架线及设备工程建筑	Wiring and Equipment Engineering	17	376147	51322	324825	8358
管道工程建筑	Pipeline Project Construction	13	80494	13209	67284	2154
其他土木工程建筑	Other Civil Engineering Construction	18	129806	115742	3679	4428
建筑安装业	Construction Installation	98	2076969	834313	1138043	42501
电气安装	Electrical Installation	37	289351	68487	216302	13483
管道和设备安装	Piping and Equipment Installation	23	106262	11209	82272	4022
其他建筑安装业	Other Construction and Installation Industry	38	1681356	754617	839470	24996

Main Production Indicators of Construction Enterprises Which Possess Qualification Grades(2013)

年末从业人数（人） Number of Engaged Persons (person)	利润总额（万元） Total Profits (10 000 yuan)	税金（万元） Tax (10 000 yuan)	按总产值计算劳动生产率（元/人） Overall Labor Productivity by Gross Output Value (yuan/person)	产值利润率（%） Ratio of Profit to Gross Output Value (%)	产值利税率（%） Ratio of Pre-tax Profit to Gross Output Value (%)	固定资产原价（万元） Original Value of Fixed Assets (10 000 yuan)	本年折旧（万元） Depreciation of Fixed Assets (10 000 yuan)	资产总计（万元） Total Assets (10 000 yuan)	负债合计（万元） Total Liabilities (10 000 yuan)	实收资本（万元） Paid-in Capitals (10 000 yuan)	资产负债率（%） Assets-Liability Ratio (%)
1134914	**1566909**	**1381479**	**331957**	**3.9**	**7.4**	**4838495**	**442580**	**33949774**	**24430818**	**7040707**	**72.0**
597997	695967	868632	386051	2.8	6.3	2716037	288913	22640671	18467219	3073422	81.6
1125748	1559344	1372439	332005	3.9	7.4	4786628	437937	33660632	24177043	7019945	71.8
129551	120824	151271	350903	2.7	6.0	582728	62072	4329303	3161163	833936	73.0
90922	129236	79755	240288	5.9	9.6	269669	14501	1043819	400948	494273	38.4
1831	144	1972	205723	0.2	3.3	4392	104	68662	63440	5215	92.4
2644	13945	2815	328714	15.0	18.0	18228	624	42236	17356	15857	41.1
2536	13935	2702	333744	15.4	18.4	17071	521	33920	14897	10000	43.9
108	9	113	214917	0.4	4.7	1157	103	8316	2459	5857	29.6
647298	889435	883988	356350	3.5	7.0	2860655	289599	22023809	17124552	3611650	77.8
101551	85193	117962	350263	2.4	5.7	331618	36808	2392096	1904824	312699	79.6
545747	804241	766027	357373	3.7	7.2	2529037	252791	19631714	15219729	3298951	77.5
51639	66502	73184	437380	3.0	6.3	249568	13970	1650924	1255553	295465	76.1
201860	339258	179454	255321	6.3	9.6	801389	57067	4501867	2154030	1763537	47.8
583	1322	631	353109	5.1	7.5	5419	224	18016	7982	9598	44.3
178201	307306	161108	249137	6.4	9.7	719019	52452	4165043	1968477	1658923	47.3
23076	30630	17715	318807	5.4	8.6	76951	4391	318808	177571	95017	55.7
3								13		13	
16		19	93500	-34.3	-21.5	143	1	333	404	661	121.4
16		19	93500	-34.3	-21.5	143	1	333	404	661	121.4
9150	7616	9021	325974	2.6	5.6	51724	4642	288809	253371	20100	87.7
9150	7616	9021	325974	2.6	5.6	51724	4642	288809	253371	20100	87.7
732966	1037729	732514	292324	4.6	7.9	2125769	165849	13513652	8191247	3856978	60.6
318123	383550	560871	405334	2.7	6.6	2438701	254827	18213491	14682131	2695708	80.6
249844	305606	461241	434530	2.6	6.6	1878073	208801	15155822	12397280	2116990	81.8
110477	131991	280868	509562	2.2	6.8	1002783	111235	8303637	7179048	798781	86.5
59850	56058	92839	431298	2.0	5.3	395649	44202	2847254	2117721	562598	74.4
15394	24336	21023	404564	3.2	6.0	107210	10210	910995	650528	220473	71.4
64123	93220	66511	314485	4.4	7.5	372431	43154	3093936	2449983	535137	79.2
34980	45523	56934	285132	3.1	7.0	307790	26487	1275311	957535	220742	75.1
28557	43033	52067	294539	3.3	7.2	284832	25618	1219232	935055	194778	76.7
6423	2491	4867	217067	1.8	5.5	22958	869	56079	22481	25964	40.1
19913	7254	20489	326449	1.2	4.4	142714	12789	812000	562694	216172	69.3
8017	13121	15568	434399	2.9	6.3	73433	4567	814737	676268	102490	83.0
5909	8080	13322	450044	2.1	5.7	59259	3644	717247	611849	78578	85.3
2108	5041	2246	373694	6.3	9.1	14175	923	97490	64420	23912	66.1
5369	12047	5106	293147	9.3	13.2	36691	2184	155621	88354	39314	56.8
40855	81755	58802	488687	3.9	6.8	180589	11111	1635817	1166912	334497	71.3
13012	22434	7815	214604	7.8	10.5	16077	1160	241175	151501	65442	62.8
3445	5181	3489	264202	4.9	8.2	30696	2520	152383	99323	35407	65.2
24398	54140	47498	672650	3.2	6.0	133816	7432	1242258	916088	233648	73.7

14-2 续表

指　　标	Item	企业数（个）Number of Enterprises (unit)	总产值（万元）Total Output Value (10 000 yuan)	#建筑工程产值 Output Value of Construction	#安装工程产值 Output Value of Installation	直接从事生产经营活动平均人数(人) Annual Average of Persons Employed (person)
建筑装饰和其他建筑业	Building Decoration and Other Construction	104	1179882	927227	220900	42464
建筑装饰业	Construction Decoration	65	399986	201819	189948	11769
工程准备活动	Engineering Preparation	17	509778	495729	13971	24802
建筑物拆除活动	Building Demolition Activities	2	239	170		19
其他工程准备活动	Other Engineering Preparation Activities	15	509539	495559	13971	24783
提供施工设备服务	Construction Equipment Services	5	43532	43140		187
其他未列明的建筑活动	Other Construction Activities Unlisted	17	226586	186538	16981	5706
按隶属关系分	**By Jurisdiction of Management**					
中　央	Central	60	12710163	11964978	628564	320379
省	Provincial	88	8765178	7826900	792738	193329
市	Municipal	221	4534716	3765165	476248	142579
县及县以下	County and County under	284	4461789	4013739	310539	193999
其　他	Others	817	9588851	8199968	1094371	356519
按企业资质等级分	**By Qualification Grade**					
施工总承包	The General Contractor	1221	37365447	34183489	2329195	1137855
特　级	Special Grade	5	2184180	2076565	63390	39386
一　级	First Grade	169	23956218	22165967	1507866	657851
二　级	Second Grade	691	8774995	7756551	601392	342293
三级及以下	Third Grade and Below	356	2450055	2184408	156547	98325
专业承包	The Specialized Contractor	229	2638188	1587261	973266	68950
一　级	First Grade	54	1329951	934300	386008	27926
二　级	Second Grade	80	1033896	564127	439302	32540
三级及以下	Third Grade and Below	95	274341	88834	147956	8484
劳务分包	The Subcontractor of Labour Services	20	57063			6817
一　级	First Grade	13	15220			2491
二　级	Second Grade	4	36136			4285
三级及以下	Third Grade and Below	3	5707			41
按营业状态分	**By Business State**					
营　业	Operating	1433	39991475	35709164	3299551	1204992
停业(歇业)	Suspension	31	38795	33159	910	1194
当年关闭	Closure in This Year	4	20026	18026	2000	53
其　他	Others	2	10402	10402		566
按控股情况分	**By Holding Situation**					
国有控股	State-holding	229	24898794	22713613	1708810	644961
集体控股	Group Holdings	190	3784990	3407743	302952	139695
私人控股	Private Holdings	966	10407370	8847442	1152873	388958
港澳台商控股	Holdings Hong Kong, Macao,Taiwan	2	81197	150	79429	3670
外商控股	Foreign Holdings	2	3620	2542	1078	124
其　他	Others	81	884726	799261	57319	29397

continued

年末从业人数（人） Number of Engaged Persons (person)	利润总额（万元） Total Profits (10 000 yuan)	税金（万元） Tax (10 000 yuan)	按总产值计算劳动生产率（元/人） Overall Labor Productivity by Gross Output Value (yuan/person)	产值利润率(%) Ratio of Profit to Gross Output Value (%)	产值利税率(%) Ratio of Pre-tax Profit to Gross Output Value (%)	固定资产原价（万元） Original Value of Fixed Assets (10 000 yuan)	本年折旧（万元） Depreciation of Fixed Assets (10 000 yuan)	资产总计（万元） Total Assets (10 000 yuan)	负债合计（万元） Total Liabilities (10 000 yuan)	实收资本（万元） Paid-in Capitals (10 000 yuan)	资产负债率(%) Assets-Liability Ratio (%)
42970	63875	29293	277855	5.4	7.9	93436	10792	586815	390528	153524	66.6
12129	21626	13329	339864	5.4	8.7	51338	3961	324518	201572	92453	62.1
24808	38091	11422	205539	7.5	9.7	22784	5053	167677	115629	45708	69.0
19	117	5	126000	48.7	50.6	124	7	1586	43	1550	2.7
24789	37974	11418	205600	7.5	9.7	22660	5046	166092	115586	44158	69.6
207	426	451	2327920	1.0	2.0	3225	493	4999	3344	2000	66.9
5826	3733	4090	397101	1.6	3.5	16089	1286	89621	69983	13363	78.1
286478	345026	499463	396723	2.7	6.6	1876701	210009	14870661	12542219	1711859	84.3
185412	238461	271751	453381	2.7	5.8	436490	36157	5135289	4005165	932298	78.0
129251	248240	147495	318049	5.5	8.7	587633	52820	3532548	2448454	642946	69.3
196172	293071	162020	229990	6.6	3.6	594108	49814	2352369	785815	1141166	33.4
337601	442111	300500	268958	4.6	7.7	1343564	93781	8058907	4649165	2612438	57.7
1059151	1439458	1295774	328385	3.9	7.3	4576554	419384	31817308	22934291	6597587	72.1
22476	137591	161429	554557	6.3	13.7	356513	32334	6374491	5255583	814254	82.4
622123	644225	734184	364159	2.7	5.8	2487463	266699	17497362	13784339	2830280	78.8
319110	506613	309589	256359	5.8	9.3	1331891	93731	6277253	3025356	2389096	48.2
95442	151029	90572	249179	6.2	9.9	400687	26620	1668202	869012	563958	52.1
68946	116933	82796	382623	4.4	7.6	259289	22929	2123473	1492558	441059	70.3
25925	49578	41600	476241	3.7	6.9	150071	14470	954793	707175	202285	74.1
34748	55702	31939	317731	5.4	8.5	71237	5510	916184	645066	152994	70.4
8273	11654	9258	323362	4.2	7.6	37982	2950	252496	140316	85781	55.6
6817	10518	2909	83707	18.4	23.5	2652	267	8993	3969	2060	44.1
2491	953	611	61100	6.3	10.3	2147	151	8527	3775	1889	44.3
4285	9335	2247	84332	25.8	32.1	235	101	116	40	75	34.7
41	230	50	1391951	4.0	4.9	270	15	350	154	96	44.0
1133123	1564840	1379593	331882	3.9	7.4	4822560	441637	33863586	24401614	6986108	72.1
1169	986	884	324919	2.5	4.8	12969	856	75257	27310	49263	36.3
53	943	598	3778415	4.7	7.7	1965	30	8080	1664	2716	20.6
569	141	404	183777	1.4	5.2	1001	56	2850	230	2620	8.1
597997	695967	868632	386051	2.8	6.3	2716037	288913	22640671	18467219	3073422	81.6
134356	223182	139342	270947	5.9	9.6	461706	29197	2146713	1258106	661066	58.6
368097	620233	343663	267571	6.0	9.3	1529990	114303	8502531	4299744	3106123	50.6
4206	155	1676	221246	0.2	2.3	408	14	6173	4734	2161	76.7
108	278	166	291919	7.7	12.2	2710	82	7145	2979	3503	41.7
30150	27095	28000	300958	3.1	6.2	127643	10070	646541	398037	194432	61.6

14-3 施工总承包和专业承包建筑业企业主要指标(2013年)

指　　标	Item	企业数(个) Number of Enterprises (unit)	直接从事生产经营活动平均人数(人) Annual Average of Employed Persons (person)	年末从业人数(人) Number of Engaged Persons at Year-end (person)	# 工程技术人员 Engineer	# 一级建造师 First Engineer
总　　计	**Total**	**1450**	**1206805**	**1128097**	**138635**	**8945**
# 国有及国有控股企业	State-owned and State-holding Enterprises	229	644961	597997	64622	4764
按登记注册类型分	**By Status of Registration**					
内资企业	Domestic Funded	1448	1197744	1118931	137732	8561
国有企业	State-owned Enterprises	94	129458	129551	13289	1102
集体企业	Collective-owned Enterprises	130	90929	90922	12811	356
股份合作企业	Cooperative Enterprises	3	3119	1831	194	4
联营企业	Joint Ownership Enterprises	3	2835	2644	183	20
集体联营企业	Collective Joint Ownership Enterprises	2	2715	2536	135	
国有与集体联营企业	Joint State-collective Enterprises	1	120	108	48	20
有限责任公司	Limited Liability Corporations	629	708602	646640	77242	4930
国有独资公司	State Sole Funded Corporations	28	101914	101551	8762	556
其他有限责任公司	Other Limited Liability Corporations	601	606688	545089	68480	4374
股份有限公司	Share-holding Corporations Limited	66	50527	51639	7749	334
私营企业	Private Enterprises	521	212271	195701	26264	1815
私营独资企业	Private-funded Enterprises	6	740	548	88	
私营合伙企业	Private Partnership Enterprises					
私营有限责任公司	Private Limited Liability Corporations	472	193795	177817	23882	1690
私营股份有限公司	Private Share-holding Corporations Ltd.	43	17736	17336	2294	125
其他企业	Other Enterprises	2	3	3		
港、澳、台商投资企业	Enterprises with Funds from Hong Kong, Macao and Taiwan	1	16	16	6	
合资经营企业(港或澳、台资)	Joint-venture Enterprises	1	16	16	6	
外商投资企业	Foreign-invested Enterprise	1	9045	9150	897	384
中外合资经营企业	Joint-venture Enterprises	1	9045	9150	897	384
按国民经济行业分	**By Sector**					
房屋建筑业	Building	935	767024	731226	89711	4700
土木工程建筑业	Building and Civil Engineering	321	354816	313865	40413	3377
铁路、道路、隧道和桥梁	Railway Road Tunnel and Bridge Engineering	205	269394	246904	29798	2665
工程建筑	Construction	23	118317	110477	12131	796
公路工程建筑	Highway Engineering Construction	90	64745	59850	9637	856
市政道路工程建筑	Municipal Road Engineering Construction	65	18820	13874	2923	231
其他道路、隧道和桥梁工程建筑	Other Road Tunnel and Bridge Engineering and Construction	27	67512	62703	5107	782
水利和内河港口工程建筑	Water Conservancy and Inland Port Engineering Construction	41	51166	34980	6357	306
水源及供水设施工程建筑	Water Supply and Water Supply Facilities Engineering Construction	29	44953	28557	5734	269
河湖治理及防洪设施工程建筑	Governance of Lakes, and Flood Control Facilities Engineering	12	6213	6423	623	37
工矿工程建筑	Industrial and Mining Engineering	29	19316	19913	1995	225
架线和管道工程建筑	Wiring and Piping Engineering	30	10512	8017	1473	130
架线及设备工程建筑	Wiring and Equipment Engineering	17	8358	5909	1180	82
管道工程建筑	Pipeline Project Construction	13	2154	2108	293	48
其他土木工程建筑	Other Civil Engineering Construction	16	4428	4051	790	51

Main Indicators of General Contracting and Professional Contracting in Construction Enterprises (2013)

# 现场施工工人 The Construction Workers	# 持证上岗人员 Personnel of Card Mount Guard	建筑业总产值（万元） Total Output Value (10 000 yuan)	建筑工程 Construc-tion	安装工程 Install-ation	其 他 Others	竣工产值（万元） Output Value of Completed Construction (10 000 yuan)	房屋建筑施工面积（万平方米） Floor Space of Buildings under Con-struction (10 000 sq.m)	# 本年新开工面积 New Buildings	# 实行投标承包面积 Bidden and Contracted
659288	**301228**	**40003635**	**35770750**	**3302461**	**930424**	**17160655**	**20780.27**	**8323.79**	**17406.45**
301421	137102	24898794	22713613	1708810	476371	9475644	10955.12	3522.54	10436.21
651301	293241	39708642	35475757	3302461	930424	17061341	20780.27	8323.79	17406.45
68092	39885	4542717	3888339	565653	88726	1857528	1934.38	784.60	1731.70
62029	36447	2184911	1909669	234580	40662	1305914	1791.76	943.72	1513.41
1136	62	64165	54979		9186	46172	34.40	34.32	29.70
823	269	93191	75177	9778	8236	28212	45.15	28.24	28.24
795	269	90612	72687	9689	8236	28212	45.15	28.24	28.24
28		2579	2490	89					
364685	139121	25239074	22968972	1688546	581556	10429496	12851.97	4587.07	11273.57
23714	13199	3569669	3302589	128858	138223	1696174	2347.91	651.23	2289.10
340971	125922	21669405	19666384	1559688	443333	8733321	10504.06	3935.84	8984.48
23908	14545	2209950	1818247	335377	56326	784603	759.53	341.61	483.28
130624	62912	5374635	4760375	468527	145733	2609417	3363.08	1604.23	2346.55
245	231	25960	23572	2388		12806	12.05	6.90	4.90
119498	56838	4823805	4260673	438646	124486	2388357	3076.41	1421.94	2122.88
10881	5843	524870	476130	27494	21247	208254	274.62	175.39	218.76
4									
1	1	150	150			66			
1	1	150	150			66			
7986	7986	294843	294843			99247			
7986	7986	294843	294843			99247			
463772	211598	22407954	20614667	1266537	526751	11221926	19663.00	7942.25	16508.84
165799	69773	14345760	13394543	676981	274236	4676694	855.18	240.78	739.31
129855	43387	11680226	11413684	39644	226898	4056116	546.19	163.01	459.59
63346	16145	6028987	5980988	490	47509	1729213	215.17	61.02	215.17
29087	9689	2792441	2604916	27828	159698	1678063	180.22	63.03	162.52
9047	4013	753860	725267	11112	17481	385484	108.80	30.72	74.91
28375	13540	2104937	2102513	214	2210	263357	42.00	8.24	6.99
14566	12306	1458904	1375093	65783	18029	168935	46.87	22.01	18.99
12989	10991	1324040	1253282	64182	6576	110111	43.93	20.39	17.37
1577	1315	134864	121810	1601	11453	58824	2.94	1.62	1.62
14133	11057	630569	425493	175766	29310	176784	210.50	54.06	210.49
5478	2818	456641	64531	392109		209211	1.23	0.32	1.23
3819	2290	376147	51322	324825		156279	1.23	0.32	1.23
1659	528	80494	13209	67284		52932			
1767	205	119421	115742	3679		65647	50.38	1.38	49.00

14-3 续表 1

指 标	Item	企业数(个) Number of Enterprises (unit)	直接从事生产经营活动平均人数(人) Annual Average of Employed Persons (person)	年末从业人数(人) Number of Engaged Persons at Year-end (person)	# 工程技术人员 Engineer	# 一级建造师 First Engineer
建筑安装业	Construction Installation	96	42501	40589	6041	613
电气安装	Electrical Installation	36	13483	12982	1656	142
管道和设备安装	Piping and Equipment Installation	22	4022	3209	396	28
其他建筑安装业	Other Construction and Installation Industry	38	24996	24398	3989	443
建筑装饰和其他建筑业	Building Decoration and Other Construction	98	42464	42417	2470	255
建筑装饰业	Construction Decoration	60	11769	11636	1061	164
工程准备活动	Engineering Preparation	17	24802	24808	846	55
建筑物拆除活动	Building Demolition Activities	2	19	19	9	1
其他工程准备活动	Other Engineering Preparation Activities	15	24783	24789	837	54
提供施工设备服务	Construction Equipment Services	5	187	207	51	3
其他未列明的建筑活动	Other Construction Activities Unlisted	16	5706	5766	512	33
按隶属关系分	**By Jurisdiction of Management**					
中 央	Central	60	320379	286478	31471	2329
省	Provincial	88	193329	185412	23459	1783
市	Municipal	221	142579	129251	18985	1051
县及县以下	County and County under	281	193999	195585	23349	660
其 他	Others	800	356519	331371	41371	3122
按企业资质等级分	**By Qualification Grade**					
施工总承包	The General Contractor	1221	1137855	1059151	130345	8209
特 级	Special Grade	5	39386	22476	4380	623
一 级	First Grade	169	657851	622123	64656	5073
二 级	Second Grade	691	342293	319110	48781	1992
三级及以下	Third Grade and Below	356	98325	95442	12528	521
专业承包	The Specialized Contractor	229	68950	68946	8290	736
一 级	First Grade	54	27926	25925	4107	446
二 级	Second Grade	80	32540	34748	2467	186
三级及以下	Third Grade and Below	95	8484	8273	1716	104
按营业状态分	**By Business State**					
营 业	Operating	1414	1204992	1126542	138333	8923
停业(歇业)	Suspension	30	1194	933	221	20
筹 建	In Construction					
当年关闭	Closure in This Year	4	53	53	3	2
当年破产	Bankrupted in This Year					
其 他	Others	2	566	569	78	
按控股情况分	**By Holding Situation**					
国有控股	State-holding	229	644961	597997	64622	4764
集体控股	Group Holdings	190	139695	134356	18071	623
私人控股	Private Holdings	948	388958	361688	50311	3204
港澳台商控股	Holdings Hong Kong, Macao,Taiwan	2	3670	4206	718	76
外商控股	Foreign Holdings	2	124	108	40	3
其 他	Others	79	29397	29742	4873	275

continued

# 现场施工人员 The Construction Workers	# 持证上岗人员 Personnel of Card Mount Guard	建筑业总产值（万元）Total Output Value (10 000 yuan)	建筑工程 Construction	安装工程 Installation	其他 Others	竣工产值（万元）Output Value of Completed Construction (10 000 yuan)	房屋建筑施工面积（万平方米）Floor Space of Buildings under Construction (10 000 sq.m)	# 本年新开工面积 New Buildings	# 实行投标承包面积 Bidden and Contracted
19762	15407	2072525	834313	1138043	100169	765448	107.91	102.72	4.78
4109	1769	288813	68487	216302	4024	138399	0.94	0.64	0.49
1340	552	102356	11209	82272	8875	71577	6.13	1.85	1.85
14313	13086	1681356	754617	839470	87269	555472	100.84	100.24	2.45
9955	4450	1177395	927227	220900	29269	496586	154.18	38.05	153.52
3674	1748	397645	201819	189948	5878	98187	8.80	1.25	8.80
3168	2084	509778	495729	13971	78	265259	120.62	23.10	120.59
9	8	239	170		69	69			
3159	2076	509539	495559	13971	8	265189	120.62	23.10	120.59
147	59	43532	43140		392	3397	1.32	0.83	0.83
2966	559	226440	186538	16981	22921	129743	23.45	12.87	23.30
132076	52745	12710163	11964978	628564	116621	3711205	2461.81	711.47	2310.20
84743	54879	8765178	7826900	792738	145540	4318155	6821.96	2259.00	6399.89
64517	38185	4534716	3765165	476248	293303	2156687	3306.30	1238.27	2739.84
157970	61648	4455987	4013739	310539	131709	2595887	3006.88	1718.74	2289.70
219982	93771	9537591	8199968	1094371	243252	4378721	5183.31	2396.32	3666.81
602721	289294	37365447	34183489	2329195	852763	16148879	20345.15	8122.39	17065.92
8937	8386	2184180	2076565	63390	44225	460114	690.81	236.76	683.28
328335	148629	23956218	22165967	1507866	282386	9701945	12327.93	4123.51	11420.38
203430	102341	8774995	7756551	601392	417053	4770296	5968.95	2976.37	4050.31
62019	29938	2450055	2184408	156547	109100	1216524	1357.45	785.75	911.95
56567	11934	2638188	1587261	973266	77661	1011776	435.12	201.40	340.53
12966	5250	1329951	934300	386008	9643	587361	183.35	81.79	142.32
39085	4449	1033896	564127	439302	30467	330602	227.60	101.48	185.29
4516	2235	274341	88834	147956	37551	93813	24.16	18.14	12.92
657912	300763	39938318	35709164	3299551	929603	17135899	20749.13	8302.06	17384.81
905	263	34889	33159	910	821	4494	9.88	3.84	0.97
23	1	20026	18026	2000		14600	7.64	7.57	7.05
448	201	10402	10402			5662	13.62	10.32	13.62
301421	137102	24898794	22713613	1708810	476371	9475644	10955.12	3522.54	10436.21
110934	47620	3784990	3407743	302952	74296	2035974	2845.51	1416.56	2375.91
227540	107047	10352913	8847442	1152873	352598	5020174	6398.54	3113.91	4169.55
2852	1198	81197	150	79429	1619	68790			
89	87	3620	2542	1078		1134	1.28	1.27	0.02
16452	8174	882121	799261	57319	25541	558939	579.81	269.52	424.77

14-3 续表 2

指 标	Item	房屋建筑竣工面积(万平方米) Floor Space of Buildings Completed (10 000 sq.m)	# 住宅 Residential Housing	房屋建筑面积竣工率(%) Rate of Floor Space of Buildings Completed (%)	自有施工机械设备年末净值(万元) Net Value of Machinery and Equipment Owned (10 000 yuan)
总 计	**Total**	**6404.06**	**4545.81**	**30.8**	**1172406**
# 国有及国有控股企业	State-owned and State-holding Enterprises	2596.83	1766.32	23.7	636278
按登记注册类型分	**By Status of Registration**				
内资企业	Domestic Funded	6404.06	4545.81	30.8	1164144
国有企业	State-owned Enterprises	592.66	443.52	30.6	107173
集体企业	Collective-owned Enterprises	762.97	548.46	42.6	70750
股份合作企业	Cooperative Enterprises	27.31	17.52	79.4	1138
联营企业	Joint Ownership Enterprises	16.36	10.41	36.2	8102
集体联营企业	Collective Joint Ownership Enterprises	16.36	10.41	36.2	7726
国有与集体联营企业	Joint State-collective Enterprises				376
有限责任公司	Limited Liability Corporations	3378.16	2398.84	26.3	709910
国有独资公司	State Sole Funded Corporations	451.51	318.31	19.2	85092
其他有限责任公司	Other Limited Liability Corporations	2926.66	2080.53	27.9	624819
股份有限公司	Share-holding Corporations Limited	346.44	191.13	45.6	60525
私营企业	Private Enterprises	1280.17	935.93	38.1	206546
私营独资企业	Private-funded Enterprises	8.82	2.38	73.2	1339
私营合伙企业	Private Partnership Enterprises				
私营有限责任公司	Private Limited Liability Corporations	1156.88	859.64	37.6	190671
私营股份有限公司	Private Share-holding Corporations Ltd.	114.46	73.91	41.7	14536
其他企业	Other Enterprises				
港、澳、台商投资企业	Enterprises with Funds from Hong Kong, Macao and Taiwan				
合资经营企业(港或澳、台资)	Joint-venture Enterprises				
外商投资企业	Foreign-invested Enterprise				8262
中外合资经营企业	Joint-venture Enterprises				8262
按国民经济行业分	**By Sector**				
房屋建筑业	Building	6070.30	4387.62	30.9	527623
土木工程建筑业	Building and Civil Engineering	179.97	122.23	21.0	604563
铁路、道路、隧道和桥梁工程建筑	Railway Road Tunnel and Bridge Engineering	98.41	55.72	18.0	422040
	Construction	11.30	5.50	5.3	200442
公路工程建筑	Highway Engineering Construction	53.50	40.03	29.7	76018
市政道路工程建筑	Municipal Road Engineering Construction	25.37	10.19	23.3	31073
其他道路、隧道和桥梁工程建筑	Other Road Tunnel and Bridge Engineering and Construction	8.24		19.6	114507
水利和内河港口工程建筑	Water Conservancy and Inland Port Engineering Construction	10.21	7.47	21.8	120276
水源及供水设施工程建筑	Water Supply and Water Supply Facilities Engineering Construction	7.27	6.40	16.6	110624
河湖治理及防洪设施工程建筑	Governance of Lakes, and Flood Control Facilities Engineering	2.94	1.08	100.0	9652
工矿工程建筑	Industrial and Mining Engineering	38.32	27.26	18.2	40499
架线和管道工程建筑	Wiring and Piping Engineering	0.76		62.1	13098
架线及设备工程建筑	Wiring and Equipment Engineering	0.76		62.1	10667
管道工程建筑	Pipeline Project Construction				2430
其他土木工程建筑	Other Civil Engineering Construction	32.27	31.77	64.0	8650

continued

自有施工机械设备年末总台数(台) Number of Machinery and Equipment Owned (set)	自有施工机械设备年末总功率(千瓦) Total Power of Machinery and Equipment Owned (kw)	技术装备率(元/人) Value of Machines per Laborer (yuan/person)	动力装备率(千瓦/人) Power of Machines per Laborer (kw/person)	钢材消耗(吨) Rolled Steel Consumption (ton)	木材消耗(立方米) Timber Consumption (cu.m)	水泥消耗(吨) Cement Consumption (ton)	平板玻璃 Plate Glass (重量箱) (weight-box)	平板玻璃 Plate Glass (平方米) (sq.m)	铝材消耗(吨) Aluminum Consumption (ton)
265882	**5649002**	**10393**	**5.0**	**16507839**	**5806865**	**46069996**	**3236961**	**18350273**	**558921**
71077	3114773	10640	5.2	10958517	1507993	25594492	1028814	6628403	91656
265406	5578486	10404	5.0	16462713	5806865	45784152	3236961	18350273	558921
29555	651206	8273	5.0	1302554	720129	2927909	108179	1401758	27855
77121	749012	7781	8.2	983998	843209	3089890	229952	2341521	73118
609	24476	6216	13.4	5446	1413	18326	2215	68210	286
2318	15199	30644	5.7	12183	29839	57638	5412	55962	5474
2290	14940	30466	5.9	12093	29667	55597	5260	55200	5474
28	259	34815	2.4	90	172	2041	152	762	
90780	2939225	10978	4.5	11609321	1705541	31347425	1168524	7283388	296953
6377	389802	8379	3.8	1348741	266165	4565623	118380	603112	17193
84403	2549423	11463	4.7	10260580	1439376	26781802	1050144	6680276	279760
11476	276099	11721	5.3	410731	150802	1568013	303447	2481245	25145
53547	923269	10554	4.7	2138480	2355932	6774951	1419232	4718189	130090
306	4362	24427	8.0	13493	3170	43425	2760	23772	898
50429	880655	10723	5.0	2011418	2303750	6166371	1385803	4493858	119188
2812	38252	8385	2.2	113569	49012	565155	30669	200559	10004
476	70516	9029	7.7	45126		285844			
476	70516	9029	7.7	45126		285844			
205351	2351383	7216	3.2	11962081	5165509	30463985	2896135	16102529	507931
43274	2807440	19262	8.9	4139276	611352	14852786	64564	369844	37432
19788	1798195	17093	7.3	3631946	537280	12689565	45974	253486	33237
7530	874269	18143	7.9	2035877	60122	6465171			1
5849	400387	12701	6.7	670070	68525	2340680	17430	79411	23671
2793	97837	22396	7.1	280650	96402	1088366	10614	97021	7557
3616	425702	18262	6.8	645349	312231	2795348	17930	77054	2008
14926	629390	34384	18.0	352469	31168	1731799	6689	45984	471
13039	595583	38738	20.9	347601	29352	1652363	1660	15808	439
1887	33807	15028	5.3	4868	1816	79436	5029	30176	32
5366	156274	20338	7.8	78542	27790	188374	6035	32026	3013
2765	199449	16337	24.9	37475	837	34179	20	110	654
2423	46990	18053	8.0	37140	669	31768	8	80	654
342	152459	11529	72.3	335	168	2411	12	30	
429	24132	21353	6.0	38844	14277	208869	5846	38238	57

14-3 续表 3

指 标	Item	房屋建筑竣工面积(万平方米) Floor Space of Buildings Completed (10 000 sq.m)	# 住宅 Residential Housing	房屋建筑面积竣工率(%) Rate of Floor Space of Buildings Completed (%)	自有施工机械设备年末净值(万元) Net Value of Machinery and Equipment Owned (10 000 yuan)
建筑安装业	Construction Installation	106.35	4.31	98.6	20123
电气安装	Electrical Installation	0.80		85.1	1439
管道和设备安装	Piping and Equipment Installation	5.32	4.31	86.8	2142
其他建筑安装业	Other Construction and Installation Industry	100.24		99.4	16542
建筑装饰和其他建筑业	Building Decoration and Other Construction	47.43	31.65	30.8	20097
建筑装饰业	Construction Decoration	3.90	1.38	44.3	15293
工程准备活动	Engineering Preparation	24.86	16.22	20.6	2568
建筑物拆除活动	Building Demolition Activities				82
其他工程准备活动	Other Engineering Preparation Activities	24.86	16.22	20.6	2486
提供施工设备服务	Construction Equipment Services				274
其他未列明的建筑活动	Other Construction Activities Unlisted	18.68	14.06	79.7	1963
按隶属关系分	**By Jurisdiction of Management**				
中 央	Central	351.86	233.50	14.3	454151
省	Provincial	1784.18	1202.31	26.2	123786
市	Municipal	908.62	698.98	27.5	123989
县及县以下	County and County under	1517.79	1068.96	50.5	151018
其 他	Others	1841.61	1342.07	35.5	319462
按企业资质等级分	**By Qualification Grade**				
施工总承包	The General Contractor	6271.95	4445.78	30.8	1110956
特 级	Special Grade	141.88	119.54	20.5	100174
一 级	First Grade	3061.82	2142.60	24.8	564497
二 级	Second Grade	2455.08	1758.88	41.1	360842
三级及以下	Third Grade and Below	613.17	424.76	45.2	85443
专业承包	The Specialized Contractor	132.11	100.03	30.4	61450
一 级	First Grade	19.78	9.58	10.8	35035
二 级	Second Grade	100.22	80.67	44.0	16464
三级及以下	Third Grade and Below	12.11	9.78	50.1	9951
按营业状态分	**By Business State**				
营 业	Operating	6388.12	4533.63	30.8	1159291
停业(歇业)	Suspension	2.85		28.9	12523
筹 建	In Construction				
当年关闭	Closure in This Year	7.20	7.20	94.3	280
当年破产	Bankrupted in This Year				
其 他	Others	5.89	4.99	43.2	312
按控股情况分	**By Holding Situation**				
国有控股	State-holding	2596.83	1766.32	23.7	636278
集体控股	Group Holdings	1140.19	824.20	40.1	110562
私人控股	Private Holdings	2414.81	1727.57	37.7	377994
港澳台商控股	Holdings Hong Kong, Macao,Taiwan				139
外商控股	Foreign Holdings	0.03	0.03	2.1	34
其 他	Others	252.20	227.70	43.5	47399

continued

自有施工机械设备年末总台数（台）Number of Machinery and Equipment Owned (set)	自有施工机械设备年末总功率（千瓦）Total Power of Machinery and Equipment Owned (kw)	技术装备率（元/人）Value of Machines per Laborer (yuan/person)	动力装备率（千瓦/人）Power of Machines per Laborer (kw/person)	钢材消耗（吨）Rolled Steel Consumption (ton)	木材消耗（立方米）Timber Consumption (cu.m)	水泥消耗（吨）Cement Consumption (ton)	平板玻璃 Plate Glass（重量箱）(weight-box)	平板玻璃 Plate Glass（平方米）(sq.m)	铝材消耗（吨）Aluminum Consumption (ton)
12653	331987	4958	8.2	117097	7426	193954	1795	14576	394
2852	1348	1109	0.1	8067	49	2433	168	937	50
618	18958	6674	5.9	16660	410	12429	162	1216	333
9183	311681	6780	12.8	92370	6967	179092	1465	12423	11
4604	158192	4738	3.7	289385	22578	559271	274467	1863324	13164
1682	51418	13142	4.4	5101	6702	25959	273258	1851068	11193
310	10062	1035	0.4	265992	7569	517844	646	8217	1694
7	420	43105	22.1						
303	9642	1003	0.4	265992	7569	517844	646	8217	1694
38	2749	13232	13.3	12	4700	630	30	800	1
2574	93963	3404	16.3	18280	3607	14838	533	3239	276
31632	2121564	15853	7.4	6985291	234147	13598435	276089	2059271	30052
33019	652493	6676	3.5	2908107	525114	9673438	661789	3179141	25384
20199	411211	9593	3.2	1571634	790347	5551920	187316	1314197	68224
102388	1049363	7698	5.3	1759436	1641760	6743915	516818	5678650	220609
78644	1414371	9641	4.3	3283371	2615497	10502288	1594949	6119014	214652
256741	5184232	10489	4.9	15875910	5744844	44934603	2954846	16383230	509014
9616	528880	44569	23.5	877801	76494	1990295			525
101022	2850322	9074	4.6	10874688	3046801	25541498	1060486	6219781	106764
130442	1537005	11308	4.8	3314820	2353833	14793421	1717942	8043378	328776
15661	268025	8952	2.8	808601	267716	2609389	176418	2120071	72949
9141	464770	8913	6.7	631929	62021	1135393	282115	1967043	49907
4338	236851	13514	9.1	466079	27221	854176	271466	1839024	43528
3583	203456	4738	5.9	136154	29238	198078	3338	74771	819
1220	24463	12028	3.0	29696	5562	83139	7311	53248	5560
265540	5637299	10291	5.0	16474437	5798045	45949498	3225897	18280588	549216
98	8650	134225	9.3	25156	6925	96525	9012	48873	521
15	950	52830	17.9	7954	1786	23155	1923	20255	9071
229	2103	5487	3.7	292	109	818	129	557	113
71077	3114773	10640	5.2	10958517	1507993	25594492	1028814	6628403	91656
85900	932027	8229	6.9	1382888	1004709	4341858	297720	3078939	122889
100390	1498915	10451	4.1	3822680	3178635	15492965	1812758	7842384	304935
165	122	331	0.0	7289					
35	267	3148	2.5	110	10	124	2	2	2
8315	102898	15937	3.5	336355	115518	640557	97667	800545	39439

14-4 施工总承包和专业承包建筑业企业主要财务指标(2013年)

单位：万元

指　　标	Item	资产总计 Total Assets	#流动资产 Circula-ting Funds	#固定资产 Fixed Assets	固定资产原价 Original Value of Fixed Assets	累计折旧 Total Depreci-ation
总　　计	**Total**	**33940781**	**27358381**	**3580983**	**4835843**	**2024976**
# 国有及国有控股企业	State-owned and State-holding Enterprise	22640671	19066329	1549319	2716037	1393371
按登记注册类型分	**By Status of Registration**					
内资企业	Domestic Funded	33651639	27131813	3553365	4783976	1991014
国有企业	State-owned Enterprises	4329303	3483833	433272	582728	241449
集体企业	Collective-owned Enterprises	1043819	750596	242951	269669	90240
股份合作企业	Cooperative Enterprises	68662	18630	4340	4392	422
联营企业	Joint Ownership Enterprises	42236	15611	26625	18228	2113
集体联营企业	Collective Joint Ownership Enterprises	33920	8088	25833	17071	1274
国有与集体联营企业	Joint State-collective Enterprises	8316	7523	792	1157	839
有限责任公司	Limited Liability Corporations	22017614	18272284	1858434	2859151	1340015
国有独资公司	State Sole Funded Corporations	2392096	2045716	164529	331618	174080
其他有限责任公司	Other Limited Liability Corporations	19625518	16226568	1693905	2527533	1165935
股份有限公司	Share-holding Corporations Limited	1650924	1384079	195211	249568	89036
私营企业	Private Enterprises	4499069	3206767	792533	800240	227738
私营独资企业	Private-funded Enterprises	17795	8726	5558	5225	1129
私营有限责任公司	Private Limited Liability Corporations	4162766	2985231	708078	718380	203406
私营股份有限公司	Private Share-holding Corporations Ltd	318508	212811	78897	76635	23203
其他企业	Other Enterprises	13	13			
港、澳、台商投资企业	Enterprises with Funds from Hong Kong, Macao and Taiwan	333	317	16	143	127
合资经营企业(港或澳、台资)	Joint-venture Enterprises	333	317	16	143	127
外商投资企业	Foreign-invested enterprise	288809	226251	27602	51724	33835
中外合资经营企业	Joint-venture Enterprises	288809	226251	27602	51724	33835
按国民经济行业分	**By Sector**					
房屋建筑业	Building	13508583	10506617	2006882	2124116	649148
土木工程建筑业	Building and Civil Engineering	18213416	15005696	1361727	2438584	1257852
铁路、道路、隧道和桥梁工程建筑	Railway Road Tunnel and Bridge Engin Construction	15155822	12610626	1007378	1877998	1008745
铁路工程建筑	Railway Engineering Construction	8303637	7190910	467267	1002783	595329
公路工程建筑	Highway Engineering Construction	2847254	2390075	237403	395649	189942
市政道路工程建筑	Municipal Road Engineering Construct	910995	743976	79912	107171	44326
其他道路、隧道和桥梁工程建筑	Other Road Tunnel and Bridge Engine and Construction	3093936	2285665	222796	372396	179147
水利和内河港口工程建筑	Water Conservancy and Inland Port Engineering Construction	1275311	947458	177241	307790	142549
水源及供水设施工程建筑	Water Supply and Water Supply Facilit Engineering Construction	1219232	911686	160271	284832	135051
河湖治理及防洪设施工程建筑	Governance of Lakes, and Flood Contr Facilities Engineering	56079	35772	16970	22958	7497
工矿工程建筑	Industrial and Mining Engineering	812000	589929	106628	142714	55025
架线和管道工程建筑	Wiring and Piping Engineering	814737	744958	40826	73433	36620
架线及设备工程建筑	Wiring and Equipment Engineering	717247	658192	33991	59259	29197
管道工程建筑	Pipeline Project Construction	97490	86766	6835	14175	7422
其他土木工程建筑	Other Civil Engineering Construction	155545	112725	29655	36649	14914

Main Financial Indicators of General Contracting and Professional Contracting in Construction Enterprise(2013)

(10 000 yuan)

#本年折旧 Depreciation of Fixed Assets	负债合计 Total Liabilities	#流动负债 Liquid Liabilities	所有者权益合计 Owners' Equity	#实收资本 Paid-in Capitals	主营业务收入 Revenue from Principal Business	主营业务成本 Cost of Principal Business	主营业务税金及附加 Taxes and Other Charges on Principal Business	管理费用 Management Expenses	#税金 Tax	营业利润 Operating Profit	利润总额 Total Profits	应付职工薪酬 Accrued Employee Payroll
442313	**24426849**	**22306447**	**9513932**	**7038647**	**40125208**	**35622673**	**1313119**	**1261042**	**65451**	**1542347**	**1556391**	**5189827**
288913	18467219	17029511	4173452	3073422	27343318	24968260	844767	727158	23864	682711	695967	3101284
437670	24173074	22058976	9478566	7017885	39829446	35351789	1304252	1256854	65278	1534834	1548827	5157345
62072	3161163	2999681	1168140	833936	4415638	3939243	140128	163128	11143	120172	120824	688394
14501	400948	336394	642871	494273	1972791	1661195	72904	78232	6850	126780	129236	314343
104	63440	63319	5222	5215	66405	55558	1950	4719	22	142	144	10086
624	17356	4284	24879	15857	55832	37152	1934	2103	882	13945	13945	7022
521	14897	1825	19023	10000	50319	32025	1823	1836	879	13935	13935	6563
103	2459	2459	5857	5857	5513	5127	111	268	2	9	9	460
289497	17122076	15593694	4895538	3610446	26690723	24007330	854149	788899	29525	875654	888524	3193826
36808	1904824	1855171	487272	312699	3624628	3323457	115117	73439	2845	84947	85193	381552
252689	15217252	13738523	4408266	3297747	23066095	20683873	739032	715460	26680	790708	803331	2812274
13970	1255553	1184579	395371	295465	2016316	1810696	69900	48049	3284	66211	66502	174590
56902	2152537	1877026	2346532	1762681	4611742	3840617	163287	171724	13572	331930	329651	769079
213	7942	1366	9854	9488	17392	15202	508	219	115	1263	1263	1700
52411	1967025	1707773	2195741	1658289	4214030	3496775	148177	160440	12743	310240	307084	683002
4278	177571	167887	140937	94905	380321	328640	14602	11065	714	20428	21305	84377
			13	13								5
1	404	404	-71	661	335	266	12	109	8	-51	-51	68
1	404	404	-71	661	335	266	12	109	8	-51	-51	68
4642	253371	247068	35438	20100	295427	270618	8856	4080	166	7565	7616	32414
4642	253371	247068	35438	20100	295427	270618	8856	4080	166	7565	7616	32414
165744	8189689	7208643	5318895	3855896	19500788	16892924	682599	592867	49533	1031226	1037078	3139576
254730	14682075	13581219	3531340	2695688	17801752	16248727	546471	563373	12154	367029	374250	1709617
208745	12397280	11387742	2758543	2116990	14833690	13680682	452822	414039	8419	292031	298607	1277323
111235	7179048	6526978	1124589	798781	9225717	8601081	279020	241591	1849	125119	131991	566183
44202	2117721	2022351	729533	562598	2667859	2420057	88943	70361	3896	55652	56058	295420
10189	650528	620178	260467	220473	584253	495267	19808	36363	1216	23731	22679	90565
43119	2449983	2218236	643953	535137	2355861	2164277	65052	65724	1459	87529	87878	325154
26487	957535	896176	317776	220742	1748346	1517042	55905	54502	1029	45773	45523	234510
25618	935055	874172	284178	194778	1621724	1465054	51238	47876	829	43333	43033	213287
869	22481	22005	33598	25964	126622	51988	4667	6625	201	2441	2491	21222
12789	562694	552153	249306	216172	627077	567966	19399	30940	1090	7666	7254	118362
4567	676268	671923	138469	102490	474105	384843	14525	58473	1043	11804	13121	61128
3644	611849	611100	105398	78578	404083	326721	12628	52103	694	6772	8080	45964
923	64420	60822	33071	23912	70022	58122	1897	6370	349	5032	5041	15164
2143	88298	73225	67247	39294	118535	98195	3820	5419	572	9755	9746	18295

14-4 续表

单位：万元

指 标	Item	资产总计 Total Assets	#流动资产 Circulating Funds	#固定资产 Fixed Assets	固定资产原价 Original Value of Fixed Assets	累计折旧 Total Depreciation
建筑安装业	Construction Installation	1635424	1367449	146669	180068	78167
电气安装	Electrical Installation	240824	187170	28007	16056	7913
管道和设备安装	Piping and Equipment Installation	152342	118777	27935	30195	12591
其他建筑安装业	Other Construction and Installation Industry	1242258	1061502	90728	133816	57663
建筑装饰和其他建筑业	Building Decoration and Other Construction	583358	478619	65705	93076	39809
建筑装饰业	Construction Decoration	321061	259017	37882	50978	19967
工程准备活动	Engineering Preparation	167677	148430	12108	22784	12935
建筑物拆除活动	Building Demolition Activities	1586	1024	88	124	38
其他工程准备活动	Other Engineering Preparation Activities	166092	147406	12020	22660	12897
提供施工设备服务	Construction Equipment Services	4999	2921	1967	3225	1679
其他未列明的建筑活动	Other Construction Activities Unlisted	89621	68252	13748	16089	5228
按隶属关系分	**By Jurisdiction of Management**					
中 央	Central	14870661	12402518	943715	1876701	1026795
省	Provincial	5135289	4444038	309029	436490	198647
市	Municipal	3532548	2838604	498678	587633	215057
县及县以下	County and County under	2346795	1612999	587159	592845	171720
其 他	Others	8055488	6060222	1242403	1342174	412758
按企业资质等级分	**By Qualification Grade**					
施工总承包	The General Contractor	31817308	25584368	3339732	4576554	1905208
特 级	Special Grade	6374491	4953363	217392	356513	175960
一 级	First Grade	17497362	15107452	1479127	2487463	1233277
二 级	Second Grade	6277253	4432797	1280526	1331891	382252
三级以下	Third Grade and Below	1668202	1090756	362687	400687	113719
专业承包	The Specialized Contractor	2123473	1774012	241251	259289	119768
一 级	First Grade	954793	823104	87188	150071	76434
二 级	Second Grade	916184	757089	113133	71237	29967
三级以下	Third Grade and Below	252496	193819	40929	37982	13368
按营业状态分	**By Business State**					
营 业	Operating	33854634	27300606	3566819	4820409	2021594
停业(歇业)	Suspension	75216	50261	11259	12469	2941
当年关闭	Closure in This Year	8080	5437	2132	1965	215
其 他	Others	2850	2076	774	1001	227
按控股情况分	**By Holding Situation**					
国有控股	State-holding	22640671	19066329	1549319	2716037	1393371
集体控股	Group Holdings	2146713	1605562	404086	461706	163486
私人控股	Private Holdings	8496318	6171881	1516470	1527509	423049
港澳台商控股	Holdings Hong Kong, Macao,Taiwan	6173	5615	157	408	251
外商控股	Foreign Holdings	7145	4743	2372	2710	339
其 他	Others	643762	504251	108580	127473	44481

continued

(10 000 yuan)

# 本年折旧 Depreciation of Fixed Assets	负债合计 Total Liabilities	# 流动负债 Liquid Liabilities	所有者权益合计 Owners' Equity	# 实收资本 Paid-in Capitals	主营业务收入 Business Income	主营业务成本 Cost In Business	主营业务税金及附加 Business Tax And Surcharges	管理费用 Management Expenses	# 税金 Tax	营业利润 Operating Profit	利润总额 Total Profits	应付职工薪酬 Accrued Employee Payroll
11082	1166844	1137497	468580	334172	1957431	1739275	56177	77320	2473	81297	81515	203670
1156	151450	146973	89374	65142	242106	199987	7213	14987	585	22385	22378	46353
2495	99307	96933	53036	35382	127511	107282	3113	8746	242	5003	4996	21137
7432	916088	893591	326171	233648	1587814	1432006	45852	53586	1646	53908	54140	136180
10756	388241	379089	195118	152891	865237	741747	27872	27484	1291	62796	63549	136965
3925	199285	193202	121777	91820	396410	346573	12702	12972	498	20639	21298	48176
5053	115629	114766	52048	45708	341945	285367	10865	7182	557	37914	38091	51978
7	43	43	1543	1550	239	117	4	1	0	117	117	71
5046	115586	114723	50505	44158	341705	285250	10860	7181	557	37797	37974	51907
493	3344	2938	1655	2000	13165	11818	438	326	13	423	426	8255
1286	69983	68184	19638	13363	113717	97988	3867	7004	223	3820	3734	28556
210009	12542219	11313255	2328442	1711859	16430442	15169423	494349	448446	5114	335789	345026	1605099
36157	4005165	3917381	1130124	932298	8376127	7654060	264577	168134	7174	238668	238461	1087194
52820	2448454	2228676	1084094	642946	3557536	2975198	134326	166202	13168	242874	248240	527829
49726	783544	649300	1563251	1140358	3904240	3242405	143693	152369	18326	290931	292430	660534
93601	4647467	4197835	3408021	2611186	7856862	6581586	276174	325893	21668	434085	432234	1309171
419384	22934291	20848333	8883017	6597587	37452185	33338017	1235043	1146413	60731	1426048	1439458	4883295
32334	5255583	4464424	1118908	814254	5417844	5110139	160206	135073	1223	129216	137591	327131
266699	13784339	12944762	3713023	2830280	22100307	19975679	709898	585966	24286	638150	644225	2941461
93731	3025356	2660525	3251897	2389096	7848384	6540743	284796	333380	24794	507872	506613	1279347
26620	869012	778622	799190	563958	2085650	1711456	80143	91994	10428	150811	151029	335355
22929	1492558	1458115	630915	441059	2673022	2284656	78076	114629	4719	116299	116933	306532
14470	707175	689303	247617	202285	1586779	1380522	39134	50175	2465	48772	49578	144451
5510	645066	632634	271118	152994	847472	710451	30468	46279	1470	56040	55702	113936
2950	140316	136177	112180	85781	238771	193683	8474	18175	784	11488	11654	48145
441395	24397661	22289189	9456974	6984073	40080221	35585106	1311487	1257708	65329	1540412	1554507	5183249
831	27293	15459	47923	49238	15970	12483	685	2565	66	864	801	3052
30	1664	1570	6416	2716	18154	15987	584	534	14	943	943	1561
56	230	230	2620	2620	10864	9096	363	235	41	129	141	1966
288913	18467219	17029511	4173452	3073422	27343318	24968260	844767	727158	23864	682711	695967	3101284
29197	1258106	1105276	888608	661066	3220282	2688735	129154	126227	10189	218987	223182	482789
114063	4297291	3790255	4199027	3104871	8756682	7255465	311597	373322	29251	613504	610016	1468681
14	4734	4734	1439	2161	64356	54528	1583	5095	94	118	155	19901
82	2979	2979	4166	3503	3609	3053	158	109	8	277	278	391
10043	396521	373693	247241	193624	736960	652632	25861	29131	2045	26751	26795	116782

14-5 劳务分包建筑业企业主要生产指标(2013年)

单位：万元

指　　标	Item	企业数(个) Number of Enterprises (unit)	建筑业总产值 Total Output Value	直接从事生产经营活动平均人数(人) Number of Engaged Persons (person)	#工程技术人员 Engineer	#现场施工人员 Site Construction Personnel	固定资产原价 Original Value of Fixed Assets
总　计	**Total**	**20**	**57063**	**6817**	**335**	**4325**	**2652**
按登记注册类型分	**By Status of Registration**						
内资企业	Domestic Funded	20	57063	6817	335	4325	2652
有限责任公司	Limited Liability Corporations	6	11979	658	34	627	1504
其他有限责任公司	Other Limited Liability Corporations	6	11979	658	34	627	1504
私营企业	Private Enterprises	14	45084	6159	301	3698	1149
私营独资企业	Private-funded Enterprises	2	171	35	7	34	194
私营有限责任公司	Private Limited Liability Corporations	8	4348	384	67	315	638
私营股份有限公司	Private Share-holding Corporations Ltd.	4	40566	5740	227	3349	316
按国民经济行业分	**By Sector**						
房屋建筑业	Building	8	14003	1740	206	1748	1653
土木工程建筑业	Building and Civil Engineering	4	36129	4258	39	1879	117
铁路、道路、隧道和桥梁工程建筑	Railway Road Tunnel and Bridge Engineering Construction	2	25744	2940	21	575	75
市政道路工程建筑	Municipal Road Engineering Construction	1	7529	1520	5	560	40
其他道路、隧道和桥梁工程建筑	Other Road Tunnel and Bridge Engineering and Construction	1	18215	1420	16	15	36
其他土木工程建筑	Construction Installation	2	10385	1318	18	1304	42
建筑安装业	Construction Installation	2	4444	266	62	234	521
电气安装	Electrical Installation	1	538	30	6	24	21
管道和设备安装	Piping and Equipment Installation	1	3906	236	56	210	501
建筑装饰和其他建筑业	Building Decoration and Other Construction	6	2487	553	28	464	361
建筑装饰业	Construction Decoration	5	2341	493	26	454	361
其他未列明的建筑活动	Other Construction Activities Unlisted	1	146	60	2	10	
按隶属关系分	**By Jurisdiction of Management**						
县及县以下	County and County under	3	5803	587	24	544	1263
其　他	Others	17	51261	6230	311	3781	1389
按企业资质等级分	**By Qualification Grade**						
一　级	First Grade	13	15220	2491	288	2364	2147
二　级	Second Grade	4	36136	4285	41	1900	235
三级及以下	Third Grade and Below	3	5707	41	6	61	270
按营业状态分	**By Business State**						
营　业	Operating	19	53157	6581	279	4115	2152
停业(歇业)	Suspension	1	3906	236	56	210	501
按控股情况分	**By Holding Situation**						
私人控股	Private Holdings	18	54457	6409	312	3961	2482
其　他	Others	2	2606	408	23	364	170

Main Production Indicators of Labor Subcontracting in Construction Enterprises (2013)

(10 000 yuan)

本年折旧 Depreciation of Fixed Assets	资产总计 Total Assets	负债合计 Total Liabilities	实收资本 Paid-in Capitals	主营业务收入 Revenue from Principal Business	主营业务成本 Cost of Principal Business	主营业务税金及附加 Taxes and Other Charges on Principal Business	管理费用 Administration Expense	营业利润 Operating Profit	利润总额 Total Profits	应付职工薪酬 Accrued Employee Payroll
267	**8993**	**3969**	**2060**	**56154**	**40725**	**2896**	**1298**	**10525**	**10518**	**19779**
267	8993	3969	2060	56154	40725	2896	1298	10525	10518	19779
102	6196	2476	1204	6876	4671	314	806	911	911	1969
102	6196	2476	1204	6876	4671	314	806	911	911	1969
165	2797	1493	856	49279	36053	2582	492	9614	9607	17810
11	221	40	110	171	94	8	5	59	59	43
41	2277	1453	634	5543	4756	186	252	230	223	1542
113	300		112	43566	31204	2388	235	9325	9325	16225
105	5068	1558	1082	8926	6994	379	723	652	651	5396
97	76	56	20	39129	27005	2238	198	9305	9300	11729
56				28744	19739	1533	138	6999	6999	8467
21				7529	5192	543	35	1657	1657	4378
36				21215	14547	990	102	5342	5342	4090
41	76	56	20	10385	7266	705	60	2306	2301	3262
29	393	68	325	4418	3855	149	170	240	240	1207
4	351	51	300	512	363	17	76	56	56	160
25	41	16	25	3906	3491	132	94	184	184	1047
36	3457	2288	633	3682	2872	130	207	329	326	1447
36	3457	2288	633	3536	2872	129	197	330	327	1312
				146		1	10	-1	-1	135
88	5574	2271	808	5751	4030	251	696	641	641	1669
180	3419	1698	1252	50403	36695	2645	601	9884	9877	18110
151	8527	3775	1889	16337	13398	607	1109	960	953	7866
101	116	40	75	39136	27001	2239	155	9335	9335	11751
15	350	154	96	681	326	50	34	230	230	162
242	8952	3953	2035	52248	37233	2764	1203	10341	10333	18732
25	41	16	25	3906	3491	132	94	184	184	1047
240	6214	2453	1252	53574	38728	2803	1115	10225	10217	18665
27	2779	1516	808	2580	1996	93	183	300	300	1114

14-6 各市(区)建筑业企业个数(2013年)
Number of Construction Enterprises by City(District) (2013)

单位：个 (unit)

地 区	Region	企业个数 Number of Enterprises	中央企业 Central	地方企业 Local	施工总承包 General Contracting	专业承包 Professional Contracting	国有及国有控股企业 State-owned and State-holding	集体企业 Collective Owned
全 省	**Shaanxi**	**1450**	**60**	**1390**	**1221**	**229**	**229**	**190**
西安市	Xi'an	415	47	368	283	132	110	61
铜川市	Tongchuan	28		28	26	2	10	9
宝鸡市	Baoji	132	1	131	99	33	16	21
咸阳市	Xianyang	86	6	80	73	13	20	17
渭南市	Weinan	104	4	100	101	3	23	15
延安市	Yan'an	116		116	114	2	14	14
汉中市	Hanzhong	102	1	101	88	14	15	11
榆林市	Yulin	300	1	299	286	14	4	15
安康市	Ankang	78		78	68	10	9	14
商洛市	Shangluo	66		66	66		6	13
杨凌示范区	Yangling	23		23	17	6	2	

注：本表资料不含劳务分包企业，下表同。
a) Data in the table do not include the subcontractor of labour services. The same applies to the table following.

14-7 各市(区)建筑业企业直接从事生产经营活动平均人数(2013年)
Number of Employed Persons at Year-end of Construction Enterprises by City(District)(2013)

单位：人 (person)

地 区	Region	直接从事生产经营活动平均人数 Number of Employed Persons at Year-end	中央企业 Central	地方企业 Local	施工总承包 General Contracting	专业承包 Professional Contracting	国有及国有控股企业 State-owned and State-holding	集体企业 Collective Owned
全 省	**Shaanxi**	**1206805**	**320379**	**886426**	**1137855**	**68950**	**644961**	**139695**
西安市	Xi'an	623857	269720	354137	577345	46512	453239	52208
铜川市	Tongchuan	11177		11177	10956	221	6090	2953
宝鸡市	Baoji	72913	4838	68075	68576	4337	15583	20736
咸阳市	Xianyang	117602	16037	101565	105181	12421	44294	22803
渭南市	Weinan	129298	28840	100458	128351	947	81091	9175
延安市	Yan'an	31591		31591	31374	217	8109	4809
汉中市	Hanzhong	46758	771	45987	45409	1349	8887	3371
榆林市	Yulin	79258	173	79085	78019	1239	6464	8647
安康市	Ankang	31541		31541	30094	1447	2150	8872
商洛市	Shangluo	47041		47041	47041		12275	6121
杨凌示范区	Yangling	15769		15769	15509	260	6779	

14-8 各市(区)建筑业企业年末从业人数(2013年)

Annual Average Persons of Construction Enterprises by City(District)(2013)

单位：人 (person)

地区	Region	年末从业人数 Annual Average Persons	中央企业 Central	地方企业 Local	施工总承包 General Contracting	专业承包 Professional Contracting	国有及国有控股企业 State-owned and State-holding	集体企业 Collective Owned
全省	**Shaanxi**	**1128097**	**286478**	**841619**	**1059151**	**68946**	**597997**	**134356**
西安市	Xi'an	577944		343612	533428	44516	409122	53341
铜川市	Tongchuan	9762		9762	9523	239	5619	1922
宝鸡市	Baoji	71293	4841	66452	66766	4527	16053	17861
咸阳市	Xianyang	121077	16987	104090	106385	14692	45983	23894
渭南市	Weinan	127137	29261	97876	126136	1001	80780	8796
延安市	Yan'an	24849		24849	24812	37	5517	2299
汉中市	Hanzhong	48840	884	47956	47562	1278	9008	3580
榆林市	Yulin	46364	173	46191	45433	931	1094	7166
安康市	Ankang	34635		34635	33210	1425	2328	9105
商洛市	Shangluo	50788		50788	50788		15652	6392
杨凌示范区	Yangling	15408	234332	15408	15108	300	6841	

注：本表资料不含劳务分包企业，下表同。

a) Data in the table do not include the subcontractor of labour services. The same applies to the table following.

14-9 各市(区)建筑业企业总产值(2013年)

Gross Output Value of Construction Enterprises by City(District)(2013)

单位：万元 (10 000 yuan)

地区	Region	总产值 Gross Output Value	中央企业 Central	地方企业 Local	施工总承包 General Contracting	专业承包 Professional Contracting	国有及国有控股企业 State-owned and State-holding	集体企业 Collective Owned
全省	**Shaanxi**	**40003635**	**12710163**	**27293471**	**37365447**	**2638188**	**24898794**	**3784990**
西安市	Xi'an	22284063	9894574	12389489	20462188	1821875	17020790	1548721
铜川市	Tongchuan	314449		314449	308492	5958	157468	85493
宝鸡市	Baoji	3512237	640450	2871786	3247580	264657	1703245	596966
咸阳市	Xianyang	5184945	1472325	3712620	4781140	403806	3024411	615942
渭南市	Weinan	2156437	682955	1473482	2133472	22965	1425598	127617
延安市	Yan'an	848779		848779	845763	3016	195333	59434
汉中市	Hanzhong	1029071	17380	1011691	999620	29452	364229	64551
榆林市	Yulin	2060335	2479	2057856	2016001	44333	157905	262035
安康市	Ankang	698716		698716	666216	32500	47256	226864
商洛市	Shangluo	1122597		1122597	1122597		289197	197366
杨凌示范区	Yangling	792007		792007	782379	9628	513363	

14-10 各市(区)建筑业企业劳动生产率(2013年)
Labor Productivity of Construction Enterprises by City(District)(2013)

单位：元/人 (yuan/person)

地区	Region	劳动生产率 Overall Labor Productivity	中央企业 Central	地方企业 Local	施工总承包 General Contracting	专业承包 Professional Contracting	国有及国有控股企业 State-owned and State-holding	集体企业 Collective Owned
全省	**Shaanxi**	**331484**	**396723**	**307905**	**328385**	**382623**	**386051**	**270947**
西安市	Xi'an	357198	366846	349850	354419	391700	375537	296644
铜川市	Tongchuan	281336		281336	281573	269570	258568	289513
宝鸡市	Baoji	481702	1323791	421856	473574	610230	1093015	287889
咸阳市	Xianyang	440889	918080	365541	454563	325099	682804	270114
渭南市	Weinan	166780	236808	146676	166222	242503	175802	139092
延安市	Yan'an	268677		268677	269575	138968	240884	123590
汉中市	Hanzhong	220085	225422	219995	220137	218322	409844	191489
榆林市	Yulin	259953	143289	260208	258399	357814	244284	303036
安康市	Ankang	221526		221526	221378	224601	219796	255708
商洛市	Shangluo	238642		238642	238642		235598	322441
杨凌示范区	Yangling	502256		502256	504468	370288	757284	

注：本表资料不含劳务分包企业，下表同。

a) Data in the table do not include the subcontractor of labour services. The same applies to the table following.

14-11 各市(区)建筑业企业竣工产值(2013年)
Output Value of Buildings Completed in Construction Enterprises by City(District)(2013)

单位：万元 (10 000 yuan)

地区	Region	竣工产值 Output Value of Buildings Completed	中央企业 Central	地方企业 Local	施工总承包 General Contracting	专业承包 Professional Contracting	国有及国有控股企业 State-owned and State-holding	集体企业 Collective Owned
全省	**Shaanxi**	**17160655**	**3711205**	**13449450**	**16148879**	**1011776**	**9475644**	**2035974**
西安市	Xi'an	8672004	2976477	5695527	7965179	706825	6285317	774996
铜川市	Tongchuan	99765		99765	96565	3200	14023	39665
宝鸡市	Baoji	1154335		1154335	1112226	42110	382983	246943
咸阳市	Xianyang	2866643	711130	2155513	2686257	180386	1580347	400603
渭南市	Weinan	949656	22796	926860	927111	22545	427393	95362
延安市	Yan'an	360345		360345	359090	1255	78196	34471
汉中市	Hanzhong	612681	801	611880	602962	9720	189329	44843
榆林市	Yulin	1061815		1061815	1034030	27784	35936	174278
安康市	Ankang	407715		407715	390797	16918	37481	102878
商洛市	Shangluo	660132		660132	660132		203383	121935
杨凌示范区	Yangling	315563		315563	314530	1033	241260	

14-12　各市(区)建筑业企业房屋建筑施工面积(2013年)
Floor Space of Building under Construction in Construction Enterprises by City(District)(2013)

单位：万平方米 (10 000 sq.m)

地　区	Region	房屋建筑施工面积 Floor Space of Building under Construction	中央企业 Central	地方企业 Local	施工总承包 General Contracting	专业承包 Professional Contracting	国有及国有控股企业 State-owned and State-holding	集体企业 Collective Owned
全　省	**Shaanxi**	**20780.27**	**2461.81**	**18318.46**	**20345.15**	**435.12**	**10955.12**	**2845.51**
西安市	Xi'an	9753.45	2428.19	7325.27	9550.65	202.80	6802.93	1057.60
铜川市	Tongchuan	375.26		375.26	375.26		192.44	127.27
宝鸡市	Baoji	2094.11		2094.11	2061.83	32.28	936.68	574.21
咸阳市	Xianyang	2724.54	0.17	2724.37	2549.96	174.59	1522.89	341.59
渭南市	Weinan	1358.83	7.66	1351.17	1355.68	3.15	720.06	137.56
延安市	Yan'an	506.44		506.44	506.44		93.50	29.62
汉中市	Hanzhong	1201.75	25.79	1175.95	1189.31	12.44	408.05	70.96
榆林市	Yulin	1205.65		1205.65	1204.76	0.89	41.29	164.24
安康市	Ankang	733.69		733.69	724.71	8.98	57.50	218.54
商洛市	Shangluo	644.24		644.24	644.24		81.99	123.93
杨凌示范区	Yangling	182.31		182.31	182.31		97.79	

注：本表资料不含劳务分包企业，下表同。

a) Data in the table do not include the subcontractor of labour services. The same applies to the table following.

14-13　各市(区)建筑业企业房屋建筑竣工面积(2013年)
Floor Space of Building Completed in Construction Enterprises by City(District)(2013)

单位：万平方米 (10 000 sq.m)

地　区	Region	房屋建筑竣工面积 Floor Space of Building Completed	中央企业 Central	地方企业 Local	施工总承包 General Contracting	专业承包 Professional Contracting	国有及国有控股企业 State-owned and State-holding	集体企业 Collective Owned
全　省	**Shaanxi**	**6404.06**	**351.86**	**6052.20**	**6271.95**	**132.11**	**2596.83**	**1140.19**
西安市	Xi'an	2229.97	349.78	1880.19	2188.06	41.92	1432.12	322.15
铜川市	Tongchuan	49.34		49.34	49.34		2.06	25.48
宝鸡市	Baoji	733.64		733.64	714.10	19.54	233.18	215.92
咸阳市	Xianyang	1109.41	0.17	1109.24	1055.20	54.21	402.92	241.66
渭南市	Weinan	532.49	0.90	531.59	529.50	2.99	192.92	65.47
延安市	Yan'an	132.49		132.49	132.49		23.44	15.21
汉中市	Hanzhong	413.84	1.00	412.84	405.00	8.83	130.59	33.14
榆林市	Yulin	488.89		488.89	488.19	0.70	7.47	93.22
安康市	Ankang	263.24		263.24	259.31	3.92	15.83	78.76
商洛市	Shangluo	321.24		321.24	321.24		58.51	49.18
杨凌示范区	Yangling	129.51		129.51	129.51		97.79	

14-14 各市(区)建筑业企业竣工房屋价值(2013年)
Valuation of Building Completed in Construction Enterprises by City(District)(2013)

单位：万元 (10 000 yuan)

地区	Region	竣工房屋价值 Valuation of Building Completed	中央企业 Central	地方企业 Local	施工总承包 General Contracting	专业承包 Professional Contracting	国有及国有控股企业 State-owned and State-holding	集体企业 Collective Owned
全省	**Shaanxi**	**9847981**	**693867**	**9154115**	**9592361**	**255621**	**4339878**	**1546453**
西安市	Xi'an	3879228	691262	3187966	3820206	59022	2596129	492232
铜川市	Tongchuan	73826		73826	73826		3393	34953
宝鸡市	Baoji	962284		962284	943784	18500	330182	223855
咸阳市	Xianyang	1742544	323	1742221	1633534	109010	666461	337490
渭南市	Weinan	764330	1531	762799	759985	4345	321272	80986
延安市	Yan'an	220444		220444	220444		40730	26322
汉中市	Hanzhong	559775	750	559025	499259	60515	161152	38255
榆林市	Yulin	706373		706373	706209	164	10950	151245
安康市	Ankang	344455		344455	340390	4065	31826	92639
商洛市	Shangluo	431634		431634	431634		77007	68476
杨凌示范区	Yangling	163089		163089	163089		100776	

注：本表资料不含劳务分包企业，下表同。

a) Data in the table do not include the subcontractor of labour services. The same applies to the table following.

14-15 各市(区)建筑业企业自有施工机械设备净值(2013年)
Net Value of Machinery and Equipment Owned in Construction Enterprises by City(District)(2013)

单位：万元 (10 000 yuan)

地区	Region	自有机械设备年末净值 Net Value of Machinery and Equipment Owned	中央企业 Central	地方企业 Local	施工总承包 General Contracting	专业承包 Professional Contracting	国有及国有控股企业 State-owned and State-holding	集体企业 Collective Owned
全省	**Shaanxi**	**1172406**	**454151**	**718255**	**1110956**	**61450**	**636278**	**110562**
西安市	Xi'an	597558	377975	219584	557768	39791	482706	44280
铜川市	Tongchuan	5104		5104	5104		268	2397
宝鸡市	Baoji	70266	9274	60992	63013	7253	13098	10255
咸阳市	Xianyang	121217	60948	60270	114962	6255	72677	23277
渭南市	Weinan	43861	5931	37930	42710	1151	12278	4548
延安市	Yan'an	47431		47431	47142	290	8950	1168
汉中市	Hanzhong	67869	23	67846	63360	4509	27172	2714
榆林市	Yulin	126069		126069	125727	342	0.1	6973
安康市	Ankang	34549		34549	32691	1858	3753	8204
商洛市	Shangluo	41557		41557	41557		3935	6747
杨凌示范区	Yangling	16925		16925	16923	2	11442	

14-16 各市(区)建筑业企业自有施工机械设备总台数(2013年)
Total Number of Machinery and Equipment Owned in Construction Enterprises by City(District)(2013)

单位：台 (unit)

地　区	Region	自有施工机械设备年末总台数 Total Number of Machinery and Equipment Owned	中央企业 Central	地方企业 Local	施工总承包 General Contracting	专业承包 Professional Contracting	国有及国有控股企业 State-owned and State-holding	集体企业 Collective Owned
全　省	**Shaanxi**	**265882**	**31632**	**234250**	**256741**	**9141**	**71077**	**85900**
西安市	Xi'an	139041	27865	111176	133243	5798	50203	47494
铜川市	Tongchuan	1916		1916	1916		665	1031
宝鸡市	Baoji	23606	396	23210	22979	627	1963	9646
咸阳市	Xianyang	25100	1895	23205	23619	1481	3471	14259
渭南市	Weinan	16715	1456	15259	16438	277	2551	5047
延安市	Yan'an	5047		5047	4783	264	1392	529
汉中市	Hanzhong	19911	20	19891	19529	382	695	2681
榆林市	Yulin	12924		12924	12887	37	2	2530
安康市	Ankang	4576		4576	4321	255	195	1480
商洛市	Shangluo	10332		10332	10332		4932	1203
杨凌示范区	Yangling	6714		6714	6694	20	5008	

注：本表资料不含劳务分包企业，下表同。

a) Data in the table do not include the subcontractor of labour services. The same applies to the table following.

14-17 各市(区)建筑业企业自有施工机械设备总功率(2013年)
Total Power of Machinery and Equipment Owned in Construction Enterprises by City(District)(2013)

单位：千瓦 (kw)

地　区	Region	自有施工机械设备年末总功率 Total Power of Machinery and Equipment Owned	中央企业 Central	地方企业 Local	施工总承包 General Contracting	专业承包 Professional Contracting	国有及国有控股企业 State-owned and State-holding	集体企业 Collective Owned
全　省	**Shaanxi**	**5649002**	**2121564**	**3527438**	**5184232**	**464770**	**3114773**	**932027**
西安市	Xi'an	3397466	1787561	1609905	2985150	412316	2541448	323215
铜川市	Tongchuan	25177		25177	25177		11714	9434
宝鸡市	Baoji	428147	65247	362900	420493	7654	96302	199794
咸阳市	Xianyang	466865	164030	302835	444058	22807	207287	139451
渭南市	Weinan	301417	104544	196873	297061	4356	154019	29239
延安市	Yan'an	89669		89669	85804	3865	14140	4766
汉中市	Hanzhong	146891	182	146709	142536	4355	17721	12575
榆林市	Yulin	394595		394595	392904	1691	3	39079
安康市	Ankang	73771		73771	68045	5726	3174	24261
商洛市	Shangluo	222389		222389	222389		10636	150213
杨凌示范区	Yangling	102615		102615	100615	2000	58329	

14-18 各市(区)建筑业企业钢材消耗量(2013年)
Rolled Steel Consumption in Construction Enterprises by City(District)(2013)

单位：吨 (ton)

地区	Region	钢材消耗量 Rolled Steel Consumption	中央企业 Central	地方企业 Local	施工总承包 General Contracting	专业承包 Professional Contracting	国有及国有控股企业 State-owned and State-holding	集体企业 Collective Owned
全省	**Shaanxi**	**16507839**	**6985291**	**9522548**	**15875910**	**631929**	**10958517**	**1382888**
西安市	Xi'an	10188933	6105625	4083308	9746460	442473	8330521	653980
铜川市	Tongchuan	61847		61847	61847		26656	24431
宝鸡市	Baoji	950191	101807	848384	919004	31187	395671	178877
咸阳市	Xianyang	2105997	592115	1513882	1980434	125563	1397553	156494
渭南市	Weinan	708512	171748	536764	707289	1223	458252	31364
延安市	Yan'an	165658		165658	165653	5	31838	44453
汉中市	Hanzhong	506196	13996	492200	499911	6285	192263	44262
榆林市	Yulin	1087950		1087950	1087095	855	19507	87708
安康市	Ankang	262346		262346	238013	24333	3930	65025
商洛市	Shangluo	385153		385153	385153		63211	96294
杨凌示范区	Yangling	85056		85056	85051	5	39115	

注：本表资料不含劳务分包企业，下表同。

a) Data in the table do not include the subcontractor of labour services. The same applies to the table following.

14-19 各市(区)建筑业企业木材消耗量(2013年)
Timber Consumption in Construction Enterprises by City(District)(2013)

单位：立方米 (cu.m)

地区	Region	木材消耗量 Timber Consumption	中央企业 Central	地方企业 Local	施工总承包 General Contracting	专业承包 Professional Contracting	国有及国有控股企业 State-owned and State-holding	集体企业 Collective Owned
全省	**Shaanxi**	**5806865**	**234147**	**5572718**	**5744844**	**62021**	**1507993**	**1004709**
西安市	Xi'an	3555212	204554	3350658	3528510	26702	1027302	573423
铜川市	Tongchuan	27574		27574	27574		5504	17355
宝鸡市	Baoji	297161	317	296844	287487	9674	12036	86811
咸阳市	Xianyang	555395	15037	540358	536741	18654	251571	49748
渭南市	Weinan	157022	7227	149795	156929	93	57542	19432
延安市	Yan'an	72485		72485	72477	8	6677	17124
汉中市	Hanzhong	150947	7012	143935	149005	1942	27901	39154
榆林市	Yulin	490954		490954	490942	12	95503	16818
安康市	Ankang	331062		331062	326126	4936	1692	144626
商洛市	Shangluo	155163		155163	155163		19331	40218
杨凌示范区	Yangling	13890		13890	13890		2934	

14-20 各市(区)建筑业企业水泥消耗量(2013年)
Cement Consumption in Construction Enterprises by City(District)(2013)

单位：吨 (ton)

地 区	Region	水泥消耗量 Cement Consumption	中央企业 Central	地方企业 Local	施工总承包 General Contracting	专业承包 Professional Contracting	国有及国有控股企业 State-owned and State-holding	集体企业 Collective Owned
全 省	**Shaanxi**	**46069996**	**13598435**	**32471561**	**44934603**	**1135393**	**25594492**	**4341858**
西安市	Xi'an	20990429	11504103	9486326	20057230	933199	16472877	1887697
铜川市	Tongchuan	248991		248991	248991		57232	143314
宝鸡市	Baoji	2175969	582699	1593270	2134265	41704	874440	382323
咸阳市	Xianyang	10876409	901038	9975371	10798127	78282	5485889	641699
渭南市	Weinan	2626565	582995	2043570	2599245	27320	1361311	224521
延安市	Yan'an	762923		762923	762773	150	81771	155074
汉中市	Hanzhong	2198001	27600	2170401	2181979	16022	920337	202552
榆林市	Yulin	2852249		2852249	2845871	6378	92843	236053
安康市	Ankang	853283		853283	820975	32308	18735	278079
商洛市	Shangluo	2226942		2226942	2226942		199720	190546
杨凌示范区	Yangling	258235		258235	258205	30	29337	

注：本表资料不含劳务分包企业，下表同。

a) Data in the table do not include the subcontractor of labour services. The same applies to the table following.

14-21 各市(区)建筑业企业资产合计(2013年)
Total Assets of Construction Enterprises by City(District)(2013)

单位：万元 (10 000 yuan)

地 区	Region	资产合计 Total Assets	中央企业 Central	地方企业 Local	施工总承包 General Contracting	专业承包 Professional Contracting	国有及国有控股企业 State-owned and State-holding	集体企业 Collective Owned
全 省	**Shaanxi**	**33940781**	**14870661**	**19070120**	**31817308**	**2123473**	**22640671**	**2146713**
西安市	Xi'an	22836933	12882204	9954729	21061103	1775829	18007366	1112127
铜川市	Tongchuan	211172		211172	201020	10152	112597	63205
宝鸡市	Baoji	1513622	321876	1191747	1409533	104090	702647	294566
咸阳市	Xianyang	2418509	1061557	1356952	2332656	85854	1689198	213523
渭南市	Weinan	1283287	581484	701803	1276952	6335	859006	57327
延安市	Yan'an	843015		843015	835979	7035	83665	45511
汉中市	Hanzhong	546678	18381	528297	527938	18740	134497	40929
榆林市	Yulin	2502189	5160	2497029	2432722	69467	125629	121392
安康市	Ankang	549035		549035	511265	37770	54421	115781
商洛市	Shangluo	680315		680315	680315		431836	82354
杨凌示范区	Yangling	556026		556026	547824	8202	439809	

14-22 各市(区)建筑业企业负债合计(2013年)
Total Liability of Construction Enterprises by City(District)(2013)

单位：万元 (10 000 yuan)

地区	Reion	负债合计 Total Liability	中央企业 Central	地方企业 Local	施工总承包 General Contracting	专业承包 Professional Contracting	国有及国有控股企业 State-owned and State-holding	集体企业 Collective Owned
全省	**Shaanxi**	**24426849**	**12542219**	**11884630**	**22934291**	**1492558**	**18467219**	**1258106**
西安市	Xi'an	17982860	10883463	7099397	16662038	1320822	14923588	690243
铜川市	Tongchuan	148771		148771	140718	8053	81126	48888
宝鸡市	Baoji	1122918	309074	813844	1049664	73254	624750	231817
咸阳市	Xianyang	1645938	902090	743847	1631611	14326	1365276	82815
渭南市	Weinan	794995	429586	365410	793898	1097	640294	24755
延安市	Yan'an	408628		408628	405988	2640	68093	15540
汉中市	Hanzhong	299767	15847	283920	291476	8291	101177	23888
榆林市	Yulin	1090125	2160	1087965	1050292	39833	118301	34661
安康市	Ankang	283719		283719	262641	21078	46886	63963
商洛市	Shangluo	269649		269649	269649		172729	41536
杨凌示范区	Yangling	379480		379480	376315	3165	325000	

注：本表资料不含劳务分包企业，下表同。

a) Data in the table do not include the subcontractor of labour services. The same applies to the table following.

14-23 各市(区)建筑业企业固定资产(2013年)
Fixed Assets of Construction Enterprises by City(District)(2013)

单位：万元 (10 000 yuan)

地区	Region	固定资产合计 Total Fixed Assets	中央企业 Central	地方企业 Local	施工总承包 General Contracting	专业承包 Professional Contracting	国有及国有控股企业 State-owned and State-holding	集体企业 Collective Owned
全省	**Shaanxi**	**3580983**	**943715**	**2637269**	**3339732**	**241251**	**1549319**	**404086**
西安市	Xi'an	1521369	780345	741024	1367089	154279	1048562	129946
铜川市	Tongchuan	34396		34396	29628	4768	12033	9072
宝鸡市	Baoji	224828	11162	213666	208053	16775	43562	40750
咸阳市	Xianyang	428335	116717	311619	388560	39775	174103	81630
渭南市	Weinan	162953	31745	131208	159232	3721	61006	24533
延安市	Yan'an	218255		218255	214686	3569	11881	14710
汉中市	Hanzhong	96175	1226	94949	92522	3653	7278	8061
榆林市	Yulin	499709	2521	497188	491910	7799	1345	29270
安康市	Ankang	135754		135754	130385	5369	6433	48850
商洛市	Shangluo	198039		198039	198039		137269	17263
杨凌示范区	Yangling	61171		61171	59629	1542	45848	

14-24 各市(区)建筑业企业流动资产(2013年)
Circulating Assets of Construction Enterprises by City(District)(2013)

单位：万元 (10 000 yuan)

地区	Region	流动资产合计 Circulating Assets	中央企业 Central	地方企业 Local	施工总承包 General Contracting	专业承包 Professional Contracting	国有及国有控股企业 State-owned and State-holding	集体企业 Collective Owned
全 省	**Shaanxi**	**27358381**	**12402518**	**14955863**	**25584368**	**1774012**	**19066329**	**1605562**
西安市	Xi'an	19085747	10604582	8481165	17547592	1538156	15072105	953310
铜川市	Tongchuan	170729		170729	165371	5358	96555	52349
宝鸡市	Baoji	1212755	308262	904494	1133762	78993	642050	222764
咸阳市	Xianyang	1850057	923930	926127	1806768	43289	1478169	81349
渭南市	Weinan	1055522	546111	509412	1052908	2614	763121	29225
延安市	Yan'an	582083		582083	578617	3466	63984	29874
汉中市	Hanzhong	436046	17155	418891	421410	14636	120977	32524
榆林市	Yulin	1692589	2479	1690111	1636157	56432	122252	85971
安康市	Ankang	363981		363981	338168	25812	44534	64315
商洛市	Shangluo	458048		458048	458048		294104	53881
杨凌示范区	Yangling	450823		450823	445567	5256	368479	

注：本表资料不含劳务分包企业，下表同。

a) Data in the table do not include the subcontractor of labour services. The same applies to the table following.

14-25 各市(区)建筑业企业实收资本(2013年)
Contributed Capital of Construction Enterprises by City(District)(2013)

单位：万元 (10 000 yuan)

地区	Region	实收资本 Contributed Capital	中央企业 Central	地方企业 Local	施工总承包 General Contracting	专业承包 Professional Contracting	国有及国有控股企业 State-owned and State-holding	集体企业 Collective Owned
全 省	**Shaanxi**	**7038647**	**1711859**	**5326788**	**6597587**	**441059**	**3073422**	**661066**
西安市	Xi'an	3767704	1414735	2352969	3426764	340940	2288015	392617
铜川市	Tongchuan	41098		41098	40482	616	15300	11550
宝鸡市	Baoji	295006	20000	275006	270031	24975	76291	37394
咸阳市	Xianyang	489249	119445	369804	465068	24181	232551	57463
渭南市	Weinan	379799	152300	227499	376557	3242	205760	23641
延安市	Yan'an	283373		283373	280483	2891	14233	28116
汉中市	Hanzhong	209881	2379	207502	200514	9368	31229	14263
榆林市	Yulin	1085541	3000	1082541	1064768	20773	8258	47791
安康市	Ankang	151126		151126	141451	9675	6734	23388
商洛市	Shangluo	224437		224437	224437		124053	24842
杨凌示范区	Yangling	111434		111434	107035	4399	71000	

14-26 各市(区)建筑业主营业务收入(2013年)
Revenue from Principal Business of Construction Enterprises by City(District)(2013)

单位：万元 (10 000 yuan)

地　区	Region	主营业务收入 Revenue from Principal Business	中央企业 Central	地方企业 Local	施工总承包 General Contracting	专业承包 Professional Contracting	国有及国有控股企业 State-owned and State-holding	集体企业 Collective Owned
全　省	**Shaanxi**	**40125208**	**16430442**	**23694766**	**37452185**	**2673022**	**27343318**	**3220282**
西安市	Xi'an	24894416	13773387	11121029	22868830	2025586	20300880	1363089
铜川市	Tongchuan	274285		274285	267764	6520	153862	68367
宝鸡市	Baoji	2682841	616003	2066839	2563275	119567	1573899	399818
咸阳市	Xianyang	4882020	1483337	3398683	4494799	387220	2792886	614293
渭南市	Weinan	1795194	543054	1252139	1772246	22948	1147636	92340
延安市	Yan'an	718333		718333	713542	4791	159375	56540
汉中市	Hanzhong	848407	12183	836224	824515	23892	291059	65463
榆林市	Yulin	1894118	2479	1891639	1849351	44768	139961	215756
安康市	Ankang	582127		582127	549206	32921	45200	163055
商洛市	Shangluo	956201		956201	956201		288764	181562
杨凌示范区	Yangling	597267		597267	592458	4809	449798	

注：本表资料不含劳务分包企业，下表同。

a) Data in the table do not include the subcontractor of labour services. The same applies to the table following.

14-27 各市(区)建筑业企业税金总额(2013年)
Total Tax of Construction Enterprises by City(District)(2013)

单位：万元 (10 000 yuan)

地　区	Region	税金总额 Total Tax	中央企业 Central	地方企业 Local	施工总承包 General Contracting	专业承包 Professional Contracting	国有及国有控股企业 State-owned and State-holding	集体企业 Collective Owned
全　省	**Shaanxi**	**1378570**	**499463**	**879107**	**1295774**	**82796**	**868632**	**139342**
西安市	Xi'an	794400	422577	371823	737046	57354	631750	49910
铜川市	Tongchuan	9288		9288	9233	55	5245	2274
宝鸡市	Baoji	85961	10470	75491	81071	4889	47253	12292
咸阳市	Xianyang	187821	47684	140137	172319	15502	92663	28175
渭南市	Weinan	62229	18209	44019	61009	1220	39442	3790
延安市	Yan'an	28167		28167	28096	71	7502	1568
汉中市	Hanzhong	30979	447	30533	30099	881	10054	2343
榆林市	Yulin	79201	77	79124	77755	1446	5980	9836
安康市	Ankang	39462		39462	38216	1246	1736	21510
商洛市	Shangluo	43356		43356	43356		14817	7643
杨凌示范区	Yangling	17708		17708	17574	133	12190	

14-28 各市(区)建筑业企业利润总额(2013年)
Total Profits of Construction Enterprises by City(District)(2013)

单位：万元 (10 000 yuan)

地区	Region	利润总额 Total Profits	中央企业 Central	地方企业 Local	施工总承包 General Contracting	专业承包 Professional Contracting	国有及国有控股企业 State-owned and State-holding	集体企业 Collective Owned
全省	**Shaanxi**	**1556391**	**345026**	**1211366**	**1439458**	**116933**	**695967**	**223182**
西安市	Xi'an	585597	287970	297627	502060	83537	375786	41530
铜川市	Tongchuan	3275		3275	3369	-94	1759	194
宝鸡市	Baoji	204169	677	203492	200747	3422	106844	65918
咸阳市	Xianyang	240602	17043	223559	219592	21010	53858	38501
渭南市	Weinan	158150	38782	119368	156483	1667	100656	15813
延安市	Yan'an	43983		43983	43951	32	1181	3991
汉中市	Hanzhong	20718	157	20561	19673	1045	2308	2479
榆林市	Yulin	160334	396	159938	157396	2938	-1176	29352
安康市	Ankang	44093		44093	41300	2793	1394	20035
商洛市	Shangluo	66783		66783	66783		30391	5369
杨凌示范区	Yangling	28689		28689	28105	583	22968	

注：本表资料不含劳务分包企业，下表同。

a) Data in the table do not include the subcontractor of labour services. The same applies to the table following.

14-29 各市(区)建筑业企业年末应收工程款(2013年)
Account Receivable of Projects at Year-end of Construction Enterprises by City(District)(2013)

单位：万元 (10 000 yuan)

地区	Region	年末应收工程款 Account Receivable of Projects at Year-end	中央企业 Central	地方企业 Local	施工总承包 General Contracting	专业承包 Professional Contracting	国有及国有控股企业 State-owned and State-holding	集体企业 Collective Owned
全省	**Shaanxi**	**7178600**	**2607864**	**4570736**	**6751879**	**426721**	**5006810**	**478737**
西安市	Xi'an	4605259	2095363	2509896	4255307	349952	3705575	219330
铜川市	Tongchuan	62905		62905	58957	3948	40408	15306
宝鸡市	Baoji	484474	99687	384787	453232	31241	285470	85522
咸阳市	Xianyang	638005	296957	341048	626230	11776	533312	34772
渭南市	Weinan	256130	113771	142359	254981	1149	168841	7494
延安市	Yan'an	199920		199920	198936	984	30761	14379
汉中市	Hanzhong	130543	607	129936	126703	3840	37716	4120
榆林市	Yulin	462787	1479	461308	449177	13611	26553	61397
安康市	Ankang	85182		85182	78651	6531	4195	13579
商洛市	Shangluo	73115		73115	73115		10943	22837
杨凌示范区	Yangling	180281		180281	176592	3689	163036	

14-30 各市(区)建筑业企业主要经济效益指标(2013年)
Main Indicators on Economic Efficiency of Construction Enterprises by City(District)(2013)

地 区	Region	人均利润(元/人) Per Capita Profits (yuan/person)	人均利税(元/人) Per Capita Pre-tax Profit (yuan/person)	人均竣工产值(元/人) Per Capita Output Value of Completed Construction (yuan/person)	人均施工面积(平方米/人) Per Capita Floor Space of Buildings under Construction (sq.m/person)	人均竣工面积(平方米/人) Per Capita Floor Space of Buildings Completed (sq.m/person)
全 省	**Shaanxi**	**13797**	**12220**	**152120**	**184.2**	**56.8**
西安市	Xi'an	10132	13745	150049	168.8	38.6
铜川市	Tongchuan	3354	9514	102197	384.4	50.5
宝鸡市	Baoji	28638	12057	161914	293.7	102.9
咸阳市	Xianyang	19872	15513	236762	225.0	91.6
渭南市	Weinan	12439	4895	74696	106.9	41.9
延安市	Yan'an	17700	11335	145014	203.8	53.3
汉中市	Hanzhong	4242	6343	125447	246.1	84.7
榆林市	Yulin	34582	17082	229017	260.0	105.4
安康市	Ankang	12731	11394	117718	211.8	76.0
商洛市	Shangluo	13149	8537	129978	126.8	63.3
杨凌示范区	Yangling	18619	11493	204805	118.3	84.1

注：本表资料不含劳务分包企业。

a) Data in the table do not include the subcontractor of labour services. The same applies to the table following.

14-30 续表 continued

地 区	Region	产值利润率(%) Ratio of Profits to Output Value (%)	产值利税率(%) Ratio of Pre-tax Profit to Gross Output Value (%)	资本利润率(%) Ratio of Profits to Captitals (%)	资本利税率(%) Ratio of Pre-tax Profits to Captitals (%)	资产负债率(%) Assets-Liability Ratio (%)
全 省	**Shaanxi**	**3.9**	**3.4**	**4.5**	**5.1**	**72.0**
西安市	Xi'an	2.6	3.6	6.4	4.7	78.7
铜川市	Tongchuan	1.0	3.0	12.6	4.4	70.5
宝鸡市	Baoji	5.8	2.4	1.4	3.4	74.2
咸阳市	Xianyang	4.6	3.6	2.0	2.6	68.1
渭南市	Weinan	7.3	2.9	2.4	6.1	61.9
延安市	Yan'an	5.2	3.3	6.4	10.1	48.5
汉中市	Hanzhong	2.0	3.0	10.1	6.8	54.8
榆林市	Yulin	7.8	3.8	6.8	13.7	43.6
安康市	Ankang	6.3	5.6	3.4	3.8	51.7
商洛市	Shangluo	5.9	3.9	3.4	5.2	39.6
杨凌示范区	Yangling	3.6	2.2	3.9	6.3	68.2

14-31 勘察设计企业数(2013年)
Number of Prospecting and Designing Enterprises (2013)

单位：个 (unit)

地 区	Region	企业数 Number of Enterprises	国有企业 State-owned Enterprises	集体企业 Collective-owned Enterprises	股份合作企业 Cooperative Enterprises	有限责任公司 Limited Liability Corporations
全 省	**Shaanxi**	**671**	**192**	**22**	**5**	**286**
西安市	Xi'an	468	78	14	3	234
铜川市	Tongchuan	10	6	2		
宝鸡市	Baoji	25	16	1		6
咸阳市	Xianyang	16	9			5
渭南市	Weinan	21	12	2		6
延安市	Yan'an	16	8	1		2
汉中市	Hanzhong	28	18	2		6
榆林市	Yulin	37	9		2	16
安康市	Ankang	20	16			4
商洛市	Shangluo	18	17			1
杨凌示范区	Yangling	4	1			2

14-31 续表 continued

单位：个 (unit)

地 区	Region	股份有限公司 Share-holding Corporations Limited	私营企业 Private Enterprises	其他企业 Others Enterprises	港、澳、台商投资企业 Enterprises with Funds from HongKong,Macao and Taiwan	外商投资企业 Enterprises with Funds from Foreigner
全 省	**Shaanxi**	**35**	**108**	**17**	**3**	**3**
西安市	Xi'an	26	93	14	3	3
铜川市	Tongchuan	1	1			
宝鸡市	Baoji		1	1		
咸阳市	Xianyang	1	1			
渭南市	Weinan	1				
延安市	Yan'an		4	1		
汉中市	Hanzhong	1	1			
榆林市	Yulin	4	5	1		
安康市	Ankang					
商洛市	Shangluo					
杨凌示范区	Yangling		1			

14-32 勘察设计企业资质情况(2013年)
Qualification of Prospecting and Designing Enterprises(2013)

单位：个 (unit)

地区	Region	企业数 Number of Enterprises	# 工程勘察 Projects Prospecting			# 工程设计 Projects Designing			# 建筑装饰 Architectural Decoration	
			甲级 A Grade	乙级 B Grade	丙级 C Grade	甲级 A Grade	乙级 B Grade	丙级 C Grade	甲级 A Grade	乙级 B Grade
全　省	**Shaanxi**	**671**	**33**	**38**	**1**	**76**	**172**	**148**	**20**	**60**
西安市	Xi'an	468	28	20		71	114	39	20	59
铜川市	Tongchuan	10					3	7		
宝鸡市	Baoji	25	2			2	11	10		
咸阳市	Xianyang	16	1	2		1	8	4		
渭南市	Weinan	21		1		1	3	16		
延安市	Yan'an	16		6			5	5		
汉中市	Hanzhong	28		1	1	1	4	20		1
榆林市	Yulin	37	2	4			11	18		
安康市	Ankang	20		1			4	14		
商洛市	Shangluo	18		2			2	14		
杨凌示范区	Yangling	4					3	1		

14-32 续表 continued

单位：个 (unit)

地区	Region	# 环境工程 Environmental Engineering		# 风景园林 Scenery and Gardening		# 消防工程 Fire Engineering		# 建筑幕墙 Architectural curtain wall	
		甲级 A Grade	乙级 B Grade	甲级 A Grade	乙级 B Grade	甲级 A Grade	乙级 B Grade	甲级 A Grade	乙级 B Grade
全　省	**Shaanxi**	**2**	**22**	**4**	**28**	**13**	**13**	**11**	**6**
西安市	Xi'an	2	21	4	25	13	13	11	6
铜川市	Tongchuan								
宝鸡市	Baoji								
咸阳市	Xianyang								
渭南市	Weinan								
延安市	Yan'an								
汉中市	Hanzhong								
榆林市	Yulin		1		1				
安康市	Ankang								
商洛市	Shangluo								
杨凌示范区	Yangling								

14-33 勘察设计企业年末从业人员(2013年)
Number of Employed Persons at Year-end of Prospecting and Designing Enterprises(2013)

地区	Region	年末从业人员(人) Number of Employed Persons at the Year-end (person)	#专业技术人员 Technical Personnel	#高级职称 Senior Title	#中级职称 Middle Title	#初级职称 Junior Title	年末注册执业人次(人) Registered Professionals at Year End(person)
全省	**Shaanxi**	**71707**	**46245**	**13423**	**17712**	**13070**	**9513**
西安市	Xi'an	64090	40304	11924	15066	11370	8242
铜川市	Tongchuan	339	271	50	148	70	20
宝鸡市	Baoji	960	791	206	326	236	194
咸阳市	Xianyang	667	525	187	184	143	105
渭南市	Weinan	581	480	127	239	113	79
延安市	Yan'an	603	473	122	216	131	125
汉中市	Hanzhong	968	789	166	356	261	183
安康市	Yulin	1449	1067	231	487	328	183
商洛市	Ankang	561	526	133	252	134	110
榆林市	Shangluo	551	444	102	210	116	105
杨凌示范区	Yangling	255	185	96	57	28	91

14-34 勘察设计企业业务完成情况(2013年)
Statistics on Operation Effected of Prospecting and Designing Enterprises(2013)

单位：万元 (10 000 yuan)

地区	Region	完成合同额 总计 Total Value of Contracts	#工程勘察	#工程设计 Project Designing	#工程技术管理服务 Project Tech Management Service	#工程承包 Contracted Projects	#境外工程 Overseas Projects
全省	**Shaanxi**	**4823973**	**473738**	**1110831**	**252574**	**2884044**	**102786**
西安市	Xi'an	4690113	450630	1030078	251111	2855942	102351
铜川市	Tongchuan	2584	342	2219	23		
宝鸡市	Baoji	8980	1469	7455	20	36	
咸阳市	Xianyang	7276	1596	5087	124	469	
渭南市	Weinan	5948	3466	2389	92		
延安市	Yan'an	4402	1732	2670			
汉中市	Hanzhong	19703	851	18593	259		
安康市	Yulin	23253	10580	11632	375	625	40
商洛市	Ankang	8472	973	7436	62		
榆林市	Shangluo	6569	1629	4697	90	153	
杨凌示范区	Yangling	3624	151	2807	271		395

14-35 勘察设计企业营业收入情况(2013年)
Business Revenue of Prospecting and Designing Enterprises(2013)

单位：万元　(10 000 yuan)

地　区	Region	营业收入 Business Revenue	工程勘察收入 Revenue from Projects Prospecting	工程设计收入 Revenue from Projects Designing	工程技术管理服务收入 Revenue from Project Tech Management Service	工程承包收入 Revenue from Contracted Projects	工程施工收入 Revenue from Projects Construction	其他收入 Other Revenue
全　省	**Shaanxi**	**4367361**	**292143**	**866612**	**171855**	**1936634**	**816271**	**283846**
西安市	Xi'an	4333614	285699	848543	169981	1930839	815337	283215
铜川市	Tongchuan	865		865				
宝鸡市	Baoji	3604	520	2684				400
咸阳市	Xianyang	2450	333	2117				
渭南市	Weinan	2870	2285	400				185
延安市	Yan'an	822		822				
汉中市	Hanzhong	4008	1196	2060	706			46
安康市	Yulin	5576	1634	3009			933	
商洛市	Ankang	1652		1652				
榆林市	Shangluo	1780	325	1455				
杨凌示范区	Yangling	1754	151	1332	271			

14-36 勘察设计企业科技活动情况(2013年)
Basic Statistics on Scientific and Technological Activities of Prospecting and Designing Enterprises(2013)

地　区	Region	科技活动费用支出(万元) Expenditures on Scientific and Technological Activities (10 000 yuan)	科技成果转让收入(万元) Transfer Income from Scientific and Technological Achievements (10 000 yuan)	累计拥有专利(项) Accumulative Number of Patent (unit)	累计拥有专有技术(项) Accumulative Number of Proprietary Technology (unit)
全　省	**Shaanxi**	**203185**	**236252**	**1881**	**805**
西安市	Xi'an	202062	236249	1865	785
铜川市	Tongchuan				
宝鸡市	Baoji	53			
咸阳市	Xianyang	38		5	5
渭南市	Weinan	35			
延安市	Yan'an	13	2		
汉中市	Hanzhong	80			
安康市	Yulin	61			
商洛市	Ankang	15			
榆林市	Shangluo	28	1		
杨凌示范区	Yangling	8			

主要统计指标解释

建筑业统计单位　指从事房屋、构筑物建造和设备安装活动的法人企业。建筑业法人企业应具有建筑业资质并能够独立核算，同时其应具备以下条件：①依法成立，有自己的名称、组织机构和场所，能够承担民事责任；②独立拥有和使用资产，承担负债，有权与其他单位签订合同；③独立核算盈亏，能够编制资产负债表。

建筑业总产值　是以货币形式表现的建筑业企业在一定时期内生产的建筑业产品和提供的服务的总和。建筑业总产值包括：

⑴建筑工程产值：指列入建筑工程预算内的各种工程价值。

⑵安装工程产值：指设备安装工程价值，不包括被安装设备本身的价值。

⑶其他产值：建筑业总产值中除建筑工程、安装工程以外的产值。包括房屋构筑物修理产值、非标准设备制造产值、总包企业向分包企业收取的管理费以及不能明确划分的施工活动所完成的产值。

a.房屋构筑物修理产值：指房屋和构筑物修理所完成的产值，但不包括被修理房屋、构筑物本身价值和生产设备的修理价值。

b.非标准设备制造产值：指加工制造没有定型的非标准生产设备的加工费和原材料价值(如化工厂、炼油厂用的各种罐、槽，矿井生产统一使用的各种漏斗、三角槽、阀门等)以及附属加工厂为本企业承建工程制作的非标准设备的价值。

建筑业增加值　指建筑业企业在报告期内以货币形式表现的建筑业生产经营活动的最终成果。

从 2004 年第一次全国经济普查开始，建筑业现价增加值按生产法和分配法(收入法)两种方法计算，以收入法的计算结果为准，即从收入的角度出发，根据生产要素在生产过程中应得的收入份额计算。具体计算方法：经济普查年度建筑业增加值按照《经济普查年度 GDP 核算方案》计算，非经济普查年度建筑业增加值按照《非经济普查年度 GDP 核算方案》计算。

房屋建筑施工面积　指在报告期内施过工的全部房屋建筑面积，包括本期新开工的房屋面积、上期施工跨入本期继续施工的房屋面积、上期停缓建在本期恢复施工的房屋面积、本期竣工的房屋面积及本期施工后又停缓建的房屋面积。

房屋建筑竣工面积　指在报告期内房屋建筑按照设计要求全部完工，达到了使用条件，经验收鉴定合格，正式移交使用单位的房屋建筑面积。

Explanatory Notes on Main Statistical Indicators

Statistical Unit in the Construction Industry refers to a corporate enterprise engaged in the construction of buildings and structures and in the installation of equipment. A corporate construction enterprise should have qualification certificates with independent accounting system, and should meet the following 3 requirements: a) being set up in line with relevant legal basis, having its full name, organization and location, and capable of taking civil liabilities; b) independently possessing and using its assets and assuming its liabilities, and entitled to sign contracts with other institutions; and c) making independent accounts of its profits and losses, and capable of compiling its own balance sheet.

Gross Output Value of Construction refers to total of construction products and services, expressed in money terms, produced or rendered by construction and installation enterprises during a given period of time. It includes:

(1) Output value of construction projects: the value of projects covered by the project budgets;

(2) Output value of installation projects: the value of the installation of equipment, (excluding the value of the equipment to be installed);

(3) Other output values: the output value of construction industry apart from that of construction projects and installation projects. It includes: output value of repair of buildings and structures; output value of non-standard equipment manufacturing; overhead expenses received by contracted enterprises from the sub-contracted enterprises and the completed output value of construction activities for which there is no clear definition.

a. Output value of repair of buildings and structures: the value created through the repairs of buildings or structures. It does not include the value of buildings or structures being repaired and the value of the repair of production equipment;

b. Output value of manufactured non-standard equipment: the value of non-standard production equipment, including raw materials and manufacturing cost, made for the construction project (i.e., chemical plant; kettles or tanks used by refineries; various fillers, triangle tanks, valves used by mines). It also includes the output value of equipment manufactured by subsidiary workshops.

Value-added of Construction refers to the final result of the activities of production and operation of enterprises of the construction industry in monetary terms during the reference period.

Starting from the 2004 economic census, value-added of construction is calculated by both production approach and income approach, with the figures from the income approach as the final figures. Under the income approach, calculation starts from the perspective of income and is based on the share of income derived from the production process by the relevant factors of production. Specifically, value-added of construction for the Census years is calculated in accordance with the *Programme of Compilation of GDP and National Accounts for the Year of Economic Census*, and value-added of construction for other years is calculated in accordance with the *Programme of Compilation of GDP and National Accounts for the Non Economic Census Years.*

Floor Space of Buildings Under Construction refers to floor space of buildings under construction during the reference period, including the floor space of buildings for which construction has newly started; buildings for which construction has started earlier and is continuing during the reference period; and buildings for which construction has been suspended earlier but has restarted during the reference period; buildings completed during the reference period; and buildings under construction but construction has subsequently been during the reference period.

Floor Space of Buildings Completed refers to the floor space of buildings that are completed in the reference period in accordance with the requirements of the design, up to the standard for being put into use, and having been checked and accepted by departments concerned as qualified ones.

十五、运输和邮电

Transport, Post and Telecommunication Services

资料整理：巨振强　王晓飞

简 要 说 明

一、本篇资料反映陕西交通运输业和邮政、通信业发展的基本状况。

交通运输业资料主要包括：各种运输方式的线路里程、运输设备拥有量、各种运输方式完成的货物运输量和旅客运输量，城市公共交通情况等资料。

邮电通信业资料主要包括：邮电业务完成情况，邮电通信发展水平等资料。

二、本篇的资料来源：

交通运输资料分别来源于西安铁路局、西延铁路公司、神华神朔铁路公司、省交通运输厅、东方航空公司西北分公司、长安航空有限责任公司、省公安厅车管所等。

邮电通信业资料来源于省通信管理局、省电信公司、省移动通信公司、省联通公司、省邮政管理局、省邮政公司等。

Brief Introduction

I. This chapter reflects the basic conditions of transportation industry, post and communication industry of Shaanxi Province.

Data on transportation industry mainly include: routes of various transport modes, quantity of transportation equipment, freight and passenger traffic volume of various transport modes, urban public transport situation, etc.

Data on post and telecommunication mainly include: completion of post and telephone service and development of posts and telecommunications, etc.

II. Sources of Data:

Data on transportation industry are obtained from Xi'an Railway Bureau, Xi Yan Railway Company, Shenhua Shenshuo Railway Company, the Ministry of Transport of Shaanxi Province, Northwest Branch of China Eastern Airlines, Chang'an Airlines and the DMV (deportment of motor vehicles) of Public Security Department of Shaanxi Province, etc.

Data on post and telecommunication are obtained from Shaanxi Communications Administration, Shaanxi Telecommunication Company, Shaanxi Mobile Communication Company, Shaanxi Unicom Company, Shanxi Provincial Postal Administration and Shaanxi Post, etc.

15.运输和邮电

2013年全省		
客运量	118312	万　人
旅客周转量	1051.14	亿人公里
货运量	152712	万　吨
货物周转量	3472.92	亿吨公里
邮电业务总量	417.50	亿　元
每百人拥有固定电话	20.4	部
每百人拥有移动电话	93.3	部

高速公路里程（公里）

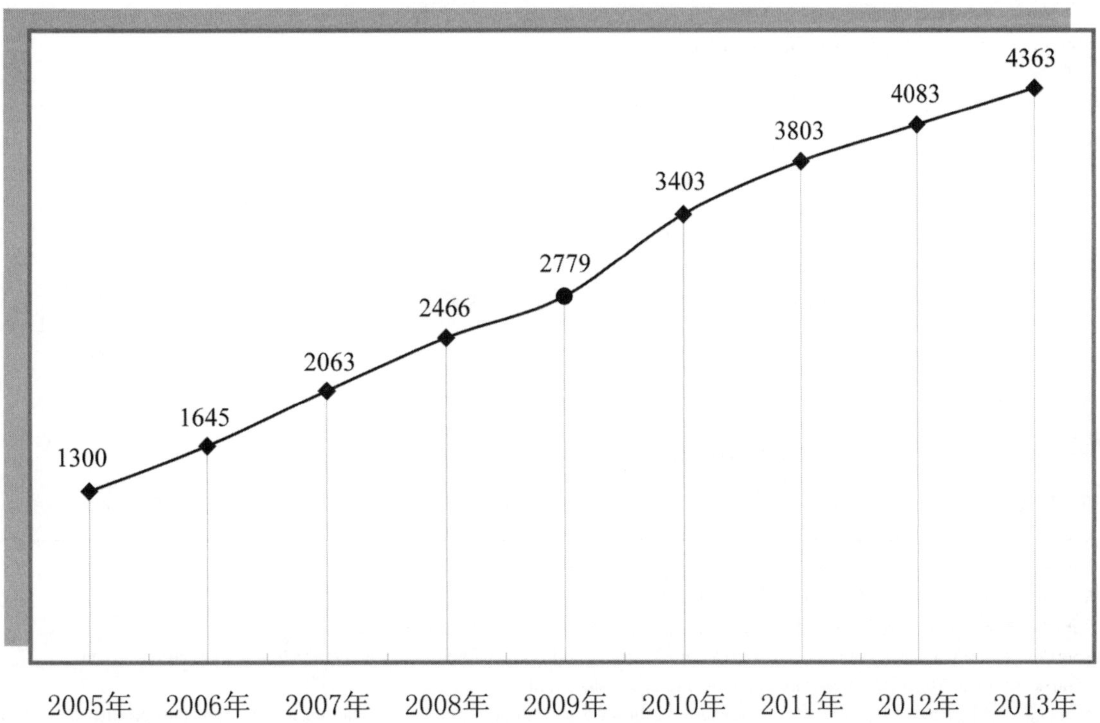

15-1 运输线路里程、质量和运输网密度

Length, Quality and Density of Transportation Routes

指　　标	Item	2011	2012	2013
一、运输线路里程	**Length of Transport Routes**			
铁路正线延展里程　(公里)	Extension Length of the Trunk Lines　(km)	8792	8804	9625
# 营业里程	Railways in Operation	4449	4464	4803
公路通车里程　(公里)	Total Length of Highways　(km)	151986	161411	165249
内河航道里程　(公里)	Navigable Inland Waterways　(km)	1066	1066	1066
# 机动船航道	Motor Vessels	558	558	558
民航通航里程　(公里)	Total Civil Aviation Routes　(km)	898628	981450	70643568
# 不重复里程	Unique Mileage	774473	833752	66157513
二、运输线路质量	**Quality of Transport Routes**			
铁路营业里程　(公里)	Length of Railways in Operation　(km)	4449	4464	4803
# 复线里程	Double-Tracking Length	2438	2453	2817
复线里程比重　(%)	Proportion　(%)	54.8	55.0	58.7
公路线路里程　(公里)	Length of Highways　(km)	151986	161411	165249
# 等级公路	Expressway and Class I to IV Highways	139453	146290	148991
等级公路比重　(%)	Proportion　(%)	91.8	90.6	90.2
内河航道里程　(公里)	Length of Navigable Inland Waterways　(km)	1066	1066	1066
# 水深一米以上	Depth of Water Above 1 m	558	558	558
水深一米以上比重 (%)	Proportion　(%)	50.7	50.7	50.7
三、运输网密度	**Transport Density**			
1.铁　路	Railways			
省内营业里程　(公里)	Length of Province Railways in Operation(km)	3970	4094	4421
密　度　(公里/平方公里)	Density　(km/sq.km)	0.019	0.02	0.02
2.公　路	Highways			
线路长度　(公里)	Length of Routes　(km)	151986	161411	165249
密　度　(公里/平方公里)	Density　(km/sq.km)	0.739	0.785	0.804
3.水　路	Waterways			
通航里程　(公里)	Length of Waterways in Operation　(km)	1066	1066	1066
密　度　(公里/平方公里)	Density　(km/sq.km)	0.005	0.005	0.005

注：1.铁路线路为中央在陕铁路局管线路；民航通航里程为陕西民航飞机飞行航线里程。
　　2.铁路线路里程含神华神朔铁路有限责任公司专用铁路线路。
　　3.2013年中国东方航空股份有限公司西北分公司通航里程由运输生产数调整为执管飞行数。

a) The transport routes are managed by the railway bureau in Shaanxi; Total civil aviation routes is the Shaanxi civil aviation's routes.

b) Length of railways includes dedicated railway line in Shenhuashenshuo Railway Co., Ltd.

c) Navigable mileage of Northwest Branch of China Eastern Airlines Corporation Limited has been adjusted from transport production numbers to administration flight numbers.

15-2 铁路、公路线路长度及民航航线

Length of Railways, Highways and Civil Aviation

指　　标	Item	2011	2012	2013
一、铁路线路长度	**Railways**			
正线延展里程　(公里)	Extension Length (km)	8792	8804	9625
# 省境内	In Shaanxi	5921	5920	6657
营业里程　(公里)	Length of Railways in operation (km)	4449	4464	4803
# 省境内	In Shaanxi	3970	4094	4421
电气化里程(省境内)(公里)	Provincal Electrified Railways (km)	3181	3192	3513
省内复线里程　(公里)	Provincal Double-Tracking Length (km)	2043	2054	2331
二、公路线路长度	**Highways**			
公路线路里程　(公里)	Length of Highways (km)	151986	161411	165249
# 高级及次高级路面	High Class and Sub-senior Class Pavement	81627	88628	92603
等级公路　(公里)	Expressway and Class Ⅰ to Ⅳ Highways (km)	139453	146290	148991
# 高速公路	Expressway	3803	4083	4363
一级公路	Class Ⅰ Highway	839	974	1011
二级公路	Class Ⅱ Highway	7610	8377	8441
三级公路	Class Ⅲ Highway	14752	14795	14731
四级公路	Class Ⅳ Highway	112449	118061	120445
三、民用航空	**Civil Aviation**			
航线里程　(公里)	Length of Civil Aviation Routes (km)	898628	981450	70643568
# 国际航线	International Routes	149628	156197	6576226
港澳航线	Regional Routes	18631	23390	2379620
航线条数　(条)	Numbers of Routes (line)	373	563	632
# 国际航线	International Routes	44	80	24
港澳航线	Regional Routes	8	15	14
通航城市　(个)	Number of Cities (unit)	165	150	88
# 国　际	International Routes	44	31	10
港　澳	Regional Routes	5	3	2

注：1.铁路线路长度含神华神朔铁路有限责任公司专用铁路线路。
　　2.公路线路有路面里程仅指高级路面。
　　3.2013年中国东方航空股份有限公司西北分公司通航里程由运输生产数调整为执管飞行数。

a) Length of railways includes dedicated railway line in Shenhuashenshuo Railway Co., Ltd.

b) Length of highways with pavement only includes high class pavement.

c) Navigable mileage of Northwest Branch of China Eastern Airlines Corporation Limited has been adjusted from transport production numbers to administration flight numbers.

15-3 运 输 工 具
Transportation

指标		Item		2011	2012	2013
一、铁路运输工具		**Means of Railway Transportations**				
机 车	(台)	Locomotives	(unit)	1030	1102	1353
# 蒸 汽		Steam Locomotives				
内 燃		Diesel Locomotives		243	253	263
电 力		Electric Locomotives		787	848	1090
客 车	(辆)	Passenger Coaches	(coach)	2327	2494	2535
二、公路运输工具		**Means of Highway Transportations**				
民用汽车	(辆)	Civil Vehicles	(coach)	2741214	3188389	3641318
# 新注册		New Registrations		515763	556934	608133
载客汽车	(辆)	Passenger Vehicles	(coach)	1915548	2356141	2845156
载货汽车	(辆)	Trucks	(coach)	417405	455418	478785
特种车	(辆)	Special Vehicle	(coach)			
汽车挂车	(辆)	Trailer Trucks	(coach)	31880	34330	38601
拖拉机	(辆)	Tractors	(coach)	268831	278901	297981
三、水运运输工具		**Means of Waterway Transportations**				
机动船	(艘)	Motor Vessels	(unit)	1236	1210	1094
客船载客量	(客位)	Passenger Capacity of Passenger Ships	(seat)	18321	18180	19863
货船净载重量	(吨)	Dead Weight Tonnage of Cargo Ships	(ton)	21384	21384	21527
拖轮功率	(千瓦)	Drawing Power	(kw)	282	282	335
驳 船	(艘)	Barges	(unit)	180	249	251
四、民航运输工具		**Means of Civil Aviation Transportations**				
民航飞机	(架)	Civil Aircraft	(unit)	34	33	49

注：铁路运输工具含神华神朔铁路有限责任公司机车数。

a) Means of railway transportations includes locomotives in Shenhuashenshuo Railway Co., Ltd.

15-4 各市(区)公路里程(2013年末)
Length of Highways by City(District)(2013)

单位：公里 (km)

地区	Region	公路里程 Length of Highways	# 等级公路 Expressway and Class Ⅰ to Ⅳ Highways	# 高速公路 Expressway	# 一级公路 Class Ⅰ Highway	# 二级公路 Class Ⅱ Highway	# 三级公路 Class Ⅲ Highway
全 省	**Shaanxi**	**165249**	**148991**	**4363**	**1011**	**8441**	**14731**
西 安 市	Xi'an	13135	12598	471	325	1466	1186
铜 川 市	Tongchuan	3782	3296	152	2	352	307
宝 鸡 市	Baoji	15898	14554	231	87	864	1533
咸 阳 市	Xianyang	15407	13549	355	203	656	1887
渭 南 市	Weinan	18182	15200	324	76	773	1278
延 安 市	Yan'an	17057	16247	537	4	1525	2701
汉 中 市	Hanzhong	18462	16216	465	66	777	762
榆 林 市	Yulin	27176	26083	936	227	1214	3074
安 康 市	Ankang	22543	18748	516		421	888
商 洛 市	Shangluo	13237	12142	364	10	334	1022
杨凌示范区	Yangling	370	360	12	9	59	92

15-5 客运量、旅客周转量及构成

Passenger Traffic, Passenger-Kilometers and Composition

指　标	Item	2011	2012	2013
一、客运量　（万人）	**Passenger Traffic (10 000 persons)**	**107809**	**112570**	**118312**
铁　路	Railways	5614	5757	6123
公　路	Highways	101062	105647	110963
水　运	Waterways	356	369	377
民用航空	Civil Aviation	777	797	849
二、旅客周转量(百万人公里)	**Passenger-Kilometers (million passenger-km)**	**98941**	**100453**	**105114**
铁　路	Railways	40537	40884	42138
公　路	Highways	46289	48855	51490
水　运	Waterways	54	58	60
民用航空	Civil Aviation	12061	10655	11426
三、客运量构成　(%)	**Composition of Passenger Traffic(%)**	**100.00**	**100.00**	**100.00**
铁　路	Railways	5.21	5.11	5.18
公　路	Highways	93.74	93.85	93.79
水　运	Waterways	0.33	0.33	0.32
民用航空	Civil Aviation	0.72	0.71	0.72
四、旅客周转量构成　(%)	**Composition of passenger-Kilometers (%)**	**100.00**	**100.00**	**100.00**
铁　路	Railways	40.97	40.70	40.09
公　路	Highways	46.78	48.64	48.98
水　运	Waterways	0.05	0.06	0.06
民用航空	Civil Aviation	12.19	10.61	10.87

注：本表资料为全社会口径。中央铁路部分为国家返馈陕西省境数。

a) Data in this table refer to those of the whole society system. Data of national railways refer to those responsed to Shaanxi.

15-6 货运量、货物周转量及构成
Freight Traffic, Freight Ton-Kilometers and Composition

指 标	Item	2011	2012	2013
一、货运量 (万吨)	**Freight Traffic (10 000 tons)**	**120916**	**136734**	**152712**
铁 路	Railways	30299	31942	35804
公 路	Highways	90419	104593	116711
水 运	Waterways	190	192	191
民用航空	Civil Aviation	8	7	6
二、货物周转量(百万吨公里)	**Freight Ton-Kilometers (million ton-km)**	**282583**	**319311.8285**	**347292**
铁 路	Railways	135425	144675	151469
公 路	Highways	146968	174464.52	195654
水 运	Waterways	74	74	73
民用航空	Civil Aviation	116	98	96
三、货运量构成 (%)	**Composition of Freight Traffic (%)**	**100.00**	**100.00**	**100.00**
铁 路	Railways	25.06	23.36	23.45
公 路	Highways	74.78	76.49	76.43
水 运	Waterways	0.16	0.14	0.13
民用航空	Civil Aviation	0.01	0.00	0.00
四、货物周转量构成 (%)	**Composition of Freight Ton-Kilometers (%)**	**100.00**	**100.00**	**100.00**
铁 路	Railways	47.92	45.31	43.61
公 路	Highways	52.01	54.64	56.34
水 运	Waterways	0.03	0.02	0.02
民用航空	Civil Aviation	0.04	0.03	0.03

注：1.本表资料为全社会口径。中央铁路部分为国家返馈陕西省境数。
2.铁路货运量和货物周转量含神华神朔铁路有限责任公司专用铁路货运量和货物周转量。

a) Data in this table refer to those of the whole society system. Data of national railways refer to those responsed to Shaanxi.

b) Freight traffic and freight ton-Kilometers includes dedicated railway line in Shenhuashenshuo Railway co., ltd .

15-7 民用汽车拥有量(2013年末)
Possession of Civil Vehicles(2013)

单位：辆 (unit)

地区	Region	民用汽车总计 Total	# 新注册 New Registrations	载客汽车 Passenger Vehicles	载货汽车 Trucks	其他汽车 Others	摩托车 Motorcycles	# 普通 Normal Motorcycles
全省	**Shaanxi**	**3641318**	**608133**	**2845156**	**478785**	**317377**	**2134049**	**2062775**
西安市	Xi'an	1634709	294797	1372192	207056	55461	200434	193813
铜川市	Tongchuan	61596	10690	43254	10930	7412	44868	44188
宝鸡市	Baoji	191185	29751	155992	22651	12542	265708	239711
咸阳市	Xianyang	247124	44173	197201	30795	19128	202960	199849
渭南市	Weinan	396764	58315	262464	53940	80360	284861	281152
延安市	Yan'an	231446	35788	161909	33535	36002	112828	110112
汉中市	Hanzhong	153494	26803	113637	18856	21001	365187	352156
榆林市	Yulin	492129	73899	373131	75147	43851	143626	140159
安康市	Ankang	95106	16203	61886	15639	17581	340625	329490
商洛市	Shangluo	66059	9065	37951	6712	21396	159576	158848
杨凌示范区	Yangling	47489	7103	43397	3281	811	10176	10097

15-8 私人车辆拥有量(2013年末)
Possession of Private Vehicles(2013)

单位：辆 (unit)

地区	Region	汽车总计 Total	# 载客汽车 Passenger Vehicles	# 载货汽车 Trucks	摩托车 Motorcycles	# 普通 Normal Motorcycles
全省	**Shaanxi**	**3055086**	**2453275**	**343487**	**2119829**	**2048736**
西安市	Xi'an	1412211	1204425	166401	199709	193097
铜川市	Tongchuan	47033	34055	6020	44723	44057
宝鸡市	Baoji	149325	124218	14607	265203	239217
咸阳市	Xianyang	204096	171130	17944	201976	198887
渭南市	Weinan	312502	227547	29949	279790	276109
延安市	Yan'an	193852	140366	22126	112457	109742
汉中市	Hanzhong	128854	94086	14836	364569	351566
榆林市	Yulin	433290	339337	52705	143181	139715
安康市	Ankang	78137	49130	12924	339048	327978
商洛市	Shangluo	55648	29818	5169	159004	158277
杨凌示范区	Yangling	40138	39163	806	10169	10091

15-9 公路部门营运载客车拥有量(2013年末)
Possession of Vehicles in Operation for Highway Transportation(2013)

地 区 Region	载客汽车合计(辆) Total (unit)	班车客运车辆 Scheduled Coach		# 高级 Senior		# 中级 Medium	
		辆数 (unit)	客位 (seat)	辆数 (unit)	客位 (seat)	辆数 (unit)	客位 (seat)
全 省 Shaanxi	**74068**	**19767**	**497556**	**5165**	**185748**	**8175**	**192141**
西安市 Xi'an	31796	3035	110574	1160	49511	1035	23695
铜川市 Tongchuan	1941	582	13697	136	5425	81	1924
宝鸡市 Baoji	6233	2470	55339	254	8213	913	23288
咸阳市 Xianyang	5653	2069	54797	966	34500	825	17176
渭南市 Weinan	6253	2443	59420	452	16967	706	18156
延安市 Yan'an	4470	1565	37651	142	4626	1423	33025
汉中市 Hanzhong	4116	1586	41171	736	20952	700	18626
榆林市 Yulin	6401	1954	51698	685	21735	1257	29735
安康市 Ankang	4431	2810	39616	275	9765	530	10978
商洛市 Shangluo	2433	1138	30424	310	12290	639	14133
杨凌示范区 Yangling	341	115	3169	49	1764	66	1405

15-9 续表 continued

地 区 Region	# 普通 Ordinary		旅游客车 Tourist Bus		其它客车 Others		公共汽车(辆) Bus (unit)	出租客车(辆) Taxi (unit)
	辆数 (unit)	客位 (seat)	辆数 (unit)	客位 (seat)	辆数 (unit)	客位 (seat)		
全 省 Shaanxi	**6427**	**119667**	**1994**	**71526**	**4844**	**28018**	**13064**	**34399**
西安市 Xi'an	840	37368	1756	63460	4655	26694	8211	14139
铜川市 Tongchuan	365	6348					309	1050
宝鸡市 Baoji	1303	23838	81	1557			896	2786
咸阳市 Xianyang	278	3121	11	419			580	2993
渭南市 Weinan	1285	24297	26	1077			587	3197
延安市 Yan'an			26	910			650	2229
汉中市 Hanzhong	150	1593	47	2155	34	549	625	1824
榆林市 Yulin	12	228	18	777			784	3645
安康市 Ankang	2005	18873	10	454			214	1397
商洛市 Shangluo	189	4001	19	717	155	775	182	939
杨凌示范区 Yangling							26	200

注：本表数字为在运管部门注册登记的全社会载客汽车数。

a) Data in this table refers to the whole society's for-hire vehicles registered in operation administration departments.

15-10 公路部门营运载货车拥有量(2013年末)

Possession of Vehicles in Operation for Highway Transportation(2013)

地 区 Region	载货汽车合计 Total		普通载货车辆 Ordinary Trucks		# 大 型 Heavy		# 重 型 Heavy		# 中 型 Medium	
	辆 数 (unit)	吨 位 (ton)	辆 数 (unit)	吨 位 (ton)	辆 数 (unit)	吨 位 (ton)	辆 数 (unit)	吨 位 (ton)	辆 数 (unit)	吨 位 (ton)
全 省 Shaanxi	**353175**	**2275524**	**284308**	**1434053**	**86002**	**1147380**	**67428**	**1025225**	**11818**	**40606**
西 安 市 Xi'an	178354	702906	166676	549755	30081	363940	24226	323781	3724	14218
铜 川 市 Tongchuan	9970	96922	7377	61345	4658	56454	4306	54356	222	804
宝 鸡 市 Baoji	19791	127176	16746	87163	6260	71685	4171	57644	745	2252
咸 阳 市 Xianyang	21883	201380	13925	117561	8108	108117	6600	96780	635	1845
渭 南 市 Weinan	41192	389498	28483	191008	16707	170955	11883	140548	1490	4791
延 安 市 Yan'an	9189	88098	6284	48129	3696	44471	3198	41673	198	624
汉 中 市 Hanzhong	15824	62105	13566	31689	1937	17840	1014	11738	381	1189
榆 林 市 Yulin	36687	466247	12173	218880	9394	212998	8158	204736	635	1827
安 康 市 Ankang	12701	37523	12458	35329	1769	15302	721	9574	2738	9225
商 洛 市 Shangluo	6120	96355	5664	88803	3251	83397	3016	82221	732	2563
杨凌示范区 Yangling	1464	7314	956	4391	141	2221	135	2174	318	1268

15-10 续表 continued

地 区 Region	专用载货车辆 Dedicated Trucks		# 集装箱 Container		其他机动车 Others		轮胎式拖拉机 Wheeled Tractor	
	辆 数 (unit)	吨 位 (ton)	辆 数 (unit)	TEU (ton)	辆 数 (unit)	吨 位 (ton)	辆 数 (unit)	吨 位 (ton)
全 省 Shaanxi	**12114**	**163846**	**155**	**274**	**58157**	**55906**	**4383**	**8130**
西 安 市 Xi'an	5958	75400	155	274	4772	2450	369	900
铜 川 市 Tongchuan	462	6116			254	177		
宝 鸡 市 Baoji	266	2136			596	365	248	634
咸 阳 市 Xianyang	596	9041			7999	3940	704	1821
渭 南 市 Weinan	1258	18204			23501	26954	2543	3419
延 安 市 Yan'an	1899	32967			3054	1819	15	15
汉 中 市 Hanzhong	258	1967			5188	7133	474	1301
榆 林 市 Yulin	832	11286						
安 康 市 Ankang	146	903			5584	9198	29	36
商 洛 市 Shangluo	217	4138			7209	3870	1	4
杨凌示范区 Yangling	222	1688						

注：本表数字为在运管部门注册登记的全社会营运载货车数。

a) Data in this table refers to the whole society's for-hire vehicles registered in operation administration departments.

15-11 城市公共汽车情况(2013年)
Basic Statistics on Bus in Cities (2013)

地区 Region	运营车数(辆) Number of Operations (unit)	汽油车 Gasoline	柴油车 Diesel Cars	天然气车 Natural Gas Vehicles	双燃料车 Dual-fuel Vehicles	标准运营车数(标台) Number of Standard Operations (unit)	运营线路总长度(公里) Network Length (km)	客运量(万人次) Passengers Transported (10 000 person-times)	运营里程(万公里) Operating Distance (10 000 km)
全省 Shaanxi	**13064**	**139**	**1994**	**6148**	**4548**	**14732**	**12803**	**258675**	**89215**
西安市 Xi'an	8211		208	4892	2911	9467	6052	174447	50084
铜川市 Tongchuan	309		75	50	184	297	231	3883	1981
宝鸡市 Baoji	896	82	60	236	518	1117	751	17690	7160
咸阳市 Xianyang	580		97	67	416	759	416	10135	5474
渭南市 Weinan	587	24	287	67	209	535	752	8289	4944
延安市 Yan'an	650	29	140	400	81	731	958	13594	5204
汉中市 Hanzhong	625		625			592	1200	7754	5058
榆林市 Yulin	784		108	436	205	840	1232	16859	5890
安康市 Ankang	214		214			198	700	2977	1600
商洛市 Shangluo	182	4	178			173	391	2977	1678
杨凌示范区 Yangling	26		2		24	23	120	70	143

15-12 城市出租汽车情况(2013年)
Basic Statistics on Taxi in Cities (2013)

地区	Region	运营车数(辆) Number of Operations (unit)	客运量(万人次) Passengers Transported (10 000 person-times)	运营里程(万公里) Operating Distance (10 000 km)	载客里程(万公里) Passenger Milesdistance (10 000 km)
全省	**Shaanxi**	**34399**	**121966**	**465976**	**327260**
西安市	Xi'an	14139	48859	206383	143510
铜川市	Tongchuan	1050	5195	14669	10756
宝鸡市	Baoji	2786	10420	37481	23806
咸阳市	Xianyang	2993	10802	39844	27430
渭南市	Weinan	3197	12741	46201	32134
延安市	Yan'an	2229	8965	34392	25208
汉中市	Hanzhong	1824	2516	19403	13102
榆林市	Yulin	3645	12676	40300	32019
安康市	Ankang	1397	5604	13359	10642
商洛市	Shangluo	939	3489	10221	7309
杨凌示范区	Yangling	200	698	3724	1343

15-13 铁路客货运输量
Passenger and Freight Traffic of Railways

指 标	Item	2011	2012	2013
一、路局范围	Railways Bureau			
客运量 (万人)	Passenger Traffic (10 000 persons)	5732	5852	6225
旅客周转量(百万人公里)	passenger-Kilometers(million passenger-km)	46478	46860	48557
货运量 (万吨)	Freight Traffic (10 000 tons)	11761	11786	12259
货物周转量(百万吨公里)	Freight Ton-Kilometers (million ton-km)	139376	148036	153340
二、省境内	In Shaanxi Province			
客运量 (万人)	Passenger Traffic (10 000 persons)	5614	5757	6123
旅客周转量(百万人公里)	Passenger-Kilometers(million passenger-km)	40537	40884	42138
货运量 (万吨)	Freight Traffic (10 000 tons)	30299	31942	35804
货物周转量(百万吨公里)	Freight Ton-Kilometers (million ton-km)	135425	144675	151469

注：本表路局范围为西安铁路局数字，省境内及合资铁路为国家反馈数。
a) Bureau means jointly owned railway bureau of Xi'an. The data in Shaanxi province refer to the number responsed from nation.

15-14 全省公路运输部门客货运输量(2013年末)
Passenger and Freight Traffic of Highway Departments(2013)

地 区	Region	客运量 (万人) Passenger Traffic (10 000 persons)	客运周转量 (万人公里) passenger-Kilometers (10 000 passenger-km)	货运量 (万吨) Freight Traffic (10 000 tons)	货运周转量 (万吨公里) Freight Ton-Kilometers (10 000 ton-km)
全 省	**Shaanxi**	**110963**	**5149023**	**116711**	**19565415**
西安市	Xi'an	32614	1804519	49243	4168694
铜川市	Tongchuan	1750	66892	4016	479315
宝鸡市	Baoji	10458	280523	9946	1071095
咸阳市	Xianyang	14027	448806	8052	2086375
渭南市	Weinan	13388	769804	13801	4012337
延安市	Yan'an	8362	324219	6381	823328
汉中市	Hanzhong	9764	380627	6312	868142
榆林市	Yulin	7901	506441	10740	5541112
安康市	Ankang	8250	316598	7329	410593
商洛市	Shangluo	3991	241540	823	89632
杨凌示范区	Yangling	458	9054	68	14792

15-15 铁路运输主要经济技术指标
Principal Economic and Technical Indicators of Railway Transport

指标	Item	2011	2012	2013
货车平均静载重 (吨)	Average Static Load of Freight Cars (ton)	63.1	63.4	63.6
货车周转时间 (天)	Turning Around Time of Freight Cars (day)	2.1	2.2	2.3
货运机车日产量 (万吨公里)	Average Daily Ton-kilometers of Freight Locomotives (10 000 ton-km)	94.1	92.5	89.2
内燃机车耗油 (公斤/万吨公里)	Oil Consumption of Diesel Locomotives (km/10 000 ton-km)	46.5	47.2	46.9
电力机车耗电 (千瓦小时/万吨公里)	Electricity Consumption of Electric Locomotives (kwh/10 000 ton-km)	141.6	142.8	146.1
货物列车出发正点率 (%)	Punctuality Rate of Freight Trains at Departure (%)	99.0	98.9	99.4
货物列车运行正点率 (%)	Punctuality Rate of Freight Trains in Running (%)	99.5	99.8	99.8
旅客列车出发正点率 (%)	Punctuality Rate of Passenger Trains at Departure(%)	99.4	99.8	99.7
旅客列车运行正点率 (%)	Punctuality Rate of Passenger Trains in Running (%)	99.5	99.6	99.7
客运密度 (万人公里/公里)	Density of Passenger Traffic (10 000 person-km/km)	1112.1	1118.5	1072.3
每万名旅客拥有座卧车数 (辆)	Number of Seat Trains and Sleeping Trains Per 10 000 Passengers (unit)	6.1	5.7	5.9
每百万旅客人公里拥有座卧车数 (辆)	Number of Seat Trains and Sleeping Trains Per million Passenger-km (unit)	20.0	18.8	19.2
货物列车旅行速度 (公里/小时)	Running Speed of Freight Trains (km/hr)	30.7	29.7	29.9
货运密度 (万吨公里/公里)	Density of Freight Traffic (10 000 ton-km/km)	3334.9	3533.6	3386.2
一次货物作业时间 (小时)	Handling Time of Freigh (hour)	15.9	15.9	15.7

15-16 铁路分品类货物发送量及装车数
Volume of Freight Dispatched and Loaded Cars of Railways by Category of Cargo

品种	Item	货物发送量(万吨) Volume of Freight Dispatched (10000 tons)			装车数(车) Car Loadings (unit)		
		2011	2012	2013	2011	2012	2013
合计	**Total**	**31511**	**32478**	**36959**	**4945634**	**4864921**	**5442378**
煤	Coal	27822	28593	32961	4280882	4174485	4740325
焦炭	Coke	495	636	703	78171	99093	109170
石油	Petroleum	1009	1055	958	200065	205569	185415
钢铁及有色金属	Steel and Iron, and Non-Ferrous Metal	429	381	418	81009	75373	78304
金属矿石	Metal Ores	187	170	119	28713	25930	17641
非金属矿石	Non-metal Ores	169	168	146	26722	26309	22991
矿建材料	Mineral Building Materials	277	267	367	43062	40899	57162
水泥	Cement	17	0	13	2599		1967
木材	Timber	15	10	9	2495	1644	1536
化肥及农药	Chemical Fertilizers and Pesticides	162	173	179	26565	28122	28930
粮食	Grain	203	228	260	33254	37078	41858
棉花	Cotton				3		
其他	Others	726	797	825	142094	150419	157079

注：本表含神华神朔铁路有限责任公司。

a) Data in this table includes those of Shenhuashenshuo Railway co., ltd.

15-17 邮电业务总量
Total Business Volume of Post and Telecommunication Services

年份 Year	邮电业务总量(万元) Business Volume of Postal and Telecommunication Services (10 000 yuan)	函件(万件) Number of Letters (10 000 pcs)	报刊期发数(万份) Number of Newspapers and Magazines Issued (10 000 copies)	快递(万件) Pieces of Express Mail Services (10 000 pcs)	移动电话(户) Number of Subscribers of Mobile Telephones (subscribers)	城市电话(户) Number of Urban Fixed Telephone Subscribers (subscribers)	乡村电话(户) Number of Rural Fixed Telephone Subscribers (subscribers)	互联网宽带用户(户) Number of Internet Users (subscribers)
1978	5025	9188	319			32356	14100	
1980	5595	10386	494			36521	14668	
1985	7871	13275	869			53828	15978	
1990	16936	15955	506			96573	21184	
1995	145408	24277	1017			601136	78244	
1996	206467	26456	1122			882485	153767	
1997	278942	15787	888			1174607	237720	
1998	395410	14281	1335			1507041	311724	
1999	538640	15678	521		601260	1822476	499096	
2000	850392	17444	454	227	1516687	2528584	923865	198744
2001	945861	18518	386	285	2917135	2905202	1285409	697869
2002	1331745	20323	347	298	4813341	3444609	1798321	1106756
2003	1741428	20307	312	335	6110004	4577207	2147725	1687600
2004	2447665	19915	283	366	7886903	5412164	2507240	1946200
2005	3311322	15119	286	397	9381001	5618420	2974747	2369000
2006	4242336	16072	276	489	11835813	5805703	3339014	1613600
2007	5294031	11677	279	607	16126583	5834313	3422573	1936310
2008	6287289	11219	301	767	19122464	5647062	3165318	2351717
2009	7455960	8690	365	883	23373712	5257253	2892457	2550542
2010	9028500	9734	517	2600	25182317	5195501	2623352	3688265
2011	3482544	5877	335	3942	29071848	5190462	2564357	3890780
2012	3855369	6061	337	5085	32647663	5413043	2307643	4395866
2013	4174992	4914	346	9552	35124609	5550224	2142652	5062419

注：邮电业务总量按不变价格计算,2011年按2010年不变价格计算。

a) Business volume of post and telecommunication services are calculated at constant prices.2011 are calculated at constant prices in 2010.

15-18 邮电通信水平
Level of Post and Telecommunication Services

指标	Item	2011	2012	2013
邮政通信水平	Postal Services Available			
平均每一营业网点服务面积(平方公里)	Average Area Served by Every Postal Office (sq.km)	145.3	144.79	147.49
平均每一营业网点服务人口 (万人)	Average People Served by Every Postal Office (10 000 persons)	2.64	2.64	2.7
平均每人每年发函件数 (件)	Annual Number of Letters Mailed per Capita (piece)	1.57	1.61	1.31
平均每百人订有报刊数 (份)	Number of Newspaper and Magazine Subscribed per 100 Persons(copy)	9.00	9.00	9.19
电信通信水平	Telecommunication Services Available			
电话普及率(包括移动电话)(部/百人)	Popularization Rate of Telephone (sets/100 persons)	98.39	107.56	113.76
固定电话普及率 (部/百人)	Popularization Rate of Fixed Telephone (sets/100 persons)	20.72	20.57	20.44
城市	City	29.32	28.84	28.74
乡村	Rural Area	13.00	12.30	11.69
移动电话数普及率 (部/百人)	Popularization Rate of Mobile Telephone (sets/100 persons)	77.67	86.99	93.32

15-19 各市(区)邮政业务量(2013年)
Total Business Volume of Post Services by City(District)(2013)

地 区	Region	邮政业务总量(万元) Business Volume of Postal cation Services (10 000 yuan)	函件(万件) Number of Letters (10 000 pcs)	包裹(万件) Package (10 000 pcs)	快递(万件) Pieces of Express Mail Services (10 000 pcs)	报刊累计数(万份) Number of Total Newspapers and Magazines (10 000 copies)
全 省	**Shaanxi**	**370222**	**4914**	**190**	**9552**	**48336**
西安市	Xi'an	165802	2856	89	6896	16132
铜川市	Tongchuan	6392	38	2	56	1777
宝鸡市	Baoji	35571	338	20	1122	4140
咸阳市	Xianyang	33518	691	19	429	3296
渭南市	Weinan	29849	249	17	286	7216
延安市	Yan'an	12629	53	6	108	2938
汉中市	Hanzhong	38353	182	13	200	3221
榆林市	Yulin	16338	182	11	226	4507
安康市	Ankang	18552	169	10	125	2035
商洛市	Shangluo	13217	157	4	106	3074

15-20 各市(区)电信业务量(2013年)
Total Business Volume of Telecommunication Services by City(District)(2013)

地 区	Region	电信业务总量(万元) Business Volume of Telecommunication Services (10 000 yuan)	移动电话用户(户) Number of Subscribers of Mobile Telephones (subscribers)	固定电话用户(户) Number of Subscribers of Fixed Telephones (subscribers)	城市电话 Number of Urban Fixed Telephone Subscribers	乡村电话 Number of Rural Fixed Telephone Subscribers	互联网宽带用户(户) Number of Subscribers of Internet Services (subscribers)
全 省	**Shaanxi**	**3804770**	**35124609**	**7692876**	**5550225**	**2142653**	**5062419**
西安市	Xi'an	1596316	15110650	3213152	2793604	419548	2199523
铜川市	Tongchuan	71163	627713	137469	115888	50098	85692
宝鸡市	Baoji	265801	2502354	693608	440270	251484	405409
咸阳市	Xianyang	334144	3377208	626264	440718	214369	465576
渭南市	Weinan	355763	3375966	843893	385361	414623	607540
延安市	Yan'an	240062	2019569	368117	275057	93060	213631
汉中市	Hanzhong	221263	2152055	555801	332615	262941	325251
榆林市	Yulin	449621	3235262	574976	374279	149366	344849
安康市	Ankang	162851	1592623	387316	244791	142526	253530
商洛市	Shangluo	107785	1131208	292280	147642	144638	161418

15-21 各市(区)邮电局所及邮递线路(2013年)

Postal and Telecommunication Offices and Postal Routes by City(District)(2013)

地区 Region	邮电局所总计(个) Total Number of Postal and Telecommunication Offices(unit)	邮政自办局(所) Number of Self-postal Offices	邮政代办所 Number of Sub-postal Offices	电信自办局(所) Number of Self-Tele-communication Offices	电信代办所 Number of Sub-Tele-communication Offices	邮路长度(公里) Length of Postal Routes (km)	农村投递线路总长度(公里) Total Length of Rural Delivery Routes(km)
全省 Shaanxi	**58298**	**1130**	**264**	**1253**	**55651**	**55785**	**19230**
西安市 Xi'an	20063	242	27	300	19494	2161	1226
铜川市 Tongchuan	1453	25	14	23	1391	759.5	259
宝鸡市 Baoji	4180	119	31	126	3904	3185.9	2134
咸阳市 Xianyang	5389	133	7	132	5117	2121.8	1843
渭南市 Weinan	6427	130	14	161	6122	2418	1966
延安市 Yan'an	3647	108	28	75	3436	3662	2662
汉中市 Hanzhong	5616	134	24	112	5346	3229.7	2028
榆林市 Yulin	5452	73	93	110	5176	5392	3832
安康市 Ankang	3524	96	14	96	3318	2953	1832
商洛市 Shangluo	2547	70	12	118	2347	2037.6	1448

15-22 邮电通信企业主要财务指标

Principal Financial Indicators of Postal and Telecommunication Services Enterprises

单位：万元 (10 000 yuan)

指标	Item	2011	2012	2013
邮电业务收入总计	Total Revenue from Postal and Telecommunication Services	2892266	3476266	3966286
# 主营业务收入	Revenue from Principal Business	2783026	3262603	3694789
业务支出	Business Expenditure	1591948	1907738	2581877
营业外损益净额	Net Amount of Non Operating Profit and Loss	7006	25265	9798
税金	Tax	201271	208751	148218
教育附加费	Extra Charges for Education	3358	4114	4769
收支差额	Balance of Revenue and Expenditure	1157767	12527	673776
年末固定资产原值	Original Value of Fixed Assets at Year-end	6417838	7601562	8439914

主要统计指标解释

铁路营业里程 又称营业长度(包括正式营业和临时营业里程)，指办理客货运输业务的铁路正线总长度。凡是全线或部分建成双线及以上的线路，以第一线的实际长度计算；复线、站线、段管线、岔线和特殊用途线以及不计算运费的联络线都不计算营业里程。该指标可以反映铁路运输业基础设施的发展水平，也是计算客货周转量、运输密度和机车车辆运用效率等指标的基础资料。

铁路电气化里程 指在全部铁路营业里程中已安装了供电线路及设备，可以供电力机车牵引列车运行的区段的总里程。

公路里程 指在一定时期内实际达到《公路工程[WTBZ]技术标准 JTJ01-88》规定的等级公路，并经公路主管部门正式验收交付使用的公路里程数。包括大中城市的郊区公路以及通过小城镇街道部分的公路里程和桥梁、渡口的长度，不包括大中城市的街道、厂矿、林区生产用道和农业生产用道的里程。两条或多条公路共同经由同一路段，只计算一次，不得重复计算里程长度。该指标可以反映公路建设的发展规模，也是计算运输网密度等指标的基础资料。

内河航道里程 也称内河通航里程，指在一定时期内，能通航运输船舶及排筏的天然河流、湖泊水库、运河及通航渠道的长度。包括全年季节性通航累计三个月以上的航道，不包括仅供零散流放竹、木排的河道。该指标可以反映内河水运网的规模、水平和发展情况。

民用航空航线里程 指统计期间内全部民用航空航线的航线总长度。航线长度指民用航空航线的计费距离。计算航线里程可按重复和不重复两种方法，前者是指各航线长度相加的总和；后者则要扣除各航线之间相同航段重复计算的部分。

货(客)运量 指在一定时期内，各种运输工具实际运送的货物(旅客)数量。该指标是反映运输业为国民经济和人民生活服务的数量指标，也是制定和检查运输生产计划、研究运输发展规模和速度的重要指标。货运按吨计算，客运按人计算。货物不论运输距离长短、货物类别，均按实际重量统计。旅客不论行程远近或票价多少，均按一人一次客运量统计；半价票、小孩票也按一人统计。

货物(旅客)周转量 指在一定时期内，由各种运输工具运送的货物(旅客)数量与其相应运输距离的乘积之总和。该指标可以反映运输业生产的总成果，也是编制和检查运输生产计划，计算运输效率、劳动生产率以及核算运输单位成本的主要基础资料。计算货物周转量通常按发出站与到达站之间的最短距离，也就是计费距离计算。计算公式为：

$$货物（旅客）周转量=\Sigma（货物（旅客）运输量\times 运输距离）$$

铁路货车平均静载重 指铁路货车在始发站静止状态下平均每车装载的货物重量，用以分析货车完成装车时车辆载重力的利用情况。计算公式为：

$$货车平均静载量=\frac{货物发送吨数}{装车数}$$

静载重的多少取决于运送货物的性质、种类、车辆的类型和装载技术的高低。根据货车的平均标记载重与静载重进行对比，可以反映货车载重能力的利用程度。计算公式为：

$$货车载重力利用率(\%)=\frac{货车平均静载重}{货车平均标记载重}\times 100\%$$

铁路货运机车日产量 指在一定时期内，平均每台货运机车在一昼夜内所完成的总重吨公里数，包括载运货物的重量和车辆本身的自重。该指标从时间和牵引能力两方面反映了机车运用效率。计算公式为：

$$货运机车平均日产量=\frac{货运总重吨公里数}{货运机车台日数}$$

民用汽车拥有量 指报告期末，在公安交通管理部门按照《机动车注册登记工作规范》，已注册登记领有民用车辆牌照的全部汽车数量。汽车拥有量统计的主要分类：根据汽车结构分为载客汽车、载货汽车及其他汽车；根据汽车所有者不同分为个人(私人)汽车、单位汽车；根据汽车的使用性质分为营运汽车、非营运汽车；根据汽车大小规格不同载客汽车分为大型、中型、小型和微型，载货汽车分为重型、中型、轻型和微型。

邮电业务总量 指以货币形式表示的邮电企业为社会提供各类邮电服务的总数量，是用于观察邮电业务发展变化总趋势的综合性总量指标。分别按邮政业务总量和电信业务总量统计。邮电业务总量是以各类业务的实物量分别乘以相应的不变单价，得出各类业务的货币量再加总求得。

移动电话用户 指在电信运营企业营业网点办理开户登记手续，通过移动电话交换机进入移动电话网，占用移动电话号码的各类电话用户。包括 GSM 数字移动电话用户、CDMA 数字移动电话用户和电信运营企业发行的报告期末已激活充值的能异地漫游的各种智能卡用户。

固定电话用户 指在电信运营企业营业网点办理开户登记手续并已接入固定电话网上的全部电话用户。包括普通电话用户、公用电话用户、窄带综合业务数字网（N—ISDN）用户、智能网专用接入终端用户等。按行政区划分为城市电话用户和农村电话用户。

城市电话用户 指直辖市、省辖市、地级市、县级市的市区、市郊区及县城范围内接入局用交换机的电话用户。包括分布在农村地区县团级以上建制的独立工矿区、林区、驻军等电话用户。

农村电话用户 指县城关镇以下的集镇和农村接入局用交换机的电话用户。

Explanatory Notes on Main Statistical Indicators

Length of Railways in Operation refers to the total length of the trunk line for passenger and freight transportation (including both full operation and temporary operation). The calculation is based on the actual length of the first line if this line has a full or partial double (or more). Not included are double tracks, station sidings, tracks under the charge of stations, branch lines, special-purpose lines and non-payable connecting lines. The length of railways in operation is an important indicator to show the development of the infrastructure of railway transport. It is also essential data to calculate volume of passenger freight transport, traffic density and utilization efficiency of locomotives and carriages.

Length of Electrified Railways refers to the length of the section of railways in operation in which the power supply lines and other equipment are installed for the running of electrified locomotives. The proportion of the length of electrified railways to the total length of railways in operation is an important indicator to show the modernization of railways.

Length of Highways refers to the length of highways which are built in conformity with the grades specified by the highway engineering standard [Highways WTBZ-Technical Standard JTJ01-88] formulated by the Ministry of Transport, and have been formally checked and accepted by the departments of highways and put into use. The length of highways includes that of the suburb highways at large and medium-sized cities, highways passing through streets at small cities and towns, and also the length of bridges and ferry piers. It does not include the length of streets in big and medium-sized cities and highways built for the production purpose at factories, mines, forest areas and agricultural areas. If two or more highways go the same section of the way, the length of the section is only calculated for once and no duplication is allowed. The length of highways is an indicator to show the development of the scale of highway construction and to provide essential information to calculate the transport network density.

Length of Navigable Inland Waterways is an indicator reflecting the size and development of inland water network. It refers to the length of the natural rivers, lakes, reservoirs, canals, and ditches open to navigation during a given period, which enables transportation by ships and rafts. It includes the channels open to navigation for over an accumulated period of 3 months in a year, yet this does not include the river courses which are only used to float odd logs and bamboo rafts. This indicator can reflect the scale, level and development situation of the inland waterway network.

Length of Civil Aviation Routes refers to the length of all routes for civil aviation flights, which is used to account the freight, during the period of statistics.. There are usually two ways to calculate the route length: duplicated calculation and non-duplicated calculation, the former is the sum of length of all civil aviation routes, and the latter should deduct the duplication length of same route among all routes.

Freight (Passenger) Traffic refers to the volume of freight (passenger) transported with various means within a specific period of time. This indicator reflects the service of the transport industry towards the national economy and people's living conditions, as well as an important indicator used in formulating and monitoring transport production plans and research into the scale and pace of transport development. Freight transport is calculated in tons and passenger traffic is calculated in terms of number of persons. Freight transport is calculated in terms of the actual weight of the goods and takes no account of the type of freight and distance of travel. Passenger traffic is calculated by the principle that one person can be counted only once in one trip and takes no account of the travelling distance and ticket price. The passengers who travel with a half price ticket or a child's ticket is also calculated as one person.

Freight Ton-kilometres (Passenger-kilometres) refers to the sum of the product of the volume of transported cargo (passengers) multiplied by the transport distance. It is an important indicator to reflect the achievement of the transportation industry. This is an important indicator to show the total results of the transport industry; to prepare and examine the transport plan; and to serve as the main basic data for calculating the efficiency, labour productivity and unit cost of transport. Normally, the shortest distance between the departure station and the destination station (i.e., the payable distance) is the basis in calculating the freight ton-kilometres. The formula is as follows:

$$\begin{matrix}\text{Freight ton-kilometres}\\ \text{(passenger-kilometres)}\end{matrix} = \Sigma \begin{matrix}\text{freight}\\ \text{(passenger) traffic}\end{matrix} \times \begin{matrix}\text{distance of}\\ \text{transportation}\end{matrix}$$

Average Static Load of Freight Cars refers to the average cargo weight as loaded by each freight car under the static condition at the departure station. It is used to show the utilization extent of the loading capacity of the freight cars. The formula is:

$$\begin{matrix}\text{Static load (ton)}\\ \text{of freight car}\end{matrix} = \frac{\text{tonnage of goods dispatched}}{\text{number of freight cars loaded}}$$

The static load of freight cars is determined by the nature and type of goods loaded the type of vehicles, and the technique of loading. Comparison of the average marked load with the static load of freight cars provides indication on the degree of utilization of loading capacity of freight cars. For its calculation the following formula is applied:

$$\begin{matrix}\text{Utilization rate of}\\ \text{capacity of freight cars (\%)}\end{matrix} = \frac{\text{Average static load}}{\text{Average marked load}} \times 100\%$$

Average Daily Haul of Freight Locomotives refers to the average total ton-kilometres accomplished by each freight transport locomotive over one day and night during a given period of time. It includes both the weight of the goods carried and the dead weight of the train itself. It is a comprehensive indicator reflecting the locomotive efficiency in terms of both time and the pulling force.

$$\begin{array}{c}\text{Average daily haul of}\\ \text{freight transport locomotive}\\ \text{(ton - kilometre)}\end{array} = \frac{\begin{array}{c}\text{Total ton - kilometres}\\ \text{of freight}\end{array}}{\begin{array}{c}\text{Daily number of freight}\\ \text{transport locomotive}\end{array}}$$

Possession of Civil Motor Vehicles refer to the total numbers of vehicles that are registered and received vehicles license tags according to the *Work Standard for Motor Vehicles Registration* formulated by the Transport Management Office under the department of public security at the end of the reference period. They are divided into categories. According to the structure of motor vehicles, they are divided into passenger vehicles, trucks and others; according to ownership into private vehicles and vehicles for the unit's use; according to kind of usage into working vehicles and non-working vehicles; and according to size of vehicles into large passenger vehicles, medium-sized passenger vehicles, small passenger vehicles and mini passenger vehicles, heavy trucks, light-heavy trucks, light trucks and mini-trucks.

Business Volume of Post and Telecommunications refers to the total amount of postal and telecommunication services, expressed in value terms, provided by the post and telecommunications departments for society. This indicator reflects the overall results of development of postal and telecommunication services. It can be classificated as postal services and telecommunication services. Business volume of post and telecommunications is the sum of all services in kind multiplying with the unit price (constant price) to get the total business value.

Mobile Telephone Subscribers refer to persons who have gone through registration procedures in the operation points of enterprises engaged in telecommunications and are hence connected with the mobile telephone communication network through the mobile telephone switchboards and occupy mobile phone numbers. Included are GSM digital mobile phone subscribers, CDMA digital mobile phone subscribers and subscribers to intelligent phone cards with roaming facility issued by telecommunications enterprises and which have been subscribed to and activated at the end of the reference period.

Local Telephone Subscribers refer to all subscribers who have gone through registration procedures in the operation points of enterprises engaged in telecommunications and are hence connected to the local telecommunications service provider through fixed line network. Included are general subscribers, public telephones subscribers, N-ISDN subscribers and intelligent network terminal subscribers. They are also classified in terms of administrative districts as urban telephone subscribers and rural telephone subscribers according to location.

Urban Telephone Subscribers refer to the number of telephone subscribers, located at the different administrative districts of municipalities directly under the Central Government, cities under the jurisdiction of province, cities at prefecture level, downtown and suburb of city at county level town and county towns, that are connected to the public line telephone network, including rural mineral area, forest area, military area.

Rural Telephone Subscribers refer to telephone subscribers, located at the towns below the level of county town and villages, that are connected to the public line telephone network.

十六、国内贸易

Domestic Trade

资料整理：张 兵

简 要 说 明

一、本篇资料反映陕西国内市场发展情况，主要内容包括：限额以上批发和零售业、住宿和餐饮业基本情况、连锁经营情况，社会消费品零售总额，成品油购进、销售与库存情况等。

二、限额以上企业指年主营业务收入2000万元及以上的批发企业（单位）；500万元及以上的零售业企业（单位）；200万元及以上的住宿和餐饮业企业（单位）。

三、批发业、零售业、住宿业、餐饮业大中小微型划分标准按照2011年《统计上大中小微型企业划分办法》标准执行。

Brief Introduction

I. This chapter reflects the development of domestic markets in Shaanxi, mainly including: enterprises above designated size of wholesale and retail trades of commodity circulation, the basic conditions of the wholesale and retail trades above designated size, development of chain stores of retail trades, total retail sales of consumer goods, purchase, sale and stock of refined oil product, etc.

II. Enterprises above designated size cover wholesale enterprises with revenue from principal business over 20 million yuan, retail enterprises with revenue from principal business over 5 million yuan, wholesale and retail enterprises with revenue from principal business over 2 million yuan.

III. The division standard of large/medium/small/mini sized enterprises of wholesale, retail trades,hotels and catering services is based on *the Division Standard of Large/Medium/Small/Mini Sized Enterprises* in 2011.

16.国内贸易

2013年全省			
批发业网点	9.94	万个	
零售业网点	55.25	万个	
餐饮业网点	14.03	万个	
社会消费品零售总额	4999.54	亿元	比上年增长 14.0%
商品零售	4486.39	亿元	比上年增长 15.0%
餐饮收入	513.15	亿元	比上年增长 6.5%

社会消费品零售总额（亿元）

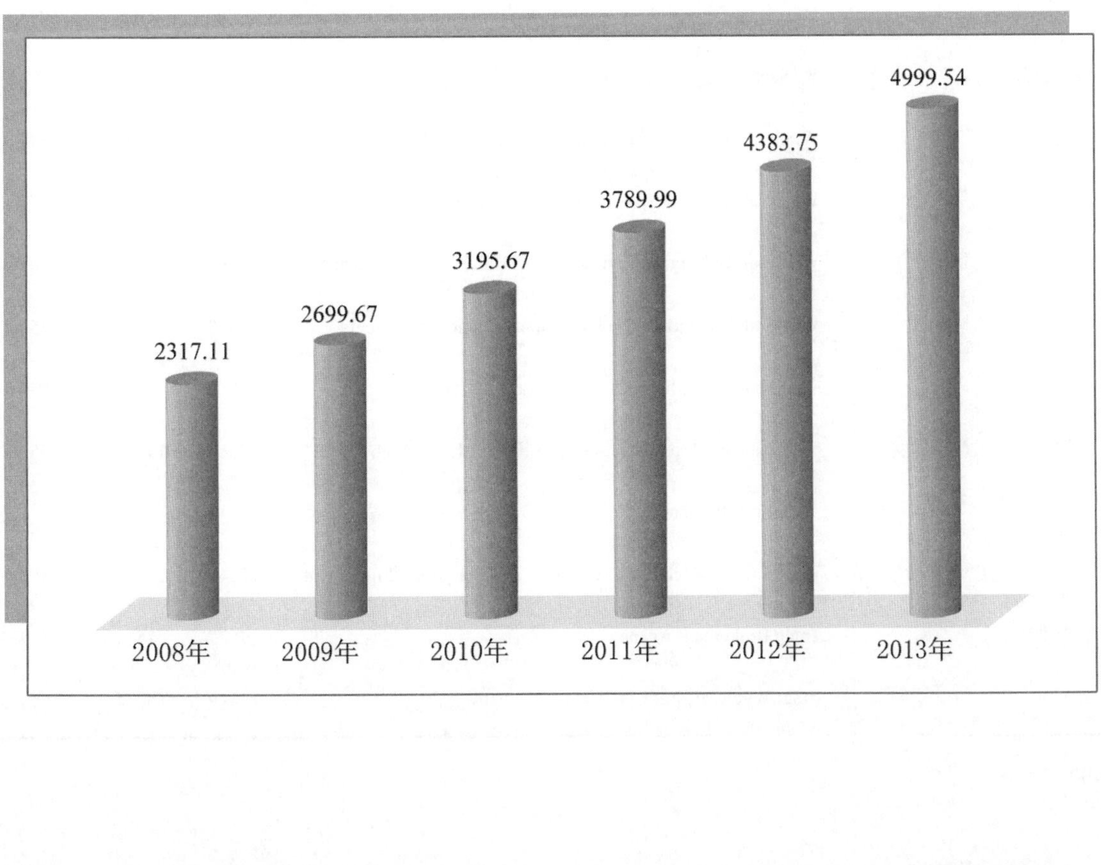

16-1 批发业网点数(2013年)
Number of Networks in Wholesale Trades(2013)

单位：个 (unit)

指　　标	Item	合计 Total	城镇 Urban Areas	#城区 Urban District	乡村 Rural Areas
总　计	**Total**	**99433**	**75740**	**50953**	**23694**
按登记注册类型分	**By Status of Registration**				
内资企业	Domestic Funded Enterprises	37228	30452	23948	6776
国有企业	State-owned Enterprises	1708	1361	881	347
集体企业	Collective-owned Enterprises	1058	813	510	246
股份合作企业	Cooperative Enterprises	493	243	175	250
联营企业	State Joint Ownership Enterprises	435	214	133	221
有限责任公司	Limited Liability Corporations	12133	11515	9995	618
股份有限公司	Share-holding Corporations Ltd.	970	824	560	146
私营企业	Private Enterprises	13663	11824	9655	1839
其他企业	Other Enterprises	6768	3659	2039	3109
港澳台商投资企业	Enterprises with Funds from Hong Kong, Macao & Taiwan	64	64	63	
外商投资企业	Enterprises with Foreign Investment	135	131	127	4
个体经济	Individual Economy	62006	45093	26815	16913
按国民经济行业分	**By Sector**				
农畜产品批发	Wholesale of Farm Produce and Livestock Products	15311	7255	3313	8056
食品、饮料及烟草制品批发	Wholesale of Food, Beverages and Tobaccos	15942	11854	6977	4089
纺织、服装及日用品批发	Wholesale of Textiles, Garments and Daily Consumer Articles	14690	13232	11307	1458
文化、体育用品及器材批发	Wholesale of Culture, Sports Appliances and Equipment	3323	2883	2254	440
医药及医疗器材批发	Wholesale of Medicines and Medical Appliances	3262	2799	2150	463
矿产品、建材及化工产品批发	Wholesale of Mineral Products, Building Materials and Chemical Products	17363	14347	8563	3016
机械设备、五金交电及电子产品批发	Wholesale of Machinery, Hardware and Electronic Equipment	12547	11817	9567	730
贸易经纪与代理	Trade Broker and Agency	2677	1519	759	1158
其他批发	Other Wholesale not Classified Elsewhere	14319	10035	6064	4284

16-2 批发业从业人员(2013年)
Number of Employed Persons in Wholesale Trades(2013)

单位：人 (Person)

指标	Item	合计 Total	城镇 Urban Areas	#城区 Urban District	乡村 Rural Areas
总计	**Total**	**606268**	**513476**	**401469**	**92792**
按登记注册类型分	**By Status of Registration**	**1668**	**1250**	**849**	**418**
内资企业	Domestic Funded Enterprises	390141	340628	276875	49513
国有企业	State-owned Enterprises	34196	31588	25221	2608
集体企业	Collective-owned Enterprises	10779	9226	5913	1553
股份合作企业	Cooperative Enterprises	3667	3169	2328	498
联营企业	State Joint Ownership Enterprises	2365	1680	1112	685
有限责任公司	Limited Liability Corporations	143518	137297	120037	6221
股份有限公司	Share-holding Corporations Ltd.	21703	20656	18878	1047
私营企业	Private Enterprises	129329	116916	95282	12413
其他企业	Other Enterprises	44584	20096	8103	24488
港澳台商投资企业	Enterprises with Funds from Hong Kong, Macao & Taiwan	3648	3648	3623	
外商投资企业	Enterprises with Foreign Investment	8308	8281	8232	27
个体经济	Individual Economy	204171	160919	112739	43252
按国民经济行业分	**By Sector**				
农畜产品批发	Wholesale of Farm Produce and Livestock Products	72045	45943	27074	26102
食品、饮料及烟草制品批发	Wholesale of Food, Beverages and Tobaccos	113092	89799	62476	23293
纺织、服装及日用品批发	Wholesale of Textiles, Garments and Daily Consumer Articles	85029	78706	71038	6323
文化、体育用品及器材批发	Wholesale of Culture, Sports Appliances and Equipment	18811	17375	14455	1436
医药及医疗器材批发	Wholesale of Medicines and Medical Appliances	62409	59765	56136	2644
矿产品、建材及化工产品批发	Wholesale of Mineral Products, Building Materials and Chemical Products	120327	107651	79440	12676
机械设备、五金交电及电子产品批发	Wholesale of Machinery, Hardware and Electronic Equipment	77874	74779	64661	3095
贸易经纪与代理	Trade Broker and Agency	13000	9825	6396	3175
其他批发	Other Wholesale not Classified Elsewhere	43681	29633	19795	14048

16-3 零售业网点数(2013年)
Number of Networks in Retail Trades(2013)

单位：个 (unit)

指 标	Item	合计 Total	城镇 Urban Areas	#城区 Urban District	乡村 Rural Areas
总 计	**Total**	**552524**	**413412**	**227429**	**139112**
按登记注册类型分	**By Status of Registration**				
内资企业	Domestic Funded Enterprises	58168	44418	26041	13751
国有企业	State-owned Enterprises	5083	3708	1682	1375
集体企业	Collective-owned Enterprises	2352	1568	664	784
股份合作企业	Cooperative Enterprises	1222	908	206	314
联营企业	State Joint Ownership Enterprises	682	566	137	116
有限责任公司	Limited Liability Corporations	14536	13597	11298	938
股份有限公司	Share-holding Corporations Ltd.	2487	1665	687	822
私营企业	Private Enterprises	19428	15468	10018	3961
其他企业	Other Enterprises	12378	6937	1349	5441
港澳台商投资企业	Enterprises with Funds from Hong Kong,Macao & Taiwan	110	110	107	
外商投资企业	Enterprises with Foreign Investment	211	205	192	6
个体经济	Individual Economy	494035	368680	201089	125355
按国民经济行业分	**By Sector**				
综合零售	Integrated Retail	139421	92803	50899	46618
食品、饮料及烟草制品专门零售	Special Retail of Food, Beverages and Tobaccos	108399	80389	42765	28010
纺织、服装及日用品专门零售	Special Retail of Textiles,Garments and Daily Consumer Articles	99651	84075	45119	15577
文化、体育用品及器材专门零售	Special Retail of Culture,Sports Appliances and Equipments	21107	17690	9654	3417
医药及医疗器材专门零售	Special Retail of Medicines and Medical Appliances	22687	16772	11440	5915
汽车、摩托车、燃料及零配件专门零售	Special Retail of Motor Vehicles,Motorcycles,Fuel and Parts	25528	18811	10514	6717
家用电器及电子产品专门零售	Special Retail of Household Appliances and Electronic Products	31613	26199	16597	5414
五金、家具及室内装修材料专门零售	Special Retail of Hardware,Furniture and Decoration Materials	45899	37768	20451	8131
无店铺及其他零售	Non-shop and Other Retails	58219	38906	19990	19314

16-4 零售业从业人员(2013年)
Number of Employed Persons in Retail Trades(2013)

单位：人 (Person)

指标	Item	合计 Total	城镇 Urban Areas	#城区 Urban District	乡村 Rural Areas
总计	**Total**	**1619172**	**1303496**	**811360**	**315676**
按登记注册类型分	**By Status of Registration**				
内资企业	Domestic Funded Enterprises	520206	453225	314452	66981
国有企业	State-owned Enterprises	35643	28294	15389	7349
集体企业	Collective-owned Enterprises	17871	14071	5618	3800
股份合作企业	Cooperative Enterprises	5081	4255	2203	826
联营企业	State Joint Ownership Enterprises	5380	3692	1129	1688
有限责任公司	Limited Liability Corporations	185762	175205	149134	10557
股份有限公司	Share-holding Corporations Ltd.	21626	17885	13693	3741
私营企业	Private Enterprises	185837	167799	117162	18038
其他企业	Other Enterprises	63006	42024	10124	20982
港澳台商投资企业	Enterprises with Funds from Hong Kong,Macao & Taiwan	11996	11996	11948	
外商投资企业	Enterprises with Foreign Investment	8960	8852	8706	108
个体经济	Individual Economy	1078010	829422	476254	248588
按国民经济行业分	**By Sector**				
综合零售	Integrated Retail	437306	339342	205753	97964
食品、饮料及烟草制品专门零售	Special Retail of Food, Beverages and Tobaccos	290040	223567	135205	66473
纺织、服装及日用品专门零售	Special Retail of Textiles, Garments and Daily Consumer Articles	255046	218769	136326	36277
文化、体育用品及器材专门零售	Special Retail of Culture,Sports Appliances and Equipments	74948	67559	43996	7388
医药及医疗器材专门零售	Special Retail of Medicines and Medical Appliances	84415	68134	47521	16281
汽车、摩托车、燃料及零配件专门零售	Special Retail of Motor Vehicles,Motorcycles,Fuel and Parts	107840	92516	67475	15324
家用电器及电子产品专门零售	Special Retail of Household Appliances and Electronic Products	102403	89349	62303	13055
五金、家具及室内装修材料专门零售	Special Retail of Hardware,Furniture and Decoration Materials	116529	97452	55262	19077
无店铺及其他零售	Non-shop and Other Retails	150645	106807	57519	43838

16-5 餐饮业网点数(2013年)
Number of Networks in Catering Services(2013)

单位：个 (unit)

指标	Item	合计 Total	城镇 Urban Areas	#城区 Urban District	乡村 Rural Areas
总计	**Total**	**140302**	**114210**	**67906**	**26093**
按登记注册类型分	**By Status of Registration**				
内资企业	Domestic Funded Enterprises	9763	8343	3412	1420
国有企业	State-owned Enterprises	1508	1295	90	213
集体企业	Collective-owned Enterprises	1968	1680	130	288
股份合作企业	Cooperative Enterprises	128	78	15	50
联营企业	State Joint Ownership Enterprises	76	51	12	25
有限责任公司	Limited Liability Corporations	1449	1391	1208	58
股份有限公司	Share-holding Corporations Ltd.	148	141	79	7
私营企业	Private Enterprises	3874	3255	1798	619
其他企业	Other Enterprises	611	451	79	160
港澳台商投资企业	Enterprises with Funds from Hong Kong, Macao & Taiwan	187	187	187	
外商投资企业	Enterprises with Foreign Investment	125	125	123	
个体经济	Individual Economy	130227	105554	64183	24673
按国民经济行业分	**By Sector**				
正餐服务	Restaurant	59176	49619	31883	9557
快餐服务	Fast Food	9920	8545	5362	1375
饮料及冷饮服务	Beverages and Cold Drinks	4120	3829	2786	291
其他餐饮服务	Others	67086	52216	27875	14870

16-6 餐饮业从业人员(2013年)
Number of Employed Persons in Catering Services(2013)

单位：人 (person)

指标	Item	合计 Total	城镇 Urban Areas	#城区 Urban District	乡村 Rural Areas
总计	**Total**	**690074**	**595817**	**402637**	**94257**
按登记注册类型分	**By Status of Registration**				
内资企业	Domestic Funded Enterprises	185901	171405	126492	14496
国有企业	State-owned Enterprises	18679	14284	4756	4395
集体企业	Collective-owned Enterprises	4207	3768	1562	439
股份合作企业	Cooperative Enterprises	1401	1193	814	208
联营企业	State Joint Ownership Enterprises	468	368	137	100
有限责任公司	Limited Liability Corporations	62305	60992	55558	1313
股份有限公司	Share-holding Corporations Ltd.	7955	7790	7098	165
私营企业	Private Enterprises	86755	80280	55149	6475
其他企业	Other Enterprises	4131	2730	1418	1401
港澳台商投资企业	Enterprises with Funds from Hong Kong, Macao & Taiwan	9248	9248	9248	
外商投资企业	Enterprises with Foreign Investment	12947	12929	12866	18
个体经济	Individual Economy	481978	402235	254031	79743
按国民经济行业分	**By Sector**				
正餐服务	Restaurant	386718	340967	238230	45751
快餐服务	Fast Food	59551	54026	37849	5525
饮料及冷饮服务	Beverages and Cold Drinks	18676	17452	14720	1224
其他餐饮服务	Others	225129	183372	111837	41757

16-7 各市(区)批发和零售业、餐饮业网点数(2013年)
Networks in Wholesale, Retail Trades and Catering Services by City(District)(2013)

单位：个 (unit)

地 区	Region	合 计 Total	城 镇 Urban Areas	#城 区 Urban District	乡 村 Rural Areas
一、批 发 业	**Wholesale Trade**				
全 省	**Shaanxi**	**99433**	**75740**	**50953**	**23694**
西 安 市	Xi'an	42226	34589	31976	7637
铜 川 市	Tongchuan	916	901	354	16
宝 鸡 市	Baoji	5238	4433	3066	805
咸 阳 市	Xianyang	10285	6508	2438	3777
渭 南 市	Weinan	12978	8736	5539	4242
#韩城市	Hancheng	1015	785	766	230
延 安 市	Yan'an	5995	4129	1060	1866
汉 中 市	Hanzhong	6663	5177	1535	1486
榆 林 市	Yulin	5215	4384	3047	831
安 康 市	Ankang	4801	3493	216	1308
商 洛 市	Shangluo	4219	2532	903	1687
杨凌示范区	Yangling	897	858	819	39
二、零 售 业	**Retail Trade**				
全 省	**Shaanxi**	**552524**	**413412**	**227429**	**139112**
西 安 市	Xi'an	153039	132698	107004	20341
铜 川 市	Tongchuan	14705	8208	4300	6497
宝 鸡 市	Baoji	46343	31545	18824	14798
咸 阳 市	Xianyang	69134	49478	26720	19656
渭 南 市	Weinan	55238	31878	15441	23360
#韩城市	Hancheng	6037	3959	3933	2078
延 安 市	Yan'an	37860	31518	6006	6342
汉 中 市	Hanzhong	56580	45059	9839	11521
榆 林 市	Yulin	47543	37331	24833	10212
安 康 市	Ankang	37516	23334	2820	14182
商 洛 市	Shangluo	30736	18919	8317	11817
杨凌示范区	Yangling	3830	3444	3325	386
三、餐 饮 业	**Catering Service**				
全 省	**Shaanxi**	**140302**	**114210**	**67906**	**26093**
西 安 市	Xi'an	47356	41548	35182	5808
铜 川 市	Tongchuan	3236	2501	1779	736
宝 鸡 市	Baoji	10280	7815	4224	2465
咸 阳 市	Xianyang	17273	14276	9833	2997
渭 南 市	Weinan	13177	9615	4105	3562
#韩城市	Hancheng	1231	853	828	378
延 安 市	Yan'an	11307	9701	2508	1606
汉 中 市	Hanzhong	11292	10112	2132	1180
榆 林 市	Yulin	11339	8551	5746	2788
安 康 市	Ankang	8259	5324	650	2935
商 洛 市	Shangluo	5774	3803	831	1971
杨凌示范区	Yangling	1009	964	916	45

16-8 各市(区)批发和零售业、餐饮业从业人员(2013年)
Personnel in Wholesale, Retail Trades and Catering Services by City(District)(2013)

单位：人 (person)

地区	Region	合计 Total	城镇 Urban Areas	#城区 Urban District	乡村 Rural Areas
一、批发业	Wholesale Trade				
全省	Shaanxi	**606268**	**513476**	**401469**	**92792**
西安市	Xi'an	331442	307980	297268	23462
铜川市	Tongchuan	7989	7909	4394	80
宝鸡市	Baoji	35668	27744	16978	7924
咸阳市	Xianyang	55680	38140	20280	17540
渭南市	Weinan	45755	32891	23353	12864
#韩城市	Hancheng	2642	2065	1948	577
延安市	Yan'an	27381	17599	4087	9782
汉中市	Hanzhong	31174	25186	9373	5988
榆林市	Yulin	29267	25444	16371	3823
安康市	Ankang	21472	16375	1712	5097
商洛市	Shangluo	16659	10569	4326	6090
杨凌示范区	Yangling	3781	3639	3327	142
二、零售业	Retail Trade				
全省	Shaanxi	**1619172**	**1303496**	**811360**	**315676**
西安市	Xi'an	572025	524884	466003	47141
铜川市	Tongchuan	43006	27162	14299	15844
宝鸡市	Baoji	129350	91695	53857	37655
咸阳市	Xianyang	182995	140144	86763	42851
渭南市	Weinan	158928	110280	35968	48648
#韩城市	Hancheng	15453	10538	10236	4915
延安市	Yan'an	93871	76746	19125	17125
汉中市	Hanzhong	147400	119286	27730	28114
榆林市	Yulin	129122	104642	71519	24480
安康市	Ankang	85365	57611	7040	27754
商洛市	Shangluo	64919	39987	18431	24932
杨凌示范区	Yangling	12191	11059	10625	1132
三、餐饮业	Catering Service				
全省	Shaanxi	**690074**	**595817**	**402637**	**94257**
西安市	Xi'an	285746	264651	244189	21095
铜川市	Tongchuan	18465	14742	8720	3723
宝鸡市	Baoji	43823	34792	18751	9031
咸阳市	Xianyang	68070	57429	38114	10641
渭南市	Weinan	61814	48555	19243	13259
#韩城市	Hancheng	5926	4241	4135	1685
延安市	Yan'an	41241	36942	11825	4299
汉中市	Hanzhong	41420	36588	10948	4832
榆林市	Yulin	79778	66769	40969	13009
安康市	Ankang	25718	17964	3430	7754
商洛市	Shangluo	20092	13613	3507	6479
杨凌示范区	Yangling	3907	3772	2941	135

16-9 社会消费品零售总额

Total Retail Sales of Consumer Goods in the Whole Province

单位：亿元 (100 million yuan)

年 份 Year	社会消费品零售总额 Total Retail Sales of Consumer Goods	按地区分 By Region			按行业分 By Sector	
		市的零售额 City	县的零售额 County	县以下的零售额 Under County Level	# 批发和零售业 Wholesale and Retail TradesTrades	# 住宿和餐饮业 Hotels and Catering Services
1978	33.37	11.93	9.79	11.65	28.29	1.32
1980	43.38	17.47	12.18	13.73	35.86	1.78
1985	80.01	39.83	19.45	20.73	61.23	3.84
1990	159.67	91.21	34.29	34.17	118.55	7.99
1991	176.60	102.21	36.98	37.41	126.83	9.29
1992	227.53	132.25	47.31	47.97	156.17	16.22
1993	259.87	154.35	52.41	53.12	172.50	19.63
1994	318.70	192.44	62.69	63.58	203.73	24.57
1995	398.87	242.85	80.30	75.73	253.42	31.22
1996	474.87	289.83	93.90	91.14	308.35	39.50
1997	552.37	344.26	104.09	104.03	358.21	50.15
1998	601.89	371.47	114.28	116.14	386.19	62.37
1999	657.80	407.97	124.74	125.08	427.36	69.88
2000	725.64	454.84	135.78	135.02	476.18	81.27
2001	809.31	514.23	147.77	147.31	536.74	95.08
2002	907.64	585.01	162.28	160.36	616.17	105.10
2003	1010.95	649.27	183.56	178.12	878.03	113.87
2004	1162.80	756.54	206.49	199.77	1012.57	126.59
2005	1331.35	874.47	232.07	224.81	1162.77	141.93
2006	1542.37	1006.11	275.80	260.46	1344.44	167.76
2007	1837.25	1221.28	311.78	304.20	1598.15	204.31
2008	2317.11	1542.33	401.04	373.74	2013.65	262.94
2009	2699.67	1787.18	467.96	444.52	2353.72	300.38

年 份 Year	社会消费品零售总额 Total Retail Sales of Consumer Goods	按销售单位所在地分By Location of Establishments			按消费形态分By Consumption Patterns	
		城 镇 Urban Areas	# 城 区 Urban District	乡 村 Rural Areas	商品零售 Retail Sales	餐饮收入 Catering income
2009	2699.67	2344.67	1573.00	354.99	2389.11	310.56
2010	3195.67	2777.85	1896.69	417.82	2831.70	363.98
2011	3789.99	3345.17	2421.45	444.82	3373.18	416.80
2012	4383.75	3862.90	2953.37	520.85	3902.08	481.68
2013	4999.54	4404.49	3386.59	595.05	4486.39	513.15

16-10 各市(区)社会消费品零售总额
Total Retail Sales of Consumer Goods by City(District)

单位: 亿元 (100 million yuan)

年 份 Year	全 省 Shaanxi	西安市 Xi'an	铜川市 Tongchuan	宝鸡市 Baoji	咸阳市 Xianyang	渭南市 Weinan
1992	227.53	100.84	5.89	25.87	24.49	21.36
1993	259.87	116.73	6.43	30.58	25.75	23.61
1994	318.70	148.03	7.44	33.48	31.53	26.18
1995	398.87	186.60	9.06	42.04	40.49	33.87
1996	474.87	222.94	10.53	49.21	48.68	41.41
1997	552.37	264.47	11.90	55.60	55.54	48.04
1998	601.89	291.45	12.31	59.76	58.21	52.79
1999	657.80	323.37	12.95	65.01	63.78	55.15
2000	725.64	360.42	13.79	71.89	70.35	58.53
2001	809.31	406.21	14.64	80.61	79.16	62.37
2002	907.64	459.76	15.96	91.19	88.83	66.68
2003	1010.95	502.65	17.73	105.06	101.56	73.21
2004	1162.80	578.60	19.94	122.91	119.07	81.58
2005	1331.35	670.56	21.76	137.48	133.03	93.02
2006	1542.37	784.95	24.12	155.23	148.88	108.65
2007	1837.25	936.21	27.58	179.81	173.11	131.96
2008	2317.11	1176.58	33.54	220.90	212.67	175.03
2009	2699.67	1381.12	39.48	260.10	250.59	201.58
2010	3195.67	1637.04	46.58	307.52	296.35	237.87
2011	3789.99	1965.98	54.56	358.23	345.10	278.96
2012	4383.75	2263.86	63.86	412.83	401.08	326.32
2013	4999.54	2580.42	74.03	473.39	462.68	376.13

16-10 续表 continued

单位: 亿元 (100 million yuan)

年 份 Year	延安市 Yan'an	汉中市 Hanzhong	榆林市 Yulin	安康市 Ankang	商洛市 Shangluo	杨凌示范区 Yangling
1992	6.65	17.92	8.68	8.93	6.19	0.72
1993	7.99	20.96	9.63	10.33	7.06	0.80
1994	10.33	27.06	13.03	12.31	8.42	0.89
1995	12.13	31.19	16.17	15.50	10.66	1.15
1996	14.02	34.97	20.59	18.54	12.63	1.37
1997	15.99	36.95	26.25	22.24	13.96	1.43
1998	17.79	38.82	29.18	24.55	15.59	1.42
1999	20.36	40.50	31.85	25.76	17.50	1.55
2000	22.63	42.91	35.77	27.68	19.91	1.77
2001	26.22	45.22	40.40	29.88	22.59	2.01
2002	30.78	48.31	46.02	32.36	25.40	2.35
2003	34.99	52.69	55.55	36.06	28.65	2.79
2004	41.10	57.23	65.08	41.19	32.71	3.38
2005	47.53	65.30	76.33	46.75	35.97	3.62
2006	54.70	76.10	91.98	53.83	40.01	3.92
2007	65.85	91.80	116.02	64.12	46.22	4.57
2008	84.80	116.66	154.11	80.72	56.70	5.40
2009	94.66	133.02	172.48	93.56	66.79	6.29
2010	111.81	157.50	203.51	110.78	79.19	7.51
2011	131.14	184.44	240.95	129.72	92.18	8.71
2012	151.74	216.05	279.22	151.49	107.28	10.03
2013	171.46	248.15	308.42	171.72	121.82	11.32

16-11 各市(区)按销售单位所在地和消费形态分的社会消费品零售总额(2013年)

Total Retail Sales of Consumer Goods by Location of Establishments and Consumption Patterns by City(District)(2013)

单位：万元 (10 000 yuan)

地区	Region	社会消费品零售总额 Total Retail Sales of Consumer Goods	#限额以上企业消费品零售额 Retail Sales of Enterprises above Designated Size	按销售单位所在地分 By Location of Establishments 城镇 Urban Areas	#城区 Urban District	乡村 Rural Areas	按消费形态分 By Consumption Patterns 商品零售 Retail Sales	餐饮收入 Catering Income
全省	**Shaanxi**	**49995412**	**31610757**	**44044873**	**33865865**	**5950539**	**44863912**	**5131500**
西安市	Xi'an	25804235	19756672	25018472	21247179	785762	23462827	2341408
铜川市	Tongchuan	740330	380582	567648	411343	172683	637700	102631
宝鸡市	Baoji	4733919	2088662	4261707	3896547	472211	4229294	504625
咸阳市	Xianyang	4626800	1870836	3467728	1812726	1159072	4051705	575096
渭南市	Weinan	3761318	2266040	2776403	2357833	984915	3335410	425908
#韩城市	Hancheng	332508	136594	229515	170581	102993	295261	37247
延安市	Yan'an	1714572	800588	1351099	701664	363473	1510287	204286
汉中市	Hanzhong	2481481	1206221	2032622	953406	448859	2177122	304359
榆林市	Yulin	3084172	2208684	2121491	1345379	962681	2782532	301640
安康市	Ankang	1717183	753934	1420710	796052	296474	1501047	216137
商洛市	Shangluo	1218190	245844	939825	256568	278365	1080382	137808
杨凌示范区	Yangling	113212	32695	87169	87169	26043	95608	17604

16-12 各市、县(市、区)社会消费品零售总额
Total Retail Sales of Consumer Goods by City and County(City and District)

单位：万元 (10 000 yuan)

地 区	Region	2012	2013	2013年比2012年增长% Growth Rate in 2013 over 2012(%)
全 省	**Shaanxi**	**43837517**	**49995412**	**14.0**
西安市	**Xi'an**	**22638601**	**25804235**	**14.0**
新城区	Xincheng	3929603	4505205	14.6
碑林区	Beilin	3923160	4470384	13.9
莲湖区	Lianhu	3232072	3682870	13.9
灞桥区	Baqiao	550069	641248	16.6
未央区	Weiyang	3185694	3617320	13.5
雁塔区	Yanta	4395194	5035345	14.6
阎良区	Yanliang	267835	300835	12.3
临潼区	Lintong	559276	627089	12.1
长安区	Chang'an	1278552	1441508	12.7
蓝田县	Lantian	408863	458046	12.0
周至县	Zhouzhi	274902	310148	12.8
户 县	Huxian	446716	501795	12.3
高陵县	Gaoling	186665	212442	13.8
铜川市	**Tongchuan**	**638562**	**740330**	**15.9**
王益区	Wangyi	286885	331171	15.4
印台区	Yintai	132913	154273	16.1
耀州区	Yaozhou	179266	209245	16.7
宜君县	Yijun	39497	45641	15.6
宝鸡市	**Baoji**	**4128347**	**4733919**	**14.7**
渭滨区	Weibin	1181110	1360008	15.1
金台区	Jintai	1200700	1372963	14.3
陈仓区	Chencang	351735	406837	15.7
凤翔县	Fengxiang	311754	354362	13.7
岐山县	Qishan	342059	391633	14.5
扶风县	Fufeng	183923	210161	14.3
眉 县	Meixian	164607	187721	14.0
陇 县	Longxian	139101	159312	14.5
千阳县	Qianyang	45211	51964	14.9
麟游县	Linyou	60733	70706	16.4
凤 县	Fengxian	123077	140596	14.2
太白县	Taibai	24337	27655	13.6
咸阳市	**Xianyang**	**4010799**	**4626800**	**15.4**
秦都区	Qindu	805056	938524	16.6
渭城区	Weicheng	660602	759967	15.0
三原县	Sanyuan	284712	327427	15.0
泾阳县	Jingyang	285777	328745	15.0
乾 县	Qianxian	404720	465009	14.9

16-12 续表 1 continued

单位：万元 (10 000 yuan)

地 区	Region	2012	2013	2013年比2012年增长% Growth Rate in 2013 over 2012(%)
礼泉县	Liquan	312932	361727	15.6
永寿县	Yongshou	107899	124291	15.2
彬 县	Binxian	187883	217726	15.9
长武县	Changwu	99383	114505	15.2
旬邑县	Xunyi	127688	147196	15.3
淳化县	Chunhua	100652	115805	15.1
武功县	Wugong	259003	292646	13.0
兴平市	Xingping	374490	433232	15.7
渭南市	**Weinan**	**3263238**	**3761318**	**15.3**
临渭区	Linwei	808830	931753	15.2
华 县	Huaxian	130094	150118	15.4
潼关县	Tongguan	83002	95972	15.6
大荔县	Dali	412646	478866	16.0
合阳县	Heyang	218052	252069	15.6
澄城县	Chengcheng	203271	233967	15.1
蒲城县	Pucheng	403465	463359	14.8
白水县	Baishui	150523	174484	15.9
富平县	Fuping	390653	448195	14.7
韩城市	Hancheng	289210	332508	15.0
华阴市	Huayin	173492	200026	15.3
延安市	**Yan'an**	**1517367**	**1714572**	**13.0**
宝塔区	Baota	697014	786442	12.8
延长县	Yanchang	54168	60964	12.5
延川县	Yanchuan	66966	75789	13.2
子长县	Zichang	98050	110920	13.1
安塞县	Ansai	76279	86612	13.5
志丹县	Zhidan	77914	88392	13.4
吴起县	Wuqi	53167	60423	13.6
甘泉县	Ganquan	36218	40835	12.7
富 县	Fuxian	68223	77124	13.0
洛川县	Luochuan	128415	145554	13.3
宜川县	Yichuan	40079	45389	13.2
黄龙县	Huanglong	16915	19021	12.4
黄陵县	Huangling	103960	117107	12.6
汉中市	**Hanzhong**	**2160451**	**2481481**	**14.9**
汉台区	Hantai	862409	990676	14.9
南郑县	Nanzheng	206638	237114	14.7
城固县	Chenggu	243754	280159	14.9
洋 县	Yangxian	118068	135736	15.0
西乡县	Xixiang	114828	132255	15.2

16-12 续表 2 continued

单位：万元 (10 000 yuan)

地 区	Region	2012	2013	2013年比2012年增长% Growth Rate in 2013 over 2012(%)
勉 县	Mianxian	211579	243200	14.9
宁强县	Ningqiang	127535	146315	14.7
略阳县	Lueyang	122063	139827	14.6
镇巴县	Zhenba	111814	128378	14.8
留坝县	Liuba	25418	29098	14.5
佛坪县	Foping	16346	18724	14.5
榆林市	**Yulin**	**2792171**	**3084172**	**10.5**
榆阳区	Yuyang	760477	827240	8.8
神木县	Shenmu	327491	345532	5.5
府谷县	Fugu	323501	342898	6.0
横山县	Hengshan	250192	275411	10.1
靖边县	Jingbian	394872	450571	14.1
定边县	Dingbian	184564	214471	16.2
绥德县	Suide	143464	160036	11.6
米脂县	Mizhi	90731	105976	16.8
佳 县	Jiaxian	65140	74340	14.1
吴堡县	Wubu	63297	69708	10.1
清涧县	Qingjian	70039	84436	20.6
子洲县	Zizhou	118403	133552	12.8
安康市	**Ankang**	**1514906**	**1717183**	**13.4**
汉滨区	Hanbin	721536	812667	12.6
汉阴县	Hanyin	100579	116006	15.3
石泉县	Shiquan	72349	82491	14.0
宁陕县	Ningshan	34815	38955	11.9
紫阳县	Ziyang	133907	153215	14.4
岚皋县	Langao	64049	72773	13.6
平利县	Pingli	81643	93507	14.5
镇坪县	Zhenping	23296	26269	12.8
旬阳县	Xunyang	203948	231488	13.5
白河县	Baihe	78783	89812	14.0
商洛市	**Shangluo**	**1072819**	**1218190**	**13.6**
商州区	Shangzhou	264163	300428	13.7
洛南县	Luonan	193224	219222	13.5
丹凤县	Danfeng	146310	166546	13.8
商南县	Shangnan	96067	109329	13.8
山阳县	Shanyang	169619	192135	13.3
镇安县	Zhen'an	133653	151574	13.4
柞水县	Zhashui	69784	78957	13.1
杨凌示范区	**Yangling**	**100258**	**113212**	**12.9**

16-13 限额以上批发和零售企业(单位)商品零售类值

Total Sales of Enterprises above Designated Size in Retail Trades by Category of Commodities

单位：万元 (10 000 yuan)

类　别	Item	2012	2013
合　计	**Total**	**24934288**	**29806776**
1.食品、饮料、烟酒类	Food, Beverages, Tobacco and Liquor	2463889	2966556
(1)食品类	Food	1480970	1785479
# 粮油类	Grain and Oil	580127	691538
肉禽蛋类	Meat, Poultry and Eggs	177313	197813
水产品类	Aquatic Products	137523	147656
蔬菜类	Vegetables	142867	189842
干鲜果品类	Dried and Fresh Melons and Fruits	154726	199833
(2)饮料类	Beverages	466274	581347
(3)烟酒类	Tobacco and Liquor	516645	599731
2.服装、鞋帽、针纺织品类	Garments, Shoes and Hats, Knitwear and Textiles	3938990	4702193
(1)服装类	Garments	3117990	3745460
(2)鞋帽类	Shoes and Hats	516539	583324
(3)针、纺织品类	Knitwear and Textiles	304461	373409
3.化妆品类	Cosmetics	359485	423054
4.金银珠宝类	Gold, Silver and Jewellery	550491	671938
5.日用品类	Daily Consumer Articles	748131	845780
# 洗涤用品类	Washing Articles	196731	245893
儿童玩具类	Children Toys	84613	96451
6.五金、电料类	Hardware	271290	329569
7.体育、娱乐用品类	Sports and Recreation Articles	201238	208309
8.书报杂志类	Newspapers and Magazines	261592	305182
9.电子出版物及音像制品类	E-journals and Video Products	20318	20004
10.家用电器和音像器材类	Household Appliances and Audio/Video Equipments	1397311	1806007
11.中西药品类	Traditional Chinese and Western Medicines	566555	707938
# 西药类	Western Medicine	442890	554306
中草药及中成药类	Traditional Chinese Medicines	87518	114722
12.文化办公用品类	Cultural and Office Appliances	360057	389967
13.家具类	Furniture	740788	1100180
14.通讯器材类	Communication Appliances	289842	321387
15.煤炭及制品类	Coal and Related Products	1014594	1277331
16.木材及制品类	Wood and Wooden Products		
17.石油及制品类	Petroleum and Related Products	4375284	5042307
18.化工材料及制品类	Chemical Materials and Related Products		
# 化肥类	Fertilizers		
19.金属材料类	Metal Materials		
20.建筑及装潢材料类	Building and Decoration Materials	891479	1302735
21.机电产品及设备类	Mechanical and Electrical Products	71587	84152
# 农机类	Agricultural Machinery	691	597
22.汽车类	Automobiles	6104727	6906832
23.种子饲料类	Seeds and Feedstuff		
24.棉麻类	Cotton and Hemp	45	204
25.其他类	Others	306595	395152

16-14 批发和零售业、住宿和餐饮业连锁经营情况(2013年)
Chain Management of Enterprises of Wholesale, Retail Trades, Hotels and and Catering Services(2013)

类　别	Item	合　计 Total	直营店 Regular Chain	加盟店 Franchise Chain
批发和零售业	**Wholesale and Retail Trades**			
门店总数(个)	Number of Stores(unit)	1934	1768	166
年末零售营业面积(平方米)	Retail Operating Area at year-end(sq.m)	2193014	2022584	170430
年末从业人员数(人)	Number of Employed Persons at year-end(person)	35481	33361	2120
连锁门店商品购进总额(万元)	Total Purchases Value of General Chain Stores	8573012	8425825	147187
# 统一配送商品购进额	Centralized Purchase and Delivery	6130727	6104685	26042
# 自有配送商品购进额	Self Centralized Purchase and Delivery	3471234	3451740	19494
非自有配送商品购进额	Non-self Centralized Purchase and Delivery	291311	291311	
连锁门店商品销售额	Total Sale of General Chain Stores	10267663	10065055	202608
# 零售额	Retail Value	3393388	3190780	202608
住宿和餐饮业	**Hotels and Catering Services**			
门店总数(个)	Number of Stores(unit)	174	174	
年末从业人员数(人)	Number of Employed Persons at year-end(person)	11111	11111	
连锁门店商品购进总额(万元)	Total Purchases Value of General Chain Stores	64142	64142	
# 统一配送商品购进额	Centralized Purchase and Delivery	61738	61738	
自有配送商品购进额	Self Centralized Purchase and Delivery	59554	59554	
年末餐饮营业面积(平方米)	Retail Operating Area at year-end(sq.m)	69084	69084	
餐位数(位)	Number of Dining-seats(seat)	22604	22604	
连锁门店营业额	Business Revenue of General Chain Stores	127188	127188	
# 餐费收入	Revenue From Meals	126386	126386	
商品销售额	Total Sales of Commodities	802	802	

16-15 限额以上产业活动单位和个体户批发业商品购、销、存总额
Total Purchases, Sales and Inventory of Industrial Activity Units and Individuals above Designated Size in Wholesale Trades

单位：万元 (10 000 yuan)

指标	Item	2012			2013		
		商品购进总额 Total Purchases Value	商品销售总额 Total Sales	年末库存 Stock at Year-end	商品购进总额 Total Purchases Value	商品销售总额 Total Sales	年末库存 Stock at Year-end
总计	**Total**	**123195**	**134231**	**7688**	**183541**	**200794**	**4496**
按批发行业分	**By Wholesale Trade Sector**						
食品、饮料及烟草制品批发	Wholesale of Food, Beverages and Tobaccos	18179	27523	288	60764	77997	3190
米、面制品及食用油批发	Wholesale of Rice, Flour and Edible Oil	2778	2811	235	3037	3115	285
果品、蔬菜批发	Wholesale of Fruit and Vegetables				11198	12873	684
营养和保健品批发	Wholesale of Nourishment and Health Products				18276	25025	1681
酒、饮料及茶叶批发	Wholesale of Beverages and Tea	15401	24712	53	28254	36985	541
纺织服装及家庭用品批发	Wholesale of Textiles, Garments and Daily	13440	13438	12	14144	14137	19
厨房、卫生间用具及日用杂货批发	Wholesale of Kitchen and Washroom Appliance and Various Household Supplies	13440	13438	12	14144	14137	19
医药及医疗器材批发	Wholesale of Medicines and Medical Appliances	2421	2630	20	2520	2774	280
西药批发	Wholesale of Western Medicine	2421	2630	20	2520	2774	280
矿产品、建材及化工产品批发	Wholesale of Mineral Products, Building Materials and Chemical Products	2711	2663	281	4540	4322	297
建材批发	Wholesale of Building Materials	2051	2011	141	2362	2314	127
化肥批发	Wholesale of Garments	660	652	140	2178	2008	170
机械设备、五金交电及电子产品批发	Wholesale of Machinery, Hardware and Electronic Equipment	31882	33480		44106	44106	
农业机械批发	Wholesale of Agricultural Machinery	5161	5161		9468	9468	
其他机械设备及电子产品批发	Others	26721	28319		34639	34639	
贸易经纪与代理	Trade Broker and Agency	48840	48777	87	51746	51736	10
贸易代理	Trade Agency	48840	48777	87	51746	51736	10
其他批发	Others	5722	5722	7001	5722	5722	700
其他未列明的批发	Any Other Wholesale	5722	5722	7001	5722	5722	700
按登记注册类型分	**By Status of Registration**						
内资企业	Domestic Funded Enterprises	45322	46917	12	66602	68934	37
集体企业	Collective-owned Enterprises				8351	10692	18
有限责任公司	Limited Liability Corporations	26721	28319		34639	34639	
其他有限责任公司	Other Limited Liability Corporations	26721	28319		34639	34639	
股份有限公司	Share-holding Corporations Ltd.	18601	18598	12	23612	23604	19
港、澳、台商投资企业	Enterprises with Funds from Hong Kong, Macao & Taiwan	15401	24712	53	25561	34312	361
港、澳、台商独资经营企业	Enterprises with Sole Investment	15401	24712	53	25561	34312	361
外商投资企业	Foreign Funded Enterprises				18276	25025	1681
中外合资经营企业	Joint-venture Enterprises				18276	25025	1681
个体经营	Individual Business	62472	62603	7623	73103	72523	2417
个体户	Individual	62472	62603	7623	73103	72523	2417
按经营形式分	**By Form of Management**						
独立门店	Independent Stores	123195	134231	7688	166550	184476	3811
其他	Others				16991	16318	685

16-16 限额以上产业活动单位和个体户零售业商品购、销、存总额

Total Purchases, Sales and Inventory of Industrial Activity Units and Individuals above Designated Size in Retail Trades

单位：万元 (10 000 yuan)

指标	Item	2012 商品购进总额 Total Purchases Value	2012 商品销售总额 Total Sales	2012 年末库存 Stock at year-end	2013 商品购进总额 Total Purchases Value	2013 商品销售总额 Total Sales	2013 年末库存 Stock at year-end
总计	**Total**	**1197165**	**1184993**	**72193**	**1271155**	**1357312**	**61170**
按零售行业分	**By Retail Trades Sector**						
综合零售	Integrated Retail	320853	335226	20524	279221	300968	14628
百货零售	Retail of General Merchandise	80274	78671	9510	79455	82873	5245
超级市场零售	Retail of Supermarkets	101074	97528	9666	92019	89815	7934
其他综合零售	Others	139505	159028	1349	107747	128281	1450
食品、饮料及烟草制品专门零售	Special Retail of Food, Beverages and Tobaccos	190062	185282	6725	215433	216276	5814
粮油零售	Retail of Grain and Oil	55402	54517	1462	57661	57501	499
糕点、面包零售	Retail of Cake and Bread	688	577	111	1743	1888	245
果品、蔬菜零售	Retail of Melons and Fruits,Vegetables	4281	3957	324	3937	3764	173
肉、禽、蛋及水产品零售	Retail of Meat, Poultry, Eggs and Aquatic Products	96414	94718	1696	108234	108084	1450
营养和保健品零售	Retail of Nourishment and Health Products				1962	1841	121
酒、饮料及茶叶零售	Retail of Beverages and Tea	31031	29337	2989	37403	38450	2780
烟草制品零售	Retail of Tobaccos	577	575	21	2198	2332	443
其他食品零售	Others	1670	1602	121	2294	2416	103
纺织、服装及日用品专门零售	Special Retail of Textiles, Garments and Daily Consumer Articles	106017	103069	4763	125918	128773	5256
纺织品及针织品零售	Retail of Textiles and Knitwear	2152	1989	168	3067	2924	179
服装零售	Retail of Garments	64527	62133	4096	50931	54791	4133
鞋帽零售	Retail of Shoes and Hats	19323	19279	84	27020	26968	134
化妆品及卫生用品零售	Retail of Cosmetics and Health Consumer Articles	2114	1960	153	2403	2240	163
钟表、眼镜零售	Retail of Clocks and Watches, Spectacles	473	498	10			
自行车零售	Retail of Bicycle	1347	1329	18	1420	1401	19
其他日用品零售	Others	16081	15880	233	41079	40450	628
文化、体育用品及器材专门零售	Special Retail of Culture, Sports Appliances and Equipments	52019	51687	1922	43827	42496	2330
文具用品零售	Retail of Stationary	2329	2311	71	3113	3278	118
体育用品及器材零售	Retail of Sports Goods	3423	3144	279	1570	1579	150
图书、报刊零售	Retail of Books	813	811	37	1000	992	45
珠宝首饰零售	Retail of Jewelry	32639	32789	1254	33803	32377	1861
工艺美术品及收藏品零售	Retail of Artwork and Collections	10993	10909	181	2252	2261	76
照相器材零售	Retail of Photographic Apparatus				2089	2009	80
乐器零售	Retail of Musical Instrument	1823	1723	100			
医药及医疗器材专门零售	Special Retail of Medicines and Medical Appliances	19909	19249	2898	28041	27308	3017
药品零售	Retail of Medicines	19909	19249	2898	28041	27308	3017
汽车、摩托车、燃料及零配件专门零售	Special Retail of Motor Vehicles, Motorcycles, Fuel and Parts	92968	94686	3175	113334	124731	2800
汽车零售	Retail of Motor Vehicles	16479	16016	698	18678	18306	630
摩托车及零配件零售	Retail of Motor Vehicles and Parts	6001	5530	592	8365	7913	564
机动车燃料零售	Retail of Fuel of Motor Vehicles	70489	73139	1885	86292	98512	1606
家用电器及电子产品专门零售	Special Retail of Household Appliances and Electronic Products	263028	251640	19128	285073	298473	18136
家用视听设备零售	Retail of Home Audio-visual Equipment	28528	27463	1598	25402	25313	798
日用家电设备零售	Retail of Household Appliances	89427	88674	7873	100632	124526	6617
计算机、软件及辅助设备零售	Retail of Computer, Software and Peripherals	11136	10237	987	14731	13657	1391

16-16 续表 continued

单位：万元 (10 000 yuan)

指标	Item	2012 商品购进总额 Total Purchases Value	2012 商品销售总额 Total Sales	2012 年末库存 Stock at year-end	2013 商品购进总额 Total Purchases Value	2013 商品销售总额 Total Sales	2013 年末库存 Stock at year-end
通信设备零售	Retail of Communication Equipment	132272	123621	8651	141996	133235	8761
其他电子产品零售	Others	1664	1645	19	2312	1743	569
五金、家具及室内装修材料	Special Retail of Hardware, Furniture and Decoration Materials	144410	136931	12161	176310	214423	9012
五金零售	Retail of Hardware	6620	6188	604	8806	8165	641
灯具零售	Retail of Light Fittings	6770	6709	61	10600	10411	251
家具零售	Retail of Furniture	20698	19642	1563	25991	24498	2566
卫生洁具零售	Retail of Sanitary	643	633	11	1227	1210	17
木质装饰材料零售	Retail of Dooden Decorating Materials	1852	1895	661	3685	3535	1241
陶瓷、石材装饰材料零售	Retail of Porcelainous, Stone Finishing Decorating Materials	10233	9076	1156	13907	12762	1145
其他室内装修材料零售	Others	97594	92788	8105	112094	153842	3150
货摊无店铺及其他零售业	Non-shop and Other Retails	7900	7224	898	3998	3864	179
生活用燃料零售	Retail of Life Fuels	552	548	5	626	620	6
其他未列明的零售	Other Retail Not Classified Elsewhere	7348	6676	893	3372	3244	173
按登记注册类型分	**By Status of Registration**						
内资企业	Domestic Funded Enterprises	25366	24831	1048	34875	34755	809
国有企业	State-owned Enterprises	19646	19234	526	29905	29981	556
集体企业	Collective-owned Enterprises	2466	2594	57	3209	3188	78
私营企业	Private Enterprises	3253	3003	466	1761	1586	175
私营独资企业	Private-funded Enterprises	2284	2040	389			
私营有限责任公司	Private Limited Liability Corporations				1761	1586	175
私营股份有限公司	Private Share-holding Corporations Ltd.	969	963	77			
其他企业	Other Enterprises						
外商投资企业	Enterprises with Foreign Investment	17598	17596	1	24860	24859	2
外商投资股份有限公司	Joint Venture Enterprises with Foreign Investment	17598	17596	1	24860	24859	2
个体经营	Individual Business	1154202	1142566	71143	1211420	1297698	60359
个体户	Individual	1123645	1111434	70613	1183264	1267125	59191
个人合伙	Individual Partnership	30557	31132	531	28156	30573	1169
按经营形式分	**By Form of Management**						
独立门店	Independent Stores	1133162	1121718	69795	1246548	1330264	59181
连锁总店	General Chain Stores	90	86	16			
连锁门店	Branch Chain Stores	45005	43923	1082	5966	7043	698
其他	Others	18908	19266	1300	18641	20005	1291
按零售业态分	**By Business Categories**						
有店铺零售	Shop Retails	1197165	1184993	72193	1271155	1357312	61170
食杂店	Grocery Store	3060	2917	240	7121	7000	405
便利店	Convenience Store	39091	34971	4292	9590	9511	483
超市	Supermarket	129021	126994	14095	131372	131062	10574
大型超市	Hypermarket	33100	31590	2776	39677	38562	2530
百货店	Department Store	160208	180793	2579	137158	163173	3960
专业店	Specialty Store	523095	508829	25332	597585	611061	25720
专卖店	Franchised Store	239058	235204	15332	270321	294326	13606
家居建材商店	Building Material Store	67705	61097	7181	74474	98669	3212
购物中心	Shopping Center	2057	1832	226	2935	3011	521
厂家直销中心	Factory Outlets Center	770	767	140	923	937	160

16-17 限额以上产业活动单位和个体户住宿业经营情况 Management of Industrial Activity Units and Individuals above Designated Size of Hotels

单位：万元 (10 000 yuan)

指标	Item	2012 营业额 Business Value	2012 #客房收入 From Hotel Rooms	2012 #餐费收入 From Meals	2012 #商品销售收入 From Commodities	2013 营业额 Business Value	2013 #客房收入 From Hotel Rooms	2013 #餐费收入 From Meals	2013 #商品销售收入 From Commodities
总　　计	**Total**	**123976**	**47227**	**54666**	**15272**	**164129**	**65966**	**71288**	**18967**
按住宿行业分	**By Hotels**								
旅游饭店	Tour Restaurant	100100	34650	47096	11965	126434	46935	58063	14328
一般旅馆	General Restaurant	23020	12051	7284	3263	35666	17743	12485	4638
其他住宿服务	Other Hotel Services	856	526	286	44	2030	1288	741	1
按登记注册类型分	**By Status of Registration**								
内资企业	Domestic Funded Enterprises	92288	29985	44902	11803	118808	41120	56943	14472
国有企业	State-owned Enterprises	41920	6857	20531	11105	54567	9948	27909	13335
有限责任公司	Limited Liability Corporations	46514	21427	22301	616	57036	27521	25788	875
其他有限责任公司	Other Limited Liability Corporations	46514	21427	22301	616	57036	27521	25788	875
股份有限公司	Share-holding Corporations Ltd.					1826	1329	417	49
私营企业	Private Enterprises	1364	259	1022	82	5380	2322	2830	212
私营合伙企业	Private Partnership Enterprises	773	184	507	82				
私营有限责任公司	Private Limited Liability Corporations	590	76	515		5380	2322	2830	212
其他企业	Other Enterprises	2490	1441	1048					
港澳台商投资企业	Enterprises with Funds from Hong Kong, Macao & Taiwan	3520	1804	1523		9328	5213	3676	
港澳台商独资企业	Enterprises with Sole Investment	3520	1804	1523		9328	5213	3676	
个体经营	Individual Business	28168	15438	8241	3469	35993	19633	10669	4495
个体户	Individual	28168	15438	8241	3469	35993	19633	10669	4495
按经营形式分	**By Form of Management**								
独立门店	Independent Stores	123428	46829	54656	15214	163092	65203	71288	18781
其　他	Others	548	398	10	58	1037	764		186
按星级分	**By Star Rating**								
五　星	Five-star Level	24003	12505	10726	14	29266	16278	11791	
四　星	Four-star Level	1378	608	754		38687	4978	20220	12966
三　星	Three-star Level	31687	4113	16991	10403	5468	2290	2876	137
二　星	Two-star Level	1596	479	906	39	2329	769	1484	51
一　星	One-star Level	1528	629	651	248	4211	1608	2042	560
其　他	Others	63786	28893	24639	4567	84170	40044	32875	5253

16-18 限额以上产业活动单位和个体户餐饮业经营情况
Management of Industrial Activity Units and Individuals above Designated Size of Catering Services

单位：万元 (10 000 yuan)

指标	Item	2012 营业额 Business Revenue	2012 #客房收入 From Hotel Rooms	2012 #餐费收入 From Meals	2012 #商品销售收入 From Commodities	2013 营业额 Business Revenue	2013 #客房收入 From Hotel Rooms	2013 #餐费收入 From Meals	2013 #商品销售收入 From Commodities
总计	**Total**	**366017**	**16059**	**314814**	**31685**	**365322**	**13969**	**317318**	**31308**
按餐饮行业分	**By Catering Services**								
正餐服务	Restaurant	343042	15781	292652	31209	346989	13963	299339	31023
快餐服务	Fast Food	5961		5897	63	4302		4243	59
其他餐饮服务	Others	17015	278	16265	413	14031	6	13736	226
小吃服务	Snack	7354	22	7113	209	8069	6	7773	226
其他未列明餐饮业	Other Catering Service not Classified	9661	256	9152	204	5963		5963	
按登记注册类型分	**By Status of Registration**								
内资企业	Domestic Funded Enterprises	41622	4029	27338	9411	33021	3539	21920	7142
国有企业	State-owned Enterprises	13585	1954	7765	3867	11058	1068	6214	3777
集体企业	Collective-owned Enterprises	807	258	546	3	460	163	297	
有限责任公司	Limited Liability Corporations	22840	1145	15759	5093	16760	1650	11887	2862
其他有限责任公司	Other Limited Liability Corporations	22840	1145	15759	5093	16760	1650	11887	2862
股份有限公司	Share-holding Corporations Limited					637	214	419	4
私营企业	Private Enterprises	3948	595	3029	324	3412	277	2588	487
私营独资企业	Private-funded Enterprises	2433	430	1864	139	977		826	151
私营有限责任公司	Private Limited Liability Corporations	820		688	132	1634	82	1213	279
私营股份有限公司	Private Share-holding Corporations Ltd.	696	166	476	54	801	195	549	57
其他企业	Other Enterprises	441	77	240	124	694	166	515	13
外商投资企业	Enterprises with Foreign Investment	2328		2328					
外商投资股份有限公司	Share-holding Corporations Ltd.	2328		2328					
个体经营	Individual Business	322067	12030	285147	22274	332300	10430	295398	24167
个体户	Individual	322067	12030	285147	22274	329385	10430	292483	24167
个人合伙	Individual Partnership					2915		2915	
按经营形式分	**By Form of Management**								
独立门店	Independent Stores	358811	15668	309145	30550	346865	13561	303464	27113
连锁门店	Branch Chain Stores	2714		2110	604	2880		2275	605
其他	Others	4493	392	3559	531	15577	408	11578	3591

16-19 重点交易市场情况(2013年)

Focus on Transaction Markets(2013)

分类	Item	市场数(个) Number of Markets (unit)	摊位数(个) Number of Booths (unit)	年末出租摊位数(个) Number of Rented Stall(unit)	营业面积(平方米) Operating Area (sq.m)	成交额(万元) Turnover (10 000 yuan)
总　计	**Total**	**47**	**31490**	**28913**	**1713866**	**3863466**
按市场类别分	**By Type of Markets**					
1.综合市场	Integrated Markets	6	5910	5546	225500	135240
工业消费品综合市场	Industrial Consumable Comprehensive Markets	2	2780	2571	123000	61739
农产品综合市场	Farm Produce Comprehensive Markets	2	2183	2038	53300	27146
其他综合市场	Other Comprehensive Markets	2	947	937	49200	46355
2.专业市场	Special Markets	41	25580	23367	1488366	3728226
生产资料市场	Production Markets	5	1863	1760	285500	684948
建材市场	Building Material Markets	3	948	914	100000	47309
金属材料市场	Metallic Material Markets	1	115	66	5500	479639
机械设备市场	Mechanical Equipment Markets	1	800	780	180000	158000
农产品市场	Farm Produce Markets	12	6560	5539	333529	1467139
粮油市场	Grain and Oil Markets	1	232	232	5496	274799
肉禽蛋市场	Meat, Poultry and Eggs Markets	1	1200	1111	32000	19923
水产品市场	Aquatic Product Markets	1	750	402	23000	20530
蔬菜市场	Vegetables Markets	7	3648	3126	225990	1090284
干鲜果品市场	Dried and Fresh Melons and Fruits Markets	2	730	668	47043	61603
食品、饮料及烟酒市场	Food, Beverages, Tobacco and Liquor Markets	1	1616	1616	51000	71482
茶叶市场	Tea Markets	1	1616	1616	51000	71482
纺织、服装、鞋帽市场	Textiles, Clothing, Shoes and Hats Markets	9	9515	9014	372382	488685
布料及纺织品市场	Cloth and Textiles Markets	1	1000	700	20000	35700
服装市场	Clothing Markets	6	5959	5758	192200	178780
鞋帽市场	Shoes and Hats Markets	1	2127	2127	150182	264200
其他纺织服装鞋帽市场	Others	1	429	429	10000	10005
电器、通讯器材、电子设备市场	Electrical Appliances, Communication Appliances and Electronical Appliances Markets	4	2086	1636	110699	196830
家电市场	Household Appliances Markets	1	106	106	5699	16600
计算机及辅助设备市场	Computer and Auxillary Equipments Markets	3	1980	1530	105000	180230
医药、医疗用品及器材市场	Medicine, Medical Materials and Medical Instruments Markets	2	490	430	14000	57800
中药材市场	Chinese Medicine Markets	2	490	430	14000	57800
家具、五金及装饰材料市场	Furniture,Hardware and Decoration Materials Markets	4	1493	1493	213772	62826
装饰材料市场	Decoration Materials Markets	2	802	802	156772	38284
厨具、盥洗设备市场	Kitchenware and Sanitation Markets	1	140	140	24000	12000
五金材料市场	Hardware Materials Markets	1	551	551	33000	12542
汽车、摩托车及零配件市场	Cars, Motorcycles and Spare Parts Markets	4	1957	1879	107484	698516
汽车市场	Cars Markets	2	1060	982	85140	520516
机动车零配件市场	Motor Vehicle Spare Parts Markets	2	897	897	22344	178000
按营业状态分	**By Operating Status**					
常年营业	Perennial Operating	47	31490	28913	1713866	3863466
按经营方式分	**By Mode of Management**					
以批发为主	Wholesale Trade	31	21238	19444	1167410	2546726
以零售为主	Retail Trade	16	10252	9469	546456	1316740
按经营环境分	**By Environment of Management**					
露天式	Open air	12	6318	6146	344282	1347733
封闭式	Closed	28	20702	18451	1152882	2321748
其　他	Others	7	4470	4316	216702	193985

16-20 重点交易市场商品销售类值(2013年)
Total Sales at Main Trade Markets by Category of Commodities(2013)

类别	Item	摊位数 (个) Number of Booths (unit)	成交额 (万元) Turnover (10 000 yuan)
总计	**Total**	**28913**	**3863466**
食品、饮料、烟酒类	Food, Beverages, Tobacco and Liquor	9643	1587759
粮油、食品类	Food	7532	1497935
# 粮油类	Grain and Oil	631	300315
肉禽蛋类	Meat, Poultry and Eggs	1440	136385
水产品类	Aquatic Products	580	63030
蔬菜类	Vegetables	3488	916460
干鲜果品类	Dried and Fresh Melons and Fruits	1313	77447
饮料类	Beverages	2022	87301
烟酒类	Tobacco and Liquor	89	2523
服装、鞋帽、针纺织品类	Garments, Shoes and Hats, Knitwear and Textiles	9819	493844
服装类	Garments	6801	229199
鞋帽类	Shoes and Hats	1556	191309
针纺织品类	Knitwear and Textiles	1462	73336
化妆品类	Cosmetics	151	4711
金银珠宝类	Gold, Silver and Jewelry	50	1100
日用品类	Daily Consumer Articles	1070	28908
# 洗涤用品类	Washing Articles	567	18943
儿童玩具类	Children Toys	477	9657
五金、电料类	Hardware	839	34359
体育、娱乐用品类	Sports and Recreation Articles	109	2937
书报杂志类	Newspapers and Magazines	6	56
电子出版物及音像制品类	E-journals and Video Products	105	9361
家用电器和音像器材类	Household Appliances and Audio/Video Equipments	332	34760
中西药品类	Traditional Chinese and Western Medicines	430	57800
# 中草药及中成药类	Traditional Chinese Medicines	430	57800
文化办公用品类	Cultural and Office Appliances	1208	123988
家具类	Furniture	74	3903
通讯器材类	Communication Appliances	265	37490
化工材料及制品类	Chemical Materials and Products	21	181670
金属材料类	Metal Materials	45	297969
建筑及装潢材料类	Building and Decoration Materials	1726	87564
机电产品及设备类	Mechanical and Electrical Products and Equipments	780	158000
汽车类	Automobiles	1879	698516
种子饲料类	Seeds and Feedstuff	7	122
其他类	Others	354	18649

16-21 重点交易市场成交情况(2013年)
Turnover of Main Commodity Transaction Markets(2013)

市　场 Market	摊位数(个) Number of Booths (unit)	成交额(万元) Turnover (10 000 yuan)	市　场 Market	摊位数(个) Number of Booths (unit)	成交额(万元) Turnover (10 000 yuan)
陕西义乌商城物业管理有限公司	971	23340	陕西省生产资料第一交易市场	66	479639
西安金康茶叶街市场	1616	71482	西安万寿路中药材批发市场北二区实业有限公司	230	33400
(西安金康茶文化传播有限公司)			西安市万寿路中药材批发市场南二区实业有限公司	200	24400
西安胡家庙蔬菜批发市场	307	48000	(西安市灞桥区万北物业管理服务处)		
西安胡家庙果品批发市场	330	36851	大明宫管业暖通交易中心(西安源鑫置业有限公司)	368	13500
西安和信实业开发有限责任公司家电市场	106	16600	西安大明宫五金机电灯饰城	551	12542
(西安和信实业有限责任公司)			西安大明国际汽车配件城	477	100000
西安粮油批发交易市场	232	274799	(西安大明国际汽车配件城有限责任公司)		
陕西丹尼尔交易广场	900	45000	西安广陶建材市场有限公司	140	12000
昌安商贸服装批发市场	179	10900	西北管材铝塑型材批发基地(西安源兴实业有限公司)	126	20339
陕西时丹达服装城管理有限公司	420	17500	西安朱雀农产品交易中心	840	237306
陕西丹尼尔商贸城有限公司	840	31200	西安五龙汽车城有限公司	100	38000
陕西多彩商城市场	2499	41000	宝鸡市恒丰园农产品发展有限公司	320	56602
(陕西多彩企业集团有限公司)			宝鸡市冠森大世界现代家居建材(城)有限公司	420	13470
锦绣国际商贸城有限公司	2127	264200	咸阳新阳光西北农副产品交易中心	700	522500
西安铁路局西铁大市场	238	12746	咸阳市秦都区嘉惠商业区	920	33180
西安赛博数码广场有限公司	180	10150	大荔县同州农副产品批发市场	1800	14400
西安赛格电脑城	1050	148000	汉中皇冠过街楼蔬菜批发市场	300	142330
(西安赛格商贸有限公司)			陕西省汉中市汽车运输总公司运达批发市场	1600	38399
西安市文艺南路纺织品批发市场	700	35700	城固县蔬菜瓜果批发市场	228	72847
西安东新科技贸易中心	300	22080	陕西城固经贸市场	729	20127
西安市干鲜果副食公司	338	24752	绥德县五一商城综合批发市场	208	26228
西安市玉林汽配批发市场有限责任公司	420	78000	安康市满意建材市场有限公司	446	21484
西安海纳汽车服务有限公司西安汽配市场	882	482516	安康市汉滨区兴安副食品批发市场	431	10699
西安蔚蓝机电市场有限公司	780	158000	安康市安运运输集团汽车运输有限公司批发市场	429	10005
西安市方欣冷冻市场	402	20530	安康市兴华建设集团有限公司综合批发市场	356	16800
西安国亨市场	1111	19923			

16-22 成品油批发企业能源购进、销售与库存(2013年)
Total Purchases, Sales and Inventory of Energy of Petroleum Products Enterprises in Wholesale Trades in the Whole Province(2013)

单位：吨 (ton)

能源品种	Type of Energy	年初库存量 Stock at the Beginning of the Year	本年购进量 Purchases (This Year)	# 购自省外 Purchases outside the Province	本年销售量 Sales (This Year)	# 销往省外 Sales outside the Province	# 售予省内批发和零售企业 Sale to Wholesale and Retail Enterprises in the Province	年末库存量 Stock at Year-end
汽　油	Gasoline	115490	7091515	234034	7096283	1625806	4821590	77190
# 93"	# 93"	96168	6257545	187702	6256359	1517681	4206725	63690
柴　油	Diesel Oil	162551	14840780	2632238	14905439	3467994	10294750	99406
# 0"	# 0"	158343	12096011	1037541	12175221	1856462	9224004	84411
煤　油	Kerosene	43230	986657	317903	964125	300005	107739	34156
燃料油	Fuel Oil		23295	21867	23295	20871	2424	
润滑油	Lubricant oil	1642	21135	13786	22663	5050	14305	1381

16-23 成品油零售企业(单位)能源销售与库存(2013年)
Total Sales and Inventory of Energy of Petroleum Products Enterprises (Units) in Retail Trades in the Whole Province(2013)

单位：吨 (ton)

能源品种	Type of Energy	年初库存量 Stock at the Beginning of the Year	本年销售量 Sales (This Year)	年末库存量 Stock at Year-end
汽 油	Gasoline	152627	2570306	75888
# 93"	# 93"	127769	2069245	49761
柴 油	Diesel Oil	267528	4026851	92466
# 0"	# 0"	258199	3633746	79518
煤 油	Kerosene		1049	1
燃料油	Fuel Oil	5		
润滑油	Lubricant Oil	272	7066	257

16-24 各市(区)成品油批发企业能源购进量(2013年)
Total Purchases of Energy of Petroleum Products Enterprises in Wholesale Trades by City(District)(2013)

单位：吨 (ton)

地 区	Region	企业数(个) Number of Enterprises (unit)	汽 油 Gasoline	# 93"	柴 油 Diesel Oil	# 0"	煤 油 Kerosene	燃料油 Fuel Oil	润滑油 Lubricant Oil
全 省	**Shaanxi**	**71**	**7091515**	**6257545**	**14840780**	**12096011**	**986657**	**23295**	**21135**
西 安 市	Xi'an	19	4229305	3781293	8894699	6496411	888963	23295	17757
铜 川 市	Tongchuan	1	41563	32809	110403	102233			160
宝 鸡 市	Baoji	4	229071	212508	648868	627661			2043
咸 阳 市	Xianyang	9	2043892	1772125	3696600	3525339	97694		608
渭 南 市	Weinan	15	3924		42511				
# 韩城市	Hancheng	2	3924		3115				
延 安 市	Yan'an	5	172422	150179	649298	638387			
汉 中 市	Hanzhong	5	88402	88402					
榆 林 市	Yulin	3	115985	77331	362626	278488			
安 康 市	Ankang	7	84581	73626	174811	173482			189
商 洛 市	Shangluo	3	82370	69271	260965	254011			378
杨凌示范区	Yangling								

16-25 各市(区)成品油批发企业能源销售量(2013年)
Total Sales of Energy of Petroleum Products Enterprises in Wholesale Trades by City(District)(2013)

单位：吨 (ton)

地区	Region	企业数(个) Number of Enterprises (unit)	汽油 Gasoline	#93"	柴油 Diesel Oil	#0"	煤油 Kerosene	燃料油 Fuel Oil	润滑油 Lubricant Oil
全省	**Shaanxi**	**71**	**7096283**	**6256359**	**14905439**	**12175221**	**964125**	**23295**	**22663**
西安市	Xi'an	19	4254580	3805293	8958727	6566597	866431	23295	17796
铜川市	Tongchuan	1	38087	24587	92766	84686			160
宝鸡市	Baoji	4	229690	212596	649131	631684			2190
咸阳市	Xianyang	9	2025992	1754756	3695055	3522513	97694		1846
渭南市	Weinan	15	3930		42207				
#韩城市	Hancheng	2	3930		3119				
延安市	Yan'an	5	172422	150179	649298	638387			
汉中市	Hanzhong	5	86279	86279	379	379			
榆林市	Yulin	3	115888	77343	362617	278575			
安康市	Ankang	7	84043	73073	174655	173505			244
商洛市	Shangluo	3	85374	72253	280604	278895			427
杨凌示范区	Yangling								

16-26 各市(区)成品油批发企业能源年末库存量(2013年)
Inventory of Energy of Petroleum Products Enterprises in Wholesale Trades by City(District) at Year-end(2013)

单位：吨 (ton)

地区	Region	企业数(个) Number of Enterprises (unit)	汽油 Gasoline	#93"	柴油 Diesel Oil	#0"	煤油 Kerosene	燃料油 Fuel Oil	润滑油 Lubricant Oil
全省	**Shaanxi**	**71**	**77190**	**63690**	**99406**	**84411**	**34156**		**1381**
西安市	Xi'an	19	37151	28825	38006	32319	34156		392
铜川市	Tongchuan	1	2114	1511	5208	3362			
宝鸡市	Baoji	4	3238	2178	13056	8681			390
咸阳市	Xianyang	9	29044	26284	38165	36237			309
渭南市	Weinan	15	7		315				
#韩城市	Hancheng	2	7		14				
延安市	Yan'an	5							
汉中市	Hanzhong	5	2400	2400					
榆林市	Yulin	3	568	326	798	402			
安康市	Ankang	7	855	719	997	830			101
商洛市	Shangluo	3	1814	1447	2861	2580			190
杨凌示范区	Yangling								

16-27 各市(区)成品油零售企业(单位)能源销售量(2013年)
Total Sales of Energy of Petroleum Products Enterprises (Units) in Retail Trades by City(District)(2013)

单位：吨 (ton)

地区	Region	企业数(个) Number of Enterprises (unit)	汽油 Gasoline	#93"	柴油 Diesel Oil	#0"	煤油 Kerosene	燃料油 Fuel Oil	润滑油 Lubricant Oil
全省	**Shaanxi**	**2346**	**2570306**	**2069245**	**4026851**	**3633746**	**1049**		**7066**
西安市	Xi'an	324	1058230	859536	1028299	1001338			4355
铜川市	Tongchuan	65	72121	59846	205192	198375			8
宝鸡市	Baoji	238	181142	163467	366403	361457	615		283
咸阳市	Xianyang	227	187331	140134	313069	272060			138
渭南市	Weinan	407	232706	163207	373587	264738			111
#韩城市	Hancheng	37	30346		58871				
延安市	Yan'an	224	181665	145912	306490	203731			131
汉中市	Hanzhong	238	181520	166021	479030	474701			1857
榆林市	Yulin	378	257125	183527	473531	411017			32
安康市	Ankang	128	112916	103082	213364	212015			151
商洛市	Shangluo	113	90969	72149	253409	220370	434		
杨凌示范区	Yangling	4	14582	12365	14478	13946			

16-28 各市(区)成品油零售企业(单位)能源年末库存量(2013年)
Inventory of Energy of Petroleum Products Enterprises (Units) in Retail Trades by City(District) at Year-end(2013)

单位：吨 (ton)

地区	Region	企业数(个) Number of Enterprises (unit)	汽油 Gasoline	#93"	柴油 Diesel Oil	#0"	煤油 Kerosene	燃料油 Fuel Oil	润滑油 Lubricant Oil
全省	**Shaanxi**	**2346**	**75888**	**49761**	**92466**	**79518**	**1**		**257**
西安市	Xi'an	324	17407	13646	16089	15046	1		49
铜川市	Tongchuan	65	1810	1674	3056	3006			12
宝鸡市	Baoji	238	3378	2810	5255	4882	1		68
咸阳市	Xianyang	227	5360	3604	6650	5008			3
渭南市	Weinan	407	4306	2138	4957	2868			
#韩城市	Hancheng	37	931		1126				
延安市	Yan'an	224	5011.0	3835	6113.0	4087			33
汉中市	Hanzhong	238	5182	4545	8378	8203			29
榆林市	Yulin	378	28476	13664	33986	29595			34
安康市	Ankang	128	1852	1737	3418	3293			29
商洛市	Shangluo	113	2919	1963	4425	3457			
杨凌示范区	Yangling	4	188	145	140	74			

主要统计指标解释

批发业 指批发商向批发、零售单位及其他企事业、机关单位批量销售生活用品和生产资料的活动，以及从事进出口贸易和贸易经纪与代理的活动。批发商可以对所批发的货物拥有所有权，并以本单位、公司的名义进行交易活动；也可以不拥有货物的所有权，而以中介身份做代理销售商。还包括各类商品批发市场中固定摊位的批发活动。

零售业 指百货商店、超级市场、专门零售商店、品牌专卖店、售货摊等主要面向最终消费者（如居民等）的销售活动。包括以互联网、邮政、电话、售货机等方式的销售活动，还包括在同地点，后面加工生产，前面销售的店铺（如前店后厂的面包房）。不包括：谷物、种子、饲料、牲畜、矿产品、生产用原料、化工原料、农用化工产品、机械设备（用车、计算机及通信设备等除外）等生产资料的销售（批发业）；非零售单位附带的零售活动（如汽车修理单位销售汽车零件）；商业零售单位所在商厦的物业管理(物业管理)；商业零售单位所在的商品市场、商业大厦的市场管理活动（市场管理）。

住宿业 指有偿为顾客提供临时住宿的服务活动，不包括提供长期住宿场所的活动（如出租房屋、公寓等）。

餐饮业 指在一定场所，对食物进行现场烹饪、调制，并出售给顾客主要供现场消费的服务活动。

社会消费品零售总额 指批发和零售业、餐饮业、新闻出版业、邮政业和其他服务业等，售予城乡居民用于生活消费的商品和社会集团用于公共消费的商品之总量。社会消费品零售总额包括：

一、批发和零售业企业（单位）售予城乡居民用于生活消费和社会集团用于公共消费的商品。包括：

1.售予城乡居民的各种生活消费品；

2.售予入境旅游的外国人、华侨、港澳台同胞的各类商品；

3.售予行政事业单位、社会团体、军队和武警等机构的商品，以及以零售方式售予各类企业的商品。具体包括：用于非生产和社会交往的办公用品，如通讯设备、计算器具和设备、电讯网络设备、文印设备、音像视听器材和设备、纸张、本册、文具及装订文印材料、家具、日用电器、针纺织品、清洁卫生用品、文体用品、奖品、纪念品、礼品等；供内部人员乘坐的交通工具和燃料；用于办公设施修缮的各类配件、材料、工具等；用于取暖和防暑降温的设备、燃料、材料及食品等；专用于教学的用品和设备；非营利医疗机构的中、西药品、中药材和医疗设备器材；非专用的劳动保护用品；不对外营业的内部食堂用的餐具、炊具、设备、清洁卫生工具和食品、燃料等；军队、武警用于其人员生活的衣着品和个人用品；其他各类非生产性设备和用品。

二、餐饮业出售的主食、菜肴、烟酒饮料和其他商品。

三、新闻出版业、邮政业售予城乡居民、企事业单位、军队和武警等机构的书报杂志、音像制品、邮品等。

四、其他服务业出售的食品、烟酒饮料、服装鞋帽、日常生活用品、医药保健用品、艺术品、工艺美术品、玩具、殡葬用品以及其他消费品。

批发和零售业商品购进、销售、库存总额 指各种登记注册类型的批发和零售业企业(单位)以本企业(单位)为总体的，从国内、国外市场购进的商品总量，销售和出口的商品总量、库存的商品总量等情况。该指标可以反映商品流转过程中商品的购进、销售、库存之间的比例关系和存在的问题。

购进总额 指从本企业(单位)以外的单位和个人购进(包括从境外直接进口)作为转卖或加工后转卖的商品总额。它反映批发和零售业从国内、国外市场上购进商品的总量。商品购进包括：(1)从工农业生产者购进的商品；(2)从出版社、报社的出版发行部门购进的图书、杂志和报纸；(3)从各种登记注册类型的批发和零售业企业(单位)购进的商品；(4)从其他单位购进的商品，如从机关、团体、企业等单位购进的剩余物资，从住宿和餐饮业、其他服务业购进的商品，从海关、市场管理部门购进的缉私和没收的商品，从居民手中收购的废旧商品等；(5)从国(境)外直接进口的商品。不包括企业(单位)为自身经营用和未通过买卖行为而收入的商品以及销售退回、商品升溢等。

销售总额 指对本企业(单位)以外的单位和个人出售(包括对境外直接出口)的商品总额。它反映批发和零售业在国内市场上销售商品以及出口商品的总量。商品销售包括：(1)售给城乡居民和社会集团消费用的商品；(2)售给工业、农业、建筑业、运输邮电业、批发和零售业、住宿和餐饮业、其他服务业等作为生产、经营使用的商品；(3)售给批发和零售业作为转卖或加工后转卖的商品；(4)对国(境)外直接出口的商品。不包括出售本企业(单位)自用的废旧包装用品，未通过买卖行为付出的商品，经本单位介绍、由买卖双方直接结算、本单位只收取手续费的业务，购货退出的商品以及商品损耗和损失等。

库存总额 指报告期末各种登记注册类型的批发和零售业企业(单位)已取得所有权的商品。它反映批发和零售业企业(单位)的商品库存情况和对市场商品供应的保证程度。商品库存包括：(1)存放在批发和零售业经营单位(如门市部、批发站、经营处)仓库、货场、货柜和货架中的商品；(2)挑选、整理、包装中的商品；(3)已记入购进而尚未运到本单位的商品，即发货单或银行承兑凭证已到而货未到的商品；(4)寄放他处的商品，如因购货方拒绝承付而暂时存放在购货方的商品和已办完加工成品收回手续而未提回的商品；(5)委托其他单位代销(未作销售或调出)尚未售出的商品；(6)代其他单位购进尚未交付的商品。不包括所有权不属于本单位的商品、委托外单位加工生产尚未收回成品的商品、外贸企业代理其他单位从国外进口尚未付给订货单位的商品、代国家物资储备部门保管的商品等。

住宿和餐饮业营业额 指住宿和餐饮业法人企业（单位）在经营活动中因提供服务或销售商品等取得的收入。包括：客房收入、餐费收入、商品销售额和其他收入。客房收入指住宿和餐饮业法人企业（单位）在经营活动中因提供住宿服务取得的收入。餐费收入指住宿和餐饮业法人企业、（单位）因为顾客提供就餐服务取得的收入，包括经烹饪、调制加工后出售的各种食品，如主食、炒菜、凉拌菜等的收入。商品销售额指住宿和餐饮业法人企业（单位）伴随服务而出售商品所取得的收入（含增值税）。其他收入指营业收入中除客房收入、餐费收入、商品销售额以外的其他收入，包括娱乐、健身和商务服务等。

连锁企业（或称连锁店、连锁公司） 指在核心企业或总店的领导下，由分散的、经营同类商品或服务的企业或活动单位，采取共同方针，实行集中采购和分散销售的有机结合，通过规范化经营，实现规模效益的经济联合组织形式。一般连锁店应由若干个分店组成。其经营特征：(1)经营同类商品；(2)使用统一商号；(3)统一采购配送，采购与销售相分离（部分商品可根据物流合理和保质保鲜原则，由供应商直接送货到门店，其余均由总部统一配送）。

连锁门店的形式分为直营连锁和加盟连锁。

直营连锁也叫正规连锁。指连锁门店均由总部独资或控股开设，在总部的直接领导下统一经营。总部采取纵深似的管理方式，直接下令掌管所有的零售门店，零售门店也必须完全接受总部指挥。这是大型垄断商业资本通过吞并、兼并或独资、控股等途径，发展壮大自身实力和规模的一种形式。

加盟连锁包括特许连锁和自由连锁两种形式。

特许连锁指各连锁门店（被特许人）通过合同形式，取得使用总部（特许人）商标、商号、经营技术和销售总部开发的商品的特许权，各加盟连锁门店为独立法人，在总部指导下统一经营。

自由连锁也称自愿连锁。指连锁公司的门店均为独立法人，各自的资产所有权关系不变，在公司总部的指导下共同经营。各成员店使用共同的店名，与总部订阅有关购、销、宣传等方面的合同，并按合同开展经营活动。在合同规定的范围之外，各成员店可以自由活动。根据自愿原则，各成员店可自由加入连锁体系，也可自由退出。

Explanatory Notes on Main Statistical Indicators

Wholesale Trade refers to the activities of wholesaler selling at wholesale commodities for daily use and capital goods to enterprises of wholesale and retail trades and other enterprises, institutions and government offices, including the activities of wholesaler engaged in import and export and acting as a trade agent. The wholesaler may have the right of ownership over the commodities of wholesale and trade in the name of its own or a company, the wholesaler may not have the right of ownership, only acts an agent. The wholesale trade also include the activities of wholesaler at the fixed stalls of the wholesale market of different commodities.

Retail Trade refers to the activities of department store, supermarket, franchised store, brand store, retail stall and on-the-spot-making-selling store selling commodities to the final consumers (citizens) by any means including internet, post, telephone, sales machine. Retail trade excludes the activities of sales of capital goods such a grain, seed, feed, livestock, mineral products, raw material for production, industrial chemicals, chemical products for farm, machine and equipment (vehicle, computer and communication equipment), and the activities of supplementary sales of non-retailer such as the sales of spare parts of car repair business

Hotel Services refer to the activities of enterprises providing paid services of lodging to the customer, excluding the activities of providing long period of services of lodging (such as leased house and apartments).

Catering Services refer to the activities of enterprises providing on-the-spot services of selling food cooked and prepared to the customer in certain sites

Total Retail Sales of Consumer Goods refer to the sum of retail sales of commodities sold by wholesale and retail trades, catering services, publishing, post and telecommunications and other service industries to urban and rural households for household consumption and to social institutions for public consumption. Retail sales of consumer goods include:

1) Sales sold by wholesale and retail trades to urban and rural households for household consumption and to social institutions for public consumption.

a) of commodities to urban and rural households;

b) of commodities to foreigners, overseas Chinese and Chinese compatriots from Hong Kong, Macao and Taiwan visiting China;

c) of commodities to government agencies, institutions, social organizations, military and armed police units, and commodities to enterprises in the form of retail sales. More specifically, they include: office facilities and articles for non-production purposes such as communications equipment, computing equipment and instruments, TV and network equipment, printing and copying equipment, audio-visual equipment and instruments, paper, notebooks, stationeries, furniture, electric appliances, knitwear, sanitation and cleaning articles, cultural and sport articles, articles for prizes, souvenirs, etc.; transport vehicles and fuels for employees; materials, spare parts and tools for the maintenance of office facilities; equipment, fuels, materials and food for winter heating or summer cooling purposes; articles and equipment for teaching purpose; Chinese and western medicines and medical equipment and facilities purchased by non profit-making medical institutes; non-specialized work safety articles; cooking utensils, tableware, equipment, cleaning articles, food and fuels purchased by in-house cafeterias; clothes and personal articles purchased by military or armed police units for their officials and soldiers; and other equipment and articles for non-production purposes.

2) Sales of stable food, cooked dishes, beverages, tobaccos and other articles by catering units.

3) Sales of books, newspapers, magazines, audio-visual products and post products by publishing, post and telecommunications departments to urban and rural households and to enterprises, institutions, military and armed police units.

4) Sales of food, beverages, tobaccos, clothing, hats, footwear, articles for daily use, medicines, medical and health articles, work of art, handicrafts, toys, funeral articles and other articles by other service industries.

Purchase, Sales and Stock of Commodities by Wholesale and Retail Trades refer to the total volume of commodities purchased, total volume of sales and exports, and the stock of commodities by wholesale and retail enterprises (establishments) of different status of registration from domestic and overseas markets. This indicator reflects the relationship among purchase, sales and stock of commodities in the circulation of goods and reveals the existing problems.

Total Purchases of Commodities refer to the total value of purchases of commodities by enterprises (establishments) from other establishments or individuals (including direct import from abroad) for the purpose of re-selling, either with or without further processing of the commodities purchased. The commodities include: (1) commodities purchased from agricultural and industrial producer, wholesaler, retailer, publishing house and other service business; (2) commodities purchased from institutions and government departments; (3) confiscated goods purchased from the customs authorities or market management agencies; (4) second-hand goods and wastes purchased from residents; The commodities exclude 1 commodities purchased by enterprises (establishments) for use in their own business operation, commodities obtained without buying or selling procedures such as materials, consumable goods of low value, office appliances, etc. 2 received goods without trading, such as goods handed over from others, borrowed goods, preserved goods for others, donated goods from others, processed and retrieved goods, etc. 3. goods of direct settlement between buyer and seller with handling fees introduced by others, 4. goods returned or refused to pay by the buyer, 5. excessive goods.

Total Sales of Commodities refer to value of commodities sold by the establishments to other establishments and individuals (including goods sold for self consumption, including the value-added tax). The commodities include: (1) commodities sold to urban and rural residents and social groups for their consumption; (2) commodities sold to establishments in all industries for their production and operation, including agriculture, industry, construction, transportation, post and telecommunications, catering services, and public utility including commodities sold to wholesale and retail establishments for re-selling, with or without further processing; and (3) commodities for direct export to abroad. Excluded are (1) extended commodities without trading, such as goods handed over to other enterprises and institutions because of the change of organizations, lent goods, returned goods preserved for others, extended processing materials and samples donated to others, (2) goods of direct settlement between buyer and seller with handling fees introduced by others, 3. goods returned after purchase, (4) damaged and spoiled goods, (5) waste and used goods of self use,

Total Stock of Commodities refers to total commodities possessed by wholesaler and retailer of various types of registration status at the end of the reference period, reflecting the commodity stock level of various wholesaler and retailer and the potential for market supply. It includes: (1) commodities located in storage, garages, counters, and shelves of operating places (such as sale stores, wholesale centres, and operating offices); (2) commodities in the process of being selected, sorted, and packed; (3) commodities not arrived but recorded as purchase in the account, i.e. commodities not arrived but payment receipts for the commodities from the sellers or the banks arrived; (4) commodities deposited in other places rather than places mentioned above, for instance: commodities in the hold of purchasers temporarily due to the refusal of payment and commodities not taken back after going through the formalities; (5) commodities entrusted to other units to sell but not sold yet; (6) commodities purchased for other units but not delivered yet. Commodities not included as stock are those not owned by the enterprises (units), commodities on commission for processing but not yet delivered, imported commodities of agency of foreign trade enterprise but not yet delivered to ordering units and finally those put in stock on behalf of the state material reserves units.

Business Revenue of Hotels and Catering Services refers to revenue received from providing services or selling commodities by corporate enterprises and establishments engaged in hotels and catering services, including income from hotels, from catering services, from selling of commodities and from other services. Income from hotels refers to income of corporate enterprises and establishments engaged in hotels and catering services by providing lodging services. Income from catering services refers to income of corporate enterprises and establishments engaged in hotels and catering services by providing catering services, including selling of cooked or prepared foods such as staple food, cooked dishes or cold dishes. Income from selling of commodities refers to income of corporate enterprises and establishments engaged in hotels and catering services by selling commodities (including value-added tax) that accompany the services they provide. Income from other activities refers to income received other than income from hotels, catering services or selling of commodities, such as income from providing recreation, fitness or business services.

Chain Head Stores (headquarter) refer to the core leading stores responsible for development, allocation, administration and utilization of resources (name of stores, brand of stores, operation model, service standard, management way, ect.) of chain stores. Chain stores refers to the stores engaged in providing homogeneous commodities or services, with the central leadership of head store and guided by common policies, conduct centralized purchase and distributed selling of commodities, in order to gain better efficiency through standardized operation. The chain stores include regular chain stores, franchise chain stores and voluntary chain stores.

Regular Chain store refers to chain stores that are invested or controlled by the headquarters. They operate under direct and unified management from the headquarters.

Franchise chain store refers to the chain stores (franchisees) which are franchised with operation resources such as trade marks, names, patent and operation know-how by the franchisors in form of contract and pay the operation fees to the franchisors

Voluntary chain store refers the stores operate jointly on the voluntary bases while maintaining their status of independent legal entities with full ownership of their assets. They sell goods of same brand from same channel of resource to the consumers.

十七、对外经济贸易和旅游

Foreign Trade and Tourism

资料整理：岳 洋

简 要 说 明

一、本篇资料反映陕西对外贸易和旅游业发展状况，内容包括进出口总值，进出口货物的品种、数(重)量、金额，利用外资、旅游人数和旅游收入，星级饭店基本情况等。

二、进出口商品总值按经营单位所在地统计。经营单位所在地是指境内进出口企业报关注册的登记地。

三、本篇资料由西安海关、省商务厅、省旅游局提供。

Brief Introduction

I. This chapter reflects development of international trades and tourism of Shaanxi, including kind, quantity(weight) and value of imported and exported products, utilization of foreign funds, tourist number and tourism revenue, basic conditions of star hotels, etc.

II. Total value of imported and exported commodities are calculated according to the location of operating units. The location of operating units is the place of registration where the resident imported and exported enterprises declare and register at customs.

III. The data sources are provided by Xi’an Customs District, the Department of Commerce Shaanxi Province and Tourism Administration of Shaanxi Province.

17.对外经济贸易和旅游

2013年全省				
进出口总额	201.29	亿美元	比上年增长	36.0%
#出　口	102.26	亿美元	比上年增长	18.2%
实际利用外商直接投资额	36.78	亿美元	比上年增长	25.3%
国际旅游人数	352.07	万　人	比上年增长	5.0%
国际旅游收入	16.76	亿美元	比上年增长	4.9%

进出口总额（亿美元）

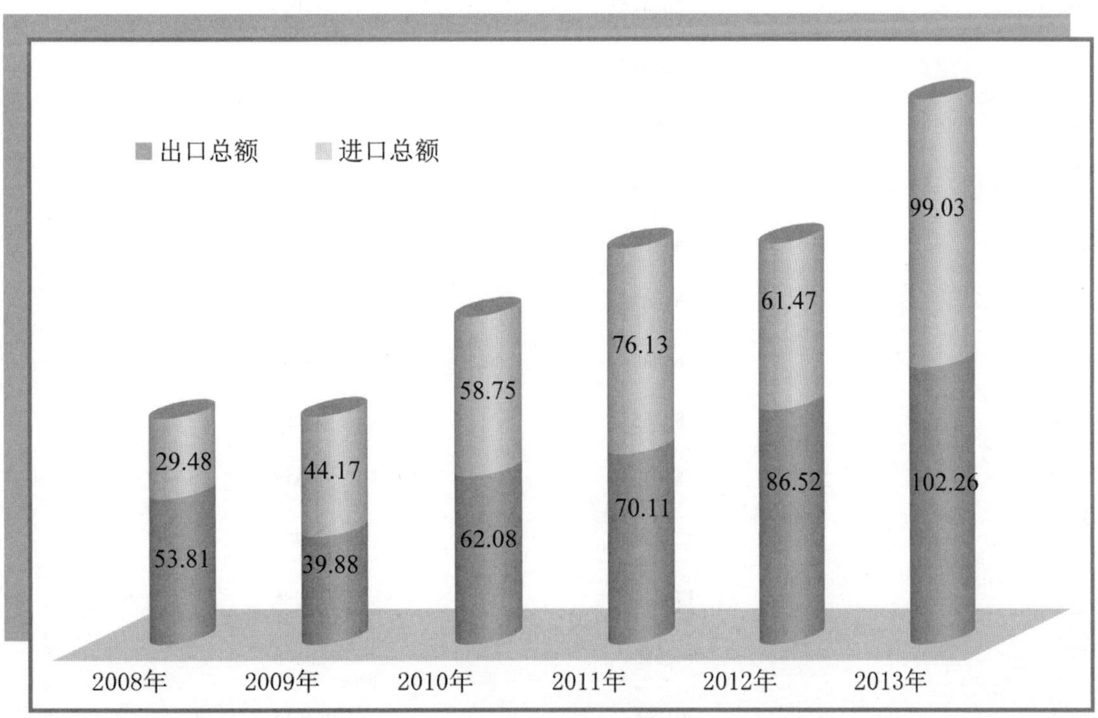

17-1 外贸进出口总值
Total Value of Imports and Exports in Foreign Trade

单位：万美元 (USD 10 000)

年 份 Year	进出口总值 Total Value of Imports and Exports	出 口 Exports	进 口 Imports
1978		1190	
1980		973	
1985	15712	10359	5353
1990	57728	46059	11669
1991	81359	60502	20857
1992	111885	76531	35354
1993	149599	99347	50252
1994	160061	121615	38446
1995	173323	128261	45062
1996	178406	126922	51484
1997	173413	123120	50293
1998	205148	117668	87480
1999	200834	115225	85609
2000	214009	131003	83006
2001	206444	111044	95400
2002	222517	137717	84800
2003	278371	173523	104848
2004	364238	239658	124580
2005	457684	307581	150103
2006	536025	362960	173065
2007	688804	467244	221560
2008	832867	538066	294801
2009	840539	398815	441724
2010	1208283	620773	587510
2011	1462344	701085	761258
2012	1479854	865178	614677
2013	2012881	1022617	990265

17-2 按贸易方式分外贸进口总值
Total Value of Imports in Foreign Trade by Type of Trade

单位：万美元 (USD 10 000)

贸易方式类别	Type of Trade	2012	2013	2013年比2012年增长(%) Growth Rate in 2013 over 2012(%)
进口总值	**Total Imports**	**614677**	**990265**	**61.1**
1.一般贸易	General Trade	286209	335471	17.2
2.国家间、国际组织无偿援助和赠送的物资	Between Countries, International Organizations Aid and Donated Materials			
3.华侨、港澳台同胞、外籍华人捐赠物资	The overseas Chinese, Hong Kong, Macao, Taiwan,Chinese of foreign Donated Materials	1		
4.来料加工装配贸易	Assembly Processing Trade	7077	5711	-19.3
5.进料加工贸易	Processing With Imported Trade	245779	439047	78.6
6.来料加工装配进口的设备	Assembly Processing Trade Equipment	247	646	161.4
7.租赁贸易	Lease Trade	704	7	-99.0
8.外商投资企业作为投资进口的设备、物品	Foreign-invested Enterprises as the Import Investment of Equipment, Goods	3819	1444	-62.2
9.出料加工贸易	Material Processing			
10.易货贸易	Barter			
11.保税监管场所进出境货物(保税仓库进出境货物)	Inward and Outward Goods of Free Trade Storehouse	19871	17889	-10.0
12.海关特殊监管区域物流货物(保税区仓储转口货物)	Re-export Goods of Free Trade Zone Re-exports	26327	175328	566.0
13.海关特殊监管区域进口设备(出口加工区进口设备)	Export Processing Zones Imported Equipment	23163	12321	-46.8
14.其　他	Other	1480	24013	62.3

17-3 按贸易方式分外贸出口总值
Total Value of Exports in Foreign Trade by Type of Trade

单位：万美元 (USD 10 000)

贸易方式类别	Type of Trade	2012	2013	2013年比2012年增长(%) Growth Rate in 2013 over 2012(%)
出口总值	**Total Exports**	**865178**	**1022617**	**18.2**
1.一般贸易	General Trade	542450	511015	-5.8
2.国家间、国际组织无偿援助和赠送的物资	Between Countries, International Organizations Aid and Donated Materials	5519	2342	-57.6
3.来料加工装配贸易	Assembly Processing Trade	8206	7460	-9.1
4.进料加工贸易	Processing With Imported Trade	177779	321940	81.1
5.对外承包工程出口货物	Exports Contracted Projects	12005	19474	62.2
6.租赁贸易	Lease Trade	190	42	-78.1
7.易货贸易	Barter			
8.出料加工贸易	Material Processing			
9.保税监管场所进出境货物(保税仓库进出境货物)	Inward and Outward Goods of Free Trade Storehouse	4288	7470	74.2
10.海关特殊监管区域物流货物	Re-export Goods of Free Trade Zone	112209	152279	35.7
11.其　他	Others	2532	594	-76.5

17-4 按国别(地区)分外贸进出口总值

Total Value of Imports and Exports in Foreign Trade by Country (Region)

单位：千美元 (USD 1 000)

国别(地区)	Country(Region)	2012 进出口 Total	2012 出口 Exports	2012 进口 Imports	2013 进出口 Total	2013 出口 Exports	2013 进口 Imports
总 值	**Total**	**14798544**	**8651779**	**6146766**	**20128814**	**10226168**	**9902646**
阿富汗	Afghanistan	697	697		432	432	
巴 林	Bahrain	10536	10349	187	9063	8648	415
孟加拉国	Bangladesh	29196	29149	47	31220	31176	45
不 丹	Bhutan	164	164		291	291	
文 莱	Brunei	9106	9106		9984	9984	
缅 甸	Myanmar	27126	23155	3971	14372	14253	119
柬埔寨	Cambodia	32562	32558	3	16448	16446	2
塞浦路斯	Cyprus	1328	1322	6	1277	1277	
朝 鲜	Korea DPR	2718	2655	62	6758	6722	37
中国香港	Hong Kong, China	1019417	1008013	11404	1781751	1755439	26312
印 度	India	209615	189894	19721	255068	164747	90321
印 尼	Indonesia	279284	212306	66978	148302	93615	54687
伊 朗	Iran	39371	39365	6	321865	321377	488
伊拉克	Iraq	105305	105305		28493	28493	
以色列	Israel	45405	23674	21732	77130	24244	52886
日 本	Japan	937106	504896	432210	1052269	455704	596565
约 旦	Jordan	14823	14327	496	10588	9320	1268
科威特	Kuwait	5152	5147	5	11811	11811	
老 挝	Laos	58707	58707		75013	74743	271
黎巴嫩	Lebanon	3208	3208		4046	4046	
中国澳门	Macao, China	12428	12428		4818	4818	
马来西亚	Malaysia	234070	199726	34344	231140	190903	40237
马尔代夫	Maldives	24	24		153	153	
蒙 古	Mongolia	19150	19150		22250	22250	
尼泊尔联邦民主共和国	Nepal	810	810		1543	1540	3
阿 曼	Oman	12156	12156		43524	43524	
巴基斯坦	Pakistan	30605	30564	41	21685	21141	545
巴勒斯坦	Palestine	28	28		305	305	
菲律宾	Philippines	78784	38564	40221	149661	63432	86229
卡塔尔	Qatar	6208	6208		6202	6202	1
沙特阿拉伯	Saudi Arabia	75364	75363	1	54447	54442	5
新加坡	Singapore	873009	324354	548655	1101886	432151	669735
韩 国	Korea Rep.	563122	317544	245578	1790900	385980	1404919
斯里兰卡	Sri Lanka	12313	12310	3	12869	11638	1231
叙利亚	Syria	2417	2417		4348	4348	
泰 国	Thailand	179946	171321	8625	220224	202323	17901
土耳其	Turkey	65273	53521	11753	62063	60510	1553
阿拉伯联合酋长国	United Arab Emirates	92182	89856	2325	121201	121200	1
也 门	Republic of Yemen	5755	5755		3977	3977	
越 南	Vietnam	66536	58586	7949	130236	125113	5123
中 国	P. R. China	29563		29563	168670		168670
中国台湾	Taiwan, China	946331	282081	664250	2067597	553515	1514083
东帝汶	Timor Leste	13	13		69	69	
哈萨克斯坦	Kazakhstan	31868	31658	210	35847	35847	
吉尔吉斯	Kirghizia	3731	3731		2759	2759	
塔吉克斯坦	Tadzhikistan	25451	25451		6824	6824	
土库曼斯坦	Turkmenistan	814	814		1262	1262	

17-4 续表 1 continued

单位：千美元 (USD 1 000)

国别(地区)	Country(Region)	2012			2013		
		进出口 Total	出口 Exports	进口 Imports	进出口 Total	出口 Exports	进口 Imports
乌兹别克斯坦	Uzbekistan	36527	36527		64712	64712	
阿尔及利亚	Algeria	92784	92784		92570	92570	
安哥拉	Angola	101770	101770		97067	97067	
贝　宁	Benin	11479	10828	650	3955	3549	406
博茨瓦纳	Botswana	183	181	2	482	482	
布隆迪	Burundi	417	417		187	187	
喀麦隆	Cameroon	21356	15053	6303	9811	4473	5338
佛得角	Cape Verde	2465	2465		3102	3102	
中　非	Central Africa	21	21			116	
乍　得	Chad	1073	105	967	678		562
科摩罗	Comoros	108	108		81	81	
刚　果	Congo	3541	3541		8492	8492	
吉布提	Djibouti	10142	10142		4509	4509	
埃　及	Egypt	68457	67755	703	60852	60702	150
赤道几内亚	Eq. Guinea	1690	1690		6975	6975	
埃塞俄比亚	Ethiopia	5667	5517	149	3109	3106	2
加　蓬	Gabon	2829	2829		2477	384	2093
冈比亚	Gambia	103	103		21	21	
加　纳	Gambia	17702	16561	1141	12210	11125	1084
几内亚	Guinea	1978	1978		1972	1972	
可特迪瓦	Cote d'lvoire	1245	1245		6	6	
肯尼亚	Kenya	8268	8268		1837	1515	321
利比里亚	Liberia	38306	38306		6075	6075	
利比亚	Libya	3207	3027	181	621	621	
马达加斯加	Madagascar	794	794		5141	5141	
马拉维	Malawi	5058	5058		857	857	
马　里	Mali	2172	2172		592	592	
毛里塔尼亚	Mauritania	17894	490	17405	2172	901	1271
毛里求斯	Mauritius	1235	1235		122	122	
摩洛哥	Morocco	18761	18007	754	802	802	
莫桑比克	Mozambique	1815	1815		22394	16447	5948
纳米比亚	Namibia	12196	745	11451	22200	22182	18
尼日尔	Niger	51	51		483	483	
尼日利亚	Nigeria	36220	35952	268	104	104	
留尼汪	Reunion	176	176		37471	37431	40
卢旺达	Rwanda	389	389		93	93	
塞内加尔	Senegal	1725	1725		914	914	
塞舌尔	Seychelles	15	15		1949	1949	
塞拉利昂	Sierra Leone	39	39		3	3	
索马里	Somalia	198	198		198	198	
南　非	South Africa	109370	100737	8633	25	25	
西撒哈拉	Western Sahara				248065	90911	157154
苏　丹	Sudan	23563	23280	282	22589	22562	27
坦桑尼亚	Tanzania	1549	1549		9469	9469	
多　哥	Togo	55855	55855		18471	18471	
突尼斯	Tunisia	6533	6508	26	4147	4051	95
乌干达	Uganda	1812	1812		1737	1737	
布基纳法索	Burkina Faso	1	1		3	3	
扎伊尔	Zaire	3607	3607		4447	4439	8
赞比亚	Zambia	22013	2548	19465	51449	4656	46792
津巴布韦	Zimbabwe	1409	1196	213	1726	1726	
莱索托	Lesotho	43	43		310	309	
斯威士兰	Swaziland	70	69		339	338	2
厄立特里亚	Eritrea	2195	2195		16544	16544	

17-4 续表 2 continued

单位：千美元 (USD 1 000)

国别(地区)	Country(Region)	2012 进出口 Total	2012 出口 Exports	2012 进口 Imports	2013 进出口 Total	2013 出口 Exports	2013 进口 Imports
巴　林	Bahrain	102	102				
柬埔寨	Cambodia	107	107				
比利时	Belgium	252176	91184	160991	297389	91988	205401
丹　麦	Denmark	35886	5881	30005	29042	6247	22795
英　国	United Kingdom	346941	253742	93198	389172	271592	117580
德　国	Germany	996677	395874	600803	877283	185122	692162
法　国	France	242737	134585	108151	369843	278965	90878
爱尔兰	Ireland	72727	10926	61801	76325	10720	65604
意大利	Italy	179149	82818	96331	230591	96929	133661
卢森堡	Luxembourg	2162	2041	122	1024	199	826
荷　兰	Netherlands	246376	193614	52762	339249	135701	203548
希　腊	Greece	10549	10548	1	34718	34696	22
葡萄牙	Portugal	3839	3590	249	5802	3845	1957
西班牙	Spain	48345	40581	7763	51620	38591	13029
阿尔巴尼亚	Albania	557	544	13	161	109	52
奥地利	Austria	43209	2736	40473	36	36	
保加利亚	Bulgaria	4958	4863	95	48959	2655	46305
芬　兰	Finland	33148	16679	16469	9946	2094	7853
匈牙利	Hungary	22078	10691	11387	45840	12319	33521
冰　岛	Iceland	184	27	157	17847	10853	6994
列支敦士登	Liechtenstein	3		3	180	164	16
马耳他	Malta	8603	8602	1	273		273
摩纳哥	Monaco	701	701		9684	9683	1
挪　威	Norway	20796	17491	3305	112	112	
波　兰	Poland	36896	31632	5264	15996	8602	7393
罗马尼亚	Romania	31934	25858	6076	28697	23502	5195
瑞　典	Sweden	82757	18043	64715	22675	17365	5310
瑞　士	Switzerland	106238	6005	100233	53894	14037	39857
爱沙尼亚	Estonia	3136	3086	50	111305	3247	108058
拉脱维亚	Latvia	7548	7518	30	2485	2405	79
立陶宛	Lithuania	6446	2734	3712	3094	2471	622
格鲁吉亚	Georgia	3463	3463		7596	2374	5222
亚美尼亚	Armenia	1759	1759		862	862	
阿塞拜疆	Azerbaijan	45368	45368		820	820	
白俄罗斯	Byelorussia	12225	12225		12789	12789	
摩尔多瓦	Moldavia	152	152		15600	15600	
俄罗斯	Russia	271030	249184	21846	324	303	21
乌克兰	Ukraine	56931	20727	36204	196995	175141	21854
斯洛文尼亚共和国	Slovenia	3109	2738	371	27003	19703	7300
克罗地亚共和国	Croatia	3918	3917	2	6286	4572	1713
捷　克	Czech	11100	5924	5176	3090	3086	4
斯洛伐克	Slovak	16847	11925	4922	20666	4589	16077
前南斯拉夫马其顿	Macedonia	211	211		18449	10240	8208
波斯尼亚-黑塞哥维那	Bosnia & Herzegovina	107	107		81	81	
塞尔维亚	Serbia	1002	1002		113	102	11
黑　山	Montenegro	100	100		874	872	2
阿根廷	Argentina	17604	16753	851	22607	13474	9133
阿鲁巴岛	Aruba	481	481		773	773	
巴哈马	Bahamas	706	706		122	122	
巴巴多斯	Barbados	291	291		180	180	
伯利兹	Belize	245	245		10	10	
玻利维亚	Bolivia	3011	1320	1690	1397	1397	

17-4 续表 3 continued

单位：千美元 (USD 1 000)

国别(地区)	Country(Region)	2012 进出口 Total	2012 出口 Exports	2012 进口 Imports	2013 进出口 Total	2013 出口 Exports	2013 进口 Imports
巴　西	Brazil	225218	89667	135551	235500	49661	185839
智　利	Chile	63961	36373	27588	219650	31629	188020
哥伦比亚	Colombia	20629	20611	18	15271	15264	6
哥斯达黎加	Costa Rica	1715	1713	2	2341	1942	399
古　巴	Cuba	476	470	5	7194	7194	
库腊索岛	Curacao	30	30		29	29	
多米尼加	Dominica Rep.	3258	3251	7		2624	30
厄瓜多尔	Ecuador	16670	16670		23253	23244	9
格林纳达	Grenada	598	598				
瓜德罗普	Guadeloupe	48	48		26	26	
危地马拉	Guatemala	4313	4313		5831	5831	
圭亚那	Guyana	565	565		4069	4069	
海　地	Haiti	348	348		426	426	
洪都拉斯	Honduras	7280	7028	252	565	565	
牙买加	Jamaica	6265	6265		7481	7481	
墨西哥	Mexico	62499	43403	19095	85860	49610	36250
尼加拉瓜	Nicaragua	1411	1411		1034	1034	
巴拿马	Panama	36517	36517		14145	14145	
巴拉圭	Paraguay	2990	2990		3843	3843	
秘　鲁	Peru	63806	19802	44004	61921	20937	40984
波多黎各	Puerto Rico	14465	920	13545	95945	75113	20832
圣卢西亚	Saint Lucia	552	552		78	78	
萨尔瓦多	El Salvador	564	564		1024	1024	
苏里南	Surinam	737	737		543	543	
特立尼达和多巴哥	Trinidad and Tobago	693	693		719	719	
特克斯和凯科斯群岛	Turks & Caicos Is.						
乌拉圭	Uruguay	10172	10172		12410	12410	
委内瑞拉	Venezuela	27342	27342		19619	19619	
英属维尔京群岛	Virgin Is. (E)						
荷属安地列斯群岛	Andreas Is. (N)	161	161		557	557	
加拿大	Canada	174189	114245	59943	172055	139119	32935
美　国	United States	3347706	1550439	1797268	4051546	2036666	2014880
澳大利亚	Australia	423353	131228	292125	642378	113872	528506
斐　济	Fiji	8338	8338		8858	8858	
新喀里多尼亚	New Caledonia (Fr)	991	991		456	456	
瓦努阿图	Vanuatu				10	10	
新西兰	New Zealand	13141	9996	3145	27641	8654	18987
巴布亚新几内亚	Papua New Guinea	2423	2423		4209	2853	1356
所罗门群岛	Solomon Is.	372	372		180	180	
汤　加	Tonga	99	99		8	8	
萨摩亚	Samoa	82	82		5	5	
基里巴斯	Kiribati	4	4		9218	9218	
图瓦卢	Tuvalu	998	998				
贝劳共和国	The Republic of Palau	9	9				
法属波利尼西亚	Polynesia (F)	25	25		72	72	
国(地)别不详	Others	58		58	107		107

17-5 进出口商品分类金额
Value of Imports and Exports by HS Section and Division

单位：千美元 (USD 1 000)

商品分类	HS Section and Division	2012 出口 Exports	2012 进口 Imports	2013 出口 Exports	2013 进口 Imports
总值	**Total**	**8651779**	**6146766**	**10226168**	**9902646**
第一类 活动物；动物产品	**Live Animals; Animal Products**				
第1章 活动物	Live Animals	542	4249	33	5678
第2章 肉及食用杂碎	Meat and Edible Meat Offal			2	
第3章 鱼、甲壳动物、软体动物及其他水生无脊椎动物	Fish and Crustaceans Molluscs and Other Aquatic Invertebrates		4798		1447
第4章 乳品；蛋品；天然蜂蜜；其他食用动物产品	Dairy Produce; Birds' Eggs; Natural Honey; Edible Products of Animal Origin, not ElsewhereSpecified or Included	7827	687	9740	631
第5章 其他动物产品	Products of Animal Origin, not Elsewhere Specified or Included	599	58	627	
第二类 植物产品	**Vegetable Products**				
第6章 活树及其他活植物；鳞茎、根及类似品；插花及装饰用簇叶	Live Tree and Other Plants; Bulbs, Roots and the Like; Cut Flowers and Ornamental Foliage	207	2705	209	8199
第7章 食用蔬菜、根及块茎	Edible Vegetables and Certain Roots and Tubers	35734	4762	26991	13509
第8章 食用水果及坚果；甜瓜或柑桔属水果的果皮	Edible Fruit and Nuts; Peel of Citrus Fruit or Melons	39835	3399	54150	4411
第9章 咖啡、茶、马黛茶及调味香料	Coffee, Tea, Mate and Spices	4235	23	5357	722
第10章 谷物	Cereals	2115		4004	2038
第11章 制粉工业产品；麦芽；淀粉；菊粉；面筋	Products of The Milling Industry; Malt; Starches;Inulin; Wheat Gluten	1281	80	203	84
第12章 含油子仁及果实；杂项子仁及果实；工业用或药用植物；稻草、秸秆及饲料	Oil Seeds and Oleaginous Fruits; Miscellaneous Grains, Seeds and Fruit; Industrial or Medicinal Plants; Straw and Fodder	59362	29585	11891	89629
第13章 虫胶；树胶、树脂及其他	Lac; Gums, Resins And Other Vegetable Saps and Extracts	22958	319	52917	1114
第14章 编结用植物材料；其他植物产品	Vegetable Plaiting Materials; Vegetable Products Not Elsewhere Specified or Included	72	95	6	13
第三类 动、植物油、脂及其分解产品；精制的食用油脂	**Animal or Vegetable Fats and Oils and their Cleavage Products; Prepared**				
第15章 动、植物油、脂及其分解产品；精制的食用油脂；动、植物蜡	Animal or Vegetable Fats and Oils and Their Products; Prepared Edible Fats; Animal or Vegetable Waxes	292	200	450	336
第四类 食品；饮料、酒及醋；烟草、烟草及烟草代用品的制品	**Prepared Foodstuffs; Beverages, Spirits And Vinegar; Tobacco and Manufactured Tobacco Substitutes**				
第16章 肉、鱼、甲壳动物、软体动物及其他水生无脊椎动物的制品	Preparations of Meat, of Fish or of Crustaceans, Molluscs or other Aquatic Invertebrates				
第17章 糖及糖食	Sugars and Sugar Confectionery	9370	12	4910	
第18章 可可及可可制品	Cocoa and Cocoa Preparations		5		
第19章 谷物、粮食粉、淀粉或乳的制品；糕饼点心	Preparations of Cereals, Flour, Starch or Milk; Pastry-Cooks' Products	24	668	36	1355
第20章 蔬菜、水果、坚果或植物其他部分的制品	Preparations of Vegetables, Fruit, Nuts or Other Parts of Plants	608570	282	493605	306
第21章 杂项食品	Miscellaneous Edible Preparations	1148	1304	2173	1230
第22章 饮料、酒及醋	Beverages, Spirits and Vinegar	369	3471	664	6021
第23章 食品工业的残渣及废料；配制的动物饲料	Residues and Waste from The Food Industries; Prepared Animal Fodder	33	1155	968	656
第24章 烟草、烟草及烟草代用品的制品	Tobacco and Manufactured Tobacco Substitutes	11849		26473	

17-5 续表 1 continued

单位：千美元 (USD 1 000)

商品分类	HS Section and Division	2012 出口 Exports	2012 进口 Imports	2013 出口 Exports	2013 进口 Imports
第五类 矿产品	**Mineral Products**				
第25章 盐；硫磺；泥土及石料；石膏料、石灰及水泥	Salt; Sulphur; Earths and Stone; Plastering Materials, Lime and Cement	31056	1612	22138	369
第26章 矿砂、矿渣及矿灰	Ores, Slag and Ash	16955	650657	16861	725737
第27章 矿物燃料、矿物油及其蒸馏产品；沥青物质；矿物蜡	Mineral Fuels, Mineral Oils and Products of Their Distillation; Bituminous Substances; Mineral Waxes	3100	29128	4295	32010
第六类 化学工业及其相关工业的产品	**Products of The Chemical or Industries Allied**				
第28章 无机化学品；贵金属、稀土金属、放射性元素及其同位素的有机及无机化合物	Inorganic Chemicals; Organic or Inorganic Compounds of Precious Metals, of Rare-Earth Metals, of Radioactive Elements or of Isotopes	117641	141650	125877	118692
第29章 有机化学品	Organic Chemicals	326709	124932	286942	125039
第30章 药品	Pharmaceutical Products	14035	146537	11306	164551
第31章 肥料	Fertilizers	59315		29675	20
第32章 鞣料浸膏及染料浸膏；鞣酸及其衍生物；染料、颜料及其他着色料；油漆及清漆；油灰及其他类似胶粘剂；墨水、油墨	Tanning or Dyeing Extracts; Tannins and Their Derivatives; Dyes, Pigments and Other Colouring Matter;Paints and Varnishes; Putty and Other Mastics; Inks	23168	6217	15947	6636
第33章 精油及香膏；芳香料制品及化妆盥洗品	Essential Oils and Retinoid; Perfumery, Cosmetic or Toilet Preparations	3920	557	4836	90
第34章 肥皂、有机表面活性剂、洗涤剂、润滑剂、人造蜡、调制蜡、光洁剂、蜡烛及类似品、塑型用膏、“牙科 用蜡”及牙科用熟石膏制剂	Soap,Organic Surface-Active Agents,Washing Preparations,Lubricating Preparations, Waxes, Polishing or Scouring Preparations, Candles and Similar Articles, Modelling Pastes, "Dental Waxes" And Dental Preparations With a Basis of Plast	4469	5961	3985	4802
第35章 蛋白类物质；改性淀粉；胶；酶	Albuminoidal Substances; Modified Starches; Glues; Enzymes	3306	2585	2359	5175
第36章 炸药；烟火制品；火柴；引火合金；易燃材料制品	Explosives; Pyrotechnic Products; Matches; Pyrophoric Alloys; Certain Combustible Preparations	167	1953	101	5819
第37章 照相及电影用品	Photographic or Cinematographic Goods	2087	762	1688	1961
第38章 杂项化学产品	Miscellaneous Chemical Products	101775	18490	222587	56502
第七类 塑料及其制品；橡胶及其制品	**Plastics and Articles Thereof Rubber and Articles Thereof**				
第39章 塑料及其制品	Plastics and Articles Thereof	140543	34058	134186	80140
第40章 橡胶及其制品	Rubber and Articles Thereof	17247	8581	52554	22749
第八类 生皮、皮革、毛皮及其制品；鞍具及挽具；旅行用品、手提包及类似品；动物肠线(蚕胶丝除外)制品	**Raw Hides and Skins, Leather, Fur Skins and Thereof; Saddlery and Harness; Travel Goods,Articles Handbags and Similar Containers; Articles of Animal Gut (Other Than Silk- Worm Gut)**				
第41章 生皮(毛皮除外)及皮革	Raw Hides and Skins(Other Than Fur Skins) and Leather	104	1	202	35
第42章 皮革制品；鞍具及挽具；旅行用品、手提包及类似容器；动物肠线(蚕胶丝除外)制品	Articles of Leather; Saddlery and Harness; Travel Goods, Handbags and Similar Containers; Articles of Animal Gut(Other Than Silk-Worm Gut)	110356	93	92098	314
第43章 毛皮、人造毛皮及其制品	Fur Skins and Artificial Fur; Manufactures Thereof	73		335	28

17-5 续表 2 continued

单位：千美元 (USD 1 000)

商品分类	HS Section and Division	2012 出口 Exports	2012 进口 Imports	2013 出口 Exports	2013 进口 Imports
第九类 木及木制品；木炭；软木及软木制品；稻草、秸秆、针茅或其他编结材料制品；篮筐及柳条编结品	**Wood and Articles of Wood; Wood Charcoal; Cork and Articles of Cork; Manufactures of Straw, of Esparto or of Other Plaiting Materials; Basket Ware and Wickerwork**				
第44章 木及木制品；木炭	Wood and Articles of Wood; Wood Charcoal	7301	894	6697	821
第45章 软木及软木制品	Cork and Articles of Cork	3460	256	3013	470
第46章 稻草、秸秆、针茅或其他编结材料制品；篮筐及柳条编结品	Manufactures of Straw, of Esparto or of Other Plaiting Materials; Basket Ware and Wickerwork	492		276	
第十类 木浆及其他纤维状纤维素浆；纸及纸板的废碎品；纸、纸板及其制品	**Pulp of Wood or of Other Fibrous Cellulosic Material; Waste and Scrap of Paper or Paperboard; Paper and Paperboard and Articles Thereof**				
第47章 木浆及其他纤维状纤维素浆；回收(废碎)纸或纸板	Pulp of Wood or of Other Fibrous Cellulosic Material; Waste and Scrap of Paper or Paperboard	6864		5581	117
第48章 纸及纸板；纸浆、纸或纸板制品	Paper and Paperboard; Articles of Paper Pulp, of Paper or Paperboard	38452	11845	49518	13363
第49章 书籍、报纸、印刷图画及其他印刷品；手稿、打字稿及设计图纸	Printed Books, Newspapers, Pictures and Other Products of The Printing Industry; Manuscripts, Typescripts and Plans	10031	4533	7101	6403
第十一类 纺织原料及纺织制品	**Textiles and Textile Articles**				
第50章 蚕丝	Silk	6914	251	3062	245
第51章 羊毛、动物细毛或粗毛；马毛纱线及其机织物	Wool, Fine or Coarse Animal Hair; Horsehair Yarn and Woven Fabric	10632		24333	1
第52章 棉花	Cotton	66357	13494	58271	13802
第53章 其他植物纺织纤维；纸纱线及其机织物	Other Vegetable Textile Fibres; Paper Yarn and Woven Fabrics of Paper Yarn	3065		382	
第54章 化学纤维长丝	Man-Made Filaments	10530	245	13079	266
第55章 化学纤维短纤	Man-Made Short Fibres	79805	625	82446	409
第56章 絮胎、毡呢及无纺织物；特种纱线；线、绳、索、缆及其制品	Wadding, Felt and Nonwoven; Special Yarns; Twine, Cordage, Ropes and Cables and Articles Thereof	6121	1683	5209	1129
第57章 地毯及纺织材料的其他铺地制品	Carpets and Other Textile Floor Coverings	3606	1	2572	20
第58章 特种机织物；簇绒织物；花边；装饰毯；装饰带；刺绣品	Special Woven Fabrics; Tufted Textile Fabrics; Lace; Tapestries; Trimmings; Embroidery	3164	414	3235	403
第59章 浸渍、涂布、包覆或层压的纺织物；工业用纺织制品	Impregnated, Coated, Covered or Laminated Textile Fabrics; Textile Articles of a Kind Suitable for Industrial Use	2307	2247	3315	964
第60章 针织物及钩编织物	Knitted or Crocheted Fabrics	15963	12	12793	10
第61章 针织或钩编的服装及衣着附件	Articles of Apparel and Clothing Accessories, Knitted or Crocheted	151317	88	64909	1207
第62章 非针织或非钩编的服装及衣着附件	Articles of Apparel and Clothing Accessories, not Knitted or Crocheted	83965	176	48608	180
第63章 其他纺织制成品；成套物品；旧衣着及旧纺织品；碎织物	Other Made Up Textile Articles; Sets; Worn Clothing And Worn Textile Articles; Rags Articles; Rags	50750	225	44708	452

17-5 续表 3 continued

单位：千美元 (USD 1 000)

商品分类	HS Section and Division	2012 出口 Exports	2012 进口 Imports	2013 出口 Exports	2013 进口 Imports
第十二类 鞋、帽、伞、杖、鞭及其零件；已加工的羽毛及其制品；人造花；人发制品	**Footwear, Headgear, Umbrellas, Sun Umbrellas, Walking-Sticks, Seat-Sticks, Whips, Riding-Crops and Parts Thereof; Prepared Feathers and Articles Made Therewith; Artificial Flowers; Articles of Human Hair**				
第64章 鞋靴、护腿和类似品及其零件	Footwear, Gaiters and The Like; Parts of Such Articles	60424	7	62930	961
第65章 帽类及其零件	Headgear and Parts Thereof	6310	12	4550	419
第66章 雨伞、阳伞、手杖、鞭子、马鞭及其零件	Umbrellas, Sun Umbrellas, Walking-Sticks, Seat-Sticks, Whips, Riding-Crops And Parts Thereof	2505	221	2253	304
第67章 已加工羽毛、羽绒及其制品；人造花；人发制品	Prepared Feathers and Down and Articles Made of Feathers or of Down; Artificial Flowers; Articles of Human Hair	15450	86	18342	355
第十三类 石料、石膏、水泥、石棉、云母及类似材料的制品；陶瓷产品；玻璃及其制品	**Articles of Stone, Plaster, Cement, Asbestos, Mica or Similar Materials; Ceramic Products; Glass and Glassware**				
第68章 石料、石膏、水泥、石棉、云母及类似材料的制品	Articles of Stone, Plaster, Cement, Asbestos, Mica or Similar Materials; Ceramic Products; Glass and Glassware	31382	5789	45655	10965
第69章 陶瓷产品	Ceramic Products	70270	5824	81910	8442
第70章 玻璃及其制品	Glass and Glassware	129617	16746	138555	27098
第十四类 天然或养殖珍珠、宝石或半宝石、贵金属、包贵金属及其制品；仿首饰；硬币	**Natural or Cultured Pearls, Precious or Semi-Precious Stones, Precious Metals, Metals Clad With Precious Metal and Stones, Precious Metals, Metals Clad With Precious Metal and Articles Thereof; Imitation Jewellery; Coin**				
第71章 天然或养殖珍珠、宝石或半宝石、 贵金属、包贵金属及其制品；仿首饰；硬币	Natural or Cultured Pearls, Precious or Semi-Precious Stones, Precious Metals, Metals Clad With Precious Metal and Articles Thereof; Imitation Jewellery; Coin	8673	24160	187597	38879
第十五类 贱金属及其制品	**Base Metals and Articles of Base Metal**				
第72章 钢铁	Iron and Steel	86957	66241	67303	18022
第73章 钢铁制品	Articles of Iron or Steel	310677	35986	335464	137251
第74章 铜及其制品	Copper and Articles Thereof	75799	140099	72299	651702
第75章 镍及其制品	Nickel and Articles Thereof	889	58108	1925	59237
第76章 铝及其制品	Aluminium and Articles Thereof	51107	86646	41685	117584
第78章 铅及其制品	Lead and Articles Thereof		189	164	9
第79章 锌及其制品	Zinc and Articles Thereof	242	6	587	1028
第80章 锡及其制品	Tin and Articles Thereof	5	122	6	844
第81章 其他贱金属、金属陶瓷及其制品	Other Base Metals; Cermets; Articles Thereof	312718	50147	240304	31343
第82章 贱金属工具、器具、利口器、餐匙、餐叉及其零件	Tools, Implements, Cutlery, Spoons and Forks, of Base Metal; Parts Thereof of Base Metal	58810	14159	59921	20655
第83章 贱金属杂项制品	Miscellaneous Articles of Base Metal	65767	3677	68266	4566
第十六类 机器、机械器具、电气设备及其零件； 录音机及放声机、电视图像	**Machinery and Mechanical Appliances; Electrical Equipment; Parts Thereof; Sound Recorders and Reproducers, Television Image and Sound Recorders and Reproducers; and and Accessories of Recorders and Reproducers; and Parts and Accessories of Such Artic**				
第84章 核反应堆、锅炉、机器、机械器具及其零件	Nuclear Reactors, Boilers, Machinery and Mechanical Appliances; Parts Thereof	1369149	1105247	2110089	1869790

17-5 续表 4 continued

单位：千美元 (USD 1 000)

商品分类	HS Section and Division	2012 出口 Exports	2012 进口 Imports	2013 出口 Exports	2013 进口 Imports
第85章 电机、电气设备及其零件；录音机及放声机、电视图像、声音的录制和重放设备及其零件、附件	Electrical Machinery and Equipment and Parts Thereof; Sound Recorders and Reproducers, Television Image and Sound Recorders and Reproducers, and Parts and Accessories of Such Articles	1955411	2627358	3279303	4444020
第十七类 车辆、航空器、船舶及有关运输设备	**Vehicles, Aircraft, Vessels and Associated Transport Equipment**				
第86章 铁道及电车道机车、车辆及其零件；铁道及电车轨道固定装置及其零件、附件；各种机械(包括电动机械)交通信号设备	Railway or Tramway Locomotives, Rolling-Stock and Parts Thereof; Railway or Tramway Track Fixtures And Fittings and Parts Thereof; Mechanical(Including Electro-Mechanical) Traffic Signalling Equipment of All Kinds	4778	6772	8179	13984
第87章 车辆及其零件、附件，但铁道及电车道车辆除外	Vehicles Other Than Railway or Tramway Rolling-Associated Stock, and Parts and Accessories Thereof	727307	22221	585640	29661
第88章 航空器、航天器及其零件	Aircraft, Spacecraft, and Parts Thereof	122868	85160	104955	91785
第89章 船舶及浮动结构体	Ships, Boats and Floating Structures	302245	4	37880	129
第十八类 光学、照相、电影、计量、检验、医疗或外科用仪器及设备、精密仪器及设备；钟表；乐器；上述物品的零件、附件	**Optical, Photographic, Cinematographic, Measuring, Checking, Precision, Medical or Surgical Instruments and Apparatus; Clocks And Watches; Musical Instruments; Parts and Accessories Thereof**				
第90章 光学、照相、电影、计量、检验、医疗或外科用仪器及设备、精密仪器及设备；上述物品的零件、附件	Optical, Photographic, Cinematographic, Measuring, Checking, Precision Medical or Surgical Instruments and Apparatus; Parts and Accessories Thereof	163206	510129	178790	617265
第91章 钟表及其零件	Clocks and Watches and Parts Thereof	14286	443	14217	715
第92章 乐器及其零件、附件	Musical Instruments; Parts and Accessories of Such Articles	2671		3515	3
第十九类 武器、弹药及其零件、附件	**Arms and Ammunition; Parts and Accessories Thereof**				
第93章 武器、弹药及其零件、附件	Arms and Ammunition; Parts and Accessories Thereof		16		5
第二十类 杂项制品	**Miscellaneous Manufactured Articles**				
第94章 家具；寝具、褥垫、弹簧床垫、软坐垫及类似的填充制品；未列名灯具及照明装置；发光标志、发光名牌及类似品；活动房屋	Furniture; Bedding, Mattresses, Mattress Supports, Cushions and Similar Stuffed Furnishings; Lamps and Lighting Fittings, not Elsewhere Specified or Included; Illuminated Signs, Illuminated	299401	3987	235947	7602
第95章 玩具、游戏品、运动用品及其零件、附件	Toys, Games and Sports Requisites; Parts and Accessories Thereof	29394	1988	48183	297
第96章 杂项制品	Miscellaneous Manufactured Articles	27710	540	25160	774
第二十一类 艺术品、收藏品及古物	**Works of Art, Collectors' Pieces and Antiques**				
第97章 艺术品、收藏品及古物	Works of Art, Collectors' Pieces and Antiques	2205	26	2099	114
第二十二类 特殊交易品及未分类商品	**Commodities and Transactions not Classified According to Kind**				
第98章 特殊交易品及未分类商品	Commodities and Transactions not Classified According to Kind		6029	4	168529

17-6 主要出口商品数量、金额(2013年)
Main Export Commodities in Volume and Value(2013)

商品名称	Item		数量 Volume	金额(千美元) Value (USD 1 000)
谷物及谷物粉	(千克) Cereals and Cereals Flour	(kg)	8940016	4140
# 稻谷和大米	Rice		165000	164
蔬　菜	(千克) Vegetable	(kg)	3372333	3146
# 鲜或冷冻蔬菜	Fresh Vegetables		1983129	1315
干的食用菌类	Dry Edible Fungus		8265	147
干　豆	(千克) Dried Beans	(kg)	18422358	24276
鲜的、干水果及坚果	(千克) Fresh, Dried Fruits and Nuts	(kg)	49908474	54019
# 橘、橙	Mandarins and Oranges		3942825	4676
鲜苹果	Apples		36145367	37185
核桃仁	Walnut meat		1189	1
食用油籽	(千克) Edible Oil Seeds	(kg)	260700	378
# 大　豆	Soybean		241300	342
花生、花生仁	Peanuts		19400	36
食用植物油(包括棕榈油)	(千克) Edible Vegetable Oil	(kg)	67005	206
烘焙花生	(千克) Roasted Peanut	(kg)	17000	37
天然蜂蜜	(千克) Natural Honey	(kg)	4351630	9101
茶　叶	(千克) Tea	(kg)	35895	100
猪　鬃	(千克) Bristles	(kg)	2000	30
药　材	(千克) Medical Materials	(kg)	622369	4288
烤　烟	(千克) Flue-cured Tobacco	(kg)	5674687	17207
纸　烟	(五条) Cigarette		8	1
锯　材	(立方米) Wood Sawn	(cu.m)	380	285
生　丝	(千克) Raw Silk	(kg)	48292	2663
山羊绒	(千克) Cashmere	(kg)	172445	23029
黏土及其他耐火矿物	(千克) Clay and Other Refractory Minerals	(kg)	5924195	1752
# 天然石墨	Natural Graphite		3200000	1284
天然碳酸镁；氧化镁	Natural Magnesium Carbonate		541560	85
天然硫酸钡(重晶石)	(千克) Barite	(kg)	2826600	537
焦炭、半焦炭	(千克) Coke and Semi-coke	(kg)	3415426	1254
成品油	(千克) Petroleum Products Refined	(kg)	203683	468
石　蜡	(千克) ceresin wax	(kg)	21500	25
氧化锌及过氧化锌	(千克) Zinc Oxide and Zinc Peroxide	(kg)	18175	22
放射性元素、同位素及化合物	(克) Radioactive Elements, Isotope and Compounds	(g)	1502	1627
糠　醛	(千克) Furfural	(kg)	5108000	6848
合成有机染料	(千克) Synthetic Organic Dyestuffs	(kg)	21952	194
锌钡白（立德粉）	(千克) lithopone	(kg)	14125	15
医药品	(千克) Medical and Pharmaceutical Products	(kg)	935385	48163
# 抗菌素(制剂除外)	Antibiotics(Except Preparations)		307285	10274
中式成药	Medicaments of Chinese Type		34691	1796
医用敷料	Pharmaceutical Goods		112365	782
洗衣粉	(千克) Washing Powder	(kg)	71028	535

17-6 续表 1 continued

商品名称	Item	数 量 Volume	金 额（千美元） Value (USD 1 000)
松香及树脂酸 (千克)	Rosin and Resin Acids (kg)	216000	362
初级形状的聚氯乙烯 (千克)	The Primary PVC (kg)	103640	146
新的充气橡胶轮胎 (条)	Rubber Tyres (unit)	9368220	28239
家用或装饰用木制品 (千克)	Wood Articles for Household or Decoration Use (kg)	167571	1300
纸及纸板(未切成型的) (千克)	Paper and Paperboard in Rolls (kg)	2962511	13085
纺织纱线、织物及制品	Textiles		234242
# 棉纱线 (千克)	Cotton Yarn (kg)	268533	1133
含合成短纤85%及以上的纱线 (千克)	Containing 85% or More by Synthetic Staple Fibers of Yarn (kg)	2137055	7453
合成短纤与棉混纺纱线 (千克)	Synthetic Staple Fibers and Cotton Blended Yarn (kg)	42786	81
人造纤维短纤纱线 (千克)	Yarn of artificial staple fibres (kg)	118	1
丝织物 (米)	Silk fabrics (m)	3671	24
棉机织物 (米)	Cotton Cloth (m)	58977529	57470
亚麻及苎麻机织物 (米)	Flax or Ramie Woven Fabric (m)	162568	354
合成短纤与棉混纺机织物 (米)	Synthetic Short Fibre and Cotton-fibre Mixture Woven Fabric (m)	51851891	36915
人造纤维短纤机织物 (米)	Man-made Short Fibre Fabric (m)	11008859	8790
地 毯 (米)	Carpets (m)	598708	2572
棉浴巾 (米)	Cotton Towel (m)	515732	1449
针织或钩编台布、盘垫 (件)	Tablecloth and Plate Pad,Knitted or Crocheted (unit)	55982	144
塑料编织带(周转带除外) (条)	Bags of PP or PE Strip (Except Turnover Bags) (unit)	8552108	4231
水 泥 (千克)	Cement (kg)	34157430	2589
花岗岩石材及制品 (千克)	Granite Material and Products (kg)	58258	187
平板玻璃 (平方米)	Plate Glass (sq.m)	680991	305
玻璃制品	Glass Products		107514
家用陶瓷器皿 (千克)	Porcelain and Pottery Wares for Household Use (kg)	1626452	1309
装饰用陶瓷制品 (千克)	Porcelain and Pottery Wares for Decoration Use (kg)	1829667	16385
珍珠、宝石及半宝石 (千克)	Pearls、Gems and Semi-gems (kg)	22156	35209
硅 铁 (千克)	Ferrosilicon (kg)	6375048	10066
钢坯及粗锻件 (千克)	Billet and Crude Forgings (kg)	52569	80
钢 材 (千克)	Rolled Steel (kg)	162892576	226939
# 钢铁棒材	Steel Bar	4720100	3907
角钢及型钢	Angle Iron and Steel	5794179	6041
钢铁板材	Steel Plate	17263381	30669
钢铁线材	Steel Wire	15334657	14183
钢铁管配件	Steel Tube Accessories	24062621	54664
未锻造的铜及铜材 (千克)	Unwrought Copper and its Alloys (kg)	11832242	70638
未锻造的铜(包括铜合金)	Unwrought Copper	60	2
铜 材	Rolled Copper	11832182	70636
未锻造的铝及铝材 (千克)	Unwrought Aluminum and its Alloys (kg)	4690498	17159
铝 材	Rolled Aluminum	4690498	17159
钢铁或铜制标准紧固件 (千克)	Iron or Copper Nails, Bolts, etc. (kg)	5062515	12585

17-6 续表 2 continued

商品名称	Item	数 量 Volume	金 额（千美元） Value (USD 1 000)
不锈钢厨具、餐具等家用器具 (千克)	Stainless Steel Kitchenware, Tableware and Other Household Appliances (kg)	137084	491
餐桌、厨房及其他家用搪瓷器 (千克)	Table, Enamel Kitchen and other Household Devices (kg)	127581	454
手用或机用工具 (千克)	Hand Tools and Tools for Machines (kg)	9385828	41504
锁 (千克)	Lock (kg)	1039279	6612
电 扇 (台)	Fans (unit)	610851	5418
纺织机械及零件	Textile Machinery		4946
普通缝纫机 (台)	Sewing Machines (unit)	3751	139
工业用缝纫机 (台)	Industrial Use Sewing Machines (unit)	264092	107730
金属加工机床 (台)	Machine Tools (unit)	24342	31999
# 车 床	Lathes	1589	16067
铣 床	Milling Machines	48	369
电子计算器(包括具有计算功能) (台)	Electric Calculator (unit)	449213	1020
自动数据处理设备及其部件 (台)	Automatic Data Processing Machines and Components (unit)	2687461	409758
# 数字式自动数据处理设备	Digital Automatic Processing Equipments	24045	2517
数字式中央处理部件	Digital Central Processing Unit	11	21
输入或输出部件	Input or Output Components	282255	1109
键盘、鼠标器	Keyboard, Mouse	279811	806
自动数据处理设备零件	Parts for Auto Data Processing Equipment		879799
轴 承 (套)	Bearings (unit)	36450948	29651
电动机及发电机 (台)	Electric Motors and Generators (unit)	1568484	16460
变压器 (个)	Transformers (unit)	418638	40506
静止式变流气 (个)	Static Converters (unit)	1986367	16897
原电池 (个)	Primary Cells and Batteries (unit)	3329664	515
蓄电池 (个)	Electric Accumulators (unit)	448296	7095
手电筒 (个)	Flashlights (unit)	1392183	1563
有线电话机(包括无绳电话机) (台)	Wireless Telephone Sets (unit)	89347	6672
扬声器 (个)	Loudspeakers (unit)	3903392	16128
录、放像机 (台)	VCR and videoplayers (unit)	712780	22992
录音机及收录(放)音组合机 (台)	Sound Recording Apparatus (unit)	78529	1150
收音机 (台)	Radio Sets (unit)	34589	301
录放音、像机及唱机的零附件 (千克)	Parts of Sound Recorders, Video Tape Recorders and Phonographs (kg)	147659	721
电视、收音机及无线电讯设备的零件附件 (千克)	Parts of Television, Radio and Wireless Telecommunication Equipment (kg)	1194078	17124
电容器 (千克)	Electrical Capacitors (kg)	1838849	20206
印刷电路 (块)	Printed Circuit (unit)	18875453	21072
通断保护电路装置及零件	Electrical Apparatus for Swithing or Protecting Electrical Circuit		123388
二极管及类似半导体器件 (个)	Diode and Semi Conductors (unit)	350134142	118094
电线和电缆 (千克)	Insulated Wire or Cable (kg)	3249453	44077
集装箱 (个)	Container (unit)	2	203
汽 车 (辆)	Motor Vehicles (unit)	21513	378380
汽车零件	Parts of Motor Vehicles		132056

17-6 续表 3 continued

商品名称		Item		数量 Volume	金额（千美元）Value (USD 1 000)
摩托车	(辆)	Motorcycle	(unit)	1518	1819
自行车	(辆)	Bicycles	(unit)	11338	305
摩托车及自行车的零件		Parts of Motorcycles and Bicycles			8818
船　舶	(艘)	Ships	(unit)	269	37880
医疗仪器和器械		Medical Instruments and Appliances			19164
手　表	(只)	Wrist Watches	(set)	701811	1513
电动手表		Electric Watches		701811	1513
日用钟	(只)	Clocks	(set)	322319	2016
家具及其零件		Furniture			116898
床垫、寝具及类似品		Mattresses and Bedding Articles			8706
灯具、照明装置及类似品		Lights and Lighting Apparatus			106220
旅行用品及箱包		Boxes,Bags and Travel Goods			88217
服装及衣着附件		Garments and Clothing Accessories			123502
# 织物制服装		Textile Garments			100925
非针织钩编织物服装		Garments(Excluding Knitwear and Crochet)			41926
针织或钩编的服装		Garments, Knitted or Crocheted			58999
皮革服装	(件)	Leather Garment	(unit)	1906	41
裘皮服装	(千克)	Fur clothing	(kg)	6020	72
皮革手套	(双)	Leather Gloves	(pair)	357277	2499
织物制手套	(双)	Textiles Gloves	(pair)	11957361	5304
织物制袜子	(双)	Textiles Socks	(pair)	1057818	1007
手　帕	(条)	Handkerchieves	(unit)	10000	5
帽　类	(个)	Hats	(unit)	3112441	4508
鞋　类		Footwear			62930
鞋	(双)	Shoes	(pair)	4689555	59854
鞋靴零件；护腿及类似品	(千克)	Shose Accessories, Leg Guards and Analogs	(kg)	333170	3076
塑料制品	(千克)	Plastic Articles	(kg)	17120370	102027
玩　具		Toys			1547
游戏机	(台)	Play Station	(unit)	10294	1947
圣诞用品	(千克)	Articles for Christmas	(kg)	738783	16259
足球、篮球、排球	(个)	Football,Basketball,Volleyball	(unit)	217400	528
铅　笔	(吨)	Penciles	(ton)	720.659	3697
艺术品、收藏品及古董		Artwork, Collections and Antiques			2099
贵金属或包贵金属的首饰		Precious Metal or Jewelry Clad with Precious Metal			3604
伞	(把)	Umbrellas	(unit)	166095	1036
鬃　刷	(把)	Bristles Brushes	(unit)	2055478	552
人造花	(千克)	Artificial Flowers	(kg)	620847	17570
热水瓶	(个)	Thermos	(unit)	75047	535
机电产品		Machanical and Electrical Products			6888038
金属制品		Metal Products			404943
机械设备		Machinery and Equipments			2110089
电器及电子产品		Electric and Electronic Products			3279303
运输工具		Transport Equipments			736654
仪器仪表		Instruments and Meters			178790
其　他		Others			178259

17-6 续表 4 continued

商品名称	Item	数量 Volume	金额（千美元） Value (USD 1 000)
高新技术产品	High and New-tech Products		4728156
生物技术	Biotechnology		21169
生命科学技术	Life Sciences Technology		131487
光电技术	Photoelectric Technology		15749
计算机与通信技术	Computer and Communication Technology		1421194
电子技术	Electronic Technology		2541120
计算机集成制造技术	Computer Integrated Manufacturing		35357
材料技术	Material Technology		205847
航空航天技术	Aerospace Technology		352186
其他技术	0thers		3257
钼矿砂及其精矿 (千克)	Molybdenum Ore (kg)	1170000	16602
粮　食 (千克)	Grain (kg)	27743854	28845
# 淀粉块茎及薯类	Tubers	140180	88
豆　类	Beans	18663658	24618
苹　果 (千克)	Apples (kg)	36145367	37185
乳　品 (千克)	Milk and Dairy Products (kg)	45003	372
果蔬汁 (千克)	Vegetable and Fruit Juice (kg)	314832179	483579
# 苹果汁	Apple Juice	295205850	454634
稀土及其制品 (千克)	Rare earth and its products (kg)	7050	204
钨　品 (千克)	Tungsten Products (kg)	89983	6963
钨及其制品	Tungsten and its Products	89983	6963
碳酸钠（纯碱） (千克)	Sodium carbonate (kg)	30000	10
维生素C (千克)	Vitamin C (kg)	2445	54
农　药 (千克)	Pesticide (kg)	364733	1910
初级形状的聚氯乙烯 (千克)	The Primary PVC (kg)	103640	146
新闻纸 (千克)	Newsprint	28930	223
牛皮纸 (千克)	Kraft Paper (kg)	124624	529
铁合金 (千克)	Ferroalloy (kg)	8759117	16276
冰　箱 (台)	Refrigerator (unit)	2143	509
洗衣机 (台)	Washing Machine (unit)	4953	257
微波炉 (个)	Microwave Oven (unit)	16096	532
打印机(包括多功能一体机) (台)	Printer(Including Multi-function Printer) (unit)	185	205
液晶显示板 (个)	Liquid Crystal Display (unit)	90016	2782
节能灯 (只)	Energy-saving Lamps (unit)	760480	910
处理器及控制器 (个)	Processor and controller (unit)	12284515	9124
存储器 (个)	Memorizer (unit)	1043611602	2332249
放大器 (个)	Amplifier (unit)	307404	50
装有引擎的汽车底盘 (台)	Chassis with Engines (unit)	151	7242
箱包及类似容器	Suitcases,Bags and Similar Containers		88217
小轿车(包括整套散件) (辆)	Cars(including a Complete Set of Spare Parts) (unit)	14715	95230
四轮驱动轻型越野车(包括整套散件) (辆)	Four wheel drive vehicle (unit)	1	20
小客车(9座及以下) (辆)	Small Passenger Cars (9 and under) (unit)	511	2551
货车(包括整套散件) (辆)	Trucks(including a Complete Set of Spare Parts) (unit)	5441	234260

17-7 主要进口商品数量、金额(2013年)
Main Import Commodities in Volume and Value(2013)

商品名称		Item		数量 Volume	金额(千美元) Value (USD 1 000)
冻鱼	(千克)	Frozen Chicken	(kg)	491048	479
鲜、干水果及坚果	(千克)	Fresh, Dried Fruits and Nuts	(kg)	46850	46
谷物及谷物粉	(千克)	Grain and grain powder	(kg)	5429074	2039
大豆	(千克)	Soybean	(kg)	132926700	82138
食用植物油	(千克)	Edible Vegetable Oil	(kg)	42108	244
配制的动物饲料	(千克)	Animal feed	(kg)	120061	656
天然橡胶(包括胶乳)	(千克)	Natural Rubber (including Latex)	(kg)	4787520	13018
原木	(立方米)	Logs	(cu.m)	132	56
锯材	(立方米)	Wood Sawn	(cu.m)	776	392
纸浆	(千克)	Pulp	(kg)	57731	117
棉花	(千克)	Cotton	(kg)	5843774	12972
铁矿砂及其精矿	(千克)	Iron Ore	(kg)	4440908941	548348
锰矿砂及其精矿	(千克)	Manganese ores and concentrates	(kg)	9557000	2093
铜矿砂及其精矿	(千克)	Copper Ores	(kg)	523170	408
氧化铝	(千克)	Aluminum Oxide	(kg)	29863	134
煤	(千克)	Coal	(kg)	38003000	5911
成品油	(千克)	Petroleum Products Refined	(kg)	652178	493
乙二醇	(千克)	Glycol	(kg)	580	13
异氰酸酯	(千克)	Isocyanate	(kg)	690	3
己内酰胺	(千克)	Caprolactam	(kg)	11000	68
医药品	(千克)	Pharmaceutical Products	(kg)	177342	164602
# 抗菌素制剂		Antibiotic preparation		15	247
肥料	(千克)	Fertilizer	(kg)	54546	20
合成有机染料	(千克)	Synthetic Organic Dyestuffs	(kg)	44	1
聚合物油漆及清漆	(千克)	Polymer Paint	(kg)	168741	1505
感光材料		Photosensitive Materials			1037
初级形状的塑料	(千克)	Plastic in primary Forms	(kg)	845429	7495
# 初级形状的聚丙烯		Polyethylene in primary Forms		4352	20
初级形状的聚苯乙烯		The primary shape of polystyrene		7203	52
初级形状的聚酯		Polyethylene in primary Forms		800	8
非泡沫塑料的板、片、膜、箔	(千克)	Non-Form-Plastic Plates,Sheets,Films and Foils	(kg)	1326500	13459
农药	(千克)	Pesticides	(kg)	95	5
牛皮革及马皮革	(千克)	Cow Leather and Horse Leather	(kg)	450	35
胶合板及类似多层板	(立方米)	Plywood and Similiar Boards	(cu.m)	90	74
纸及纸板(未切成型的)	(千克)	Paper and Paperboard (Unchopped in Shape)	(kg)	7718273	11150
# 牛皮纸		Kraft Papers		2154138	2319
无机物涂布纸		Inorganic Coated Papers		4284133	5096
棉纱线	(千克)	Cotton yarn	(kg)	45	1
合成纤维纱线	(千克)	Fiber Yarns	(kg)	864	30
丝织物	(米)	Silk	(m)	207183	245
棉机织物	(米)	Cotton Cloth	(m)	229731	829
合成纤维长丝机织物	(米)	Synthetic Fibers Long Silk Woven Fabric	(m)	30791	133
合成短纤与棉混纺机织物	(米)	Synthetic Short Fibre and Cotton-fibre Mixture Woven Fabric	(m)	32552	209
涂覆浸渍塑料的织物	(千克)	Coated plastic impregnated fabric	(kg)	23012	247

17-7 续表 1 continued

商品名称		Item		数 量 Volume	金 额（千美元） Value (USD 1 000)
针织或钩编织物	（千克）	Knitted or crocheted fabrics	(kg)	3663	10
玻璃纤维及其制品	（千克）	Glass Fibers and Relative Products	(kg)	2566179	17124
钻 石	（克）	Diamonds	(g)	39555	33667
钢 材	（千克）	Rolled Steel	(kg)	6575456	84856
# 钢铁棒材		Steel Bar		1275496	9057
角钢及型钢		Angle Iron and Steel		29497	1026
钢铁板材		Steel Plate		2685442	7613
钢铁管材及空心异型材		Steel Tube Accessories		2217283	42249
钢铁制标准坚固件	（千克）	Standard Fastener Made of Steel	(kg)	391002	19908
未锻造的铜及铜材	（千克）	Unforged Copper and Rolled Copper	(kg)	86252630	648582
未锻造的铜（包括铜合金）		Unforged Copper (Including Copper Alloys)		84161406	616957
铜 材		Rolled Copper		2091224	31626
未锻造的铝及铝材	（千克）	Unforged Aluminum	(kg)	9583944	79107
未锻造的铝（包括铝合金）		Unwrought aluminum (aluminum alloy)		2654	195
铝 材		Rolled Aluminum		9581290	78912
钢铁或铝制结构体及其部件	（千克）	Structure and Relative Parts Made of Steel or Aluminum	(kg)	3039418	18984
钢铁或铝制绞股线及类似品	（千克）	Wires and Relative Products Made of Steel or Aluminum	(kg)	121524	860
蒸汽及过热水锅炉的辅助设备	（台）	The Auxiliary Equipment of Steam Boilers and Hot Water Boilers	(unit)	8	23
汽轮机零件	（千克）	Steam-turbine Parts	(kg)	13725	1485
活塞式内燃机的零件	（千克）	Parts of Piston Combustion Engines	(kg)	1296421	20315
涡轮喷气发动机	（台）	Turbojet EngineS	(unit)	3	16
液泵及液体提升机	（台）	Liquid Pumps and Elevators	(unit)	8647	39016
制冷设备用压缩机	（台）	Compressors for Refrigerating Equipment	(unit)	747	9778
空气调节器	（台）	Air Conditioning	(unit)	230	3945
冷冻机和制冷设备		Refrigerators and Refrigerating Equipment			3298
非家用型水的过滤、净化机器	（台）	Non-family Machinery for Filtering and Purifing	(unit)	2084	11884
饮料及液体食品灌装设备	（台）	Canned Equipment for Beverage and Liquid Food	(unit)	3	9451
机械提升搬运装卸设备及零件		Mechanical Elevators for Transport and Relative Parts			30569
建筑及采矿用机械及零件		Machinery and parts for Construction and Mining			38205
食品加工机械及零件		Machinery and parts for Food Processing			6954
制造纸及纸制品用机械及零件		Machinery for Paper and Paper Products Manufacturing and Relative Parts			1707
印刷、装订机械及零件		Machinery and parts for Printing and Binding			1897
纺织机械及零件		Textile Machinery and Relative Parts			110059
# 纺织纱线生产及预处理机	（台）	Textile Yarn and Pre-production Machines	(unit)	224	46776
织 机	（台）	Knitting machine	(unit)	1254	59949
纱线织物等后整理机器	（台）	Yarn, Fabric and other Finishing Machines	(unit)	66	214
工业用缝纫机	（台）	Industrial Use Sewing Machines	(unit)	929	6223
金属加工机床	（台）	Machine Tools	(unit)	291	138300

17-7 续表 2 continued

商品名称		Item		数量 Volume	金额（千美元） Value (USD 1 000)
金属冶炼铸造设备及零件		Metal Smelting and Forging Equipment and Relative Parts			6
金属轧机及零件		Metal Mills and Relative Parts			1117
玻璃热加工机械及零件		Machinery and parts for Glass Hot Processing			2587
橡胶或塑料加工机械及零件		Machinery and for Rubber or Plastic Processing			23792
型模及金属铸造用型箱		Casting Molds for Metal Forging			8548
阀 门	(套)	Valves	(unit)	302909	167813
自动数据处理设备及其部件	(台)	Automatic Data Processing Machines and Components	(unit)	41518	45396
# 数字式自动数据处理设备		Automatic Data Processing Equipments		309	5711
数字式中央处理部件		Digital Central Processing Unit		684	19821
输入或输出部件		Input and Output Operations		3860	758
自动数据处理设备的零件	(千克)	Parts of Data Processing Machines	(kg)	60989	19376
电动机及发电机	(台)	Electric Motors and Generators	(unit)	11430	6725
发电机组及旋转式变流机	(台)	Dynamo Units and Rotated Converters	(unit)	137	9609
旋转式电力设备的零件	(千克)	Parts of Rotated Electric Equipment	(kg)	276791	3826
变压、整流、电感器及零件		Transformers, Rectifiers, Inductancers and Relative Parts			162182
电 池	(个)	Batteries	(unit)	707429	8105
焊接机器及零件		Welders and Relative Parts			10880
未录的磁带及类似品		Unrecorded Tapes and The Analogs			20282
无线电导航雷达及遥控设备	(台)	Radar for Radio Navigationequipment and Control Equipment	(unit)	161	1680
录、放像机机	(台)	Record, like machine	(unit)	2	2
录放音、像机及唱机的零附件	(千克)	Parts of Sound Recorders, Video Tape Recorders and Phonographs	(kg)	112	102
电视、收音机及无线电讯设备的零附件	(千克)	Parts of Television, Radio and Wireless Telecommunication Equipment	(kg)	4895	1796
电容器	(千克)	Electrical Capacitors	(kg)	200179	20055
电阻器	(千克)	Resistor	(kg)	114296	16984
印刷电路	(块)	Printed Circuit	(unit)	36930944	34322
断路保护电路装置及零件		Breaking-off and Safety CircuitSets and Parts			164079
二极管及类似半导体器件	(个)	Diodes Transistors and Semiconductor Devices	(unit)	444264058	80501
电线和电缆	(千克)	Insulated Wire or Cable	(kg)	1844974	33513
汽车和汽车底盘	(辆)	Motor Vehicles and Chassis	(unit)	25	2673
货车(包括整套散件)		Trucks (including a Complete Set of Spare Parts)		1	897
装有引擎的汽车底盘	(台)	Automobile chassis with the engine	(unit)	24	1776
汽车零件		Auto parts			26640
飞 机	(架)	Airplanes	(unit)	54	25641
航空器零件	(千克)	Parts of Air Craft	(kg)	231388	60425

17-7 续表 3 continued

商品名称	Item	数量 Volume	金额（千美元） Value (USD 1 000)
照相机零附件 （千克）	Camera Accessories (kg)	12	3
医疗仪器及器械	Medical Instruments and Appliances		60424
计量检测分析自控仪器及器具	Measuring, Checking and Analyzing Auto-controlling Apparatus		473601
计钟表机芯及钟表零件	Design Watch Movement and Watch Parts		118
印刷品 （千克）	Presswork (kg)	62643	6403
塑料制品 （千克）	Plastic Articles (kg)	1822925	14406
玩　具	Toys		243
纽扣及其零件 （千克）	Buckles and Relative Parts (kg)	325	14
拉链及其零件 （千克）	Zippers and Relative Parts (kg)	172552	78
机电产品	Machanical and Electrical Products		7256145
金属制品	Metal Products		180073
机械设备	Machinery and Equipments		1869790
电器及电子产品	Electric and Electronic Products		4444020
运输工具	Transport Equipments		135559
仪器仪表	Instruments and Meters		617265
其　他	0thers		8608
高新技术产品	High and New-tech Products		5593898
生物技术	Biotechnology		6
生命科学技术	Life Sciences Technology		369473
光电技术	Photoelectric Technology		164402
计算机与通信技术	Computer and Communication Technology		150816
电子技术	Electronic Technology		3913295
计算机集成制造技术	Computer Integrated Manufacturing Technology		767681
材料技术	Material Technology		18709
航空航天技术	Aerospace Technology		204135
其他技术	0thers		5650
其他燃料油 （千克）	Other Fuel Oil (kg)	647568	418
# 橄榄油	Olive Oil	41728	241
酒　类	Liquor		5960
# 啤　酒	Beer		30
葡萄酒	Wine		5931
美容化妆品及护肤品	Cosmetics and skin care products		1
涂布纸	Coated Papers		5444
加工中心	Machining Center		61187
数控铣床	NC Milling Machine		62448
制造单晶柱或晶圆用的机器及装置	Boules or Wafers of a Single Plant and Equipment		34936
制造半导体器件或集成电路用的机器及装置	Semiconductor Devices or Integrated Circuits Used in Machinery and Equipment		296439
制造平板显示器用的机器及装置	Flat Panel Display Manufacturing Machines and Equipment		34
蓄电池	Electric Accumulators		7893

17-8 利用外资情况
Utilization of Foreign Capital

单位：万美元 (USD 10 000)

年份 Year	签订合同项目(个) Number of Signed Projects (unit)	签订外商直接投资合同 Contracts of Direct Foreign Investments		实际利用外商直接投资 Amount of FDI Actually Utilized	
		金额 Value	比上年增长% Growth Rate as Preceding Year(%)	金额 Value	比上年增长% Growth Rate as Preceding Year(%)
1983	2	823		25	
1984	7	154	-81.3	129	416.0
1985	50	42848	27723.4	818	534.1
1986	34	34786	-18.8	942	15.2
1987	18	17381	-50.0	2890	206.8
1988	14	2096	-87.9	18007	523.1
1989	22	2650	26.4	9679	-46.2
1990	24	1134	-57.2	4191	-56.7
1991	54	2068	82.4	3159	-24.6
1992	424	52290	2428.5	4583	45.1
1993	790	92204	76.3	23432	411.3
1994	444	41142	-55.4	23809	1.6
1995	272	41518	0.9	32407	36.1
1996	280	60054	44.6	33008	1.9
1997	182	64954	8.2	61016	84.9
1998	196	37582	-42.1	30010	-50.8
1999	157	42693	13.6	24197	-19.4
2000	215	49931	17.0	28842	19.2
2001	223	73009	46.2	36455	26.4
2002	203	84060	15.1	41064	12.6
2003	229	83428	-0.8	46602	13.5
2004	271	104877	25.7	52664	13.0
2005	256	158237	50.9	62839	19.3
2006	255	203530	28.6	92489	47.2
2007	184	197311	-3.1	119516	29.2
2008	156	181781	-7.9	136954	14.6
2009	101	140117	-22.9	151053	10.3
2010	139	221030	57.8	182006	20.5
2011	138	254910	15.3	235483	29.4
2012	144	515036	102	293609	24.7
2013	204	372078	-27.8	367800	25.3

17-9 外商投资情况
Foreign Investment

单位：万美元 (USD 10 000)

分组	Groups	项目数(个) Number of Projects (unit)		合同外资 Contracted Foreign Investments		实际外资 Actually Utilized Foreign Investments	
		2012	2013	2012	2013	2012	2013
总　计	**Total**	**144**	**204**	**515036**	**372078**	**293609**	**367800**
按投资方式分	**By Investment Form**						
中外合资企业	Equity Joint Venture	65	73	141704	155217	116624	120326
中外合作企业	Contractural Joint Venture	3	5	4089	-3302	3090	549
外资企业	Wholly Foreign-owned Enterprise	76	125	369152	164803	173524	191274
外商投资股份制	FDI Shareholding Inc.		1	91	55360	371	55651
按国民经济行业分	**By Sector**						
农、林、牧、渔业	Agriculture, Forestry, Animal Husbandry and Fishery	8	6	5588	9667	1668	2802
采矿业	Mining	1	2	-283	724	6218	1593
制造业	Mining	58	54	392570	198871	179236	248381
电力、燃气及水的生产和	Production and Supply of Electricity,	1	2	11587	3179	9772	7586
建筑业	Construction	1	6	57	4130		3941
交通运输、仓储和邮政业	Transport, Storage and Post	2	8	3238	12799	4234	4044
信息传输、计算机服务和软件业	Information Transmission, Computer Services and Software	13	10	7953	975	7307	243
批发和零售业	Wholesale and Retail Trades	17	52	27746	34793	24578	29362
住宿和餐饮业	Hotels and Catering Services	5	13	1013	4070	822	2793
金融业	Financial Intermediation		2		3799	2946	1650
房地产业	Real Estate	7	10	51154	83502	49808	57916
租赁和商务服务业	Leasing and Business Services	16	25	6620	6147	1618	1845
科学研究、技术服务和	Scientific Research, Technical Service	1	2	-609	2107	781	
水利、环境和公共设施	Management of Water Conservancy,Environment	2	4	4597	3217	352	1092
居民服务和其他服务业	Services to Households and Other Services	1	2	10	234		129
教　育	Education				30	35	
卫生、社会保障和社会福利	Health, Social Security and Social Welfare			3604		4234	4423
文化、体育和娱乐业	Culture, Sports and Entertainment	11	6	191	3834		

17-9 续表 continued

单位：万美元 (USD 10 000)

分　组	Groups	项目数(个) Number of Projects (unit)		合同外资 Contracted Foreign Investments		实际外资 Actually Utilized Foreign Investments	
		2012	2013	2012	2013	2012	2013
按国别(地区)分	**By Country(Region)**						
文　莱	Brunei				344		344
朝　鲜	Korea DPR		3		59		11
香　港	Hong Kong, China	72	73	99202	238959	142623	176637
印　尼	Indonesia				79		79
印　度	India	1					
伊　朗	Iran		1		8		
日　本	Japan	8	5	1648	3878	3860	8777
澳　门	Macao, China		3	24	891	371	234
马来西亚	Malaysia	1	1	1325	55	590	400
新加坡	Singapore	7	9	9805	82485	15886	62876
韩　国	Korea Rep.	17	63	238401	3969	36760	73397
台湾省	Taiwan, China	4	7	1131	119	1127	165
毛里求斯	Mauritius				6000	15653	6000
加　纳	Ghana	1					
塞舌尔	Seychelles	1	2	215	620		600
英　国	United Kingdom	1	2	-496	763	3486	300
德　国	Germany	1	2	406	460	648	388
法　国	France		1	-7723	113	746	54
意大利	Italy				-122	184	53
荷　兰	Netherlands			1044		1044	
奥地利	Austria			388		373	
芬　兰	Finland			-67			
冰　岛	Iceland			1921	489	882	1528
瑞　典	Sweden					50	
瑞　士	Switzerland		1		283		
阿根廷	Argentina		1		648		
开曼群岛	Cayman Islands		1	-750	200	10586	110
巴拿马	Panama			-2			
维尔京群岛	Virgin Is. (E)	11	6	18236	7370	29332	11959
加拿大	Canada	4	4	41	156	15	7
美　国	United States	10	8	6239	-1314	5079	2273
百慕大	Bermuda		1	2385	644	3500	1534
澳大利亚	Australia		3	469	982	261	11
瓦努阿图	Vanuatu			-6254			
新西兰	New Zealand				1528	1000	1346
萨摩亚	Samoa	1	2	161	57	561	299
国(地)别不详的	Others					100	
创业投资公司投资	Investment Investments Limited					817	
投资性公司投资	Investment Companies	7	6	14859	22355	18075	18418

17-10 旅游总收入和总人数
Total Income and Number of Visitors

年 份 Year	总收入 (亿元) Total Income (100 million yuan)	国内旅游收入 (亿元) Domestic Tourism (100 million yuan)	国际旅游收入 (万美元) International Tourism (USD 10 000)	总人数 (万人) Total Number (10 000 persons)	国内游客 Domestic Vistiors	国际游客 International Vistiors
1991	27	23	5482	1532	1500	32
1992	31	25	7505	1594	1550	44
1993	35	28	8900	1746	1700	46
1994	39	30	11279	1794	1750	44
1995	54	42	14090	2144	2100	44
1996	77	61	19820	2350	2300	50
1997	86	67	22464	2554	2500	54
1998	95	74	24717	2604	2550	54
1999	111	88	27189	2663	2600	63
2000	150	127	28000	3131	3060	71
2001	168	142	30871	3436	3360	76
2002	187	158	35097	3818	3733	85
2003	160	144	19800	3347	3300	47
2004	301	271	36136	5312	5232	80
2005	353	316	44625	6081	5988	93
2006	418	378	51000	7056	6950	106
2007	504	458	61200	8138	8015	123
2008	607	561	66011	9182	9056	126
2009	767	715	77107	11555	11410	145
2010	984	916	101596	14566	14354	212
2011	1324	1240	129505	18406	18135	270
2012	1713	1610	159747	23276	22941	335
2013	2135	2031	167620	28514	28161	352

17-11 旅游业发展情况
Development of Tourism

指 标	Item	2011	2012	2013
入境旅游人数 (万人次)	Number of Overseas Visitor Arrivals (10 000 person-times)	270.41	335.24	352.07
1.港澳同胞	Chinese Compatriots From Hong Kong and Macao	46.96	60.34	59.97
2.台湾同胞	Chinese Compatriots From Taiwan Province	33.54	41.23	40.97
3.外 国 人	Foreigners	189.91	233.66	251.13
国际旅游外汇收入 (万美元)	Foreign Exchange Earnings from International Tourism (USD 10 000)	129505	159747	167620
1.长途交通	Long Distance Transportation	52838	57349	60176
飞 机	Civil Aviation	40017	44569	49280
火 车	Railway	5439	7189	9219
汽 车	Highway	7382	5591	1676
2.景区游览	Sightseeing	7770	9904	10728
3.住 宿	Accommodation	13857	19968	20953
4.餐 饮	Food and Beverage	4921	7348	8213
5.购 物	Shopping	23829	30512	30172
6.娱 乐	Entertainment	7123	11182	12069
7.邮电通讯	Postal and Communication Services	2979	3385	3352
8.市内交通	Local Transportation	5180	5911	7375
9.其他服务	Other Service	11008	14217	14583
入境游客在陕人均天花费 (美元/人天)	Per Capita Days Spent of Visitors in Shaanxi (USD/per-day)	188	188	186
国内旅游人数 (万人次)	Number of Domestic Visitors (10 000 person-times)	18135	22941	28161
国内旅游收入 (亿元)	Earnings from Domestic Tourism (100 million yuan)	1240	1610	2031
旅行社数 (个)	Number of Travel Agencies (unit)	660	716	730

17-12 分国别入境旅游人数
Number of Oversea Visitor Arrivals by Country/Region

单位：人 (person)

国别和地区	Country and Region	2011	2012	2013
总　计	**Total**	**2704071**	**3352365**	**3520663**
港澳同胞	Chinese Compatriots From Hong Kong and Macao	469588	603423	599709
台湾同胞	Chinese Compatriots From Taiwan Province	335390	412320	409679
日　本	Japan	186715	183751	123623
韩　国	Korea Rep.	169337	226323	250518
蒙　古	Mongolia	30472	35649	36297
菲 律 宾	Philippines	18543	22923	23081
印　度	India	25488	28763	29671
越　南	Vietnam	2892	8071	8751
缅　甸	Myanmar	1030		4772
朝　鲜	Korea DPR	384		7020
巴基斯坦	Pakistan	3112		7580
英　国	United Kingdom	91032	101833	99891
法　国	France	82170	101525	92517
德　国	Germany	83101	98644	93660
意 大 利	Italy	39122	44622	38324
瑞　士	Switzerland	14511	18574	21719
瑞　典	Sweden	16310	17590	17458
俄 罗 斯	Russia	33933	47328	40822
西 班 牙	Spain	38955	40709	32563
美　国	United States	231349	261415	273831
加 拿 大	Canada	88490	90882	88572
澳大利亚	Australia	63355	78231	76771
新 西 兰	New Zealand	14477	18036	19299
泰　国	Thailand	20585	29224	39369
新 加 坡	Singapore	48552	52001	50022
印度尼西亚	Indonesia	31064	37139	32186
马来西亚	Malaysia	39264	45979	44980
其　他	Others	524850	747410	957978

17-13 各市(区)对外经济和国际旅游情况(2013年)
Foreign Economy Trade and International Tourism by City(District)(2013)

地　区	Region	进出口总值(万美元) Total Value of Imports and Exports (USD 10 000)	#出　口 Exports	外商投资 Foreign Capital: 项目数(个) Number of Projects (unit)	合同外资(万美元) Contracts of Foreign Investments (USD 10 000)	实际外资(万美元) Actually Utilized Foreign Investments (USD 10 000)	星级饭店数(个) Number of Star-rated Hotel (unit)
全　省	**Shaanxi**	**2012881**	**1022617**	**204**	**372078**	**367800**	**376**
西 安 市	Xi'an	1798534	847819	139	293524	312994	116
铜 川 市	Tongchuan	1623	1518	1	5000	3003	13
宝 鸡 市	Baoji	88740	69833	4	2835	7006	36
咸 阳 市	Xianyang	60516	47834	2	2529	7561	25
渭 南 市	Weinan	24335	20201	2	1845	5008	33
延 安 市	Yan'an	9598	9598	4	15075	802	42
汉 中 市	Hanzhong	7315	6670	1	4388	3100	29
榆 林 市	Yulin	4611	4194	6	11588	3051	32
安 康 市	Ankang	2925	2778	1	354	3002	25
商 洛 市	Shangluo	6245	4758		3527	7010	19
杨凌示范区	Yangling	8405	7382	2	1177	1279	6
其　他	Others			42	30236	13984	

17-14 主要星级饭店基本情况(2013年)
Basic Conditions of Main Star-Degree-Hotels(2013)

饭店名称	Name of Hotel	地址	Address
五星级	**Five Star**		
维景(阿房宫)饭店	Hyatt Regency Hotel	西安市东大街158号	No.158 East Street,Xi'an
西安喜来登大酒店	Sharaton Hotel	西安市沣镐东路262号	No.262 East Fenghao Avenue,Xi'an
西安金花大酒店	Golden Flower Hotel,Xi'an	西安市长乐西路8号	No.8 West Changle Avenue,Xi'an
西安君樂城堡酒店	Grand Park Hotel,Xi'an	西安市环城南路西段12号	No.12 West Section ,South City Ring Road,Xi'an
索菲特人民大厦	Sofitel,Renmin Square, Xi'an	西安市东新街319号	No.319 East New Street,Xi'an
西安香格里拉大酒店	Shangri-la Hotel,Xi'an	西安市科技路38号乙	No.38 Keji Road,Xi'an
陕西世纪金源大饭店	Empark Grand Hotel	西安市建功路19号	No.19 jiangong Road,Xi'an
天域凯莱大酒店	Tian-yu Gloria Plaza Hotel	西安市雁塔北路15号	No.15 north Yanta Road,Xi'an
建国饭店	Jianguo Hotel	西安市互助路2号	No.2 Huzhu Road,Xi'an
榆林永昌国际大酒店	Yongchang International Hotel,Yulin	榆林市高新技术产业园朝阳路	Zhaoyang Road,High Technology Industry Park,Yulin
四星级	**Four Star**		
西安古都新世界大酒店	Grand New World Hotel	西安市莲湖路172号	No.48 Lianhu Road,Xi'an
唐华宾馆	Xi'an Garden Hotel	西安市雁引路40号	No.40 Yanyin Road,Xi'an
西安骊苑酒店	Le Garden Hotel,xian	西安市劳动南路8号	No.8 South Laodong Road,Xi'an
西安宾馆	Xi'an Hotel	西安市长安北路58号	No.58 North Chang'an Road,Xi'an
唐城宾馆	Tangcheng Hotel	西安市含光路南段	South Hanguang Road,Xi'an
恒佳好世界大酒店	The Good World Hotel,Xi'an	西安市莲湖路28号	No.28 Lianhu Road,Xi'an
西安钟楼饭店	Bell Tower Hotel,Xian	西安市南大街110号	No.110 South Street,Xi'an
西安皇城豪门酒店	Imperial City Haomen Hotel	西安市东大街334号	No.334 East Street,Xi'an
西安东方大酒店	East Hotel	西安市朱雀大街393号	No.393 Zhuque Street,Xi'an
西安润天酒店	Runtian Hotel	西安市阎良区润天大道15号	No.15 Runtian Road,Yanlian District,Xi'an
高速神州酒店	Sino Pearl Hotel	西安市环城东路9号	No.9 East City Ring Road,Xi'an
陕西奥罗大酒店	Aurum International Hotel	西安市南新街30号	No.30 South New Street,Xi'an
西京国际饭店	West Capital International Hotel	西安市西大街241号	No.241 West Street,Xi'an
万年饭店	Eternity Hotel,Xi'an	西安市长乐中路副11号	No.11 Changle Road,Xi'an
天翼新商务酒店	Tianyi Commercial Hotel,Xi'an	西安市西二环南段281号	No.281 South Section ,West Second Ring Road ,Xi'an
西安美居人民大厦	Mercure on Renmin Square,Xi'an	西安市东新街319号	No.319 East New Street,Xi'an
富凯酒店	Fukai Hotel,Xi'an	西安市南新街27号	No.27 South New Street,Xi'an
志诚丽柏酒店	Ziction Liberal Hotel,Xi'an	西安市高新路46号	No.46 Gaoxin Road,Xi'an
美华金唐国际酒店	Meihua Jintang International Hotel,Xi'an	西安市西大街79号	No.79 West Street,Xi'an
西安皇后大酒店	Xi'an Empress Hotel	西安市兴庆路45号	No.45 Xingqing Road,Xi'an
中江之旅时代大酒店	ZhongJiang Journey Time Hotel,Shaanxi	西安市文景路18号	No.18 Wenjing Road,Xi'an
西安军安王朝大酒店	King Dynasty Hotel,Xi'an	西安市大庆路1号	No.1 Daqing Road,Xi'an
西安雁塔国际大酒店	Yanta International Hotel, Xi'an	西安市西影路西段609号	No.609 West of Xiying Road, Xi'an
西安绿地假日酒店	Green Holiday Hotel,Xi'an	西安市锦业路5号	No.5 Jinye Road, Xi'an
陕西海景国际酒店	Heizee Hotel	西安市兴庆北路219号	No.219 North Xingqing Road, Xi'an
西安唐朝酒店	The Tang Dynasty Hotel	经济技术开发区凤城三路198号	No.198 Fengcheng3 Road,Jingkai Zone
陕西华山国际酒店	Huashan International Hotel,Shaanxi	西安市北大街199号	No.199 South Street,Xi'an
红螺湾假日酒店	Red screw holiday Hotel	咸阳市渭阳西路中段	Middle Section ,West Weiyang Road, Xianyang
国贸大酒店	International Trade Hotel	咸阳市渭阳中路	Weiyang Zhong Road,Xianyang
怡和酒店	Jardine Matheson Hotel	宝鸡市火炬路中段	Middle Section ,Huoju Road,Baoji
高新君悦国际酒店	Gaoxin Junyue International Hotel	宝鸡市高新区高新大道69号	No.69,New&Hi Avenue,New&Hi-tech Industrial Development Zone,Baoji
邮政大酒店	Post Hotel	汉中市天汉大道中段	Middle Section,Tianhan Avenue,Hanzhong
红叶大酒店	Red Leaf Hotel	汉中市劳动东路中段33号	Middle Section,East Laodong Road, Hanzhong
明江国际酒店	MingJiang International Hotel	安康市滨江大道3号	No.3 Binjiang Avenue,AnKang
光明大酒店	GuangMing Hotel	渭南市朝阳大街82号	No.82 Zhaoyang Street,Weinan
延安旅游大厦	Yan'an Tourism Hotel	延安市中心街	Central Street,Yanan
延安丽森酒店	Lisen Hotel,Yan'an	延安市双拥大道	Double Support Avenue,Yanan
黄陵桥山滨湖酒店	Huangling Bridge Lake Hotel	黄陵县黄帝陵西侧	West Tomb of Huangdi,Huangling
亚华商务酒店	Yahua Business Hotel	神木县东新街南端	South Section, East New Street,Shenmu
天峰国际酒店	Tianfeng International Hotel	神木县中兴街东段	East Section,Zhongxing Street,Shenmu
五洲国际大饭店	Wuzhou International Hotel	神木县东兴街北段	Nouth Section,Dongxing Street,Shenmu
正阳国际大酒店	Zhengyang International Hotel	铜川新区正阳路16号	No.16 Zhengyang Road, New Zone of Tongchuan
杨凌国际会展中心酒店	International Exhibition Centers	杨凌示范区区新桥北路1号	No.1 North New Bridge Road,Yang Ling

主要统计指标解释

进出口总额 指实际进出我国国境的货物总金额。包括对外贸易实际进出口货物，来料加工装配进出口货物，国家间、联合国及国际组织无偿援助物资和赠送品，华侨、港澳台同胞和外籍华人捐赠品，租赁期满归承租人所有的租赁货物，进料加工进出口货物，边境地方贸易及边境地区小额贸易进出口货物(边民互市贸易除外)，中外合资企业、中外合作经营企业、外商独资经营企业进出口货物和公用物品，到、离岸价格在规定限额以上的进出口货样和广告品(无商业价值、无使用价值和免费提供出口的除外)，从保税仓库提取在中国境内销售的进口货物，以及其他进出口货物。该指标可以观察一个国家在对外贸易方面的总规模。我国规定出口货物按离岸价格统计，进口货物按到岸价格统计。

商品经营单位所在地进、出口额 指在所在地海关注册登记的有进出口经营权的企业实际进、出口额。

商品目的地进口额和商品货源地出口额 目的地进口额指进口货物的消费、使用或最终抵运地的实际进口额；货源地出口额指出口货物的产地或原始发货地的实际出口额。

利用外资 指我国各级政府、部门、企业和其他经济组织通过对外借款、吸收外商直接投资以及用其他方式筹措的境外现汇、设备、技术等。

外商直接投资 指外国企业和经济组织或个人(包括华侨、港澳台胞以及我国在境外注册的企业)按我国有关政策、法规，用现汇、实物、技术等在我国境内开办外商独资企业、与我国境内的企业或经济组织共同举办中外合资经营企业、合作经营企业或合作开发资源的投资(包括外商投资收益的再投资)，以及经政府有关部门批准的项目投资总额内企业从境外借入的资金。

旅游人数

(1)入境旅游人数：指报告期内来我国观光、度假、探亲访友、就医疗养、购物、参加会议或从事经济、文化、体育、宗教活动的外国人、港澳台同胞等入境游客。统计时，外国人、港澳台同胞每入境一次统计 1 人次。

(2)出境人数：指中国（大陆）居民因公或因私出境前往其他国家、中国香港特别行政区、澳门特别行政区和台湾省观光、度假、探亲访友、就医疗养、购物、参加会议或从事经济、文化、体育、宗教活动的人数，即出境游客。统计时，按每出境一次统计 1 人次。

(3)国内旅游人数：指在报告期内在中国（大陆）观光游览、度假、探亲访友、就医疗养、购物、参加会议或从事经济、文化、体育、宗教活动的中国（大陆）居民人数，其出游的目的不是通过所从事的活动谋取报酬。统计时，国内游客按每出游一次统计 1 人次。

国际旅游(外汇)收入 指入境游客在中国（大陆）境内旅行、游览过程中用于交通、参观游览、住宿、餐饮、购物、娱乐等全部花费。

国内旅游收入 又称旅游总花费指国内游客在国内旅行、游览过程中用于交通、参观游览、住宿、餐饮、购物、娱乐等全部花费。

国际旅行社 指经营业务范围包括入境旅游业务、出境旅游业务和国内旅游业务的旅行社。

国内旅行社 指经营范围仅限于国内旅游业务的旅行社。

星级饭店 指设备、设施、服务符合《旅游饭店星级的划分与评定》(GB/T14308-2003)，通过相关旅游管理部门评定，并取得星级饭店称号的饭店（含预备星级饭店）。

Explanatory Notes on Main Statistical Indicators

Total Imports and Exports at Customs refer to the real value of commodities imported and exported across the border of China. They include the actual imports and exports through foreign trade, imported and exported goods under the processing and assembling trades and materials, supplies and gifts as aid given gratis between governments and by the United Nations and other international organizations, and contributions donated by overseas Chinese, compatriots in Hong Kong and Macao and Chinese with foreign citizenship, leasing commodities owned by tenant at the expiration of leasing period, the imported and exported commodities processed with imported materials, commodities trading in border areas (excluding mutual exchange goods), the imported and exported commodities and articles for public use of the Sino-foreign joint ventures, cooperative enterprises and ventures with sole foreign investment. Also included is import or export of samples and advertising goods for which CIF or FOB value are beyond the permitted ceiling (excluding goods of no trading or use value and free commodities for export), imported goods sold in China from bonded warehouses and other imported or exported goods. The indicator of the total imports and exports at customs can be used to observe the total size of external trade in a country. In accordance with the stipulation of the Chinese government, imports are calculated at CIF, while exports are calculated at FOB.

Import Export Value by Location of China's Foreign Trade Managing Units refers to actual value of imports and exports carried out by corporations which have been registered by the local Customs house and are vested with right to run import export business.

Import Value of Commodities by Place of Destination and Export Value of Commodities by Place of Origin in China The former indicator refers to the value of import commodities of the places of their consumption, utilization or the places of their final destination. The latter indicator refers to the value of export commodities of the places of their origin or the places of the commodities dispatched.

Utilization of Foreign Capitals refers to remittance, equipment and technology financed from abroad, by loans, foreign direct investment and other forms undertaken by the Chinese governments at all levels, by various departments, enterprises and other economic units.

Foreign Borrowings refer to funds borrowed from abroad through formal signing of borrowing agreements with foreign institutions, including loans of foreign governments, loans of international financial institutions, commercial loans of foreign banks, export credit, and funds raised by Chinese bonds (and shares before 1996) issued abroad. It is an important part of China's utilization of foreign capitals.

Foreign Direct Investment refers to the investments inside China by foreign enterprises and economic organizations or individuals (including overseas Chinese, compatriots from Hong Kong, Macao and Taiwan, and Chinese enterprises registered abroad), following the relevant policies and laws of China, for the establishment of ventures exclusively with foreign own investment, Sino-foreign joint ventures and cooperative enterprises or for co-operative exploration of resources with enterprises or economic organizations in China.

Number of Tourists

(1) Visitor arrivals refer to the number of foreigners, Chinese compatriots from Hong Kong, Macao and Taiwan Chinese (mainland) who come to China (mainland) for sight-seeing, vacation, visiting relatives, medical treatment, shopping, attending conference, or to engage in economic, cultural, sports and religious activities. In compiling statistics, each time of entering China is counted as one person-time.

(2) Number of Chinese residents going abroad refer to the number of Chinese (mainland) residents going to other countries, Hong Kong Special Administrative region, Macao Special Administrative region and Taiwan for on official or private purposes, for sight-seeing, vacation, visiting relatives, medical treatment, shopping, attending conference, or to engage in economic, cultural, sports and religious activities. In compiling statistics, each time of leaving is counted as one person-time.

(3) Number of domestic tourists refers to the number of Chinese (mainland) residents who travel within China (mainland) for sight-seeing, vacation, visiting relatives, medical treatment, shopping, attending conference, or to engage in economic, cultural, sports and religious activities. In compiling statistics, each time of travelling is counted as one person-time.

Foreign Exchange Earnings from International Tourism refer to the total expenditure of foreigners, overseas Chinese, Chinese compatriots from Hong Kong, Macao and Taiwan during their stay in the mainland of China on transportation, sighting, accommodation, food, shopping and entertainment.

Income from Domestic Tourism refer to expenditure of domestic tourists on transportation, sighting, accommodation, food, shopping and entertainment while they travel.

International Travel Agencies refer to travel agencies engaged in tourism entering China, Chinese residents going abroad and domestic tourism.

Domestic Travel Agencies refer to travel agencies only engaged in domestic tourism.

Star-rated Hotels refer to hotels rated with stars as assessed by the relevant tourism authorities according to GB/T14308-2003 standard with reference to their infrastructure, facilities and service levels.

十八、金融和保险

Banking and Insurance

资料整理：张应剑

简 要 说 明

一、本篇资料反映陕西金融、证券、保险业务发展情况。

二、资料来源：

金融、证券、保险资料分别由中国人民银行西安分行、中国证券监督管理委员会陕西监管局、中国保险监督管理委员会陕西监管局提供。

Brief Introduction

I. This chapter reflects the development of banking, bond and insurance of Shaanxi Province.

II. The data sources:

The data on banking, bond and insurance are provided by Xi'an Branch of the People's Bank of China, Shaanxi Bureau of China Securities Regulatory Commission and Shaanxi Bureau of China Insurance Regulatory Commission.

18.金融和保险

2013年底全省		
金融机构(含外资)人民币存款余额	25577.19	亿元
# 个人储蓄存款	12249.36	亿元
金融机构(含外资)人民币贷款余额	16219.84	亿元
保险业保费收入		
财 产 险	137.07	亿元
人 身 险	280.38	亿元

金融机构（含外资）人民币年底存贷款余额（亿元）

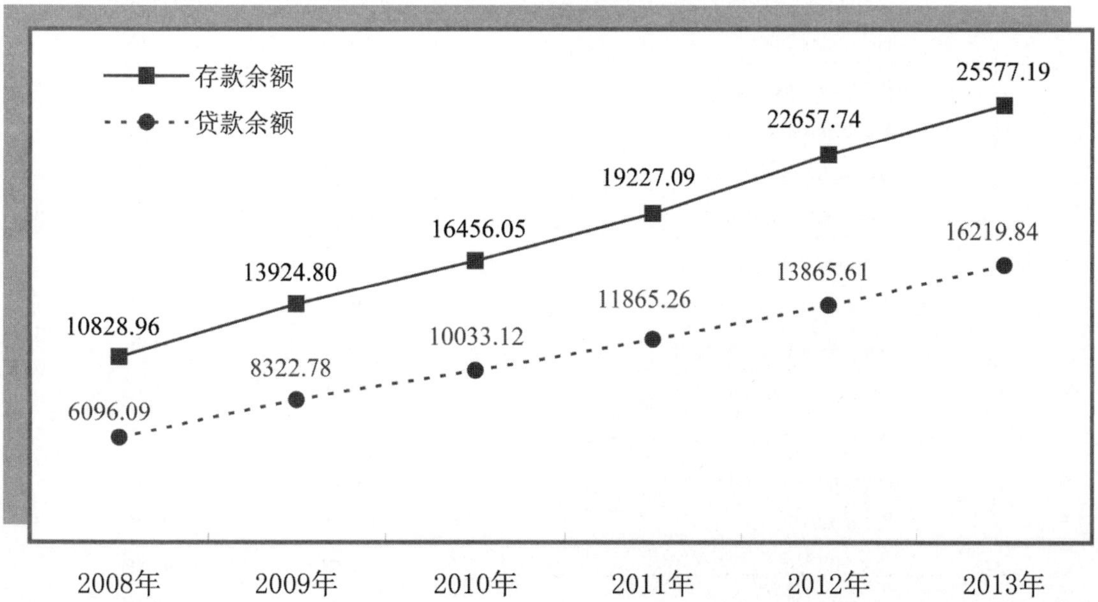

18-1 金融机构(含外资)人民币信贷收支(年底余额)
Summary of Sources & Uses of Funds of Financial Institutions in RMB (Including Foreign Currency at Year-end)

单位：亿元 (100 million yuan)

项　目	Item	2011	2012	2013
资金来源总计	**Total Funds Sources**	**18571.47**	**21627.24**	**24329.16**
一、各项存款合计	Total Deposits	19227.09	22657.74	25577.19
1.单位存款	Corporate Deposits	9542.04	11103.19	12270.61
2.个人存款	Personal Deposits	9214.27	10934.76	12654.39
# 储蓄存款	Savings Deposits	9172.09	10770.05	12249.36
3.财政性存款	Fiscal Deposits	267.20	344.42	322.72
4.临时性存款	Temporary Deposits	24.30	38.30	39.25
5.委托存款	Entrusted Deposits	41.87	25.72	94.67
6.其他存款	Other Deposits	137.40	211.36	195.55
二、金融债券	Financial Bond			
三、中长期借款	Medium & Long-term Loans	0.83	0.89	0.87
四、应付及暂收款	Accounts Payable and Temporary	331.26	424.40	538.08
五、同业往来	Business with Counterpart	95.75	90.85	164.81
六、系统内资金往来	Funds Transactions in the System			
七、外汇买卖	Foreign Exchange Trading	165.28	55.00	119.01
八、各项准备	All Provisions	324.91	368.60	422.59
九、所有者权益	Owner's Equity	443.60	636.91	833.90
十、其他	Others	-2017.25	-2607.16	-3327.29
资金运用总计	**Total Use of Funds**	**18571.47**	**21627.24**	**24329.16**
一、各项贷款合计	Total Loans	11865.26	13865.61	16219.84
1.境内贷款	Domestic Loans	11864.82	13863.99	16218.13
短期贷款	Short-term Loans	3057.02	3964.40	4697.04
中长期贷款	Medium & Long-term Loans	8327.56	9385.20	11026.40
融资租赁	Financial Lease	1.85	1.08	0.28
票据融资	Bill Financing	478.21	512.80	493.60
各项垫款	Miscellaneous Advances	0.19	0.51	0.81
2.境外贷款	Overseas Loans	0.43	1.63	1.71
二、有价证券	Portfolio Investments	227.66	299.38	583.00
三、股权及其他投资	Shares and Other Investments	83.65	184.85	253.58
四、应收及预付款	Receivables and Prepayments	98.77	117.08	230.81
五、同业往来	Business with Counterpart	35.38	117.98	154.50
六、系统内资金往来	Funds Transactions in the System	5791.05	6630.12	6373.70
七、金银占款	Position for Bullion and Silver Purchase			
八、外汇买卖	Foreign Exchange Trading	165.58	55.43	119.52
九、固定资产	Fixed Assets	181.06	208.80	238.56
十、库存现金	Cash in Vault	122.67	147.59	155.27
十一、投资性房地产	Investment Real Estates	0.40	0.40	0.38

18-2 证券业主要情况
General Statistics on Securities Markets

指标		Item		2012	2013
上市公司情况		**Listed Companies**			
上市公司	(户)	Number of Listed Companies	(accounts)	39	39
# A 股	(只)	A Shares	(number)	39	39
上市公司总股本	(亿股)	Total Issued Capital of Listed Companies	(100 million shares)	258.06	276.36
# 流通股本		Negotiable Shares		180.7	237.4
上市公司股票市价总值(亿元)		Total Market Capitalization of Listed Companies(100 million yuan)		2118.74	2207.05
# 股票流通市值		Negotiable Market Capitalization		1529.91	1847.57
证券公司及交易情况		**Securities Companies and Trading**			
证券公司	(个)	Number of Securities Companies	(number)	3	3
证券营业部	(个)	Security Exchange	(number)	119	139
(含外地公司在陕营业部)		(include Nonlocal Exchange in Shaanxi)			
证券交易开户数	(万户)	Total Stock Investors	(10 000 accounts)	227	234
证券交易额	(亿元)	Trading Volume	(100 million yuan)	10458.98	15508.02
# 股票、基金		Stocks and Funds		7680.38	11077.55
期货交易情况		**Futures Trading**			
期货代理交易额	(亿元)	Agent's Turnover of Futures	(100 million yuan)	32548.74	50145.68

18-3 保险业保费收入(2013年)
Premium of Insurance Transactions (2013)

单位：万元 (10 000 yuan)

地区	Region	保费收入 Premium		赔款与给付 Payment	
		人身险 Life Insurance	财产险 Property Insurance	人身险 Life Insurance	财产险 Property Insurance
全省	**Shaanxi**	**2803789**	**1370730**	**783603**	**693456**
省本级	The Same Level	465	43534	31387	184
西安市	Xi'an	1394120	629947	339004	325900
铜川市	Tongchuan	36470	24169	13545	7970
宝鸡市	Baoji	284534	89763	47521	76740
咸阳市	Xianyang	323270	115307	56999	86389
渭南市	Weinan	257092	110319	63221	67309
延安市	Yan'an	81321	70884	51951	21257
汉中市	Hanzhong	171418	58004	30163	43489
榆林市	Yulin	93100	163595	110682	16327
安康市	Ankang	90566	40122	22196	22324
商洛市	Shangluo	71433	25086	16934	25567

主要统计指标解释

信贷资金 指金融机构以信用方式积聚和分配的货币资金。金融机构信贷资金的来源有各项存款、金融债券、对国际金融机构负债、流通中现金、其他项目等；信贷资金的运用有各项贷款、有价证券及投资、金银占款、外汇占款、财政借款及在国际金融机构中的资产等。

存款 指企业、机关、团体或居民根据资金必须收回的原则，把货币资金存入银行或其他信贷机构保管并取得一定利息的一种信用活动形式。根据存款对象或性质的不同可划分为单位存款、个人存款、财政性存款、临时性存款、委托存款、其他存款等科目。它是银行信贷资金的主要来源。

贷款 指银行或其他信贷机构根据资金必须归还的原则，按一定利率，为企业、个人等提供资金的一种信用活动形式。银行贷款分为境内贷款和境外贷款，境内贷款有短期贷款、中长期贷款、融资租赁、票据融资等。

保险公司 在中国境内的、经过保险监督管理部门批准设立，并依法登记注册的各类商业保险公司。

保险金额 指保险人承担赔偿或者给付保险金责任的最高限额。

保费 指投保人为取得保险人在约定范围内所承担赔偿责任而支付给保险人的费用。

赔款 指保险人根据保险合同的规定，向被保险人支付的赔偿保险责任损失的金额。

给付 包括死伤医疗给付和满期给付。死伤医疗给付是指保险人根据人寿保险及长期健康保险合同的规定，因被保险人在保险期内发生保险责任范围内的保险事故支付给被保险人(或受益人)的金额。满期给付是指被保险人生存期满，保险人按人寿保险合同规定支付给被保险人的满期保险金额。

Explanatory Notes on Main Statistical Indicators

Credit Funds refer to the monetary funds accumulated and distributed in the means of credit by the financial institutions. The sources of credit funds include various deposits, financial bonds, liabilities to international financial institutions, currency in circulation, other items. The uses of credit funds include loans, securities and investment, position for bullion and silver purchase, position for foreign exchange purchase, advances to treasury, and assets with international financial institutions.

Deposit is a form of credit by which enterprises, institutions, organizations or households can put money into banks and other credit institutions for safekeeping and interest earning under the principle of free withdrawal. According to different depositors, deposits are divided into corporate deposits, personal deposits, fiscal deposits, temporary deposits, entrusted deposits, other deposits and etc. Deposits are major sources of the credit funds of banks.

Loan is a form of credit by which banks and other credit institutions provide funds at certain interest rate to enterprises and individuals in the light of the principle of unconditional repayment. Loans from Chinese banks include short-term loan, medium- term and long-term loans, entrusted loans, and other loans.The bank loans are divided into domestic loans and overseas loans. The domestic loans include short-term loans, medium & long-term loans, financial lease, bill financing and etc.

Insurance Companies refer to commercial insurance companies of various forms registered by law and established in China with the approval of insurance regulatory agencies.

Amount Insured refers to the maximum that the insurant will get for the claim of the case insured.

Premium is the fee paid by the insurant to the insurer to obtain the obligation of compensation from the insurance within the agreed terms.

Settled Claim is the compensation paid by the insurer to the insurant in accordance with the insurance contract.

Payment includes payment for death, injury or medical treatment and payment at maturity. Payment for death, injury or medical treatment refers to the money paid to the insurant (or the beneficiary) in accordance with the life or health insurance contract when the insurant encounters accidents within the insured period covered in the contract. Payment at maturity refers to the payment to the insurant in accordance with the life insurance contract at the end of the insured period.

十九、教育、科技和文化

Education, Science, Technology and Culture

资料整理：杨小佚　宋 鑫　董清刚

简 要 说 明

一、本篇资料反映陕西教育、科学技术活动和文化事业的基本情况。

二、本篇资料主要包括:

1. 各级各类教育基本情况，指标主要包括各级各类的学校数、在校生数、招生数、毕业生数、教职工数和专任教师数等。

2. 科技活动情况，科技成果及科技人员情况，专利申请和授权，规模以上工业企业研究与试验发展（R&D）活动发展情况等。

3. 文化艺术、文物、图书馆、新闻出版、广播、电影、电视等文化事业的机构、人员及业务活动开展情况等。

三、本篇资料来源:

教育统计资料由省教育厅提供。

科技统计资料由省科技厅、省人力资源和社会保障厅提供（其中规模以上工业企业科技活动由统计局根据统计年报整理）。

文化统计资料由省文化厅、省新闻出版局、省广播电影电视局、省文物局等有关部门提供。

Brief Introduction

Ⅰ. This chapter reflects the basic conditions on the development Shaanxi's education, science and technology.

Ⅱ. The data in this chapter mainly include:

1. The data on tertiary, secondary, primary, and kindergarten education and various types of adult education at all levels, including the number of schools, the number of students enrolled, the number of new enrollments, the number of graduates, the number of staff and workers, and the number of full-time teachers of various levels and categories.

2. The data on scientific and technological, including personnel, achievements and prizes of scientific and technical, numbers of patent applications accepted and granted, R&D activities development of industrial enterprises above designated size, etc.

3. The data on institutions, personnel and business activities of culture and arts, cultural relics, libraries, news and publication, radio, film and television, etc.

III. Data sources:

Data on education are provided by Shaanxi Provincial Department of Education.

Data on science and technology are provided by Shaanxi Provincial Department of Science and Technology, Shaanxi Provincial Department of Human Resources and Social Security. (Science and technology activities of industrial enterprises above designated size are processed and prepared in accordance with the annual statistical reports provided by Shaanxi Provincial Bureau of Statistics.

Data on culture are provided by Shaanxi Provincial Department of Culture, Shaanxi Provincial Administration of Press and Publication, Shaanxi Provincial Administration of Radio, Film and Television, Shaanxi Provincial Cultural Heritage Bureau and the related departments.

19.教育、科技和文化

2013年全省		
普通高等学校在校学生	107.76	万人
普通高等学校毕业生	25.38	万人
从事科技活动人员	23.26	万人
图书出版量	19328	万册
杂志出版量	5498	万份
报纸出版量	68281	万份

高等学校在校学生数（万人）

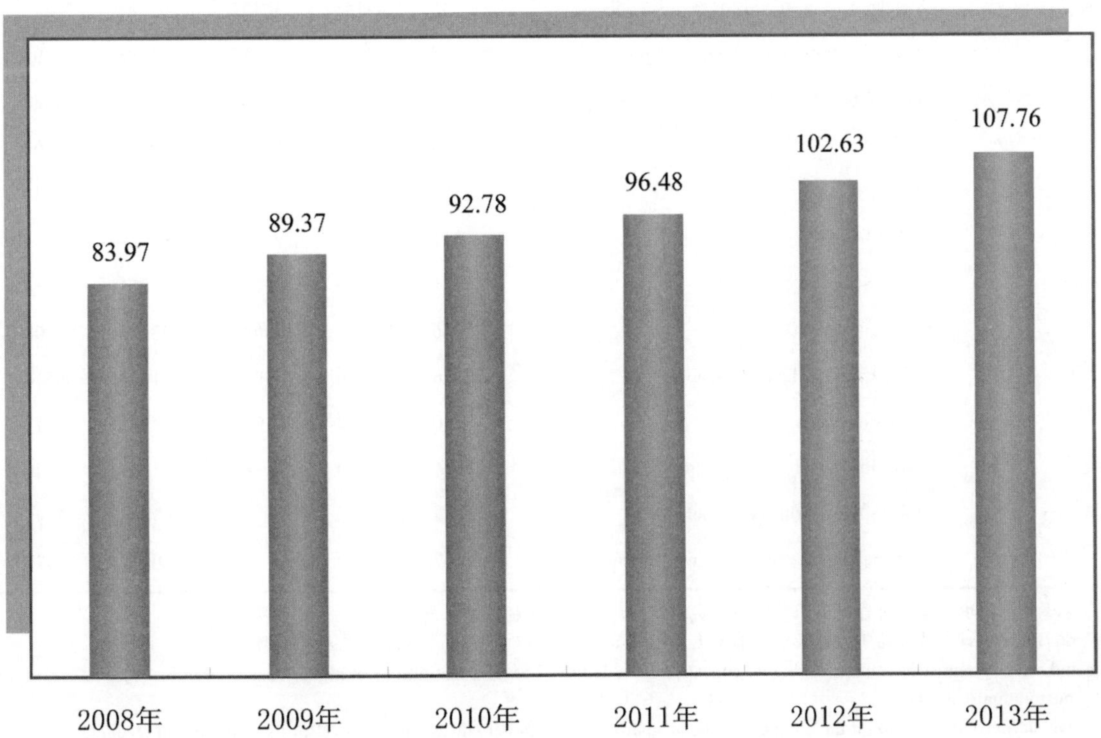

19-1 各级各类教育基本情况(2013年)
Basic Statistics on Schools by Level and Type of School(2013)

指　　标	Item	学校数(所) Number of Schools (unit)	毕业生数(人) Graduates (person)	招生数(人) New Enrollment (person)	在校学生数(人) Total Enrollment (person)	教职工数(人) Teachers and Staff (person)	# 专任教师 Full-time Teachers
一、高等教育	Higher Education	122	396333	473135	1485508	104835	65910
1.研究生(含科研机构)	Institutions Providing Postgraduate Programs (Include Research Institutions)	52	27566	32326	97014		14782
# 普通高校	Regular Institutions of Higher Education	26	27120	31817	95396		13862
2.普通高等教育	Regular Higher Education	80	253823	311277	1077627	102017	64171
# 地方院校	Local Universities	74	225763	282545	962627	79183	52208
(1)本　科	Enrolled in Full Undergraduate Courses		136062	175585	687369		
# 地方院校	Local Universities		108004	146853	572369		
(2)专　科	Enrolled in Specialized Courses		117761	135692	390258		
# 地方院校	Local Universities		117759	135692	390258		
3.成人高等教育	Higher Education for Adult	16	69467	57005	180967		
# 成人高等学校	Institutions of Higher Education for Adult		8300	6252	19560	2818	1739
4.网络本专科	Students Enrolled in Internet-based Courses		45415	72527	129312		
# 本　科	Enrolled in Full Undergraduate Courses		20217	30889	55115		
5.自考助学班	Students Taking Unified Exams after Completing Self-learning Programs		62		588		
二、中等职业教育学校	Vocational Secondary Education	520	257601	214303	605569	26374	18368
普通中等专业学校	Regular Specialized Secondary Schools	45	44145	30374	107875	5649	3464
成人中等专业学校	Adult Specialized Secondary Schools	8	3983	1587	7398	1308	740
职业高中学校	Vocational Senior Secondary Schools	263	129191	132023	339585	19380	14128
技工学校	Technical Schools	204	80282	50319	150711	17103	14693
三、普通中学	Regular Secondary Schools	2252	773503	683123	2101275	206168	167457
高　中	Senior Secondary Schools	511	317569	299383	899424		56952
初　中	Junior Secondary Schools	1741	455934	383740	1201851		110505
四、小　学	Primary Schools	7356	400469	388081	2273275	163908	162841
五、幼儿园(含学前班)	Kindergartens(include Pre-schools)	6356	429786	705001	1271034	100518	57583
六、特殊教育学校	Special Education	50	373	1278	3188	1173	956
七、工读学校	Schools for Juvenile Delinquents	1	10	13	42	40	20
八、成人中、小学	Adult High and Primary Schools	1784	109970		103838	3095	2031
九、职业技术培训机构	Vocational and Technical Training Institution	9407	1387479		1460537	29977	17847

注：1.研究生培养机构中所含24所普通高等学校的教职工数已计入高等学校教职工总数中。
2.12所独立学院未计入普通高等学校数中，其学生及教职工数等已分别计入高等教育相应指标总数中。

a) Teachers and staff of regular institutions of higher education include the 24 regular institutions of higher education in institutions providing postgraduate programs.

b) 12 non-university tertiary don't count the number of regular institutions of higher education schools. But its students and teachers count corresponding item of regular institutions of higher education respectively.

19-2 普通高等学校基本情况
Basic Statistics on Regular Institutions of Higher Education

年 份 Year	学校数 (所) Number of Schools (unit)	招生数 (万人) New Enrollment (10 000 persons)	在校学生数 (万人) Total Enrollment (10 000 persons)	毕业生数 (万人) Graduates (10 000 persons)	教职工数 (人) Teachers and Staff (person)	# 专任教师 Full-time Teachers
1978	30	1.37	3.44	0.82	27210	10699
1980	34	1.44	5.39	0.38	31694	12066
1985	45	2.86	8.21	1.47	43210	16516
1990	47	2.62	9.54	2.81	51130	19558
1995	46	4.07	12.83	3.75	52440	20200
1996	43	4.28	13.56	3.71	50981	19730
1997	43	4.30	14.10	3.52	50400	19302
1998	42	4.53	15.09	3.44	49279	19250
1999	43	6.90	18.19	3.68	50819	19750
2000	39	9.52	24.17	3.51	52220	20723
2001	47	11.55	31.74	4.35	58846	23613
2002	52	14.70	41.16	5.16	63412	27637
2003	57	16.84	49.97	7.98	67405	35716
2004	62	19.98	58.39	11.10	74607	37145
2005	72	20.89	66.69	14.06	82317	42864
2006	76	21.91	72.62	16.23	87981	47549
2007	76	24.36	77.65	19.55	90306	50741
2008	76	27.64	83.97	21.73	94196	53740
2009	77	27.30	89.37	21.20	96485	56171
2010	78	27.44	92.78	23.55	98536	58288
2011	78	29.69	96.48	25.89	99010	59171
2012	79	32.45	102.63	26.53	100881	61500
2013	80	31.13	107.76	25.38	102017	64171

19-3 中等职业学校基本情况
Basic Statistics on Vocational Secondary Schools

年 份 Year	学校数 (所) Number of Schools (unit)	招生数 (万人) New Enrollment (10 000 persons)	在校学生数 (万人) Total Enrollment (10 000 persons)	毕业生数 (万人) Graduates (10 000 persons)	教职工数 (人) Teachers and Staff (person)	# 专任教师 Full-time Teachers
1978	89	1.77	2.93	0.45	10401	3297
1980	162	2.54	6.55	0.92	15246	5699
1985	382	5.54	11.92	3.14	29279	11893
1990	499	7.48	17.99	5.89	39880	17960
1995	569	11.64	27.01	8.39	41736	20926
1996	591	13.08	29.56	8.76	43031	21689
1997	588	13.96	32.54	9.02	40318	21095
1998	652	14.23	34.70	10.24	42719	22628
1999	658	14.90	37.37	10.72	41037	21606
2000	648	13.66	36.37	11.38	40692	21693
2001	535	13.07	34.43	11.49	38050	20746
2002	533	17.26	38.54	10.80	37540	22760
2003	607	20.12	45.57	12.14	41265	25043
2004	588	22.61	50.88	13.33	41817	23868
2005	563	25.43	55.84	15.92	40698	28525
2006	573	28.78	63.55	18.12	40347	25902
2007	691	37.18	76.44	23.09	31986	20916
2008	676	37.19	84.99	25.41	49713	35742
2009	680	35.23	89.91	25.98	52727	36834
2010	663	35.20	89.93	27.35	51534	34619
2011	616	31.45	84.67	30.59	48923	33274
2012	564	24.98	73.31	29.09	44041	30063
2013	520	21.43	60.56	25.76	26374	18368

19-4 普通中学基本情况
Basic Statistics on Regular Secondary Schools

年份 Year	学校数 (所) Number of Schools (unit)	招生数 (万人) New Enrollment (10 000 persons)	在校学生数 (万人) Total Enrollment (10 000 persons)	毕业生数 (万人) Graduates (10 000 persons)	教职工数 (人) Teachers and Staff (person)	# 专任教师 Full-time Teachers
1978	7558	90.52	193.47	73.47	116097	91701
1980	5838	52.56	180.85	31.21	127056	97643
1985	3103	56.24	170.33	41.32	122187	93102
1990	3041	47.18	132.64	45.95	127861	98272
1995	2788	55.71	145.07	37.48	129046	100084
1996	2697	56.16	157.21	39.74	131298	102723
1997	2645	65.12	169.01	44.03	134072	105457
1998	2614	70.11	183.60	47.78	137332	109569
1999	2586	78.84	204.41	51.28	142131	115007
2000	2599	88.94	230.52	56.25	149267	122279
2001	2680	97.02	254.75	63.42	160109	131183
2002	2699	103.01	278.26	72.35	169628	140192
2003	2714	104.15	295.41	80.51	178330	148437
2004	2719	103.73	302.56	90.27	185508	154242
2005	2727	102.44	304.56	97.20	191041	159138
2006	2688	102.32	307.93	97.72	193560	162876
2007	2637	96.95	300.09	101.67	195705	166340
2008	2583	93.73	288.87	101.84	198259	169126
2009	2509	88.08	274.68	98.86	198656	170177
2010	2436	83.18	259.91	93.76	198543	170482
2011	2363	79.47	246.80	89.61	210135	170878
2012	2295	73.02	225.70	83.86	207578	168822
2013	2252	68.31	210.13	77.35	206168	167457

19-5 普通小学基本情况
Basic Statistics on Regular Primary Schools

年份 Year	学校数 (所) Number of Schools (unit)	招生数 (万人) New Enrollment (10 000 persons)	在校学生数 (万人) Total Enrollment (10 000 persons)	毕业生数 (万人) Graduates (10 000 persons)	教职工数 (人) Teachers and Staff (person)	# 专任教师 Full-time Teachers
1978	39747	117.01	450.51	67.91	180682	173003
1980	40800	87.10	452.14	58.76	198082	187394
1985	38815	59.93	367.87	61.41	186208	169225
1990	37155	58.42	353.75	42.74	193292	176756
1995	36471	86.30	451.58	50.12	200359	183152
1996	36201	85.97	474.27	53.79	198460	181326
1997	36025	83.05	489.93	59.33	199093	180704
1998	34634	77.31	496.58	66.00	193177	175173
1999	34336	71.57	492.18	71.73	196011	178655
2000	33336	68.22	480.93	77.00	199395	182297
2001	29359	66.87	461.57	81.32	200185	183464
2002	26989	59.51	433.22	83.04	203733	188394
2003	24922	53.01	401.48	80.62	206447	190964
2004	22988	48.16	370.97	76.57	204007	188062
2005	20711	43.59	340.09	72.46	203262	186644
2006	18590	48.52	325.11	67.98	200256	184573
2007	16316	45.43	305.53	65.26	198058	182940
2008	14185	43.18	286.48	61.79	196323	180898
2009	11583	40.99	271.44	55.56	193530	178320
2010	9710	40.86	261.04	50.59	190545	175184
2011	8867	40.77	253.60	46.46	173769	171011
2012	7994	37.89	234.62	44.86	169723	166822
2013	7356	38.81	227.33	40.05	163908	162841

19-6 技工学校基本情况(2013年)
Basic Statistics on Technical Schools(2013)

指标	Item	学校数 (所) Number of Schools (unit)	招生数 (人) New Enrollment (person)	在校学生数 (人) Total Enrollment (person)	毕业生数 (人) Graduates (person)	教职工数 (人) Teachers and Staff (person)	# 专任教师 Full-time Teachers
总计	**Total**	**204**	**80282**	**50319**	**150711**	**17103**	**14693**
一、劳动部门办校	Run by Labour Department	13	2907	4308	10128	1511	1353
二、国有经济单位办校	Run by State-owned Unit	64	23585	19118	55416	6785	5836
行业办校	Run by Sector	29	11507	10293	28002	3494	3047
企业办校	Run by Enterprise	35	12078	8825	27414	3291	2789
三、民办	Run by Private	127	53790	26893	85167	8807	7504

19-7 全省科技活动情况
Scientific and Technological Activities in the Whole Province

指标	Item	2011	2012	2013
一、从事科技活动人员 (人)	Personnel Engaged in S&T Activities (person)	205401	220279	229359
中央	Central	108074	113611	118472
地方	Local	97327	106668	110887
二、机构数 (个)	Number of Institutions (unit)			
1.科研院所	Research Institutions	114	111	111
2.高等院校	Regular Institutions of Higher Education	297	316	358
3.规模以上工业企业	Large and Medium-sized Industrial Enterprises	358	453	558
4.其他	Others	102	102	100
三、R&D经费内部支出 (万元)	Internal Expenditure on R&D (10 000 yuan)	2505787	2872035	3427454
1.按来源构成分	By Composition of Source			
政府资金	Government Funds	1418770	1618303	1920210
企业资金	Self-raised Funds by Enterprises	985592	1145198	1328656
境外资金	Foreign capital	3871	964	2142
其他资金	Others	97556	107571	176446
2.按隶属关系分	By Jurisdiction of Management			
中央	Central	2004601	2234057	2544284
地方	Local	501187	637979	883170
四、科技成果与著作情况	Achievements and Books in S&T			
1.科技论文 (篇)	Technical and Scientific Papers (piece)	67118	64336	64353
2.出版科技著作 (种)	Kinds of Published Scientific Books (unit)	1385	1516	1384

19-8 全省地方登记的科技成果

Achievements in Science and Technology in the Whole Province

单位：项 (unit)

行　　业	Sector	2012	2013
总　　计	**Total**	**3281**	**2826**
农、林、牧、渔业	Agriculture, Forestry, Animal Husbandry and Fishery	635	304
采矿业	Mining	95	118
制造业	Manufacturing	454	670
电力、燃气及水的生产和供应业	Production and Distribution of Electricity,Gas and Water	158	153
建筑业	Construction	52	61
批发和零售业	Wholesale and Retail Trades	30	35
交通运输、仓储和邮政业	Traffic, Transport, Storage and Post	127	97
住宿和餐饮业	Hotels and Catering Services	7	
信息传输、软件和信息技术服务业	Information Transmission, Software and Information Services	347	267
金融业	Financial Intermediation	3	1
房地产业	Real Estate	11	1
租赁和商务服务业	Leasing and Business Services	1	3
科学研究和技术服务业	Scientific Research, Technology Services	159	488
水利、环境和公共设施管理业	Management of Water Conservancy, Environment and Public Facilities	84	47
居民服务、修理和其他服务业	Residents Service, Repair and other Services	16	48
教　育	Education	65	12
卫生和社会工作	Health, Social Work	781	497
文化、体育和娱乐业	Culture, Sports and Entertainment	23	6
公共管理、社会保障和社会组织	Public Management, Social Security and Social Organization	229	16
国际组织	International Organizations	4	2

19-9 地方公有经济企业专业技术人才分行业情况(2013年)

Situation of Professional and Technical Personnel in Local Public Economy Enterprises(2013)

单位：人 (person)

行业	Sector	总计 Total	#工程技术人员 Engineering	#农业技术人员 Agriculture	#科学研究人员 Scientific Research	#卫生技术人员 Health Care	#教学人员 Teaching
总计	**Total**	**157709**	**86983**	**1292**	**1269**	**8134**	**2362**
农、林、牧、渔业	Agriculture, Forestry, Animal Husbandry and Fishery	3222	873	930	53	278	37
采矿业	Mining	34852	18516	169	191	2932	917
制造业	Manufacturing	51438	30442	50	782	1867	872
电力、燃气及水的生产和供应业	Production and Distribution of Electricity, Gas and Water	9788	6792	4		14	43
建筑业	Construction	23489	18517	15	7	169	32
批发和零售业	Wholesale and Retail Trades	4250	240	22		1513	2
交通运输、仓储和邮政业	Traffic, Transport, Storage and Post	9818	5088	15		157	63
住宿和餐饮业	Hotels and Catering Services	1486	157			27	7
信息传输、软件和信息技术服务业	Information Transmission, Software and Information Services	192	70			5	8
金融业	Financial Intermediation	3692	186		6	3	7
房地产业	Real Estate	1304	671	1			1
租赁和商务服务业	Leasing and Business Services	310	61	1	7	2	
科学研究和技术服务业	Scientific Research, Technology Services	5310	4354	2	185	43	10
水利.环境和公共设施管理业	Management of Water Conservancy, Environment and Public Facilities	853	541	21		8	1
居民服务、修理和其他服务业	Residents Service, Repair and other Services	2333	283			147	23
教育	Education	726					324
卫生和社会工作	Health, Social Work	1074	23			966	
文化、体育和娱乐业	Culture, Sports and Entertainment	3027	169	2	38	3	15
公共管理、社会保障和社会组织	Public Management, Social Security and Social Organization	545		60			

19-10 规模以上工业企业研究与试验发展(R&D)人员和经费支出情况(2013年)
R&D Personnel and Expenditure of Industrial Enterprises above Designated (2013)

分组	Item	R&D人员(人) R&D Personnel (person)	# 研究人员 Research Personnel	R&D经费内部支出(万元) R&D Internal Expenditure (10 000 yuan)	# 政府资金 Government Funds	# 企业资金 Enterprises Funds	# 境外资金 Foreign Funds
总　计	**Total**	**67210**	**31811**	**1401480**	**300548**	**1089202**	**762**
按企业规模分	**Grouped by Size of Enterprises**						
大　型	Large Enterprises	46942	23731	1046020	270439	774501	16
中　型	Medium-sized Enterprises	12119	5187	174895	16401	154736	700
小　型	Small Enterprises	7589	2614	165169	8827	149450	46
微　型	Micro Enterprises	560	279	15396	4881	10515	
按登记注册类型分	**By Status of Registration**						
内资企业	Domestic Funded	66051	31348	1370305	300227	1059185	716
国有企业	State-owned Enterprises	15150	8250	256340	37648	218034	
集体企业	Collective-owned Enterprises	44	14	472	5	467	
股份合作企业	Cooperative Enterprises	13	7	166		166	
有限责任公司	Limited Liability Corporations	42409	19517	978792	252356	717489	
国有独资公司	State Sole Funded Corporations	15360	8052	338941	91271	247643	
其他有限责任公司	Other Limited Liability Corporations	27049	11465	639851	161084	469846	
股份有限公司	Share-holding Corporations Limited	6475	2797	94794	8354	86356	16
私营企业	Private Enterprises	1932	735	39633	1854	36576	700
私营独资企业	Private-funded Enterprises	16	1	384	71	313	
私营有限责任公司	Private Limited Liability Corporations	1581	597	25281	1085	23745	
私营股份有限公司	Private Share-holding Corporations Ltd.	335	137	13969	699	12518	700
其他企业	Other Enterprises	28	28	108	10	98	
港、澳、台商投资企业	Enterprises with Funds from Hong Kong, Macao and Taiwan	313	94	9731	140	9033	46
合资经营企业(港或澳、台资)	Joint-venture Enterprises	173	49	3150	140	2451	46
港、澳、台商独资经营企业	Enterprises with Sole Investment	140	45	6581		6581	
外商投资企业	Foreign Funded Enterprises	846	369	21444	181	20984	
中外合资经营企业	Joint-venture Enterprises	407	212	6774	38	6457	
外资企业	Enterprises with Sole Funds	381	137	4237	8	4229	
外商投资股份有限公司	Share-holding Corporations Ltd.	58	20	10433	135	10298	
按国民经济行业分	**By Sector**						
采矿业	Mining	3624	1555	58366	3599	54767	
煤炭开采和洗选业	Mining and Washing of Coal	1831	579	26826	989	25837	
石油和天然气开采业	Extraction of Petroleum and Natural Gas	1414	857	21553	2540	19013	
黑色金属矿采选业	Mining and Processing of Ferrous Metal Ores	61	15	279		279	
有色金属矿采选业	Mining and Processing of Non-Ferrous Metal Ores	292	91	8533	71	8462	
非金属矿采选业	Mining and Processing of Nonmetal Ores	26	13	1176		1176	
制造业	Manufacturing	62721	29587	1338217	296702	1029785	762
农副食品加工业	Processing of Food from Agricultural Products	506	172	13933	113	13410	
食品制造业	Manufacture of Foods	295	106	9807	67	9320	

19-10 续表 continued

分组	Item	R&D人员(人) R&D Personnel (person)	# 研究人员 Research Personnel	R&D经费内部支出(万元) R&D Internal Expenditure (10 000 yuan)	# 政府资金 Government Funds	# 企业资金 Enterprises Funds	# 境外资金 Foreign Funds
酒、饮料和精制茶制造业	Manufacture of Wine,Beverages and Refined Tea	378	186	16139	211	15850	
烟草制品业	Manufacture of Tobacco	91	37	2225		2225	
纺织业	Manufacture of Textile	469	195	10743	396	10015	
纺织服装、服饰业	Manufacture of Textile and Clothing	137	66	1467	200	985	
皮革、毛皮、羽毛及其制品和制鞋业	Manufacture of Leather, Fur, Feather and Related Products and Footwear	50	6	458		458	
木材加工和木、竹、藤、棕、草制品业	Processing of Timber, Manufacture of Wood, Bamboo, Rattan,Palm and Straw Products	4	4	448		448	
造纸和纸制品业	Manufacture of Paper and Paper Products	84	37	6833	43	6790	
印刷和记录媒介复制业	Printing, Reproduction of Recording Media	151	56	2833	10	2816	
石油加工、炼焦和核燃料加工业	Processing of Petroleum, Coking, Processing Nuclear Fuel	896	448	56058	10532	45526	
化学原料和化学制品制造业	Manufacture of Chemical Raw Material and Chemical Products	3829	1439	77538	6923	65757	
医药制造业	Manufacture of Medicines	1997	762	28852	2464	26229	
化学纤维制造业	Manufacture of Chemical Fibers	30	16	1434	96	1338	
橡胶和塑料制品业	Manufacture of Rubber and Plastics	310	102	9858	1141	8585	
非金属矿物制品业	Manufacture of Non-metallic Mineral Products	525	295	7950	780	7007	
黑色金属冶炼和压延加工业	Smelting and Pressing of Ferrous Metals	513	177	41120	1277	39836	
有色金属冶炼和压延加工业	Smelting and Pressing of Non-ferrous Metals	3271	2236	89359	9801	79558	
金属制品业	Manufacture of Metal Products	2479	1742	46445	8480	37265	700
通用设备制造业	Manufacture of General Purpose Machinery	3330	1621	62814	5721	56997	
专用设备制造业	Manufacture of Special Purpose Machinery	5666	2653	63237	11304	51307	16
汽车制造业	Automotive Industry	4459	893	70827	1053	69494	
铁路、船舶、航空航天和其他运输设备制造业	Manufacture of Railway,Shipping,Aerospace and Other Transport Equipments	16431	8294	430046	214835	213191	
电气机械和器材制造业	Manufacture of Electrical Machinery and Equipment	5293	2342	130333	4777	125028	
计算机、通信和其他电子设备制造业	Manufacture of Computers,Communication and Other Electronic Equipment	4678	2401	81635	8471	72789	46
仪器仪表制造业	Manufacture of Measuring Instrument and Machinery	6696	3244	71167	7855	63055	
其他制造业	Other Manufacturing	132	49	3611	103	3508	
金属制品、机械和设备修理业	Industry of Metalwork,Machinery, and Equipment Repair	21	8	1048	50	998	
电力、热力、燃气及水生产和供应业	Production and Distribution of Electricity, Gas and Water	865	669	4897	247	4650	
电力、热力生产和供应业	Production and Supply of Electric Power and Heat Power	860	668	4695	247	4448	
燃气生产和供应业	Production and Supply of Gas	5	1	202.3		202.3	

19-11 规模以上工业企业研究与试验发展(R&D)项目情况(2013年)
The Situation of Industrial Enterprises above Designated Projects (2013)

分组	Item	项目数 (项) Number of R&D Projects (item)	参加项目人员 (人) R&D Personnel (person)	项目人员全时当量 (人年) Full-time Equivalent of R&D Personnel (man-year)	项目经费内部支出 (万元) Expenditure on R&D Projects (10 000 yuan)
总　　计	**Total**	**6099**	**58822**	**40088**	**1090159**
按企业规模分	**Grouped by Size of Enterprises**				
大　型	Large Enterprises	3678	40649	29722	798888
中　型	Medium-sized Enterprises	1455	10754	6240	139968
小　型	Small Enterprises	947	6918	3646	140199
微　型	Micro Enterprises	19	501	481	11103
按登记注册类型分	**By Status of Registration**				
内资企业	Domestic Funded	5977	57734	39430	1066339
国有企业	State-owned Enterprises	1784	12749	9284	211420
集体企业	Collective-owned Enterprises	3	35	33	383
股份合作企业	Cooperative Enterprises	2	12	10	166
有限责任公司	Limited Liability Corporations	3254	37378	25165	744854
国有独资公司	State Sole Funded Corporations	1187	13572	9157	261039
其他有限责任公司	Other Limited Liability Corporations	2067	23806	16007	483815
股份有限公司	Share-holding Corporations Limited	748	5793	3815	76306
私营企业	Private Enterprises	184	1745	1105	33120
私营独资企业	Private-funded Enterprises	1	15	14	263
私营有限责任公司	Private Limited Liability Corporations	168	1424	882	22392
私营股份有限公司	Private Share-holding Corporations Ltd.	15	306	210	10465
其他企业	Other Enterprises	2	22	18	90
港、澳、台商投资企业	Enterprises with Funds from Hong Kong, Macao and Taiwan	31	293	126	9073
合资经营企业(港或澳、台资)	Joint-venture Enterprises	26	169	53	2829
港、澳、台商独资经营企业	Enterprises with Sole Investment	5	124	72	6244
外商投资企业	Foreign Funded Enterprises	91	795	533	14748
中外合资经营企业	Joint-venture Enterprises	55	378	237	5484
外资企业	Enterprises with Sole Funds	31	363	253	3930
外商投资股份有限公司	Share-holding Corporations Ltd.	5	54	42	5334
按国民经济行业分	**By Sector**				
采矿业	Mining	232	3312	1980	45116
煤炭开采和洗选业	Mining and Washing of Coal	134	1673	916	24430
石油和天然气开采业	Extraction of Petroleum and Natural Gas	65	1295	880	12176
黑色金属矿采选业	Mining and Processing of Ferrous Metal Ores	3	49	21	270
有色金属矿采选业	Mining and Processing of Non-Ferrous Metal Ores	28	276	154	7212
非金属矿采选业	Mining and Processing of Non-metal Ores	2	19	10	1028
制造业	Manufacturing	5784	54693	37901	1040791
农副食品加工业	Processing of Food from Agricultural Products	32	434	242	11775
食品制造业	Manufacture of Foods	22	256	142	8501

19-11 续表 continued

分组	Item	项目数 (项) Number of R&D Projects (item)	参加项目人员 (人) R&D Personnel (person)	项目人员全时当量 (人年) Full-time Equivalent of R&D Personnel (man-year)	项目经费内部支出 (万元) Expenditure on R&D Projects (10 000 yuan)
酒、饮料和精制茶制造业	Manufacture of Wine,Beverages and Refined Tea	38	285	179	10766
烟草制品业	Manufacture of Tobacco	11	81	24	1055
纺织业	Manufacture of Textile	25	364	188	10602
纺织服装、服饰业	Manufacture of Textile and Clothing	7	130	12	1157
皮革、毛皮、羽毛及其制品和制鞋业	Manufacture of Leather, Fur, Feather and Related Products and Footwear	6	46	19	317
木材加工和木、竹、藤、棕、草制品业	Processing of Timber, Manufacture of Wood, Bamboo, Rattan,Palm and Straw Products	1	3	0.4	150
造纸和纸制品业	Manufacture of Paper and Paper Products	3	76	47	6558
印刷和记录媒介复制业	Printing, Reproduction of Recording Media	33	136	60	1840
石油加工、炼焦和核燃料加工业	Processing of Petroleum, Coking, Processing Nuclear Fuel	63	813	597	45398
化学原料和化学制品制造业	Manufacture of Chemical Raw Material and Chemical Products	537	3362	2459	60002
医药制造业	Manufacture of Medicines	246	1867	1074	26952
化学纤维制造业	Manufacture of Chemical Fibers	2	26	8	1020
橡胶和塑料制品业	Manufacture of Rubber and Plastics	105	276	102	7751
非金属矿物制品业	Manufacture of Non-metallic Mineral Products	56	444	137	6336
黑色金属冶炼和压延加工业	Smelting and Pressing of Ferrous Metals	40	483	443	40100
有色金属冶炼和压延加工业	Smelting and Pressing of Non-ferrous Metals	303	2747	2055	57478
金属制品业	Manufacture of Metal Products	244	2155	1488	35981
通用设备制造业	Manufacture of General Purpose Machinery	351	2949	1902	34566
专用设备制造业	Manufacture of Special Purpose Machinery	583	5040	3304	57917
汽车制造业	Automotive Industry	289	4092	2378	51893
铁路、船舶、航空航天和其他运输设备制造业	Manufacture of Railway,Shipping,Aerospace and Other Transport Equipments	673	13898	10807	312313
电气机械和器材制造业	Manufacture of Electrical Machinery and Equipment	888	4425	3042	116041
计算机、通信和其他电子设备制造业	Manufacture of Computers,Communication and Other Electronic Equipment	756	4192	3401	67959
仪器仪表制造业	Manufacture of Measuring Instrument and Machinery	451	5970	3745	62020
其他制造业	Other Manufacturing	14	123	43	3467
金属制品、机械和设备修理业	Industry of Metalwork,Machinery, and Equipment Repair	5	20	4	877
电力、热力、燃气及水生产和供应业	Production and Distribution of Electricity, Gas and Water	83	817	207	4252
电力、热力生产和供应业	Production and Supply of Electric Power and Heat Power	81	813	205	4050
燃气生产和供应业	Production and Supply of Gas	2	4	2	202

19-12 规模以上工业企业新产品开发、生产及销售情况(2013年)
Developing, Producing and Sales of Industrial Enterprises above Designated (2013)

分组	Item	新产品开发项目数(项) Number of New products Development Project (item)	新产品开发经费支出(万元) New products Development Expenditure (10 000 yuan)	新产品产值(万元) New products Output Value (10 000 yuan)	新产品销售收入(万元) New products Sales Income (10 000 yuan)
总计	**Total**	**6491**	**1799803**	**12284025**	**10154791**
按企业规模分	**Grouped by Size of Enterprises**				
大型	Large Enterprises	3587	1345566	9769036	7721192
中型	Medium-sized Enterprises	1700	238918	1544774	1456215
小型	Small Enterprises	1156	199755	968756	976139
微型	Micro Enterprises	48	15563	1458	1246
按登记注册类型分	**By Status of Registration**				
内资企业	Domestic Funded	6271	1735157	11512927	9454687
国有企业	State-owned Enterprises	1775	304661	1415999	1183454
集体企业	Collective-owned Enterprises	5	935	522	180
股份合作企业	Cooperative Enterprises	2	166	1800	1800
有限责任公司	Limited Liability Corporations	3403	1271288	8963904	7110499
国有独资公司	State Sole Funded Corporations	1202	666154	2300508	2266405
其他有限责任公司	Other Limited Liability Corporations	2201	605134	6663396	4844094
股份有限公司	Share-holding Corporations Limited	796	109861	904200	897579
私营企业	Private Enterprises	289	48163	224002	259226
私营独资企业	Private-funded Enterprises	1	215		
私营有限责任公司	Private Limited Liability Corporations	270	42482	178662	214134
私营股份有限公司	Private Share-holding Corporations Ltd.	18	5466	45340	45092
其他企业	Other Enterprises	1	83	2500	1950
港、澳、台商投资企业	Enterprises with Funds from Hong Kong, Macao and Taiwan	55	12086	28205	27839
合资经营企业(港或澳、台资)	Joint-venture Enterprises	49	7367	26344	26908
港、澳、台商独资经营企业	Enterprises with Sole Investment	4	4307	1861	931
港、澳、台商投资股份有限公司	Share-holding Corporations Ltd.	2	413		
外商投资企业	Foreign Funded Enterprises	165	52560	742892	672265
中外合资经营企业	Joint-venture Enterprises	108	31850	650701	587973
外资企业	Enterprises with Sole Funds	52	10278	87692	81834
外商投资股份有限公司	Share-holding Corporations Ltd.	5	10433	4500	2458
按国民经济行业分	**By Sector**				
采矿业	Mining	86	25503	162228	159777
煤炭开采和洗选业	Mining and Washing of Coal	64	6621	138655	137739
石油和天然气开采业	Extraction of Petroleum and Natural Gas	13	18266	11400	11400
黑色金属矿采选业	Mining and Processing of Ferrous Metal Ores	2	141		
有色金属矿采选业	Mining and Processing of Non-Ferrous Metal Ores	6	263		
非金属矿采选业	Mining and Processing of Nonmetal Ores	1	212	12173	10638
制造业	Manufacturing	6349	1744855	12121797	9995014
农副食品加工业	Processing of Food from Agricultural Products	63	19932	93875	95958

19-12 续表 continued

分　　组	Item	新产品开发项目数（项）Number of New products Development Project (item)	新产品开发经费支出（万元）New products Development Expenditure (10 000 yuan)	新产品产　值（万元）New products Output Value (10 000 yuan)	新产品销售收入（万元）New products Sales Income (10 000 yuan)
食品制造业	Manufacture of Foods	26	14246	79579	67426
酒、饮料和精制茶制造业	Manufacture of Wine,Beverages and Refined Tea	23	13679	162538	194691
烟草制品业	Manufacture of Tobacco	17	3828	520785	513167
纺织业	Manufacture of Textile	28	10765	42486	42463
纺织服装、服饰业	Manufacture of Textile and Clothing	10	807	7312	12120
皮革、毛皮、羽毛及其制品和制鞋业	Manufacture of Leather, Fur, Feather and Related Products and Footwear	6	528	9278	9278
家具制造业	Manufacture of Furniture	1	165		
造纸和纸制品业	Manufacture of Paper and Paper Products	4	6815		
印刷和记录媒介复制业	Printing, Reproduction of Recording Media	31	3010	3603	2874
石油加工、炼焦和核燃料加工业	Processing of Petroleum, Coking, Processing Nuclear Fuel	30	312422	26698	26698
化学原料和化学制品制造业	Manufacture of Chemical Raw Material and Chemical Products	538	71461	352908	357172
医药制造业	Manufacture of Medicines	252	52038	308847	307634
化学纤维制造业	Manufacture of Chemical Fibers	3	1985	453	453
橡胶和塑料制品业	Manufacture of Rubber and Plastics	100	8833	37304	30713
非金属矿物制品业	Manufacture of Non-metallic Mineral Products	48	11760	122334	145884
黑色金属冶炼和压延加工业	Smelting and Pressing of Ferrous Metals	38	20894	1101189	1020277
有色金属冶炼和压延加工业	Smelting and Pressing of Non-ferrous Metals	212	69892	886429	893251
金属制品业	Manufacture of Metal Products	255	50737	160082	156209
通用设备制造业	Manufacture of General Purpose Machinery	405	88201	349765	424472
专用设备制造业	Manufacture of Special Purpose Machinery	665	91293	650133	569801
汽车制造业	Automotive Industry	357	107260	3622128	1735167
铁路、船舶、航空航天和其他运输设备制造业	Manufacture of Railway,Shipping,Aerospace and Other Transport Equipments	668	480606	1671704	1704351
电气机械和器材制造业	Manufacture of Electrical Machinery and Equipment	1080	134029	1166487	983107
计算机、通信和其他电子设备制造业	Manufacture of Computers,Communication and Other Electronic Equipment	927	95924	453089	490394
仪器仪表制造业	Manufacture of Measuring Instrument and Machinery	530	67788	224660	152871
其他制造业	Other Manufacturing	8	3666	19188	17224
金属制品、机械和设备修理业	Industry of Metalwork,Machinery, and Equipment Repair	24	2294	48946	41361
电力、热力、燃气及水生产和供应业	Production and Distribution of Electricity, Gas and Water	56	29445		
电力、热力生产和供应业	Production and Supply of Electric Power and Heat Power	52	29086		
燃气生产和供应业	Production and Supply of Gas	4	358.5		

19-13 规模以上工业企业自主知识产权保护情况(2013年)

分　　组	Item	专利申请数 (件) Number of Patent Application (piece)	#发明专利 Patent of Invention
总　　计	**Total**	**7258**	**3161**
按企业规模分	**Grouped by Size of Enterprises**		
大　型	Large Enterprises	3617	1457
中　型	Medium-sized Enterprises	1576	730
小　型	Small Enterprises	2061	971
微　型	Micro Enterprises	4	3
按登记注册类型分	**By Status of Registration**		
内资企业	Domestic Funded	7119	3114
国有企业	State-owned Enterprises	1367	673
集体企业	Collective-owned Enterprises	20	4
股份合作企业	Cooperative Enterprises	11	
有限责任公司	Limited Liability Corporations	3674	1463
国有独资公司	State Sole Funded Corporations	928	414
其他有限责任公司	Other Limited Liability Corporations	2746	1049
股份有限公司	Share-holding Corporations Limited	1542	687
私营企业	Private Enterprises	505	287
私营有限责任公司	Private Limited Liability Corporations	492	280
私营股份有限公司	Private Share-holding Corporations Ltd.	13	7
港、澳、台商投资企业	Enterprises with Funds from Hong Kong, Macao and Taiwan	28	13
合资经营企业(港或澳、台资)	Joint-venture Enterprises	19	11
港、澳、台商独资经营企业	Enterprises with Sole Investment	5	2
港、澳、台商投资股份有限公司	Share-holding Corporations Ltd.	4	
外商投资企业	Foreign Funded Enterprises	111	34
中外合资经营企业	Joint-venture Enterprises	97	25
外资企业	Enterprises with Sole Funds	9	4
外商投资股份有限公司	Share-holding Corporations Ltd.	5	5
按国民经济行业分	**By Sector**		
采矿业	Mining	**471**	**195**
煤炭开采和洗选业	Mining and Washing of Coal	120	25
石油和天然气开采业	Extraction of Petroleum and Natural Gas	341	165
有色金属矿采选业	Mining and Processing of Non-Ferrous Metal Ores	5	3
非金属矿采选业	Mining and Processing of Nonmetal Ores	5	2
	Heat Power		

Proprietary Intellectual Property Rights of Industrial Enterprises above Designated (2013)

有效发明专利数(件) Number of Effective Patent Invention (piece)	# 境外授权 Abroad Authorization	专利所有权转让及许可数(项) Number of Patent Ownership Transfer and Permission (item)	专利所有权转让与许可收入(万元) Income of Patent Ownership Transfer and Permission (10 000 yuan)	发表科技论文(篇) Pulish Technical Thesis (piece)	拥有注册商标数(件) Number of Registered Trademark (piece)	# 境外注册 Abroad Register	形成国家或行业标准数(项) Number of National and Trade Standards (item)
5449	**48**	**236**	**2703**	**5490**	**4772**	**429**	**692**
2657	23	53	308.2	4286	1929	393	475
1356	10	23	1229	782	1262	22	103
1420	15	160	1167	417	1552	14	114
16				5	29		
5329	48	236	2703	5450	4522	416	682
918		62	1506	1328	179	23	101
3		14					1
8					2		
2796	33	46	331	2905	2668	205	475
903	15		300	1389	777	150	324
1893	18	46	31	1516	1891	55	151
1263	13	82	0.4	1119	1318	181	78
341	2	32	866	98	355	7	27
280	2	32	866	42	331	7	19
61				56	24		8
34				14	6		4
30				9	6		4
4				5			
86				26	244	13	6
72				14	22	1	
14					222	12	6
				12			
341				**1152**	**12**		**12**
12				476	7		
325				667	3		12
				6			
4				3	2		

19-13 续表

分　　组	Item	专利申请数 (件) Number of Patent Application (piece)	# 发明专利 Patent of Invention
制造业	Manufacturing	6629	2892
农副食品加工业	Processing of Food from Agricultural Products	58	34
食品制造业	Manufacture of Foods	5	4
酒、饮料和精制茶制造业	Manufacture of Wine,Beverages and Refined Tea	25	14
烟草制品业	Manufacture of Tobacco	7	1
纺织业	Manufacture of Textile	18	7
纺织服装、服饰业	Manufacture of Textile and Clothing	6	6
皮革、毛皮、羽毛及其制品和制鞋业	Manufacture of Leather, Fur, Feather and Related Products and Footwear	12	2
木材加工和木、竹、藤、棕、草制品业	Processing of Timber, Manufacture of Wood, Bamboo, Rattan,Palm and Straw Products	6	6
造纸和纸制品业	Manufacture of Paper and Paper Products		
印刷和记录媒介复制业	Printing, Reproduction of Recording Media	10	6
石油加工、炼焦和核燃料加工业	Processing of Petroleum, Coking, Processing Nuclear Fuel	71	36
化学原料和化学制品制造业	Manufacture of Chemical Raw Material and Chemical Products	544	331
医药制造业	Manufacture of Medicines	193	110
化学纤维制造业	Manufacture of Chemical Fibers	9	9
橡胶和塑料制品业	Manufacture of Rubber and Plastics	27	17
非金属矿物制品业	Manufacture of Non-metallic Mineral Products	42	19
黑色金属冶炼和压延加工业	Smelting and Pressing of Ferrous Metals	51	21
有色金属冶炼和压延加工业	Smelting and Pressing of Non-ferrous Metals	275	155
金属制品业	Manufacture of Metal Products	124	78
通用设备制造业	Manufacture of General Purpose Machinery	298	101
专用设备制造业	Manufacture of Special Purpose Machinery	1222	504
汽车制造业	Automotive Industry	510	99
铁路、船舶、航空航天和其他运输设备制造业	Manufacture of Railway,Shipping,Aerospace and Other Transport Equipments	976	483
电气机械和器材制造业	Manufacture of Electrical Machinery and Equipment	692	154
计算机、通信和其他电子设备制造业	Manufacture of Computers,Communication and Other Electronic Equipment	853	395
仪器仪表制造业	Manufacture of Measuring Instrument and Machinery	418	198
其他制造业	Other Manufacturing	154	83
金属制品、机械和设备修理业	Industry of Metalwork,Machinery, and Equipment Repair	23	19
电力、热力、燃气及水生产和供应业	Production and Distribution of Electricity, Gas and Water	158	74
电力、热力生产和供应业	Production and Supply of Electric Power and Heat Power	158	74

continued

有效发明专利数(件) Number of Effective Patent Invention (piece)	# 境外授权 Abroad Authorization	专利所有权转让及许可数(项) Number of Patent Ownership Transfer and Permission (item)	专利所有权转让与许可收入(万元) Income of Patent Ownership Transfer and Permission (10 000 yuan)	发表科技论 文(篇) Pulish Technical Thesis (piece)	拥有注册商标数(件) Number of Registered Trademark (piece)	# 境外注册 Abroad Register	形成国家或行业标准数(项) Number of National and Trade Standards (item)
5046	48	236	2703	4061	4733	429	674
35		4		17	45		3
5				8	33	1	2
13				31	157	6	14
9				58	179		
1				27	4	1	1
4	1				6		2
14					5		
6							
							1
30				3			5
33				217	18		
303		47	1838	248	702	164	38
236	11	9	0.2	92	1168	30	33
15				8	1		
44				24	4		9
82		2	226	36	53		24
19				184	5		27
317		7	30	723	410	51	72
247		15	308	135	18		8
251			300	147	180	41	9
801	16	17		327	279	16	48
285	14	14		132	329	61	30
831	3	36		527	94	1	196
542		6	0.3	357	174	26	42
609	1	79	0.4	361	779	30	8
278				391	79		99
17	2			3	10		3
19				5	1	1	
62				277	27		6
62				277	27		6

19-14 专 利 项 目

Patent Items

单位:件 (piece)

指 标	Item	2011	2012	2013
一、申请量总计	**Patents Application Accepted**	**32227**	**43608**	**57287**
发明专利	Inventions	13037	17043	26487
实用新型专利	Utility Models	11643	16392	26157
外观设计专利	Designs	7547	10173	4643
二、授权量总计	**Patents Application Granted**	**11662**	**14908**	**20836**
发明专利	Inventions	3139	4018	4133
实用新型专利	Utility Models	6958	9158	13936
外观设计专利	Designs	1565	1732	2767

19-15 各类技术合同签定情况

Statistics on Technical Contracts Signed by Type

指 标	Item	合同数(项) Number of Contracts (unit)		成交金额(亿元) Turnover Fulfilled (100 million yuan)	
		2012	2013	2012	2013
合 计	**Total**	**17596**	**19288**	**334.82**	**533.31**
技术开发合同	Technical Development Contracts	8690	8112	176.53	251.82
技术转让合同	Technology Transfer Contracts	503	378	24.31	22.34
技术咨询合同	Technical Consultation Contracts	1032	827	10.05	8.77
技术服务合同	Technical Service Contracts	7371	9971	123.93	250.38

19-16 文 化 事 业
Development of Culture Industry

指　　标	Item	2011	2012	2013
艺术表演团体演出场次(万场次)	Number of Performance of Art Troupes (10 000 shows)	1.9	2.3	2.5
观众人次 (万人次)	Number of Spectators (10 000 person-times)	1822	2418	2681
图书馆藏书量 (万册)	Total Collections in Public Libraries (10 000 volumes)	1223	1400	1377
书刊文献外借人次 (万人次)	Number of Books Borrowed by the Readers (10 000 person-times)	216	299	335
书刊文献外借册数 (万册次)	Number of Books and Magazines Lent to Readers (10 000 volume-times)	372	497	609

注：2013年公共图书馆藏书量不含电子图书。
a)The public library hldings don't include electronic book.

19-17 文化事业机构和人员
Number of Institution and Personnel in Cultural Industry

指　　标	Item	2011		2012		2013	
		机构数(个) Number of Institutions (unit)	人　数(人) Number of Persons (person)	机构数(个) Number of Institutions (unit)	人　数(人) Number of Persons (person)	机构数(个) Number of Institutions (unit)	人　数(人) Number of Persons (person)
总　　计	**Total**	**2244**	**20962**	**2340**	**21478**	**2318**	**21963**
# 一、艺术事业	Arts	155	6333	136	3030	179	7757
# 表演团体	Arts Performance Troupes	80	4780	64	4151	92	6142
表演场所	Arts Performance Places	75	1553	72	755	84	1588
二、图书馆事业	Public Libraries	112	2007	112	2163	114	2231
三、群众文化事业	Mass Culture	1761	6604	1772	7375	1772	7567
四、艺术教育事业	Culture and Education	5	221	5	224	5	228

19-18 群众艺术馆、文化馆(站)活动情况
Activities Statistics on Mass Art Centers and Cultural Centers(Stations)

指　　标	Item	2011	2012	2013
机构数 (个)	Number of Institutions (unit)	1761	1772	1772
举办展览次数 (次)	Number of Exhibitions (unit)	4222	4571	5441
组织文艺活动次数 (次)	Art Performances and Story-telling Sessions (time)	17317	16961	18113
举办训练班班次 (次)	Number of Training Courses (time)	8718	8985	11147
举办训练班结业人数(万人次)	Number of Training Course Completers (10 000 person-times)	57	70	94
藏　书 (万册)	Books Collected (10 000 volumes)	347	378	475
总收入 (万元)	Total Income (10 000 yuan)	37277	49504	51503
总支出 (万元)	Total Expenditure (10 000 yuan)	40583	47509	52184

注：本表含乡镇文化站的活动情况。
a) Data in this table include those of township cultural stations.

19-19 文　物　事　业
Development of Cultural Relics

指　　标	Item	2011	2012	2013
文物机构	**Cultural Relics Institutions**			
机构数 (个)	Number of Institutions (unit)	363	458	476
人员数 (人)	Number of Persons (person)	8707	10141	11555
藏品件数 (件)	Number of Collections (piece)	976671	1212481	1355289
# 一级品	Grade One	7020	8009	8070
二级品	Grade Two	13929	15839	15878
三级品	Grade Three	77789	82427	83058
参观人次 (万人次)	Number of Spectators (10 000 person-times)	3109	3476	3968
# **博物馆**	**Museums**			
机构数 (个)	Number of Institutions (unit)	122	210	221
人员数 (人)	Number of Persons (person)	4229	5519	6225
藏品件数 (件)	Number of Collections (piece)	797613	1028725	1174563
# 一级品	Grade One	6471	7462	7517
二级品	Grade Two	12425	14395	14415
三级品	Grade Three	67462	71328	72303
参观人次 (万人次)	Number of Spectators (10 000 person-times)	2202	2565	2874
基本陈列 (个)	Permanent Exhibition (unit)	333	492	425
举办展览 (个)	Exhibition Hold (unit)	258	406	422

注：2012年起博物馆含民营博物馆、行业博物馆。
a) Since 2012 include those run by private institutions and Industry museums.

19-20 图 书 出 版
Number of Books Published

类 别	Category	图书种数(种) Number of Publications (kind)		总印数(万册) Printed Copies (10 000 copies)	
		2012	2013	2012	2013
图书总计	**Total**	**8674**	**9395**	**19640**	**19328**
一、使用"中国标准书号"部分合计	Publications with "China International Standard Book Number"	8671	9385	19623	19325
A.马列主义、毛泽东思想	Marxism-Leninism, Mao Zedong Thought	17	15	25	16
B.哲 学	Philosophy	155	123	116	56
C.社会科学总论	General Social Sciences	97	51	756	17
D.政治、法律	Politics and Law	157	181	362	252
E.军 事	Military Affairs	51	35	38	26
F.经 济	Economics	240	235	96	67
G.文化、科学、教育、体育	Culture, Science, Education and Sports	4585	5264	15794	17040
H.语言、文字	Languages	492	407	540	288
I.文 学	Literature	654	934	587	586
J.艺 术	Arts	216	274	137	169
K.历史、地理	History and Geography	332	350	292	155
N.自然科学总论	General Natural Sciences	28	5	13	3
O.数理科学、化学	Mathematics and Chemistry	183	166	127	100
P.天文学、地球科学	Astronomy and Geology	38	21	33	39
Q.生物科学	Biology	57	56	36	33
R.医药、卫生	Medicine and Health Care	430	414	241	156
S.农业科学	Agricultural Science	93	70	71	22
T.工业技术	Industrial Technology	714	679	278	219
U.交通运输	Transportation	32	25	20	45
Y.航空、航天	Aeronautics and Aerospace	30	19	11	4
X.环境科学	Environmental Science	18	20	9	16
Z.综合性图书	General Books	52	41	41	16
二、不使用"中国标准书号"部分合计	Publications without "China International Standard Book Number"	3	10	17	3

19-21 杂志、报纸出版
Number of Magazines and Newspapers Published

类 别	Category	种 数(种) Number of Publications (kind)		总印数(万份) Printed Copies (10 000 copies)		总印张(千印张) Printed Sheets (1 000 sheets)	
		2012	2013	2012	2013	2012	2013
一、杂 志	**Magazines**	**267**	**267**	**6708**	**5498**	**452605**	**389092**
1.综 合	Synthesis	5	4	7	7	416	412
2.哲学、社会科学	Philosophy and Social Science	49	49	1814	1701	116692	102404
3.自然科学技术	Natural Science and Technology	159	158	656	646	59043	55900
4.文化教育	Culture and Education	37	38	2176	1990	200122	183817
5.文学、艺术	Literature and Arts	12	12	349	276	18810	18117
6.少年儿童	Children's Books	3	4	1692	864	56356	27276
7.画 刊	Pictorials	2	2	14	14	1166	1166
二、报 纸	**Newspapers**	**44**	**44**	**70922**	**68281**	**4538895**	**4344767**
1.省 级	Provincial-level Newspapers	29	29	43527	41652	3550694	3398831
2.市 级	City-level Newspapers	15	15	27395	26629	988201	945936

19-22　广播电视基本情况
Basic Statistics on Radio and Television

指　标	Item	2011	2012	2013
一、无线广播宣传基本情况	Radio			
广播电台　(座)	Number of Broadcasting Stations　(set)	11	10	10
调频广播发射台　(座)	Relaying Stations of Frequency Modulation Broadcasting　(unit)	172	172	171
调频广播发射机部数和功率　(部／千瓦)	Stations and Power of Frequency Modulation Broadcasting　(unit/kw)	314/326	383/446.65	378/465.85
节目套数　(套)	Number of Radio Programs　(set)	104	107	107
全年播出时间(时:分)	Length of Public Radio Programs Broadcasted(hour:minute)	410455:38	417565:53	458272:55
广播人口覆盖率　(%)	Radio Coverage of Population　(%)	97.02	97.15	97.37
全年制作广播节目(时)	Length of Radio Programs Produced　(hour)	196433	229064	254575
新闻节目	News Programs	44781	43355	510255
专题节目	Special Subject Programs	50360	57197	70035
文艺节目	General Entertainment Programs	50967	52632	61688
其他类	Others	50324	75880	71827
二、电视宣传基本情况	Television			
电视台　(座)	Number of TV Stations　(set)	11	10	10
发射台及转播台　(座)	TV Transmission and Relaying Stations　(unit)	123	123	124
发射机功率(部／千瓦)	Power of Transmision　(unit/kw)	251/503.52	273/644.20	238/537.44
节目套数　(套)	Number of TV Programs　(set)	123	123	123
全年播出时间(时:分)	Length of Public TV Programs Broadcasted　(hour:minute)	586010:14	597998:33	611538:34
电视人口覆盖率　(%)	TV Coverage of Population　(%)	97.87	98.12	98.26
制作电视节目　(时)	Length of TV Programs Produced　(hour)	107375	102136	118154
新闻节目	News Programs	28867	30512	36690
专题节目	Special Subject Programs	34302	25247	26453
文艺节目	General Entertainment Programs	13277	16446	16868
影视剧节目	TV Play Programs	3782	2124	76.6
其他节目	Others	27155	27807	36306
三、县广播电视台　(个)	Number of Broadcasting Stations　(unit)	88	88	88

注：1.2012年省广播电台电视台合并，广播电台和电视台中均未包括。
2.国家新闻出版广电总局调整统计口径，2013年起制作影视剧节目时间只计算以第一出品人拍摄、制作的电视剧时间数。(2012年以前影视剧类节目制作时间包括以第一出品人拍摄的以及参与制作的影视剧)。

a) In 2012, radio station and TV station of province are merged, which are not included in the data of radio station and TV station.

b)The statistical range were adjusted by the State Administration of Press,Publication,Radio,Flim and Television,from 2013 time of making movie or tv only compute the time of movie or tv shooted and made by the first producer.

(Time of making movie or tv include movie or tv shooted and made by the first producer before 2012)

19-23　各市(区)文化事业情况(2013年)
Basic Statistics on Cultural Industry by City(District)(2013)

地　区	Region	公共图书馆 (个) Public Libraries (unit)	公共图书馆藏书量 (千册) Total Collections (1000 volumes)	群众艺术馆文化馆 (个) Art Centers Cultural Centers (unit)	文化站 (个) Cultural Stations (unit)	广播人口覆盖率 (%) Radio Coverage of Population (%)	电视人口覆盖率 (%) TV Coverage of Population (%)
全　省	**Shaanxi**	**114**	**13771**	**122**	**1650**	**97.37**	**98.26**
西安市	Xi'an	14	1518	15	182	99.47	98.84
铜川市	Tongchuan	5	503	5	42	99.58	99.93
宝鸡市	Baoji	13	1388	14	122	99.92	99.95
咸阳市	Xianyang	12	1275	14	171	98.97	99.31
渭南市	Weinan	11	879	12	193	94.95	96.75
# 韩城市	Hancheng	1	123	1	16	99.56	99.93
延安市	Yan'an	14	1029	15	176	99.40	99.86
汉中市	Hanzhong	12	751	13	207	97.64	98.95
榆林市	Yulin	12	1166	13	226	96.47	96.41
安康市	Ankang	11	734	11	200	89.81	94.50
商洛市	Shangluo	8	566	8	126	95.20	98.59
杨凌示范区	Yangling	1	5	1	5	100.00	100.00
省直单位	Others	1	3957	1			

注：公共图书馆藏书量不含电子图书。

a)The public library hldings don't include electronic book.

主要统计指标解释

普通高等学校 指按国家规定的设置标准和审批程序批准举办的，通过全国普通高等学校统一招生考试，招收高中毕业生为主要培养对象，实施高等学历教育的全日制大学、独立设置的学院和高等专科学校、高等职业学校及其他机构（独立学院和分校、大专班）。

大学、独立设置的学院主要实施本科层次以上教育。高等专科学校、高等职业学校实施专科层次教育。其他机构是承担国家普通招生计划任务不计校数的机构，包括独立学院、普通高等学校分校、大专班和批准筹建的普通高等学校等。独立学院指由普通本科高校按新机制、新模式举办的本科层次的二级学院，一些普通本科高校按公办机制和模式建立的二级学院，“分校”或其他类似的二级办学机构不属此范畴。

成人高等学校 指按照国家规定的设置标准和审批程序批准举办的，通过全国成人高等教育统一招生考试，招收具有高中毕业或同等学历的人员为主要培养对象，利用函授、业余、脱产等多种形式对其实施高等学历教育的学校。包括职工高等学校、农民高等学校、管理干部学院、教育学院、独立函授学院、广播电视大学、其他机构等。其他机构是承担国家成人招生计划任务不计校数的机构。

小学学龄儿童净入学率 指调查范围内已入小学学习的学龄儿童占校内外学龄儿童总数(包括弱智儿童，不包括盲聋哑儿童)的比重。计算公式为:

$$\text{小学学龄儿童净入学率}=\frac{\text{已入学的小学学龄儿童数}}{\text{校内外小学学龄儿童总数}}\times 100\%$$

专业技术人员 指从事专业技术工作和专业技术管理工作的人员，即企事业单位中已经聘任专业技术职务从事专业技术工作和专业技术管理工作的人员，以及未聘任专业技术职务，现在专业技术岗位上工作的人员。包括工程技术人员，农业技术人员，科学研究人员，卫生技术人员，教学人员，经济人员，会计人员，统计人员，翻译人员，图书资料、档案、文博人员，新闻出版人员，律师、公证人员，广播电视播音人员，工艺美术人员，体育人员，艺术人员及企业政治思想工作人员，共十七个专业技术职务类别。用来反映科技人力资源情况。

专利 是专利权的简称，是对发明人的发明创造经审查合格后，由专利局依据专利法授予发明人和设计人对该项发明创造享有的专有权。包括发明、实用新型和外观设计。反映拥有自主知识产权的科技和设计成果情况。

发明（专利） 指对产品、方法或者其改进所提出的新的技术方案。是国际通行的反映拥有自主知识产权技术的核心指标。

实用新型（专利） 指对产品的形状、构造或者其结合所提出的适于实用的新的技术方案。反映具有一定技术含量的技术成果情况。

外观设计（专利） 指对产品的形状、图案、色彩或者其结合所作出的富有美感并适于工业上应用的新设计。反映拥有自主知识产权的外观设计成果情况。

艺术表演团体 指由文化部门主办或实行行业管理(经文化市场行政部门审批或已申报登记并领取相关许可证)，专门从事表演艺术等活动的各类专业艺术表演团体，含民间职业剧团。如话剧团、方言话剧团、滑稽剧团、儿童剧团、歌剧团、木偶团、皮影团等以及由若干剧种组成的综合性专业艺术表演团体。不包括群众业余文艺表演团体。

艺术表演场馆 指由文化部门主办或实行行业管理(经文化市场行政部门审批或已申报登记并领取相关许可证)，有观众席、舞台、灯光设备，公开售票、专供文艺团体演出的文化活动场所。附属于文化部门机构内非独立核算的剧场、排演场，公开营业的也应单独统计。

广播节目综合人口覆盖率 指根据国家广电总局制定的《广播电视人口覆盖率统计技术标准和方法》进行统计调查的，在对象区内采用无线、有线、卫星等技术手段能够收听到包括中央、省、地市、县广播节目其中任意一套的人口数占总人口数的百分比。

电视节目综合人口覆盖率 指根据国家广电总局制定的《广播电视人口覆盖率统计技术标准和方法》进行统计调查的，在对象区内采用无线、有线、卫星等技术手段能够收看到包括中央、省、地市、县级电视节目中任意一套的人口数占总人口数的百分比。

有线电视入户率 通过广播电视有线传输网收看电视节目的用户数占总户数的百分比。

Explanatory Notes on Main Statistical Indicators

Regular Institutions of Higher Education refer to educational establishments set up according to the government evaluation and approval procedures, recruiting graduates from senior secondary schools as the main target by National Matriculation TEST. They include full-time universities, colleges, institutions of higher professional education, institutions of higher vocational education, institutions of higher vocational education and others (non-university tertiary, branch schools and undergraduate classes).

Universities and colleges primarily provide undergraduate courses; institutions of higher professional education and institutions of higher vocational education primarily provide professional trainings; and others refer to educational establishments, which are responsible for enrolling higher education students under the State Plan but not enumerated in the total number of schools, including: branch schools of universities and colleges, and universities and colleges that have been approved and under plan for construction. Non-university tertiary refers to the regular undergraduate branch college which is running in new mechanism and mode, excluding the branch schools and other similar branches of educational institutions.

Institutions of Higher Education for Adults refer to educational establishments, set up in line with relevant rules approved by the government, enrolling staff and workers with senior secondary school or equivalent education, and providing higher education courses in many forms of correspondence, spare time, or full time for adults. Professionals thus trained receive a qualification equivalent to graduates studying regular courses at regular universities, colleges and professional colleges. Institutions of higher learning for adults include schools of higher education for staff and workers, schools of higher education for peasants, colleges for management cadres, pedagogical colleges, independent correspondence colleges, Radio and TV universities and other educational establishments. Other educational establishments have undertakings to enrol adult students but not enumerated in the schools under the State Plan.

Net Enrolment Ratio of Primary Schools refers to the proportion of school age children enrolled at schools to the total number of school age children both in and outside schools (including retarded children, but excluding blind, deaf and mute children). The formula is:

$$\text{Net Enrolment Ratio of Primary Schools} = \frac{\text{Total Primary School - age Children at Schools}}{\text{Total Primary School - age Children Whether or Not Attending School}} \times 100\%$$

Professional and Technical Personnel refer to persons engaged in professional and technical work or in the management of professional and technical activities, i.e., people with professional or technical positions who are engaged in professional and technical work or in the management of professional and technical activities, and people without professional or technical positions but are working on professional or technical posts. They include professionals and technicians working in 17 categories of technical occupations including engineering, agriculture, scientific researches, medical service, teaching, economic research and application, accounting, statistics, translation, libraries, archives, cultural and museum service, journalism and publication, lawyers, notarization service, radio and television broadcasting, handicraft and fine arts, sports, performing art, and political workers in enterprises. This indicator reflects the condition of human resources in S&T.

Patent is an abbreviation for the patent right and refers to the exclusive right of ownership by the inventors or designers for the creation or inventions, given from the patent offices after due process of assessment and approval in accordance with the Patent Law. Patents are granted for inventions, utility models and designs. This indicator reflects the achievements of S&T and design with independent intellectual property.

Patented Inventions refer to new technical proposals to the products or methods or their modifications. This is universal core indicator reflecting the technologies with independent intellectual property.

Patented Utility Models refer to the practical and new technical proposals on the shape and structure of the product or the combination of both. This indicator reflects the condition of technological results with certain technical content.

Designs refer to the aesthetics and industrially applicable new designs for the shape, pattern and colour of the product, or their combinations. This indicator reflects the appearance design achievements with independent intellectual property.

Arts Performance Troupes refer to the various professional performing arts groups, which sponsored by the cultural sectors or guided by the cultural society (approved by the cultural market administration, or registered and permitted with the relative certificate), including non-governmental troupes, such as drama troupes, dialect troupes, comedy troupes, children troupes, Opera troupes, puppetry troupes, Shadowgraph troupes, etc., comprehensive professional arts performance troupes. The mass sparetime arts performance troupes are not included.

Arts Performance Places refer to the various sites for cultural activities, which sponsored by the cultural sectors or guided by the cultural society (approved by the cultural market administration, or registered and permitted with the relative certificate), with the facility of auditorium, stage, and lighting, and selling tickets in public, including the opera halls and rehearse sites, etc. which are affiliated to the culture sectors without independent financial accounts and open to the public.

Radio Coverage of Population refers to the percentage of population, which can listen to one of central, provincial, city, prefecture, and county radio programs by wireless, cable, satellite and other technical means, in the surveying area, to total population, according to Statistical Standard and Method on Television and Radio Coverage of Population established by the State Administration of Broadcasting, Film and Television.

Television Coverage of Population refers to the percentage of population, which can watch one of central, provincial, city, prefecture, and county television programs by wireless, cable, satellite and other technical means, in the surveying area, to total population, according to Statistical Standard and Method on Television and Radio Coverage of Population established by the State Administration of Broadcasting, Film and Television.

Cable Television Coverage of Household refers to the percentage of household, which can watch television by cable of radio and television network, to total household.

二十、体育、卫生和其他

Sports, Public Health and Others

资料整理：杨小侠

简 要 说 明

一、本篇资料反映陕西体育、卫生、社会福利、安全生产等情况。

二、本篇资料主要内容及资料来源:

体育部分主要包括体育系统职工人数、群众体育活动开展情况及运动竞技成绩等，资料由省体育局提供。

卫生部分主要包括卫生机构、床位及人员数，农村合作医疗情况等，资料由省卫生厅提供。

社会福利部分主要包括各种社会福利事业的机构数、收养救济人数、婚姻登记状况等，资料由省民政厅提供。

交通、火灾、伤亡事故情况由省公安厅、省安全生产监督管理局提供。

律师、公证及人民调解工作等资料由省司法厅提供。

Brief Introduction

Ⅰ. This chapter reflects the development of Shaanxi's sports, public health, social welfare, safe production and other undertakings.

Ⅱ. Primary coverage and data sources:

The data on sports mainly include the number of staff and workers in sports departments, mass sports and athletics sports, etc. The data are provided by Shaanxi Provincial Bureau of Sports.

The data on public health mainly include the number of health institutions, hospital beds and personnel, situation of rural cooperative medical service and etc. The data are provided by Shaanxi Provincial Department of Public Health.

The data on social welfare mainly include the number of institutions, the number of persons receiving social welfare relief funds and marriage registration status, etc. The data are provided by Shaanxi Provincial Department of Civil Affairs.

The data on traffic, fire and casualties accident are provided by Shaanxi Provincial Department of Public Security and Shaanxi Provincial Bureau of Work Safety.

The data on lawyer, notarization and the people's mediation work are provided by Shaanxi Province Federation of Trade Unions, Shaanxi Women's Federation and Shaanxi Provincial Department of Justice.

20.体育、卫生和其他

2013年全省		
等级运动员发展人数	685	人
等级裁判员发展人数	1191	人
卫生机构数（不含个体诊所）	6290	个
# 医 院	2634	个
卫生技术人员	23.91	万人
# 执业(助理)医师	7.44	万人

卫生技术人员和医生数（万人）

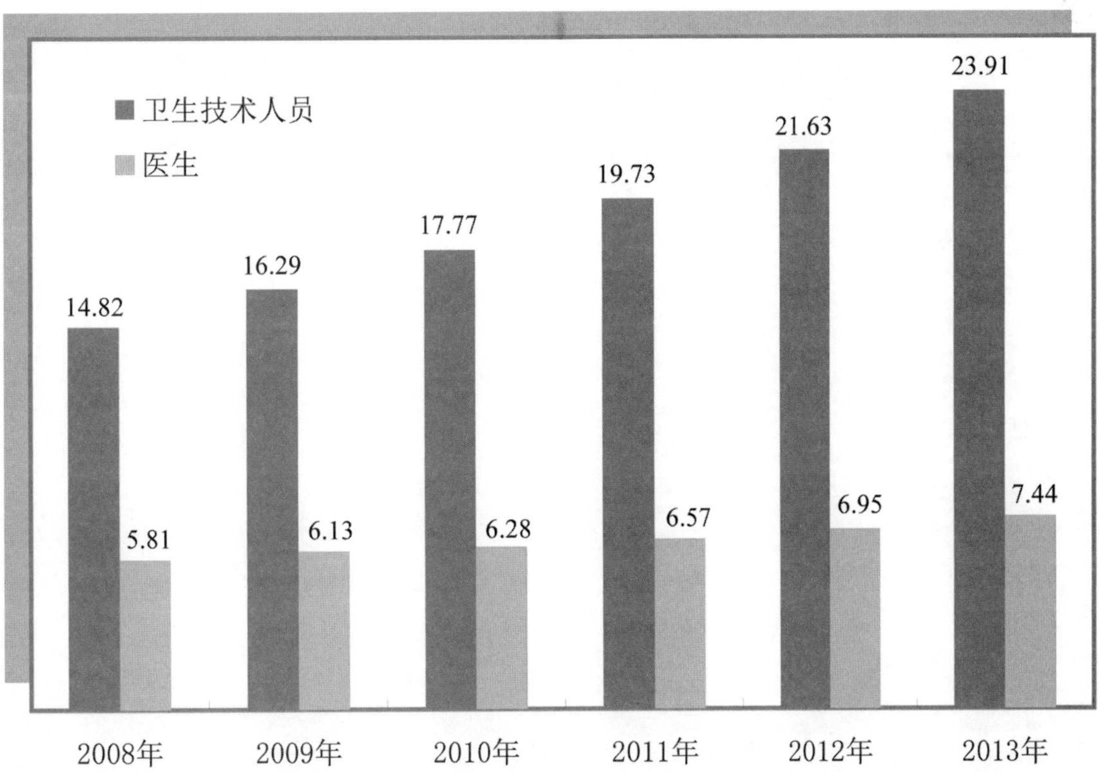

20-1 体 育 事 业
Statistics on Sports Industry

指 标	Item	2011	2012	2013
一、体育系统职工人数 （人）	Employees Sports System (person)	5393	5770	5172
二、等级运动员发展人数 （人）	Number of Class Athlete Development (person)	466	496	685
# 女运动员	Female Athletes	180	152	245
# 国际健将	International Masters Sports	4	5	1
运动健将	Masters of Sports	35	21	35
三、等级裁判员发展人数 （人）	Number of Graded Referees (person)	519	965	1191
# 女裁判员	Female Referees	135	255	271
# 国家级	National Referees	16		
四、少年儿童业余体校 （所）	Spare-time Sports School (unit)	66	82	65
# 重点体校	Key Sports School	26	8	8
在校学生 （人）	Number of Students in School (person)	8967	9822	10233
五、取得冠军次数 （次）	Number of Champions (time)	41	26	35
世界冠军	International Champion	16	10	16
亚洲冠军	Asian Champions		2	2
全国冠军	National Champion	25	14	17

20-2 等级运动员发展人数(2013年)
Number of Athletes in Grades by Type of Sports (2013)

单位：人 (person)

地 区	Region	等级运动员 Number of Athletesin Grades	# 女 Women	# 国际级健将 International Masters Sports	# 运动健将 Masters of Sports	# 一 级 First Grade	# 二 级 Second Grade
全 省	**Shaanxi**	**685**	**245**	**1**	**35**	**52**	**597**
省级直属	Directly under the Provincial	91	47	1	35	52	3
西 安 市	Xi'an	434	134				434
铜 川 市	Tongchuan	25	15				25
宝 鸡 市	Baoji	15	5				15
咸 阳 市	Xianyang	8	3				8
渭 南 市	Weinan	24	7				24
延 安 市	Yan'an						
汉 中 市	Hanzhong	36	21				36
榆 林 市	Yulin						
安 康 市	Ankang	31	5				31
商 洛 市	Shangluo	21	8				21

20-3 卫生机构、床位及人员数
Number of Health Units, Beds and Staff

年份 Year	卫生机构(个) Health Institutions (unit)	#医院 Hospitals	卫生机构床位(万张) Number of Hospital Beds (10 000 beds)	#医院 Hospitals	卫生技术人员(万人) Medical Technical Personnel (10 000 persons)	#医生 Doctors	#护士(师) Nurses
1978	5598	3064	5.39	4.99	7.12	3.43	1.11
1979	5780	3078	5.78	5.32	7.58	3.60	1.17
1980	5845	3095	6.08	5.52	8.05	3.72	1.19
1981	6158	3109	6.37	5.72	8.84	4.07	1.40
1982	6369	3113	6.51	5.92	9.23	4.20	1.57
1983	6280	3106	6.66	6.06	9.57	4.38	1.73
1984	6251	3119	6.87	6.23	10.01	4.63	1.81
1985	6346	2218	7.20	6.46	10.61	4.97	1.88
1986	6309	2439	7.45	6.70	10.89	5.12	1.93
1987	6293	2559	7.68	6.95	11.22	5.29	2.04
1988	6248	2502	8.03	7.22	11.48	5.70	2.41
1989	6312	2515	8.29	7.47	11.63	5.84	2.64
1990	6416	2521	8.55	7.80	11.82	5.91	2.72
1991	6433	2577	9.02	8.22	11.99	5.87	2.81
1992	6404	2604	9.29	8.51	12.33	5.97	2.87
1993	6215	2389	9.56	8.81	12.28	5.89	2.91
1994	6227	3040	9.84	9.07	12.60	6.20	3.03
1995	6215	3313	9.88	9.05	12.80	6.28	3.10
1996	6033	3315	9.59	9.05	12.82	6.30	3.10
1997	5947	3217	9.48	9.04	12.99	6.23	3.25
1998	5639	2779	9.48	9.09	13.03	6.17	3.37
1999	5493	2753	9.68	9.22	13.28	6.37	3.48
2000	5572	2779	9.69	9.26	13.34	6.43	3.56
2001	5563	2780	9.91	9.43	13.53	6.60	3.62
2002	5240	2748	10.00	9.53	13.53	5.95	3.65
2003	5039	2740	10.27	9.89	13.47	6.03	3.72
2004	5138	2710	10.31	9.97	13.46	5.97	3.75
2005	5366	2674	10.67	10.34	13.66	6.03	3.85
2006	5385	2672	11.12	10.90	13.91	6.06	4.07
2007	4753	2645	11.78	11.42	14.17	5.93	4.25
2008	4429	2629	12.52	12.31	14.82	5.81	4.69
2009	4421	2660	13.45	13.05	16.29	6.13	5.44
2010	4638	2639	14.24	13.72	17.77	6.28	6.13
2011	4669	2611	15.38	14.69	19.73	6.57	7.02
2012	4684	2603	16.92	16.31	21.63	6.95	7.94
2013	6290	2634	18.51	17.93	23.91	7.44	8.96

注：1.本表卫生机构不含个体诊所，医院、医院床位数含卫生院、妇幼保健院和专科疾病防治院。
2.2002年起医生为执业医师和执业助理医师，护士(师)为注册护师。

a) The health institutions in the table does not include private clinics.Hospitals and hospital beds include health center, women and children care agencies and specialized disease prevention &treatment institutes.

b) Since 2002, doctors refer to practicing physicians, practicing physician assistants, nurses (division) refer to registered nurses.

20-4 各类卫生机构、床位及人员数(2013年)
Number of Various Health Units, Beds and Staff (2013)

指标	Item	机构数(个) Health Institutions (unit)	床位数(张) Beds (bed)	人员合计(人) Persons Engaged (person)	卫生技术人员 Medical Technical Personnel	其他技术人员 Other Technical Personnel	管理人员 Management	工勤人员 Support Staff
总计	**Total**	**37136**	**185139**	**321896**	**239054**	**4422**	**23018**	**20710**
一、医院	Hospitals	937	142093	179088	149957	1723	13549	13859
综合医院	Comprehensive Hospitals	664	108337	139863	117782	1259	10247	10575
中医医院	Hospitals of Traditional Chinese Medicine	145	22062	26524	22279	312	1896	2037
中西医结合医院	Hospitals Combined by Medium Doctors	6	953	1255	1080	11	115	49
专科医院	Specialized Hospitals	120	10697	11411	8804	140	1279	1188
二、基层医疗卫生机构	Basic Medical and Health Institutions	34118	34205	105124	64015	293	3028	3096
社区卫生服务中心(站)	Community Health Service Center (station)	583	4128	10824	9143	20	876	785
社区卫生服务中心	Community Health Service Center	246	3239	7780	6473	11	591	705
社区卫生服务站	Community Health Service station	337	889	3044	2670	9	285	80
卫生院	Commune Hospitals	1613	29922	38483	34167	273	2152	1891
街道卫生院	Hospitals in the Streets	10	116	195	160	1	18	16
乡镇卫生院	Township Hospitals	1603	29806	38288	34007	272	2134	1875
中心卫生院	Center Hospital	644	17811	21856	19609	177	995	1075
乡卫生院	Rural Hospitals	959	11995	16432	14398	95	1139	800
村卫生室	Village Clinic	26018		38553	3861			
门诊部	Outpatient Departments	227	155	2876	2610			266
综合门诊部	Comprehensive Outpatient Departments	167	129	2207	2010			197
中医门诊部	Chinese Medical Outpatient Department	25	5	274	252			22
中西医结合门诊部	Combination of Traditional Chinese and Western Medicine Outpatient Department	3	1	36	31			5
专科门诊部	Specialist OutPatient Department	32	20	359	317			42
诊所、卫生所、医务室	Clinics, Health Institute, Medical Office	5677		14388	14234			154
诊所	Clinics	4828		11600	11523			77
卫生所、医务室	Health Institute, Medical Office	849		2788	2711			77
三、专业公共卫生机构	Specialty Public Health Agency	1962	7439	34755	23368	2030	5897	3460
疾病预防控制中心	Disease Prevention and Controlling Center	120		6137	4623	293	681	540
专科疾病防治院(所、站)	Specialized Disease Prevention and Treatment Centers (stations)	6	790	637	453	1	95	88
健康教育所(站、中心)	Health Education Offices (stations or centers)	4		105	56	23	21	5
妇幼保健院(所、站)	Maternity and Child Care Centers (stations)	118	6649	12103	10063	90	998	952
急救中心(站)	First-aid Center (station)	4		180	72	4	51	53
采供血机构	Blood Collecting and Supply Organizations	10		773	497	38	117	121
卫生监督所(中心)	Health Supervision Centers	118		2800	2258	49	287	206
计划生育技术服务机构	Family Planning Technical Service Institutions	1582		12020	5346	1532	3647	1495
四、其他卫生机构	Other Health Institutions	119	1402	2929	1714	376	544	295
疗养院	Sanatoriums	4	1402	359	262	7	50	40
医学科学研究机构	Research Institutes of Medical Science	11		307	196	18	56	37
医学在职培训机构	Medical On-the-job Training Organizations	44		1384	732	273	252	127
统计信息中心	Statistical Information Center	1		6		4	2	
其他	Others	59		873	524	74	184	91

注：本表人员合计中含乡村医生32015人和卫生员2677人。

a) Summation-personnel in this table includes 32015 country doctors and 2677 medical orderlies.

20-5 传染病发病率和死亡率(2013年)
The Incidence and Death of Infectious Diseases(2013)

病　　名	Diseases	发病率 (1/10万) Incidence (1/100 000)	死亡率 (1/10万) Death Rate (1/100 000)	病死率 (%) Mortality Rate (%)
合　　计	**Total**	**207.73**	**0.47**	**0.23**
鼠　　疫	The Plague			
霍　　乱	Cholera			
肝　　炎	Hepatitis	86.81	0.03	0.04
痢　　疾	Dysentery	23.50		0.01
伤寒+副伤寒	Typhoid and Paratyphoid Fever	0.09		
艾 滋 病	AIDS	1.33	0.21	16.06
淋　　病	Gonorrhea	4.20		
梅　　毒	Syphilis	20.10	0.010	0.03
脊　　灰	Poliomyelitis			
麻　　疹	Measles	0.22		
百 日 咳	Pertussis	0.21		
白　　喉	Diphtheria			
流　　脑	Epidemic Encephalitis			
猩 红 热	Scarlet Fever	3.22		
出 血 热	Hemorrhagic Fever	3.71	0.02	0.50
狂 犬 病	Hydrophobia	0.13	0.13	102.04
血吸虫病	Schistosomiasis			
布　　病	Brucellosis	2.12		
炭　　疽	Anthrax	0.01		
斑疹伤寒	Typhus	0.08		
乙　　脑	JE	0.41	0.01	1.96
黑 热 病	Black Fever	0.02		
疟　　疾	Malaria	0.11		
新生儿破伤风	Newborn Tetanus			
登 革 热	Dengue Fever	0.02		
肺 结 核	Pulmonary Tuberculosis	60.93	0.05	0.09
非　　典	SARS			

20-6 出院病人前十位疾病构成（2013年）
Discharged Patients Diseases of the Top Ten (2013)

序号 NO.	城市 Urban		
	疾病	Disease	构成 (%) Constitute
1	呼吸系统疾病	Respiratory System Diseases	13.25
2	循环系统疾病	Circulatory System Diseases	18.66
3	妊娠、分娩和产褥期	Pregnancy, Childbirth and the Puerperium	7.71
4	损伤、中毒和外因的某些其他后果	Injury, Poisoning and Certain Consequences Caused by the External	8.62
5	消化系统疾病	Digestive Disease	9.68
6	泌尿生殖系统疾病	Genitourinary System Diseases	4.46
7	肌肉骨骼系统和结缔组织疾病	Musculoskeletal System and Connective Ttssue Diseases	4.10
8	某些传染病和寄生虫病	Certain Infectious and Parasitic Diseases	3.47
9	肿 瘤	Cancer	5.31
10	影响健康状态和与保健机构接触因素	Influencing Health Status and Factors Access to Health Care Institutions	6.21
	构成合计	Total of the Constitute	81.46

20-6 续表 continued

序号 NO.	农村 Rural		
	疾病	Disease	构成 (%) Constitute
1	循环系统疾病	Circulatory System Diseases	20.93
2	呼吸系统疾病	Respiratory System Diseases	18.96
3	妊娠、分娩和产褥期	Pregnancy, Childbirth and the Puerperium	10.72
4	损伤、中毒和外因的某些其他后果	Injury, Poisoning and Certain Consequences Caused by the External	10.08
5	消化系统疾病	Digestive Disease	9.99
6	肿 瘤	Cancer	2.37
7	影响健康状态和与保健机构接触因素	Influencing Health Status and Factors Access to Health Care Institutions	3.26
8	肌肉骨骼系统和结缔组织疾病	Musculoskeletal System and Connective Ttssue Diseases	3.35
9	泌尿生殖系统疾病	Genitourinary System Diseases	4.17
10	某些传染病和寄生虫病	Certain Infectious and Parasitic Diseases	3.68
	构成合计	Total of the Constitute	87.52

20-7 各市(区)卫生机构、床位及人员数(2013年)
Number of Health Institutions, Beds and Persons Engaged by City(District) (2013)

地区	Region	机构数 (个) Health Institutions (unit)	床位数 (张) Beds Total (bed)	人员数 (人) Total Staff (person)	卫生技术人员 (人) Medical Technical Personnel (person)	#执业(助理)医师 Lecensed (Assistant) Doctors	#注册护士 Registered Nurses
全省	**Shaanxi**	**37136**	**185139**	**321896**	**239054**	**74397**	**89551**
西安市	Xi'an	5692	47867	91448	71553	24015	30062
铜川市	Tongchuan	942	4855	8585	6764	2179	2764
宝鸡市	Baoji	2917	19731	28624	21137	7255	7654
咸阳市	Xianyang	4683	24232	44772	35729	9290	12567
渭南市	Weinan	4137	19724	35065	24504	6878	8184
延安市	Yan'an	3541	11091	20510	13391	4402	4958
汉中市	Hanzhong	3858	18212	26386	19434	6367	6713
榆林市	Yulin	4921	16778	29385	20499	5714	7690
安康市	Ankang	3275	11354	18724	13582	4358	4784
商洛市	Shangluo	2980	10270	16623	11095	3546	3565
杨凌示范区	Yangling	190	1025	1774	1366	393	610

20-8 农村村级卫生组织情况(2013年)
Situations of Health Institutions in Rural Village (2013)

地区	Region	村卫生室 (个) Village Health Room (unit)	乡村医生和卫生员 (人) Rural Doctors and Health Workers (person)	乡村医生 Rural Doctors	卫生员 Health Workers
全省	**Shaanxi**	**26018**	**34692**	**32015**	**2677**
西安市	Xi'an	2981	3808	3477	331
铜川市	Tongchuan	543	583	553	30
宝鸡市	Baoji	1833	3285	2978	307
咸阳市	Xianyang	3258	3936	3752	184
渭南市	Weinan	3227	5690	5470	220
延安市	Yan'an	2806	2984	2766	218
汉中市	Hanzhong	2687	3541	3393	148
榆林市	Yulin	3841	4489	3752	737
安康市	Ankang	2449	2815	2605	210
商洛市	Shangluo	2278	3400	3132	268
杨凌示范区	Yangling	115	161	137	24

20-9 社区卫生服务中心(站)情况(2013年)
Statistics on Community Health Service Centers (Stations) (2013)

地 区	Region	社区卫生服务中心(站)(个) Community Health Service Center(station) (unit)	床位数(张) Beds (bed)	人员数(人) Persons Engaged (person)	卫生技术人员(人) Medical Technical Personnel (person)	# 执业(助理)医师 Lecensed (Assistant) Doctors	# 注册护士 Registered Nurses
全 省	**Shaanxi**	**583**	**4128**	**10824**	**9143**	**3256**	**3038**
西 安 市	Xi'an	202	1823	5461	4469	1489	1455
铜 川 市	Tongchuan	41	127	202	177	67	63
宝 鸡 市	Baoji	76	989	1234	1053	446	354
咸 阳 市	Xianyang	101	613	1514	1389	469	528
渭 南 市	Weinan	65	239	918	764	328	221
延 安 市	Yan'an	25	109	320	262	115	94
汉 中 市	Hanzhong	16	43	297	242	95	79
榆 林 市	Yulin	37	125	548	476	109	143
安 康 市	Ankang	16	20	230	217	96	73
商 洛 市	Shangluo	4	40	100	94	42	28
杨凌示范区	Yangling						

20-10 新型农村合作医疗情况
Statistics on New Cooperative Medical System

年 份 Years	实行新型农村合作医疗县(区)(个) Number of Counties Implementing NCMS (unit)	参加新农合人数(万人) Number of Enrollees (10 000 persons)	参 合 率(%) Rate of Enrollees (%)
2007	104	2434.95	90.05
2008	104	2495.47	91.58
2009	104	2566.11	92.97
2010	104	2581.38	95.00
2011	104	2631.66	97.10
2012	104	2649.65	98.70
2013	91	2550.35	99.40

20-11 社会福利事业、企业单位机构和人员
Social Welfare, Business Unit Organizations and Personnel

指标	Item	机构(个) Institutions (unit)		工作人员(人) Staff (person)	
		2012	2013	2012	2013
总计	**Total**	**1401**	**1393**	**24913**	**24615**
一、收养性社会福利事业单位	Adopting Social Welfare Institutions	923	918	6155	6809
二、社会福利企业单位	Social Welfare Enterprises	251	240	15101	14068
(工商部门登记)	(the business sector registered)				
福利工厂	Welfare Factories	204	193	12668	11653
假肢厂	Artificial Limb Factory	1	1	97	97
安置农场	Placement Farms	1	1	34	34
其他福利企业	Other Welfare Enterprises	45	45	2302	2284
三、烈士纪念建筑物管理单位	Martyrs Memorial Building Management Unit	37	39	355	358
四、救助站	Relief Stations	89	90	899	902
五、殡葬事业单位	Funeral Institutions	101	106	2403	2478

20-12 社会福利事业单位基本情况(2013年)
Basic Statistics on Social Welfare Institutions (2013)

指标	Item	院数(个) Number of Homes (unit)	工作人员(人) Number of Staff and Workers (person)	床位(张) Number of Beds (bed)	年在院总人数(万人) Number of Persons Housed (10 000 persons)
一、民政部门办收养性社会福利事业单位	Adopting Social Welfare Institutions Established by the Home Department	519	2934	48655	856.7
# 优抚休、疗养院	Convalescent Homes Founded by the Home Department	30	797	2288	45.9
城市福利院	Urban Welfare	48	1303	10404	244.8
二、老年收养性机构	Adoption of the Old Institutions	840	4709	80979	1409.4

注：1.优抚休、疗养院包括荣誉军人康复医院、复退军人慢性疗养院、复退军人精神病院和国家办光荣院。
2.城市福利院包括社会福利院、社会儿童福利院、社会精神病人福利院。
3.老年收养性机构包括城镇、农村的敬老院、养老院、老年性公寓。

a) Convalescent Homes include the honor military rehabilitation hospital, Futuijunren chronic nursing homes, psychiatric hospitals and the state office of honor Futuijunren hospital.

b) Urban welfare include social welfare, social welfare homes, social welfare of mental patients.

c) Old adoption of institutions include urban and rural areas of the nursing home, nursing homes, senile apartment.

20-13 社会福利企业基本情况(2013年)
Basic Statistics on Social Welfare Enterprises (2013)

地 区	Region	单位数 (个) Number of Homes (unit)	年末职工人数 (人) Number of Workers (person)	# 残疾职工 Disabled Employees	# 女 性 Female
全 省	**Shaanxi**	**240**	**14068**	**5065**	**1849**
西 安 市	Xi'an	96	5648	2221	828
铜 川 市	Tongchuan	3	71	47	13
宝 鸡 市	Baoji	51	2707	702	219
咸 阳 市	Xianyang	21	1455	620	202
渭 南 市	Weinan	19	1912	771	300
延 安 市	Yan'an	7	622	149	70
汉 中 市	Hanzhong	20	622	269	95
榆 林 市	Yulin	13	774	213	81
安 康 市	Ankang	1	28	18	14
商 洛 市	Shangluo	7	115	41	21
杨凌示范区	Yangling				
厅级小计	Others	2	114	14	6

20-14 城镇社区服务设施(2013年)
Urban Welfare Facilities (2013)

地 区	Region	城镇社区服务设施数 (个) Urban Welfare Facilities (unit)	便民利民服务网点 (个) Convenience Services (unit)
全 省	**Shaanxi**	**2543**	**12580**
西 安 市	Xi'an	781	4504
铜 川 市	Tongchuan	91	482
宝 鸡 市	Baoji	174	906
咸 阳 市	Xianyang	334	1767
渭 南 市	Weinan	287	1065
延 安 市	Yan'an	125	569
汉 中 市	Hanzhong	158	776
榆 林 市	Yulin	145	621
安 康 市	Ankang	317	1374
商 洛 市	Shangluo	131	516
杨凌示范区	Yangling		

20-15 律师、公证及人民调解工作(2013年)
Lawyers, Notarization and Mediation of Civil Disputes (2013)

项目	Item	实有数 Number
一、律师工作	**Lawyers**	
律师人员(人)	Number of Lawyers(person)	6209
# 专职	Full-time Lawyers	5585
兼职	Part-time Lawyers	480
刑事诉讼辩护及代理(件)	Agent of Criminal Defense(case)	20482
民事诉讼代理(件)	Agent of Civil Case(case)	49068
行政诉讼代理(件)	Agent of Administrative Action (case)	146
担任法律顾问(家)	As Legal Advisers(unit)	7439
代写法律文书(件)	Legal Document Written on Behalf of Clients(case)	25564
律师事务所(个)	Number of Law Offices(unit)	443
二、公证工作	**Notarial Personnel**	
公证处(个)	Number of Notary Offices(unit)	117
# 涉外公证处	Foreign-related Notary Offices	25
公证人员(人)	Notarial Personnel(person)	454
办理公证文书(件)	Notarized Documents (case)	242983
三、人民调解工作	**Number of People's Mediation**	
人民调解委员会(个)	Number of People's Mediation Committees(unit)	31203
调解委员(人)	Member of a Mediation Committee(person)	123408
调解民间纠纷(件)	Number of Civil Disputes Mediated(case)	150213

20-16 国内公证文书分类(2013年)
Domestic Notarized Documents by Type (2013)

分类	Type	办证件数(件) Number of Notarial Documents Issued (case)	分类	Type	办证件数(件) Number of Notarial Documents Issued (case)
合计	**Total**	**175234**	赠与	Presentation Documents	3100
合同(协议)	Contracts	71075	遗嘱	Testaments	1044
买卖合同	Sale and Purchase Contracts	5503	保证(担保)	Guarantees	911
赠与合同	Gift Contracts	3798	承诺(要约)	Offer(Acceptance)	1027
借款合同	Loan Contracts	32420	其他	Others	986
租赁合同	Lease Contracts	532	现场监督	Field Supervision	3785
承揽合同	Work Contracts	112	招标投标	Bidding	1822
建设工程合同	Engineering and Construction Contracts	67	拍卖	Auctions	300
			开奖、评选	Lottery	254
委托合同	Application Contracts	4678	公司会议	Corporate Meeting	49
担保合同	Guaranty Contracts	10688	抽签(摇号)	Draw Lots	471
土地使用权合同	Land Use Rights Contracts	285	其他	Others	889
知识产权合同	Intellectual Property Contracts	30	保全证据	Evidence Preservation	11508
承包合同	Contracts	195	公司章程	Corporation Constitutions	161
企业经营合同	Operation Enterprises Contracts	23	组织资格	Organization Qualification	214
劳动(劳务)合同	Labor contracts	711	财产权	Property Right	109
其他合同	Other contracts	4458	身份	Status	212
合伙协议	Partnership Agreements	149	收养关系	Adoption Relationship	96
财产分割协议	Property Partitioning Contracts	589	婚姻状况	Marital Status	434
财产约定协议	Property Agreements	554	亲属关系	Kindred Relationship	1194
扶养协议	Legacy-support Agreements	179	有无违法犯罪记录	have or no Illegal and Criminal Record	1439
出国留学协议	Foreign Study Agreements	388	其他有法律意义事实	Other Facts of Legal Significance	1733
拆迁安置协议	Compensation and Resettlement Agreements	328	证书(执照)	Certificate(License)	275
			签名(印鉴)	Signatures and Seals	7021
赔偿协议	Indemity Agreements	305	文本相符	Text Conformity	1527
还款协议	Payment Contracts	3294	赋予执行效力	Given Executory Effect	17743
其他	Others	1789	执行证书	Execution Certificate	1066
继承	Inheritances	7810	抵押登记	Mortgage Registration	894
单方法律行为	Unilateral Legal Act	39414	提存	Drawing	60
委托	Proxy	22522	保管	Reserve	12
声明	Announcement	9824	其他	Others	7452

20-17 婚姻登记情况
Registered Marriages

指　　标	Item	2011	2012	2013
一、登记结婚数　　(对)	**Number of Registered Marriages　(couples)**	**369318**	**374046**	**396187**
1.内地居民登记结婚数(对)	Registered Marriages in the Mainland (couples)	368963	373626	395718
初婚数　　(人)	Number of First Marriages　(person)	656231	656169	688904
再婚数　　(人)	Number of Re-marriages　(person)	82405	91083	102532
# 恢复结婚数	Restoration of Marriages	665	800	1501
2.涉外婚姻数　　(对)	Number of Marriages with Foreigner　(couples)	355	420	469
二、登记离婚数(对)	**Number of Registered Divorces　(couples)**	**50780**	**55006**	**63292**
1.内地居民登记离婚数(对)	Registered Divorces in the Mainland　(couples)	50730	54928	63243
2.涉外婚姻数　　(对)	Number of Divorces with Foreigner　(couples)	50	78	49

20-18 各市(区)婚姻登记情况(2013年)
Registered Marriages by City(District) (2013)

地　区	Region	准予登记结婚数(对) Number of Marriages Registered (couples)	初婚数(人) Number of First Marriages (person)	再婚数(人) Number of Re-marriages (person)	# 恢复结婚数 Restoration of Marriages	登记离婚数(对) Number of Divorces Registered (couples)	# 港澳台华侨离婚数 Number of Divorces with Overseas Chinese
全　省	**Shaanxi**	**395718**	**688904**	**102532**	**1501**	**63292**	**49**
西安市	Xi'an	89136	152959	25313	453	16781	
铜川市	Tongchuan	5935	9882	1988	10	1379	
宝鸡市	Baoji	35374	61121	9627	65	4622	
咸阳市	Xianyang	63207	111518	14896	183	8128	
渭南市	Weinan	60532	104695	16369	283	9750	
延安市	Yan'an	24675	44291	5059	202	3726	
汉中市	Hanzhong	29306	47770	10842	156	5914	
榆林市	Yulin	39461	71914	7008	61	6371	
安康市	Ankang	24993	43680	6306	61	4059	
商洛市	Shangluo	22630	40434	4826	26	2513	
杨凌示范区	Yangling						
厅级小计	Others	469	640	298	1	49	49

20-19 交通事故情况
Basic Statistics on Traffic Accidents

地　区	Region	事故次数(起) Number of Accidents (case)		死亡人数(人) Number of Deaths (person)		受伤人数(人) Number of Injuries (person)		损失折款(万元) Converted into Cash Losses (10 000 yuan)	
		2012	2013	2012	2013	2012	2013	2012	2013
全　省	**Shaanxi**	**5989**	**5952**	**1804**	**1800**	**5497**	**5452**	**4004**	**3696**
西安市	Xi'an	2446	2306	516	516	2486	2249	1011	1173
铜川市	Tongchuan	216	210	40	40	271	292	191	189
宝鸡市	Baoji	948	971	166	165	739	722	857	534
咸阳市	Xianyang	212	177	125	125	187	182	68	113
渭南市	Weinan	445	441	173	173	344	389	259	214
延安市	Yan'an	281	318	220	218	209	242	266	245
汉中市	Hanzhong	495	439	160	159	500	440	171	107
榆林市	Yulin	364	605	94	203	327	499	525	730
安康市	Ankang	208	251	103	95	159	209	570	318
商洛市	Shangluo	347	212	203	101	239	204	76	67
杨凌示范区	Yangling	27	22	4	5	36	24	10	6

20-20 火灾事故情况
Basic Statistics on Fires

地　区	Region	事故次数(起) Number of Accidents (case)		死亡人数(人) Number of Deaths (person)		受伤人数(人) Number of Injuries (person)		损失折款(万元) Losses Converted into Cash (10 000 yuan)	
		2012年	2013年	2012年	2013年	2012年	2013年	2012年	2013年
全　省	**Shaanxi**	**7857**	**12127**	**29**	**51**	**8**	**23**	**16172**	**16220**
西安市	Xi'an	2605	4163	16	26	4	6	2831	3245
铜川市	Tongchuan	254	300		2		4	129	185
宝鸡市	Baoji	573	1561		6		4	653	905
咸阳市	Xianyang	1167	1885		4		6	739	1778
渭南市	Weinan	909	1199	1	5			1140	1695
延安市	Yan'an	361	563	3				5762	980
汉中市	Hanzhong	457	561	1			2	720	1772
榆林市	Yulin	1183	1364	1	4			2811	4579
安康市	Ankang	80	199	3	1	4	1	228	446
商洛市	Shangluo	223	250		3			971	413
杨凌示范区	Yangling	45	82	1				188	222

20-21 各类伤亡事故情况(2013年)
Statistics on Various Fatal Accident (2013)

类别	Type	总计 Total		一次死亡3-9人 Number of Deaths each Time(3-9 people)		一次死亡10-29人 Number of Deaths each Time(10-29 people)	
		起数(起) Times (time)	死亡(人) Deaths (person)	起数(起) Times (time)	死亡(人) Deaths (person)	起数(起) Times (time)	死亡(人) Deaths (person)
全省	**Shaanxi**	**9921**	**2022**	**19**	**74**	**1**	**10**
# 工矿商贸	Industry, Mining, Commerce	123	161	8	31	1	10
1.煤矿	Coal Mine	28	31	1	3		
2.金属与非金属矿	Metallic and Nonmetallic Mine	20	35	2	7		
3.建筑施工业	Construction Industry	30	41	2	8	1	10
4.危险化学品	Hazardous Chemicals	2	3				
5.烟花爆竹	Fireworks	2	6	1	5		
6.工商贸其它	Others	41	45	2	8		
铁路交通	Rail Transport	54	48				
农业机械	Agricultural Machinery	347	8				
水上交通	Waterborne Traffic						

20-22 社会捐赠和收养登记情况(2013年)
Statistics on Social Donation and Adopting Registration (2013)

地区	Region	捐赠款数额(万元) Donated Fund (10 000yuan)	捐赠其他物资价值(万元) Value of Other Donated Materials (10 000yuan)	收养登记合计(人) Number of Registered Adoption (person)	中国公民 Adoption by Chinese	外国人 Adoption by Foreigners
全省	**Shaanxi**	**13291.1**	**543.3**	**357**	**168**	**189**
西安市	Xi'an	2329.3	10.7	74	74	
铜川市	Tongchuan	94.2		6	6	
宝鸡市	Baoji	53.1		5	5	
咸阳市	Xianyang	495.9		8	8	
渭南市	Weinan	236.3	0.2	2	2	
延安市	Yan'an	8506.0	532.4			
汉中市	Hanzhong	71.9		18	18	
榆林市	Yulin	810.5		11	11	
安康市	Ankang	442.9		41	41	
商洛市	Shangluo	251.0		3	3	
杨凌示范区	Yangling					
厅级小计	Others			189		189

主要统计指标解释

卫生机构 指从卫生行政部门取得《医疗机构执业许可证》，或从民政、工商行政、机构编制管理部门取得法人单位登记证书，为社会提供医疗保健、疾病控制、卫生监督服务或从事医学科研和教育等工作的单位。卫生机构包括医院、疗养院、社区卫生服务中心(站)、卫生院、门诊部、诊所(卫生所、医务室)、急救中心(站)、采供血机构、妇幼保健院(所、站)、专科疾病防治院(所、站)、疾病预防控制中心(防疫站)、卫生监督所、卫生监督检验(监测、检测)机构、医学科研机构、医学在职培训机构、健康教育所(站)等其他卫生机构。

卫生技术人员 包括执业(助理)医师、注册护士、药剂人员、检验和影像人员等卫生专业人员。不包括从事管理工作的卫生技术人员(一律计入管理人员)。

执业医师 指具有《医师执业证》及其“级别”为“执业医师”且实际从事医疗、预防保健工作的人员，不包括实际从事管理工作的执业医师。执业医师类别分为临床、中医、口腔和公共卫生。

执业助理医师 指具有《医师执业证》及其“级别”为“执业助理医师”且实际从事医疗、预防保健工作的人员，不包括实际从事管理工作的执业助理医师。执业助理医师类别同样分为临床、中医、口腔和公共卫生四类。

社区卫生服务中心(站) 指为本社区居民提供预防、医疗、保健、康复、健康教育、计划生育技术服务等的基层卫生机构。包括社区卫生服务中心和社区卫生服务站。

社会福利企业 指以集中安置有一定劳动能力的残疾人员就业为目（残疾职工占生产人员 10%以上)、带有社会福利性质的企业总称。主要包括福利工厂、假肢厂和其他福利企业。

城镇社区服务设施数 指报告期末城镇（街道办事处、居委会）设立的以非盈利为目的，为本社区居民服务，特别是为老年人、残疾人、儿童服务的社区服务中心、活动站、服务站、养老院、老年公寓（托老所)，残疾人工疗站、残疾儿童日托所、家务服务站、婚姻介绍所等福利性设施以及职工社会保险管理服务的机构数。几种不同类型的社区服务单位，共用一个场所的，只能统计为一个社区服务设施。成为社区服务设施的条件：(1) 是独立核算单位；(2) 有固定的从业人员；(3) 有一定的服务项目；(4) 有一定的场所。

公证人员 指在公证处工作的人员总称，包括公证处主任、副主任、公证员、公证员助理(助理公证员)和其他从事辅助性工作的人员。

公证文书 指公证处根据当事人申请，依照事实和法律，按照法定程序制作的，具有法律效力的司法证明文书。

受理劳动争议案件数 指劳动争议仲裁委员会根据国家有关规定，对劳动争议当事人的申请予以审查，符合受理条件而正式立案、准备处理的劳动争议案件数。

Explanatory Notes on Main Statistical Indicators

Health Care Institutions refer to the units which have been qualified the Certification of Health Care Institution by the administration of public health, or qualified the Certification of Corporate Unit by the civil affairs, administration for industry and commerce, commission office for public sector reform, and engaging in medical care, disease prevention and control, health supervision and inspection, medicine research and health education, etc., including: hospitals, sanatoriums, community health service centers (stations), health centers, clinics (health stations and infirmaries), first-aid centres (stations), blood gathering and supplying institutions, women and children care agencies (centres and stations), special disease prevention and curing agencies (centres and stations), disease prevention and control centres (epidemic prevention stations), health supervision and inspection agencies, sanitary inspection institutions, medicinal scientific research and on-job training institutions, health education centres and so on.

Medical Technical Personnel refer to the professional staff engaged in health care, including licensed (assistant) doctors, registered nurse, pharmacists, laboratory technician, and imaging staff, excluding the medical technical personnel engaged in management job (included as the management staff).

Licensed Doctors refer to the medical workers who have obtained the licenses of qualified doctors and are employed in medical treatment, disease prevention or healthcare institutions, excluding the licensed doctors engaged in management job. The classification of licensed doctors is clinician, Chinese medicine, dentist and public health.

Licensed Assistant Doctors refer to the medical workers who have obtained the licenses of qualified assistant doctors and are employed in medical treatment, disease prevention or healthcare institutions, excluding the licensed assistant doctors engaged in management job. The classification of licensed assistant doctors is clinician, Chinese medicine, dentist and public health.

Community Health Service Centres (stations) refer to the primary units that provide the health care for community residents, such as disease prevention and control, medical treatment, health care, rehabilitation, health education, family planning technical services, including community health service centres and community health service stations.

Social Welfare Enterprises refers to those welfare-oriented enterprises employing a significant number of handicapped people with certain labour ability (handicapped employees shall exceed 10% of the production staff), including welfare factories, artificial limb plants as well as other welfare enterprises.

Number of Service Facilities in Urban Communities refers to the number non-profit welfare facilities set up by urban communities (community offices and residents' committees) to serve the community residents, including, among others, community-based centers that serve senior citizens, the handicapped or children, recreational centers, service centers, nursing homes, apartments for the elderly (nursery for the aged), work and treatment stations for the handicapped, day-care centers for handicapped children, domestic help agencies and dating services, as well as social insurance management agencies for the employees. Different types of community service providers that share the same premise are regarded as one community service facility. The requirements for a social service facility of communities include: (1) independent accounting; (2) fixed employees; (3) provision of services; and (4) premises.

Notary Personnel refers to people working for notary offices including: directors, deputy directors, notaries, assistant notaries and other people providing assistance.

Notary Documents refer to the judicial notary documents drawn up at the request of the interested party and are in accordance with facts and the law and following certain legal proceedings.

Number of Labour Disputes Cases Accepted refers to the number of cases of labour disputes submitted that, after being reviewed by the labour dispute arbitration committees in line with the relevant national regulations, are accepted and registered for treatment.

二十一、水　利

Irrigation

资料整理：王小莉　郭力涛　陈　艳

简 要 说 明

一、本篇资料反映陕西水利建设基本情况。主要内容包括水利建设投资，水利工程供水，水库，灌区，灌溉面积，水土保持，农村饮水等情况。

二、本篇资料由省水利厅提供。

Brief Introduction

Ⅰ. This chapter reflects the basic conditions of Shaanxi's water conservancy, mainly including investment in water conservancy projects, water supply of water conservancy projects, reservoir, irrigated area, water and soil conservation, drinking water in rural areas and etc.

Ⅱ. The data are provided by Shaanxi Province Department of Water Resources.

21.水利

2013年全省		
有效灌溉面积	1209.94	千 公 顷
解决农村饮水安全人口	305.59	万 人
水利工程供水量	89.21	亿立方米

水利建设投资（亿元）

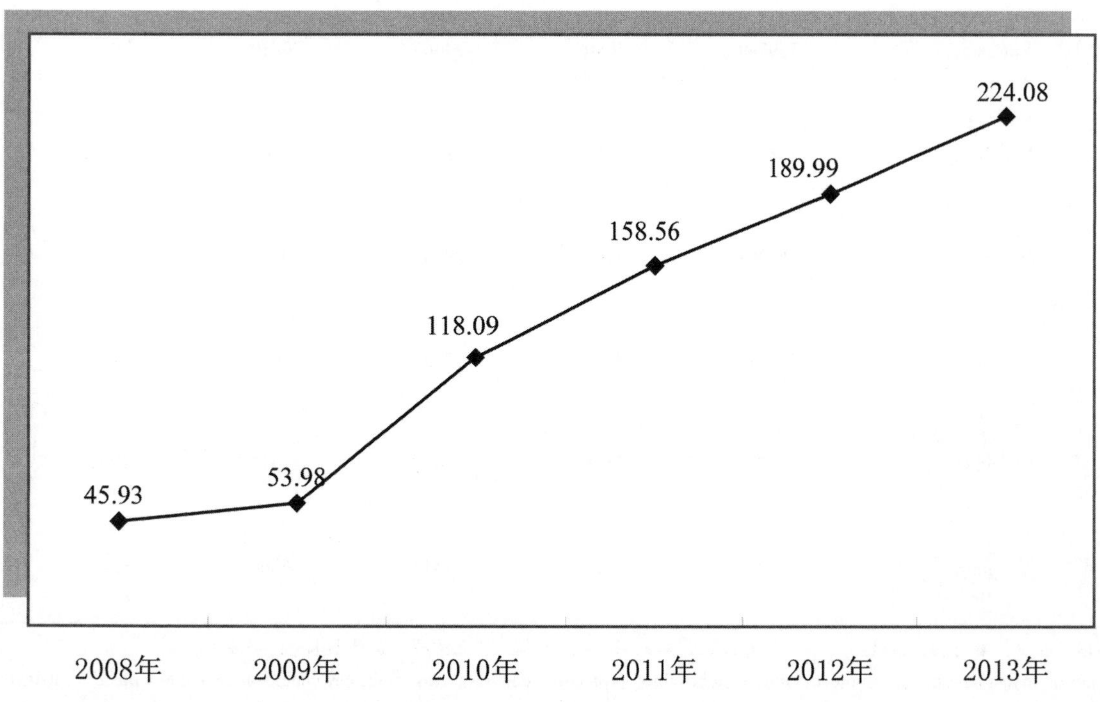

21-1 水利建设投资情况(2013年)
Construction Investment Situation of Hydroproject(2013)

单位：万元 (10 000 yuan)

地区	Region	水利建设投资总计 Total	中央 Central Level	省级 Provincial Level	市级 City Level	县及县以下 at and below County Level	民间投资 Nongovernment Investment
全省	**Shaanxi**	**2240814**	**717998**	**369419**	**564971**	**217925**	**370501**
省属	Provincial	170004	46231	82773		41000	
西安市	Xi'an	425839	55173	44477	223375		102814
铜川市	Tongchuan	26142	16486	5233	3067	961	395
宝鸡市	Baoji	185290	68839	22262	16931	23297	53961
咸阳市	Xianyang	228505	60456	27355	16115	73173	51406
渭南市	Weinan	306901	151485	52559	96946	4643	1268
#韩城市	Hancheng	11851	7308	1803		2740	
延安市	Yan'an	159748	56409	24467	70839	7948	85
汉中市	Hanzhong	198181	78523	38501	5307	3218	72632
榆林市	Yulin	263202	54977	29507	120676	58043	
安康市	Ankang	161316	80763	33331	5000	2432	39790
商洛市	Shangluo	103971	45552	7439	414	2991	47575
杨凌示范区	Yangling	11714	3104	1515	6300	220	575

注：水利建设投资主要包括：防洪、险库、重点水源及枢纽、灌排、饮水、水土保持、农村小水电、渔业等。

a)Construction investment of hydroproject mainly includes flood protection, dangerous reservoir, key water source and key position, irrigation and drainage, potable water, water and soil conservation, rural small hydropower, fishery industry etc.

21-2 灌溉面积(2013年)
Irrigated Areas(2013)

单位：千公顷 (1 000 hectares)

地 区	Region	设施灌溉面积 Irrigated Areas by Facilities	本年灌溉面积 Irrigated Areas This Year	有效灌溉 Effective Irrigated Areas	林地灌溉 Irrigated Wooded-land Areas	园地灌溉 Garden Plot Irrigated Areas	牧草地灌溉 Irrigated Pasture	其他灌溉 Others
全 省	**Shaanxi**	**1506.90**	**1330.84**	**1209.94**	**9.13**	**96.89**	**1.67**	**13.20**
西 安 市	Xi'an	185.39	178.23	163.14	2.34	11.53		1.22
铜 川 市	Tongchuan	26.57	20.78	17.47		3.05		0.26
宝 鸡 市	Baoji	189.68	172.16	148.28	0.51	23.22	0.01	0.14
咸 阳 市	Xianyang	287.91	241.63	227.35	0.19	12.43	0.34	1.32
渭 南 市	Weinan	420.53	370.74	330.98	1.79	34.73		3.24
# 韩城市	Hancheng	16.90	12.76	12.64		0.12		
延 安 市	Yan'an	31.10	24.78	22.65	0.09	2.03		0.01
汉 中 市	Hanzhong	124.51	113.77	107.88	0.60	4.45		0.84
榆 林 市	Yulin	168.33	138.90	128.55	0.99	4.18	0.88	4.30
安 康 市	Ankang	45.91	43.72	37.81	2.59	1.01	0.44	1.87
商 洛 市	Shangluo	21.06	20.56	20.56				
杨凌示范区	Yangling	5.92	5.56	5.27	0.03	0.26		

21-2 续表 Continued

单位：千公顷 (1 000 hectares)

地 区	Region	节水灌溉面积 Water Saving Irrigation Areas	喷 灌 Spray Irrigation	微 灌 Micro Irrigation	低压管灌 Low Pressure Pipe Irrigation	渠道防渗 Canal Seepage Control	其他工程 Others	有效实灌面积 Effectively Irrigated Areas	旱涝保收面积 Stable-harvest Farming Areas
全 省	**Shaanxi**	**824.60**	**27.05**	**25.82**	**243.99**	**491.90**	**35.84**	**1012.91**	**755.10**
西 安 市	Xi'an	134.13	5.03	2.72	55.75	70.63		138.04	125.66
铜 川 市	Tongchuan	18.18	0.53	3.81	9.00	3.60	1.24	6.64	4.01
宝 鸡 市	Baoji	134.78	5.87	1.88	36.09	90.94		115.55	115.55
咸 阳 市	Xianyang	153.78	2.05	4.40	52.95	88.77	5.61	192.93	147.09
渭 南 市	Weinan	216.88	1.91	5.53	32.17	174.62	2.66	274.06	170.72
# 韩城市	Hancheng	10.33	0.02	0.01	1.81	8.50		9.28	8.50
延 安 市	Yan'an	19.55	4.30	3.71	11.54			18.47	11.08
汉 中 市	Hanzhong	64.30	1.87	0.41	1.07	40.17	20.78	100.93	83.21
榆 林 市	Yulin	41.11	2.53	0.29	38.29			113.92	61.20
安 康 市	Ankang	30.76	1.71	1.96	2.87	18.67	5.55	33.90	24.76
商 洛 市	Shangluo	7.38	1.22	0.11	2.72	3.33		13.32	7.50
杨凌示范区	Yangling	3.75	0.03	1.00	1.55	1.17		5.15	4.32

21-3 易涝耕地面积治理情况(2013年)
Management Situation of Areas of Floating Plowland (2013)

单位：千公顷 (1 000 hectares)

地 区	Region	易涝耕地面积 Areas of Floating Plowland	除涝面积 Area of Waterlogging Control	# 本年新增 New-added in This Year	# 本年减少 Decrease in This Year
全 省	**Shaanxi**	**156.32**	**132.61**	**2.04**	**1.77**
西 安 市	Xi'an	50.81	44.54	0.68	1.60
铜 川 市	Tongchuan				
宝 鸡 市	Baoji	3.91	2.89	0.06	
咸 阳 市	Xianyang	28.09	24.24		
渭 南 市	Weinan	35.38	30.05	1.23	0.17
# 韩城市	Hancheng	0.40	0.36		
延 安 市	Yan'an	0.02	0.02	0.02	
汉 中 市	Hanzhong	13.35	9.59	0.02	
榆 林 市	Yulin	22.80	19.40	0.03	
安 康 市	Ankang				
商 洛 市	Shangluo	1.73	1.65		
杨凌示范区	Yangling	0.23	0.23		

21-4 用水总量(2013年)
Water Use (2013)

单位：万立方米 (10 000 cu.m)

地 区	Region	用水总量 Water Use	农田灌溉用水量 Farmland Irrigation Water	林牧渔畜用水量 Water Consumption of Forestry, Animal Husbandry, Fishery and Livestock	工 业用水量 Consumption of Industry Water	城 镇公共用水 Consumption of Town Public Water	乡村生活用水量 Residents Living Water	生态环境用水量 Ecological Environment Water
全 省	**Shaanxi**	**892074**	**495726**	**84892**	**137642**	**98791**	**52429**	**22594**
西 安 市	Xi'an	169546	53792	8650	38601	44094	9269	15140
铜 川 市	Tongchuan	9009	1674	1192	3559	1834	579	171
宝 鸡 市	Baoji	73448	40346	8904	8890	9101	5292	915
咸 阳 市	Xianyang	110559	63163	11838	18695	9060	6412	1391
渭 南 市	Weinan	155375	100055	19640	17215	10802	6439	1224
# 韩城市	Hancheng	8623	2337	738	3838	1066	393	251
延 安 市	Yan'an	25217	6165	4371	7998	3512	2706	465
汉 中 市	Hanzhong	163855	130132	10217	10438	5739	6332	997
榆 林 市	Yulin	80730	47571	5384	17961	4630	4349	835
安 康 市	Ankang	71701	40437	10690	8060	4440	7675	399
商 洛 市	Shangluo	28824	10373	3635	6055	4737	3144	880
杨凌示范区	Yangling	3810	2018	371	170	842	232	177

21-5 水利工程供水总量(2013年)
Water Supply by Water Projects(2013)

单位：万立方米 (10 000 cu.m)

地 区	Region	供水总量 Water Supply	地表水源供水量 Surface Water Supply	蓄 水 Reserve Water	引 水 Channel Water	提 水 Draw Water	人工载运 Artificial Ferried
全 省	**Shaanxi**	**892074**	**546382**	**193677**	**254530**	**97909**	**266**
西 安 市	Xi'an	169546	75450	47183	24104	4163	
铜 川 市	Tongchuan	9009	5671	3239	1519	892	21
宝 鸡 市	Baoji	73448	35468	18374	13270	3803	21
咸 阳 市	Xianyang	110559	47622	7565	29814	10241	2
渭 南 市	Weinan	155375	90331	19215	27505	43591	20
# 韩城市	Hancheng	8623	2888	2624	119	145	
延 安 市	Yan'an	25217	15634	5012	5315	5258	49
汉 中 市	Hanzhong	163855	141270	56728	72096	12435	11
榆 林 市	Yulin	80730	46940	8882	27127	10913	18
安 康 市	Ankang	71701	66685	20711	40018	5875	81
商 洛 市	Shangluo	28824	20869	6768	13377	681	43
杨凌示范区	Yangling	3810	442		385	57	

21-5 续表 continued

单位：万立方米 (10 000 cu.m)

地 区	Region	地下水源供水量 Groundwater Supply	深层水 Deep Water	浅层水 Shallow Water	微咸水 A Little Salty Water	其他水源供水量 Other Walter Supply	污水处理回用 Waste Water reuse	雨水利用 Rain Use
全 省	**Shaanxi**	**334984**	**73669**	**259456**	**1859**	**10708**	**9420**	**1288**
西 安 市	Xi'an	87816	31508	55655	653	6280	6220	60
铜 川 市	Tongchuan	3154	166	2988		184	5	179
宝 鸡 市	Baoji	36924	1683	35241		1056	830	226
咸 阳 市	Xianyang	60922	10983	49937	2	2015	1904	111
渭 南 市	Weinan	64907	13219	51210	478	137	3	134
# 韩城市	Hancheng	5609	290	5319		126		126
延 安 市	Yan'an	9100	3552	5548		483	435	48
汉 中 市	Hanzhong	22342		22342		243	23	220
榆 林 市	Yulin	33698	12558	20414	726	92		92
安 康 市	Ankang	4896		4896		120		120
商 洛 市	Shangluo	7857		7857		98		98
杨凌示范区	Yangling	3368		3368				

21-6 堤防情况(2013年)
Dikes Situation(2013)

地区	Region	堤防总长度(公里) Dikes Total Length (km)	1级堤防 Level 1 Dikes	2级堤防 Level 2 Dikes	3级堤防 Level 3 Dikes	4级堤防 Level 4 Dikes	5级堤防 Level 5 Dikes	5级以下堤防 Other Grades Dikes	达标堤防长度(公里) Length of Standard Dikes (km)	1级堤防 Level 1 Dikes	2级堤防 Level 2 Dikes
全　省	**Shaanxi**	**8703.33**	**285.11**	**388.92**	**714.52**	**1350.54**	**1554.68**	**4409.55**	**3455.37**	**277.04**	**318.20**
西 安 市	Xi'an	957.91	126.34	183.02	101.31	173.07	302.72	71.45	594.80	124.66	156.09
铜 川 市	Tongchuan	175.08		1.24	39.47	73.60	52.32	8.45	48.84		
宝 鸡 市	Baoji	394.86	45.68	24.95	79.54	183.69	19.19	41.81	300.93	42.08	24.95
咸 阳 市	Xianyang	226.26	30.63	7.18	36.09	65.77	84.76	1.83	220.66	27.84	7.18
渭 南 市	Weinan	415.72	56.38	80.50	9.00	71.09	145.51	53.24	326.81	56.38	68.94
# 韩城市	Hancheng	3.00			3.00				3.00		
延 安 市	Yan'an	356.40		41.51	223.11	48.51	29.66	13.61	300.33		14.52
汉 中 市	Hanzhong	1093.90	10.04	32.83	34.52	376.36	149.51	490.64	361.97	10.04	28.88
榆 林 市	Yulin	459.12		15.04	108.64	44.86	83.62	206.96	244.62		14.99
安 康 市	Ankang	882.60	4.24	1.57	32.31	151.14	204.43	488.90	344.04	4.24	1.57
商 洛 市	Shangluo	3728.60			50.53	162.45	482.96	3032.66	699.49		
杨凌示范区	Yangling	12.88	11.80	1.08					12.88	11.80	1.08

21-6 续表 continued

地区	Region	3级堤防 Level 3 Dikes	4级堤防 Level 4 Dikes	5级堤防 Level 5 Dikes	本年新增堤防达标长度(公里) Newly Increased Standard Dikes Length This Year(km)	本年减少达标堤防长度(公里) Newly Reduced This Year Standard Dikes Length	全部堤防保护人口(万人) All the Dikes Protected the Population (10 000 persons)	# 本年新增 Newly Increased This Year	全部堤防保护耕地(千公顷) All the Dikes Protected the Farmland (1 000 hectares)	# 本年新增 Newly Increased This Year
全　省	**Shaanxi**	**646.21**	**968.07**	**1245.85**	**605.86**	**39.40**	**965.18**	**96.53**	**551.05**	**67.12**
西 安 市	Xi'an	101.77	140.62	71.66	152.90		237.89	11.01	90.43	15.52
铜 川 市	Tongchuan	0.30	1.55	46.99	6.75		36.95	3.67	1.66	0.18
宝 鸡 市	Baoji	71.94	147.67	14.29	34.34		120.84	12.33	46.50	8.78
咸 阳 市	Xianyang	35.11	56.33	94.20	50.11		93.06	12.31	16.56	3.48
渭 南 市	Weinan	3.00	62.78	135.71	116.06	0.05	75.44	20.10	84.22	15.74
# 韩城市	Hancheng	3.00					2.20		1.50	
延 安 市	Yan'an	216.89	47.85	21.07	43.74		102.60	9.00	146.63	1.90
汉 中 市	Hanzhong	33.55	174.72	114.78	43.90	1.60	102.58	8.96	93.56	11.39
榆 林 市	Yulin	101.15	44.86	83.62	2.50		62.69	3.13	8.16	3.01
安 康 市	Ankang	31.97	129.24	177.02	75.53	9.75	49.08	6.89	21.20	1.20
商 洛 市	Shangluo	50.53	162.45	486.51	80.03	28.00	79.05	9.13	39.33	5.13
杨凌示范区	Yangling						5.00		2.80	0.80

21-7 水库情况(2013年)

Situation of Reservoir (2013)

地 区	Region	水库数量(座) Reservoir Volume (block)	水库库容(万立方米) Reservoir Storage Capacity (10 000cu.m)	# 兴利库容 Hennessy Capacity	# 防洪库容 flood control Storage	已淤积库容(万立方米) Storage Capacity Sedimented (10 000cu.m)	灌溉面积(万亩) Irrigated Area (10 000acres) 设计 Design Irrigation	本年实灌 Actual Irrigation This Year
全 省	**Shaanxi**	**1110**	**902305.68**	**459620.58**	**191555.12**	**172252.78**	**11137.84**	**639.67**
西安市	Xi'an	93	38086.40	27689.80	24597.04	5163.20	85.33	16.74
铜川市	Tongchuan	32	11759.80	6185.80	1844.10	3711.00	32.61	18.90
宝鸡市	Baoji	104	86685.43	57309.51	21053.41	16714.93	567.27	396.06
咸阳市	Xianyang	73	50528.69	19698.78	11153.72	9704.13	330.56	103.20
渭南市	Weinan	113	27387.28	16214.87	9630.88	3875.37	80.69	25.39
# 韩城市	hancheng	11	6615.47	4370.17	3055.61	911.20	14.67	5.99
延安市	Yan'an	41	64318.12	15867.85	15747.11	28240.90	5637.49	2.08
汉中市	Hanzhong	346	60741.06	37786.53	7563.97	5557.96	4349.70	55.88
榆林市	Yulin	107	142618.72	51409.40	30643.80	58473.90	23.52	10.07
安康市	Ankang	149	405865.17	219724.06	64961.25	38379.57	18.74	9.48
商洛市	Shangluo	52	14315.01	7733.98	4359.84	2431.82	11.92	1.88

21-8 万亩以上灌区基本情况(2013年)

Basic Irrigated Area above 10 000Acres (2013)

地 区	Region	灌区数(处) Irrigated Areas (unit)	设施灌溉面积(千公顷) Facilities Irrigation (1 000 hectares)	农田灌溉面积(千公顷) Farmland Irrigation Facilities (1 000hectares)	渠道长度(公里) Channel Length (km) 干渠 Trunk	支渠 Branch Canal	斗渠 Douqu	实际灌溉面积(千公顷) Actual Irrigated Area (1 000 hectares)	节水灌溉面积(千公顷) Water-saving Irrigation Area (1 000 hectares)
全 省	**Shaanxi**	**180**	**1831**	**1273**	**4698**	**7633**	**24601**	**917**	**453**
省 属	Directly under the provincial	5	641	475	761	1592	5544	388	234
西安市	Xi'an	25	180	128	411	709	1998	75	39
铜川市	Tongchuan	3	6	5	33	48	65	2	2
宝鸡市	Baoji	20	190	166	458	992	2471	45	15
咸阳市	Xianyang	21	101	68	254	538	1578	41	10
渭南市	Weinan	46	487	259	1127	2109	8493	223	115
# 韩城市	Hancheng	3	23	18	86	186	305	10	
延安市	Yan'an	9	19	13	197	199	258	10	5
汉中市	Hanzhong	20	145	111	606	673	2649	101	26
榆林市	Yulin	16	34	26	504	258	858	18	3
安康市	Ankang	7	18	13	218	308	540	9	2
商洛市	Shangluo	8	11	10	130	207	147	8	2

21-9 农村饮水安全达标情况(2013年)

Basic Statistics on Rural Drinking Water Safety Standards(2013)

单位：万人 (10 000 persons)

地 区 Region	饮水安全达标人口 Population by Drinking Water Safety Standards	集中式供水 Centralized Water Supply	联户供水 Joint Household Water Supply	单户供水 Single-family Water Supply	饮水安全达标当年新增人口 Newly Increased Population by Drinking Water Safety Standards in this year	饮水安全达标当年减少人口 Reduce Population by Drinking Water Safety Standards in this year	"十二五"初期饮水安全未达标人口 Population by Drinking Water Safety Below Standards at the early stage of the 12th Five-year Plan Period	"十二五"累计饮水安全达标人口 Population by Drinking Water Safety Standards in the 12th Five-year Plan
全 省 Shaanxi	**2453.79**	**2366.05**	**18.80**	**66.33**	**305.59**	**33.30**	**1069.18**	**772.42**
西安市 Xi'an	364.04	361.74	2.30		27.45		134.54	94.04
铜川市 Tongchuan	41.62	38.68		2.94	1.93	2.09	9.50	7.46
宝鸡市 Baoji	255.92	253.00	1.36	1.56	21.32	4.46	81.27	64.31
咸阳市 Xianyang	356.63	355.25	1.20	0.18	56.80	5.62	191.61	167.05
渭南市 Weinan	413.14	405.44		5.10	58.25	6.74	177.71	142.80
# 韩城市 Hancheng	22.91	18.81		1.50	2.60		11.67	9.44
延安市 Yan'an	136.52	100.14	5.47	30.91	12.20	1.42	43.55	25.11
汉中市 Hanzhong	235.73	231.01	4.72		33.75	0.30	130.03	69.38
榆林市 Yulin	259.06	235.34		23.71	33.55	2.95	93.80	55.69
安康市 Ankang	203.50	203.50			35.75	5.54	112.18	74.75
商洛市 Shangluo	175.96	170.28	3.75	1.93	24.16	4.18	93.84	70.95
杨凌示范区 Yangling	11.67	11.67			0.43		1.15	0.88

21-10 水土保持情况(2013年)

Basic Statistics on Soil and Water Conservation(2013)

单位：千公顷 (1 000 hectares)

地 区 Region	累计水土流失治理面积 Total Area of Soil Erosion under Control	# 小流域治理面积 Area of Small Watershed under Control	本年新增治理面积 Area of Newly Increased Soil Erosion under Control This Year	# 小流域治理面积 Area of Small Watershed under Control	本年减少水土流失面积 Area of Decreased Soil Erosion This Year	# 因植被死亡或破坏 For Death or Destruction of Vegetation	# 因开发建设或开荒、过牧 For Development and Construction or Land Clearing and Overgrazing
全 省 Shaanxi	**6784.9**	**2473.2**	**665.0**	**263.0**	**464.4**	**181.2**	**111.4**
西安市 Xi'an	173.8	22.7	31.8	5.3	23.4	9.7	7.2
铜川市 Tongchuan	181.7	62.2	20.0	9.7	11.8	4.6	2.4
宝鸡市 Baoji	539.4	145.1	40.0	7.9	30.7	12.9	7.1
咸阳市 Xianyang	390.0	180.7	50.6	23.0	9.9	6.9	2.2
渭南市 Weinan	423.2	163.1	60.1	25.5	38.8	7.4	10.2
# 韩城市 Hancheng	61.2	20.4	4.0	1.5	1.4		0.7
延安市 Yan'an	1407.7	279.4	100.1	14.1	94.7	18.8	0.2
汉中市 Hanzhong	731.1	294.9	85.0	48.6	45.2	16.1	12.1
榆林市 Yulin	1734.3	731.3	121.7	55.1	107.0	56.1	37.0
安康市 Ankang	555.9	256.9	84.6	33.2	66.7	30.6	21.5
商洛市 Shangluo	642.5	331.7	70.6	40.1	36.0	18.2	11.4
杨凌示范区 Yangling	5.3	5.3	0.5	0.5	0.2		0.2

21-11 农村水电装机情况(2013年)
Basic Statistics on Rural Hydropower Installed Capacity(2013)

地 区	Region	处 数 (处) Number (unit)	容 量 (千瓦) Capacity (kw)	1(含)~5万千瓦(含) 10 000 kw (inclusive) - 50 000 kw (inclusive)		0.1(含)~1万千瓦 1 000 kw (inclusive) - 10 000 kw	
				处 数 (处) Number (unit)	容 量 (千瓦) Capacity (kw)	处 数 (处) Number (unit)	容 量 (千瓦) Capacity (kw)
全 省	**Shaanxi**	**647**	**1224527**	**24**	**464000**	**196**	**631130**
省 属	Directly under the Provincial Government	10	67050	2	37400	7	29150
西安市	Xi'an	48	80433	1	20000	16	50500
铜川市	Tongchuan	1	4200			1	4200
宝鸡市	Baoji	113	130480	1	26000	29	69920
咸阳市	Xianyang	9	87020	1	48000	7	38300
渭南市	Weinan	9	34330			8	34080
延安市	Yan'an	10	5445			1	1500
汉中市	Hanzhong	191	374872	10	182600	50	157410
榆林市	Yulin	4	13000			3	12100
安康市	Ankang	168	378940	9	150000	59	201000
商洛市	Shangluo	83	48037			15	32970
杨凌区	Yangling	1	720				

21-11 续表 continued

地 区	Region	0.1万千瓦以下 Under 1 000 kw		本年新增装机 Newly Increased Hydropower Installed Capacity This Year		全年发电量 (万千瓦时) Annual Electricity Generation (10 000 kwh)	年利用小时 (小时) Annual Use Hours (hour)
		处 数 (处) Number (unit)	容 量 (千瓦) Capacity (kw)	处 数 (处) Number (unit)	容 量 (千瓦) Capacity (kw)		
全 省	**Shaanxi**	**427**	**129397**	**7**	**54545**	**335248**	**2738**
省 属	Directly under the Provincial Government	1	500			26140	3899
西安市	Xi'an	31	9933		180	19613	2438
铜川市	Tongchuan					1200	2857
宝鸡市	Baoji	83	34560	1	6610	32821	2515
咸阳市	Xianyang	1	720			29376	3376
渭南市	Weinan	1	250			9844	2867
延安市	Yan'an	9	3945			560	2200
汉中市	Hanzhong	131	34862	4	22900	105569	2816
榆林市	Yulin	1	900			4940	3800
安康市	Ankang	100	27940	1	22855	95951	2515
商洛市	Shangluo	68	15067	1	2000	8954	1864
杨凌区	Yangling	1	720			280	3889

主要统计指标解释

灌溉面积 指一个地区当年农、林、牧等灌溉面积的总和。总灌溉面积=有效灌溉面积（耕地）+林地灌溉面积+园地灌溉面积+牧草灌溉面积+其他灌溉面积。

有效灌溉面积（农田或耕地灌溉面积） 指灌溉工程或设备已基本配套，有一定水源，土地比较平整，在一般年景可以进行正常灌溉的农田或耕地灌溉面积。

有效实灌面积 指利用灌溉工程和设施，在有效灌溉面积中当年实际已进行正常（灌水一次以上）灌溉的耕地面积。在同一亩耕地上，报告期内无论灌水几次，都应按一亩计算，而不应按灌溉亩次计算。凡是肩挑、人抬、马拉抗旱点种的面积，一律不算实灌面积。

旱涝保收面积 指有效灌溉面积中，遇旱能灌，遇涝能排的面积。灌溉设施的抗旱能力，按各地不同情况，应达到三十天到五十天，适宜发展双季稻的地方，应达到五十到七十天，除涝达到五年一遇以上标准，防洪一般达到二十年一遇标准的有效灌溉面积。

机电排灌面积 是指由固定站、流动站、机电井、喷灌机械等所有机械、电动力设备进行排水、灌溉的耕地面积。其中，只要有固定的机械排灌的设施，能够进行正常排灌，不论当年是否进行排灌，都应统计为机电排灌面积（含灌排结合面积）。

纯排面积 指在机电排灌面积中，机电设备只单纯用于排水（不需灌溉）的耕地面积。一般地，这部分面积的灌溉往往通过自流方式灌溉，不需要机电灌溉设备来完成。

节水灌溉面积 是指在给农作物进行灌溉时采用先进的设备和手段，在满足农作物需要用水的同时减少了用水。一般要有水源保证，利用渠道防渗、管灌、喷滴灌等工程节水措施，当年已进行正常灌溉的农田、果园、林地、牧草等面积，不包括农作物种植方式、种植品种改变等非工程节水措施的灌溉面积。节水灌溉面积包括渠道防渗面积、低压管道输水灌溉面积、喷灌面积、微灌面积和其他工程节水灌溉面积。在同一灌溉面积上，采用多种节水灌溉工程措施时，只能依主要工程或措施统计一种，不得重复计算。

易涝面积 一些地区由于地势低洼，降雨径流不能及时排走，田间积水超过农作物的耐淹能力，造成农业损失，即为涝。形成的受淹农田面积称为易涝面积，易涝耕地面积是指抗涝能力标准低的低洼涝耕地面积。

除涝面积 通过水利工程如围埝、抽水等对易涝面积进行治理，使易涝耕地免除淹涝称除涝面积。按除涝的标准分为 3－5 年、5－10 年和 10 年以上。易涝面积虽经过治理，但标准尚未达到三年一遇标准的，不作为除涝面积统计。

水土流失 是由于水力、重力、风力等外力引起的水土资源和土地生产力遭到破坏和损失的现象。造成水土流失的原因可分为自然原因和人类活动原因两类。遭到水土流失侵害和损失的土地面积称水土流失面积。

水土流失治理面积（又称水土保持面积） 是指在水土流失面积上，按照综合治理的原则，采取各种治理措施如：坡改梯、淤地坝、谷坊、造林、种草、封山育林育草（指有种林、种草补植任务的）等，以及按小流域综合治理措施所治理的水土流失面积总和。

农村饮水安全标准 农村饮用水安全卫生评价指标体系分安全和基本安全两个档次，由水质、水量、方便程度和保证率四项指标组成。四项指标中只要有一项低于安全或基本安全最低值，就不能定为饮用水安全或基本安全。水质：符合国家《生活饮用水卫生标准》要求的为安全；符合《农村实施〈生活饮用水卫生标准〉准则》要求的为基本安全。水量：每人每天可获得的水量不低于 40～60 升为安全；不低于 20～40 升为基本安全。方便程度：人力取水往返时间不超过 10 分钟为安全；取水往返时间不超过 20 分钟为基本安全。保证率：供水保证率不低于 95%为安全；不低于 90%为基本安全。

农村饮水安全达标人口 是指满足农村饮水基本安全标准的农村地区（即城市及县城关镇以外地区）年末常住人口。农村饮水包括农村居民餐饮、洗涤以及散养畜禽等日常生活用水。

灌区 是指在蓄水灌溉工程、引水灌溉工程、提水灌溉工程等灌溉工程中，灌溉设备齐全、渠系配套完整，自成灌溉体系，有统一管理，设计灌溉面积为万亩及以上和有效灌溉面积达到万亩及以上的灌溉区域。灌区由各省水利厅审定、备案。

堤防 是指修筑在江、河、湖、海岸适用于防止洪水的工程。堤防工程按防洪标准分为五个级别：防洪标准[重现期(年)]>=100 为 1 级，100−50 为 2 级，50−30 为 3 级，30−20 为 4 级，20−10 为 5 级。

供水量 指各种水利供水工程为农业灌溉、工业生产、城镇生活、乡村生活、生态环境等方面的实际供水量，它包括输水损失的毛水量，按供水对象所在区域进行统计。供水量来源包括地表水供水量（蓄水、引水、提水、调水）、地下水供水量和其他水源供水量。

农业灌溉供水量 是指水利工程为农田、林地、果园、牧草灌溉实际毛供水量的总和。

工业生产供水量 是指水利工程为城市及县以下乡镇工业的供水。1991 年以前乡镇工业供水统计在农业供水中，从 1992 年开始统计在工业供水中。乡镇企业供水指水利工程为乡镇工业及农副产品加工实际毛供水量。

城镇生活供水量 是指水利工程对城镇居民生活供水，

还包括用于餐饮、服务以及市政环卫等公共服务方面的供水。生活供水主要统计各类水利工程向自来水厂或城镇居民供应的原水量，即未经任何处理的水量。

乡村生活供水量 除居民生活用水外，还包括牲畜用水。

生态环境供水 主要指通过水利工程设施向城镇、乡村生态脆弱地区或恶化地区以及其他地区补水，以维持、控制、恢复、改善原有的生态环境状态，如为了避免湿地萎缩、维持地下水位、防止海水入侵、维持河川基流、恢复原有湖泊、保护植被等目的，以及为了维持人类居住地的生态环境需要所进行的补水。

水利发电供水量 指水利工程为水电站的供水，全国水电供水量 2400 亿立方米/年，但它基本不消耗水量，如果和工业、农业供水等并列计入供水总量，将影响水资源的平衡核算研究。现行水利统计报表制度规定、水电供水量单独进行统计，不计入供水量总计。

水库 在江河上筑坝（闸）所形成的拦洪蓄水和调节水流的水利工程建筑物，可以用来灌溉、发电、防洪和养鱼。总库容在 1 亿立方米及以上为大型水库，1000（含 1000）万立方米至 1 亿立方米为中型水库，10 万立方米至 1000 万立方米为小型水库。

水库库容 校核洪水位以下的水库容积，包括死库容、兴利库容、调洪库容（减掉和兴利库容重复部分）之总和，称为总库容。它是一项表示水库工程规模的代表性指标，是划分水库等级、确定工程安全标准的重要依据。

兴利库容 水库在正常运用情况下，为满足兴利要求在开始供水时应蓄到的水位，称正常蓄水位，又称正常高水位、兴利水位，或设计蓄水位。正常蓄水位至死水位之间的水库容就是兴利库容，即调节库容。它主要用以调节径流，提供水库的供水量。

死库容 水库死水位以下的水库容积。除特殊情况外，死库容不参与径流调节，即不动用这部分库容内的水量。

Explanatory Notes on Main Statistical Indicators

Irrigated Area The sum of irrigated areas for agricultural, forest, pasture and grazing areas in a particular region. The total irrigation area is equal to the sum of effective irrigated areas (arable land), forest irrigated areas, orchard irrigated areas, grazing irrigated areas and other irrigated areas.

Effective Irrigated Areas (irrigated areas of farmland or cultivated land) The effective irrigated area refers to farmland or cultivated land with irrigation in normal years, equipped with installed irrigation facilities, water source and relatively leveled land.

Actual Effective Irrigated Area The area of effective irrigated land has been applied irrigation (once or more than once) in the current year, taking the advantage of irrigation works or facilities. No matter how many times irrigation is made in the same area of land within report period, it is all counted as one mu, but not be counted according to the irrigation times. All non-mechanized irrigated areas such as irrigated area with drought-relief measures of people or animal carrying water for irrigation are not included.

Farmlands with Stable Yields Despite of Drought or Waterlogging Farmlands, within effective irrigation areas, can irrigate in drought season and drain in flood season. According to drought-resistant capacity of irrigation facilities under varied conditions of different regions, irrigation may last for 30 days to 50 days, and may last for 50 days to 70 days in the regions suitable for double cropping rice. Waterlogging control in the effective irrigated areas should reach the standard of once in five years return period and flood control should reach the standard of once in twenty years return period.

Electromechanical Irrigation and Drainage Areas The areas are drainage or irrigated by electromechanical facilities, such as fixed and movable irrigation and drainage facilities, electromechanical wells and sprinklers. No matter whether farmlands were irrigated in the current year, whenever fixed irrigation facilities are placed, the area is included in electromechanical irrigation and drainage areas.

Pure Drainage Areas It refers to the area of cultivated land that the electromechanical equipment is used only for drainage in Electromechanical irrigation and drainage areas. Generally speaking, the irrigation of this part is self irrigation, with no need of electromechanical equipment.

Water-saving Irrigated Areas It refers to reducing water consumption by advanced equipment and measures when irrigating, which also meeting the need of plants. Generally, there are actual water resources, and taking measures of leakage free channel, pipe irrigation, jetting and dropping irrigation to save water. The normal irrigation area of arable land, forest areas, orchard areas, grazing areas etc., which do not take water saving measures, such as non engineering measures of planting manner and planting variety in the current year are not included in this indicator. It includes leakage free channel, jetting and dropping irrigation, tiny irrigation, and others. In the same area, with more than two water saving measures taken, only one main project can be counted.

Prone-waterlogging Farmland In some area, for low lying, rain can not be drained in time, plants submerged into water are over endurance, leading to agricultural losses. Farmland of waterlogging are called prone- waterlogging farmland, which refers to low lying farmland with low standard of preventing waterlogging.

Waterlogging Control Areas The controlled area of prone-waterlogging farmland by waterworks such as cofferdams and water pump. The standard of waterlogging control can be divided into 3-5 years, 5-10 years and above 10 years. The area of waterlogging farmland with control measures but has not reached to the standard of once in three years return period, are excluded from waterlogging control areas.

Soil Erosion Damage or losses of water resources and land productivity caused by external forces, such as water power, gravity and wind etc. Soil erosion is usually caused by two reasons of nature or human activities. The damaged or lost farmland areas caused by soil erosion are termed as soil erosion areas.

Improved Eroded Area (also named soil and water conservation area) The sum of improved eroded areas in Mountinous or hilly areas, has implemented comprehensive control measures, including terraced fields, silt retention dam, check dam, reforestation, grass plantation, enclosed reforestation and grass planting (refers to the area with tasks of planting forest and grass) and small watershed comprehensive management, in line with the principle of integrated management.

Standard of Safe Drinking Water in Rural Areas The evaluation index system of drinking water safety in rural areas divides the water into two levels of safe and generally safe, which is formed by four elements of water quality, water quantity, convenience of access to water and guarantee rate. If the value of one of the four indices is lower than the minimum level of safety or generally safety, the drinking water can not be deemed as safe or generally safe. Water quality: water quality that meets the "National Sanitary Standards for Drinking Water" is deemed as safe; water quality that meets the "Implementing Rules of National Sanitary Standards for Drinking Water in Rural Areas" is deemed as generally safe. Water quantity: each person can get 40-60 L water per day or above is deemed as safe; each person get no less than 20-40 L water per day is deemed as generally safe. Convenience of access to water: manpower getting water with no more than 10 minutes is deemed as safe and no more than 20 minutes as generally safe. Guarantee rate: 95% of water supply or more than 95% of water supply is guaranteed is deemed as safe; the guarantee rate is not lower than 90% is deemed as generally safe.

Rural Population with Safe Drinking Water Permanent residential population in the rural areas (outside of urban areas and counties) where drinking water safety standard has been met at the end of the year. Rural drinking water includes daily water use of rural residents for cooking, washing and raising livestock etc.

Irrigation District Irrigation area has above 10,000 mu of designed and effective irrigated area, with complete irrigation facilities, sub-canal system, self-established irrigation system and unified management system, under water storage irrigation project, water diversion irrigation project or pumping irrigation projects. Irrigation districts are approved and recorded by provincial departments of water resources.

Embankment Embankment project is constructed along the banks of river, lake or coast to prevent flood disasters. Embankment project can divided into five classes according to the standard of preventing flood disasters. Class 1: with reappear year over 100 years, class 2: 100-50, class 3: 50-30; class 4: 30-20, class 5: 20-10.

Quantity of Water Supply Actual quantity of water supply provided by all kinds of water supply projects for irrigation, industrial, domestic water use in urban and rural areas and ecological environment etc, including gross water loss in water transportation and data are sorted according to water consumption region for statistics. The quantity of water supply consists of quantity of surface water (water storage, water diversion, pumping and water transfer), groundwater and quantity of water supply of other water sources.

Quantity of Water Supply for Irrigation The sum of actual gross water provided by water projects for farmlands, forests, orchards and grazing irrigation.

Quantity of Water Supply for Industries Water supply provided by water projects for industrial water use in urban and rural areas. Before 1991, the quantity of water supply for township industries is included in agricultural water supply, but from 1992 it began to be counted in industrial water supply. Water supply for township enterprise means actual gross quantity of water supply provided by water projects for township industries and processing of agricultural products and by-products.

Quantity of Urban Water Supply Water supply for urban residents, including restaurants, service industry, municipal environment, sanitation and other public utilities. The quantity of urban water supply is the original quantity of water provided by all kinds of water projects to water plants or urban residents, i.e. quantity of untreated water.

Quantity of Rural Water Supply Quantity of water supply for both rural residents and livestock or big animals.

Water Supply for Ecological Environment. Refers to water recharged to ecological frailty area or ecological deterioration area through water projects, in order to sustain, control, restore and improve the original ecosystem and environment, such as prevent wetlands shrinking, sustain groundwater level, prevent seawater intrusion, keep base-flow of rivers, restore original lake and vegetations, and consider the needs of sustaining ecological environment of living places of human being.

Water Supply for Hydropower Generation Water supply provided by water projects for hydropower generation. In China, the annual water supply for hydropower generation is 2.4×10^{11} m^3, but power generation does not consume water resources. If it is included in the total quantity of water supply as industrial and agricultural water supply, it shall exert impact on water balance calculation. According to the current statistic regulation of water resources, water supply for hydropower generation is calculated independently and excluded from the total quantity of water supply.

Reservoir Storage area that is formed by constructing dams (gates) to detain and store water resources and regulate water flow. Large reservoir: the total storage capacity is over 100 million m^3.Medium reservoir: the total storage capacity is between 10 million m^3 (including 10 million m^3) to 100 million m^3.Small reservoir: the total storage capacity is between 0.1 million m^3 to 10 million m^3.

Storage Capacity of Reservoir It is also called total storage capacity. It refers to storage capacity above the check water level, including dead storage capacity, usable storage capacity, and flood control storage capacity (deducting the repeating part of usable storage). It is a key index for the total scale of a reservoir, and is a key index for dividing the class of reservoir and deciding standard of project safety.

Usable Storage Capacity of Reservoir refers to the water level which called normal water level, that should be reached for providing water in normal conditions. Storage capacity of reservoir between normal water level and dead storage capacity level are called usable storage capacity, which also called adjusting capacity. It is used for adjusting runoff, providing quantity of reservoir.

Dead Storage Capacity of Reservoir It refers to storage below the dead storage water level. It does not take part in adjusting of runoff, it can't be moved.

二十二、全国各省、市、自治区主要指标

Main Indicators of National Economy by Countrywide, Province, Municipality and Autonomous Region

资料整理：孙士梅

简 要 说 明

一、本篇资料反映全国各省、市、自治区经济发展情况，包括生产总值、人口、固定资产投资、居民消费价格指数、城乡居民收入及消费支出、主要产品产量、社会消费品零售总额、进出口总额等指标。

二、本篇资料主要来源于《中国统计摘要-2014》。

Brief Introduction

Ⅰ. This chapter reflects economic development of China's provinces, cities and autonomous region, including gross domestic product, population, investment in fixed assets, consumer price indices, incomes and consumptions of both rural and urban residents, output of major products, total retail sales of consumer goods, total export import volume, etc.

Ⅱ. The data sources are obtained from "Chinese statistical abstract-2014".

22-1 生产总值(2013年)
Gross Domestic Product(2013)

地区	Region	生产总值(亿元) Gross Domestic Product (100 million yuan)	第一产业 Primary Industry	第二产业 Secondary Industry	#工业 Industry	第三产业 Tertiary Industry	生产总值比上年增长% GDP Growth over the Previous Year (%)	人均生产总值(元) Per Capita GDP (yuan)
全国	**National Total**	**568845.2**	**56957.0**	**249684.4**	**210689.4**	**262203.8**	**7.7**	**41908**
北京	Beijing	19500.6	161.8	4352.3	3536.9	14986.4	7.7	93213
天津	Tianjin	14370.2	188.5	7276.7	6678.6	6905.0	12.5	99607
河北	Hebei	28301.4	3500.4	14762.1	13194.8	10038.9	8.2	38716
山西	Shanxi	12602.2	773.8	6792.7	6033.0	5035.8	8.9	34813
内蒙古	Inner Mongolia	16832.4	1599.4	9084.2	7944.4	6148.8	9.0	67498
辽宁	Liaoning	27077.7	2321.6	14269.5	12510.3	10486.6	8.7	61686
吉林	Jilin	12981.5	1509.3	6858.2	6033.4	4613.9	8.3	47191
黑龙江	Heilongjiang	14382.9	2516.8	5918.2	5090.3	5947.9	8.0	37509
上海	Shanghai	21602.1	129.3	8027.8	7236.7	13445.1	7.7	90092
江苏	Jiangsu	59161.8	3646.1	29094.0	25612.2	26421.6	9.6	74607
浙江	Zhejiang	37568.5	1784.6	18446.7	16368.4	17337.2	8.2	68462
安徽	Anhui	19038.9	2348.1	10404.0	8928.0	6286.8	10.4	31684
福建	Fujian	21759.6	1936.3	11315.3	9455.3	8508.0	11.0	57856
江西	Jiangxi	14338.5	1636.5	7671.4	6434.4	5030.6	10.1	31771
山东	Shandong	54684.3	4742.6	27422.5	24222.2	22519.2	9.6	56323
河南	Henan	32155.9	4059.0	17806.4	15960.6	10290.5	9.0	34174
湖北	Hubei	24668.5	3098.2	12171.6	10531.4	9398.8	10.1	42613
湖南	Hunan	24501.7	3099.2	11517.4	10001.0	9885.1	10.1	36763
广东	Guangdong	62164.0	3047.5	29427.5	27426.3	29689.0	8.5	58540
广西	Guangxi	14378.0	2343.6	6863.0	5749.7	5171.4	10.2	30588
海南	Hainan	3146.5	756.5	871.3	551.1	1518.7	9.9	35317
重庆	Chongqing	12656.7	1016.7	6397.9	5249.7	5242.0	12.3	42795
四川	Sichuan	26260.8	3425.6	13579.0	11578.6	9256.1	10.0	32454
贵州	Guizhou	8006.8	1029.1	3243.7	2686.5	3734.0	12.5	22922
云南	Yunnan	11720.9	1895.3	4927.8	3767.6	4897.8	12.1	25083
西藏	Tibet	807.7	86.8	292.9	61.2	427.9	12.1	26068
陕西	**Shaanxi**	**16045.2**	**1526.1**	**8911.6**	**7507.3**	**5607.5**	**11.0**	**42692**
甘肃	Gansu	6268.0	879.4	2821.0	2225.2	2567.6	10.8	24296
青海	Qinghai	2101.1	207.6	1204.3	970.5	689.2	10.8	36510
宁夏	Ningxia	2565.1	223.0	1265.0	944.5	1077.1	9.8	39420
新疆	Xinjiang	8360.2	1468.3	3766.0	3024.3	3126.0	11.0	37181

注：本表绝对数按当年价格计算，增长速度按可比价格计算。

a) Level data in this table are calculated at current prices, while the growth rate are at constant prices.

22-2 年末常住人口
Resident Population and Per Capita GDP

地 区	Region	年末常住人口(万人) Resident Population at year-end (10 000 persons)		城镇人口比重(%) Proportion of Urban Population(%)	
		2012	2013	2012	2013
全 国	**National Total**	**135404**	**136072**	**52.57**	**53.73**
北 京	Beijing	2069	2115	86.20	86.30
天 津	Tianjin	1413	1472	81.55	82.01
河 北	Hebei	7288	7333	46.80	48.12
山 西	Shanxi	3611	3630	51.26	52.56
内蒙古	Inner Mongolia	2490	2498	57.74	58.71
辽 宁	Liaoning	4389	4390	65.65	66.45
吉 林	Jilin	2750	2751	53.70	54.20
黑龙江	Heilongjiang	3834	3835	56.90	57.40
上 海	Shanghai	2380	2415	89.30	89.60
江 苏	Jiangsu	7920	7939	63.00	64.11
浙 江	Zhejiang	5477	5498	63.20	64.00
安 徽	Anhui	5988	6030	46.50	47.86
福 建	Fujian	3748	3774	59.60	60.77
江 西	Jiangxi	4504	4522	47.51	48.87
山 东	Shandong	9685	9733	52.43	53.75
河 南	Henan	9406	9413	42.43	43.80
湖 北	Hubei	5779	5799	53.50	54.51
湖 南	Hunan	6639	6691	46.65	47.96
广 东	Guangdong	10594	10644	67.40	67.76
广 西	Guangxi	4682	4719	43.53	44.81
海 南	Hainan	887	895	51.60	52.74
重 庆	Chongqing	2945	2970	56.98	58.34
四 川	Sichuan	8076	8107	43.53	44.90
贵 州	Guizhou	3484	3502	36.41	37.83
云 南	Yunnan	4659	4687	39.31	40.48
西 藏	Tibet	308	312	22.75	23.71
陕 西	**Shaanxi**	**3753**	**3764**	**50.02**	**51.31**
甘 肃	Gansu	2578	2582	38.75	40.13
青 海	Qinghai	573	578	47.44	48.51
宁 夏	Ningxia	647	654	50.67	52.01
新 疆	Xinjiang	2233	2264	43.98	44.47

22-3 固定资产投资
Investment in Fixed Assets

单位：亿元 (100 million yuan)

地区	Region	全社会固定资产投资 Total Investment in Fixed Assets in the Whole Province 2012	2013	固定资产投资(不含农户) Investment in Fixed Assets (Excluding Rural Households) 2012	2013
全国	**National Total**	**374694.7**	**447074.4**	**364854.1**	**436527.7**
北京	Beijing	6112.4	6847.1	6064.9	6797.5
天津	Tianjin	7934.8	9130.3	7913.3	9103.0
河北	Hebei	19661.3	23194.2	19104.6	22629.8
山西	Shanxi	8863.3	11031.9	8584.9	10745.3
内蒙古	Inner Mongolia	11875.7	14215.5	11749.8	14070.5
辽宁	Liaoning	21836.3	25107.7	21535.4	24791.4
吉林	Jilin	9511.5	10133.5	9262.2	9880.0
黑龙江	Heilongjiang	9694.7	12126.0	9375.4	11794.2
上海	Shanghai	5117.6	5647.8	5114.6	5644.1
江苏	Jiangsu	30854.2	36373.8	30473.7	35983.0
浙江	Zhejiang	17649.4	20777.1	17096.0	20189.1
安徽	Anhui	15425.8	18621.6	14943.8	18090.9
福建	Fujian	12439.9	15327.4	12182.5	15045.8
江西	Jiangxi	10774.2	12866.1	10378.4	12450.8
山东	Shandong	31256.0	36789.1	30319.8	35875.9
河南	Henan	21450.0	26220.9	20558.6	25321.5
湖北	Hubei	15578.3	19307.3	15148.7	18796.9
湖南	Hunan	14523.2	17846.3	13966.3	17230.1
广东	Guangdong	18751.5	22307.8	18250.1	21795.0
广西	Guangxi	9808.6	11907.7	9345.2	11383.9
海南	Hainan	2145.4	2697.4	2064.4	2625.0
重庆	Chongqing	8736.2	10429.6	8610.4	10285.3
四川	Sichuan	17040.0	20325.2	16530.3	19754.4
贵州	Guizhou	5717.8	7373.6	5504.9	7102.8
云南	Yunnan	7831.1	9968.3	7553.5	9621.8
西藏	Tibet	670.5	876.0	670.5	876.0
		(12840.2)	**(15934.2)**	**(12501.4)**	**(15583.6)**
陕西	**Shaanxi**	**12044.5**	**14867.3**	**11705.8**	**14516.7**
甘肃	Gansu	5145.0	6527.9	5040.0	6407.2
青海	Qinghai	1883.4	2361.1	1808.7	2285.3
宁夏	Ningxia	2096.9	2651.1	2033.0	2577.8
新疆	Xinjiang	6158.8	7724.5	5858.0	7363.4

注：本表各地区固定资产投资不含跨省项目，括号内数据为陕西含跨省项目投资额。

a) This table, investment in fixed assets by region do not include inter-provincial projects, data in the brackets are investment of Shaanxi that include inter-provincial projects.

22-4 房地产开发企业(单位)投资和商品房销售额
Total Investment in Real Estate Development and Total Sale of Commercialized Buildings

单位：亿元 (100 million yuan)

地区	Region	房地产开发投资额 Total Investment in Real Estate Development		商品房销售额 Total Sale of Commercialized Buildings		#住宅 Residential Buildings	
		2012	2013	2012	2013	2012	2013
全国	**National Total**	**71803.8**	**86013.4**	**64455.8**	**81428.3**	**53467.2**	**67694.9**
北京	Beijing	3153.4	3483.4	3308.6	3530.8	2455.5	2434.7
天津	Tianjin	1260.0	1480.8	1365.5	1615.5	1210.6	1443.3
河北	Hebei	3086.5	3445.4	2303.9	2779.7	1914.6	2329.1
山西	Shanxi	1010.5	1308.6	579.9	728.3	513.2	625.1
内蒙古	Inner Mongolia	1291.4	1479.0	1022.8	1177.4	769.4	874.4
辽宁	Liaoning	5455.8	6450.8	4362.8	4759.2	3611.2	3941.9
吉林	Jilin	1310.0	1252.4	1016.9	993.0	836.8	839.7
黑龙江	Heilongjiang	1535.8	1604.8	1548.3	1582.3	1201.9	1305.9
上海	Shanghai	2381.4	2819.6	2669.5	3911.6	2209.0	3264.0
江苏	Jiangsu	6206.1	7241.5	6067.0	7913.7	5089.1	6777.7
浙江	Zhejiang	5226.3	6216.2	4262.7	5396.0	3541.6	4513.9
安徽	Anhui	3151.6	3946.2	2329.9	3182.9	1921.9	2662.0
福建	Fujian	2824.1	3703.0	2817.7	4232.1	2293.9	3410.6
江西	Jiangxi	969.6	1174.6	1137.3	1647.9	931.4	1396.1
山东	Shandong	4708.3	5444.5	4111.8	5215.1	3529.5	4461.1
河南	Henan	3035.3	3843.8	2286.7	3074.1	1915.6	2516.3
湖北	Hubei	2539.5	3286.0	2036.2	2790.3	1689.9	2310.0
湖南	Hunan	2210.5	2628.3	2085.2	2525.6	1711.5	2115.0
广东	Guangdong	5352.8	6489.6	6407.8	8941.1	5488.4	7476.1
广西	Guangxi	1554.9	1614.6	1159.8	1375.8	995.8	1166.7
海南	Hainan	886.6	1196.8	735.6	1032.7	701.7	997.0
重庆	Chongqing	2508.4	3012.8	2297.3	2682.8	1972.4	2283.6
四川	Sichuan	3266.4	3853.0	3517.7	4020.3	2816.5	3308.6
贵州	Guizhou	1467.6	1942.5	900.1	1276.7	740.0	988.8
云南	Yunnan	1782.1	2488.3	1362.8	1487.2	1077.1	1192.6
西藏	Tibet	6.9	9.7	7.4	10.6	6.2	8.8
陕西	**Shaanxi**	**1835.9**	**2240.2**	**1420.7**	**1608.1**	**1215.6**	**1413.2**
甘肃	Gansu	561.0	724.6	349.3	474.1	301.6	418.1
青海	Qinghai	189.7	247.6	106.5	158.8	91.1	146.3
宁夏	Ningxia	429.2	559.0	317.6	443.7	256.2	363.6
新疆	Xinjiang	606.1	825.7	560.5	861.0	458.1	710.7

22-5 居民消费价格分类指数(2013年)
Consumer Price Index by Category(2013)

(上年=100) (preceding year=100)

地区	Region	居民消费价格指数 Consumer Price Index	食品 Food	烟酒及用品 Tobacco and Liquor	衣着 Clothes	家庭设备用品及服务 Household Facilities and Services	医疗保健和个人用品 Health Care and Personal Products	交通和通信 Transportation and Communication	娱乐教育文化 Recreational, Education, Culture	居住 Living
全国	**National Total**	**102.6**	**104.7**	**100.3**	**102.3**	**101.5**	**101.3**	**99.6**	**101.8**	**102.8**
北京	Beijing	103.3	104.7	100.1	101.5	101.7	100.2	99.0	103.9	105.6
天津	Tianjin	103.1	105.8	100.9	101.1	102.0	100.6	98.6	102.5	104.4
河北	Hebei	103.0	105.9	100.6	102.7	101.4	101.9	99.7	101.7	102.0
山西	Shanxi	103.1	106.2	102.1	102.0	101.6	100.8	99.2	102.5	102.5
内蒙古	Inner Mongolia	103.2	106.3	101.5	103.7	100.8	101.4	99.5	101.9	102.3
辽宁	Liaoning	102.4	104.6	100.6	102.1	101.2	101.5	99.7	100.9	102.3
吉林	Jilin	102.9	105.7	100.7	102.1	100.6	101.3	99.5	102.3	102.4
黑龙江	Heilongjiang	102.2	104.3	101.6	102.2	100.0	101.4	98.7	100.7	102.4
上海	Shanghai	102.3	104.4	100.1	100.0	101.3	100.0	100.4	100.1	103.9
江苏	Jiangsu	102.3	104.1	98.7	103.2	102.2	101.1	99.7	101.3	102.5
浙江	Zhejiang	102.3	103.8	99.8	102.9	102.2	100.3	99.4	102.5	102.5
安徽	Anhui	102.4	104.7	98.7	102.1	100.9	101.2	99.9	102.7	101.4
福建	Fujian	102.5	104.0	99.7	101.9	100.4	101.4	99.8	101.9	103.3
江西	Jiangxi	102.5	104.5	100.6	102.8	101.0	101.3	99.7	101.8	101.9
山东	Shandong	102.2	104.8	100.3	103.3	100.3	101.0	99.3	101.3	101.4
河南	Henan	102.9	105.6	100.4	102.5	101.5	101.5	100.2	102.9	101.9
湖北	Hubei	102.8	104.9	100.5	102.2	101.9	102.1	99.4	101.5	103.1
湖南	Hunan	102.5	104.2	103.1	102.3	101.8	101.7	100.0	102.1	101.8
广东	Guangdong	102.5	103.6	100.6	101.6	101.8	101.3	99.5	101.9	103.7
广西	Guangxi	102.2	103.8	99.8	102.3	101.1	100.7	99.9	100.8	102.7
海南	Hainan	102.8	103.9	100.6	100.5	101.6	102.8	101.3	101.6	103.4
重庆	Chongqing	102.7	104.1	100.6	106.3	101.6	101.0	98.3	101.4	102.8
四川	Sichuan	102.8	104.8	99.4	100.8	101.9	102.2	100.0	101.6	103.7
贵州	Guizhou	102.5	104.1	101.5	102.3	101.1	101.5	99.6	101.8	103.0
云南	Yunnan	103.1	105.5	100.7	101.0	101.7	102.5	100.2	101.2	103.6
西藏	Tibet	103.6	107.7	100.2	102.2	100.5	100.2	100.4	101.4	102.5
陕西	**Shaanxi**	**103.0**	**105.6**	**100.6**	**102.9**	**103.0**	**102.7**	**98.7**	**100.8**	**102.8**
甘肃	Gansu	103.2	105.6	101.0	102.7	101.8	102.1	100.0	101.6	102.7
青海	Qinghai	103.9	108.1	99.4	101.7	100.9	101.7	99.0	101.0	104.5
宁夏	Ningxia	103.4	107.2	99.8	103.0	101.3	103.2	98.6	99.7	102.2
新疆	Xinjiang	103.9	108.5	101.7	99.8	101.3	101.4	100.1	101.1	103.4

22-6 城乡居民人均收入
Per Capita Income of Urban and Rural Residents

单位：元 (yuan)

地 区	Region	城镇居民人均可支配收入 Per Capita Disposable Income of Urban Residents 2012	2013	农村居民人均纯收入 Per Capita Net Income of Rural Residents 2012	2013
全 国	**National Total**	**24565**	**26955**	**7917**	**8896**
北 京	Beijing	36469	40321	16476	18337
天 津	Tianjin	29626	32294	14026	15841
河 北	Hebei	20543	22580	8081	9102
山 西	Shanxi	20412	22456	6357	7154
内蒙古	Inner Mongolia	23150	25497	7611	8596
辽 宁	Liaoning	23223	25578	9384	10523
吉 林	Jilin	20208	22275	8598	9621
黑龙江	Heilongjiang	17760	19597	8604	9634
上 海	Shanghai	40188	43851	17804	19595
江 苏	Jiangsu	29677	32538	12202	13598
浙 江	Zhejiang	34550	37851	14552	16106
安 徽	Anhui	21024	23114	7160	8098
福 建	Fujian	28055	30816	9967	11184
江 西	Jiangxi	19860	21873	7829	8781
山 东	Shandong	25755	28264	9447	10620
河 南	Henan	20443	22398	7525	8475
湖 北	Hubei	20840	22906	7852	8867
湖 南	Hunan	21319	23414	7440	8372
广 东	Guangdong	30227	33090	10543	11669
广 西	Guangxi	21243	23305	6008	6791
海 南	Hainan	20918	22929	7408	8343
重 庆	Chongqing	22968	25216	7383	8332
四 川	Sichuan	20307	22368	7001	7895
贵 州	Guizhou	18701	20667	4753	5434
云 南	Yunnan	21075	23236	5417	6141
西 藏	Tibet	18028	20023	5719	6578
陕 西	**Shaanxi**	**20734**	**22858**	**5763**	**6503**
甘 肃	Gansu	17157	18965	4507	5108
青 海	Qinghai	17566	19499	5364	6196
宁 夏	Ningxia	19831	21833	6180	6931
新 疆	Xinjiang	17921	19874	6394	7296

22-7 农林牧渔业总产值(2013年)
Gross Output Value of Farming, Forestry, Animal Husbandry and Fishery (2013)

地区	Region	农林牧渔业总产值(亿元) Total Gross Output Value (100 million yuan)	#农业 Farming	#林业 Forestry	#牧业 Animal Husbandry	#渔业 Fishery	农林牧渔业总产值比上年增长(%) Total Gross Output Value Over the Previous Year (%)
全国	**National Total**	**96995.3**	**51497.4**	**3902.4**	**28435.5**	**9634.6**	**4.0**
北京	Beijing	421.8	170.4	75.9	154.8	12.8	2.1
天津	Tianjin	412.4	217.2	3.1	108.6	73.2	3.8
河北	Hebei	5832.9	3473.3	96.3	1818.2	178.7	3.3
山西	Shanxi	1447.0	932.1	90.1	338.8	9.5	4.5
内蒙古	Inner Mongolia	2699.5	1328.1	96.1	1208.5	29.0	4.7
辽宁	Liaoning	4349.7	1673.9	136.5	1675.4	689.3	4.1
吉林	Jilin	2670.6	1261.7	98.1	1198.5	36.7	3.5
黑龙江	Heilongjiang	4633.3	2856.3	180.6	1430.1	82.5	4.7
上海	Shanghai	323.5	172.3	9.6	70.0	59.9	-2.9
江苏	Jiangsu	6158.0	3167.8	107.3	1222.2	1351.1	2.6
浙江	Zhejiang	2837.4	1336.8	141.5	546.2	758.0	0.4
安徽	Anhui	4009.2	2003.3	233.1	1171.4	439.1	3.4
福建	Fujian	3282.0	1376.3	293.8	513.8	986.3	4.5
江西	Jiangxi	2578.4	1072.8	252.7	796.4	370.2	4.5
山东	Shandong	8750.0	4509.9	120.3	2359.0	1397.4	3.8
河南	Henan	7198.1	4202.3	152.3	2486.3	93.5	4.4
湖北	Hubei	5160.6	2678.1	122.0	1395.4	748.4	5.6
湖南	Hunan	5043.6	2726.8	287.7	1467.4	309.9	2.7
广东	Guangdong	4946.8	2444.7	249.4	1106.9	975.3	2.2
广西	Guangxi	3755.2	1868.3	287.6	1101.2	366.7	4.4
海南	Hainan	1144.9	485.4	121.2	225.5	275.5	6.2
重庆	Chongqing	1513.7	909.2	48.0	482.8	53.8	4.6
四川	Sichuan	5620.3	2903.5	179.4	2267.6	177.5	3.5
贵州	Guizhou	1663.0	997.1	69.9	482.7	38.3	6.0
云南	Yunnan	3056.0	1639.4	293.3	962.6	70.4	7.0
西藏	Tibet	128.0	57.9	2.7	64.2	0.2	4.0
陕西	**Shaanxi**	**2562.5**	**1714.8**	**67.6**	**643.7**	**17.8**	**4.8**
甘肃	Gansu	1517.7	1104.5	22.5	253.4	2.0	4.9
青海	Qinghai	310.3	138.3	5.7	160.1	1.3	5.6
宁夏	Ningxia	430.0	269.0	9.8	120.0	13.2	4.7
新疆	Xinjiang	2538.9	1806.1	48.1	604.2	17.2	7.2

注：本表绝对数按当年价格计算，增长速度按可比价格计算。

a) Level data in this table are calculated at current prices, while the growth rate are at constant prices.

22-8 主要农产品产量(2013年)
Output of Major Farm Crops (2013)

单位：万吨 (10 000 tons)

地 区	Region	粮 食 Grain	油 料 Oil-bearing Crops	棉 花 Cotton	蔬 菜 Vegetables	水 果 Fruit	肉 类 Meat	奶 类 Milk
全 国	**National Total**	**60193.8**	**3517.0**	**629.9**	**73512.0**	**25093.0**	**8535.0**	**3649.5**
北 京	Beijing	96.1	1.0	0.02	266.9	103.8	41.8	61.5
天 津	Tianjin	174.7	0.6	4.8	455.1	54.2	46.5	68.5
河 北	Hebei	3365.0	151.1	45.7	7902.1	1863.3	448.8	465.7
山 西	Shanxi	1312.8	19.5	3.1	1198.5	711.8	83.2	87.2
内蒙古	Inner Mongolia	2773.0	158.1	0.2	1421.1	294.8	244.9	778.6
辽 宁	Liaoning	2195.6	113.6	0.1	3270.9	944.7	420.1	125.7
吉 林	Jilin	3551.0	84.0	0.6	938.1	234.7	262.7	48.3
黑龙江	Heilongjiang	6004.1	19.0		946.1	274.4	221.3	522.5
上 海	Shanghai	114.2	1.5	0.4	398.4	74.7	23.8	26.5
江 苏	Jiangsu	3423.0	150.4	20.9	5237.8	814.2	383.2	59.9
浙 江	Zhejiang	734.0	37.8	2.8	1764.3	715.7	174.3	18.2
安 徽	Anhui	3279.6	225.4	25.1	2418.0	905.1	403.8	25.3
福 建	Fujian	664.4	28.8	0.01	1729.7	744.3	211.2	15.3
江 西	Jiangxi	2116.1	119.3	13.1	1257.6	637.8	321.9	12.2
山 东	Shandong	4528.2	349.6	62.1	9658.2	3028.8	774.8	281.2
河 南	Henan	5713.7	589.1	19.0	7112.5	2599.7	699.1	328.8
湖 北	Hubei	2501.3	333.2	46.0	3578.3	920.5	430.1	15.8
湖 南	Hunan	2925.7	224.4	19.8	3603.5	879.4	519.2	8.9
广 东	Guangdong	1315.9	101.0		3144.5	1485.4	435.2	14.1
广 西	Guangxi	1521.8	57.2	0.2	2435.6	1433.4	420.0	9.6
海 南	Hainan	190.9	10.9		524.8	439.5	82.9	0.2
重 庆	Chongqing	1148.1	53.1	0.01	1600.6	319.3	207.8	6.8
四 川	Sichuan	3387.1	290.4	1.3	3910.7	840.1	690.4	71.1
贵 州	Guizhou	1030.0	91.5	0.1	1500.4	167.7	199.7	5.5
云 南	Yunnan	1824.0	60.7	0.04	1625.4	634.5	359.4	59.3
西 藏	Tibet	96.2	6.4		67.0	1.3	26.8	33.0
陕 西	**Shaanxi**	**1215.8**	**59.5**	**5.8**	**1629.4**	**1764.4**	**112.5**	**188.5**
甘 肃	Gansu	1138.9	69.7	7.1	1578.7	611.5	91.0	39.1
青 海	Qinghai	102.4	32.6		158.9	3.0	31.8	28.7
宁 夏	Ningxia	373.4	16.8	0.0	509.0	264.3	27.4	104.2
新 疆	Xinjiang	1377.0	60.6	351.8	1669.9	1326.9	139.4	139.2

注：水果产量含果用瓜。
a) The fruit production includes melons for fruits use.

22-9 主要工业产品产量(2013年)
Output of Major Industrial Products(2013)

地 区	Region	原 油 (万吨) Crude oil (10 000 tons)	天然气 (亿立方米) Natural Gas (100 million sq.m)	发电量 (亿千瓦小时) Electricity (100 million kwh)	生 铁 (万吨) Pig Iron (10 000 tons)	粗 钢 (万吨) Crude Steel (10 000 tons)	钢 材 (万吨) Steel Products (10 000 tons)	水 泥 (万吨) Cement (10 000 tons)	汽 车 (万辆) Automotive (10 000 units)
全 国	**National Total**	**20946.9**	**1170.5**	**53975.9**	**70897.0**	**77904.1**	**106762.2**	**241613.6**	**2211.7**
北 京	Beijing		5.8	335.8		2.3	219.0	900.5	200.0
天 津	Tianjin	3044.5	18.7	624.3	2214.2	2289.5	6640.9	951.9	55.7
河 北	Hebei	591.0	15.6	2499.4	17027.6	18849.6	22861.6	12676.2	97.4
山 西	Shanxi		31.6	2627.9	4303.2	4519.6	4486.2	4984.8	
内蒙古	Inner Mongolia		0.2	3520.7	1367.2	1978.6	1797.7	6395.7	1.7
辽 宁	Liaoning	1001.0	7.6	1544.3	5698.0	5972.9	6863.0	6005.2	108.0
吉 林	Jilin	620.3	23.7	769.5	1116.2	1245.4	1510.1	3391.0	164.7
黑龙江	Heilongjiang	4001.0	35.0	834.0	716.3	740.2	631.0	4028.5	10.5
上 海	Shanghai	7.2	2.3	959.5	1637.6	1800.6	2322.8	750.3	226.9
江 苏	Jiangsu	201.5	0.5	4289.4	6690.6	8469.1	12398.0	17991.9	107.2
浙 江	Zhejiang			2939.3	1059.8	1387.0	3823.4	12462.9	30.6
安 徽	Anhui			1965.8	2017.3	2351.5	3138.6	12131.4	100.7
福 建	Fujian			1767.7	588.3	1624.6	2782.8	7890.4	20.6
江 西	Jiangxi			874.6	2012.2	2156.6	2463.8	9204.2	36.8
山 东	Shandong	2765.6	5.1	3510.9	6580.3	6119.8	8109.1	16217.8	104.4
河 南	Henan	476.5	4.9	2861.8	2551.9	2736.0	4255.2	16764.4	40.6
湖 北	Hubei	80.1	3.1	2158.2	2416.2	2887.8	3344.9	11042.5	158.7
湖 南	Hunan			1347.0	1739.8	1746.5	1977.9	11264.7	32.1
广 东	Guangdong	1291.8	75.3	3964.8	1149.9	1442.9	3384.5	13394.9	231.6
广 西	Guangxi	43.7		1259.5	1567.6	1666.6	2790.7	10707.5	186.9
海 南	Hainan	26.5	1.7	230.7			27.0	1988.4	10.8
重 庆	Chongqing		1.7	627.4	556.2	608.9	1269.6	6127.0	184.0
四 川	Sichuan	22.4	214.3	2597.3	2011.4	1711.5	2785.2	13897.1	80.5
贵 州	Guizhou		0.5	1676.3	529.9	485.2	562.6	8140.5	
云 南	Yunnan			2148.4	1936.5	1883.9	2053.9	9009.2	8.0
西 藏	Tibet			29.1				295.8	
陕 西	**Shaanxi**	**3688.0**	**371.6**	**1493.7**	**882.5**	**980.1**	**1565.2**	**8545.5**	**42.4**
甘 肃	Gansu	72.8	0.2	1195.0	897.5	953.9	1021.6	4412.7	2.1
青 海	Qinghai	214.5	68.1	600.3	135.1	147.6	130.8	1786.3	
宁 夏	Ningxia	6.1		1096.5	123.0	32.2	149.8	1914.3	
新 疆	Xinjiang	2792.5	282.9	1611.7	1370.7	1176.9	1395.3	5040.2	1.0

22-10 社会消费品零售总额和进出口总额
Total Retail Sales of Consumer Goods and Total Import and Export

地区	Region	社会消费品零售总额(亿元) Total Retail Sales of Consumer Goods(100 million yuan)		进出口总额(亿美元) Total Import and Export (100 million USD)		出口总额(亿美元) Total Exports (100 million USD)	
		2012	2013	2012	2013	2012	2013
全国	**National Total**	**210307.0**	**237809.9**	**38671.2**	**41596.9**	**20487.1**	**22093.7**
北京	Beijing	7702.8	8375.1	4081.1	4291.3	596.3	631.1
天津	Tianjin	3921.4	4470.4	1156.3	1285.1	483.1	490.1
河北	Hebei	9254.0	10516.7	505.6	549.0	296.0	309.6
山西	Shanxi	4506.8	5139.3	150.4	157.9	70.2	80.0
内蒙古	Inner Mongolia	4572.5	5114.2	112.6	120.0	39.7	40.9
辽宁	Liaoning	9304.2	10581.4	1040.9	1144.9	579.6	645.4
吉林	Jilin	4772.9	5426.4	245.6	258.6	59.8	67.6
黑龙江	Heilongjiang	5491.0	6251.2	375.9	388.8	144.4	162.3
上海	Shanghai	7412.3	8052.0	4365.9	4412.2	2067.3	2041.8
江苏	Jiangsu	18331.3	20796.5	5479.6	5508.1	3285.2	3288.1
浙江	Zhejiang	13588.3	15225.5	3124.0	3357.9	2245.2	2487.5
安徽	Anhui	5736.6	6542.4	392.8	455.6	267.5	282.5
福建	Fujian	7256.5	8275.3	1559.4	1693.3	978.3	1064.8
江西	Jiangxi	4027.2	4576.1	334.1	367.5	251.1	281.7
山东	Shandong	19651.9	22294.8	2455.4	2665.6	1287.1	1341.9
河南	Henan	10915.6	12426.6	517.4	599.5	296.8	359.9
湖北	Hubei	9562.5	10885.9	319.6	363.8	194.0	228.4
湖南	Hunan	7921.9	9018.6	219.5	251.7	126.0	148.2
广东	Guangdong	22677.1	25453.9	9840.2	10915.9	5740.5	6363.7
广西	Guangxi	4516.6	5133.1	294.8	328.3	154.7	186.9
海南	Hainan	870.8	992.9	143.2	149.8	31.4	37.1
重庆	Chongqing	4033.7	4599.8	532.0	687.0	385.7	468.0
四川	Sichuan	9268.6	10561.4	591.4	645.7	384.7	419.5
贵州	Guizhou	2075.9	2366.2	66.3	82.9	49.5	68.9
云南	Yunnan	3511.6	4004.6	210.1	257.9	100.2	159.4
西藏	Tibet	254.6	293.2	34.2	33.2	33.6	32.7
陕西	**Shaanxi**	**4383.8**	**4999.5**	**148.0**	**201.3**	**86.5**	**102.3**
甘肃	Gansu	1906.5	2173.8	89.0	102.3	35.7	46.8
青海	Qinghai	476.0	544.1	11.6	14.0	7.3	8.5
宁夏	Ningxia	542.9	610.5	22.2	32.2	16.4	25.5
新疆	Xinjiang	1858.6	2108.2	251.7	275.6	193.5	222.7

2013 年陕西省统计局大事记

1 月 4 日，省统计局印发《陕西省统计局党组关于进一步改进工作作风密切联系群众的若干规定》(陕统党发〔2013〕1 号)，对改进工作作风、密切联系群众做出明确要求。2013 年，省统计局精简文件简报，压缩会议，改进会风，严格公务接待管理，狠刹公车私用，轻车简从调研，推行单车核算，整治慵懒散奢等现象，机关作风得到切实改变。

1 月 22 日，2013 年全省统计工作会在西安召开。本次会议的主要任务是：深入贯彻落实党的十八大、中央经济工作会议、全国统计工作会议以及省委十二届二次全会精神，总结 2012 年统计工作，部署 2013 年重点任务。会上，省统计局局长丁云祥作了题为《全力推进服务型统计建设 为建成小康陕西、和谐陕西、美丽陕西提供有力统计保障》的大会报告。

2 月 1 日，省统计局印发了《关于表彰 2012 年度目标责任考核优秀单位和个人的通知》(陕统办发〔2013〕9 号)，对在 2012 年工作中成绩突出的 10 个年度目标责任考核优秀单位、36 名年度考核先进个人进行了表彰。

2 月 24 日，省政府正式印发《关于认真做好第三次全国经济普查的通知》(陕政发〔2013〕12 号)，标志着我省第三次全国经济普查正式拉开序幕。2013 年，省统计局精心组织第三次经济普查，开展了普查区划分、普查地图绘制、单位核查和培训工作，普查工作有序推进。

3 月 13 日，全省统计系统党风廉政建设暨行风建设工作会议在西安召开。会议的主要任务是学习贯彻省纪委二次全会精神和全国统计系统党风廉政建设工作视频会议精神，总结 2012 年工作，安排部署 2013 年党风廉政建设、行风建设工作。2013 年，省统计局在全系统深入落实党风廉政建设责任制，大力构建廉政风险防控体系，积极开展省局机关综合督查审计，深入开展统计行风建设，保持和巩固了统计系统风清气正的良好局面。

4 月 27 日上午，江泽林常务副省长到省统计局调研视察工作，看望干部职工，并听取省统计局工作汇报。江泽林常务副省长在听取丁云祥局长的汇报后，对全省统计工作给予了高度评价和充分肯定，并对全省统计工作提出了新的要求。

5 月 19 日至 22 日，国家统计局局长马建堂在我省调研经济形势和统计工作。调研期间，省委书记赵正永、省长娄勤俭会见了马建堂一行，双方就当前地区经济发展和统计改革深入交换了意见。

6 月 4 日，省统计局印发《陕西省统计局会议制度》(陕统办字〔2013〕38 号)。2013 年，省统计局对《陕西省统计局会议制度》在内的一系列规章制度进行了梳理和修订完善。对 12 项制度进行了修订，对 3 项制度进行了合并（废除），对 7 项制度经过梳理决定继续保留。通过一系列梳理和修订完善制度，进一步规范局机关办公程序，改进了机关作风，提高了机关运行质量和效率。

7 月 1 日，省统计局召开庆祝中国共产党成立 92 周年暨“统计为民、创先争优”表彰大会。会议对 2012-2013 年度 4 个先进党支部、21 名优秀共产党员和 7 名优秀党务工作者进行了表彰。

7 月 25 日，首期“公民代表走进省政府”活动参访团来到省统计局参加省政府组织的“邀请公民代表走进省政府”活动。2013 年，按照省政府安排，先后有 5 批“公民代表走进省政府”活动参访团共 200 多人到省统计局参观。通过这项活动，向公民代表介绍统计工作情况，进行统计宣传，收到良好的效果。

8 月 22 日，省统计局召开党的群众路线教育实践活动动员会。党组书记、局长丁云祥对省局群众路线教育实践活动进行动员部署，省委教育实践活动第六督导组组长周玉明出席会议并讲话。

10 月 22 至 26 日，省统计局在西北大学举办了全省统计系统领导力提升培训班。这是为落实群众路线教育实践活动意见建议，进一步提升全省统计系统领导干部工作水平而开展的一项干部培训活动。2013 年，省统计局积极探索干部教育培训的新思路、新机制、新方法，注重实效，突出重点，全省统计干部队伍整体素质全面提高，统计工作能力显著加强。

11 月 29 日，根据省委统一安排，省统计局召开了党的群众路线教育实践活动专题民主生活会，省委教育实践活动第六督导组组长周玉明到会并讲话。局党组书记、局长丁云祥主持专题民主生活会，省局班子全体成员参加会议，并作对照检查。省委第六督导组全体同志到会指导。省统计局教育实践活动领导小组各组负责同志列席会议。

12 月 11 日，根据省委第六督导组的统一安排，省统计局召开党的群众路线教育实践活动党组专题民主生活会情况通报会。局党组书记、局长丁云祥主持会议并通报情况，第六督导组组长周玉明到会并讲话。丁云祥局长代表局党组通报了领导班子遵守党的政治纪律和贯彻中央八项规定情况，深刻剖析了“四风”方面存在的问题及原因，提出了整改落实、建章立制的思路和措施。

12 月 22 日至 24 日，中国共产党陕西省第十二届委员会第四次全体会议在西安举行。全会按照党章规定，决定递补省委候补委员、省统计局党组书记、局长丁云祥为省委委员。

（苏　明）

2013年陕西调查总队大事记

1月14日，调查总队和省统计局共同成立“陕西省城乡住户调查一体化改革工作协调领导工作小组”，标志着陕西省城乡住户调查一体化工作正式启动。

1月15日，调查总队印发《陕西调查总队党组关于进一步改进工作作风的若干规定》(陕调党组字〔2013〕1号)，要求各市、县（区）国家调查队和总队机关切实转变工作作风。

1月15日，调查总队办公室印发《关于领导干部联系基层工作的通知》，进一步改进总队领导干部联系基层调查队的工作。

1月16日，调查总队被陕西省委、省政府授予“省级文明单位”称号，丁远忠总队长代表总队参加“全省宣传部长暨精神文明建设工作会议”，并接受省级文明单位奖牌。

1月17日，陕西国家统计调查工作会议召开，娄勤俭代省长对会议及统计调查工作出批示。丁远忠总队长做工作报告并提出在2013年工作中实现“三个转变、四大突破”。

1月19日，国家统计局马建堂局长对总队2013年工作作出批示:“陕西调查总队以业务建设为核心，以提高服务水平为抓手，狠抓调查数据质量，拓展服务领域，加强规范管理，较好地完成了国家调查任务，各项工作都有新的进展。希望你们进一步增强国家意识和调查意识，进一步提高管理水平，积极打造现代化服务型统计，力争绘织陕西统计调查事业新画卷”。

2月1日至3日，国家统计局副局长李强来陕调研服务业统计调查工作及地方统计调查项目管理工作，肯定了调查总队在服务业统计工作及地方调查项目管理工作上的成绩。

2月1日，调查总队连续第六年荣获“陕西省政府系统信息工作先进单位”称号。

3月1日，调查总队和省统计局联合发布《2012年陕西省国民经济和社会发展统计公报》，3月3日《陕西日报》要闻版全文刊登。

3月4日，中共陕西省委办公厅和陕西省人民政府办公厅联合转发《国家统计局陕西调查总队关于城乡一体化“居民可支配收入”指标变化及使用意见》，要求各市委、市政府，省委和省级国家机关各部门，各人民团体为更好地贯彻落实国家改革工作方案，有力推动我省城乡住户调查一体化改革工作。

3月19日，调查总队结合党的群众路线教育实践活动和工作实际，开展为期一个月的“走一线、促整改、转作风”基层调研活动。

4月2日，陕西国家统计调查系统青联开展“‘中国梦•青年志’--寻找身边的好青年”活动。榆林调查队张熠获得由省文明办、共青团省委、省青联共同举办的“‘中国梦•青年志’—寻找身边的好青年”好青年提名。同时在陕西国家统计调查系统评选出杨晨光等5名同志为“陕西国家统计调查系统好青年”。

4月11日，调查总队召开陕西国家统计调查系统党风廉政建设工作会议，总结经验，安排部署2013年重点工作。

4 月 27 日，调查总队和省知识产权局联合印发《关于开展专利产品产值调查工作的通知》(陕调字〔2013〕33 号)，安排开展专利产品产值调查工作。

5 月 14 日，调查总队开展陕西国家统计调查系统保密宣传月活动。

5 月 15 日，中共陕西省委办公厅、陕西省人民政府办公厅联合发布通报，表彰 2012 年度全省党政领导干部优秀调研成果。调查总队《惠农强农跨越发展 筑牢富民强省基础--陕西农村经济发展情况报告》荣获一等奖；《中小企业发展障碍及清障对策探讨》荣获二等奖。

5 月 19—22 日，国家统计局局长马建堂来陕调研工农业生产和统计调查工作。陕西省委书记赵正永，省委副书记、省长娄勤俭会见了马建堂局长。丁远忠总队长陪同调研。

6 月 25—26 日，陕西国家统计调查系统上半年工作座谈会在商洛召开。丁远忠总队长作题为《创新促进发展 服务强化保障》的报告。

7 月 3 日，调查总队调整住户调查专业内设机构名称和职能，居民收支调查处、农村经济监测处正式挂牌。

7 月 15 日，调查总队成立党的群众路线教育实践活动领导小组和工作机构。同日，教育活动领导小组召开第一次扩大会议，研究部署总队深入开展党的群众路线教育实践活动的相关工作，调查总队党的群众路线教育实践活动正式启动。

7 月 18-19 日，丁远忠总队长参加中国共产党陕西省第十二届委员会第三次全体会议。

7 月 26-27 日，亚洲开发银行国际比较项目（ICP）亚太区协调人莎兰姆•帕兰严迪女士率国际比较项目（ICP）亚行代表团一行来陕考察，丁远忠总队长会见了代表团一行。

7 月 30 日，省委书记赵正永对调查总队《陕北农村耕地撂荒问题亟待关注》一文作出批示，要求解决好耕地撂荒问题。

8 月 12 日，调查总队积极响应省委、省政府的号召，在总队机关号召全体工作人员向延安灾区奉献爱心，开展捐款捐赠活动，共募集捐款一万六千余元。

8 月 29 日至 9 月下旬，调查系统开展 2012 年度保密数据普查工作。

9 月 12 日，调查总队举办“第四届统计开放日”专题活动。

9 月中旬，调查总队圆满完成了包括对旬邑县、眉县、商南县、黄龙县、勉县、汉阴县等六个县的省级文明县城的测评和渭南市、榆林市两个省级文明城市的测评。

9 月 16 日，调查总队机关办公自动化系统完成安装测试，正式试运行。

9 月 29 日，调查总队应邀赴省政府研究室介绍国家统计调查，交流业务开展情况，共商建设服务型统计。

10 月 15 日至 20 日，调查总队举办“2013 年陕西国家统计调查系统新录用公务员初任培训班”，45 名新录用公务员参加了初任培训。

10 月份，调查总队结合党的群众路线教育实践活动，在全系统开展“服务基层，提高业务能力”为主题的业务调研活动。

11 月 7 日，调查总队与省统计局联合印发经国家统计局批准的《分市县住户收支与生活状况调查实施方案的通知》。

11 月 7 日，调查总队成立网络与信息安全领导小组。

11 月 11 日，调查总队在西安、铜川、咸阳、渭南、延安、汉中、商洛开展国有企业反腐倡廉民意调查。

11 月 12 日，调查总队与省统计局联合组织召开全省分市县住户调查工作会议，陕西分市县住户一体化调查工作进入实施阶段。

11 月 13 日，调查总队与陕西省第三次经济普查办公室联合发文，成立“陕西第三次经济普查个体经营户抽样调查工作办公室”。

11 月 20 日，调查总队统计违法行为网络举报平台开通。

12 月 3 日，调查总队开展《统计法》颁布 30 周年纪念日宣传活动。

12 月 19 日，调查总队印发《陕西国家统计调查系统“市带县”管理办法》(陕调办字〔2013〕106 号)。

12 月 26 日，调查总队召开部分市县调查队主要负责人座谈会，研究讨论 2014 年重点工作，听取城乡居民收入一体化调查、三经普个体户抽样调查等工作情况汇报，研究制定措施，推进重点业务工作。

（袁　琦）

陕西省统计局机构一览表

- 行政单位
  - 办公室
  - 统计执法监督处
  - 统计设计管理处
  - 国民经济综合统计处
  - 国民经济核算处
  - 工业统计处
  - 能源与环境统计处
  - 固定资产投资统计处
  - 贸易外经统计处
  - 人口与就业统计处
  - 社会科技与文化产业统计处
  - 农村社会经济统计处
  - 人事处（离退休人员服务管理处）
  - 财务处
  - 机关党委
  - 监察室
- 参照公务员法管理的事业单位
  - 普查中心
  - 登记中心
  - 地方社会经济调查中心（副厅级）
    - 组织指导处
    - 县域经济处
    - 居民收入处
    - 非公经济处
    - 服务业处
    - 新兴产业处
    - 贫困监测处
    - 社情民意调查处
    - 十一个基层调查队
- 中央事业单位
  - 计算中心
  - 科研所
  - 教育中心
  - 咨询中心

陕西调查总队机构一览表

- 总队机关
  - 办公室
  - 综合处
  - 农业调查处
  - 住户专项调查处
  - 商业和投资建筑业调查处
  - 统计监测处
  - 消费价格调查处
  - 人事教育处
  - 纪检监察室
  - 信息技术应用处
  - 信息网络办公室
  - 法规制度处
  - 居民收支调查处
  - 工业调查处
  - 服务业调查处
  - 专项调查处
  - 生产投资价格调查处
  - 财务管理处
  - 机关党委
- 市级调查队
  - 西安调查队
  - 咸阳调查队
  - 渭南调查队
  - 榆林调查队
  - 安康调查队
  - 宝鸡调查队
  - 铜川调查队
  - 延安调查队
  - 汉中调查队
  - 商洛调查队
- 县级调查队
  - 长安　临潼　周至　户县　蓝田　未央
  - 陈仓　凤翔　扶风　眉县
  - 三原　泾阳　礼泉　彬县　旬邑
  - 耀州　宜君
  - 大荔　蒲城　澄城　合阳　富平
  - 子长　志丹
  - 神木　定边　绥德　清涧　子洲
  - 城固　略阳
  - 汉阴　紫阳　旬阳
  - 洛南